생생주역

생생주역
십익편 十翼篇

장영동 지음

이른아침

필생의 사업으로 여기고 해온 『주역』 공부를 정리하면서 너덜너덜해진 강의 노트를 새로 꾸몄다. 혹자가 "『주역』 공부는 점 공부 아니냐?"고 물어올 때마다 "『주역』이 공자님께서 가죽끈을 세 번씩이나 '결딴내가면서' 연구하신 전공과목인데, 그런 성인의 공부가 당신 생각처럼 겨우 김가 이가 점 봐 주는 과목이었겠소?"라고 대답하곤 했다.

『주역』은 진시황의 적폐청산 일환으로 벌어진 희대의 사건 분서갱유焚書坑儒 당시 다행히 한 눈 똑바로 박힌 공무원 덕분에 점서占書로 분류되어 일촉즉발의 위기에서 살아남았는데, 이 때문에 오늘날까지 야누스로 보이는 두 얼굴을 갖게 되었다. 『주역』이 불에 타 없어질 찰나 복서卜筮를 위한 책으로 전락하는 바람에 고유의 의리사상義理思想을 다소 져버리게 된 것은 아쉽지만, 그나마 어떤 형태로든 살아남을 수 있었으니 얼마나 다행인지 모르겠다.

주지하다시피 성인이 『역易』을 처음 지으실 때는 본시 천지자연의 바른 이치를 담았다. 그래서 세상 사람들은 『역』을 만물 만사의 이치, 즉 의리義理를 오롯이 담은 책이라 여겼고, 이를 배우는 사람들은 마치 부모나 스승처럼 여기고 이를 품에 끼고 다니며 수신학修身學의 교재로 삼았던 것이다. 일례로 『주역천설周易淺說』을 쓴 고려 후기의 문신 김도金濤(?~1379) 같은 학자는 "하늘에 일월이 없다면 만고 동안 오래도록 어두운 밤이 될 것이고, 사람에게 『역易』이란 책이 없다면 온 세상에 금수禽獸가 우글우글할 것이다. 그러기에 천자가 이를 본받으면 천하가 다스려지고, 제후가 본받으면 그 나라가 다스려지고, 배우는 자가 본받으면 수신하고 제가할 수 있을 것이다"라고 말했다. 김도의 말은 하늘에 해와 달이 존재하듯 우리 인간 세상에도 『역경易經』이란 책이 있는 게 얼마나 다행인지 모르겠다는 소리가 아닐까. 이런 『역易』을 임금이 배우면 천하를 다스릴 수 있고,

사장이 배우면 기업을 다스릴 수 있고, 가장이 배우면 가정을 다스릴 수 있고, 나 같은 보통 사람들이 배우면 수신제가할 수 있다는 의미니 말이다. 나는 강의 시간에 도반들에게 늘 이런 말을 하곤 한다.

"당신이 갑자기 어느 날 임금이나 장관이 된다면, 이 공부가 너무나 크게 쓰일 것이다."

"당신 남편(부인)이 어느 날 갑자기 임금이 되고 장관이 된다면, 당신은 왕비(대공)나 장관 부인(남편)이 될 터인데, 당신이 『주역』을 배워 알고 있다면 당신 남편(부인)을 보필하는 것은 물론, 다른 사람들처럼 나중에 교도소로 남편(부인) 면회 다니는 일은 분명 없을 것이다."

저자의 말을 뒷받침하는 대목이 실제로 『조선왕조실록』에도 많이 보인다. 우리의 『조선왕조실록』은 우선 『주역』을 이렇게 평가한다.

"『주역』은 세상 이치는 물론 수리數理의 근원이며, 육경六經의 대뇌大腦로서 경전 중 가장 윗자리를 차지하는 과목이다."

『선조실록』을 보면 임진년의 왜란倭亂으로 혼란한 시기를 당하여 상감이 답답한 심경을 다스리고자 경연經筵을 열어 역리易理에 밝은 자를 찾았는데, 그날의 일을 사관은 이렇게 기록하고 있다.

"『주역』은 음양陰陽(죽을 곳과 살 곳)과 신명神明(욕심이 꽉 찬 멍청한 자들의 지식이 아니라 정말로 하늘이 바라는 정답을 알아 나라 살림을 이끌어 가는 지혜)에 대하여 설명한 책으로 정미精微로운 학문이다. 그러니, 나 같이 학문이 모자라는 사람은 그 크고 넓은 경지를 헤아려볼 수가 없구나. 특히 『주역』은 오늘날처럼 바로 성인이 진퇴進退(서울을 사수하느냐, 아니면 백성을 버리고 나만 살기 위해 도망가느냐?)와 존망存亡(이 나라가 저 왜놈들에게서 벗어날 것이냐, 아니면 무참하게 짓밟혀 나라와 일신 하나도 보장하지 못할 것이냐?)의 이치를 밝혀서, 어지러운 시기를 구제할 수 있는 방법을 알게 한 것이다. 진실로 국가를 다스리는 자로 하여금 이 역리易理를 강구하여 나라를 삼키려는 도적이 오는 때를 알게 하고, 군사를 쓰는 데 이용하고, 음양陰陽 소장消長의 기미를 살펴 환란患亂의 조짐을 경계하게 한다면, 왕업王業이 튼튼하게 될 것인데, 애석하도다, 신하들이 역리를 밝혀내는 공부가 부족하니 한갓 임금의 귀를 어지럽히기만 하였구나. 아, 이것이 어찌 『주역』을 강론하는 본의이겠는가!"

나라의 운명이 바람 앞의 등불처럼 한 치 앞을 예측할 수 없는 위기를 맞으니, 그때서야 비로소 선조 임금 자신도 평소 공부가 부족한 것을 통탄하는 장면이다. 핵폭탄 떨어지고 나면 너와 나라는 존재 자체가 재가 되고 마는데, 무엇을 후회한다 말인가. 이렇게 선조의 한스러워하는 말 끝에, 검토관 수찬修撰 정경세鄭經世가 다음과 같이 아뢰었다(오늘날의 어투로 바꾸어서 풀어본다).

"대개 성인이 『주역』을 지은 뜻은 사람으로 하여금 계신공구戒愼恐懼(만사를 두려워하고 조심함)하게 하기 위함입니다. 보통 사람은 일을 당했을 때 『주역』의 이치를 살펴보아도 되지만, 임금은 반드시 몸에 완벽히 체인體仁이 되어 있어야 합니다. 어째서이겠습니까? 개개인이야 잘잘못을 만나면 자신의 행불행에 그치면 그만이지만, 임금의 판단은 백성과 온 나라 전체에 미치기 때문에 인공지능 AI처럼 『주역』이 몸에 완전히 데이터베이스화 되어 있어야 합니다. 그래야 '전쟁?' 하면 전쟁의 방책을 말하고, '인재?' 하면 그 사람의 적합도를 알아내고, '정책?' 하면 그게 백년대계인지 혹은 얼마 못 가 폐기 처분될 정책인지 검토가 된다는 것입니다. 임금과 측근 인사들의 사사로운 건의와 판단은 사리사욕과 당리당략을 위한 것으로, 정권 유지 차원에서 포퓰리즘 성향이 짙을 수밖에 없습니다. 전하! 성인이신 공자께서 한 번 독서하고 말 책이었으면 『주역』을 왜 저토록 뼈를 깎아가며 위편삼절韋編三絕 하였겠습니까. 전하께서도 가죽 책 끈을 세 번은 갈지 않으시더라도 한 번은 갈아치울 정도로 반드시 『주역』을 읽으시기를 바랍니다. 그것은 전하 자신뿐만 아니라 이 나라와 백성들을 위한 책무이기도 합니다."

이를 들은 선조 임금이 부끄러운 듯 고개를 떨구고 "만고의 길흉이 모두 이 『주역』에서 나온다니, 그 이치의 신묘함은 무어라 다 말할 수가 없겠구나" 하자, 우의정 김응남金應南이 "전하! 병법을 다루는 자도 이 『주역』을 배워 쓰고, 인재 등용에도 이 『주역』을 배워 씁니다. 온갖 사물의 이치가 다 이 『주역』에서 나온다고 하니, 저 경경세의 말을 통촉하여 주시옵소서" 하고 대답하였다.

병자호란 당시 인조가 청나라 태종 칸에게 이마를 땅바닥에 찧어가며 삼배구고두三拜九叩頭의 치욕을 당하기 몇 해 전, 『인조실록』에는 이런 글도 기록되었다. 병자호란 때 척화오신斥和五臣 중 한 사람이었던 오위도총관 신익성申翊聖의 상소 내용이다.

"공자께서 『주역』을 지은 까닭은 우환 같은 근심 걱정이 있었기 때문이라[作易者 其有憂患乎] 하였습니다. 전하께서 재변災變을 만나 참회하는 마음으로, 남이 보고 듣지 않는 곳에서도 두려워하고 삼가시어, 득실得失과 치란治亂, 굴신屈伸과 소장消長을 탐구하여 통달하고, 음양이 발동하는 기틀과 강유强柔를 현실에 적용하는 오묘한 도리를 환히 밝혀 깨달으시어, 천도天道를 체득하여 꿋꿋이 나아가고 시운時運을 살펴 올바르게 처리하시어 왕업王業을 원대하게 하신다면, 그야말로 제왕帝王의 덕이라 할 수 있을 뿐 아니라, 그렇게만 되면 하늘에 계신 조종祖宗의 영령들을 위로하실 수 있게 될 것이옵니다."

당시 인조 임금에게 왕이 무얼 해야 앞으로 나라와 백성에게 걱정을 끼치지 않고 박수받는 임금이 될 것인지 깨우쳐 주는 얘기다. 그러나 인조는 신하의 충정을 경시했다. 정묘호란과 병자호란 두 번에 걸쳐 백성에게 차마 입에 다 담을 수 없는 치욕을 당하게 했을 뿐만 아니라, 그의 아들 소현세자마저 청나라에 인질로 붙잡혀 가게 하고 말았다. 훗날 소현세자가 효종이 되었을 때, 개성부 교수 석지형石之珩은 '당신은 아버지 같은 어리석은 임금이 되지 말아야 한다'는 상소 형식으로 『주역』 해설서인 『오위귀감五位龜鑑』을 지어 올린다. 그는 눈물을 뚝뚝 흘리며 이렇게 호소했다.

"신이 엎드려 생각해 보건대, 임금이 치국治國의 바탕으로 삼을 만한 것으로는 육경六經과 사서四書로부터 여러 유학자들이 지은 책에 이르기까지 지극히 많아 다 읽고 쓸 수가 없을 것입니다. 그러나 단언컨대, 임금이 다스리는 바탕으로 삼을 만한 것으로는 『주역』보다 앞서는 게 없습니다. 그 가운데서도 5효가 임금의 도리로 쓸만하고 적당합니다. 384효가 어느 것인들 마땅히 행해야 할 인사가 아니겠습니까마는, 그 가운데서도 5효가 임금의 도리로 받아 쓸만하고 가장 적실합니다. 그러니 상감께서 5효를 스스로 거울삼아, 안으로는 자기의 덕을 크게 살피시고 밖으로는 후회 없는 방법을 구하시어, 내성외왕內聖外王의 성왕聖王이 되시길 엎드려 바라옵나이다."

이상의 몇 가지 기록처럼 『주역』은 임금이 나라를 다스리는 통치의 가장 근본 되는 교과서였다. 그러니 기업이나 가정을 꾸리는 데에야 말을 해서 무엇하겠는가. 수신제가치국평천하修身齊家治國平天下가 그냥 나온 소리가 아니다. 자기 안에 먼저 성인이 자리하고 있어야 가정을 만들면 가장다운 가장이 되고, 기업을 만들면 사장다운 사장이 되고, 나라를 맡으면 임금다운 임금이 될 것이다.

문자가 없던 시절, 64괘를 처음으로 만들고 『역』을 최초로 지은 사람은 복희임금이었다. 이어 문자가 나온 뒤 문왕이 64괘 하나하나마다 친절하게 괘를 설명하는 글을 지었고, 그 아들 주공이 384효 하나하나에 자세한 설명을 더해 만들어진 것이 『주역』이다. 주공이 죽은 지 500년 후, 학문의 왕이라는 공자가 복희·문왕·주공의 뜻을 이어받아 주석을 덧붙이고 공자의 인본주의 철학을 입힌 것이 오늘날의 『주역』이라 해도 좋다. 다시 말하면 임금과 성인들이 백성과 나라를 아끼는 마음에, 어느 한 사람 어느 한 나라도 빠짐없이 부자로 살고 태평성대를 누리기를 바라는 마음에 『역』을 지었으니, 이것이 바로 치국평천하治國平天下의 바이블이요 수신제가修身齊家의 성경이 된 것이다. 절대 임금이 사리사욕으로 당리당략을 위해 쓰라는 경전이 아니다. 그런 임금과 그런 사람들은 다 치욕을 받으며 형장의 이슬로 사라졌다. 왜 요순堯舜 임금을 오늘날까지 칭송하고, 왜 걸주桀紂는 죽일 놈으로 치부할까. 지난 뉴스에서 보안사령관 시절 군복 입은 전두환 동상을 만들어 놓고 오가는 시민들이 한 대 씩 두들겨 패는 장면이 보였다. 이건 무슨 메시지일까. 앞으로 임금 되려고 마음먹는 자나, 지금 이 시간에도 임금질 하고 있는 자가 사리사욕을 부려대면 대대손손 이런 씻을 수 없고 지울 수 없는 치욕을 받고 살 것이라는 무서운 교훈이다. 전두환은 죽어도 죽지 못하고 영원히 저 걸주桀紂 같은 대접을 받게 될 것이다. 그리고 이런 교훈은 오늘 이 순간 용상에 앉아 있는 자들에게도 똑같이 해당하는 얘기다.

이 책에서는 『주역』 해석의 고전이라는 정이程頤의 『이천역전伊川易傳』과 주희朱熹의 『주역본의周易本義』를 합본한 『주역전의대전周易傳義大全』을 바탕으로 삼았다. 『이천역전』은 『주역』의 의리를 천명함으로써 자연철학·정치철학·인생철학을 체계적으로 논술하여 이학理學의 기초를 마련한 것으로 평가되는 저술이다. 반면에 『주역본의』는 의리적 해석보다는 점서 쪽으로 기울게 풀었다. 필자가 이 둘을 모두 취한 것은 『주역』을 의리나 점으로 양단하여 시비에 걸리는 대신, 본래 작역자作易者의 취지에서 멀리 벗어나지 않으려는 뜻에서다.

이런 필자의 견해와 딱 맞아떨어지는 견해를 가진 조선시대의 학자가 있었다. 심대윤沈大允(1806~1872)이란 분이다. 그는 몰락한 대유大儒 집안 출신으로, 반상盤床 만드는 공방을 차려 생계를 이으면서도 십삼경十三經 주석과 함께 유명한 『주역상의점법周易象義占法』을 썼다. 그가 이런 말을 했다.

"정이천은 오로지 도리道理를 주장하고, 주자는 오로지 점을 주장하지만, 하늘과 사람의 이치는 하나이기에 도와 점도 둘이 아니다. 그러기에 곧 도리에 정밀하지 못하면 점이 적중할 수 없고, 점이 적중하지 않으면 도리에 정밀할 수 없다."

하늘의 해와 달이 어찌 유가의 전물일 수 있겠는가. 고로 역易 역시 유가의 전유물이 될 수 없기에 본서에서는 노장철학과 불교철학적 해석방법도 멀리하지 않았다. 왕필王弼(226~249)과 소동파蘇東坡(1037~1101), 지욱智旭선사(1599~1655)가 그런 사람들이다. 이 중 왕필이 쓴 『주역주』는 노장철학을 바탕으로 『주역』을 해석했으며 지금도 교과서처럼 읽히고 있다. 『동파역전東坡易傳』은 동파의 부친 소순蘇洵이 주석을 달다가 완성하지 못하고 노환으로 죽자, 그 뜻을 이어받아 소동파가 동생 소철蘇轍과 함께 완성한 유교적 관점의 책이다. 동파는 유교를 근간으로 하면서, 노장철학을 바탕으로 풀이한 왕필의 사상을 융합하여 회통하고자 했다. 유불선을 두루 공부한 지욱선사의 『주역선해周易禪解』 또한 세상이 유교의 대표 경전으로 칭하는 『주역』을 불교적 관점에서 해석한 최초이자 유일한 책이다. 지욱은 불교의 모든 교리와 사상을 종합적으로 응용해 역리易理를 불교적 관점에서 논리적으로 해석하고 있다. 본서 역시 부족하지만 지욱의 『주역선해』처럼 유불선에서 대립이 아닌 상호 이해와 융합점을 찾고자 했음을 밝혀둔다.

그러나 이 책을 이끌어가는 근본 바탕은 뭐니뭐니 해도 『조선왕조실록』과 조선의 석학들이 역리易理를 집대성한 『한국주역대전』, 그리고 다산 정약용의 『주역사전周易四箋』과 명유名儒들의 시문집詩文集이다. 이들 4가지를 본서의 원형이정元亨利貞으로 삼았다. 64괘 384효 하나하나마다 해석이 난해한 곳에는 조선 최고 역학자들의 보충 설명을 실었고, 또 다산처럼 384효 모두에 대해 설증說證(설괘전으로 증명함)하고자 나름대로 애를 썼다. 의리적 해석이든 상수적 해석이든, 공자의 『주역』에 가깝게 가려고 노력했다는 말이다. 끝으로 64괘 외의 다른 전설傳說은 중언부언 되는 부분이 많아 다산처럼 제외시키려고 하다가, 후학들에게 혹이나 도움이 될까 싶어 선학先學의 유지를 조금 이어 놓았다.

기존에 출간된 다른 책들의 경우 「계사전」, 「설괘전」, 「서괘전」, 「잡괘전」에 대한 해석을 소홀히 다루는 경우가 많았다. 본서의 경우 이 부분에 관하여는 특별히 오치기吳致箕의 『주역경전증해周易經傳增解』와 이장찬李章贊의 『역학기의易

學記疑』를 주요하게 참조했음을 밝혀둔다.

본서는 또 조선시대 대학大學들이 『주역』의 해석과 관련하여 남긴 주옥같은 명언이나 급소를 찌르는 촌철살인적 표현도 두루 소개하려고 했다. 예컨대 (저자의 13대 할아버지인) 여헌旅軒 장현광張顯光(1554~1637)의 『여헌집旅軒集』에 실린 '관해설觀海說'의 일부 내용을 소개하면 다음과 같다.

"아, 물이 어찌 크고 작고 깊고 얕은 물 뿐이랴. 내가 물을 봤던 것이라면 가두어 놓은 물로 작은 것은 우물이고 큰 것은 연못이었다. 흐르는 물로 작은 것은 시냇물이고 큰 것은 강과 하천이었다. 그래서 내가 생각하기를 '가두어 놓은 물로는 연못보다 큰 것이 없고 흐르는 물로는 강하江河보다 큰 것이 없다'고 여겼는데, 이제 동해 바다에 나와 보니 연못과 강하가 모두 절대로 내 눈에 큰 물이 될 수 없구나. 바다가 이렇게 크고 이렇게 깊은 까닭을 연구해 보면 작은 물줄기를 가리지 않고 모으고 모아 이에 이른 것이 아니겠는가. 바다의 근원은 곧 강하와 시냇물일 것이다. 『주역』 지풍승괘地風升卦 대상大象에 나오는 '적소이고대積小而高大(작은 것이 모여 큰 것이 됨)'가 바로 저 바다를 이르는 말이었구나!"

마지막으로, 본서 속에 혹 절차탁마 되지 못한 거친 구절이 있으면, 살피시어 부디 한 사람의 독자라도 내성외왕內聖外王의 자리에 오르시고, 순간순간 '죽이고 죽이는 길'이 아닌 '살리고 살리는 생생生生의 길'을 취하시어 영원한 행복을 맛보시길 간절히 바라는 마음으로, 졸작이지만 정성을 다해 엮어 올리는 바이다.

참고로, 처음 역易의 세계에 입문하려는 독자들을 위한 '역의 이해'를 제1권의 말미에 덧붙여두었음을 밝혀둔다.

2020년 3월, 전 세계적으로 코로나19와 전쟁을 치르는 와중에
문수산 기슭에서
易農生 張永東 易拜

문자가 없던 시절, 64괘를 처음으로 만들고 역易을 최초로 지은 사람은 복희(伏羲) 임금이었다. 이어 문자가 나온 뒤 문왕(文王)이 64괘 하나하나마다 친절하게 괘를 설명하는 글을 지었고, 그 아들 주공(周公)은 384효 하나하나에 자세한 설명을 달았다. 이로써『주역』의 64괘에 대한 괘사(卦辭)와 효사(爻辭)가 완성되었다. 이렇게 이루어진『역』을 흔히 변치 않는 진리를 담은 경전經典이라는 의미에서『역경易經』이라 한다. 하지만 이것으로 오늘날 우리가 만나게 되는『주역』의 최종 형태가 완성된 것은 아니다. 주공이 죽은 지 500년 후, 학문의 왕이라는 공자(孔子)가 복희·문왕·주공의 뜻을 이어받아 기존의『역경』에 주석을 덧붙이고 자신의 인본주의 철학을 입히게 되었다. 이를 위해 공자는 모두 7종 10편의 글을 완성하였는데, 이를 열거해 보면 다음과 같다.

①② 단彖 상·하
③④ 상象 상·하
⑤ 문언
⑥⑦ 계사 상·하
⑧ 설괘
⑨ 서괘
⑩ 잡괘

상기 7종 10편의 글은『역경』에 대한 일종의 해설이자 추가 설명이라고 할 수 있으며, 이를 흔히 '10익翼' 혹은 '공자 10익'이라고 한다. 이때의 '익翼'은 '돕는다'는 의미다. 십익은 공자가 지었다는 것이 일반적인 설명이지만, 공자 혼자서 완성한 것이 아니라 전국시대부터 한漢나라 초기에 이르는 시기에 여러 유학자들에 의해 저작된 것이라고 추정하기도 한다. 아무튼, 『역경』을 체계적으로 해설한 이 '십익'이 더해짐으로써 『주역』은 마침내 경전으로서의 최종 위치를 확고히 점하게 되었다.

한대漢代의 학자들은 유가 경전을 해석한 저작을 '전傳'이라고 불렀으며, '십익' 역시 '역전易傳'이라 불렀다. '경經'이 사과를 보여줌이라면, '전傳'은 사과를 보고 문자로 표현해 놓은 것이라 비유할 수 있겠다.

'십익' 혹은 '역전'은 『주역』 경문(64괘, 괘사, 효사)에 대한 해설이라고 할 수 있는데, 불행히도 이 해설 역시 오늘날의 우리가 읽고 바로 이해하기에는 퍽 난해한 것이 사실이다. 하지만 이 '역전'을 통하지 않고는 『주역』에 대해 바르고 충분하게 이해할 다른 방법이 없다. 위편삼절韋編三絕이라는 고사를 만들어낼 정도로 『주역』 공부에 몰두했던 성인 공자의 말씀이니 구구한 이유를 붙일 것도 없겠다. 따라서 우리가 해야 할 일은 우선 '십익'의 내용을 충실하게 이해하여 『주역』의 진미를 맛볼 수 있도록 하는 것이다. 이 책이 그 길라잡이가 되어줄 것이라 믿으며 독자 제현의 질정을 기대한다.

끝으로 십익편 교정을 도와준 황리 선생에게 감사를 드리는 바이다.

2021년 9월 추석 문수산 기슭에서

易農齋 張永東 易拜

☯ 차 례

생생주역

계사전·상

繫辭傳·上

■ 계사전 해설

쌍호호씨雙湖胡氏(胡一桂)[1]가 이런 말을 했다.

"「계사전」에서 '성인이 말씀을 달았다[繫辭]'고 말한 부분이 여섯이다. '성인이 괘를 배풀어 괘상을 보고 말을 달아 길흉을 밝혔다[聖人設卦觀象繫辭焉而明吉凶]'라 하고, '성인이 천하의 움직임을 보고 말을 달아 길흉을 판단했다[聖人有以見天下之動繫辭焉以斷其吉凶]'라고 한 것이 두 번 나온다. '말을 단 것은 이로써 일러주는 것이다[繫辭焉所以告也]'라 하고, '말을 달아 그 말을 다한다[繫辭焉以盡其言]'라 하고, '말을 달아 분부하니[繫辭焉而命之]'라 하였으니, 모두 문왕과 주공의 괘사와 효사를 가리켜 말한 것이다. 「계사전·상」 「계사전·하」는 공자가 『역경』 괘효의 대체와 범례를 통합적으로 논한 것이다. 앞 시대의 성인이 역을 지은 유래를 논한 것은 복희씨의 '위로 보고 아래로 살핌[仰觀俯察]'과 '역에 태극이 있음[易有太極]'과, '하도낙서河圖洛書' 등 몇 개의 문장이 있다. 역을 사용하는 방법을 논한 것은 '크게 펼친 수가 50이다[大衍之數五十]'라는 문장과 '괘효의 강유와 상수의 변화[卦爻之剛柔象數之變化]', '삼극의 도[三極之道]', '어둠과 밝음의 연고[幽明之故]', '귀신의 실정과 실상[鬼神之情狀]' 등으로 다 찾아내어 주어 숨겨진 것이 없다. 상하의 경전만 있고 「계사전」이 없었더라면 상수象數의 학문이 밝아지지 않고, 의리理義의 정미함이 드러나지 않아서, 『역경』 또한 필경 오랜 세월 동안 사용되어 인의仁義와 중정中正의 귀취歸趣에 나아갈 수 없었을 것이다. '대전大傳'이란 명칭은 태사공太史公(司馬談)이 '천하가 돌아감이 같아도 길은 다르며[天下同歸而殊塗], 이룸이 하나여도 걱정은 갖가지이다[一致而百慮]'의 구절을 인용하며 '역대전'이라고 한 것에서 비롯되었다. 태사공은 양하楊何에게 역을 수학했는데, 양하의 무리가 스스로 지은 『역전易傳』이 세상에 돌아다녔기 때문에, 공자孔子를 지칭할 때는 '대전大傳'이라 하여 구별하였다."[2]

정자는 이랬다.

---

1 호일계(胡一桂, 1247~?). 元의 학자. 주희의 학문을 종주로 하여 도학을 강학, 역학에 정통하여 『역본의부록찬소(易本義附錄纂疏)』, 『역학계몽익전(易學啓蒙翼傳)』 등을 저술.

2 胡一桂, 『周易本義附錄纂注』: "繫辭傳中, 言聖人繫辭者六. 曰聖人設卦觀象繫辭焉而明吉凶, 曰聖人有以見天下之動繫辭焉以斷其吉凶者凡兩出. 曰繫辭焉所以告也. 曰繫辭焉以盡其言, 曰繫辭焉而命之, 皆指文王周公卦爻辭言也. 若繫辭上下傳, 則是孔子統論一經之卦爻大體凡例. 如論先聖作易之由, 則見於包羲氏仰觀俯察, 及易有太極, 及河圖洛書數章. 如論用易之法, 則見於大衍之數五十章, 與夫卦爻之剛柔象數之變化, 三極之道, 幽明之故, 鬼神之情狀, 皆搜抉无隱. 若徒有上下經而无繫辭傳, 則象數之學不明, 理義之微莫顯, 易亦竟无以致用於萬世, 而適乎仁義中正之歸矣. 其有稱大傳者, 因太史公, 引天下同歸而殊塗一致而百慮, 爲易大傳. 蓋太史公, 受易楊何, 何之屬, 自著易傳行世, 故稱孔子者, 曰大傳以別之耳."

"성인이 뜻을 깊게 둔 부분은 모두 「계사繫辭」에 있다. 『시경』과 『서경』은 격언格言이다. 「계사전」은 본래 『주역』을 설명하려고 한 것이니, 먼저 괘의 의미를 탐구하지 않는다면 「계사전」을 알 수 없다. 「계사전」의 글은 후대의 사람이 결코 따라할 수 없다. 조물주가 만물을 냄으로 비유하자면, 예컨대 한 가지의 꽃을 만들어낼 경우, 어떤 이는 다듬어 내고, 어떤 이는 그림으로 그려낸다. 보기에는 서로 비슷하지만, 끝내 조물주가 만든 것이 저절로 생의를 지니고 있는 것과는 같을 수 없다."[3]

다음은 주자의 말이다.

"「계사繫辭」는 본래 문왕과 주공이 지은 말씀으로, 괘卦와 효爻의 아래에 단 것을 이르니, 곧 지금의 경문經文이고, 이 편篇은 공자가 지은 계사繫辭에 관한 전傳이다. 한 경經의 대체와 범례를 통론하였기 때문에, 경문에 붙일 만한 곳이 없어서 별도로 상편과 하편으로 나누었다. 64괘를 익숙하게 읽으면 「계사전」의 말이 정밀함을 알게 되니, 이는 『역』을 총괄하는 보기이다. 「계사전」에서는 조화를 말하여 『역』을 언급하거나, 『역』을 말하여 조화를 언급하였으니, 이런 도리에서 벗어나지 않는다. 64괘에서 상경의 설명은 정리되어 있고, 하경의 설명은 난잡한데, 「계사전」도 이와 같아서 「상전」은 보기 좋고 「하전」은 이해하기 어렵다."[4]

운봉호씨雲峯胡氏(胡炳文)[5]는 이렇게 말했다.

"「계사전·상」 「계사전·하」가 각각 12장인데, 처음에는 모두 이간易簡을 말하고, 마지막에는 역이 덕행德行에 있지 언변言辯에 있지 않음을 말하였으니, 「계사전」이 사람들에게 역을 배우는 요지를 제시한 것이 깊고 절실하다."[6]

---

3 程伊川, 『伊川易傳』: "聖人用意深處, 全在繫辭. 詩書乃格言. 繫辭本欲明易, 若不先求卦義, 則看繫辭不得. 如繫辭之文, 後人決學不得. 譬之化工生物, 且如生出一枝花, 或有剪裁爲之者, 或有繪畫爲之者. 看時雖有相類然, 終不若化工所生, 自有一般生意."

4 朱熹, 『周易本義』: "繫辭, 本謂文王周公所作之辭, 繫于卦爻之下者, 卽今經文. 此篇, 乃孔子所述繫辭之傳也. 以其通論一經之大體凡例, 故无經可附而自分上下云. 熟讀六十四卦, 則覺得繫辭之語, 其爲精密, 是易之括例. 繫辭, 或言造化以及易, 或言易以及造化, 不出此理. 六十四卦, 只是上經說得齊整. 下經便亂董董地, 繫辭也如此. 只是上繫好看, 下繫便没理會."

5 호병문(胡炳文, 1250~1333?). 元의 학자. 『주역(周易)』에 정통하고, 주희의 학문을 깊이 연구함. 저서로 『주역본의통석(周易本義通釋)』, 『사서통(四書通)』, 『운봉집(雲峰集)』 등 다수.

6 胡炳文, 『周易本義通釋』: "上下繫, 各十二章, 始皆言易簡, 終皆言易在德行不在言, 辭示人學易之要深切矣."

계사전(상) 제 1 장

天尊地卑 乾坤定矣 卑高以陳 貴賤位矣 動靜有常 剛柔斷矣 方以
類聚 物以群分 吉凶生矣 在天成象 在地成形 變化見矣.
하늘은 높고 땅은 낮으니 건과 곤이 정해진다. 낮음과 높음으로 진열되니 귀
함과 천함이 자리한다. 동과 정에 떳떳함이 있으니 강과 유가 결단된다. 방향
은 부류로써 모아지고 사물은 무리로써 나누어지니 길과 흉이 생긴다. 하늘에
서는 형상이 이루어지고 땅에서는 형체가 이루어지니 변과 화가 나타난다.

공자가 『주역』을 해설하는 첫 일성이 '천존지비天尊地卑'이다. 이 '천존지비'야
말로 바로 공자 주역철학의 핵심이 아닐까. '하늘은 높고 땅은 낮다'고 하는 '천존
지비'의 뜻은, 직역되는 의미보다 숨어있는 함의含意가 더 크다. '존尊'의 의미는
마냥 높다는 '고高'와 다르고, '비卑'는 '저低'와 다르다. 의역을 해보면 하늘은 본시
本是 땅보다 높지만 먼저 땅을 높이고, 땅은 본시 하늘보다 자신이 낮지만 하늘을
받들고 모시고 가기에 동등한 대접을 받는다는 소리이다. '건곤'이 동등한 가치를
지니면 확실하게 '고귀高貴'도 같이하고 '비천卑賤'도 같이할 수 있는 것이다. 이런
천지법도를 알고 실천해온 자는 '고귀'하고, 그렇지 않은 자는 '비천'하기에 이런
까닭으로 '귀천貴賤'이 자리한다. 다시 말해 공자의 주역철학으로 볼 때 '천존지비'
는 '남자는 귀하고 높고, 여자는 낮고 천하다'가 아니고 '군자의 도는 높이고 귀하
게 여겨야 하고, 소인의 도는 발을 붙일 수 없게 해야 한다'는 것이라고 할 수
있다.[7] 이런 천지 가운데 움직이고 멈추는 '동정'에도 변하지 않는[動靜有常] 룰이
있기에, 강하고 부드러운 '강유剛柔'가 확연히 구별되어 때로 움직이기도 하고 고
요해지기도 하는 것이다.[8]

---

7 시쳇말로 "天尊地卑는 男尊女卑란 말과 같다"고 한다. 이 시대의 男尊女卑란, "남자가 존재하는
　이유는 단지 여자의 비위를 맞추기 위해서"라고 이구동성한다. 또 "남자의 존재 이유는 두 말할
　것 없이 여자의 아름다움을 유지하기 위한 비용을 대기 위함"이란다.
8 만물은 움직이는 것[陽動] 같아도 정지[陰靜]하고 있으며, 정지하는 것 같아도 움직이고 있다.
　호흡잠 등이 그런 것이다. 즉 무극[제로]이 극하면 태극[음양]이요, 태극이 극하면 무극이 된다
　는 소리이기도 하다.

이러한 물상들은 곳곳에 따라 끼리끼리 모이고[方以類聚], 사물의 군상들은 각기 다른 형상과 특성대로 군락을 이루며 살아가기에[物以群分] 길과 흉이 생겨날 수밖에 없는 것이다. 즉 장소와 특성에 따라 끼리끼리 모이고, 같은 물색으로 무리를 지어 살아가니, 이해관계가 충돌되어 길흉이 생겨나는 것이다. 예로 남편은 일터에서 돈을 벌고, 여편들은 적든 많든 그 돈으로 집에서 아이들을 키워낸다. 그런고로 하늘에서는 천체의 성상性狀이 이뤄지고, 땅에서는 구체적인 형상形狀이 나타남으로써, 그 사이에서 길흉의 변화가 일어나게 되는 것이다.[9][10]

「계사전」을 중심으로 주석한 겸와謙窩 심취제沈就濟는 이 첫 구절을 공자가 이치로 푼 심학心學이라 일렀다.[11] 위암韋庵 김상악金相岳은 이 첫 장을 '역괘유행易卦流行'으로 보고 이렇게 설명하고 있다.

"하늘과 땅은 건곤의 몸체이고, 높음과 낮음은 건곤의 자리이다. 그러기 때문에 하늘은 위에서 높고, 땅은 아래에서 낮다. 동정은 음양의 상도常道이기 때문에, 양은 움직이고 음은 고요하여, 강과 유가 결단된다. 방향과 사물에는 선과 악이 있기 때문에, 방향이 모이고 사물이 나누어짐에 길과 흉이 생긴다. 형상과 형체는 위아래가 있기 때문에, 형상을 이루고 형체를 이룸에 변화가 나타난다. 이것은 건곤의 마주하는 몸체에 근거하여 역괘易卦의 흘러가는 작용을 말한 것이다."[12]

성호星湖 이익李瀷은 위암韋庵의 '역괘유행'을 다음과 같이 좀더 구체적으로 설명하고 있다.

---

9 하늘에는 추상적인 현상이, 땅에서는 구체적인 형체가 이루어지며 변화가 드러나는데, 기질이 맑고 순수한 ☰(리)와 같은 것은 ☱(간)과 같이 위로 하고(☳, ☴), 기질이 잡박하고 거친 ☵(감)과 같은 것은 땅과 같이 아래로 한다(☶☷). 위에 '方以類聚'를 따 사물의 성질과 종류를 정리한 『事文類聚』나, 한약제의 성질을 모은 『方藥合編』, 『醫方類聚』 같은 책도 있다.

10 소식, 『동파역전』, 506쪽. : "天地는 一物이고, 陰陽은 一氣다. 때로는 象이 되고, 때로는 形이 된다. 象이란 形의 정화로서 위에 나타나고, 形은 象의 체질로서 아래에 머무는 것이다. 사람들은 그것이 위아래에 있는 것을 보고, 둘로 여긴다. 어찌 그것이 둘이겠는가? 이른바 세상 변화는 결국 나온 곳은 하나이지만, 있는 곳은 둘이다. 둘로부터 확대해 나가니, 헤아릴 수 없을 정도에 이른다. 고로 하늘에서 象을 이루고 땅에서 形을 이루는 것은 막 변화의 시작을 알린다."

11 沈就濟, 『讀易疑義』 : "繫辭首一節, 以理言心學也."

12 金相岳, 『山天易說』 : "天地者, 乾坤之體也, 尊卑者, 乾坤之位也, 故天在上而尊, 地在下而卑. 動靜者, 陰陽之常也, 故陽動陰靜, 而剛柔斷矣. 方物有善惡, 故方聚物分, 而吉凶生矣. 象形有上下, 故成象成形, 而變化見矣. 此因乾坤對待之體, 言易卦流行之用."

"역의 첫머리는 '건곤乾坤괘'이다. 건은 높아서 하늘을 상징하고 곤은 낮아서 땅을 상징하니, 천지天地는 사물이고 건곤乾坤은 괘의 이름이다. '낮고 높음'은 위아래이다. 여섯 자식이 건곤의 가운데 포함되니, ☰(건)이 세 번 구하여 ☳(진)·☵(감)·☶(간)을 얻고, ☷(곤)이 세 번 구하여 ☴(손)·☲(리)·☱(태)를 얻는다. 아래의 획은 낮음이 되고, 위의 획은 높음이 되는데, 낮은 것으로부터 높아지기 때문에 '낮음과 높음'이라고 하였다. 낮은 곳에 진열되면 ☳(진)과 ☴(손)이 되고, 가운데에 진열되면 ☵(감)과 ☲(리)가 되고, 높은 곳에 진열되면 ☶(간)과 ☱(태)가 된다. 한편 무성한 숲에 새와 짐승이 함께 돌아가고, 썩는 냄새에 파리와 개미가 함께 돌아가는 것이, 바로 '방소에 따라 끼리끼리 모아짐[方以類聚]'이다. 그러나 새와 새가 무리이고, 짐승과 짐승이 무리이며, 파리와 파리가 무리이고, 개미와 개미가 무리이니, 바로 '사물이 무리로서 나누어짐[物以群分]'이다.

역에서 상을 취한다면, 대축괘의 양마[九三良馬逐]·동우[六四童牛之牿]·분시[六五豶豕之牙] 같은 방향으로 류류가 모아지고[方以類聚], 건괘는 용龍으로 대장괘는 양羊으로 점괘漸卦는 기러기[鴻漸]로 사물이 무리로서 나누어진다[物以群分]."[13][14][15]

다산은 '방이류취方以類聚 물이군분物以群分'을 12월괘로 간단하게 설명한다.

"괘는 동서남북의 방소方所에 따라 그 성격이 달라진다. 즉 동쪽괘·남쪽괘·서쪽괘·북쪽괘가 그것이다. 따라서 그 괘에 따라 구체적인 물상物象도 정해진다. '유취類聚'는 복괘·임괘·지천태괘·대장괘·쾌괘처럼 양이 자라나면서, 양획 가운데 음획이 전혀 끼어들지 못한 괘가 만들어지고, 구괘·둔괘·천지비괘·관괘·박괘처럼 음이 자라남에, 음획 가운데 양획이 일절 끼지 못한 괘로 이뤄져 가는 모습이다. 또 중부괘·소과괘처럼 음양의 같은 획들이 가운데 모인 괘를 볼 수 있다."

---

13 李瀷, 『易經疾書』: "易中取象, 如大畜之良馬童牛豶豕之類, 方以類聚也, 乾龍壯羊漸鴻之類, 物以群分也."

14 李瀷(1681~1763)의 『易經疾書』는 『주역』의 성립과정을 체계적으로 설명하였고, 또 64괘를 『주역』의 배치 순서에 따라 차례로 설명하였는데, 364효가 내포하고 있는 뜻을 근거로 삼아 그 괘가 가지고 있는 진의를 파악하였다. 권1·2는 건(乾)에서 이(離)까지 30괘, 권3·4는 함(咸)에서 미제(未濟)까지 34괘, 권5·6은 계사(繫辭)·설괘(說卦)·서괘(序卦)·잡괘(雜卦) 각 1편 등으로 구성되어 있다.

15 성호는 권두에 "다행스럽게도 늦게 태어나서 『주역』이 간직한 깊은 뜻에 대하여 군현(羣賢)들의 훈사(訓辭)를 보게 된 것을 기쁘게 생각한다"고 말하고, 『주역』이 비록 어렵기는 하지만 군현들의 말을 이의하여 추구해 나간다면 이해하게 된다고 후학을 지도하고 있다. 또한 『주역』에 대하여 "易이란 三代 때의 通名으로, 夏·商의 역은 경전에서 상고할 길이 없어 알 수가 없지만, 『周禮』에 의하면 太卜이 三易을 맡았다고 하는데, 삼역이란 『연산역(連山易)』·『귀장역(歸藏易)』·『주역』을 말하는 것이며, 삼역 모두가 8괘와 64효의 설이 있다"고 하였다.

이런 설명들과 달리 실록에서는, 정치는 '명분을 세우는 일[必也正名]'이라며 '비고이진卑高以陳 귀천위의貴賤位矣'로 엄하게 대처하라는 상소가 살벌하다.[16] 또 '민생은 날로 조잔凋殘한 데 이르고, 학교는 날로 방실放失한 데 이른 것'이 오늘날 조로남불 소위 조국흑치曹國黑恥를 보는 것 같고,[17] '상하가 분수를 잃고 사치가 만연함'은 고금이 다르지 않다.[18] 이는 세상에 넘나들 수 없는 천지법도가 있기

---

16 전 行上護軍 金新民이 아뢰기를, "신이 감히 管見을 모아 우러러 宸聰을 간여하옵나니, 첫째 名分을 정하소서. 공자가 繫易에서 이르기를, '천존지비 하니 곤괘가 정해지고, 비고이진 하니 귀천이 자리 잡았다 하였으니, 진실로 상하의 名分은 삼가지 않을 수 없습니다. 신이 다시 생각해보건대, 名은 어지럽힐 수 없으니, 어지러우면 즉 僭濫하고, 分은 지나칠 수가 없으니, 지나치면 즉 僭越합니다. 이제 市井의 무뢰한 무리와 不良雜輩들이 저자에 앉아서 생계를 도모하되, 오로지 시기를 틈타서 射利하니, 재물이 累巨萬하며, 호화스러운 사치만을 숭상하여, 날로 荒淫放肆하고, 살찐 말을 타고, 화려하 비단옷을 입고, 朝臣과 平民 보기를 犬羊 같이 하니, 等威가 분별이 없습니다. 이제부터는 名分을 정하고 풍속을 바루소서"라고 상소하였다.
_ 『조선왕조실록』 7집, 세조 11년 을유(1465) 3월 26일(계유).

17 成均進士 宋希獻의 上書이다. "'주역』에 이르기를, '하늘은 높고 땅은 낮아서 건곤이 정해지고, 낮고 높은 것이 베풀어져서 貴賤이 자리 하였노라' 했습니다. 이런 까닭으로 귀한 것으로 천함에 임하고 천한 것으로 귀함을 받들어서, 윗사람이 아랫사람을 부리는 것이 心腹의 수족을 운전하는 것과 같고, 아랫사람이 윗사람을 섬기는 것이 枝葉이 本根을 비호하는 것과 같은 연후라야, 上下가 서로 보전되며 국가가 편안하게 다스려지니, 상하의 분수는 문란할 수가 없고 고알(告訐, 피해자가 아닌 사람이 남을 고발함)하는 풍습은 자라게 할 수 없습니다. 신이 보건대, 근년 이래로 관리에게 조그마한 過失이 있어도 취모구자(吹毛求疵, 억지로 남의 작은 허물을 들추어냄)하여 갑자기 고소를 올려, 반드시 不測한 죄에 두게 하여야 그 마음이 상쾌하니, 이로 말미암아 수령은 그 백성을 두려워하지 않을 수 없고, 경대부는 그 아전을 두려워하지 않을 수가 없어, 威令이 행하여지지 못하게 되어, 나라의 일이 많이 이지러지니, 이것이 어찌 聖明의 다스림에 누가 있는 것이 아니겠습니까? 어찌하여 근년 이래로 孝悌의 도리가 沮喪하고 풍속이 점점 박하며, 科擧가 밝지 못하고, 銓選이 공정하지 못하며, 선비는 염치가 없고, 여자는 貞節이 없으며, 상하는 분별이 없고, 服色은 문채가 없습니까? 守令은 자기의 살찌우는 데에만 오로지 힘쓰고, 師長은 세월만을 근근히 보내며, 民生은 날로 凋殘한 데에 이르고, 學校는 날로 放失한 데에 이르렀습니다." _ 『조선왕조실록』 8집, 세조 14년 무자(1468) 6월 14일(임인).

18 大司憲 韓致亨 등의 上疏이다. "주역에 말하기를, '천존지비하여 건곤이 정해지고, 비고이진하니 귀천이 자리 잡았다'고 한 것은, 상하의 분수는 바꿀 수 없다는 것을 말한 것입니다. 그런 까닭으로 반드시 먼저 상하의 분수를 변별한 뒤라야 백성의 뜻이 정해지고 예의를 둘 바가 있는데, 이제 公·卿·大夫들이 부귀에 익숙하여, 큰 집을 다투어 지으면서 심상하게 여겨 한도가 없고, 재력을 다하여야 그칩니다. 朱粉을 輝煌하게 하고, 巧麗하게 새기고 깎아 장식한 것이, 거의 궁궐보다 더 지나치되, 스스로 僭越한 것이 그르다는 것을 괴이하게 여기지 아니하는데, 더구나 장사하는 무리와 노예의 미천한 신분으로도 한 번 돈과 재물이 있으면 또한 분수를 헤아리지 아니하고 집과 사택을 다투어 일으키어 번화한 것만을 힘써 숭상하니, 칸 수의 많음과 화려하게 꾸민 것이 또 경대부보다 뛰어납니다. 이에 서인의 집이 조정의 신하의 집을 능가하고, 朝臣의 집이 궁궐과 같이 사치스럽고, 크기에 절조가 없으며, 廉陛가 엄격하지 못하다 하여, 僭濫된 풍습을 점점 자라게 할 수는 없으니, 작은 연고가 아닙니다. 대저 治體는 時俗에서 숭상하는 것을 바르게 하는 데 있습니다. 시속에서 숭상하는 것이 사치하고 참람되면서, 잘 다스려지기를 바라는 것은 있을 수 없습니다. 집이 사치하고 큰 것은 마음과 뜻이 사치하고 큼이며, 집이 높고 큰 것은 心志가 높고 큰 것입니다. 恭讓과 忠貞으로써 그 몸을 윤택하게 하지 아니하고, 奢泰와 高大함으로써 그 집을 윤택하게 하는 것은 인신의 도리가 아닙니다."
_ 『조선왕조실록』 8집, 성종 2년 신묘(1471) 6월 8일(기유).

때문이 아닐까.[19] 한용운의 '운명'이 걸죽하다.[20]

---

19 이조판서 宋時烈이 상소하였다. "대저 임금과 신하는 하늘과 땅이니, 임금의 형세가 높아지지 않을 것을 걱정할 것이 아니라, 오직 너무도 엄하고 두렵게 대해 상하가 막힐까를 걱정해야 하는 것입니다. 그래서 주역에 이르기를 '하늘은 높고 땅은 낮으므로, 이에 따라 건과 곤의 상이 정해지고, 사물이 높고 낮게 배열된 것에 따라 상하의 위치가 정해지는 것이다[天尊地卑 乾坤定矣 卑高以陳 上下位矣]' 라고 하였는데, 이는 君臣의 나뉨이 서로 넘나들 수 없는 天地와 같다는 것을 말한 것입니다. 그러나 한 걸음 나아가 그 묘한 변화의 이치를 논해 보건대, 위에 하늘이 있고 아래에 땅이 있으면 否卦가 되고, 땅이 위에 있고 하늘이 아래에 있으면 泰卦가 되는데, 이는 대체로 천지가 교류하지 않으면 만물이 나오지를 못하고, 군신이 교류하지 않으면 공적이 이루어지지 않기 때문인 것입니다. 삼가 원하건대 전하께서 祖宗의 발자취를 이어받으시면서, 大易의 象을 완상하고, 주자의 가르침을 음미하시어, 용감하게 因循姑息的 습성을 제거하고, 속히 건강을 회복하는 독한 약의 효력을 거두신다면, 그만한 다행이 없겠습니다."
_ 『조선왕조실록』 36집, 효종 9년 무술(1658) 12월 6일(무진).

20 한용운, 『박명』, '색주가' : "열여섯 살, 섣달 그믐날, 축시라. 글자 세 자를 짚어보라 하니, 남쪽 '南' 자. 또 한 자 짚으니 선비 '儒' 자, 세 번째를 짚으니 당나라 '唐' 자였다. '南' 자는 9획이라, 八八際之하면 1이 남으니 ☰(건)괘가 되고, '儒' 자는 16획인데, 8을 제하면 8이 남으니 ☷(곤)괘가 된다. 또 동효는 어떻게 되었는고? '唐' 자가 10획인데, 六六際之 하니까 4가 남으니, 4효가 동이로구나. 좋다, 참 좋다. 괘도 잘 나오고 동효도 썩 잘 되었구나. 처음에 건괘요 나중에 곤괘니 그것은 '지천태괘'가 된단 말이야. 지천태괘는 여간 좋은 괘가 아니거든. 계사전 첫머리에 '천존지비하니 건곤이 정의(天尊地卑乾坤定矣)'라고 하였으니, 그것은 하늘은 우에 있고 땅은 아래에 있으므로 건괘와 곤괘가 되었다는 말이나, 그것은 대체의 말씀이고, 괘상으로 보면 곤괘가 위에 있고 건괘가 아래 있는 것이 좋다는 말이야. 그러니 지천태괘가 나온 것이 대단히 좋지. 그런데 이러한 학문은 보통 점장이들은 모르는 것이야. 여간 사람들이 주역 이치를 알 수가 있나. 하하하. 또 4효 동이면 대단히 좋거든. 지천태가 뇌천대장이 되었거든. 뇌천대장은 하늘에서 우레를 치면, 그 기상이 크고 웅장하다는 뜻이니까. 그리고 수명은 얼마나 될까 하니, '耳順에 加立'이라, 이순은 육십이요, 입은 삼십인데, 육십에 삼십을 더하면 구십 上壽는 떼는 당상이로구나. 좋다. 이만하면 上之上은 못 되어도, 중지상은 되는구나."

是故 剛柔相摩 八卦相盪 鼓之以雷霆 潤之以風雨 日月運行 一寒
一暑

이에 강유가 서로 마찰하며 팔괘가 서로 섞여서 우레와 번개로 고동하며, 바람과 비로 적셔주며, 해와 달이 운행하고, 한 번 춥고 한 번 더워,

이 때문에 '강유'가 서로 마찰하고[剛柔相摩] '팔괘'가 오고 가며 변화를 이뤄간다[八卦相盪]. 곧 강유가 서로 밀어내고 당기면서 마찰하고, 팔괘가 부글부글 끓는 물 속에 서로 앞서고 뒤서며, 끌어안고 뒹굴면서 그네 타듯 아래 위를 움직이며 간다. 끓는 물 속에 팔괘가 만 가지 유형을 하니, 고로 강유가 서로 부비며 안고 돌아, 서로 '천변만화'를 거듭함을 말한다. 그 예로 '천둥번개'가 천지를 더 고무시키고[鼓之以雷霆], '비바람'으로 천지를 더 깨끗하게 하고[潤之以風雨], '일월'을 운행시켜 추위와 더위를 번갈아 오고가게 하는 것이다.[21/22] '건(☰)의 1강(剛·━)이 곤(☷)과 마찰하여 세 아들[☳·☵·☶]을 낳고, 곤(☷)의 1유(柔·╌)가 건과 마찰하여 세 딸[☴·☲·☱]을 낳는다. 이미 팔괘를 이루고는 팔괘를 다시 팔괘와 섞어서 64괘를 이루니, 아래위 상하의 팔괘가 섞임과 같으니 건곤의 부모가 여섯 자녀를 거느리는 상이다.'[23]

이처럼 조화調和(서로 좋아하는 것)는 둘이 아니면 이루어지지 않는다. 고로 음과 양이 서로 화합하여 사귀어 움직이니, 마치 두 사물이 마찰하여 낳고 또 낳아, 팔괘가 이루어지고 대성괘大成卦가 이루어진다. 곱하여 64괘가 됨은 그릇에 있

---

21 소식, 『동파역전』, 506쪽 : "같은 괘 내에서도 강유가 뒤섞이고[未濟旣濟처럼], 6위 안에서도 서로 밀고 당긴다[屯卦 속에서도 ☵(감)·☳(진)·☷(곤)·☶(간)이 나오게 됨]."

22 위의 '以'를 살펴보면, 갑골문에서 '以' 자의 글자 모양은, 새끼줄을 '몸에 지니고 있는 상태'를 나타내는 것이다. 새끼줄은 인류 초기의 도구 중 하나였다. 한 몸에 휴대하기 편했기 때문에 새끼줄을 몸에 지니고 있는 상태를, '以'자로 나타낸 것은 아주 적절하다. 자형이 대칭되지 않는 이런 상형자의 회의자다. 자형이 대칭되는 '有' 자가 지사자인 것과는 다르다. 「繫辭下」 제2장에서 "새끼줄에 매듭을 지어 일을 기록하였다[結繩記事]"는 구절이나 "새끼줄에 매듭을 지어 다스렸다[結繩以治]" 할 때의 '以' 자는 아주 오랜 연원을 갖기 때문에, 그 용법 또한 다양하지만, 『역』의 작자가 '以' 자의 본래 의미를 그대로 따른 것으로, 이는 사물의 원인과 결과 사이의 관련성에 주목한 것이다. '以' 자의 용법은 '因' 자의 용법과 같다. 이는 금문에서 드물지 않게 볼 수 있다. '因' 자의 '口'는 '城'을 표시하고, 가운데의 '大'는 城이 커진 것을 표시한다. 성이 휑하니 커진 것은, 사람들이 모두 숨어버렸기 때문이다. '因'은 '隱'의 초기 글자이다. 『역』에서처럼 '因' 자를 사용하지 않고 '以' 자를 사용했다.

23 李漢, 『易經疾書』 : "乾一剛摩坤而生三男, 坤一柔摩乾而生三女. 旣成八卦, 以八卦盪八卦, 成六十四, 如下面八卦, 推盪上面八卦."

는 물이 위로 용솟음침과 같으므로 '섞는다[盪]' 하였다. '섞음[盪]'과 '비비며 마찰함[摩]'은 그 뜻에 약간 차이가 있다. 마찰하고 섞어서 음과 양으로 자리하기 때문에, 바람과 우레가 만물을 고동하고, 해와 달이 둘의 사이에서 빛나고, 추위와 더위가 사시에 번갈아 운행되며, 산이 우뚝 솟고 물이 흐르며, 초목이 생장하고 금수가 변화하는 것이다.[24] 고로 만물이 거대한 조화[太和]를 이루는 최고의 통일이 바로 『주역』의 세계라 할 수 있다.[25]

참고로 역은 기본 8괘가 상하로 서로 얽히고설키어[剛柔常摩, 八卦相盪] 64괘를 만들었고, 다시 64괘가 한 괘마다 6위씩 짜여 모두 384위를 낳았다. 복희 임금이 기본 8괘를 그어 역을 창제할 당시에는[26] 문자가 없었으므로 8괘로만 구성되어 있었다 하여, 8괘를 문자기원설로 주장하는 이들도 많다.[27] 8괘를 중복하여 64괘를 만들어 그 괘마다 괘사卦辭를 붙인 것은 주나라 문왕文王이고, 또 6위마다 그 효사爻辭를 일일이 붙인 사람은 주공周公이다.[28] 나아가 공자는 문왕의 괘사卦辭를 보고 다시 '단왈彖曰'로 주석하니 대상大象이 되고, 주공의 효사爻辭를 보고 다시 '상왈象曰'로 주석하니 소상小象이 된 것이다. 그 후 계사繫辭, 설괘說卦, 서괘序卦, 잡괘雜卦 등 십익十翼(ten wings)을 덧붙여 역易을 완성하였다.

---

24 尹行恁, 『薪湖隨筆·繫辭傳』 : "造化, 非兩則不成, 故陰陽相合而交運, 如二物之摩而生之又生, 至於八卦成, 而卦旣成矣. 加倍而爲六十四, 則如水之在器而沸上, 故曰盪, 盪也摩也, 其義差有間焉. 摩而盪之, 陰陽以位, 故風雷而鼓動乎萬物, 日月而昭明乎兩間, 寒暑而迭行乎四時, 山峙而水流, 草木遂而鳥獸化."

25 김학권, 「『주역』의 우주관」, 『공자학회지』(2013) : "'『주역』에서의 천지자연의 운행질서는 천지의 법칙이며, 또한 인간의 법칙이 된다. 또한 『주역』에서의 우주는 공간적으로는 모든 사물이 自他主客의 관계로 긴밀히 연계되어 상호간에 서로의 존재근원을 이루는 연기적 세계인 것이며, 시간적으로는 일체 모두가 음양의 상호작용을 좇아 盈虛消息의 변화를 지속하면서 무궁한 변화를 전개하는 변화의 세계인 것이다. 그리고 時空上의 因果主客의 관계로 긴밀하게 직조된 일체 모두가 하나 되어 거대한 조화[太和]를 이루는 최고의 통일이 바로 『주역』의 우주인 것이다. 따라서 『주역』의 우주는 과학에서 말하는 객관적 대상세계만이 아닌 인간의 情理가 灌注되고 있는 生意充滿한 생명의 세계요, 和諧秩序를 具有하고 있는 도덕적 善의 價値世界인 것이다."

26 『한단고기』 「삼성편」 : 蘇塗經典本訓 왈. "桓易(韓易)과 天符經, 三一神誥, 參佺戒經을 桓國의 녹두문자로 기록하여 전하였다."

27 김성동, 「역사상사전」, 102쪽 : "「계사전」의 '복희 8괘설'을, 공영달·양만리·라쿠페리·양계초·곽말약 등은 문자기원설로 주장한다. 64괘는 공영달에 의하면 왕필의 복희중괘설, 정현의 신농중괘설, 손성의 우왕중괘설, 사마천 등의 문왕중괘설 등 4가지 설이 있다."
사마천, 『보임소경서』와 『사기』 : "西伯이 유리의 감옥에서 주역의 卦辭를 지었으며, 복희가 선천팔괘를 演易하여 문왕이 후천팔괘를 지었다."

28 『尙書』에 따르면, 주공은 주나라의 정치가요 사상가로 문왕의 아들이자 무왕의 동생이다. 성은 姬, 이름은 旦이며, 周公旦이라고도 불린다. 특히 공자가 꿈에도 그리던 사람이다. 그는 384효의 爻辭를 지어 『주역』을 완성했다. 특히 周公祠 앞에 있는 土圭測量臺에서 8괘가 근원하였다고 전한다.

乾道成男 坤道成女 乾知大始 坤作成物
건도가 남성을 이루고 곤도가 여성을 이루니, 건은 큰 시작을 주관하고 곤은 물건을 이룬다.

고로 '건도乾道'로써 남성을 이루고 '곤도坤道'로써 여성을 만들었다. 그러기에 형이상학적 '건'에서부터 크게 시작하여, 형이하학적 '곤'에서 만물로 구체화시켰으니, 이런 '건곤의 도'가 얼마나 위대한 것인가![29/30/31]

주희는 '건의 양은 베풀고 곤의 음은 이룬다'[32] 하고, 윤행임은 '시작하는 것이 없으면 이룰 수 있는 것조차 없다'고 설한다. 즉 사물에는 근본과 말단이 있으니, 안 뒤에야 행하고 시작한 뒤에야 이룬다. 사물이 땅에 걸려 있어서 그것을 이루는 것은 곤坤이지만, 이루어지는 까닭은 건乾에 있다. 그러므로 '건이 시작이 되고 곤이 이룸이 되니', 시작하는 것이 없으면 이룰 수 있는 것이 없다.[33]

---

29 '乾' 자의 오른쪽 부분 '乞'은 갑골문에서 '气'와 같다. 왼쪽 부분 '乞'을 뗀 자는 태양이 풀 속에선 떠오르고 있는 상이다(王延林, 장상평).

30 '坤' 자의 오른쪽 부분 '申'은 갑골문에서는 머리와 꼬리 부분을 제거한 '熏草'를 상형한 것이다. '熏草'는 점치는 데 사용되며 요즘의 향불을 피우는 '焚香'에 해당된다. 하늘에 점쳐서 물은 결과가 '申'을 통해 '土'나 '地'에 도달하면 지상의 사람은 '하늘의 뜻에 순응하여 이를 계승한다[順承天].' '土'는 '坤' 자의 왼쪽 부분이다(장상평 '역과 인류의 사유').

31 '大'는 사람을 상형한 것으로 그 기세가 옆으로 서 있는 사람의 모양 '人'보다 우월했다. 그리고 갑골문과 금문의 '元' 자의 공통점 또한 아랫부분이 모두 사람 모양이라는 것이다. '元'과 '大'의 구분은 바로 '首'와 '途'의 구분, '之'와 '至'의 구분과 같은 경우에 해당된다. 갑골문에서 '元示'는 '큰 제사[大祭]'를 의미한다(王延林).

32 주희, 『周易本義』: "乾知에서 '知'는 주관함과 같다. 건은 시작을 주관하고, 곤은 이것을 이루니, 남녀를 이어서 건곤의 이치를 말한 것이다. 물건이 음양에 속하는 것이 이와 같지 않음이 없으니, 모두 양이 먼저이고 음이 뒤이며, 양은 베풀고 음은 받으며, 양의 가볍고 맑음은 나타나지 않고, 음의 무겁고 탁함은 자취가 있다[知, 猶主也. 乾主始物而坤作成之, 承上文男女而言乾坤之理. 蓋凡物之屬乎陰陽者, 莫不如此, 大抵陽先陰後, 陽施陰受, 陽之輕清未形, 而陰之重濁有跡也]."

33 尹行恁, 『薪湖隨筆·繫辭傳』: "物有本末, 知而后作, 始而後成. 物麗于土, 成之者坤, 而所以成者, 在乎乾也. 故乾爲始, 坤爲成, 不有以始之, 則無可以成者也."

> 乾以易知 坤以簡能 易則易知 簡則易從
> 건은 평이함으로써 주관하고 곤은 간략함으로써 능하니, 평이하면 알기 쉽고
> 간략하면 따르기 쉽다.

'건'으로써 천지 이치를 '쉽게' 알게 하였고(건은 세우고 주는 기능만 있다), '곤'으로써 천지 이치의 그 작용을 '간단명료'하게 알게 하였다(곤은 받아 생육하는 기능만 있다). '건'의 이치가 이렇게 쉽기에 '곤'을 수월하게 알게 하였고, 땅의 이치가 이렇게 간단명료하기에 하늘을 쉽게 좇아갈 수 있는 것이다.

위의 쉬울 '이易'와 바꿀 '역易'과 간략할 '간簡', 즉 '이간易簡'을 성호星湖가 『역경질서易經疾書』에서 아래와 같이 부연 설명하고 있다.

"신묘한 기틀이 고요히 운행됨을 '주관한다[知]' 하고, 현실로 눈앞에 일이 시행됨을 '이룬다[作]' 하니, '건乾이 주관함'은 곤의 이루어냄을 주관하고, '곤坤이 이룸'은 건의 주관을 받들어 계승한다. 사람이 조상에 근본하고, 사물이 흙에 근본하며, 물이 본원本源에 근본하고, 나무가 뿌리에 근본하는 것은 작은 시작에 불과하다. 형체가 있거나 형체가 없거나, 동물이거나 식물이거나, 원기元氣의 변화가 아닌 것이 없으며, 원기 또한 하늘에 근본하니, 이는 큰 시작이라 할 수 있다. 시작은 만물을 이루는 근본이니, 동중서董仲舒도 '도의 큰 근원은 하늘에서 나온다[道之大原出於天]'고 하였다. 말에도 근원이 있다. 역서易書의 '역易'은 변역變易의 '역易'이지만, 변역의 '역'은 용이容易한 '이易'에 근본을 둔다. 공자가 '역을 논함에 한 번은 알기 쉽다[易一則云易知]' 하고 '한 번은 변역을 보였다[二則云示易]'고 하였다. 건은 지극히 강건하고 그치지 않으므로, 나아감이 지극히 쉬우며 신속하다. '쉬움[易]'은 어려움의 반대이니, 참으로 어렵다면 어린 백성들이 역을 어떻게 배울까. '쉬움[易]'을 말하면 변화가 그 가운데 있기에 변역의 '역易'이 된다. 역의 도가 변역이 됨은 쉽게 변역이 되었기 때문이다. 천도는 지극히 쉽기 때문에 변역할 수 있고 성인은 천도를 본받아서 책을 짓고 이름을 '역易'이라 하였으니, 역의 근본은 '쉬울 이易'에 불과하다. 그렇다면 하늘이란 무엇인가? 그 이름은 하늘이고, 그 성격은 강건하며, 그 일은 쉽고[易], 그 자취는 바뀌어가니[易], 하늘의 자취가 바로 책의 이름이다. 그러기에 난이難易의 '이易' 또한 변역變易의 '역易'을 포함하며, 이 어려움을 건이 주관하는 까닭은 건이 이 도리를 쉽게 쓰기 때문이다. 건의 쉬운 도가 곤의 성공에 이르면, 아들 낳고 딸을 낳는 지극히 신묘함이 보존되니, 하늘의 기틀을 계승하여 변화를 머금어 감이 무궁하다. 곤의 도가 작고 크며 넓고 섬세한 것을 때마다 모두 이루어 사물마다 새겨내기 때문에, '간능簡能'이라고 하였던 것이다."

易知則有親　易從則有功　有親則可久　有功則可大　可久則賢人之德
可大則賢人之業

알기 쉬우면 친함이 있고 따르기 쉬우면 공덕이 있으며, 친함이 있으면 오래
할 수 있고 공덕이 있으면 크게 할 수 있다. 오래할 수 있으면 현인의 덕이요,
크게 할 수 있으면 현인의 업이다.

(천지 이치를 부부처럼) 이렇게 쉽게 알기에 '친함'이 있고, 수월하게 좇아가기에
(아들딸 낳는) '공덕'이 생겨나는 것이다. 또 (가족처럼) 친하게 되니 '오래 가고, 그
런 (부모의) 공덕과 공로가 있기에 '위대'한 것이다. 그렇게 (가족을 만들어) 오래오
래 이어져 감을 (부부처럼 현명하기에) '현인의 덕'이라 일렀다. 즉 '건곤'(부부) 만한
위대한 덕을 지닌 것이 없다. 또 그렇게 위대하기에 '현인의 지대한 사업'이라 이
른 것이다. '건곤'처럼 부부만한 큰 사업을 하는 류는 세상에 존재하지 않는다.[34/35]
　위의 내용은 '부부처럼'만 하면 세상은 어려울 것이 없다는 소리다. 부부 만한
친한 사이가 어디 있으며, 부부 만한 공을 세우는 자가 어디 있으며, 부부만큼
오래가는 사이가 또 어디 있으며, 부부만 한 현명한 덕을 누가 지니며, 부부 만한
훌륭한 사업을 하는 자가 어디에 존재하겠는가? 이 부부의 도는 바로 '건곤'의 '이
간易簡의 도'이다. 그런 '이간易簡'을 요임금의 '덕업德業'에 비유해 석재碩齋 윤행
임이 다음과 같이 설하고 있다.

　"그야말로 이간易簡의 이치대로 살다 간 사람은 요임금일 것이다. 그의 행은 쉬워서
　어렵지 않았고, 다스림은 간략하여 복잡하지 않고 번거롭지 않았다. 그러기에 구족九
　族이 화목하여 친친하였고, 만방萬邦이 전쟁 없이 평화를 누렸으니 공적이며, 은택이

34　정약용, 『주역사전』 제8권 : "'易知'의 '易'는 ☳(진)의 성격으로 일을 수행함에 곤란함이 없으며, '簡'은
　　☶(간)의 성격으로 동작을 그치고 일을 이루는 것이니, 그 성격이 번잡하지 않다. 무릇 ☳(진)에서 양
　　하나가 생기면, ☱(태)가 되고, ☰(건)이 되고, 또 음이 비로소 생기기 시작하면 ☴(손)이 되고, ☶(간)이
　　되고, ☷(곤)이 된다. 음양의 왕복 운동은, 다만 양의 운행을 중심으로 따지기에 剝·復이 천체의 운동
　　중심이 되는 까닭이다. 그러므로 震에서 양 하나가 처음 생성되면, 乾의 도가 이미 되돌아온 것이며,
　　艮에서 양 하나로 종결을 지음에, 坤의 도가 이미 일어나는 것이다."
35　소식, 『동파역전』, 509쪽 : "쉽고 간단한 것은 하나를 말한다. 건곤은 오직 무심하기 때문에 하나가
　　된다. 하나이기 때문에 신뢰가 있고, 신뢰하기 때문에 사물이 알기 쉽고 따르기 쉽다."
　　다산은 '大始'를 '太始'로도 해석한다.

후세에까지 흐르고 하늘과 도리를 함께 오래하였으니 치적은 컸다. 한마디로 말하면 이는 모두 요임금의 덕업德業이다."[36]

천지간의 정수精髓를 받고 태어난 영장靈長은 바로 인간이다. 그러기에 '건은 아비가 되고 곤은 어미가 된다.' 아비와 어미의 마음속에는 하나의 '태극'이 있다. 이 태극의 근본이 곧 나의 마음이다. 마음은 기운이고 성품은 이치이다. 그 이치와 기운은 천지에 근본하기에, 이치는 본래 선하지만 기운에는 선과 불선이 존재할 수 있다. 선악과의 논리이다. 맹자는 '마음을 다하는 자는 성품을 알고, 성품을 알면 하늘을 안다'[37]고 했다. 따라서 덕이 있은 뒤에야 업이 있고, 친한 뒤에야 오래가고, 공이 있은 뒤에야 크게 된다. 이처럼 '부부의 도'를 백 점 받는 자는 '이간易簡의 도'를 터득한 자, 곧 성인일 것이다.

> 易簡而天下之理得矣 天下之理得而成位乎其中矣.
> 평이하고 간략함에 천하의 이치가 얻어진다. 천하의 이치가 얻어짐에 그 가운데에 자리를 이룬다.

이렇게 '쉽고 간명'한 천하의 이치를 터득하라[易簡而天下之理得矣]. '이易'는 해와 달을 가리키듯 엄청 쉽고, '간簡'은 대나무 쪼개듯 아주 간단하다. 이런 천하의 쉽고 간명한 이치를 터득할 수 있다면 반드시 성공[聖人]하고 만다.

위에서 이미 '건곤'과 '음양'이 남성을 이루고 여성을 이루었음을 말하였으므로, 여기서는 사람에게 있는 '건곤'을 가지고 '성인'이 이미 역易을 체득하였음을 말한다. 모든 사람과 사물에는 양이 앞서고 음이 뒤서는 이치가 있기에, 양이 처음에 펼치면 음이 끝에서 거두게 되어 있다. 그러므로 '건'이 크게 시작하는 일을 주관하고, '곤'이 만물을 이루어 가는 성공을 실행하는 것이다. '건'은 자강불식自彊不息하고, 사물을 시작함에 엉켜서 막힘이 없으므로 '쉽다[易]' 하고, '곤'은 유순하게

---

36 尹行恁,『薪湖隨筆·繫辭傳』: "易簡者, 其堯之爲君乎. 行之也, 易而不艱, 治之也, 簡而不繁, 九族睦則親也, 萬邦協則功也, 澤流後世, 與天同道, 則久而大也. 合而言之, 則德業也."
37 『맹자』 '盡心章': "孟子曰, 盡其心者, 知其性也, 知其性, 則知天矣."

사물을 이룸에 ‘건’을 따라 하니 ‘간략하다[簡]’ 한 것이다. 이렇듯 사람이 하는 일이 명백하여, ‘건乾’의 쉬움과 같다면 사람들이 쉽게 알 것이고, ‘곤坤’의 간략함과 같다면 사람들이 쉽게 따를 것이다. 그러기에 사람들이 서로를 잘 알면 더불어 마음을 함께하므로 친함이 있고, 사람들이 따르면 더불어 힘을 합치니 공이 있을 것이다. 친함이 있으면 안으로 한결같아서 그 덕을 오래할 수 있고, 공이 있으면 밖으로 겸비하여 그 업을 크게 확장할 수 있다. 여기 ‘현인賢人은 다름 아닌 역易을 쓰는 자를 가리킨다. 쉽게 그 덕을 오래하고, 어렵지 않게 간략히 그 업을 크게 하면, 천하의 이치를 얻지 못함이 없어서, 천지인 가운데 자신의 자리를 이루고 참여하니 당당하게 삼재三才가 될 것이다.’[38]

부부는 세상 무리 중에 최고의 현인이고 성인이다.[39/40] 이를 부정하면 너도 없고 나도 없고, 천지도 없고 신도 존재할 수 없다.[41/42] 실록에는 임금의 결단성 부족을 나무라며 ‘이지간능易知簡能’의 도를 헤아리라 하고,[43] ‘치세의 도’는 본래 지

---

38 吳致箕, 『周易經傳增解』: "賢人, 指用易者也. 易而久其德, 簡而大其業, 則天下之理無不得, 而成位乎天地之中, 參爲三才矣."

39 "부부는 서로 다른 姓을 가진 사람들끼리 서로 다른 個性으로 각각 完成[어른]되어 어른다운 지극한 誠心[언행]으로 聖人이 되어 가는 것이다(性→成→誠→聖). 완성한 남성과 완전한 여성이 하나됨이 바로 참부모가 되는 것이다."(문선명, ‘원리강론’)

40 소식, 『동파역전』, 510쪽 : "無心으로 天理를 다하며 죽어가니, 사는 자도 은혜로 여기지 않고, 죽는 자도 원망하지 않는다. 有心으로 徵倖을 얻으면 은혜로 여기고, 요절하면 원망한다. 은혜와 원망이 함께 이르면 성인이 그 지위를 얻을 수 있겠는가?"

41 張維, 『谿谷集』, ‘이간’ : "感應하는 묘한 이치로 말하면 三才에 공통된 것이다. 그런데 어찌하여 天과 人이 다른 것인가. 有心과 無心의 차이가 있기 때문이다. 하늘과 땅의 속성은 알기 쉽고 따르기 쉬운 것[易簡]으로서, 소멸하고 생장하며 굽혀지고 펴지는 것 모두가 거짓됨이 없이 자연스럽게 이루어지고 있다."

42 "계사상전 1장의 시작이 ‘天地’에서 ‘天下(天地之間)’로 끝나는 ‘天下之位得而成位乎其中矣’는 사유의 큰 圓을 그린다. 내부에서 보면 원은 폐쇄적이나, 외부에서 보면 원은 정향하는 곳이 없다. 내부에서 보면 그것은 안정적이고 배타적이나, 이런 중국 문화의 안정성은, 인류 역사상 유일무이한 현상을 이루게 하였고, 배타성은 현대에 와서 아편전쟁·일제의 침략·문화대혁명 등 세 차례의 치열한 재난을 거친 후에야, 새로운 조류를 형성하게 하였다. 이런 문화 속에서 중국에는 진정한 神도 없고, 오직 여러 단계의 윤리적 층차만 있기에, 이민족(청나라)의 통치를 아무런 심리적 저항도 없이 받아들일 수 있었다."(張祥平, 『역과 인류사유』, 190쪽)

43 獻納 成德朝의 상소. "전하께서는 자질이 매우 높고 총명이 뛰어나시며, 또 학문의 힘으로 보충하셨으므로, 정사와 명령을 시행할 때마다, 하늘의 법칙을 따르지 않은 것이 없었습니다. 그러나 다만 성실을 보존하는 공부에 미진함이 있는 듯합니다. 사업이 光明하기는 하나 더러 결단성이 부족하고, 黜陟이 정당하기는 하나 더러 우물쭈물한 점이 있습니다. 비록 지난번 金龜柱와 洪國榮의 일로 말하더라도, 전하께서 본디부터 김귀주의 반역을 알고 있었는데도 불구하고, 즉위하신 초기에 이르러 여전히 발탁해 쓰는 권고의 뜻을 보이셨고, 바야흐로 홍국영의 간교함을 물리치려고 하면서도, 詔勅을 반포한 날에 당해서는 도리어 그가 떠나는 것을 애석해 하는 뜻이 있으셨습니다. 위대한 성인의 ‘易知簡能’의 도리로 헤아려 본다면 문제가 있는 듯합니다. 아! 天道는 深遠하되 쉬지 않는 운용이 있고,

극히 쉽고 지극히 간략한 이치임을 깨우치고,[44] 문신文臣이 되어 가지고 『주역』을 알지 못한다고 벌주罰酒하는 헤프닝도 보인다.[45] 반면 경서經書가 아니면 치도治道가 나오는 근원을 맑게 할 수가 없고, 사기史記가 아니면 어지러운 것을 다스린 흔적을 상고할 수 없으니, 그렇다고 경서經書 한 가지나 사기史記 한 가지에 치우쳐 폐廢할 수 없으니 경학팀과 사기팀을 5인씩 두라는 정책 건의를 올리기도 한다.[46]

'이간易簡'을 읊은 시도 많다. 허목은 '추회'를 읊었다. "천도의 '이간'을 즐거워

地道는 조용하되 涵育의 조화가 있어 四時가 공효를 드러내고, 해·달·별의 밝음을 바쳐 만물과 만사가 모두 묵묵히 성취되는 가운데 포괄되어 있습니다. 그런데 지금 한 사람의 총명으로 번거로운 온갖 정사를 다 관장하고, 한계가 있는 정력으로 많은 복잡한 온갖 일을 처리하고 계시니, 비록 널리 응하고 곡진히 합당하게 온갖 일이 다 잘 다스려진다 하더라도, 이미 하늘을 본받고 땅을 본뜨는 성인의 의리가 아닐듯 하옵니다." _ 『조선왕조실록』 45집, 194쪽, 정조 4년 경자(1780) 11월 10일(갑신).

44 좌의정 趙翼의 上箚다. "예로부터 聖明한 제왕이 세상을 다스리고 사물에 응하는 방도는 오직 是非와 善惡과 邪正을 평등하게 살펴 버리고 취하는 것일 뿐이었으니, 어찌 조금이라도 견주어 차이를 두려는 사사로움이 그 사이에 개입되었겠습니까. 그러므로 治世의 道는 본래 지극히 쉽고 지극히 간략한 것입니다. 『주역』에 이르기를 '쉽고 간략하게 하여 천하의 이치를 얻는다[易簡而天下之理得矣]'고 한 것이 이것입니다. 지금 李珥와 成渾 두 현신을 문묘에 종사하자는 논의는 실로 거국적인 공론입니다. 두 신하의 학문과 德義의 실상에 대해서는 전후하여 올린 상소에서 이미 진달하였으니, 이제 다시 말할 필요는 없을 것입니다. 당시에 從遊하며 배우는 자들이, 이미 모두 마음속으로 진정 悅服하였으며, 죽은 뒤에는 듣고 보고서 敬慕하는 자들이 거의 온 나라에 퍼져 있어, 시간이 가면 갈수록 더욱 깊어만 가니, 이것이 어찌 억지로 하는 것이겠습니까." _ 『조선왕조실록』 35집, 451쪽, 효종 1년 경인(1650) 9월 16일(정묘).

45 임금이 思政殿에서 정사를 보고는, 이내 술자리를 베풀었다. 임금이 술에 취하여 영의정 鄭麟趾에게 명하여 일어나 춤을 추게 하고, 대사헌 金淳에게 명하여 마주 서서 춤추게 하였다. 이내 병조참판 具致寬에게 전교하기를, "내가 軍政에 생각을 두어 밤에도 편안히 잠자지 못하니, 비록 술이 취함에 이르러도 또한 잊지 못한다"고 하였다. 정인지가 『주역』의 이치를 논하면서 金淳과 魚孝瞻을 돌아보고 물으니, 모른다고 대답하였다. 정인지가 "文臣이 되어가지고 『주역』을 알지 못하니, 마땅히 술로써 이를 벌주어야겠습니다"라고 하였다. 임금이 "오늘 술은 마시는 것이 술을 달게 여기어 즐겨 마시는 것이 아니겠는가?" 하니, 정인지가 "소신이 듣건대, '성상께서 大內에서는 술을 들지 않으신다'고 하는데, 오늘은 여러 신하들과 술을 마시며, 하물며 자리에 앉아 있는 사람이 모두 공신이니 즐거이 술을 마시는 것이 어찌 불가함이 있겠습니까?" 하였다. _ 『조선왕조실록』 7집, 192쪽, 세조 3년 정축(1457) 4월 9일(임인).

46 同知中樞院事 梁誠之의 上書. "藝文館 兼官 20인을 골라서 그 長技에 따라 理學·史學의 두 學業으로 나누어서 『周易』·『易學啓蒙』·『性理大全』을 전공할 자 5인과, 『胡傳春秋』·『左傳春秋』·『史記』·『前漢書』를 전공할 자 5인과, 『通鑑綱目』·『通鑑續編』·『宋元節要』를 전공할 자 5인과, 『三國史記』·『東國史略』·『高麗全史』를 전공할 자 5인을 정하여 두되, 이 5인 중에는 3품에서 1인을, 5품에서 2인을, 참외(參外·7품 이하)에서 2인을 얻어, 모두 四書와 『詩經』·『書經』·『禮記』를 겸하여 전공하게 하소서. 殿講日이 되면 每學에서 으레 2~3인을 강하게 하는데, 초1일에는 10인을 講하게 하고, 15일에는 10인을 講하게 하며, 3개월 안에 3번이나 不通하는 자는 本職에서 左遷시키고, 3차례 通하는 자는 특별히 1資級을 더하여서 性理의 근원을 논하게 하고, 古今의 事跡을 講하게 하소서. 經學·史學 두 學에 각각 都提調 2인, 提調 3인을 두어서 항상 考察을 더하게 하고, 그대로 侍講하도록 하소서." _ 『조선왕조실록』 7집, 633쪽, 세조 10년 갑신(1464) 6월 29일(신해).

하고[樂天道之易簡兮], 인심의 험악함을 애달퍼한다[隘人心之嶮艱], 어이하여 좋고 나쁨 뒤바뀌어서[何休咎之相躍兮], 홀연히 파도처럼 번복되는가[忽翻覆其若瀾]."

명재明齋 윤증尹拯을 추모한 시에도 나타난다. "봄에 생겨난 어진 마음[春生其仁], 쉼이 없는 성실한 뜻[不息其誠], 그 '이간'의 이치를[易簡之理] 우리에게 크게 보여주었네[示我周行]."[47]

김흥락金興洛이 '정재定齋 선생께 올림'에는 '이지간능易知簡能'이 바로 노인과 현인을 숭상하는 뜻이라 한다. "요사이 삼가 들자니, 성상께서 '이지간능易知簡能'의 도리로 공경公卿 품계를 내리셨다고 합니다. 이는 곧 노인을 우대하고 현인을 숭상하는 아름다운 인심과 공의恭懿가 끝내 민멸泯滅하지는 않아, 우리 도학이 행해질 것임을 나타낸 것입니다. 이는 대개 그 조짐兆朕일 것이라, 모든 원근 백성이 두루 손뼉을 치며 경하할 일이거든, 더구나 평소의 사랑을 깊이 입은 자이겠습니까?"

『이간방易簡方』에 대한 논의도 보인다.[48]

---

47 梁得中, 『德村集』, '이간지리[靈光龍巖書院春秋享祝文 明齋先生]' : 龍巖書院은 尹煌·尹宣舉·尹拯 3대를 모신 서원이었는데 대원군 때 훼철되었다.
48 "王碩의 『易簡方』은 後學들에게 指南이 된다. 그동안 사람을 살린 것이 부지기수이다. 근세 士人들은 『春秋』의 사례에 따라 『易簡方』을 계승하면서 새 의서 이름을 『易簡繩愆』, 『增廣易簡』, 『續易簡論』 등이라고 붙였다. 옛사람의 명성을 빌어 자신들의 臆說을 펼치고자 한 것이다. 아, 王氏가 어찌 사람들의 기대를 저버렸겠는가."

계사전(상) 제 2 장

聖人設卦 觀象繫辭焉 而明吉凶 剛柔相推 而生變化 是故 吉凶者
失得之象也 悔吝者 憂虞之象也 變化者 進退之象也 剛柔者 晝夜
之象也 六爻之動 三極之道也

성인이 괘를 베풀어 상을 보고 말을 달아 길흉을 밝히며, 강과 유가 서로 밀어
서 변화를 낳았다. 이런 고로 길흉이라는 것은 잃고 얻었다는 상이요, 회린이
라는 것은 근심하고 걱정을 나타낸다는 상이요, 변화라는 것은 나아가고 물러
나는 상이요, 강유라는 것은 낮과 밤을 나타낸 상이요, 육효의 움직임 또한 천
도와 지도와 인도를 말하는 것이다

성인이 역易에다 '괘卦'를 만들어 놓고[聖人設卦], 먼저 '상象'을 들어 비유해 보
이고는 '괘사'와 '효사'와 '상사'로 길흉을 밝혀 나간다[觀象繫辭焉]. 그리고는 '강유
剛柔'를 서로 밀고 당기어 변화를 일으킨다[剛柔相推而生變化]. 이런 고로 '길흉'이
라는 것은 (내가 원하는 바를) 잃고 얻었다는 상이요[吉凶者失得之象也], '회린(후회와
인색)'이라는 것은 근심하고 걱정을 나타낸다는 상이요[悔吝者憂虞之象也], '변화'라
는 것은 나아가고 물러나는 상이요[變化者進退之象也], '강유'라는 것은 낮과 밤을
나타낸 상이요[剛柔者晝夜之象也], '육효의 움직임' 또한 천도와 지도와 인도를 말
하는 것이다[六爻之動三極之道也].[49][50][51][52]

---

49 '變'은 '進'으로 실현되니 '하늘에서의 현상'이고 '化'는 '退'로 실현되니 '땅에서의 현상'이다.

50 '吝' 자는 언제나 단독으로 사용되고, '각성'의 의미를 갖는다. 즉 아껴야 하고, 주의해야 하며, 조심해
야 한다는 의미이다. 예로 종묘에서 사람들이 모일 때에는 아주 주의해야 한다[同人于宗吝]. '吝' 자의
윗부분 '文' 자는, 갑골문에는 원래 불을 숭배하는 토템을 의미했으나, '몸에 무늬[文飾]가 새겨져 있는
사람'으로 의미가 파생되었다. 이런 사람은 특수한 신분을 가진 사람이다. 갑골문에는 은나라 宣王의
이름으로 되어 있다. 이런 사람들이 口를 열어 하는 말은 언제나 경계시키는 의미를 지닌다. 즉 '아껴
야 한다' 또는 '조심해야 한다'. 이후에 지나치게 아끼고 지나치게 조심한다는 '인색하다'의 의미로
파생되었다.

51 '悔' 자는 상경에는 4번 보이고, 하경에는 32번 보인다. '悔己'는 1번 보이지만, '悔亡'은 19번이나 보인
다. 『역』을 지은이가 진취적이고 낙관적인 성격을 갖고 있었음을 설명해준다. 즉 작자는 점진적으로
부정에서 긍정으로 전환되는 기미[悔亡]에 조금씩 주목하다가, 위험이 닥쳤을 때에야 비로소 플러스
에서 마이너스로 넘어갔다는 사실을 인정했다. 예로 困의 上六이 그렇다. "우려하는 마음이 수습되
었다고 말했지만, 그래도 걱정이 된다. 점쳐서 물은 결과, 역시 후회하고 가야 길하다." '悔亡'에서의

여기서도 易의 기초를 설명하고 있다. '괘를 베푼다[設卦]'는 소리는 복희가 易을 창작했다는 소리이고, '상象'에는 '괘상'과 '효상'이 있고. 그 '상象'을 보고 '말[辭]'을 단 사람은 문왕과 주공이다. '괘효사'로 길흉의 판단을 밝혀 64괘 384효에 '강유'를 서로 밀고 당기어 변화를 주었다. 대체로 역도易道는 '말[卦辭·彖辭·爻辭·象辭]'과 '변화'와 '상象'과 '판단[占]'에 지나지 않는데, 변화로 상을 보고, 상으로 말을 달고, 말로 역을 밝혔으니, '역의 도로써 변화를 알아낼 수 있다'[53]는 소리이다. 이는 성인이 정미精微한 신神의 경지로 들어가 역을 지었음을 밝힌 바이다.[54]

나아가 '길흉회린吉凶悔吝'은 점을 쳐 판단한 결과라면 '득실得失'과 '근심걱정[憂虞]'은 내가 만든 자업자득의 현상이다. 또 '변화變化'와 '강유剛柔'는 괘획卦劃으로 말하였고, '진퇴進退'와 '주야晝夜'는 타이밍의 조화이다. 즉 '강剛'이 변하여 '유柔'가 됨은 나아감이 지극하여 물러남이 되고, '유柔'가 화하여 '강剛'이 됨은 물러남이 지극하여 나아감이 된다. '강'은 양의 밝음이니 '낮'이 되고, '유'는 음의 어둠이니 '밤'이 된다. 이처럼 '낮과 밤이 나아가고 물러나는 시간의 상을 볼 수 있다면, 온갖 일과 사물의 변화를 알 수 있을 것이다.[55]

'亡' 자는 진행 과정(멸망하다, 없어지다, 잊다)을 묘사한 것으로, 초기에는 생명과 관련이 있었다. '悔' 자는 갑골문에서 '每' 자와 모양이 같다. '每' 자는 꿇어앉은 여자의 머리 위에 비녀 같은 장신구가 있는 모양. 그들이 땅에 무릎을 꿇은 것은 남편, 혹은 자녀를 위해 근심하고 또 그들을 위해 천제에게 기도하는 것이다. 따라서 꿇어앉아 있는 사람으로 보면 '母'이고, 사건으로 보면 '근심과 우려[悔]'이다. 갑골문에 '亡' 자에 해당되는 글자가 없다.

52 『서경』, 「홍범구주」: "'相推'는 '相盪'과 같은 말로 '옮김', '밀어냄', '遷變'의 뜻이다. 만일 64괘가 推移하는 바가 없다면, 단순하고 경직되어 변화가 생겨날 수 없기에 易轄을 할 수 없다. 易은 성인이 잘못을 고쳐 바른 데로 나아가는 방편으로 엮은 글이다[聖人改過遷善之道]. 고로 잘못을 고치는 데 주저하지 않는 경우는 '悔'요, 반면 잘못을 고치는 것을 기꺼워하지 않음을 '吝'이라 했다. '貞'과 '悔'는 모두 점에서 나온 의미다."

53 吳致箕 『周易經傳增解』: "知變化者, 易之道也."

54 沈就濟, 『讀易疑義』: "神은 멀리 있는 것이 아니라 나에게 있으니, 지극한 정성으로 구한다면 神을 볼 수 있을 것이다. 神을 본 뒤에야 交易과 變易의 이치를 말할 수 있으니, 易은 곧 神이다. 성인이 易을 지은 것은 根幹이 되고, 군자가 易을 배우는 것은 다스리는 것이다."

55 위의 책, "觀晝夜進退之象, 則可以知萬事萬物之變化也. 動者, 變化之謂也."

是故 君子 所居而安者 易之序也 所樂而玩者 爻之辭也 是故 君子 居則觀其象而玩其辭 動則觀其變而玩其占 是以自天祐之 吉无不利

고로 군자가 인생을 편안히 하고자 하면 '역의 질서'를 따르면 되고, 군자가 인생을 즐기려면 효사가 지닌 깊은 뜻을 생각해 보면 된다. 이런 고로 군자는 그가 처한 상황을 잘 살피고, 괘사와 효사의 뜻을 곰곰이 연구하기를 좋아하고, 또 움직일 때는 상황의 변화를 미리 점으로써 알아보기를 게을리하지 않으면, 특별히 하늘이 도우시어 길하면 길하였지 불리할 것은 없을 것이다.[56/57]

여기서 '군자'는 역을 배우는 자이다. 그러기에 군자는 머무는 곳[所居]에 따라 그 도를 편안히 여길 줄 알아야 한다. 그것이 바로 '역의 질서'를 따름이다[易之序也]. 군자가 또 기뻐하면서 음미하며 맛보는 것[所樂而玩]은 주공周公이 달아 놓은 384효의 말로 곧 '길흉회린'이다. 고로 이는 '군자가 역을 배워야 하는 일'을 말한 것이다.[58/59] '머무름[居]'은 아직 일에 간여하지 않은 때이고, '움직임[動]'은 이미 일에 간여했을 때이다. 행동으로 옮기고자 하면 그 전에 고요히 앉아 먼저 역易에 갖춰져 있는 '상象'과 '말[辭]'을 살피고 씹어봐야 할 것이다. 역이 보여주는 것은 '변화'와 '판단[占]'이므로 그 '길흉'의 기미幾微를 분별해 낼 수 있다. 이렇게 행동 이후 상황의 변화까지를 미리 '점'으로써 판단하기를 게을리하지 않으면[動則觀其變而玩其占], 흉을 피하고 길을 얻게 되니[避凶聚吉], 하늘로부터 도움이 있으면 있었지 불리한 점은 없을 것이라[自天祐之吉无不利]는 소리이다. 여기 도움이라는 '길吉'은 점의 결과로 나타나는 '길흉회린吉凶悔吝' 속의 '길'로, '길'은 하나이고 '흉회린凶悔吝'은 셋인데, 이것은 무슨 소리인가? 삼산三山 유정원의 답변이 이랬다.

---

56 세상사가 '판단[점]' 아닌 것이 없다. '점'은 '人智'를 '神智'로 올리는 최고의 경지다. 고로 '極數知來之 謂占, 通變之謂事'라 하였다. 평소에는 '괘상으로 성인의 말씀을 음미하고(窮理), 어떤 일이 있으면 蓍策의 변화를 살피며, 오직 하늘의 명만을 좇는다(盡性). 명을 받듦에 감히 그 어떤 사사로움도 없이, 메아리가 울리는 것 같이 하면, 하늘의 도움을 받아 불리한 점이 없을 것이다.

57 '自天祐之吉无不利'는 '화천대유괘' 상9로, 천리에 순응하고 인륜에 어긋나지 아니하면, 천복이 내려진 다는 것이다. 곧 '遏惡揚善 順天休命' 해야 한다.

58 吳致箕, 『周易經傳增解』 : "言君子學易之事也."

59 오치기(吳致箕, 1807~?)의 『주역경전증해(周易經傳增解)』는 그의 나이 69세 되던 1875년에 완성되었다. 이 책의 특이한 점은 『주역전의대전』의 편제를 그대로 따르면서도 「계사전 상」·「계사전 하」·「설계전」· 「서괘전」·「잡괘전」을 빠짐없이 다루었고, 義理學的 입장보다는 象數學的 입장에서 『주역』을 이해하고 자 했음을 알 수 있다.

"사람의 마음에 천리天理는 항상 적고 인욕人欲은 항상 많으며, 군자는 항상 적고 소인은 항상 많으며, 천하가 다스려지는 때는 항상 적고 어지러운 때는 항상 많으니, 이는 하늘의 운행이 시켜서 하나이고 혹은 셋이란 말인가? 사람의 마음은 본래 선善하여 악惡이 없었으니, 악이란 놈이 선이 쉬는 동안에 곁가지에서 잠시 비집고 나온 것일 뿐이다. 천리天理는 본래 길만 있고 흉이 없었으니, 흉은 바로 길이 변한 수악首惡한 놈일 게다. 그런 고로 '길무불리[吉无不利]'라고 하였다. 그렇다면 군자가 역易을 배우는 공부 또한 그 처음을 회복함에 불과할 뿐이지 않겠는가?"[60][61]

실록에는, 태종 임금이 『삼경三經』은 불가하지만 『예기』는 사실을 바탕으로 하는 『사기』와 서로 가까우니 사수師受할 필요가 없다고 한다. 그렇지만 『주역』은 오묘한 천변만화千變萬化의 이치를 깨닫기는 어려우나 읽기는 쉬운 경이므로, 『사경四經』 이상은 임문고강臨文考講(책을 눈앞에 펼쳐두고 강서하던 시험)함이 좋을 것이라 한다.[62]

---

60 柳正源, 『易解參攷』: "人心之天理常少, 而人欲常多, 君子常少, 而小人常多, 天下之治日常少, 而亂日常多, 是固天運之所使, 而或一或三歟. 然人心本有善, 而无惡, 惡者, 其旁出也, 天理本有吉, 而无凶, 凶者, 其變處也. 故吉无不利, 君子學易之功, 亦不過復其初而已."

61 유정원(柳正源, 1703~1761) : 본관 전주, 호 三山. 영조는 柳正源, 柳觀鉉, 金聖鐸, 金景泌, 李象靖 등이 대과에 동반 급제하자 그들을 가리켜 '花山風雨五龍飛'라 했다. 추로지향 안동지방에서 조선조 과거 사상 5명을 동시에 합격시킨 일은 이것이 처음이요 마지막이었다. 三山이 어릴 때 아버지 柳錫龜가 그에게 주역을 읽게 하였다. 그는 "아버님 천하의 이치가 모두 이 책에 있다고 들었습니다." 하며 밤낮을 가리지 않고 이치를 해득했다고 한다. 34세에 대과 급제했으나 이내 부친상을 당하여 고향에 내려와 15여 년 동안 오로지 학문연구와 인격수양에 힘썼다. 그는 通明經史는 물론 천문, 지리, 음양, 복서, 병률, 도학에 이르기까지 달통한 학자로 알려졌다. 그가 44세 때 완성한 『易解參攷』10책을 보면 이 말이 결코 과장된 말이 아니다. 역학에 정통하다는 소식을 들은 후학들이 그를 찾아와 『역해참고』를 보여주든가 아니면 그 오묘한 진리를 가르쳐 달라고 청원했다. 그때마다 그들에게 사서삼경 등 평이한 학문부터 정밀하게 읽고 진실한 사색과 행동을 통하여 깨달음이 있은 후 역학을 공부하여도 늦지 않다고 타일렀다. 『역해참고』는 그가 동서고금의 위대한 역학자들의 설을 모아 비교분석한 후 자신의 견해를 첨부한 방대한 저술이다. 영조가 세자의 스승을 찾자 명신들은 입을 모아 "임금의 학문을 보필하고 세자의 학문을 도울 사람은 당대에 유정원을 앞설 사람이 없다."할 정도였다. 정약용의 목민심서에 유정원의 치적사항을 자주 인용할 정도로 훌륭한 목민관이기도 했다.

62 『조선왕조실록』 2집, 166쪽, 태종 17년 정유(1417) 윤5월 9일(갑자).

계사전(상) 제 3 장

象者 言乎象者也 爻者 言乎變者也 吉凶者 言乎其失得也 悔吝者
言乎其小疵也 无咎者 善補過也

단사는 괘상을 말(해석)함이요, 효사는 그때그때 따라 변화를 말함이요,[63] 길흉은 실득을 나타내는 말이며,[64] 회린은 작은 흠, 하자가 있다는 말이다. 또 무구는 허물에 착함을 보탰더니 탈이 사라진다는 말이니, 착한 일로 허물을 잘 고칠 수 있다는 소리이다.[65/66]

'단왈象曰'은 문왕의 '괘사'를 공자가 상으로 말한 것이고, '효爻'는 변동하는 때의 '변화'이고, 그 변화로 인해 '실득失得'이 생거나 '길흉'이 생겨난다. '회린悔吝'과 '무구无咎'는 이미 흉린凶吝으로 흠을 지은 사실을 뉘우쳐 본래 허물 짓지 않던

---

63 '象'은 복희가 卦劃한 본상으로, 즉 괘가 아직 변하지 않는 상태를 이르고, 爻는 설시한 후에 어떤 특정한 효로 변한 상이다. 문왕이 지은 象辭(우리가 흔히 卦辭라 일컫는)는 본상을 엮은 글이며, 주공의 爻辭는 그 변상을 의거한 글이다. 그러니 복희가 괘획할 때는 6위만 있었지, 어떻게 6효가 있었겠는가? 漢魏 이래로 '位'를 '爻'로 간주하여 두 개념이 혼동되어 애매하게 되었으니 큰 오류이다. 그러니 상효를 몰랐던 왕필은 가장 형편없는 역학자였다.(다산, 『漢魏遺義論』과 『易學緖言』 중에서)

64 갑골문에서 '吉'의 모양은 병기를 통에 가득 채워두고 사용하지 않는 것으로 표시했으며, 이후에는 이롭고 좋은 일이라는 의미로 파생되었다. 그리고 은나라 시대에 '吉'은 대부분 점사로 사용되었다. 즉 '吉'은 商王이 점친 후 나타난 무늬에 대해 내리는 긍정적 해석이다. 주나라 때에 이르면 '吉' 자는 단순한 조짐의 의미를 넘어서, 항상 사용되는 가장 일반화된 긍정적인 가치판단이 되었다. '大吉'(5회), '元吉'(13회)로 나타난다. 주나라 시대는 은나라 시대보다 부정적 사건에서 교훈反面敎訓을 얻는 것을 중시했다. '凶' 자는 갑골문에는 보이지 않는다. 주나라 시대의 사람들은 부정적으로 이해되는 占의 무늬에 대해서, 좀더 구체적으로 설명하는 용어를 사용했다. "어떤 일을 하지 말라", "어떤 일에는 재앙이 있을 것이다" 등등이 그것이다. '凶' 자는 늘 볼 수 있는 부정적 가치판단이 되었다. "凶은 나쁜 것이다. 땅이 갈라져 그 속에 빠진 모양을 본떴다[凶惡也, 象地穿交陷其中也]."(『설문해자』)

65 『주역』이라는 책은 성인이 잘못을 고치는 방도로 이용하였다[避凶取吉], 공자가 "내게 몇 년이 더 허락된다면[假我數年], 역을 끝까지 공부하여[卒以學易], 큰 허물을 짓는 일은 없을 것이다[無過大矣]"라고 한 말을 상기할 필요가 있다. 그리고 '无'는 帛書에 64괘 모두 無 자가 아닌 无로 되어 있다. '无' 자는 갑골문에서 유래한 것으로 '有'와 상반된 의미를 갖는다. '无' 자는 구체적이고 가까운 현실 상황을 나타낸다. 반면 '無'는 갑골문에 보이는 '舞' 자에서 유래한 것으로 사람이 양손에 물건을 들고 춤을 추는 형상을 본뜬 것이다. 옛날 사람들이 가무를 즐긴 것은 오락적인 의미가 아니라, 언제나 하늘에 기원을 드리는 의미를 가진 것이었다. 비를 바랄 때 제사 지내고 춤을 추며[舞] 비를 기원하였다.

66 '咎'의 자형은 '咎과 卜' 또는 '爻+占'이다. 오른쪽에서 왼쪽으로 읽으면 '卜來'가 된다. '咎'의 자형은 "사람의 발이 사람이 사는 곳으로 향한 것이고[王延林]", 이와 비슷하게 갑골문에서 '咎' 자는 '사람이 사는 곳에서 점을 늦게 친다라는 의미를 갖는다. '咎'가 '无咎'로 사용된 것은 92번이고 '何咎'는 3번, '非咎'는 1번이다.

자리로 되돌리면 허물이 사라짐을 말한다. '문왕은 칠七과 팔八, 즉 변하지 않은 상象을 보고 단사彖辭를 지었고, 주공은 구九와 육六의 변화를 보고서 효사爻辭를 지었던 것이다.'[67]

여기서도 위암韋庵은 '회린悔吝'이 비록 흉함에 이르지는 않았지만, 여전히 조금의 과실過失이 있는 것이고, '허물이 없음[无咎]'은 본래 허물이 있다가, 그 과실을 보충하였기 때문에 없게 된 것이라 한다. 또 '길흉회린'과 '무구'를 오행에 분속시키면, 목木은 낳아 기르니 길吉이 주가 되고, 금金은 죽여 베어내니 흉凶이 주가 되며, 수水는 안은 밝고 밖은 어두우니 회悔가 주가 되고, 화火는 밖은 밝고 안은 어두우니 린吝이 주가 되며, 토土는 가운데에 자리하니 허물 없음이 주가 된다고 하였다.[68/69]

성호星湖도 덧붙였다. "일의 득실로 길흉은 이미 판별되었기에, 작은 하자瑕疵는 득실에 변수가 되지 않는다. 작은 하자가 있을 때에 뉘우치면 과실을 보완하여 허물이 없고, 인색하면 그 과실이 굳어진다. 아래에서 '회린을 근심함은 경계에 있고[憂悔吝者存乎介], 움직여 허물이 없게 함은 뉘우침에 있다[震無咎者存乎悔]'고 하였다. 뉘우치기 때문에 움직임이 있고, 움직이기 때문에 길흉이 나누어져 허물이 없게 된다. 인색한 자는 끝내 흉함에 이를 것이다."[70]

---

67 金相岳, 『山天易說』: "彖者, 文王所繫一卦之辭, 爻者, 周公所繫六爻之辭. 文王觀七八之象, 以作彖辭, 周公觀九六之變, 以作爻辭."

68 위의 책, "悔吝者, 雖未至凶, 猶有小失也, 无咎者, 本有咎而以其補過, 故得无也. 吉凶悔吝无咎, 分屬五行, 木生長主吉, 金殺伐主凶, 水內明外暗主悔, 火外明內暗主吝, 土居中主无咎."

69 金相岳(1724~1825). 호 위암(韋庵). 사계(沙溪) 김장생(金長生)의 6세손. 젊어 주역을 읽고 심취하여 30세에 관악산에 들어가 오로지 주역을 연구하기 시작하여 92세에 세상을 뜨기까지 근 60년 동안 주역을 연구하고 주역을 지침으로 생을 살았다. 그는 여러 학자들의 주해(註解)를 섭렵하여 근세의 역학을 총망라한 10여 만 자의 『산천역설(山天易說)』을 편찬하였다. 정조가 김상악의 현명함을 알고 홍릉참봉을 제수하였다. 이어 첨지중추부사를 거쳐 동지중추부사에 이르렀다. 저서로 『위암시록(韋庵詩錄)』이 있고 시호는 문간(文簡)이다.

70 李瀷, 『易經疾書』: "事之失得, 而吉凶已判, 小疵則未至於失得也. 當疵小之時, 悔則補過而无咎, 吝則其過遂成. 下文云憂悔吝者, 存乎介, 震无咎者, 存乎悔. 悔故有震動, 震動故有分介而无咎. 惟吝者, 終至於凶."

是故 列貴賤者 存乎位 齊小大者 存乎卦 辯吉凶者 存乎辭 憂悔吝者 存乎介 震无咎者 存乎悔 是故 卦有小大 辭有險易 辭也者 各指其所之

이런 고로 귀천으로 자리를 나란히 배열하였고,[71] 음양이란 대소로 가지런히 하여 괘를 두었으며, 또 길흉을 가려 괘사에 매어둔 것이다.[72] 회린을 걱정하는 것은 마음이 불안하여 나누어지는 경계에 두었으며, 움직여도 무탈하다는 것은 후회를 하기 때문이다.[73] 괘에도 대소가 있어(대축, 소축, 대과, 소과) 괘사가 쉽기도 하고 어렵기도 하나,[74] 괘사는 각각 그 괘가 지향할 바를 가리키고 있는 것이다.[75]

이게 무슨 소리냐 하면, 초위初位에서 상위上位 사이에는 2와 5 같은 귀貴한 자리가 있고, 초와 3처럼 천賤한 자리가 있다는 것이다. 또 대소大小로 말하자면, 음은 소이고 양은 대이다. '회린悔吝'은 '무구无咎'의 도수를 넘었을 때의 결과이기에, 그 도를 넘으면 위험에 처하기에 후회를 낳으니 '괘사'와 '효사'가 알아듣기가 쉽기도 하고 어렵다는 것이다.

『신호수필薪湖隨筆』에는 이렇게 적었다.

"괘가 큰 것은 그 말이 쉽고, 작은 것은 그 말이 험하다. 험한 가운데 쉬움이 있고, 쉬움 가운데 험이 있어서, 또한 그 변화가 한결같지 않지만, 군자는 쉬울 때 머무르고, 소인은 험한데도 나아간다. 군자는 불행하게 험을 만나더라도 그 몸과 마음을 편안히

---

71 천지 속을 살아가는 物象들이라면 "존비귀천"은 어쩔 수 없다[天尊地卑, 乾坤定矣, 卑高以陳, 貴賤位矣]. 6위도 그 자리가 있으니 상위(국사)·5위(군왕)·4위(중신)·3위(향대부)·2위(왕비)·초위(민초)로 나눈다.

72 소식, 『동파역전』, 514쪽. "나는 64괘를 논할 때마다, 먼저 가지런하게 統御(통제하고 제어함)할 단서를 구했다. 그 단서를 얻으면 그 나머지 줄기와 맥락, 그리고 나누어진 이치는 순조롭게 이해되지 않음이 없으니, 억지로 천착하여 소통시킨 적은 없었다."

73 '길·흉·회린·무구' 또한 '무극이란 내 마음이 태극에서 음양, 사상, 8괘, 64괘 384효로 변화하면서 일어나는 파생물이기에, 凶이 吝이 되고 悔가 되어 无咎가 되어 吉로 가도록 해야 할 것이다.

74 大成卦·小成卦로 구분하면 서로 상응과 친비의 원리가 명확하고(초↔4·2↔5·3↔상), 또 大小는 음양이 확연하다(乾父·坤母·震長男·巽長女·坎中男·離中女·艮少男·兌少女)

75 김진규, 『아산주역강의(하권)』, 44쪽 : "춘분(悔)→하지(吉)→추분(吝)→동지(凶)라 할 때, 震은 動이라, 震動하면 허물이 없어진다[震无咎는 말은 뉘우치는 마음이 있다는 뜻이다[存乎悔]." 无咎와 悔는 길로 가는 단초이다. 그리고 '險易'는 자연 이치 그대로 역이 대변해준다.

하여 험을 쉽게 보니, 문왕이 유리에 갇힘과 공자가 진陳나라와 채蔡나라 사이에서 곤액을 당한 일이 이것이다."[76][77][78]

76 尹行恁, 『薪湖隨筆·繫辭傳』: "卦之大者, 其辭易, 小者, 其辭險. 險中有易, 易中有險, 亦不一其變, 而君子居易, 小人行險. 君子不幸而遇險, 則其身泰其心亨, 視險猶易, 文王之羑里, 孔子之陳蔡, 是也."

77 尹行恁(1762~1801). 본관 남원, 호 碩齋. 이조참판, 홍문관제학, 전라도관찰사 등 역임. '碩齋'라는 호는 經史講義에서 易을 처음 시작한 1783년 당시 정조가 직접 下賜. 산지박괘의 "碩果不食, 君子, 得輿, 小人, 剝廬"에서 땄다. 이는 훗날 윤행임을 중용하기 위한 정조의 소망이 담겨져 있다. 정조의 이 같은 관심과 사랑은 훗날 윤행임이 易學에 남다른 관심을 가지는 계기가 되었다. 1801년에 저술한 『薪湖隨筆易』은 윤행임 경학의 결정체로 정조 승하 후 정치적 희생양이 되어 流配에서부터 賜死되기 전까지 4~5개월의 짧은 기간 동안 지어진 것이지만, 윤행임의 경학적 깊이를 알 수 있는 좋은 자료이다. 時派였던 그는 僻派와 갈등으로 유배와 복직을 거듭하다 결국 서학을 신봉한 이유로 신지도에 안치된 후 참형을 당한다. 영의정에 추증됨.

78 『碩齋別稿』 가운데 『薪湖隨筆』 7권과 8권에 『주역』이 실림. 經史講義 당시 정조는 의리역학에 비중을 두었으며, 경사강의를 통해 전수받은 의리 중심의 『주역』 해석 방식은 윤행임의 역학관에 큰 영향을 주었다. 윤행임은 상수역학을 긍정하면서도 점서에 치우친 편협한 曲儒들의 상수역학은 반대하며, 이를 바로잡아 절충해야 함을 강조하였다. 결과적으로 이러한 윤행임의 의리역학은 정조시대 『주역』 해석 방식의 한 패러다임을 제시하고 있다는 점에서 역학사적 의의가 있다. 윤행임의 의리 중심 역학관은 폐단에 빠지기 쉬운 상수역학의 경계를 통해 주자의 兼治象義 역학관을 보완하고, 더욱 더 완성된 주자학의 보수성 짙은 체계를 세워 그 기준을 잡고자 했던 정조와 그의 의지가 만들어낸 부산물이다.

계사전(상) 제 4 장

> 易 與天地準 故 能彌綸天地之道 仰以觀於天文 俯以察於地理 是
> 故 知幽明之故 原始反終 故 知死生之說 精氣爲物 游魂爲變 是故
> 知鬼神之情狀
> 역은 천지를 준칙으로 삼았다. 그러므로 천지의 도를 미륜할 수 있다. 우러러
> 천문을 관찰하고 구부려 지리를 살폈으니, 이런 고로 유명의 원인을 알며, 처
> 음을 궁구하여 마침을 돌이킨다. 그러므로 사생의 설을 알며, 정기가 물건이
> 되고, 혼이 돌아다녀 변하게 된다. 이 때문에 귀신의 정상까지 안다.

역易은 천지天地가 지닌 '가치 기준'과 하나 틀리지 않고 똑같다[易與天地準]. 고
로 '천지의 도'를 마음 가는 대로 바느질하여 철 따라 옷을 내놓는 이치와 같다.
즉 '천지의 도'를 자유자재로 요리해 내는 것[能彌綸天地之道]이[79] 바로 역易이란 소
리이다. 그러니 성인이 고개를 들고는 '천문'을 보았고[仰以觀於天文], 허리를 구부
려 '지리'를 살폈으니[俯以察於地理],[80] 이런 고로 밝은 세상과 어두운 세상, 즉 눈
에 보이는 것과 보이지 않는 '유명幽明'까지도 다 알아내며[知幽明之故], 더 나아가
모든 일의 '시작과 끝'을 알아내기에[原始反終],[81] 고로 '죽음과 삶의 문제도 설명
이 가능한 것이다[知死生之說]. 그래서 '정기'가 모이면 생명이 붙은 것이라 하고
[精氣爲物,[82] 정기가 빠지고 혼이 날아가 버리면 죽음이라 하니[游魂爲變], 이런 고
로 역易은 '귀신의 정상'까지도 알 수 있다[知鬼神之情狀].[83]

---

79 '易의 우주관'과 '易의 능력과 위력'을 나타내는 말로, '準'은 符合이고 '彌'는 골고루 미침이며 '綸'은
   일체 과정을 뜻하는 經緯이고 '彌綸'은 날줄과 씨줄로 天地之道를 요리해 냄이다. 고로 "易은 천지와
   符合하기 때문에 幽明과 死生과 鬼神의 정상을 알아낼 수 있다."
80 성인처럼 神眼이 열려야 "大觀"으로 천지를 觀察하게 된다[大觀在上, 順而巽, 中正以觀天下,觀盥而不
   薦, 有孚顒若, 下觀而化也, 觀天之神道, 而四時不忒, 聖人以神道設教, 而天下服矣].
81 정약용, 『주역사전』, 제8권 : "'原始'는 '震'에서 만물이 생겨남이요, '反終'은 만물이 '艮'에서 완성됨이
   다. 그러니 復卦에서 一陽이 始生하니 原始이고, 剝卦에서 陽이 종말을 이루니 反終이 되는 것이다.
   그러니 震은 '다시 생겨남'이요, 艮은 '죽음'이 되는 것이다. 荀九家의 『易說』도 그렇게 말했다."
82 『禮記(中)』, 「祭儀」: 재아가 물었다. "제가 귀신이라는 이름은 들었지만, 그것이 일컫는 바를 모르겠습
   니다" 하니 공자가 대답했다. "氣라는 것은 神을 담는 그릇이요, 魄은 鬼를 담는 그릇이다. 이렇듯
   귀와 신이 합쳐져야 교설이 된다. 중생은 반드시 죽으면 흙으로 돌아가니 이를 鬼라 한다."
83 '易道'를 '觀於天文·察於地理→知幽明之故·原始反從→知死生之說→精氣爲物·游魂爲變→知鬼神之情'이라

역의 무한한 능력이라 할까, 매길 수 없는 역의 값이라 할까. 어쨌든 역이 지닌 법도의 수위를 말했다. 한마디로 말하면 '역도易道'는 천지의 도와 같기 때문에 천지와 더불어 그 수준水準이 한 치도 오차가 없다는 것이다. 그러기에 만 가지를 하나로 합쳐도 빠뜨림 없이 '두루하고[彌]', 또 하나를 만 가지로 분석하여도 질서 있게 '다스릴 수 있다[綸]'는 것이다. '예로 하늘에는 일월성신日月星辰의 문장이 있고, 땅에는 산악강천山嶽江川의 조리가 있다. 하나의 유명幽明, 하나의 사생死生, 하나의 귀신鬼神에까지 역의 이치가 있지 않음이 없는 고로, 성인이 이를 알지 못함이 없었으니 이는 성인의 궁리窮理의 무한한 영역을 말한 것이다.'[84] 다시 말하면, '준準'은 한 치 오차 없는 가지런함이며, '미彌'는 합쳐 꿰매어 하나로 만든 것이고, '륜綸'은 실타래의 갈래이다. 천지가 천 갈래 만 갈래로 보이지만, 합치면 천만 가지가 하나로 합쳐 흠 하나 없이 정연整然하고, 가르면 하나가 만 가지로 분석될지라도 찬란하게 질서가 있다는 것이다. 『주역』이라는 책은 천지를 '준칙準則'으로 삼기 때문에 천지의 도를 오차 하나 없이 '미륜彌綸'해 간다는 소리이다.[85]

「계사전」에서 역易을 말한 부분은 여기에서 시작한다. 역의 도는 '상象'보다 높이는 것이 없다. 고로 성인이 천지를 형상하여 역을 지었으니, 그 '준칙準則'이 차이가 있겠는가. 『역』이라는 책은 천지의 도를 정리하여 놓았기에 사람들이 시행하기를 기다린다. 준괘屯卦 대상[經綸]을 참조하라.

다음은 성호의 '사생지설死生之說'이다.

"기운의 정밀한 것이 사물이 되니 '정기精氣'는 그 시작이다. 사물이 태어나면 혼이 있는데 '혼魂'은 기운의 신령함이고, '유遊'는 흩어짐의 단서인데 흩어지면 마침이 있다. 흩어짐의 단서는 지극히 흥성할 때에 나타나니, '혼이 흩어짐[遊魂]'은 흥성함이 지극하면 다시 쇠퇴한다. 사물이 시작될 때에는 기운만 있지만, 사물이 이미 태어나면 혼이 주인이 된다. 그러므로 기운을 고쳐서 '혼'이라 하는데, 흩어지면 반드시 마침에 이르니 이른바 '변變'이다. '사물이 시작되는 정밀한 기운으로부터, 성대함에 이르기까지는 '신神'의 펼쳐짐이 되고, 성대함이 지극하여 혼이 흩어질 때부터 마침에 이르기

는 일련의 과정으로 설명했다. 準 법도 준. 彌 두루 미, 바늘 미. 綸쌀 륜, 실 륜. 仰 우러를 앙. 俯 구부릴 부. 幽 어두울 유. 游 영혼이 놀 유. 似 비슷할 사.

84 吳致箕, 『周易經傳增解』: "天有日月星辰之文章, 地有山嶽江川之條理. 至於一幽一明一死一生一鬼一神, 莫不有理, 而聖人無知之也, 此言聖人之窮理也."
85 金相岳, 『山天易說』: "準齊準也, 彌如彌縫之彌, 綸如絲綸之綸. 彌之則合萬爲一, 渾然无欠, 綸之則析一 爲萬, 燦然有倫. 易之書與天地準, 故能彌綸天地之道."

까지는 '귀鬼'의 돌아감이 된다. '정情'이란 이치의 오묘함이고, '상狀'이란 기운의 몸체이다. 천지를 따라서 어둠과 밝음을 알고, 어둠과 밝음을 따라서 죽음과 삶을 알고, 죽음과 삶을 따라서 귀와 신을 안다는 소리이다."[86]

고로 역이 '생사生死'를 관장하기에 의학자들은 '역의동도易醫同道'라고도 주장한다.[87] 동파도 '신귀神鬼'에 관한 설을 아래와 같이 펼쳤다.

"성인은 천문과 지리, 사물의 종시終始, 정기精氣와 유혼遊魂을 볼 수 있기에 세 가지 예를 든 것이다. 사물이 귀鬼이고, 변화가 신神이다. 귀鬼는 항상 몸과 함께 백魄을 갖추고 있기에 사물이라 부르고, 신神은 불가능이 없기에 변화라고 부른다. 정기精氣는 백魄이고, 백魄은 귀鬼가 되며, 지기志氣는 혼魂이 되고, 혼은 신神이 된다. 『예기』에서도 '체백體魄은 내려오고, 지기志氣는 위에 있다'고 하였다. 옛날에 현달顯達한 사람은 이미 이것을 알았다. 모든 사람의 지志는 식욕과 성욕 사이에서 나오지 않으며, 무릇 양생養生의 자질과 함께하는 것이다. 그 자질이 두터운 자는 기氣가 강하고, 그 자질이 얇은 자는 그 기가 미약하다. 그러므로 기氣가 지志를 이기면 백魄이 된다. 성현은 지志와 기氣가 하나가 된다. 청명함이 몸에 있어 지기가 신과 같아져서, 비록 봉록으로 천하를 받거나 궁하여 필부에 이르더라도, 손해와 이익 되는 바가 없다. 그러므로 지志가 기氣를 이겨 혼魂이 된다. 보통 사람이 죽으면 귀鬼가 되고, 성현은 신神이 된다."

---

86 李漢, 『易經疾書』: "自物始之精氣至於盛, 爲神之伸, 自盛極之遊魂至於終, 爲鬼之歸. 情者, 理之妙, 狀者, 氣之體. 從天地而知幽明, 從幽明而知死生, 從死生而知鬼神."

87 이난숙, 「『周易』 時中의 醫易學的 고찰」: "천하의 道理는 하나일 뿐이다. 醫理는 즉 易理이고, 儒道는 즉 醫道이다. … 무릇 道가 理이고, 理가 道이니, 이름은 달라도 體는 하나이다. 이렇듯 醫易同道의 입장으로 보는 李廷龜는 『東醫寶鑑』 「序」에서 '仁民愛物의 德과 利用厚生의 道가 고금이 한결 같아, 中和位育의 다스림이 진실로 동의보감에 다 들어있다고 하였다. 易理는 韓醫學에서 인체의 음양의 조화, 동적 균형, 天·地·人의 합일에 적용되고, 생명의 온전함을 분별하는 의학이론의 중심 토대이다. 따라서 '時中'을 醫道로 설정하고 생명의 醫易學的 탐구와 이를 바탕으로 한 의학철학의 정립이 가능하다고 판단된다."

與天地相似 故 不違 知周乎萬物而道濟天下 故 不過 旁行而不流 樂天知命 故 不憂 安土 敦乎仁 故 能愛

(역의 이치가) 천지와 흡사하니 고로 어긋남이 없고, (역의 이치로써) 만물을 두루 아우르는 지혜를 갖추었고, 또 천하를 건질 수 있는 도를 가졌다 해도 지나침이 없다. 온갖 것에 통하면서도(어떤 것에도 가깝게 행하면서도) 나쁜 곳으로 흐르지 않고, 천명을 알고 하늘과 하나 되니(하늘과 같이 즐기니) 고로 근심이 없다. 고로 역은 대지를 본받아(땅에 안분하며) 인仁에 돈독하니, 즉 주고받음이 따뜻하니,[88] 충분히 사랑을 베풀어 가고도 남음이 있다.[89]

앞에서는 '역의 도'가 천지와 같음을 말했고, 여기서는 '성인의 도'가 천지와 더불어 같음을 말한다. '지혜가 만물에 두루함[知周萬物]'은 총명예지聰明睿知하여 어디든 두루 임할 수 있음을 말하고, '사방으로 행함[旁行]'은 널리 성인의 도를 행함이고, '천리를 즐거워함[樂天]'은 안을 무겁게 하고 밖을 가볍게 함이며, '천명을 앎[知天命]'은 몸을 닦아서 때를 기다림이다. 이렇다면 성인은 천지와 동급이다. 또 성인은 지혜가 만물에 두루하고 그 도가 천하를 구제하기 때문에 천지와 더불어 지나치지 않다[不過]. 성인은 사방으로 행해도 사사로이 흐르지 않으며 천리를 즐거워하고 천명을 알기 때문에 천지와 더불어 근심하지 않는다[不憂]. 천지가 만물을 낳고 또 낳아도 언제나 따뜻하게 사랑하니[能愛], 성인은 어느 곳에 처해도 자리가 편안하고[安土], 곳에 따라서 인을 돈독히 하며[敦仁], 필요한 사람을 필요한 곳에 세우고[立人], 또 그 사람을 통달하게[達人] 하는 일이 아님이 없기에, 천지와 더불어 사랑할 수밖에 없는 것이다[能愛]. '불위不違'·'불과不過'·'불우不憂', 이 세 가지는 성인의 진성盡性을 말한 것이다.

---

88 '安土敦乎仁'을 읊은 송시열의 비문[尹文擧神道碑]이 있다. "진실한 군자여[允矣君子] 재덕이 겸비하여 [才德兼備] 미를 지키고[含章可貞] 중을 간직하였네[黃中而理]. 본분에 안착하고 인에 도타이하는 것이[安土敦仁] 비록 쉬운 일은 아니나[雖不易事] 오직 공만은 여기에[惟公於此] 거의 비슷하였네[厥有近似]."

89 성인이 八卦의 덕을 강령으로 삼은 부분이다. '天地相似'는 乾坤괘의 괘를 따른 말이고, '知周乎萬物'은 坎의 지혜이며, '道濟天下'는 離의 다스림이다[南面而聽天下嚮明而治]. '旁行而不流'는 兌의 和와 澤에서 나온 것이며[『左傳』, 川壅爲澤], '樂天知命'은 巽의 命이다[건巽의 입을 아래로 벌리어 申命行事함]. '安土'는 艮의 止와 土에 의하고[城邑], '敦乎仁'은 震의 仁을 따른 것이다[震東方也].(정약용, 『주역사전』)

이런 자범子範 오치기의 해설에 이어 성호星湖는 어렵지만 단호하다.

"서로 같아 어기지 않는다[相似不違]'는 '준準'의 각주이며, '지혜가 만물에 두루한다[知
周萬物]'는 위에 세 번에 걸쳐 나오는 '지知'를 총괄한다. '도道'는 사람의 도이다. 사람
의 일이 천지간에 하나 될 수 없다면, 근심이 지나쳐 어긋남이 있으므로 '지나치지
않아야 한다[不過]'고 하였다. '사방으로 행하되[旁行]'부터는 '도가 천하를 구제함[道
濟]'을 말한 것이다. 천지의 조화는 처음과 끝이 일정하지만, 인도에 이르면 마땅히
사이로 빠져나감이 있으니, '지나치지 않게[不過]' 하나로 하고, '흐르지 않음[不流]'도
출입함에 넘침이 없어야 한다는 소리이다. '천도가 두루 유행함에 그 까닭을 궁구한다
면, 마음이 천리를 즐거워하고[心樂乎天],[90] 키움에 각각 방편을 달리하더라도[養各異
方], 몸은 자리를 편안히 두어야 한다[身安乎土]. 천리는 서로 살리는 생생을 좋아하니
[天理好生], 이미 천명을 안다면[旣知其命], 빈천과 근심[貧賤憂慽]을 만나더라도 근심
하지 않아야 할 것이다[隨遇不憂]. 땅의 형체는 사물을 싣고 간다[土形載物]. 사물을 실
음은 인仁보다 큰 것이 없으므로[莫大於仁], 이미 인을 돈독히 하였다면[旣敦乎仁], 자
기를 미루어 만물을 사랑할 수밖에 없지 않겠는가[推己能愛]."[91]

한편 위의 '낙천樂天'에 관해 세종에게 바친 변계량의 '낙천정기樂天亭記'가 실
록에 올라 있다.

"올라가서 사방을 바라보면, 큰 강물이 둘려서 늪이 되어 굽이쳐 돌아서 바다인 양
퍼져 있고, 연이은 봉우리와 중첩한 산등성이들이 켜켜이 보이고, 층층으로 내밀어
언덕을 둘러서, 형세가 마치 여러 별이 북극성을 둘러싼 것 같으니, 과연 하늘이 만든
승지勝地였다. 전하께서 명하시어 구릉의 간방艮方 모퉁이에, 이궁離宮을 짓게 하시어
바람과 비를 피하게 하시고, 인하여 구릉 위에 정자를 지으시고, 좌의정 박은朴訔에게
명하시어 정자 이름을 짓게 하시니, 『주역』 「계사」의 '낙천樂天'이란 두 자를 골라서
바치었으니, 대개는 전하께서 행하여 오신 일의 결과를 모아 추려서 그 뜻을 정자 이
름에 부친 것이며, 또 오늘의 즐거움을 기록함이다."[92]

---

90 윤선도, 『孤山遺稿』, '어떤 이의 만사' : "지란[他人子弟]은 이삼 대에 걸쳐 한창 무성하고[芝蘭二三代
方茂] 금슬은 오십 년 하고 또 몇 년이로세[琴瑟五十年有餘]. 자식 잘되어 귀하게 됨을 함께 자랑하였
고[爲貴共誇因子後] 시집을 때부터 화목하게 할 것을 잘 알았네[宜家有識結縭初]. 소주의 침통은 실로
달자(達者) 아니요[蘇州沈痛誠非達] 장수[莊子]의 광가 또한 너무도 허탄해라[莊叟狂歌亦太虛]. 고당
의 노군자에게 말을 부치노니[寄語高堂老君子] 낙천지명하며 단거의 회포 푸시기를[樂天知命遣單
居]."
91 李瀷, 『易經疾書』 : "天道周流, 究其所以生, 則心樂乎天也, 養各異方, 則身安乎土也. 天理好生, 旣知其命,
則貧賤憂慽, 隨遇而不憂, 土形載物, 載物莫大於仁, 故旣敦乎仁, 則推己而能愛也."

> 範圍天地之化而不過 曲成萬物而不遺 通乎晝夜之道而知 故 神无
> 方而易无體
>
> 천지의 조화를 포괄하여 역의 이치를 설명하여도 지나침이 없고, 만물을 원만
> 하게 두루 낳아 육성시키되 하나도 빠뜨리지 아니하니, 고로 밤낮으로 돌아가
> 는 도에 통달한지라, 고로 신은 존재하지 않는 곳이 없으며 역은 고정된 본체
> 가 없는 것이다.[93][94][95]

여기서는 성인聖人이 '천명'에 이르는 일, 즉 역의 무한한 경지에 이르는 일을
말하고 있다. 천지의 조화는 끝이 없다. 성인이 이 끝을 '범위範圍'로 하여 중도中
道에 넘지 않게[不過] 하니, 역의 이치를 설명해도 천지를 함부로 넘지 않는다는
소리이다. '만물을 곡진히 이룬다[曲成萬物]'는 큰 것은 크게 이루고 작은 것은 작

---

92 (위에서 이어지는 글이다) 臣 계량이 가만히 생각하건대, 하늘이라는 것은 이치일 뿐이요, '樂'이란
것은 억지로 애쓰지 아니하고 자연히 이치에 합하는 것을 이름한다. 대개 '無極의 眞과, 二五(음양오
행)의 정이 묘하게 엉기어서, 사람이 이에 생기는 것인 즉, 천리가 사람에게 稟賦된 것은 같지 않음이
없을 것이다. 비록 그러하나, 보통 사람이 출생함에는 기품이 깨끗하지 못하고, 물욕이 가리어 있으
므로, 가리어 있는 자가 억지로 애써서 천리를 좇으려 하여도 좇지 못하는데, 하물며 그 자연스럽게
이치에 합하는 것을 바랄 수 있겠는가. 우리 전하께서 즐거우시는 바는 '天理'이며, 즐거워하시지 않는
바는 '天位'이니, 순임금이나 우임금이 즐거워하지 않던 것과 동일한 것이다. 그러나 宗嗣와 生民의 큰
일이야 잠시인들 어찌 잊으셨겠는가. 저 소리개가 하늘에 날고, 고기가 늪에서 뛰는 것은 천리가 나타
남이요, 크게 펼쳐 있는 산과 깊은 데 고여 있는 물은 仁하고 智한 이의 즐거워하는 바이다. 玄渾이
위에서 운행함은 쉬지 않는 기운이 昭昭한 것이요, 方儀가 아래에 정지해 있는 것은 후덕한 형상이
나타난 것이다.
신이 기록하는 것은, 전하께서 天理를 즐거워하셔서 행하심을 그대로 보인 것뿐이니, 행하심이 그대
로 보여진 것은 백관이나 만백성이 다 같이 아는 바이므로, 그 보고 느낀 것이 泉城의 純眞함을 흥기
시켜, 각각 스스로가 그 어버이를 어버이로 모시고, 어른을 어른으로 모시어, 그것으로 인류의 도를
다하고, 그것으로 전하의 즐거움을 즐거워하니 어찌 말리겠는가. 우리 조선의 풍속과 교화의 아름다
운 것이 虞나라와 周나라에 같게 되고, 왕업의 영구함이 산이나 물과 같이 오래도록 무궁할 것이니,
아아, 성대한 일이로다.
_『조선왕조실록』 2집, 335쪽, 세종 1년 기해(1419) 9월 4일(병오).

93 '易의 무한한 경지' 즉 '天地之化而不過→曲成萬物而不遺→通乎晝夜之道而知→神无方而易无體'까지를
말한다.

94 '曲成'은 만물이 계속 생성되어 나가는 이치로, 태극→음양→사상→팔괘→64괘→384효 등으로 진행되어
나감을 말한다.

95 "'神'은 '方(시간)'을 따로 두지 않고, '易'은 '體(공간)'를 제한하지 않는다. 갑골문에서 '方'의 의미는
'방향'이다. '方'에 대응되는 '物'은 '개성' 또는 '차별성'을 나타낸다. '物' 속의 '勿'는 쟁기로 흙을 뒤집
을 때 흙이 쟁기 날에 묻어 있는 것을 본뜬 것이다. 쟁기와 소는 각각 인류의 무생물 도구와 생물의
소유와 지배를 나타낸다."(張祥平,『역과 인류의 사유』)

게 이루어 사물마다 성공시키지 않음이 없다는 것이다. '통通'은 통달함이고, '주야晝夜의 도'는 '유명幽明과 사생死生과 귀신鬼神의 도'를 말한다. '신神은 일정한 방소가 없다[神无方]'는 것은 성인의 헤아릴 수 없는 신명神明이 방소方所가 없음을 말하고, '역易은 일정한 몸체가 없다[易无體]'는 것은 역도易道의 다함이 없는 변화의 무한 변신을 말하니, 이는 성인의 '지극한 천명[至命]'을 말한 것이다.

신神의 정의는 『중용』과 기타 경전에서도 다뤄지고 있다.[96/97] 다음은 한주寒州 이진상이 살핀 '신무방이역무체神无方而易无體'의 해설이다.

> "신神과 역易은 많고 적음을 다투지 않는다. 음에도 있고 양에도 있는 지극히 신묘함을 '신神'이라 하고, 음이 될 수 있고 양이 될 수 있는 지극한 변화를 '역易'이라 한다. 일정한 방소가 없고 일정한 몸체가 없음은 필경 태극太極이 하는 일이기 때문에, 뒤에 다시 한 번은 음이 되고 한 번은 양이 됨을 도道라 한다[一陰一陽之謂道]."[98]

유정원도 장재張載(1020~1077)[99]의 설로 이해를 돕는다.

---

96 '神无方而易无體'는 '中無定體'와 같은 의미이다. 때와 장소에 따라 신비로운 신의 작용이 나타나므로 방소가 없고, 역 또한 때마다 다르게 점괘가 나오므로 일정한 체가 없듯이, '中'이라 하는 것도 정해진 체가 없어 때에 따라 나타남을 설명한 글이다. 그러므로 '군자의 중용[君子·中庸]은 항상 삼가고 두려워하는 반면, 소인의 반중용은 거리낌 없이 망령되이 행동한다[小人反中庸]'는 것이다. 곧 "중용이라 하는 것은, 치우치지도 아니하고, 기울어지지도 아니하고, 지나치거나 미치지 못함이 없어서, 늘 그대로의 이치이니, 이에 천명의 당연한 것이고, 정미롭고 은미한 극치이다[中庸者, 不偏不倚無過不及, 而平常之理, 乃天命所當然, 精微之極致也]."

97 "은벽한 것을 찾아내고 괴이한 짓을 행하는 것을 후세에 칭술하는 이가 있나니, 나는 그렇게 하지 않노라[子曰,素隱行怪,後世有述焉,吾弗爲之矣]."(『중용』 11장)
"사람들은 神의 신령스러움은 알지만, 그 神이 神이 된 바는 알지 못한다[人知其神之神,不知其神之所以神]"(『黃帝陰符經』)
자연의 신묘한 이치를 깨우쳐야 함에도, 보통 사람들은 기이한 사술에 현혹되어, '神術'을 쓴다고 한다. '계사전'에서도 공자는 神에 대한 구체적인 정의를 내렸다. '精氣爲物, 游魂爲變, 是故, 知鬼神之情狀'과 '神无方而易无體'라고 따라서 '신'은 '陰陽不測之謂神'이다. 공자는 또 『중용』에서 '君子, 依乎中庸, 遯世不見知而不悔, 唯聖者能之'라 한다. 이는 '素隱行怪'가 아닌, 중용의 덕을 지키며, 자신의 '知'를 세상에 쓰지 못할 바엔 '하늘처럼' 은둔하겠다는 것이다. 이것이 바로 성인이 중용을 이룬 덕이요, 知의 극진함이며, 仁의 지극함이라 할 수 있다. 이것이 子思가 『중용』에서 밝힌 공자의 큰 뜻이다.

98 李震相, 『易學管窺』: "神與易, 不爭多了. 在陰在陽至妙, 故謂之神, 能陰能陽至變, 故謂之易. 無方所, 無形體, 畢竟是太極之所爲, 故下文便說一陰一陽之謂道."

99 미백 장재(郿伯 張載, 1020~1077) : '북송 5자'로 송 명리학 창시자 가운데 한 사람. 자는 자후(子厚). 봉상미현(鳳翔郿縣) 횡거진(橫渠鎭)사람이라 '횡거선생'으로 일컬어졌다. 그의 학문은 易을 宗으로 삼고 『중용』을 體로 하고 孔孟을 法으로 삼아 儒家로써 도통의 정신을 삼았다. 자연관으로는 氣一元論을 견지하여 氣의 모임과 흩어짐으로 말미암아 형형색색의 만물이 생멸변화하는 것으로 간주하였다. 인성론 상으로는 '天地之性'과 '氣質之性'을 대립 개념으로 보고 후천적인 노력에 의하여 純善한 '천지지성'으로 되돌아가야 한다고 주장하였다. 장재의 사상은 송 명리학에 큰 영향을 끼쳤다. 그의 元氣一

"몸체가 치우쳐 막히지 않아야, 이른바 '일정한 방소가 없고 일정한 몸체가 없음[无方无體]'이고, 음양이나 주야에 치우쳐 막힌 것은 사물이다. 도道라면 몸체를 겸비하여 남김이 없으니, 그 몸체를 겸하였기 때문에 '한 번은 음이 되고 한 번은 양이 된다[一陰一陽]' 하고 또 '음양을 헤아릴 수 없다[陰陽不測]' 하고, 또 '한 번은 닫고 한 번은 열린다[一闔一闢]' 하고, 또 '낮과 밤을 겸한다[通乎晝夜]'고 하였다. 그 미루어 행함을 '도道'라 하고, 그 헤아리지 못함을 '신神'이라 하고, 그 낳고 낳음을 '역易'이라 한다."[100]

장재는 유달리 「계사전」을 높이 산다.[101] 양촌은 『주역천견록周易淺見錄』에서 '천지天地와 성인聖人과 역易은 삼위일체'라고 주장한다.

"역易의 도는 천지와 나란하므로[與天地齊準], 『역』이라는 책이 천지의 도를 미륜할 수 있다[能彌綸天地之道]. 성인은 우러러 천문을 관찰하고, 구부려 지리를 살펴 천지에 유명幽明이 있게 된 이유를 밝힌다. 이미 유명幽明의 이유를 안다면, 그 처음을 미루어 살피고 그 마침을 돌이켜 궁구하여, 만물의 사생死生 이유도 알 것이다. 이미 죽음과 삶에 관한 설을 안다면, 정기精氣가 물건이 됨은 생生의 시작이 되고, 혼이 돌아다녀 변하게 됨은 죽음의 끝이 되므로, 귀신에게 정상情狀이 있는 까닭도 알 수 있을 것이

元論은 중국 철학사상 유물주의의 元氣本體論이라는 새로운 단계를 개창하여 후에 王廷相, 王夫之, 戴震 등에 의해 계승 발전되었고, 그의 인성론은 주희에 의해 계승 발전되었다. 주요 저서로 『정몽(正蒙)』, 『서명(書銘)』, 『경학이굴(經學理屈)』 등과 후인들이 편찬한 『장재전서(張載全書)』와 『장재집(張載集)』 등이 있다. 시호 명공(明公). 1241년에는 공자의 廟庭에 종사되었으며 미백(郿伯)에 봉해졌다.

100 柳正源, 『易解參攷』: "張子曰, 體不偏滯, 乃所謂无方无體, 偏滯於陰陽晝夜者, 物也. 若道則兼體而无累也, 以其兼體也, 故曰一陰一陽, 又曰陰陽不測, 又曰一闔一闢, 又曰通乎晝夜. 語其推行, 故曰道, 語其不測, 故曰神, 語其生生, 故曰易."

101 장윤수, 「횡거역설과 계사전」: "張載는 유학이 漢代 이후 '外王' 부분에만 지나치게 치중해 왔다고 생각했기에 '內聖' 부분을 보완하기 위해 고심했다. 그는 고민 끝에 佛·道의 사상 경력을 거치게 되며, 최종적으로는 『周易』에서 그 답을 얻게 된다. 왜냐하면, 『中庸』과 『周易』은 유가 철학의 경전 중 그 형이상학적 기초가 가장 튼튼한 저작들이기 때문이다. 이러한 사상 경력은 張載만의 특색이 아니라 당시 저명한 유학자들의 理學思想 형성 과정과 상당 부분 일치하는 공통점이기도 하며, 또한 송대 新儒學 형성의 일반적 특징이기도 하다. 張載 철학의 탁월한 해석자인 王夫之는 '張載의 학문은 易學이 아님이 없다. 그리고 張載의 말 또한 易學이 아님이 없다'라고 했다. 張載는 우선 『주역』에 미래를 예측하는 기능이 있다고 보았다. 그러나 그는 이러한 기능이 占筮를 통해 神靈으로부터 얻어진 길흉화복에 관한 예언이 아니며, 卦爻象의 變易 법칙과 卦爻辭가 설명하는 變易의 이치에 달려있다고 보았다. 즉, 그는 『주역』의 예언적 기능이 음양 변역의 道, 곧 사물의 변화와 발전의 법칙에 달려있다고 생각했던 것이다. 張載 易學의 다른 한 특징은 그가 繫辭傳을 특히 중시하고 있는 데서 찾아볼 수 있다. 그는 그 이유를 설명하면서, '繫辭傳은 易道를 논했다. 易道를 알면 易象은 그 속에 있기에 『주역』을 볼 때 반드시 繫辭傳에서부터 말미암아야 한다'라고 했다. 즉 계사전은 易道를 천명했으므로 象에 대해서만이 아니라 『주역』의 전체 내용에 대해서도 중요한 역할을 한다는 것이다. 그러므로 張載의 『易說』이 程頤의 『易傳』에 비해 經文의 해석은 간단하지만 계사전에 대한 해석만큼은 상세하다. 이것은 바로 張載의 관심사항이 易學 중에서도 철학적 문제에 있었음을 보여주는 단적인 예가 된다."

다. 이 세 가지는 모두 서로를 원인하므로, '유명幽明의 원인'이 바로 '죽음과 삶에 관한 설'이고, '죽음과 삶에 관한 설'이 바로 '귀신의 정상'임을 알게 된다[知幽明之故, 卽死生之說, 死生之說, 卽鬼神之情狀]. 위의 세 구절은 오로지 '지知'로써 말하였다. 지혜가 만물에 두루함은 지이고[知周萬物知也], 도가 천하를 구제함[道濟天下]과 사방으로 행하되 사사로이 흐르지 않음은 행이다[旁行不流行也]. 천리를 즐거워하고 천명을 안다면 지이고[樂天知命知也], 자리에 편안하여 인을 돈독히 함은 행이다[安土敦仁行也]. 하늘과 땅을 범위한다[範圍天地]와 만물을 곡진히 이룬다[由成萬物]는 또 행으로 말한 것이고, 낮과 밤의 도를 겸한다[通乎晝夜之道] 함도 또 '지知'로써 말한 것이다. 하늘과 땅을 범위한다[範圍天地] 함은 지극히 커서 밖이 없는 곳까지 미루어 간 것이며, 만물을 곡진히 이룬다[曲成萬物] 함은 지극히 작아서 안이 없는 지경까지 들어간 것이다. 낮과 밤의 도[晝夜之道]는 바로 유명幽明과 사생死生과 귀신鬼神을 가리키니, 이는 또 끝과 처음을 요약해서 총괄적으로 말한 것이다. '신은 일정한 장소가 없고 역은 일정한 몸체가 없다[神无方而易无體]' 함은 천지와 성인과 역이 합하여 하나가 됨을 이른 것이다."

계사전(상) 제 5 장

一陰一陽之謂道 繼之者善也 成之者性也 仁者見之 謂之仁 知者見
之 謂之知 百姓 日用而不知 故 君子之道鮮矣.

(어떻게 하면 음이 되고 어떻게 하면 양이 되는지) 소위 일음일양이 되는 과정이
도다(즉 세상은 본시 음양이 공연하는 한마당 무대일 뿐이다). 이 음양의 도를 잇는
것은 선이요, 이 도를 이루는 것은 마음자리다. 어진 이는 이를 보고 인이라
하고, 지혜로운 이는 이를 보고 지혜라 한다. 백성은 날마다 도를 쓰면서도 (이
것이 인인지 도인지) 모르니, 고로 군자의 도는 드물다.[102/103]

거듭 말하면, '도道' 속에는 '일음일양'이 들어 있는데, 이 도를 잘 계승하면 선
善이 되고, 이 선善을 중도에 잃지 않고 계속해서 이어 나갈 수 있으면 천성과
본성을 완성해 나가는 성인이 된다. 그러나 선승善承을 중도에 포기한 자는 그
천성과 본성을 볼 수가 없다. 이 천성과 본성을 보지도 못하고 이루지도 못한 사
람은 자기가 볼 수 있는 일면만 보기에 인仁이라 하고, 지知라 한다. 나아가 그

---

102 "'일음일양'은 하늘의 도다."(茶山)
    "'無'의 호칭이 도다."(왕필)
    "음양이 번갈아 운행함은 氣이고 그 이치가 도다. 도는 음[智] 속에 갖추어져 있고, 양[仁] 속에 행해
    진다."(주자)
    "음양은 과연 어떤 물건인가? 도를 말하자니 음양 이외에 도리가 없다. 음양이 한번 교합하면 물이
    된다. 물은 有無의 경계다. 노자도 이것을 알았기에 '최상의 선은 물이요[上善若水], 물은 도에 가까
    운 것[幾於道]'이라 하였다. 성인의 덕은 마치 물처럼 고정된 모양이 없다. 물을 최상의 선이라 한
    것은, 도에 가깝다는 말이지, 도는 아니다. 음양이 교합하면 사물을 낳고, 도는 사물과 함께 善을
    낳는다. 사물이 생겨나면 음양은 숨어버리고, 선이 확립되면 도는 보이지 않는다. 고로 '이것을 잇는
    것이 善이고, 이것을 이룬 것은 性'이라 하였다. 선은 도가 아니다. 맹자가 善을 性이라 여겼지만,
    『주역』을 읽고 난 후로는 그렇지 않음을 알았다. 예로 性과 善의 관계가, 익은 음식을 보고 불이라고
    하면 옳겠는가? 익혀진 음식은 불의 작용일 뿐이다. 性과 道의 구분도 어렵다. 비슷하게 소리는 할
    수 있다. 그러니 공자가 '사람이 능히 도를 넓힐 뿐이지, 도가 사람을 넓히는 것은 아니다[人能弘道,
    非道弘人]', 또는 '신묘함은 오직 그 사람에게 달렸을 뿐[神而明之存乎其人]'이라 한 것이다. 性이란
    사람이 되는 원인이다. 이것이 아니고서는 도를 완성할 수 없다."(동파)
    "마음자리를 잘 써서 성공하는 것이 바로 도의 마땅한 바이다."(하산)
103 "군자는 도를 體得하여 쓰지만, 인자는 仁을, 지자는 智를 보고 느끼고, 백성은 매일 써도 모르니,
    무욕의 묘가 아니면 지극한 것[无欲以觀其妙]을 말할 수 없다."(왕필)
    "중용을 오래 지킨 백성은 드물다[中庸其至矣乎, 民鮮能久矣]. 그러기에 도를 性으로 이룬 자는 드물
    다."(동파)

일면도 보지 못하는 백성들은 군자의 도, 즉 하늘의 도, 성인의 도가 없다고 단정하게 되니 어찌 서글프지 아니한가?

다음은 실록에 나타나는 예이다. 먼저, 선조는 '일음일양'이 만고에 항상 변치 않지만, 그 주류변화周流變化는 때에 따라서 다르기에 하나만 가지고 일을 논집할 수 없다고 한다.[104] 그런가 하면 '『주역』은 무엇으로부터 도道가 갖추어지고, 무엇으로부터 법法이 이루어졌느냐?' 하는 문제가 과거시험에 출제되기도 하였다.[105]

'일음일양지도'에 관한 학자들의 제설諸說도 참고해 보자. 윤행임은 "일정한 방소가 없고 일정한 몸체가 없는 것이 도道이니, 도는 말로 형용할 수 없다. 그러므로 한 번은 음이 되고, 한 번을 양이 됨을 도라 한다" 하고, "음양이 음양이 되어

---

104 좌의정 李德馨이 상차하였다. "성상께서도 종묘사직에 대한 계책을 생각하시어, 지나친 겸양을 고집하거나 자신의 부덕을 탓하지 마시고, 門屛을 활짝 열어 정치의 기강을 정돈하소서. 浮薄한 자들을 물리치고, 순박하고 근신한 사람을 기용하며, 허식을 물리쳐 버리고, 실효만을 책임지우소서. 옛날 季康子가 묻기를 '어떻게 다스리면 백성들이 복종하게 됩니까[何爲則民服]?' 하니, 공자가 대답하기를 '정직한 사람을 쓰고 정직하지 못한 사람들을 물리친다면 백성들이 복종하게 될 것[擧直錯諸枉則民服]'이라 하였습니다. 성상께서는 깊이 살피시고 유념하시어, 마음을 저울과 같이 공평하게 가지시고, 거울과 같이 비우시며, 때로는 침착하게 묵인하기도 하고, 뇌성과 같은 노여움을 보이소서. 크고 작은 일이 모두 성상의 덕화 속에서 저절로 이루어져, 훌륭한 공적을 일으키고, 온갖 법도가 바루어지게 하신다면, 실로 우리나라의 무궁한 복이 될 것입니다" 하니, "천하의 일이란 본래 전례만을 무턱대고 따를 수는 없는 것이다. 그러므로 옛사람들은 나의 마음속에 있는 天理를 밝힐 뿐, 옛사람의 典籍에 구구하게 집착하지 않았다. 대개 천하의 事變은 수만 가지여서, 행적은 같으나 마음이 다르기도 하고, 일은 같으나 형세가 그렇지 않은 것도 있으니, 이런 경우가 얼마나 많겠는가. 그런데 자신의 權度로써 당시의 일을 헤아려 보지 않고 선인들의 말만 인용하여 주장하니, 만에 하나 그러한 폐단을 개혁하다가 과오에 빠진다면, 그 유폐 또한 남의 말만 따르고 구습을 버리지 못하는 데에 이르게 되어, 더욱 나라 꼴이 되지 못할 것이다. 그러므로 일을 처리하는 방도는 時宜에 맞게 하고, 중도를 따를 뿐이라고 하는 것이다. 또 周易의 이치로 논해 보건대, '一陰一陽'은 만고에 항상 변치 않지만, 그 周流變化는 때에 따라서 다르니, 하나만 가지고 논집할 수 없는 것이다. 예컨대 기해년 윤달이 전례가 되었다고, 다음 기해년 여름의 4월에 또 윤달이 들 수 있겠는가. 또한 전쟁을 하는 데 있어서도, 어찌 옛 전법만을 집착할 수 있겠는가. 그 운용의 묘는 마음속에 있는 것이다. 일례로 韓信은 齊나라 군사가 강을 반쯤 건넜을 때 공격하여 승리하였는데, 符堅은 어찌하여 이 방법을 쓰다가 패하였는가? 이러한 유례가 또한 얼마나 많겠는가. 그러나 경의 말은 대신의 체모를 자못 갖추었는데, 나의 말은 쓸모없는 말에 불과할 뿐이다. 군신 간에 마음이 서로 통하여 나는 경의 말을 혐의하지 않고, 경도 나의 말에 혐의하지 않으므로 두서없이 되는 대로 말한 것이요, 애초에 의도가 있어서 하는 말은 아니다. 오해하지 말고 한번 웃어주길 바란다" 하였다.
_ 『조선왕조실록』 23집, 546쪽, 선조 31년 무술(1598) 12월 19일(경오).

105 "周易은 무엇으로부터 道가 갖추어지고, 무엇으로부터 法이 이루어졌으며, 四聖은 天命으로 인한 사람인데, 무슨 까닭으로 같지 아니하며, 廣大하게 다 구비됨이 그 詩書와 더불어 같고 같지 아니한가? 文王은 羑里에 구속되었고, 周公은 流言에 곤욕 당하였다. 공자가 陳蔡에서 厄을 당한 것은 빨리 피하는 데 어두워서 그랬겠는가? 演讚의 支流와 卜筮의 萬端이 그렇다면 또한 述作할 바가 있겠으며, 옛사람은 다하였는가? 거북을 불태워서 이루고, 치마를 누렇게 하여 敗한 것은 어떤 자를 부렸기에 어그러졌으며, 또한 이치가 있는 것인가? 이치라는 것은 무슨 이치인지 그것을 다 진술하라."
_ 『조선왕조실록』 7집, 692쪽, 세조 11년 을유(1465) 7월 5일(경술).

서, 한 번은 가고 한 번은 와서, 그침 없이 순환하는 까닭이 도가 아니겠는가?"[106]
라 하였다. 오치기는 "한 번은 변하여 음이 되고, 한 번은 변하여 양이 되니, 두
기운은 유행하는 기틀이다. 음양이 되는 까닭이 바로 '태극의 이치'이기 때문에
'도道'라 한다"고 하였다.[107] 예를 들면, 눈이 열리고 닫히며, 손이 굽히고 펴짐은
음양이 그렇게 시킨 것이고, 그 까닭을 찾아낸 것도 도道이니, 가까이 몸에서 취
하든 멀리 조수鳥獸에서 취하든 그 도가 다르지 않을 것이다. 소리개가 날고 물고
기가 뛰는 '연비어약鳶飛魚躍'도, 음양이 그렇게 시킨 일일 것이다.

심대윤은 "이처럼 역易과 사람이 도道를 달리하지 않는다. 음양이 번갈기 때문
에 이해利害가 발생하는데, 사람이 이를 계승하여 이익을 보고 손해를 제거할 수
있다면 선善이라 해도 좋을 것이다. 또 이익이 상하지 않고 본성을 극진히 하여
선善으로만 계속 이루어지고, 또 그 선善으로 본성을 다하면 천명에 이르게 될
것이다. 그러므로 이룬 것이 있다면 바로 천성 또는 본성이 아니겠는가[成之者性].
이처럼 하늘에서는 천명이 되고, 사람에서는 본성이 되니, 실제 천명과 본성은 둘
이 아니다"[108]라고 한다.

이 장은 '음양陰陽'이 처음과 끝이 되고, '도道'란 한 글자가 음양을 관통해 감을
말한다. 음양으로부터 보면, 이른바 음이 되게 하고[陰之] 양이 되게 하는[陽之] 것
이 도인데, '이를 잇는 것이 선[繼之者善也]'이라 하고 '이를 이룬 것은 천성[成之者
性也]'이라 한 것도 같은 맥락의 말이니, 모두 '도道' 자를 붙여 보아야 한다. '도'가
아니면 '이음'도 없고 '이룸'도 없기 때문이다.[109]

사물은 한 번은 음이 되고 한 번은 양이 되어 나오는데, 정기精氣의 모임은
반드시 양이 움직이는 곳에서 기미가 나타나게 된다. 도道는 형이상形而上이고 사
물은 형이하形而下이다. 그런데 형이하를 기물[器]이라 하였는데 기물에서 담고
있는 것은 또 도라 하니 아이러니하다. 기물이 도道를 담게 된 것은 하늘이 부탁

---

106 尹行恁, 『薪湖隨筆·繫辭傳』: "无方无體者, 道也. 道不可以言語形容也. 故曰一陰一陽之謂道, 陰陽之所
以爲陰陽, 一往一來, 循環而不已者, 道也."
107 吳致箕, 『周易經傳增解』: "一變而爲陰, 一變而爲陽, 卽二氣流行之機也. 所以爲陰陽者, 卽太極之理, 故
謂之道."
108 沈大允, 『周易象義占法』: "此以言易之與人同道也. 陰陽迭運, 而利害生焉, 人能繼之, 以就利去害, 謂之
善也. 全其利, 盡其性, 善之成也, 善以成性, 而至於命. 故曰成之者性也, 性者, 材木也, 成之者, 工力也.
各因其材木, 而成其器, 其器之小大廣狹, 隨其材木. 故曰成之者性也. 在天爲命, 在人爲性, 其實一也."
109 '음양'에서 '양음'이라 하지 않고 양을 뒤에 둠은, 양이 음에서 나왔기 때문이다.

한 일이 아닐까. '계승繼承' 또한 하늘이 명령하여 사물이 계승하였으니 그것 또한 도道와 성性일 것이다. 하늘이 도道로써 명령하고, 사물이 그 도를 계승하여 성性으로 삼으니, 명령하고 계승할 때 어찌 선善으로 하지 않을 수가 있겠는가? 고로 계승함은 하늘의 분부를 계승함이지 음양을 계승하는 것은 아니다. "사물은 도道의 몸뚱이고, 성性은 사물의 골자이며, 선善은 성性의 행실이고, 명命은 반드시 선善으로 행하라 하였기 때문에, 도道는 그 모든 것을 포괄하게 된다. 이 때문에 음양은 기氣에 속하며, 응결되어 모이면 사물이 되고, 도는 리理에 속하며, 명령하여 계승하면 본성이 된다. 명령하고 계승하는 실제의 일은 바로 선善이니, 이것이 바로 '성선설性善說의 효시'가 아닐까?"[110]

이처럼 인자仁者와 지자知者의 견해가 같지 않은 것은, 성性이 이루어진 이후이니, 산과 물을 좋아함이 각각 기질에 의거하여 견해를 달리함과 같다.[111] 그런데도 백성은 이 까닭을 알지 못하므로, 그 도道를 아는 자가 많지 않은 것이다. 그러나 '도는 하나일 뿐이어서, 요순堯舜과 보통 사람이 애초에 다른 것이 아니니, 어찌 잠시라도 떠날 수 있겠는가?'[112]/[113] 추강秋江이 '일음일양지도'로 운을 뗀 <옥부>가 좋다.[114]

---

110 李瀷, 『易經疾書』: "物者, 道之軀殼, 性者, 物之骨子, 善者, 性之行實, 命者, 善之所由出, 道則包之矣. 是以陰陽屬氣, 凝聚則爲物, 道屬理, 命令而繼承則爲性. 善卽命與繼之實事, 此乃性善之說所祖也."

111 『論語·雍也』: "知者樂水, 仁者樂山, 知者動, 仁者靜, 知者樂, 仁者壽."

112 『中庸·章句』: "道也者, 不可須臾離也, 可離, 非道也."

113 尹行恁, 『薪湖隨筆·繫辭傳』: "然道則一而已, 堯舜與凡人, 未始不同, 豈可須臾離哉."

114 남효온, 『秋江集』, '屋賦': "한 번 음이 되고 한 번 양이 되매[一陰一陽] 음과 양 두 기운이 열리고 닫히니[兩儀闔闢] 천둥 우레가 치고 비바람이 적셔주며[雷霆風雨之鼓潤] 추위 더위가 바뀌고 일월이 운행하네[寒暑日月之綜錯]. 오행을 뒤섞어서[磨盪乎五行] 만물을 빚어내니[陶鑄乎萬物] 내 집이 그 사이에[屋於其間] 덩그러니 생겨났네[塊然其出]. 삼천 조목의 위의[曲禮]로 모양을 갖추었고[模樣乎威儀之三千] 삼백 조목의 예의[經禮]로 단청을 이루었네[丹青乎禮儀之三百]. 의리로써 그 집의 길을 삼고[義爲其路] 도로써 그 터를 삼으니[道爲其基] 그 속에 누운 백발 늙은이[有皤皤翁頹乎其中] 그 집 주인이 되었구나[爲其主之]. 상제의 밝은 명을 받아서[受上帝命] 무극의 성품을 얻었으니[性得無極] 당초의 성품을 해칠까 두려워[懼厥初之或戕] 날로 부지런히 수양하고 삼가네[日孜孜而修飭]. 술이 방문하면 방문을 닫고 밀어내고[歡伯訪而閉戶以斥之] 여색이 다가오면 자물쇠 걸어 물리치네[女色來而鎖鑰而却之]. 무릇 마음을 흔드는 모든 외물[凡搖之外物] 내 문지방을 밟지 못하게 하려고[期不履乎我闑] 소나무처럼 무성하게 하며[庶使茂如其松] 대나무처럼 빽빽하게 했더니[苞如其竹] 새와 쥐도 떠나가버리고[鳥鼠攸去] 벽의 좀도 자취를 감추며[壁蝎退迹] 비가 내려도 새지 않고[雨而不能漏] 바람이 불어도 뽑히지 않네[風而不能拔]. 하늘이 내게 성성한 마음을 줌은[天之授我惺惺者] 너와 졸개를 다스리게 함이라네[治汝與成也]. 네가 주인을 업신여김이[惟汝侮主] 거짓되고 또한 음험하구나[誣而且險] 장차 장자의 황당한 의논을 늘어놓아[將鋪張莊叟謬悠之論] 항상 우리 유자의 敬 자를 무너뜨리려 하니[常壞吾儒者之敬字] 주인을 호방한 데로 내모는 자도 너이고[驅主於放曠者汝也] 나의 담과 집을 무너뜨리는 자도 너로구나[壞我牆屋者爾也]. 내가 너를 죽이지 않으면[我不汝殺] 네가

顯諸仁 藏諸用 鼓萬物而不與聖人同憂 盛德大業 至矣哉 富有之謂
大業 日新之謂盛德

(그 음양의 도는) 인간다운 정을 쓰면 드러나지만, 그 운용은 숨겨 둔다.[115] 그러
니 천지만물을 고동으로 놀라게 하여도 성인처럼 걱정하지 아니하니, 그 대단
한 공덕과 대업이 지극하지 아니한가(천지는 북을 치듯 천둥번개로 변화를 가르치
고, 성인은 무심으로 교화한다). 이는 성인 같은 넉넉한 부富티나는 대업이 이루
어졌기 때문이요, 나날이 새로워지는 삶 역시 대단한 덕을 길렀기 때문이다.[116]

앞 장에서 말한 '음양의 도' 즉 '역의 도'는 인간다운 정으로 쓰면 드러나겠지
만[顯諸仁], 그 씀은 좀처럼 남이 모르게 숨겨 두고 있어야 한다는 것이다[藏諸用].
성인의 운용을 다시 한번 보여주는 자리이다. 천둥번개로 천지만물을 경악케 하
여도 '역을 익힌 군자'는 성인처럼 걱정하지 아니하니[鼓萬物而不與聖人同憂], 그 이
룬 공덕과 큰 사업이 대단하지 아니한가[盛德大業至矣哉]. 이것은 '역을 익힌 군자'
가 성인 같은 넉넉한 부富로서 '대업'을 이루었기 때문이요[富有之謂大業], 나날이
새로워지는 '성덕'을 길렀기 때문이 아닐까[日新之謂盛德].

양촌이 위를 다음과 같이 해석했다.

"'인간다운 정에 드러난다[顯諸仁]' 함은 바로 원형元亨으로 통함이고, '용사를 숨긴다
[藏諸用]' 함은 바로 이정利貞으로 돌아옴이다. '더불어 함께하지 않는다[不與]' 함은 천
하를 소유하나 천하를 백성에게 맡기고 더불어 함께하지 않으니 천지에 무심함이다.
'성인이 함께 근심한다[聖人同憂]' 함은 성인이 천지 만물과 하나가 되어 마름질로 돕

필시 나를 죽이리라[汝必我殺] 다시 누워 편히 뒹굴며[復臥坦腹] 우주를 쳐다보고 굽어보니[俯仰宇
宙] 한 채의 집이 윤택한지라[一屋其潤] 온갖 이치가 넉넉해졌도다[萬理其富]. 곁에 대종사가 계시니
[傍有大宗師] 그 이름이 무물이라네[其名曰無物]. 육극[變死, 疾, 憂, 貧, 惡, 弱]보다 아래에 있어 깊고
도 깊으며[下於六極而爲深] 대지보다 앞서 있어 높고도 높으며[先於大塊而爲高] 하도낙서의 근원이
지만 노쇠하지 않고[爲河圖洛書之祖而不爲老] 뭇 형체를 만들어내지만 수고롭지 않네[雕衆形而不爲
勞]. 서로 함께 무하유의 마을과 광막한 들판에서 소요하니[相與逍遙乎無何有之鄕廣漠之域] 집이란
바로 건곤옹 태극이라네[屋乃乾坤翁太極]."
115 "'顯'은 안으로부터 나옴이요, '仁'은 조화의 공이니 덕의 발로다."(주자)
    "易은 그 仁을 분명히 드러내지만, 구체적인 적용은 은밀히 감춘다."(다산)
116 "부유한 자는 일찍이 가진 적이 없었고, 일신한 자는 일찍이 새로운 적이 없었다."(동파)

기에, 하나의 사물이라도 자기 자리를 잃을까 두려워하는 마음을 두고 한 말이다. 비록 마음이 있다[有心] 하더라도 천지의 거대한 무심함과 같다. 천지가 무심으로 조화를 이루는데, 성인이 유심有心으로도 같을 수 있는 것은 사사로움이 없기 때문이 아닐까? 사사로움이 없다면 무심하다. '성대한 덕과 큰 사업[盛德大業]'은 성인의 것이지만, 천지를 칭찬할 수는 없어 한 말이다.''[117]

보충 설명으로 몇 가지를 덧붙인다. '인仁'은 조화로운 마음이고 '용用'은 조화를 쓴 공이며, '현顯'은 안으로부터 드러나옴이고 '장藏'은 밖으로부터 들어옴이다. 천지는 마음이 없어도 조화를 이루고, 성인은 마음이 있어도 작위作爲하지 않으니, 천지가 만물을 고동시켜도 성인은 함께 근심하지 않는다. '덕업德業'에서 덕은 드러남이요 업은 감춰짐이다.[118] 또 '천둥번개로써 고동하고, 바람과 비로써 적셔줌'은 그 자취를 드러내고 그 용사를 나타냄이며, '지극히 참되고 지극히 신묘하여 소리도 없고 냄새도 없음'은 그 묘리를 감쌈이고 그 넓음을 감춤이다. '만물을 변화시켜 육성함은 천지의 덕'이고, '천지의 덕을 체득하여 만물이 자리 잡게 함은 성인의 근심'이다.[119]

또한 사람이 먹고 마시지 않음이 없지만 맛을 알기가 드물고, '일음일양의 도'를 원인으로 삼지 않음이 없지만 그 핵심을 얻기가 드물다. 요순에 들어가려 함에 주공과 공자를 거치지 않을 수 없기에, 군자가 용用을 감추고 때를 따르니 때에 맞춤을 말한 것이다. 감출 수 없는데 감추고, 함이 없는 데서 행하니, 이 때문에 성인은 덕업德業을 이루고, 천지와 화합하여 나날이 새롭고 아름다운 덕을 이루어 나가는 것이다.[120] '부유富有'는 어떤 사물도 지니지 않음이 없는 것이고, '일신日新'은 어느 때도 새로워지지 않는 날이 없다는 소리이다.[121] <정조대왕 천릉지

---

117 權近, 『周易淺見錄』: "顯諸仁, 卽元亨之通也, 藏諸用, 卽利貞之復也. 不與當爲句, 與有天下而不與同, 言天地之無心也. 聖人同憂, 言聖人以天地萬物爲一體, 裁成輔相, 唯恐有一物之失所, 是其心之所憂. 雖曰有心, 同於天地無心之大也. 天地無心而化成, 聖人有心而能同者, 以其無私也, 無私則猶無心矣. 盛德大業, 是指聖人而言, 天地不得贊也."
118 金相岳, 『山天易說』: "仁者, 造化之心, 用者, 造化之功, 顯者, 自內而外也, 藏者, 自外而內也. 天地无心而成化, 聖人有心而无爲. 故鼓萬物而不與聖人同憂. 德業以顯藏而言也."
119 尹行恁, 『薪湖隨筆繫辭傳』: "鼓以雷霆, 潤以風雨, 顯其迹也, 昭其功也, 至誠至神, 無聲無臭, 含其妙也, 藏其費也. 化育萬物, 天地之德也, 體天地之德, 而苞萬物者, 聖人之憂也."
120 沈大允, 『周易象義占法』: "人莫不飮食, 而鮮能知味, 莫不由是道, 而鮮能得其中. 不可入堯舜而戶周孔, 故君子藏用以随時, 時中之謂也. 藏於不藏, 爲於无爲, 是以能成德業, 合乎天地, 而同乎鬼神矣."
121 金相岳, 『山天易說』: "富有者, 无物不有也, 日新者, 无時不新也."

문遷陵誌文>과 <철종대왕 묘지문>에 '성덕대업'을 높이고 있다. 침전에는 편액을 탕탕평평실蕩蕩平平室이라 달고 또 만천명월주인옹萬川明月主人翁의 서序를 써서 자신의 위상을 나타낸다. 『주역』에 이르기를, '성인은 덕德을 높이고 업業을 광대 하게 함이니, 숭고는 하늘을 본받음이요 낮음은 땅을 본받은 것'이라 했는데, 이것 은 왕을 두고 한 말 같다.[122/123]

生生之謂易　成象之謂乾　效法之謂坤　極數知來之謂占　通變之謂事
陰陽不測之謂神.
(과거도 살리고 현재도 살리고 미래도 살리는) 생생이 바로 역이다.[124] 또 형상을
이루는 것은 건이요, 그것을 본받는 것은 곤이라 하니, 이 도리는 건곤 속에
다 들어 있다. 그리고 천지의 할 수 있는 셈을 다해, 다가올 미래를 알아내는
것을 점이라 하고,[125] 그 점의 통변을 사업이라 하며,[126] 음양으로도 헤아리지
못하는 것을 신이라 하였다.[127]

---

122 『정조실록』 47집 참고
123 『철종대왕 묘지문』 : "『시경』에 이르기를, '효자의 행실이 다 끊어지지 않으니, 하늘이 영원토록 그 자손들을 내려 줄 것이다' 했는데, 임금이 실로 그와 같았습니다. 엄숙하고도 화락한 몸가짐으로, 신명을 받드는 제사를 잘 지내어, 안으로는 자신의 마음을 극진히 하고, 밖으로는 도리를 따라서 精明한 덕을 이루었습니다. 『예경』에 이르기를, '어진 사람은 제사를 지내면 반드시 그 복을 받는다' 했는데, 임금이 실로 그와 같았습니다. 경전을 탐구하여 道義에 흠씬 젖었으므로, 가정을 다스리고 세상에 모범을 보임에 있어 몸소 행하고 마음으로 체득한 것을 미루어서 하지 않는 것이 없었습니다. 『서경』에 이르기를, '생각을 始終 학문에다 두면, 자신의 덕이 닦여지는 것조차 깨닫지 못하게 된다'고 했는데, 임금이 실로 그와 같았습니다. 『주역』에 이르기를, '制度로써 절제하여 財貨를 손상 시키지 않으며, 백성을 해치지 않는다'고 했는데, 임금이 실로 그와 같이 했습니다. 『주례』에 이르기를, '태평한 나라의 형벌은 中道에 맞는 법을 적용한다' 했는데, 임금이 실로 그러했습니다. 깊고도 두터운 仁澤이 팔도에 널리 입혀졌고, 宏大한 강령과 조목이 영원히 만세에 전해갈 것인데, 이는 모두 『주역』에 이른바, '富有之謂大業'이라 하고 '日新之謂盛德'이라 한 것에 근본한 것입니다. 『중용』 에 이르기를, '대덕은 반드시 그 지위를 얻고, 반드시 그 복록을 얻고, 반드시 장수하게 되고, 반드시 명예를 얻게 된다' 했는데, 우리 임금의 덕으로써 본다면 증험되는 것도 있고, 증험되지 않는 것도 있는 것 같습니다." _ 『조선왕조실록』 48집.
124 "'음양이 굴러 바뀌어 가면서 만물을 화생한다."(왕필)
　　"음은 양을 낳고 양은 음을 낳아, 그 변화가 무궁하니 그 '이치와 역'이 그러하다."(주자)
　　자자손손의 이치, 태극의 원리, 음양의 원리가 역의 이론이다.
125 "'生生의 極端이 易'이다. 易을 數로 쓰면 占이고, 이것을 道로 쓰면 辭이다. 천하가 이것을 사용하지 않음이 없으니, 이는 神이 있기 때문이다."(동파)
126 '象·數·理·通·變'은 과학적이요, '理'는 철학적이요, '通變'은 변통의 이치에 능통한 자가 변화를 주도해

역은 살리고 살리는 사업을 할 뿐이라 하니 얼마나 위대한가. 먼저 '생생지위역生生之謂易'을 살펴보자. "역易은 모두 책 이름을 가리킨다. 성인이 『역』을 지음에, 천지가 사물을 낳고 낳는 마음을 본받았기 때문에, 변동하고 두루 흐르는 도가 천하를 구제하며 만물을 곡진히 이루어 가니, 이것이 '낳고 낳는 역'이 아니고 무엇이겠는가."[128] "하나가 둘이 되고, 둘이 넷이 되고, 넷이 여덟이 되고, 여덟이 16이 되고, 16이 32가 되고, 32가 64가 되며, 다시 64괘에 6위가 있으니 384효가 만물을 낳고 길러간다. 또 '양이 음에서 나오고, 음이 양에서 나오므로 '생생지위역'이라 하였는데, 임금 된 사람이 '역易'이라는 한 글자를 보고, 낳고 낳는 '생생'이 지극한 덕이 됨을 안다면, 덕을 다 쓸 수 없을 것이다. '낳다[生]'라는 말을 보고 측은한 마음이 인仁에 연유함을 안다면, 인을 다 쓸 수 없을 것이다. 어찌 다만 임금만이겠는가?"[129]

> 成象之謂乾, 效法之謂坤.
> 상을 이룸을 건이라 하고, 법을 드러냄을 곤이라 한다.

『주역』에서 '성상成象'은 모두 건乾의 도이고, '효법效法'은 모두 곤坤의 도이니, 높음은 하늘을 본받고[崇效天], 낮음은 땅을 본받았다[卑法地].[130] '상象'이라면 헤아리고, '법法'이라면 살펴야 하는데, 상을 헤아림은 일월성신日月星辰이고, 법을 살핌은 산하초목山河草木이다. 이루는 것은 기운일 것이고, 이루어진 까닭은 이치

나가는 기미적인 것을 말한다.

127 "신은 보려 해도 보이지 않고[視之而弗見], 들으려 해도 들리지 않지만[聽之而弗聞], 만물의 주제자라 부정할 수 없다[體物而不可遺]."(『중용』 16장)
"神은 최후의 진리이자 만유일체의 절대 융화의 인격체다."(설학잠)
"인간의 생각과 총명으로 도저히 헤아려 알 수 없는 것이 神이다."(張載)
"진리가 신이다. 그 인격체를 하느님이라 할 뿐이다."(문선명)
"변화의 극치로 만물을 신묘하게 하는 자는 형체가 없기에 음양불측이라 하였다."(왕필)
태극에서 음양이 되나 음이 될지 양이 될지 모르는 兩儀의 상태가 신의 조화다.

128 李澈, 『易經疾書』: "易皆指書名也. 聖人之作易也, 法天地生物之心, 故變動周流, 道濟天下, 曲成萬物, 是謂生生之易."

129 尹行恁, 『薪湖隨筆·繫辭傳』: "陽生於陰, 陰生於陽, 故曰生生之謂易, 爲人君者, 觀易之一字, 而知生生之爲德, 則德不可勝用矣, 觀生之一字, 而知惻隱之由仁, 則仁不可勝用矣. 豈徒君也. 通上下而看."

130 李澈, 『易經疾書』: "易中有成象者, 皆乾道也, 有效法者, 皆坤道也, 下文云崇效天, 卑法地."

일 것이다.[131] 또 '상象'은 형체가 아직 이루어지지 않아 '법法'이 정해지지 않았음을 말하고, '법法'은 이미 형체가 이루어져 '상象'이 이미 확정되었음을 말한다.[132]

極數知來之謂占, 通變之謂事, 陰陽不測之謂神.
수를 지극히 하여 미래를 알아냄을 점이라 하고, 변화를 막힘 없이 소통해냄은 일이라 하며, 음양을 헤아릴 수 없음을 신이라 한다.

'수數'와 '점占'에 관한 설명이다. '삼參'이 하늘이고 둘이 땅임은 수數의 시작이고, 네 번 경영하여 18번 변함은 수의 지극함이다. 미래를 앎은 지知에 속하고, 변變을 통함은 행사行事에 속한다. 『주역』에는 '신묘함[神]'을 말한 것이 매우 많다. '도를 드러내고 덕을 신묘하게 한다[顯道神德行]'든가, '부추기고 춤추게 하여 신묘함을 다하였다[鼓之舞之以盡神]'든가, '신묘함은 밝히는 그 사람에게 달린 것이다[神而明之存乎其人]'라고 하였다. 이는 역이 신묘하지 않을 수 없는 까닭은 '음양'이 서로 밀고 당기면서 변동하고 또 머물지 않으니 역易의 세계는 얕은 마음으로는 헤아릴 수 없기 때문이다.[133] '점占'은 '수數'에서 일어나고, '수'는 '상象'에서 일어나고, 상은 이치에서 일어나니, 이치를 알면 상을 알고, 상을 알면 수를 알고, 수를 알면 점을 안다. 점을 알면 미래를 알고, 미래를 알면 변화에 통달하고, 변화에 통달하면 다하지 않고, 다하지 않으면 신묘하니, 신묘한 것은 헤아리지 못할 것이다.[134] 또 '과거를 미루어 미래를 안다[推往知來]' 하지 않고, '수를 지극히 하여 미래를 안다[極數知來]' 한 것은 어째서인가? 이것은 건곤乾坤의 책수策數를 말하니, 하나로부터 만萬에 이르는 수를 지극히 한다면, 그 미래를 알 수 있다는 소리이다. '통通'은 통달을 말하고, '변變'은 변화를 말하니, '통변通變'은 천만 가지 변

---

131 尹行恁, 『薪湖隨筆·繫辭傳』: "象則儀之, 法則按之, 儀乎象而日月星辰, 按乎法而山河草木. 成之則氣也, 所以成則理也."

132 吳致箕, 『周易經傳增解』: "象謂未成形而法之未定也, 法謂已成形而象之已定也. 效者呈也, 此陰陽之道在卦爻者也."

133 李溟, 『易經疾書』: "參天兩地, 數之始也, 四營十八變, 數之極也. 知來屬知, 通變屬行. 易中言神甚多. 曰顯道神德, 曰鼓舞盡神, 曰神以明之, 其所以神者, 陰陽相推, 變動不居, 不可以淺心測度也."

134 尹行恁, 『薪湖隨筆·繫辭傳』: "占起於數, 數起於象, 象起於理, 知理則知象, 知象則知數, 知數則知占. 知占則知來, 知來則通變, 通變則不窮, 不窮則神, 神者不測."

화에 달통하는 일을 이른다.[135/136] 여기 5장에서는 '도道'의 체용體用이 '음양'을 벗어나지 않기 때문에 '천지'와 '성인'과 '괘효'와 '점사占事'로 그 도리를 지극히 말하였고, 끝에서는 그 '신묘함'까지 기렸다. 끝으로 '앎'이란 글 속에 '알'과 '占'이 보일 것이다. '알'은 천지 간의 핵이며, 우주 속의 핵심이다.

---

135 沈就濟, 『讀易疑義』: "不曰推往知來, 而言極數知來, 何也. 乾坤言策數也, 極其自一至萬之數, 而知其來也. 通者, 通達之謂也, 變者, 變化之謂也, 通變者, 通其千變萬化之事也."

136 심취제(沈就濟, 1752~1809) : 자는 지순(子順), 호는 겸와(謙窩), 본관 청송(靑松). 이상정(李相靖)의 문하생으로 독서하였으며, 저서에 『겸와집(謙窩集)』이 있다. 『겸와집』은 그의 손자 한승(漢升)에 의해 편집·간행되었으며, 그 속에 수록된 역학관련 저술은 「역학촬요(易學撮要)」와 「독역의의(讀易疑義)」이다. 이 중 「독역의의(讀易疑義)」는 10행 22자의 행자를 갖춘 목판본으로 영인본 52쪽의 분량이다. 「독역의의」에서는 「계사상전」·「계사하전」·「설괘」·「서괘」·「잡괘」에 대해서만 다루고 있다. 특히 「계사전」을 중심으로 자신의 견해를 밝히고 있다.

계사전(상) 제 6 장

夫易廣矣大矣　以言乎遠則不禦　以言乎邇則靜而正　以言乎天地之間
則備矣

대저 역의 능력은 너무도 넓고 커, 먼 것으로 말하자면 막힘이 없고, 가까운
것으로 말하자면 고요하고 반듯하며, 천지 사이로 말하자면 갖추어지지 않은
것이 없다.[137]

성호는 이 구절을 이렇게 주석한다.

"'역'은 천지 간에 없는 것 없이 다 준비해 두고 있기에, 원근에 관계 없이 원하는 답
을 다 내놓을 수 있고, 크고 작은 것에 상관 않고 다 내준다는 것이다. '넓음[廣]'은
'곤'에 속하고, '큼[大]'은 '건'에 속하는데, 넓음을 앞세우고 큼을 뒤에 둠은 '음양'으로
말했다. '먼 것[遠]'은 큰 것과 짝하고 '가까운 것[邇]'은 '넓은 것'과 짝하니, 멀고도 큰
것은 하늘이고 가까우며 넓은 것은 땅이다. '막힘이 없으면[不禦]' 통하고 '막힘이 없으
면 고요하니' 이는 형亨과 정貞에 대한 각주이다. '멀고도 커서 다함이 없음'은 원형元
亨의 뜻이고, '가깝고도 넓어서 고요하고 바름'은 이정利貞의 뜻이다. 고로 위에서 말
한 '역의 능력'은 곧 '건곤'의 능력으로 '크고 먼 것'은 '건乾'의 '원형元亨'이고, '넓고
가까운 것'은 '곤坤'의 '이정利貞'이다. 결론적으로 '천지의 사이'를 말할라 치면 384효
안에 어떤 사물도 갖추지 않음이 없다는 소리다."[138]

　여헌은 "역은 만변만화萬變萬化와 만사만물萬事萬物 가운데에 있기에, 천지 가
운데 살아가야 하는 인간을 위해 엮은 것이다"라고 한다.[139]

---

137 "'역'은 보이지 않는 깊숙한 곳도 궁구하여 멈추는 곳이 없고, 가까운 곳은 본받아 알맞게 하였다."
　　(왕필). 천도[遠則不禦]와 지도[邇則靜而正]와 인도[天地之間則備矣]로 구별했다.
138 李瀷, 『易經疾書』: "乾道主於元亨, 坤道主於利貞. 廣屬坤, 大屬乾, 先廣後大, 如陰陽云爾. 遠配於大,
　　邇配於廣, 遠而大者, 天也, 邇而廣者, 地也. 不禦者, 通也, 不禦靜正, 只是亨貞之註脚. 遠且大而不禦,
　　元亨之義也, 邇且廣而靜正, 利貞之義也, 合而言天地之間, 則三百八十四爻, 無物不備, 其邇處靜而正,
　　則其遠處動而通, 可知."
139 張顯光, 『旅軒集』 '易學圖說字': "易은 바로 天地이다. 천지가 있음으로 말미암아 萬變萬化와 萬事萬
　　物이 그 가운데에 있다. 그렇다면 역을 굳이 다시 책으로 엮을 필요가 없는데도 성인이 반드시 역의
　　책을 만든 것은 어째서인가? 이는 바로 우리 인간을 위해서이다. 사람은 누구나 이목구비와 사지와
　　오장육부를 갖추고 있지만, 그 이치를 아는 자는 드물다. 더구나 천지와 만물 속에 살면서, 천지의

夫乾 其靜也專 其動也直 是以大生焉 夫坤 其靜也翕 其動也闢 是
以廣生焉 廣大 配天地 變通 配四時 陰陽之義 配日月 易簡之善
配至德

건은 지극히 고요하다가도 움직일 때만 곧은지라, 이 때문에 아주 큰 것을 낳
아 불린다. 또 곤은 고요한 때는 오므리고 있다가 움직일 때는 넓게 벌리고
펴지니, 이 때문에 아주 넓게 생산한다.[140] 이런 '건곤의 위대함'은 천지의 광대
함에 짝하고, 사계절의 변통에 짝하고, 일월 같은 음양에 짝하고, 지극한 덕이
있기에 쉽고 간단하고 수월한 이간에 짝하는 것이다.[141]

'건곤'의 체용體用을 말한다. 하늘 남자는 평상시에는 조용하게 잠자는 듯하지
만 용심하면 서서 곧아진다. 땅 여자도 평상시에는 닫고 있다가 용심하면 열린다.
또한 역易의 도는 변하면 통하므로 곧은 양이 변하면 음이 되고, 닫히고 열린 음
이 변하면 양이 된다. 봄에서 여름이 되면 양이 지극하여 음으로 변하고, 가을에
서 겨울이 되면 음이 지극하여 양으로 변한다. 양이 곧음은 해와 짝이 되고, 음이
닫히고 열림은 달과 짝이 된다. 이러한 건곤의 덕, 천지의 덕, 음양의 실질적인
덕은 선善에 바탕을 둔다. 이는 '지극한 선의 덕'이 성인의 일인지라, 천지의 지극
한 덕과 성인이 짝이 되기 때문이다.[142]

이치와 만물의 이치를 아는 자가 몇이나 되겠는가. 사람이면서 이 도리를 알지 못한다면 이 역시
금수나 초목일 뿐이며, 서되 마땅히 서야 할 땅을 알지 못하고, 행하되 마땅히 행하여야 할 길을
알지 못한다면 어찌 三才의 도에 參詣하겠는가. 성인이 이를 걱정하여 부득이 易를 만들어 方册의
위에 천지를 模像해 두었다. 이러한 뒤에야 神明의 德을 통하고 萬物의 情을 유추할 수 있었다. 무릇
천지 가운데 만변만화와 만사만물이 모두 역이 포함하고 있지 않은 것이 없으니, 古今과 幽明의 차
이가 없으며, 遠近의 구별이 없고, 大小의 차이 없이 살필 수 있게 되었으니, 이는 진실로 역이란
책이 과연 위대하고 지극하다. 사람들은 이에 비로소 책 속에 있는 역을 가지고 역을 알고 模像한
천지를 가지고 固有한 천지를 알아 인간의 사업이 이로부터 정해지고 성공으로 끝게 되었다."

140 "지극히 강한 '剛德은 과감하고, 지극히 부드러운 '柔德은 곺다."(동파)
"乾은 氣이고, 坤은 흙이다. 氣는 가만히 있으면 純一하여 흩어지지 않고, 氣가 활동하면 활기차게
움직이고 굽지 않으니 '大'가 된다. 흙은 동요하면 나뉘고 갈라져 둘로 열리니 '廣'이 되는 까닭이
다."(다산)

141 "'配天地', '配四時', '配日月', '配至德'은 역의 四配이다. '天地'에 짝하는 것은 '건곤괘'고, '四時'에 짝하
는 것은 12괘가 있다. '日月'에 짝하는 것은 '중부괘'와 '소과괘'며, '易簡之善'은 震과 艮의 덕이니,
'復卦'와 '剝卦'가 이런 덕성에 부합될 수 있다. 『주역』의 推移法은 전적으로 천지의 조화에 상응하는
것이니, 그 짝지음이 이와 같다."(다산)

142 宋時烈, 『易說』: "至善德者聖之事, 聖人配天地之至德也."

삼산三山은 '허실虛實'로 '건곤의 지극한 덕'을 설하고 있다. 천기는 땅 가운데로 유행하며 꽉 차고 두루 충만하니 '하나이기에 꽉 차 있다[一而實].' 땅은 천기를 받아들이는데 일찍이 막혀서 걸림이 없으므로, '둘이기에 비어 있다[二而虛].' 고요할 때 양은 음과 사귀지 않고 전일專一하고 발생發生하는 이치를 그 안에 숨기니, 건乾의 획이 홀이 되는 까닭이다. 고요할 때는 음도 양과 사귀지 않으니 지기가 막혀 양기의 발산을 받아들이지 못하고 열고 닫는 이치를 숨기니, 곤坤의 획이 짝이 되는 까닭이다. 움직이게 되면 음양이 하나가 되어, 양의 충실이 음의 텅 빔과 사귀기에, 노양老陽은 텅 비고 노음老陰은 도리어 꽉 차게 된다. "지금 씨앗 한 개를 땅에 심어 보면 알 수 있을 것이다. 천지가 서로 교감할 때처럼 그 싹은 양기가 직립하듯 위로 땅을 뚫고 나오고, 꽃이 필 때는 음기가 열리듯 하늘을 보고 활짝 열린다. 다시 꽃 지고 열매 맺는 것을 보면 음양의 지극한 덕의 결실임을 알 수 있을 것이다."[143]

---

143 柳正源, 『易解參攷』: "今觀一箇果子植在地底, 方其未生之時, 天之生意, 專主在裏面, 乾之靜專, 於此可見. 及其天地相交之時, 帶得陽氣, 其萌芽直立向上, 透地出來, 乾之動而直, 坤之動而闢, 亦於此可見."

계사전(상) 제 7 장

子曰 易 其至矣乎 夫易 聖人 所以崇德而廣業也 知崇 禮卑 崇效
天 卑法地 天地設位 而易行乎其中矣 成性存存 道義之門

공자가 말했다. "역은 과연 지극하구나. 역이란 대저 성인이 덕을 숭상하고 사
업을 넓게 펼치기 위해 만든 것이다. [144] 지혜는 높이고 예는 낮추었다. 지혜는
높이되 하늘만큼 높이며, 실천하는 예는 낮추되 땅처럼 비천한 곳으로부터 시
작하였다. 그러니 천지가 자리를 잡으면 역이 그 사이를 행하였으니, 본래 이
러한 마음자리를 잘 보존하고 보존하는 것이 도의의 문이다"[145]

여기 7장은 성인이 '역易을 쓰는 도리'를 말했다. 즉 본성을 온전히 이루고는
순간도 놓치지 말고 '보존하고 보존할 것'을 당부한다.[146] 여기에서도 성호는 '보존
하고 보존하라'며 절절히 주석을 달고 있다. '높음[崇]'은 하늘 만한 것이 없기에
덮지 못하는 것이 없고, '낮음[卑]'은 땅 만한 것이 없기에 싣지 못하는 것이 없다.
역易의 도는 크게는 하늘과 짝하고 넓게는 땅과 짝하므로, 성인이 역을 쓰는 도道
가 지혜는 하늘을 본받았고, 예절은 땅을 본받았다. 여기 7장에서는 세 번에 걸쳐
'덕德과 업業'을 오래할 수 있고, 크게 할 수 있음을 말했지만 여전히 지극함에는
이르지 못하였으므로, 현인賢人이 이렇게 날로 다투어야 부자다운 대업[富有大業]
과 날로 새로워지는 성덕[日新盛德]에 이르러, 비로소 성인聖人의 덕업德業을 성취
할 것이다. 그런 성인의 덕 높음은 천지를 달통한 역의 지혜 때문이고[德崇由知],
업을 넓힐 수 있음은 천지에 어긋나지 않는 역의 예에서 비롯한 것이다[業廣由禮].

---

144 '崇德'은 上學이요, '廣業'은 下學이라 할 수 있다.
145 "'本性'은 道를 이루고, 義理를 存在하게 하는 원인이다. 堯舜이라도 추가할 수 없고, 桀紂라도 없앨
수 없는 것이다. 존재하는 까닭이 이렇다면 道義는 따라 나오게 된다."(동파)
"천지가 자리를 베풀면 변화가 행해져 智와 禮가 本性에 保存되어 道義가 나온다."(주자)
"사물이 존재하고 완성됨은 道義에서 비롯된다."(왕필)
'存存'은 강조사이다.
146 尹愭, 『論講學』: "복희씨가 팔괘를 긋고부터 人文이 점차 열리고 聖神이 계승하여 일어나 正德·利用·
厚生으로 만세에 교화를 드리웠다. 繫辭傳에 '繼之者善 成之者性'이라고 하고, 또 '成性存存 道義之門'
이라 하였다."

역易은 복희로부터 밝혀져 천지의 사이에 유행해 오고 있으니, 그 광대廣大하고 이간易簡한 이치에 어둡다면 사람일 수 있겠는가. 이 때문에 성인이 몇 해를 더 빌릴 수 있다면 역을 배울 것이라고 탄식까지 했건만, 하물며 보통 사람이겠는가? 또 '죽을 때까지 선善을 계속 이어야만 본성이 이루어진다[繼善成性]'는 소리와 '보존하고 보존하라[存存]'는 소리를 가슴에 깊이 박아야, 마침내 '도의道義에 들어가는 문'을 열 수 있다는 것을 명심해야 할 것이다. '보존하고 보존하라[存存]'는 도道에 대한 변치 않는 마음이 중도中途에 그치지 말 것을 경계한 말이다. 이것은 공자가 역을 배우고 힘을 씀에 정곡을 찌른 부분이니, 이 구절이 아니라면 뒷사람들이 역을 배우는 것이 어떤 일인지를 끝까지 알지 못했을 것이다. 이렇듯 "건도乾道를 찬양한 대목에 '각정성명各正性命'은 바로 '성성[成性]'이며, '보합대화保合大和'는 바로 '완성한 내 본성'을 '보존하고 보존함[存存]'이 아니겠는가?"[147]

올라가면 하늘이고 내려가면 땅이라, '역도易道'는 말하지 않아도 스스로 운행된다. '도의 마땅함, 도의道義'도 동일하다. 도道는 하늘에 속하고, 의義는 땅에 속한다. '문門'은 사람이 출입하는 곳이니, 성품을 갖추고 있는 자가 보존되어 있는 본성을 잘 보존하여, 도의道義에서 떠나지 않음이 사람들이 문으로 출입하는 것과 같다. "도의道義의 문은 곧 '역易의 문'이고, '역의 문'은 '건곤乾坤'이니, 공자가 '사람이 누가 문을 말미암지 않고서 나갈 수 있겠는가[誰能出不由戶]'라고 한 것이 이를 두고 말한 듯하다.[148] 결론적으로 성인이 '건곤乾坤'의 도를 체득하여, 그 '덕德과 업業'을 높이고 넓히고, 또 '지知와 례禮'의 문이 있은 뒤에야, '도의道義'가 나온다 하였으니, 지혜로운 사람들은 '본성을 온전히 보존하고 또 보존해 나가야 할 것이다.[149] '이간易簡'을 읊은 노래가 많다.[150/151/152]

---

147 李瀷, 『易經疾書』: "乾道曰, 乾道變化, 各正性命, 保合大化, 乃利貞, 各正性命, 非成性乎, 保合大化, 非存存乎."

148 尹行恁, 『薪湖隨筆·繫辭傳』: "道義之門, 卽易之門也, 易之門, 乾坤是也, 孔子曰, 人孰出不由戶, 蓋此之謂歟."

149 金相岳, 『山天易說』: "此言聖人體乾坤之道, 有知禮之門, 而後道義出. 存存卽不已之意也."

150 허목, '追懷': "천도의 '이간을 즐거워하고[樂天道之易簡兮] 인심의 험악함을 애달파한다[隘人心之嶮覯]. 어이하여 좋고 나쁨 뒤바뀌어서[何休咎之相躍兮] 홀연히 파도처럼 번복되는가[忽翻覆其若瀾]."

151 "요사이에 삼가 듣자니, 성상께서 '易知簡能'의 도리로 公卿의 품계를 내리셨다고 합니다. 이는 곧 노인을 우대하고 현인을 숭상하는 아름다운 뜻이요, 人心과 公義가 끝내 泯滅하지 않아, 우리 道學이 행해질 것임을 나타낸 것입니다. 이는 대개 그 조짐일 것이라, 모든 원근 백성이 두루 손뼉을 치며 경하할 일이거든, 다구나 평소의 사랑을 깊이 입은 자이겠습니까?"(金興洛, '정재 선생께 올림)

152 張維, 『谿谷集』, '이간' : "感應하는 묘한 이치로 말하면 三才에 공통된 것이다. 그런데 어찌하여 하늘

계사전(상) 제 8 장

> 聖人 有以見天下之蹟 而擬諸其形容 象其物宜 是故謂之象 聖人
> 有以見天下之動 而觀其會通 以行其典禮 繫辭焉 以斷其吉凶 是故
> 謂之爻
> 성인이 천하의 가려져 있는 그윽하고 오묘한 역의 이치를 보았지만,[153] 그것을
> (형용으로) 표현하는 과정에서 그것과 비슷한 모습으로 나타낼 수밖에 없었으
> 니, 그것을 상이라 하였다. 그리고 또 성인은 천하의 지극한 움직임을 살펴,
> 그것을 회통시켜 하나의 법[典禮]으로 삼고자 하였으니,[154] 계사로써 길흉을 판
> 단하여 그것을 효라 하게 된 것이다.

여기 8장에서는 성인이 '역의 이치'를 말하는데, 먼저 '천하의 형상'을 살펴 보
여줄 때 실제 사물과 '엇비슷하게 象'을 잡아 보였다는 것이다. 또 천하의 활동
을 살펴 보여줄 때는 사물의 갖은 활동 상황을 보고 '법 될만한 준칙'을 만들어,
그것도 길흉을 판단하여 '6효'마다 자세히 밝혀 두었다는 것이다. 즉 '건·곤·감·리'
가 '말·소·돼지·꿩'이 아니라 그 모양에 비긴 것이고, '태·진·손·간'이 '입·발·무릎·손'
이 아니라 그 모양에 비긴 것이라는 소리이다. '천하지동天下之動'도 결국 '괘효卦
爻'와 '물상物象'의 변동을 말하고, '회통會通'은 이것과 저것을 서로 교섭하고 충돌
하는 정황을 말해 놓은 것이다. '전례典禮'도 제사·혼인·연회·전쟁 등을 모두 포괄
하는데, 이런 전례典禮를 장차 행하고자 하면 마땅히 그 일에 대한 '점사占辭'가
있어야 했으니, 이에 '효사爻辭'를 지어서 6위 아래 각각 그 일의 '길흉'을 판단할
수 있도록 하였던 것이다.

위의 내용에 대한 자범子範과 위암韋庵의 해설을 들으면 이렇다. '색蹟'은 잡난

과 인간이 그리 다르단 말인가. 有心과 無心의 차이가 있기 때문일 것이다. 하늘과 땅의 속성은 알기
쉽고 따르기 쉬운 것[易簡]으로서, 소멸하고 생장하며 굽혀지고 펴지는 것, 모두가 거짓됨이 없이
자연스럽게 이루어지고 있다네."

153 "'蹟'은 떠들썩하게 어지러운 '雜亂'이다."(왕필, 동파, 주자)
 "'蹟'은 숨어 있어서 나타나지 않는 上學이며, '擬'는 형상으로 나타내는 하학이다."(아산)
154 "'會'는 이치가 모여 빠뜨릴 수 없는 부분이고, '通'은 이치가 행하여 막힘이 없는 부분이니, 庖丁이
 소를 해체할 때 '會'는 힘줄과 뼈가 모인 곳이요, '通'은 그 빈 곳이라 하였다."(주자)

雜亂함이고, '의擬'는 견줌[方相]이고, '상象'은 형상이다. '그 형용을 견줌[擬其形容]'은 '건괘乾卦'가 원형이 되고, '곤괘坤卦'가 큰 수레가 되는 따위이다. '그 물건의 마땅함을 형상함[象其物宜]'은 '건乾'이 강건하여 헤아릴 수 없어 용龍이라 하고, '곤坤'이 유순하게 건을 따르므로 암말[牝馬]이라고 하는 따위이다.[155] '회會'는 이치가 모여 화합함이고, '통通'은 이치가 순하게 유행함이다. '떳떳한 법도 전례[典禮]'는 성인의 떳떳한 법인데, '전典'은 법도를 말하고, '"예禮'는 절차와 문체를 말한다.[156] 실록에도 이를 인용한 내용이 보인다. '예악禮樂'이 떨어질 수 없는 하나일진대, 경전 중에서도 『주역』은 '예악의 근원'을 말하였고, 『서경』은 '예악의 실지'를 말하였고, 『시경』은 '예악의 뜻'을 말하였고, 『춘추』는 '예악의 분수'를 말한 것으로 보인다."[157]

言天下之至賾　而不可惡也　言天下之至動　而不可亂也　擬之而後言 議之而後動　擬議　以成其變化

천하에 지극히 그윽하고 깊이 가려져 있는 역의 이치를 아무렇게나 말할 수 없고, 천하에 지극한 움직임을 어지럽게 말할 수 없으니,[158] 대자연의 흐름을 어떤 형상에 견주어(구체화한 후) 말을 하고, 자세히 검토한 후(의논한 뒤)에 움직이니, 견주고 의논해서(형상으로 구체화시키고 자세히 검토한 후에) 그 변화를 이루어 나가는 것이다.[159]

---

155 吳致箕, 『周易經傳增解』: "賾者雜也. 擬謂比也, 象謂像也. 擬其形容, 如乾爲圜坤爲大輿之類. 象其物宜, 如乾健而不測故稱龍, 坤順而從乾故稱牝馬之類也."

156 金相岳, 『山天易說』: "理之所聚謂會, 理之可行謂通, 典禮者, 聖人之常法, 而典謂法度, 禮謂節文也."

157 "六經의 道는 같은 것이니 禮樂을 쓰는 것이 급선무라 했습니다. 대저 禮는 상하의 분수를 엄하게 하는 것으로, 分數만 준절하게 하려 한다면 상하가 화목하지 못하게 됩니다. 고로 樂을 만들어 상하의 뜻이 통달되게 한 다음이라야, 治道가 이루어져야 합니다. 三代 이후로는 예악이 虛文만 있고 실지는 없어져, 옛날의 태평 정치를 회복할 수 없었습니다. 또 예악은 어김없이 병행시켜야 되는 것입니다. 先王朝에서는 병행시켰기 때문에 상하의 구분이 엄했지만, 역시 상하의 마음이 통달되었습니다. 따라서 京師에 가는 사신과 邊方으로 나가는 장수들이 출발할 때 반드시 酒樂을 내린 것은, 신하들을 감복시키기 위한 것이었는데, 근래에는 흉년과 재해 때문에 폐지했습니다. 이것이 크게 관계되는 일이 아니기는 하지만, 先王의 舊典을 이제 와서 모두 폐기하는 것은 역시 등한시하는 데 관계될 것 같습니다. 이런 일들도 省念하셔야합니다."
　_ 『조선왕조실록』 16집, 511쪽, 중종 21년 병술(1526) 5월 16일(무술).

158 "천하의 '지극한 賾'을 말해도 싫어할 수 없고, 천하의 '지극한 動'을 말해도 어지럽힐 수 없다."(주자)

'역의 이치'라는 게 한결같고 일정한 방향으로 흘러가고 있기 때문에, 자칫 잡란하고 복잡하게 보이지만 그렇지만은 않다는 것이다. 역은 완전한 입증을 거쳐 한 치의 오차 없이 말하려고 한다. 만약 변화의 흐름과 거리를 두는 쪽에서 보면, '역의 이치'가 지극히 잡란雜亂하여 싫어할 수 있지만, 역과 가까이하면 할수록 그 이치가 지극히 한결같기에 싫어하고 미워할 수만은 없을 것이다. 또 지극하게 움직이기 때문에 함께하기 힘든 쪽에서 보더라도 매우 어지러운 것 같아도, 그 이치가 지극하기 때문에 선후가 어지럽지만은 않을 것이다. 이 때문에 '역易을 배우는 자들이 세워진 '상象'에 견주어 그 말을 내고, 변하는 '효爻'를 의논하여 그 움직임을 마름질하니, '의의변화擬議變化'는 역의 말과 변역變易이고, 사람에게 있어서는 언행言行과 출처出處가 된다.[160] 이어서 나오는 아래 일곱 개의 효사는 모두 '의의변화擬議變化'를 들어 384효의 통례를 나타내고 있다.

한 번 더 정리하면 '색賾'은 잡란이고, '오惡'는 싫어함이고, '의擬'는 견줌으로 형상形狀이 아직 이루어지지 않은 때이니, '상象'이라면 견줌이 이미 정해진 것이다.[161] 단지 '건곤'이란 둘로만 예를 들면, 획이 그어지지 않았을 때는 홀짝일 뿐인데, 이미 획이 그어지면 '건곤'의 형용을 견주어 '천지의 상'을 잡게 되는 것이다. 또 '견주는 의擬'는 마음속으로 생각하는 것이고, '의논함[議]'은 입으로 들어내어 말함이 된다. '순수한 양'을 하늘에 견주어 '건乾'이라 하는 따위가 '견준 뒤에 말함[擬之而後言]'이 되고, 초9가 잠룡潛龍이 되고, 구2가 현룡見龍이 됨을 의논하여 '물용勿用'이니 '이견대인利見大人'이라 한 것은 '의론한 뒤에 움직인다[議之而後動]'는 소리이다. '이 때문에 하늘의 판단을 구하는 사람은 자신의 말과 행동을 견주고 의논해서 때에 따라 변역하여 도를 따라야 할 것이다.'[162]

"雜亂해도 순리가 있으니 싫어할 수 없고, 지극한 변화 가운데도 일정한 질서가 유지되니 혼란하지 않다."(동파)

159 "변화하는 사이에는 어떠한 차이도 용납하지 않으니, 본받은 뒤에 말하고, 의논한 뒤에 움직인다면 화목이 지극하다."(동파)
"본받은 뒤에 말하고, 비겨보고 잘 따져 행동하면 변화의 도를 다하게 된다."(왕필)

160 吳致箕, 『周易經傳增解』: "學易者, 比擬其所立之象, 以出其言, 商議其所變之爻, 以制其動, 蓋在易則爲象辭變占, 在人則爲言行出處也."

161 金相岳, 『山天易說』: "賾雜亂也. 擬者象之未成, 象者擬之已定."

162 權近, 『周易淺見錄』: "占者亦當擬議其言動, 隨時變易而從道也."

鳴鶴在陰 其子和之 我有好爵 吾與爾靡之 子曰 君子居其室 出其言善 則千里之外應之 況其邇者乎 居其室 出其言不善 則千里之外違之 況其邇者乎 言出乎身 加乎民 行發乎邇 見乎遠 言行君子之樞機 樞機之發 榮辱之主也 言行君子之所以動天地也 可不愼乎

風澤中孚

(중부괘 구2에서 일렀다.) '어미 학이 보이지 않는 곳에서 우니 그 새끼들이 따라서 운다. 나에게 맛있는 음식이 있으니 같이 나누어 먹고, 또 나에게 좋은 벼슬(영예)이 있으니 너와 더불어 같이 나누고자 한다.'[163]

공자가 이를 두고 이렇게 일렀다. "군자가 집안에서 말을 함에도, 선하면 천 리 밖까지 미치는데, 하물며 가까운 곳에서랴? 또 그 말이 불선하면 천 리 밖까지에도 나쁘게 미치는데, 하물며 가까운 곳에서야 어떻겠는가? 말은 몸에서 나와 온 나라에까지 미치고, 행동은 가장 가까운 곳에서부터 시작하나 저 먼 곳까지도 볼 수 있게 되니, 언행은 군자의 기둥뿌리며 영욕을 좌우하는 주장자라 할 수 있다. 고로 군자의 언행은 천지를 움직이게 하니 가히 신중하게 하지 않을 수 있겠는가?"[164]

군자의 '언행'이 얼마나 중요한지를 여기서 강조하고 있다. 심지어 군자의 언행 하나로 집안과 자식들의 '영욕榮辱'이 하늘의 영광을 얻기도 하고 땅끝으로 추락도 본다는 소리이다. 회재晦齋가 이를 이렇게 설했다.

"우는 학이 음지에 있는데 그 새끼가 화답하니, 정감이 같은 것은 은미할 때나 드러날 때의 차이가 없을 것이다. 임금이 언행을 선善하게 하여 저들을 인도한다면, 마음을 함께하는 자가 어찌 따라서 호응하지 않겠는가? 언행의 선善함을 지극히 하면 반드시 천지를 움직이고도 남을 것이다. 예로 주공의 조카 성왕成王이 뉘우쳐 깨닫자 하늘이 이내 바람을 돌이켰다 하지 않던가. 천지도 서로 위하여 감응하는데, 하물며 사람이겠는가? 그러나 반드시 중심에 믿음이 있어야 이와 같을 수 있으니, 참으로 집안에서

---

163 以心傳心으로 통할 수 있는 성인의 경지를 '중부괘' 2와 5의 마음을 예로 들고 있다. 즉 아무리 깊고 으슥한 곳에 숨어 있어도 어미는 그 새끼를 찾아낼 수 있다. 중부괘 2가 동하면 틀림없이 弘益하는 자가 된다.

164 위와 반대로 언행이 불선하면 천 리 밖도 금방 알아내니, 지척에야 더 무엇을 말하랴. '樞機는 문을 열고 닫는 동작을 컨트롤하는 지도리다.

삼갈 수 없다면 가까운 자도 감격하게 할 수 없거늘, 하물며 천 리의 밖이겠는가? 그러므로 참되지 않으면서 사람을 감동하게 할 수 있는 자는 없다고 하니, 언행을 삼가는 요점은 믿음을 중심에 두는 데 있다. 그러므로 공자가 우는 학의 뜻을 취하여 가르침을 내렸으니, 그 뜻이 깊다."[165]

공영달孔穎達도 『주역정의』에서 추樞는 문의 지도리[돌쩌귀, 戶樞]이고, 기機는 '노궁弩弓의 방아쇠'라며, 문 지도리의 전환이 좋고 나쁘고, 노궁의 명중과 불발이 곧 언행에 따라 영광과 치욕이 함께 왕래함을 보인다고 하였다. 다음은 실록에 실린 '명학재음鳴鶴在陰 기자화지其子和之'라는 상소를 들어보자.

"임금께서 말씀을 세 번 하기도 전에 많은 비가 곧바로 내렸으니, 참으로 임금의 언행言行이 천지를 감동하게 하는 것이 이처럼 분명하고, 이치의 반응이 그림자나 메아리보다 빠르다는 것을 알 수가 있습니다. 옛사람의 경계는 임금의 마음을 바로잡는 일을 우선으로 하였습니다. 신이 비록 옛사람에 미치진 못하지만, 평소 노력하는 바는 임금에게 숨김이 없어야겠다고 스스로 다짐하였습니다. 어미 학이 울면 그 새끼가 화답하는 법은, 기가 통하지 않음이 없어서이고, 위에서 부르면 아래에서 호응하는 법은, 이치가 또한 저절로 그러한 것입니다. 어찌하여 예전에는 분분히 구름처럼 밀려들던 것이, 지금은 드문드문 새벽 별 같은 것입니까. 혹시 구하기는 비록 부지런히 하지만, 채용하기를 극진히 하지 않아서 그런 것이 아닙니까. 또는 앞사람들의 일을 경계하고, 나중을 우려해서 감히 말하지 않아 그런 것입니까. 충성스럽고 아름다운 간언諫言은 종적이 끊기고, 순종하며 아첨阿諂하는 것이 풍조를 이룬다면 임금의 허물을 들을 수가 없고, 나랏일은 날로 잘못되어 갈 것이니, 어찌 한심하지 않겠습니까. 그러므로 옛사람이 말하기를, '산이 무너지고 시내가 마르는 것은 두려울 것이 없고, 벌레가 곡식을 손상하는 것도 두려울 것이 없으며, 어진 사람이 숨는 것이 몹시 두렵고, 곧은 말을 들을 수 없는 것이 몹시 두렵다'고 하였습니다. 어진 사람들이 숨는 것은 군자의 도가 사라지는 것이고, 곧은 말을 들을 수 없는 것은 언로가 막히는 것이니, 그 두려워할 만한 것으로 과연 어느 것이 이보다 심하겠습니까."[166]

다른 예도 많다. 책을 읽고 공부하는 것도 진실되게 해야 천 리 밖 백성들과

---

165 柳正源, 『易解參攷』: "晦齋先生曰, 鶴鳴在陰, 其子和之, 情之所同, 宄隱顯之間也. 人君苟能善其言行, 而倡之彼, 同有是心者, 安有不從而應乎. 極言行之善, 可以動天地, 景公一言而熒惑退舍, 太戊修德而桑穀自消, 成王感悟而天乃反風. 天地亦爲之感應, 況於人乎. 然必有孚於中, 乃能如是, 苟不能謹於宮庭屋漏之中, 則邇者且宄以感格, 而況於千里之外哉. 故曰不誠未有能動人者也, 謹言行之要, 在於孚信之在中. 故孔子取鶴鳴之義, 以垂訓戒, 其旨深哉."

166 『효종실록』 36집, 25쪽, 효종 6년 을미(1655) 7월 28일(경술). '전 영돈녕부사 李景奭의 상소'

하나 되며,[167] 외척과 대궐 안에서 정사를 어지럽히는 여자들 때문에 국사를 어지럽히는 말이 출납할까도 걱정하고,[168] 임금이 비를 얻었다고 해서 공경하고 두려워하는 마음을 조금도 소홀히 말고, 전전긍긍하며 비를 얻지 못했을 때처럼 겸손한 마음을 스스로 배양할 것을 외친다.[169] 끝으로 영의정 이덕형은 '언행을 소홀히

---

167 奇大升(1527~1572)이 아뢰었다. "『대학』에서 '誠은 진실이라' 했고, 『중용』에서는 '성은 진실되어 허위가 없음이라' 했습니다. 사람이 악취를 맡으면 그 냄새를 싫어하는 것은 군자나 소인이나 차이가 없습니다. 사람이 악한 것을 싫어할 줄 알면서도, 나쁜 냄새를 싫어할 줄 모른다면, 이는 진실치 못한 것입니다. 혈기란 것은 사람이 태어날 때부터 가지고 있는 것으로, 미색을 좋아하는 욕심이 으뜸이 됩니다. 가령 어진 이가 여기에 있다고 할 경우, 어찌 미색을 좋아하듯 어진 이를 좋아하는 자가 있겠습니까. '온 나라에서 제일가는 미인이 있다 하면 기필코 찾아보려고 하면서, 전국 제일의 선비가 있다고 하면 한 번도 가서 만나보려고 하지 않는다'는 말은 격언입니다. 진실되고 거짓 없는 것은 바로 성인이 되는 바탕입니다. 마음이 진실하지 못하면 책을 읽고 공부하는 것도, 경연에서 글을 토론하고 인원수만 채우는 데 불과할 뿐입니다. 『주역』에 이르기를 '입 밖에 낸 말이 착한 말이면 천 리 밖에서도 호응하고, 착하지 않으면 천 리 밖에서도 거역한다' 하였습니다. 관계됨이 매우 크니 삼가지 않을 수 있겠습니까." _ 『조선왕조실록』 21집, 선조 즉위년 정묘(1567) 11월 3일(갑인).

168 대사헌 洪彦弼 등이 상소하였다. "伊尹이 太甲을 훈계한 말에 '옛적에 하나라 임금이 바야흐로 덕 닦기를 힘쓰자, 천재가 일지 않았고 산천과 귀신도 안정되지 않은 것이 없고, 鳥獸와 魚鱉들도 모두 자연스러웠다'고 했습니다. 대개 임금은 천지·귀신·만물을 맡은 분으로서, 덕 받들기를 힘쓴다면, 위로는 천도에 순응하게 되고 아래로는 산천을 안정시키게 되며, 귀신과 미미한 금수어별같은 생물들도 각기 그의 천성을 완수하지 못하는 것이 없게 되는 법입니다. 이러므로 옛적의 聖明한 제왕들이 힘써 덕을 받들어 천도에 순응하고, 몸을 닦아 백성을 편안케 하다가, 한 번이라도 재해를 만나게 된다면 몸을 뒤척이며 착하기를 생각하고, 허물을 들어 자신을 책망하였기에, '홍수가 나를 경고하는 것이다' 한 말은 천지를 뒤덮는 홍수의 변을 극복해 내게 하였던 것이고, '근심되는 마음이 터지는 듯하다' 한 말은 가뭄을 이겨내게 했던 것입니다. 근래에 陰陽이 조화를 잃고 재해가 겹쳐 일어, 여름철에 서리가 내리고 가뭄이 한없으며, 우박이 벼와 보리를 망치고 癘疫(전염병)으로 사람들이 죽어가며, 땅은 안정되어야 하는데 지진이 나고, 비는 내려 자라게 해야 하는데 내리지 않습니다. 旱災는 금년이 더욱 심하여, 모든 귀신에게 두루 제사를 하여도 일찍이 효과를 보지 못하니, 생각건대, 전하께서 덕을 힘쓰는 공력이 미진한 데가 있는 것이 아니겠습니까? 『역경』에 '言行은 君子가 천지를 감동시키는 바인 것이다' 했고, 董子는 말하기를 '사람들의 소위가 아름답거나 악하거나 간에, 극도에 달하면 천지에 流通하게 되는 것'이라 하였습니다. 사방에서 아름다운 말을 찾아듣고, 오만 機務 속의 잘못된 정책을 닦아가며, 천도를 이어받아 자신을 바로잡고, 인사에 힘을 다해 하늘을 감응시키되, 엄숙하고 공손하게 修省하고 恐懼하기를 잠시도 게으름 없이 하는 것이, 바로 전하의 당면한 시급한 일입니다. 曲禮에 '밖의 말은 문지방 안에 들어가지 않고, 내정의 말은 문지방을 벗어나지 않는다'고 했으니, 이는 내외를 엄격하게 하고, 讒謗를 방지하는 방법입니다. 임금은 남정들의 교훈을 듣고, 왕후는 命婦들의 훈계를 들으며, 각기 자신의 직책을 다하여 잘못됨이 없도록 하되, 비록 그윽이 방 한구석에 있을 때라도, 엄연하게 깊이 생각하기를 神明을 대한 듯이 하여, 깊은 궁중과 正殿이 함께 일체가 되어야, 천지가 감응하여 순탄하고, 만물이 번성하게 자라는 것입니다. 傳에 '임금은 국가의 심장이니, 심장이 다스려지면 온갖 관절이 모두 편안해지는 것'이라 했으니, 어찌 온갖 관절이 편안하고서, 영양이 고르지 못할 리가 있겠습니까? 지금 戚圉과 女謁이 기탄없이 드나드니, 신 등은 내정의 말이 혹은 나오게 되고, 밖의 말이 혹은 들어가게 될까 걱정입니다." _ 『조선왕조실록』 16집, 중종 20년 을유(1525) 5월 26일(갑신).

169 副應敎 權瑃, 校理 李泰淵, 副校理 閔鼎重·李廷夔, 副修撰 金徽 등의 상소다. "전하께서 재변을 겪으신 뒤로 恐懼修省하시어 최선을 다하셨으며, 審理를 드넓게 하고 직접 두 번이나 기도를 하시니, 하늘이 감응하여 단비를 내려주었습니다. 아, 하늘을 멀리 있다 할 수 있겠습니까. 하늘은 정성을 다하면

제1편 계사전·상 繫辭傳·上 71

할까 두렵다'고 읍소하고 있다.[170] '추기樞機'를 읊은 노래는 많다. 용와慵窩는 "한담하는 사이에도 '추기'를 살피라" 하고,[171] 성호星湖는 "추기에 따라 영욕이 달렸다" 하고,[172] 정이천은 "추기야말로 그 사람의 중요한 기틀이 된다" 하고,[173] 월사

흠향할 따름입니다. 만약 전하께서 일찍이 이처럼 성심으로 공구하셨더라면 어찌 오늘날 같은 참혹한 재변이 발생했겠습니까. 전하께서 왕위에 오른 이후로 해마다 가뭄이 들었고, 기도한 때만 번번이 비가 내렸으니, 이는 전하의 공구하는 정성이 단지 재변을 당할 때만 절실하고, 평소에는 태만했던 소치가 아닙니까. 오직 그 성심이 계속되지 못한 바가 있으므로, 결국 영원토록 하늘의 뜻을 누리며 재변을 제거하지 못하는 것이니 이 역시 매우 두려운 일입니다. 또 강과 바다가 모든 냇물의 長이 된 것은 강과 바다 아래에 있기 때문이니, 인군이 신하를 다스리는 것도 역시 이와 같습니다. 전하께서 사령을 내리실 때에 마음을 비우고 받아들이는 역량이 부족하신 듯하니 이는 아랫사람들에게 잘 대우한 것이 아닙니다. 오늘날 조정에 사람다운 사람이 있다고 하겠습니까. 붕당을 지어 아부하는 것이 습성이 되어, 시비가 분명하지 못하고, 용렬한 자가 높은 자리에 있으므로 염치가 모두 없어졌으니, 전하께서 조정에 임하시어 개연히 조정에 사람이 없다고 탄식하실 만도 합니다. 그런데 요사이 전하께서는 기뻐해야 할 때에 절도에 맞지 않고, 노여워해야 할 때에 간혹 그 정도에 지나칠 때가 있습니다. 조금만 마음에 들어도 褒奬하는 하교를 걸맞는가 생각지도 않고 내리며, 뜻에 거스르기만 하면 좌천하는 형벌을 내리되 경중을 구분하지 않는 등, 사대부가 조금만 잘못해도 문득 옥에 가두고, 말하는 자가 대답을 제대로 못하면 매번 견책을 가하시니, 대성인이 너그럽게 용서하고 아랫사람을 이해하는 도리가 어찌 이런 것이겠습니까. 오늘날의 弊政은 낱낱이 거론할 수도 없으니 오직 전하께서 상황에 따라 처리하시는 데 달렸습니다. 마땅히 처리해야 할 일을 마땅히 처리하는 그 요점은, 뜻을 성실하게 하고 마음을 바르게 하는 데 있을 뿐입니다. 『주역』에 이르기를 '말과 행실은 군자가 천지를 움직이는 것이라 하였으니, 전하께서 멀리 지나간 일을 이끌어 올 필요 없이, 요즘 가뭄으로 본다면 전하의 언행을 소홀히 할 수 있겠습니까. 천지가 은연중에 보응하는 것을 어찌 속일 수 있겠습니까. 삼가 원하건대, 전하께서는 비를 얻었다고 해서 공경하고 두려워하는 마음을 조금도 소홀히 하지 마시고, 전전긍긍하며 비를 얻지 못했을 때처럼 겸손한 마음으로 스스로를 배양하소서." _ 『조선왕조실록』 35집, 553쪽, 효종 3년 임진(1652) 4월 28일(기사).

170 영의정 李德馨이 아뢰었다. "和氣는 祥瑞를 오게 하고 乖氣는 異變을 오게 합니다. 三才는 한 기운으로 天理가 하나로 관통한 것인데, 인심이 불화하면 어찌 天變의 응보가 없겠습니까. 국가가 큰 난리를 겪은 뒤로는 마땅히 한 마음으로 협력하여 무너진 집을 세우듯 해야 하며, 쓸 만한 자는 원수라 할지라도 버리지 말고, 불초한 자는 친한 사이라도 私情을 두지 말아서, 국사를 協贊하고 國脈을 부지시켜야 할 것입니다. 그런데 인심이 날로 비루해지고 충성은 땅을 쓴 듯 없어졌습니다. 소신은 아무 지식도 없으며 相位의 직에 있는 터이니, 생각하는 바가 있다면 어찌 감히 진달하지 않을 수 있겠습니까. 『주역』에 '언행은 천지를 움직일 수 있다[言行動天地]' 하였는데, 외방 사람 가운데 온당치 못하게 여기는 자가 있을까 두렵습니다."
_ 『선조실록』 24집, 436쪽, 선조 35년 임인(1602) 12월 29일(병진).

171 柳升鉉,『慵窩集』「與諸友唱酬」: "언행은 한담하는 사이에 살펴야 하고[樞機須審閒談際] 한 자 한 치도 처음 내디딜 때 어기지 말라[尺寸無違進步初]. 가고 머무는 도리는 때를 따를 뿐이니[齊寸遼止隨時耳] 귀향 기일 늦고 빠름 물을 필요 없다네[不必歸期問亟徐]. 위험 겪는 것을 세상 사는 법으로 삼고[涉險要爲行世法] 마음을 경계하면 외도가 생김을 절로 알리라[戒心知自畏途生]."

172 이익,『星湖僿說』「진나라 傅玄이 지은 口銘에」: "신은 느낌으로써 통하고[神以感通] 말은 입으로 말미암아 선포되네[言由口宣]. 복의 생김도 징조가 있고[福生有兆] 화가 옴도 단서가 있는 것이니[禍來有端] 정은 망령되이 많이 주지 말고[情莫多妄] 입은 말을 많이 하지 마소[口莫多言]. 개미구멍이 황하의 제방을 무너뜨리고[蟻孔潰河] 물방울 자국이 산을 기울이도다[溜穴傾山]. 병은 입으로부터 들어가고[病從口入] 화는 입으로부터 나온다네[禍從口出]. 보존과 멸망의 기틀이요[存亡之機] 열었다 닫았다 하는 꾀로세[開闔之術]. 입과 더불어 마음의 테크닉은[口與心謀] 편안하고 위태로운 근원이

月沙는 백사白沙를 "추기를 잡고 세상을 교화한 사람"이라 하고,[174] 혜강惠剛도 "영욕은 추기에 따라 오고가는 것"이라 하고,[175] 다산은 "『중용』의 추기라면 성誠"이라 하고,[176] 청음淸陰은 영의정 신흠申欽이 죽자 "들보가 꺾였으니 그 추기를 잡고 백성을 안정시킬건가" 하며 통곡을 한다.[177]

라네[安危之源]. 추기의 움직임에 따라[樞機之發] 영화롭고 욕됨이 달렸느니라[榮辱存焉]."

173 성호는 程伊川의 『言箴』의 뜻을 많이 취하였다. 다음은 程伊川의 『言箴』 전문이다.
"人心之動 因言以宣 發禁躁妄 內斯靜專 矧是樞機 興戎出好 吉凶榮辱 惟其所召 傷易則誕 傷煩則支 己肆物忤 出悖來違 非法不道 欽哉訓辭." 풀이하면 이렇다. "사람의 마음은 말로 인하여 밖으로 선포되나니, 말을 할 때 성급하고 경망스러운 태도로 하지 않도록 조심해야 하며, 속마음을 항상 고요하고 안정되게 해야 한다. 하물며 이것은 사람들의 중요한 계기를 만드는 것이니, 싸움이 일어나는 것, 사이좋게 지내는 것도 말로 인해 일어난다. 사람들이 저마다 불러들이는 길흉영욕도, 사실은 말에서 비롯되는 것이다. 말을 안일한 생각으로 가볍고 쉽게 하면 거짓말이 되기 쉽고, 번거롭게 많이 하면 조리가 없고 지리멸렬해진다. 또 하고 싶은 말을 자기 마음대로 함부로 하면 남과 충돌을 일으키기 쉽고, 남에게 도리에 어긋나는 말을 하면 자신에게도 그런 말이 돌아온다. 법도에 어긋나는 말은 하지 말도록 하고, 항상 이 교훈을 지키도록 하라."
174 李廷龜, 『月沙集』, '白沙李恒福祭文' : "재상의 지위에 올랐으나[位冠黃扉] 늘 검소한 그 생활은[素履蕭然] 일개 포의의 선비와 같아[一介布衣] 높은 관작을 보는 것은[視鍾彝與台鼎] 덧없는 일장춘몽처럼 여겼어라[不啻春夢一幻]. 공은 교화의 '樞機'를 잡고[公秉化樞] 하늘의 뜻을 그대로 따랐기에[與天周旋] 문 앞에는 청탁하는 사람 없었다지[門常寂然]. 위급한 상황에도[顚沛之際] 한결같은 절개를 지키며[一節險夷] 하늘을 버티는 큰 훈업은[柱天勳業] 담소하는 사이에 이루었어라[談笑了之]. 이렇게 이퇴난진의 지조가 있는 분이[易退難進] 그 누가 공같을 수 있으랴[疇復如公]. 인생이 어찌 한량이 있으랴[人生有限] 대명 아래에 오래 머물기 어려운 법[大名難久] 철인들도 예로부터 그러했었도다[哲人自古然矣]."
175 崔漢綺, 『氣測體義』: "尊貴한 사람의 말을 백성들이 좋아하고 싫어하니 영예와 치욕으로 삼고, 卑賤한 사람의 말은 남의 비방과 칭찬으로 은혜와 원수로 삼고, 儒者의 말은 이치의 득실로 우열로 삼는다. 君子의 말은 바로 영욕의 '樞機'라 했는데, 비천한 사람은 말을 함에 있어 그 말의 順逆의 歸趣는 생각하지 않고, 남의 비방과 칭찬을 들으면 바로 은혜로 생각하고 원수로 생각하는 마음을 가지니, 비록 비난하고 칭찬함은 남에게 달려 있으나, 그 비난과 칭찬을 부르는 것은 바로 내게 달려 있다. 실제와 다른 비난과 칭찬은 남이 혹 실수한 것이겠으나, 실제와 맞는 비난과 칭찬은 남이 참으로 그른 것이 아니니, 나는 마땅히 스스로의 勸懲으로 삼을 뿐이다. 어찌 그를 은혜로 여기며 원수로 여기는 데까지 이를 수 있겠는가."
176 정약용, 『茶山詩文集』, '中庸策' : "『중용』의 全體와 大用을 낱낱이 들 수는 없으나 그중에서 가장 중요한 '樞機'를 집어낸다면 바로 誠 자 하나뿐이며, 誠의 공부는 또 戒愼恐懼 네 글자에서 벗어나지 않으니 여기에 힘을 쏟으면 『중용』의 도가 이에 회복될 것입니다. 왜냐하면 백성들이 서로 도와 살면서 서로 해치러 들지 않는 것은, 그 임금이 잘 다스리기 때문입니다. 이렇지 않으면 버젓이 서로 원수가 되어 죽이고 공공연히 훔치거나 약탈하여, 천하의 혼란이 그칠 날이 없을 것입니다. 그러나 내부에 감춰진 나쁜 마음과 그윽한 곳에서의 음험한 일은 아무리 밝은 임금도 미처 살피지 못하고 현명한 통치자도 능히 알아내지 못하며, 형법으로도 징계하지 못하고 비방으로도 공격하지 못하는 바입니다."
177 申欽, 『象村稿』, '領議政玄軒先生祭文金尙憲哀慟' : "아[嗚呼] 산악이 무너지고[山岳頹矣] 들보가 꺾였도다[棟梁摧矣]. 시구가 없어지고[蓍龜亡矣] 봉황 기린 숨었도다[麟鳳藏矣]. 산악이 무너졌으니[山岳旣頹] 선비가 어디 우러르며[士安仰止] 들보가 꺾였으니[棟梁旣摧] 그 누가 '樞機' 잡아[疇秉化樞] 백성 안정 시킬건가[奠民祍席], 집이 장차 기우리라[廈將傾只]. 시구가 없어졌으니[蓍龜之亡] 어디 가서 점을 치며[何所稽疑] 봉황 기린 숨었으니[麟鳳之藏] 그 누가 모범될까[孰爲羽儀]. 그대 다시 영의정

同人　先號咷而後笑　子曰　君子之道　或出或處或黙或語　二人同心
其利斷金　同心之言　其臭如蘭

⇨ ䷌

天火同人

동인괘 구5에서 '먼저 울부짖다가 나중에 웃는다'고 한 장면을,
공자가 일렀다.

"군자의 도는 나가야 할 때 나가고, 머물러야 할 때 머물며, 침묵
할 때는 침묵하고, 입을 열어야 할 때는 입을 열어야 한다. 이는
두 사람의 마음이 하나 되면, 그 예리함이 쇳덩어리를 자르기도 하고, 또 그
마음이 하나 되어 나오는 말은 은은한 난초의 향과 같을 것이다."[178]

　부부처럼 두 사람이 하나로 화합되었을 때의 시너지 효과를 말하고 있다. '금
을 절단함[斷金]'은 두 마음이 빈틈이 생기지 않으니 예리한 칼날처럼 단단한 쇠
라도 끊을 수 있고, '난초와 같다[如蘭]'는 기미氣味가 하나 되니 주고받는 말이
난초 향과 같음을 말한다. 설증說證으로 살펴보면, '동인괘' 구5가 변하면 ☰(건)
이 ☲(리)로 간다. ☲(리)는 마음이기에 육2의 ☲(리)와 더불어 두 사람이 마음
을 함께 하는 상이 된다. ☰(건)은 금이 되고 호체 ☱(태)는 결단함이 되기에
'금을 절단한다' 하였고, 호체 ☱(태)는 입과 말이 되고, 호채 ☴(손)은 냄새가
되고 풀이 되니, 풀 냄새는 난초 만한 것이 없다는 것이다.[179] '기리단금其利斷金
기취여란其臭如蘭'은 다름 아닌 예리함이 금을 절단하듯 사귐이 신묘함에 들어가
고, 향기가 난초에 비건되니 아름답고 훈훈한 덕이 사람에게 미친다는 소리다.[180]
다음은 실록에 오른 좌참찬左參贊 조상우趙相愚의 '붕우지도朋友之道'에 관한 내용
이 있다.

　　에 올랐을적[金甌之卜再貞] 같은 소리끼리 서로 어울리고[同聲相應] 같은 덕끼리 서로 미뻐져서[同
　　德相孚] 이 세상 이 백성들은[斯世斯民] 요순 때처럼 바랐는데[我唐我虞] 어찌할거나[奈何] 어찌할거
　　나[奈何], 아 슬프도다[嗚呼哀哉]."

178 "'동인괘' 5효처럼 군자의 도가 처음에는 같지 않은 듯 하나, 나중에는 실로 간격이 없음을 말한다. 금을
　　절단하고 난초와 같다는 것은 다른 물건이 끼지 못할 정도로 그의 말이 맛이 있음을 말한다."(주자)
　　"'如蘭은 남녀 간의 지극한 사랑이다."(也山) 2효의 유순중정과 5효 강건중정한 마음이 그 어떤 유혹
　　도 뿌리치고 하나 되니 '斷金'하고 '如蘭'함과 같다.

179 吳致箕『周易經傳增解』: "斷金, 言兩心旡間, 如刃之利, 雖堅金, 亦可斷也, 如蘭, 言氣味符合, 言之相入,
　　如蘭之馨香也. 九五爻變, 則乾變爲離, 離爲心故, 與六二之離, 爲二人同心之象. 乾爲金, 互兌爲決, 故曰
　　斷金, 互兌爲口言之象, 互巽爲臭爲草, 臭草之得正者, 莫如蘭也."

180 李炳憲, 『易經今文考通論』: "利可斷金, 則交入於神, 香比於蘭, 則德及於人."

"아! 붕우지도朋友之道 역시 오륜五倫의 하나로서, 큰 이유가 없으면 절교하지 않는다는 것은 성인聖人이 본래 훈계가 있었습니다. 절교를 하고 안 하고는 마땅히 십분 신중하게 살펴야 하며, 바쁘게 처리할 수는 없습니다. 근래에는 세상의 풍습이 점차 야박해지고, 우도友道가 더욱 상실되어, 금란金蘭처럼 맺었다가도 변모弁髦처럼 버리게 된다고 합니다."[181]

　'금란金蘭'을 읊은 노래는 많다. 예컨대 금란金蘭의 벗끼리 나란히 앉은 율곡,[182] 금란을 맹세하는 이색,[183] 소싯적부터 금란의 친교 맺는 월사,[184] 정을 나눔엔 금란처럼 전혀 하자가 없다는 점필제,[185] 단금할 정도로 뜻이 맞았다던 회재,[186] 동심으로 단금하는 우복,[187] 금란처럼 마음 맞아 맑은 향기 나누던 친구를 도쿄로 보내면서 안부를 전하는 운양의 아쉬운 정들이 그런 것들이다.[188]

---

181 『숙종실록』 40집, 154쪽, 숙종 31년 을유(1705) 2월 13일(정축).
182 이이, 『栗谷全書湖』, '上醉別友' : "금란의 벗 이끼 낀 돌에 나란히 앉았으니[金蘭情友列苔磯] 이 즐거움 아이들에겐 알리지 마세 그려[此樂莫敎兒輩知]. 고래 등에 바람 일어 파도가 거세고[風來鯨背水波急] 우연에 해 지니 산 그림자 희미하네[日沒虞淵山影微]. 먼 봉우리에 하늘은 낮은데 달이 술잔에 가득하고[天低遠岫月盈盞] 지역이 봉래에 가까운지 구름이 옷에 스며드네[地接蓬萊雲惹衣]. 이별 뒤에 우리 서로 괴롭도록 그리우면[懸知別後苦相憶] 호숫가에서 취하던 때가 정녕 부러우리[定羨湖邊泥醉時]."
183 이색, 『牧隱集』, '금란' : "선왕께서 처음 과거를 베푸시어[先王初設科] 우리들이 함께 과거에 급제하고[我輩同射科] 축수하는 재연을 여기서 베풀 제[祝壽齋筵張] 꿰진 구슬들이 현란히 반짝이듯[聯珠耀疊璧] 마음 같이하여 금란을 맹세하고[同心誓金蘭] 산석을 두고 영원하길 다짐했는데[不朽指山石] 누가 알았으랴 장원랑이 노쇠하여[誰知狀元衰] 되레 앉은뱅이 스님과 같을 줄을[却類浮屠躄]."
184 李廷龜, 『月沙集』, '금란[輓狀領敦寧金尙容]' : "소싯적부터 마음 맞아 금란의 친교 맺었고[小年心契托金蘭] 백발에도 흉금은 세한의 우정 보전하였어라[白首襟期保歲寒]. 위태한 세상에 몇 번이나 환난을 같이 겪었던가[危世幾同患難] 술을 마시며 때때로 슬픔과 기쁨을 얘기했었지[淸樽時復說悲歡]. 문장과 절행은 누가 공과 나란히 견주랴[文章節行誰爭竝] 복록과 신명을 모두 온전히 지켰어라[福祿身名兩具完]. 거문고 줄이 이제 끊어지고 말았으니[瑤瑟卽今絃已絕] 이 생애에 어디서 다시 거문고를 연주할꼬[此生何處更重彈]."
185 김종직, 『佔畢齋集』, '금란[書閔校理事件]' : "친척도 친구도 아니요 바로 허교하는 집인데[非親非故卽通家] 나이는 삼십오 세로 누가 차등이 있는가[三五春秋孰等差]. 세상에 나서는 이미 육갑을 같이 했는데[生世已能同六甲] 때를 만남은 더구나 또 중화[순임금]를 보았음에랴[遭時況復覩重華]. 정은 형제 같거니 어찌 서로 저버릴손가[情均昆弟寧相負] 정을 나눔엔 금란에 비겨 절로 하자가 없네[分喻金蘭不自瑕]. 좋은 날 좋은 때엔 의당 즐겁게 마시리니[吉日良辰宜樂飮] 서호의 바람과 달빛은 정히 끝이 없으리[西湖風月正無涯]."
186 이언적, 『晦齋集』, '금란[祭金緣文]' : "나처럼 어리석고 소루한 이와[如我疏愚] 쇠도 끊을 수 있을 듯 뜻이 맞았고[志契斷金] 사헌부에서 함께 재직할 때는[昔忝臺僚] 마음 합해 諫言을 올렸었지요[獻替同襟]. 그 후 내가 탄핵받고 파직되어서[逮至置散] 옥산으로 들어와서 은거했는데[屛處山林] 검은 덮개 수레로 자주 왕림해[屢枉皁蓋] 함께 산과 계곡을 찾곤 했지요[同尋巖壑]."
187 鄭經世, 「愚伏交遊錄」, '금란[祭文成士悅]' : "사람 간에 서로 알게 됨에 있어선[人之相知] 서로 마음 아는 것이 귀한 법이네[貴相知心] 마음 정말 서로 알지 못할 경우엔[心苟不知] 서로 얼굴 대하여서 찌푸린다네[對面崎嶔]. 즐겁구나 둘이 마음 함께함이여[樂哉同心] 그 예리함 쇠조차도 끊어버리네[其利斷金]. 그런 사람 얻기 몹시 어려웁나니[然而難得] 오늘날만 그러한 게 아닌 것이네[匪今斯今]."

初六藉用白茅无咎 子曰 苟錯諸地而可矣 藉之用茅 何咎之有 愼之
至也 夫茅之爲物 薄而用可重也 愼斯術也 以往 其无所失矣

대과괘 초6에서 '밑에다 백모 띠풀을 까니 허물이 없다'고 한 것
을 공자가 일렀다.

澤風大過

"그냥 땅바닥에 놓아도 될 것을, 다시 그 백모를 깐다 하니 어찌
허물이 있겠는가? 신중함이 지극하도다! 대저 백모라는 것은 하
잘것없는 물건이지만 사용함에는 막중할 때가 있으니, 이러한 삼가 조심하는
마음으로 평소에 대처해나가면 잃을 바가 없을 것이다."[189]

어깨에 힘이 실릴 때일수록 조심하고 조심하며, 침착하고 침착하여 발아래를
잘 살피며 가라는 조고각하照顧脚下의 경계사이다. 조상 묘 앞에 마음을 올릴 때
보잘것없는 초석 자리 한 장을 까는 마음이야말로 진정 신묘한 처세술이란 것이
다. 즉 대과괘 초6에서 띠풀을 까는 조심성이야말로 비상시의 깊은 뜻이 숨어 있
는 대과괘 주인의 처세가 아닌가.[190] 고인이 자리에 반드시 띠풀을 쓴 예는 근본
을 잊지 않았기 때문일 것이다. 근본을 잊지 않으면 신중함이 그 안에 있다.[191]
천하의 모든 일은 지나치면 잘못이 있으나, 삼가함에는 지나칠지라도 잘못은 없
을 것이다.[192] '삼가함[愼]'은 마음이 안으로 조심함이며, '술術'은 테크닉 즉 처세술
이고, 그 처세술은 신묘[神]함이다.[193] 곧 발아래도 조심하고 살피며 가는 자세는
범인은 쉽게 할 수 없는 자세이다.

---

188 김윤식, 『雲養集』, '금란[가와카미 류이치로를 보내며]' : "십 년을 뒤따르며 의기가 구름에 닿는 듯
했고[十載追隨義薄雲] 금란처럼 마음 맞아 맑은 향기 움켰네[金蘭宿契挹淸芬]. 이제부터 헤어지면
산하가 가로막거늘[從今分手山河隔] 기우치군[통감부 차관 역임]에게 안부를 알려주오[爲報平安木
內君]."

189 "'중부괘' 구2와 '동인괘'구 5는 中精으로 虛受人하여 후소를 도모하기 위해 지극하게 信孚誠해야 하
지만, 선천 마지막 후천 시초로 급변하는 '대과지시'에는 정성을 더욱 많이 가져야 한다."(아산)
'대과' 때는 어느 곳에서든 지극한 정성이면 무엇이든 다 통한다.

190 李炳憲, 『易經今文考通論』: "大過初六所藉, 有非常之精義, 其爲大過之主乎."

191 李瀷, 『易經疾書』: "古人藉必用茅禮, 不忘本也. 不忘本, 則愼在中."

192 金相岳, 『山天易說』: "凡天下之事, 過則有失, 惟過於愼, 則无所失矣."

193 沈就濟, 『讀易疑義』: "愼者心內欽也, 術者巧也, 巧者神也."

勞謙 君子有終吉 子曰 勞而不伐 有功而不德 厚之至也 語以其功
下人者也 德言盛 禮言恭 謙也者 致恭 以存其位者也.

노겸은 '군자의 유종의 미로 길하다'고 하였으니, 공자가 일렀다.
"온갖 노고를 다하고도 과시하지 않고, 공이 있어도 덕으로 여기
지 않음은 지극한 후덕이니, 자신의 공을 아랫사람에게 돌려주
는 것을 말함이다. 덕으로 말하면 성대하고 예로 말하면 공손하
니, 겸은 공손함을 지극히 하여 그 지위를 보존하는 것이다."[194]

地山謙

'겸괘' 구3의 아름다움, 즉 겸의 종결자의 미美이다. 겸이 적어도 이 정도는 할
수 있어야 겸이라 자부할 수 있다. 천하를 이롭게 하고도, 그 이로움을 말하지
않음은 하늘의 도가 크다는 것이다[文言傳, 乾始能以美利, 利天下, 不言所利, 大矣哉.].
'자랑하지 않음은 성인의 가르침이다. 하나라 우임금이 구요九潦를 다스리고도 공
이 만세에 미쳤으나, 스스로 공적으로 여기지 않은 것은 덕德의 성대함이며 예禮
의 공손함이 아니겠는가?'[195] 예는 중용의 그릇이다. 낮추고 공손함을 위주로 하면
존중받고도 공경을 잃지 않는다. 공적과 능력을 자랑하여 남들보다 위에 있기를
구하거나, 재주와 지식을 믿고서 남들을 업신여기거나, 언행을 고원高遠하게 하여
남들에게 이기려 함은 예禮가 아니다. 겸은 높은 자리에 있으면서도 공손을 다하
는 것이다.[196] '노겸勞謙'의 노래가 적지 않다. '공을 차지하지 않는다'는 상촌象
村,[197] '난리를 평정할 때도 노겸을 보였다'는 택당澤堂,[198] '현로賢勞로 다한다'는 매

---

194 "'겸괘' 구3처럼 선천 마지막 가는 자리에까지, '勞苦'를 아끼지 않는 자라면, 후천의 시대를 맞을지
라도 '유종의 미'를 거둘 사람이 분명하다. '중부괘'의 '信虛'와, '동인괘'의 '後笑'의 경지를 위하여,
'대과괘'의 '白茅'로 정성으로 하면 동북 艮方에서 '老謙君子'가 나오게 될 것이다."(아산)
노겸군자는 德은 盛하고 禮는 恭한 자다.

195 尹行恁, 『薪湖隨筆·繫辭傳』: "不矜不伐, 聖之訓也, 夏禹治九潦, 功及萬世, 而不自以爲功者, 德之盛而禮
之恭也."

196 沈大允, 『周易象義占法』: "禮者, 中庸之器也, 以卑恭爲主, 而亦不失其尊敬也. 矜伐功能, 以求上人, 負
恃才知, 以蔑人, 高峻言行, 以勝人, 非禮也."

197 申欽, 『象村稿』, '노겸[挽詞成均館大司成李敏求]': "순일한 덕으로 공을 차지 안 한 지 오래였고[一德
勞謙久] 빈궁하든 영달하든 오직 바른 명만 따랐을 뿐[窮通唯義命] 태연자약한 마음가짐 홀로 깨어
있었도다[心泰獨醒身]. 영상의 몸 홀연히 妖氣가 침노하니[上相俄呈祲] 저 높은 하늘은 원래 인자하
지 않도다[高穹本匪仁]. 현상금 내걸어도 의원을 구할 수 없었는데[金懸醫未購] 하늘이 데려가는 이
치 물어보기 어렵도다[天奪理難詢]."

198 李植, 『澤堂集』, '노겸[挽詞朴參贊東善]': "재질은 崑崙과 藍田의 금옥이요[崑玉藍金質] 자태는 곧고

천梅天[199] 등의 시가 보인다.

亢龍有悔 子曰 貴而无位 高而无民 賢人 在下位而无輔 是以動而有悔也.

⇨ 

重天乾

'너무 높이 오른 용은 후회를 낳는다'고 하니 공자가 일렀다. "귀하여도 자리가 없고 높아도 백성이 없으며, 어진 자가 아래 있어도 도와주지 않으니, 후회가 따르는 일이 아닌가."[200]

하늘 높은 줄 모르고 올라가는 '건방진 자'의 말로이다. 임금이든 사장이든 선생이든, 그 누가든 천지 이치를 벗어난 자는 말로가 뻔하다. 성호는 왕종전王宗傳의 『동계역전童溪易傳』의 해설을 높여 아래와 같이 옮겼다.

성인이 "'겸괘' 구3의 깊이를 안다면, '건괘' 상9를 깊이 경계함을 알 것이다. '지나침'은 겸손의 반대이니, 구3은 공손함을 다하여 자리를 보존하지만 상9는 귀해도 자리가 없고, 구3은 만민이 복종하지만 상9는 높아도 백성이 없고, 구3은 공이 있어도 사람들보다 밑으로 할 수 있지만 상9는 현인이 아래에서 보좌함이 없다. 이것이 구3이 겸손하여 마침이 있는 까닭이고, 상9가 지나쳐서 후회가 있는 까닭이다"라고 하였는데, 그 설명이 또한 정밀하기 때문에 기록해 둔다.[201]

굳센 송죽과 같았어라[貞松勁竹姿]. 난리를 평정할 때 노겸의 자세 보여줬고[勞謙戡亂際] 인륜이 무너질 때 義氣가 하늘을 찔렀어라[義烈斁倫時]."

199 黃玹, 『梅泉集』, '五哀詩' '현로[閔輔國泳煥]' : "외척이라 해서 무시할 건 아니니[戚畹不可小] 민씨 성중에는 이런 분도 있었다네[閔姓此人作]. 사명을 받고서는 현로를 다하였고[啣命忘賢勞] 보궐로 있을 때는 부지런히 납약했네[補闕勤納約]. 마르고 깨끗한 죽을 자리 찾으려고[欲覓乾淨土] 하늘을 올려 보고 땅을 굽어보았네[俯仰天地廓]. 통쾌하도다, 순식간에 결단을 내려[快哉決須臾] 한바탕 웃음 웃고 저승길을 택했구나[一笑付冥漠]. 찬 하늘에 별이 돌아오는 날이 되면[寒旻轉星日] 이 연꽃 봉오리를 비추어 주리[照此蓮花鍔]."

200 '노겸군자'이지만 한시라도 時止則止하고 時行則行하는 도를 망각하고, '亢龍'이 되어서는 안 되는 경계사를 보인 자리다. "君子, 動而世爲天下道, 行而世爲天下法, 言而世爲天下則."(중용, 29)

201 李瀷, 『易經疾書』 : "王宗傳曰, 知聖人深與乎謙之九三, 則知深戒乎乾之上九. 亢者, 謙之反, 九三致恭存位, 上九則貴而無位, 九三萬民服, 上九則高而無民, 九三能以功下人, 上九則賢人在下位而無輔. 此九三所以謙而有終, 上九所以亢而有悔也, 其說亦精, 故錄之."

不出戶庭 无咎 子曰 亂之所生也 則言語以爲階 君不密則失臣 臣
不密則失身 幾事不密則害成 是以君子 愼密而不出也.

⊟ '집 밖으로 나오지 않으니 허물이 없다'고 한 것을 공자가 일렀
다.
水澤節
⇨　　　"어려움이 생겨나는 것은 그 말의 탓이겠다. 군자가 비밀을 지키
지 않으면 신하를 잃고, 신하가 그 비밀을 지키지 아니하면 자신
의 몸을 잃고 만다. 어떤 일을 당해 그 기밀을 지키지 못하면 그것을 이루어
낼 수 없다. 이런 고로 군자는 말을 신중히 하여 비밀이 누설되지 않도록 해야
할 것이다."[202]

이는 절괘節卦 초9를 해석한 것인데, 말을 조심할 것을 경계한다. 군신 간에든
부자간에든 형제간에든 부부간에든, 말이 천 냥을 벌기도 하고 잃기도 한다. 여기
'언어의 절도'를 언급한 것은 '절괘'의 아래가 ☱(태)로 입과 혀인지라 입과 혀는
사람이 출입하는 문호門戶이기 때문이다. 한마디라도 삼가지 않으면, 신하를 잃고
몸을 잃어 그 화가 미치게 되니 더욱 소중한 것이다. 그러므로 공자가 행동의 신
중과 말의 신중을 언급한 것이다. 실록의 예로, 신하의 인품이 어질지 못한 탓은
임금이 치밀하지 못해 온 것이라 하고,[203] 임금의 많은 말이 사실에 부합하지 않
아 침묵을 지키는 절도에 손상되는 경우도 없지 않았으며,[204] 하급 공무원[下吏]이

---

202 세상일을 훤히 알고 있으면서도 천기누설을 할 수도, 안 할 수도 없는 성인의 심정을 토로한 절괘
초효다. 자연의 섭리 속에 중절을 지키지 아니하면 자신에게 해가 돌아온다. 그렇지만 성인은 집
밖을 나가지 않아도 通塞의 幾微를 다 알고 산다.

203 梁誠之 등에게 人品을 의논하도록 명하니, "사람을 밝게 알아봄은 옛 성인도 어렵게 여긴 바인데,
한 사람의 毁譽로써 가볍게 버리고 취하는 것은 불가합니다. 사람은 독립해 있으면 세속의 미움을
받게 되기도 하고, 또한 동류가 있으면 세속의 좋아하는 바가 되기도 하는 것이니, 여러 사람의 헐뜯
고 기리는 것 또한 가볍게 믿을 수 없습니다. 前朝에도 이른바 소인이란 반드시 모두 소인이 아니고,
이른바 군자란 자도 반드시 모두 군자가 아니어서, 마침내 傾危의 풍습을 이루어 혼란한 데 이르렀
던 것입니다. 만약 후세에 天網이 점전 해이해진다면, 그 폐단을 다 말할 수 없게 될 것입니다. 하물
며 옛날에 대신으로 汚穢와 淫亂에 관계된 자가 있으면, 오예와 음란을 범했다고 이르지 않고, 帷薄
이 갖추어지지 않고 簠簋가 꾸며지지 않았다고 하였으니, 그 대신을 대우함에 도리가 있었습니다.
이제 양성지와 申瀞은 오랫동안 좌우에서 모셨으며, 지위가 재상에 이르렀는데, 사람은 堯舜이 아니
고서야 누구인들 허물이 없겠습니까? 비록 臺諫의 말이 있다고 하더라도 전하께서 천천히 이를 살피
는 것이 옳겠습니다. 『주역』에 이르기를, '임금이 치밀하지 아니하면 신하를 잃는다'고 하였으니, 엎
드려 주상의 재가를 바랍니다" 하였다. _『조선왕조실록』 10집, 성종 10년 기해(1479) 5월 5일(경신).

204 대구副使 鄭經世의 상소다. "대체로 하늘과 땅이 밖이 없을 정도로 넓고 크며, 임금이 누구와도 비교

나라의 흥망성쇠를 좌우한다는 조식曹植의 경고도 있다.[205]

子曰 作易者 其知盜乎 易曰 負且乘 致寇至 負也者 小人之事也
乘也者 君子之器也 小人而乘君子之器 盜思奪之矣 上慢 下暴 盜
思伐之矣 慢藏誨盜 冶容誨淫 易曰 負且乘致寇至 盜之招也

雷水解

공자가 일렀다.

"역을 지은 자는 도둑이 누군가를 알았다. ('뇌수해' 3에서) '보따
리를 둘러메고 수레를 탔으니 도둑이 이른다고 하였다. 메는 일
은 소인의 일이요, 수레는 군자의 것이다. 소인이 수레를 타고 있
으니 도둑이 강탈을 생각하는 것이 아닐까. 이는 윗사람에게는 거만하고 아랫
사람에게 포악하니 도둑이 그를 치려 한다. 소중한 것을 잘 지키지 못하는 것
은 도둑을 불러들이는 일이요, 지나친 화장은 음탕함을 가르치는 일일 것이다.
그래서 역에 이르기를 '돈 보따리를 둘러메고 수레를 타는 일은 도둑을 스스
로 불러들이는 일이 아닐까?[206] 하였던 것이다."

할 수 없이 존귀한 이유는 私事가 없기 때문입니다. 신이 들으니, 성인은 말 한마디 글자 한 자도
구차하게 하지 않았다고 합니다. 그러므로 성인에게 칭찬을 받은 자는, 화려한 袞衣를 받은 것보다
더 영예롭게 여기고, 물리침을 당한 자는 도끼로 사형을 당한 것보다 더 무섭게 여기는데, 이는 상벌
이 각기 자신들이 실제로 한 일에 합당하기 때문입니다. 근래에 보니, 전하께서 相臣을 敦諭할 때에
등급을 정하는 말을 많이 하셨는데, 만일 사실에 부합하지 않을 경우, 성인이 말하거나 침묵을 지키
는 절도에 어찌 손상되지 않겠습니까.『주역』에 이르기를 '군자가 자기 집에 거처할 때, 옳은 말을
하면 천 리 밖에 있는 자들이 듣고 호응하며, 옳지 않은 말을 하면 천 리 밖에 있는 자들이 듣고
떠난다' 하였으니, 말을 삼가지 않을 수 없고, 이처럼 사람들이 따르거나 돌아서는 것이 달려있으니,
모두 유념하시기 바랍니다."_『조선왕조실록』31집, 305쪽, 광해군 즉위년 무신(1608) 5월 2일(정해).

205 備邊司의 상소에 상이 답하기를, "적은 진실로 토멸해야 한다. 군신이 비록 菜根을 씹고 적을 토멸한
그 이튿날, 말라 죽더라도 오히려 나머지의 영화가 있을 것이니, 다시 유념해 조치하기 바란다. 또
군사의 기밀은 지극히 엄밀하여 귀신도 그 일을 엿볼 수는 없는 것이다.『주역』에 '기밀한 일이 비밀
치 않으면 해를 입을 것이라'하였는데, 하물며 군사의 기밀이겠는가. 근일 비밀의 출납에 작은 일이
라도 소문나지 않음이 없으니, 이는 政院이나 備邊司의 관원이 손수 집행하지 않고, 下吏에 위임하
여 스스로 높은 체하고 교만을 부리기 때문이니, 극히 통탄할 일이다. 일찍이 曹植에게 들으니 '우리
나라는 하리로 말미암아 망한다'고 하였으니, 이 말이 실로 거짓이 아니다. 지금부터는 이 습관을
답습하지 말고 충분히 비밀을 유지하게 하라" 하였다.
  _『조선왕조실록』, 22집, 687쪽, 선조 29년 병신(1596), 4월 16일(임자).

206 복희·문왕·주공 같은 作易者 들은 '도둑'이 누군 줄 알았다. 특히 주공의 叡智는 효사에 특별히 빛난
다. 자기 분수에 맞지 않는 행위를 하는 '뇌수해괘' 3같은 負且乘하고 慢藏誨盜하고 冶容誨淫하며,
思奪之하고 思伐之하는 그놈이 바로 도둑놈이라는 것이다. 作易者-其知盜(道)乎! 고로 擊蒙하면 不利

『주역』에 도둑놈이 누구인지를 밝혀주는 자리이다. 위에서 거만질 하고 아래를 포악하게 하는 놈이 도둑이고, 남의 것[자리와 사람]을 훔치려고 음심을 품는 자도 도둑이고, 야한 화장을 하는 자는 도둑이고, 특히 운전해야 할 자가 주인 자리에 턱 앉아 버티는 그 놈도 도둑이라는 소리이다. 여기에서는 도둑이 닥칠 일을 일절 초래하지 말 것을 경계한다. 어지러움은 도둑보다 큰 것이 없다. 심한 자는 남의 나라를 훔치고, 그 밑으로는 남의 작위를 훔치고, 그 밑으로는 남의 여인을 훔치고, 그 밑으로는 남의 재물을 훔친다. 이러한 까닭은 단지 위의 실정失政이 아래 백성에게 혼란을 야기惹起시키기 때문이다. 아래 역시 성호의 견해이다.

"윗사람의 태만함[上慢]은 맹자가 밝힌 '윗사람이 태만하면 아랫사람을 잔해한다[上慢殘下]'는 뜻과 같다. 백성을 자식처럼 돌본다면 어찌 소홀히 깨달을 수 있겠는가? 자기 기물이 아닌데 탔다는 것은, 나라가 기울어서 빼앗김과 같으니, 외적이 쳐들어와 사직이 멸망할 기운이 보인다. '태만하게 보관함이 도적을 가르치려는 것[慢藏誨盜]은 아니고, 모양을 치장함이 간음을 가르치려는 것[冶容誨淫]은 아니지만, 훔치고 간음하는 자의 마음을 야기할 빌미를 준다는 것이다. 이 모두는 내가 가르쳐서 그런 것과 같으니, 도적이 빼앗고 칠 것을 생각함이 이것과 무엇이 다르겠는가? 보관은 재물로 말하였고, 용모는 여인으로 말하였으니, 가벼운 것을 들어서 무거운 것을 경고하였다."[207]

이상의 '중부괘 2', '동인괘 5', '대과괘 초', '겸괘 3', '중천건괘 상', '절괘 초', '뇌수해 3' 등 일곱 효는 특별히 몸을 닦는 학문으로 '인사人事'를 언급했다. 위 8장을 겸와謙窩가 붓을 불끈 눌러 이렇게 또 썼다.

"위의 일곱 효는 '언행'이 사람의 '추기樞機'가 되니 삼가 조심하라는 소리이다. 천지天地에는 천지의 언행이 있고, 사시四時에는 사시의 언행이 있고, 일월日月에는 일월의 언행이 있고, 음양에는 음양의 언행이 있고, 강유에는 강유의 언행이 있고, 동정에는 동정의 언행이 있고, 주야에는 주야의 언행이 있다. 천지와 만물이 언행이 있지 않음이 없으니, 하물며 사람의 언행이 무겁지 않겠으며, 그 언행을 실천함에 삼가지 않을 수 있겠는가? 한 몸의 나아감과 물러섬, 느림과 신속함이 모두 언행이니, 언행을 버리고서 무엇으로 몸을 닦는단 말인가? 고로 언행을 알면 변화의 도道를 알 수 있는데,

---

爲寇오 利御寇하니라는 산수몽괘 상9도 그런 의미이다.

207 李瀷, 『易經疾書』: "慢藏非欲誨盜, 冶容非欲誨淫, 而盜與淫者, 便皆生心. 如我誨而然也, 盜思奪伐, 何以異是. 藏以財言, 容以女言, 擧輕而見重也."

변화는 곧 천지의 언행이다. 천지 가운데서 사람이 음양과 오행으로 그 형체를 이루고, 음양과 오행의 이치로 그 강건하고 유순함과 오상五常의 덕을 삼았는데, 이 덕 또한 한 마음의 안에 갖추어져 있다. 말은 마음의 소리이고, 행동은 마음의 자취이다. 이러한 언행으로 인의예지의 덕을 형용하니, 이 언행을 삼간 뒤에 역易을 읽을 수 있을 것이다."[208]

실록에도, 사사로운 정분으로 감히 탄핵하지 못한다면 다 도둑놈들이라 하였다.[209]

---

208 沈就濟, 『讀易疑義』: "以上七爻不過形容, 則言行爲人之樞機, 而愼之一字, 又爲言行之樞要也. 大矣言行也. 天地有天地之言行, 四時有四時之言行, 日月有日月之言行, 陰陽有陰陽之言行, 剛柔有剛柔之言行, 動靜有動靜之言行, 晝夜有晝夜之言行. 天地萬物, 莫不有言行, 則人之言行, 不亦重乎, 踐其言行, 而可不愼乎. 一身之進退遲速, 都是言行, 則捨言行而何以修身乎. 知其言行, 則可以知變化之道, 而變化者, 卽天地之言行也. 天地之中, 人以陰陽五行, 成其形體, 而以陰陽五行之理, 爲其健順五常之德, 是德也具於一心之內. 言者心之聲也, 行者心之跡也. 以此言行, 形容其仁義禮智之德, 則愼此言行而後, 可以讀易也."

209 正言 朴世堂이 引避(공동책임을 지고 일을 피함)에 관해 올린 상소이다. "물건을 허술히 보관하는 것 자체가 도적을 방으로 끌어들이는 것은 아니지만, 그래도 물건을 가져가라고 도적에게 가르쳐주는 것이라 말했습니다. 오늘날 조정에서 벼슬하는 사람치고 직위를 가진 先父兄이나 친구 없는 사람이 어디 있겠습니까. 그러나 가령 某相이나 某卿에게 논해야 할 잘못이 있을 경우, 대각에 몸을 담고 있는 자가 사사로운 정분을 돌아보면서 감히 탄핵하지 못한다면, 이 어찌 국가에 이로운 일이 되겠습니까." _ 『조선왕조실록』 36집, 341쪽, 현종 3년 임인(1662) 7월 20일(신묘).

계사전(상) 제 9 장

天一地二天三地四天五地六天七地八天九地十　天數五　地數五　五位
相得　而各有合　天數二十有五　地數三十　凡天地之數　五十有五　此
所以成變化　而行鬼神也.
천1, 지2, 천3, 지4, 천5, 지6, 천7, 지8, 천9, 지10이니, 천수(홀수)가 다섯 개,
지수(짝수)가 다섯 개이다. 그래서 천수의 합이 25, 지수는 30이 되는데, 이것
을 다시 합치면 55가 되어 바로 이 수가 변화하니 귀신같은 조화를 부리게
된다.[210]

'수의 조화' 즉 '수의 신비'를 설명한 대목이다. 천일天一에서 지십地十은 수리
의 연원이고, 역도易道의 근본이라고도 한다. 흔히 선천의 '하도'를 통해서 본 것
이다. 홀짝 기우奇偶로써 보았다. 홀수 1·3·5·7·9와 짝수 2·4·6·8이 그것이다. 오행으
로 나누면 1·6, 2·7, 3·8, 4·9, 5·10이다. 5 이하는 생수生數라 하고, 6 이상은 성수成數
라고도 한다. 10을 뺀 나머지는 후천수 '낙서'라고도 하는데, 홍범은 '낙서'를 바탕
한 것이기도 하다.

한편 『설문해자』에 의하면, 10十이란 수 안에서 '一'은 동서를 가리키고, 아래
위를 뚫은 'ㅣ'은 남북을 가리키고, 두 방향이 만나는 중앙, 그리고 사방이 갖추어
진 완전수이다. 뿐만 아니라 단순한 수의 의미를 넘어 철학적 의미를 담고 있기
도 하다. '십十'에는 '一'이라는 음(一은 수의 본질로서 보면 음양의 기본을 이루
는 통일체이지만, 그 형상으로 보면 횡적으로 음을 이루고 있는 것이다)과 'ㅣ'
이라는 양이 중심점에서 교차하는 상을 가지고 있다. 그런즉 '十'이란 것은 음과
양의 절대 동일치로서, 서로 교회交會하고 있는 교차점은 음과 양의 중화된 성질
을 가지게 되며, 이것을 중中이라고 한다.[211]

---

210 "'河圖'에서 1·6은 아래 북방, 2·7은 위 남방, 3·8은 좌 동방, 4·9는 우 서방, 5·10은 중앙에 자리하니
　　 5는 大衍의 어머니가 되고, 10은 大衍의 자식이 된다. 1·2·3·4와 6·7·8·9는 四象이 되고, 老陽·老陰은 서
　　 북에 위치하고, 少陽·少陰은 동남에 위치한다."(주자)
　　 生數1·2·3·4·5는 成數 6·7·8·9·10이란 음양으로 배합이 된다. 천수25, 지수30이니 그 합이 55다. 천지 속에
　　 음양의 수가 변화하여 귀신의 능력을 행하게 한다. 우주의 모든 원리가 하도수 안에 다 들어 있다.
211 김혜경, 「十字에 관하여」 : "'十'이란 숫자가 단순한 계수의 숫자뿐만 아니라, 그 글자의 상에서 볼
　　 수 있듯이 음양, 동서남북의 중심점으로 어느 쪽으로도 치우치지 않게 구비되어 있으며, 中의 자리

大衍之數-五十 其用 四十有九 分而爲二 以象兩 掛一 以象三 揲
之以四 以象四時 歸奇於扐 以象閏 五歲 再閏 故 再扐而後掛

여기서 크게 덜어낸 수가 50이나,[212] 그 사용하는 수는 49이다.[213] 이 49개를 가
지고 무심하게 둘로 나누어 양의를 잡고, 그 왼손에 든 것 중 하나를 빼 새끼
손가락 사이에 걸어 삼재를 삼고,[214] 그리고는 4개씩 헤아려 사시사철로 삼고,
그 넷으로 헤아린 나머지를 손가락 사이에 끼움으로써 윤달을 상징하였다. 그
리고 5년마다 윤달이 다시 오니,[215] 재차 오른손 것을 4개씩 헤아려 그 나머지
를 다시 끼운 뒤에 거는 것이다.

이는 시초蓍草를 잡고 하는 설시법揲蓍法을 설명한 것이다. 간단하게 요약하면
아래와 같다.

1. 먼저 시초 50개로 정성을 모은 다음에 무심코 한 개를 집어서 아래에 둔다. 한 개는
   태극을 뜻하고 전체를 통괄한다. 왼손에 든 시초 49개를 오른손으로 무심코 둘로 나
   눈다.
2. 여기서 다시 왼손 묶음에서 하나를 빼 4, 5번 사이에 끼우고, 4개씩 나누어 나머지를
   3·4번 사이에 끼운다.
3. 다시 오른손에 쥔 시초를 4개씩 나누고 나머지를 2·3번 사이에 끼운다.
4. 이것을 여섯 번에 걸쳐서 계속한다.
5. 이상 설시한 대로 정리하면 손에 끼운 개수는 5와 9, 4와 8개가 나온다.

眞空, 太極의 자리이며, 평면뿐만 아니라 입체적 공간적 의미도 포함되며, 나아가서 하늘과 땅이 만
나는 자리로 통할 수 있다. 또한 '十'은 易에서 우주 생성의 최대의 生長한 終着点이자 다시 收縮斂
藏해 나가는 始作点으로 인식될 수 있다. '十'자란 周濂溪가 제창한 '十無極'이며, 예수가 못 박힌
십자가의 상이기도 하다. 사람이 양팔을 벌린 인간의 형상이며, '一'과 'ㅣ'이 相交하는 점에는 인간
의 정신이 깃든 유가에서 말하는 '中'의 접점이기도 하다."

212 中宮이 모든 것을 통괄하니, 하도에서 중궁의 수 5와 10을 합한 수가 50요, 또 생수의 마지막 수
5와, 성수 마지막 수 10의 합도 50이다.
213 50-1=49에서 1은 체요, 태극이요, 皇極數이다.(서경) 50중 1을 제외한 49로써 모든 이치를 궁구하고
사물의 변화를 예측한다. 49는 屯卦에서 만물이 나오는 것을 비유할 수 있고, 1은 屯卦에서 제후를
세우는 것에 비유된다.
214 양손으로 나눈 것 중 하나를 빼 4·5번 손가락 사이에 끼우는 것을 말하는데, 야산은 왼손[天策]에
掛一한다 하고, 주자는 오른손[地策]에 掛一한다고 한다.
215 5년 만에 윤달이 두 번 온다. 19년 만에 윤달이 7번 온다.(서경) 곧 윤년은 2, 7년 만에 한 번 오고,
5, 4년 만에 두 번 온다.

6. 설시한 수를 가지고 음양을 정하는 법

　예) 一少兩多(588, 984)는 음, 一多兩少(944, 548)는 양으로 표시하고, 三少(544)는 음에서 양으로 동하고, 三多(988)는 양에서 음으로 동한다. 단 여기서 설시자가 三少(544)를 양으로 보고, 三多(988)을 음으로 볼 수도 있다.

乾之策 二百一十有六 坤之策 百四十有四 凡三百有六十 當期之日
二篇之策 萬有一千五百二十 當萬物之數也.

건의 책수는 216이요, 곤의 책수는 144라, 이 둘을 합하면 360일로 1년에 해당하는 수다. 또 『주역』 상·하경의 두 편에 효의 책수가 1만 1,520이니 바로 만물의 수에 해당한다.

위와 같은 수를 얻는 계산 방법은 64괘가 6위니 384효, 그 중 양효가 192효, 음효가 192효다.

건의 책수는 [49-13(5,4,4)=36]×6이니 216이요, 곤의 책수는 [49-25(9,8,8)=24]×6이니 144이다. 고로 노양 책수(192×36)의 6,912와 노음 책수 (192×24)의 4,608의 합이 1만 1,520이다. 이를 표로 그리면 다음과 같다.

사상	노음	소양	소음	노양
사상수	6	7	8	9
책수	24	28	32	36

是故 四營而成易 十有八變而成卦 八卦而小成 引而伸之 觸類而長
之 天下之能事畢矣 顯道 神德行 是故 可與酬酢 可與祐神矣 子曰
知變化之道者 其知神之所爲乎

이런 고로 4번 경영하여 역을 이루고,[216] 18번 하여 한 괘가 이뤄지니 바로 대성
괘가 된다. 또 8괘로써 늘리고 당기어 64괘로 확대되니, 같은 류로 서로 엉기어
가면, 이로써 천하의 일을 능히 다 감당할 수 있을 것이다.[217] 이렇게 하면 도를
나타내고, 또 덕행을 신령스럽게 할 수 있다.[218] 고로 이와 더불어 어떤 수작도
할 수 있으며, 신을 도와 어떤 일도 할 수 있는 것이다.[219] 이에 공자가 "변화의
도를 아는 자는 신이 하는 바를 알 수 있으리라!"고 한 것이다.[220]

류類에 따라 당기고 펼치며 확장함[引而伸之]은 팔괘가 64괘가 됨이다. '사람과
함께 일의 변화를 수작[酬酢事變]하고, 천지와 함께 신의 조화를 도우니[祐助神化]'
는 다 역의 역할을 말한 것이다. 역 가운데 변화의 도는 신이 하는 바로[神之所爲],
괘효사와 괘상과 괘효변과 점일 뿐이다[辭象變占]. 그러므로 "4가지는 변화의 도이
고 신이 하는 바이다. 4가지는 모두 시초로 물어서 얻기 때문에 신神이 하는 바"
라고 한 것이다.[221] 팔괘를 이끌어 펼치면 64괘가 되고, 다시 64괘를 이끌어 펼치
면 4,096괘가 된다. 수작酬酌은 손님과 주인이 서로 응대하는 것과 같다. 돕는다는
것은 귀신의 말을 대신하는 것으로, 그 미치지 못함을 돕는 것이다.[222]

---

216 앞에서 말한 '分而爲二', '掛一', '揲之以四(歸奇於扐)', '再扐而後' 해야 '四營而成易'이 된다.
217 8개의 소성괘(9번)가 64괘로 발전하여 간다. 64괘의 생성과정(引而伸之)과 이치(觸類而長之)를 다 알
    면 천하의 모든 일을 다 알 수 있다. 즉 6효 속에 6위는 불변이지만 6위의 음양은 시공을 따라 변할
    수 있다.
218 '시초의 능력'은 천지 음양의 법칙을 밝혀 진리의 신령스러움을 알려준다.
219 "'易道'는 괘사와 효사에 드러나고, 행은 수로 신묘하게 알려진다."(주자)
    "道는 신묘하지만 드러나지 않고, '德行'은 드러나지만 신묘하지 않다. 그러나 역의 도는 드러나고
    덕행은 신묘하게 한다."(동파)
    시초의 위력을 알면 우주와 자신이 서로 酬酌을 부리는 것과 같으니, 곧 '시초'는 인간을 도울 뿐
    아니라 신 또한 도와간다. 시초는 易理다.
220 "'神'의 작용은 알 수 없다. 단지 변화를 관찰하여 알 뿐이다. 천하가 지극히 정밀하고 지극히 변화하
    여도, 성인이 이를 극심하게 기미를 연구는 하되 언제나 신에 이르면 끝이 난다."(동파)
221 朴致和, 「雪溪隨錄」: "四者, 變化之道, 神之所爲者也. 四者皆問著而得, 故曰神之所爲者也."
222 金相岳, 『山天易說』: "八卦而伸之爲六十四卦, 觸類而長之爲四千九十六卦. 酬酢者, 如賓主之相應對也.
    祐神者代鬼神之言, 祐助其不及也."

본 서법 해설로, 주자의 설을 빌리면 이렇다.

○ 한 효爻 변동의 경우 : 본괘本卦 변효變爻를 체體로 하고, 지괘之卦 변효變爻를 용用
  으로 삼는다.
○ 두 효爻 변동의 경우 : 본괘 상효 체, 지괘 하효 용.
○ 세 효爻 변동의 경우 : 본괘 단사 체, 지괘 단사 용.
○ 네 효爻 변동의 경우 : 본괘 부동不動한 상효 체, 지괘 부동한 하효 용. 야산은 지괘
  불변한 하효 체, 본괘 부동한 하효 용으로 본다고 한다.
○ 다섯 효爻 변동의 경우 : 본괘 부동효 체, 지괘 부동한 효 용. 야산은 지괘 불변한
  효 체, 본괘 불변한 효 용으로 본다고 한다.
○ 여섯 효爻 전변全變의 경우 : 본괘 괘사 체, 지괘 괘사 용. 야산은 지괘 단사 체,
  본괘 단사 용으로 본다고 한다.
○ 여섯 효 불변의 경우 : 내괘 체, 외괘 용. 야산은 괘사 위주로 본다고 주장한다.

참고로 설시하는 방법 중 '중서법'과 '약서법'을 간략하게 소개한다.

중서법
1. 먼저 시초 50개로 정성을 모은 다음 무심코 한 개를 집어 아래에 둔다. 왼손에 든
   시초 49개를 오른손으로 무심코 둘로 나눈다.
2. 여기서 다시 왼손 묶음에서 하나를 빼 4, 5번 사이에 끼우고, 8개씩 나누어 나머지를
   한 획으로 삼는다.
3. 같은 방법으로 6획을 만든다.
4. 1, 2의 방법으로 처음 얻은 수를 상획부터 놓아 아래 초획까지 6획을만든다.
5. 처음 얻은 수가 3이면 상에다 3을, 두 번째 수가 5면 그 아래에 5를 두는 식으로
   여섯 번 설시한다.
6. 예컨대, '3, 5, 6, 7, 8, 2'의 수를 얻었다면 3은 리화离火가 되니 음, 5는 손풍巽風이
   되니 음, 6은 감수坎水이니 양, 7은 간산艮山이니 양, 8은 곤지坤地가 되니 노음, 2는
   태택兌澤이니 음이 된다.
7. 위에서부터 차례로 획을 놓으면 '음, 음, 양, 양, 음(동효), 음'으로 뇌산소과雷山小過
   괘가 되고, 아래 두 번째가 동효이니 뇌풍항雷風恒괘로 간다. 즉 소과지항小過之恒
   이 된다.

약서법
1. 먼저 시초 50개로 정성을 모은 다음 무심코 한 개를 집어 아래에 둔다. 왼손에 든

시초 49개를 오른손으로 무심코 둘로 나눈다.

2. 여기서 다시 왼손 묶음에서 하나를 빼 4, 5번 사이에 끼우고, 8개씩 나누어 나머지를 상괘로 삼는다. (본서법에서만 4개씩 제하고 중서법과 약서법에서는 8개씩 제한다.)

3. 2의 방법으로 똑같이 하여 나온 수를 하괘로 삼아 대성괘를 만든다.

4. 마지막으로 1번처럼 둘로 나누고는 8개씩 제하는 것을 6개씩 제하여 얻은 수로 한다. 8개로 제하는 이유는 8괘 중에서 어떤 괘를 얻으려 함이고, 6개씩 제하는 것은 6획 중 어느 효가 동하는지를 알기 위함이다.

5. 실례로 처음에 3을 얻고, 두 번 째도 3을 얻고, 세 번째 2를 얻었다면 중화이重火離괘 2효가 동하는 그림이 될 것이다,

정서법과 중서법, 약서법 중 본인이 설시한 괘에서 변효(동효)가 여러 개가 나올 수 있다. 아니 6획이 다 변효가 될 수도 있다. 이렇게 될 때 공자님 같은 분이 아니면 괘를 판단하기가 그리 쉽지 않을 것이다. 예로, 한 효는 좋다 하고 다른 한 효는 나쁘다 하면 판단이 어려워진다. 그런데 약서법은 동효(변효)를 한 개만 만들기에 이 방법을 택하게 되면 판단이 상대적으로 어렵지 않으리라 본다. 연구자들은 참고하시기 바란다.

계사전(상) 제 10 장

> 易有聖人之道四焉　以言者尙其辭　以動者尙其變　以制器者尙其象
> 以卜筮者尙其占
> 역에는 성인의 도가 네 가지 있다. 역을 배워 말을 삼으려면 괘사와 효사를
> 중시하고, 역으로 행동을 삼으려면 그 변화를 중시하고, 역으로 (구체적인) 어
> 떤 기구를 만들려면 그 상을 중시하고, 역으로써 복서를 얻으려면 그 점을 숭
> 상하게 한다.[223]

　　역易의 도道를 '사변상점辭變象占'의 4가지에 둔다는 것이다. 그러므로 천하에
길흉을 말하는 사람은 모두 '역의 말'을 숭상하고, 천하의 동작을 두는 자는 모두
'역의 변'을 숭상하고, 천하의 기물을 제작해 쓰는 자는 모두 '역의 상'을 숭상하
고, 천하의 복서를 구하는 자는 모두 '역의 점'을 숭상한다는 소리다.[224] 다음은
오주五洲 이규경李圭景의 '『주역』에 대한 변증설'에 관한 요약이다.

　　오경五經 가운데 오직 『주역』이 가장 오래라 하는데, 실로 선천도先天圖가 더 오래되
어 만물을 개발하고 인문人文을 열어주었다. 공자가, '포희씨包義氏가 비로소 8괘를 그
었다' 하였고, 주역을 지었다고는 말하지 않으면서, '주역이 생긴 것이 그 증거인저!'
하였으며, 또 '주역이 생긴 것이 은殷 나라의 말세와 주周 나라의 성시인저! 문왕文王
과 주왕紂王의 일에 해당될진저'라고 하였으니, 문왕이 지은 괘사에 의하여 처음 '주
역'이라고 이름한 것이다. (중략) 혹자는 역易을 전술혀 점치는 글로만 간주하는데, 나
는 그 이유를 알 수 없다. 그러므로 꼭 노격盧格의 말을 가지고 증거하려는 바이다.
[盧格의 자는 正夫이며, 명明 헌종(1465~1487) 때 御史이다]
　　"복희·문왕·주공이 만일 점치는 것만 숭상했다면, 공자가 어찌 가죽 책을 세 번씩이나
절단 냈겠는가? 만일 복희·문왕이 점치는 것만 위주했다 말한다면, 길거리의 점치는
소경들도 다 그 진전을 얻었으리라."[225]

223　"聖人의 道는 구하면 모두 보유하지 않음이 없고, 취하면 모두 얻지 않음이 없다."(동파)
　　　"이 네 가지는 모두 변화의 도이니, 神이 하는 것이다."(주자)
224　吳致箕, 『周易經傳增解』 : "易之爲道不過辭變象占四者而已. 故天下之言吉凶者皆尙乎易之辭, 天下之有
　　　動作者皆尙乎易之變, 天下之制器用者皆尙乎易之象, 天下之求卜筮者皆尙乎易之占也."
225　李圭景, 『五洲衍文長箋散稿』, '주역에 대한 변증설' : 五洲는 노격의 '讀易'을 인용하여 이렇게 읊었다.

是以君子 將有爲也 將有行也 問焉而以言 其受命也如嚮 无有遠近
幽深 遂知來物 非天下之至精 其孰能與於此

이로써 군자가 장차 무슨 일을 하려고 하거나, 장차 무슨 행동을 하려고 하면,
시초로써 물으면 무엇이든 말해준다. 이런 고로 그 시초의 명을 받아서 알게
되는 것이 메아리 소리 울리는 것 같다.[226] 멀고 가까운 데나 그윽하고 깊은
데까지 남김없이, 미래의 사물(일)을 알려주는 것이니, 천하의 지극한 정이 아
니면,[227] 그 누가 능히 여기에 참여할 수 있겠는가?[228]

　　당신이 무슨 일을 행동으로 옮기고자 하면 반드시 하늘에 물어본 후 결정하라
는 것이다. 그렇게 되면 역易은 어떤 대가도 없이 메아리처럼 명을 받아 당신에게
답을 가져준다는 소리다. 미래에 벌어질 일에 대하여 아무리 그윽하고 깊은 곳이
라도, 또 아무리 멀고 가깝더라도 오고 가는 발품을 팔아 정확한 데이터를 분석
하여 답을 찾아낸다는 것이다. '만물이 오는 것은 멀리는 팔황八荒의 위에서 깊게
는 육극六極의 아래를 범위로 둔다. 이를 두고 군자가 행동함에 신명神明에게 물
으니 응답이 메아리와 같고, 아는 것이 신과 같다고 하였으니, 그것은 본시 신령
스러운 나의 마음의 한없는 경계일 것이다. 『시경』에서도 일렀다. "알 수 없는
신이 이렇게 정밀하게 길을 제시해주는데 어떻게 싫어한단 말인가?"[229] 고로 군자
가 큰일을 계획하거나 시행하고자 할 때 반드시 하늘에게 물을 것을 잊지 말라.
행동으로 옮기고 나서 하늘에 물으면 어떤 답도 줄 수 없다. 천하의 지극히 정밀
한 능력을 지닌 자가 아니면[非天下之至精] 누가 여기에 참여할 수 있겠는가[其孰
能與於此]?

　　"三聖若專尊卜筮 宣尼何用絶韋編 世儒問我 若說羲文專卜筮 街頭盲瞽盡眞傳."

226　"후세 사람들은 일을 벌여놓고 나서 점을 치는데, 이는 천기를 엿보고 하늘의 뜻을 떠보는 것이니,
　　크나큰 죄이다."(다산) '无有'는 '남김 없다'는 뜻.

227　'精'은 '精密', '精妙', '精微'를 뜻함.

228　"역을 만든 이는 존재의 공통적인 특징과 보편적인 성질을 발견하려고 시도하지 않았다. 따라서 잘
　　못된 이미지를 이끌어냈을 리가 없었다. 동서 문화는 요순 시기부터 길을 달리하기 시작하였으며,
　　중국 사상가들은 허구적이지 않은 환경 즉 자연[地]에서 영원을 찾았다. 서구의 허구적 神은 보통
　　사람들의 임기응변책이었을 뿐이다. 『역』 속의 언어 승화 현상은 허구적이지 않은 환경에서 나온
　　것이다."(張祥平)

229　尹行恁, 『薪湖隨筆繫辭傳』: "物之來者, 遠自八荒之上, 深在六極之下, 君子於動也, 質諸神明, 其應也如
　　響, 其知也如神, 以其心也. 詩曰, 神之格思, 不可度思, 矧可射思.."

參伍以變　錯綜其數　通其變　遂成天地之文　極其數　遂定天下之象
非天下之至變　其孰能與於此

3과 5의 변화로, 착종괘로 보아, 그 변화를 통해, 천지의 문채(메시지)를 이루
며, 그 수를 궁극하여, 천하의 상을 정한다.[230] 천하의 지극한 변화가 아니면
그 누가 능히 여기에 참여할 수 있겠는가?

4	9	2
3	5	7
8	1	6

'삼오이변參伍以變'은 낙서洛書의 원리, '착종기수錯綜其數'는 낙
서의 변화를 말한다. 다음은 이병헌의 설명이다.

"삼參은 3이고 오伍는 5이다. 3과 5라고 하지 않고, 삼오參伍라고 한 것은 5에 3배를
한 것을 말한다. 5에 3배를 하면 5가 셋이다. 그러므로 5라고 하지 않고 오伍라고 했으
니, 군졸에 오伍가 있는 것과 같다. 5에 3배를 하면 15이다. 7과 8은 합은 그 수가 15이
고, 9와 6은 효로 그 수도 15이다. 그러므로 삼오參伍로써 변하고 그 수를 교착交錯하
여 종합한다고 하였다."[231]

성호의 다음과 같은 설명은 조금 어렵지만 곰곰히 씹어보기 바란다.

"삼參과 오伍로 착종하여 하도河圖에서 구해보면, 1·3은 5와 함께 셋을 이루어 동북에
거처하고, 7·9는 5와 함께 셋을 이루어 서남에 거처한다. 2·4는 10과 함께 셋을 이루어
서남에 거처하고, 6·8은 10과 함께 셋을 이루어 동북에 거처한다. 생수는 성수와 함께
내외에서 서로 교착하며, 음양의 방위에 나누어 거처하니 이를 일러 삼參이라 한다.
1·3·7·9는 5와 함께 오伍를 이루고, 2·4·6·8은 10과 함께 오伍를 이룬다. 양은 북에서 일어
나 서에서 그치고, 음은 남에서 일어나 동에서 마치니, 이를 일러 오伍라 한다. 5와
10이 중앙에서 거처하며 밖을 통합하는데, 양은 늘 양과 함께 삼오參伍하고, 음은 늘
음과 함께 삼오參伍하니, 이는 태극도 가운데 양의兩儀가 이미 갖추어진 것이다. '천일
지이天一地二'라고 한 구절은 수의 근본으로 나누어 배열하면, 혹 삼이 되고 오가 되
니 이를 변變이라 한다. 변은 하도河圖와 낙서洛書에서 시작되기에 중앙에 5와 10을

---

230 3가지 수로써 5로 중앙을 잡는 그림은 그 수의 합이 15를 이루어, 문왕 8괘 후천도수(구궁도수)로
　　이해할 수 있다.
231 李炳憲, 『易經今文考通論』 : "姚日, 參三也伍五也. 不云三五而云參伍者, 參其伍也. 參其五則爲其五也
　　三. 故不云五而云伍, 若卒之有伍也. 參伍則十五矣. 七八爲象, 其數十五, 九六爲爻, 其數亦十五. 中引乾
　　藪度文以證其說, 故日參伍以變錯綜其數也."

놓았다. 팔방의 기우奇偶의 수로 그어서 8상이 되니, 1·3·5·7·9는 양수이고 2·4·6·8은 음수이다. 모두 하나씩 사이를 두고 차례로 거론되니 이를 착錯이라 이른다. 양은 늘 5에서 통합되고, 음은 늘 10에서 통합되니 이를 종綜이라 이른다. 삼오착종參伍錯綜의 뜻은 이것에 불과하다. 1·3·5·7·9는 양으로 그 문은 서북에 있고, 2·4·6·8은 음으로 그 문은 동남에 있다. 양의兩儀가 판단됨에 이르면, 문이 서북에 있는 것은 물러나서 동과 남에 거처하고, 문이 동남에 있는 것은 물러나 서와 북에 거처한다. 3과 4가 서로 바꾸고, 7과 8이 서로 바꾸어 건천乾天, 태택兌澤, 리화离火, 진뢰震雷, 손풍巽風, 감수坎水, 간산艮山, 곤지坤地의 문양을 이룬다. 이것은 선천도에서 볼 수 있다. 이에 지극히 미루어 대연지수가 되고, 설시하여 괘를 구해 노양과 노음과 소양과 소음의 상을 이루어, 384효를 두루 하지 않음이 없다. 또 미루어 펴서 배합한 수로 후천팔괘자리의 생성수를 이루고 홍법구궁[洛書]을 이루기 때문에 지극한 변화라 하였다."

易 无思也 无爲也 寂然不動 感而遂通天下之故 非天下之至神 其
孰能與於此

역은 아무런 생각이나 행동도 없이, 적멸한 지경 속에서 일체를 움직이지 않다가, 일단 감응이 왔다 하면 천하의 모든 이치에 통달하니, 천하의 지극한 신묘함이 아니고서 누가 여기에 능히 참여할 수 있겠는가?[232]

역易을 극찬한 대목이라 할 수 있다. 식산息山 이만부李萬敷[233]의 다음과 같은

---

232 "'역은 생각이 없고, 작위가 없으며, 적연부동하다가 일단 감응하면, 마침내 세상일에 달통한다."(동파)
"이때 역은 '시초와 괘'를 가리킨다. 寂然은 感의 體이고, 感通은 寂의 用이니, 人心의 妙함에 動靜이 이와 같다."(주자)
"象을 잊은 자가 아니면 상을 제어할 수 없고, 數를 버린 자가 아니면 수를 다할 수 없다. 至精, 至變, 至神이 아니면 이 자리에 누가 함께할 수 있겠는가?"(왕필) '故'는 '變故'나 '緣故'를 이른다.

233 이만부(李萬敷, 1664~1732)의 『역통(易統)·역대상편람(易大象便覽)』은 「대상전」을 위주로 주석하면서 그의 역학이 象과 辭를 중시하며, 자연의 상을 통해 인문학적 가치를 도출하려는 의리학적 관심을 지니고 있음을 보여준다. 자신의 견해에 '신근안(臣謹按)'이란 표현을 쓰는 것을 보면 임금에게 진상하기 위한 저술인데, 임금이 성군이 되도록 덕을 닦을 것을 간곡히 당부하는 내용임을 알 수 있다. 『역통』은 하도와 낙서 앞에 태극과 음양을 배치하여 『주역』의 시작으로 상정한 특징을 보인다. 「역대상편람」이 군주의 修己安人에 초점을 맞춘 의리학에 치중한 저작이라면, 『역통』은 주희가 선양한 圖書象數學을 기반으로 宋末元初의 주자학파인 동수(董銖), 동몽정(董夢程), 호방평(胡方平), 호일계(胡一桂) 등의 제설(諸說)과 비교변설 등을 종합적으로 수록하고 있다. 이는 퇴계 이황의 『계몽전의』와 여헌 장현광의 『역학도설』 등으로 이어지는 남인 역학의 계보를 잇고 있다고 평가할 수 있다. 소옹(邵雍)의 先天易學은 주희에 의해 적극 선양되었고, 조선 중기 퇴계의 『계몽전의』를 기점으로 도서상수학이 조선역학의 주류로 지위를 점하게 되는데, 식산의 『역통』은 이런 조선 도서상수학의 계열을 잇는 집대성적인 저작이자 도서상수학의 총집성 성격의 저작이다.

해설에 눈을 모아보자.

"역이 무사무위无思无爲라고 한 것은 신의 경지를 표현한 말이다. 맹자가 '마음이란 생각하고 생각하면 원하는 바를 얻어내는 기관이다'라고 했으니, 만약 생각하지 않으면 어떻게 얻어낼 수 있겠는가? 『서경』에서도, '생각은 슬기롭고 슬기는 성인을 만든다'고 하였으니 만약 생각하지 않으면 어떻게 성인을 지을 수 있겠는가? 그러므로 공자의 뜻이 없다는 무의無意는, 사사로운 뜻이 없다는 것이지 전혀 뜻이 없다는 것이 아니다. 역에서 말한 바 '천하가 무엇을 생각하며 무엇을 걱정하리오[天下何事何慮]'라는 것은, 동동대며 오가는 것[憧憧往來]으로 말한 것이지, 전혀 생각과 걱정이 없다는 것이 아니다. 그렇지 않다면 『대학』의 가르침에, 어찌 뜻 없음[無意]을 말하지 않고 뜻을 성실히 함[誠意]을 말했으며, 『중용』의 가르침에도 어찌 생각 없음을 말하지 않고[無思] 신중히 생각함[慎思]을 말했겠는가! 오직 성인이라야 나면서 알고[生知], 편안히 행하니[安行] 생각하고 행위하는 흔적을 볼 수 없고[不見思爲之跡], 느껴 통하지 않음이 없으니[無感不通], 또한 어찌 일찍이 그 마음을 닫고[牢閉其心], 성스러움을 끊고 지혜를 버리는 것[絕聖棄智]을 이르겠는가? 이렇기 때문에 성현의 천만 가지 말은 잡아 보존하고 살펴서[操存省察], 그 발하는 것을 바르게 하여[正其所發], 그 본원을 기르고자 함이지[養其本原], 반드시 뜻이 없고 생각이 없음을 귀하게 여기지 않는다. 안자顔子가 인仁에 종사한 것은 오직 예禮가 아니면 하지 않았을 뿐 아니라, 인을 어기지 않음이 3개월의 오랫동안인데 한 생각 한 걸음이 진실로 항구할 수 있었으니 성인이 아닌가. 천하의 지극한 신神도 마음을 넘지 못하니[莫越乎心], 마음을 제어하는 도[制心之道]는 이 말이 가장 지극하다. 널리 배움과 간략한 예의 가운데[博約之中] 순순히 인도되면, 어찌 생각과 행위가 없음으로써 인을 어기지 않음을 증명할 수 있겠는가?"[234]

여기서 역易은 시초와 괘를 가리킨다. 사변상점辭變象占은 역의 체가 되고 그 쓰임은 시초를 통해 드러나 행해진다. 시초란 물건은 생각도 없고 행위도 없기 때문에, 발하지 않을 때는 고요히 움직이지 않고[未發寂然不動], 이미 발해서는 드디어 감통한다[已發感而遂通]. 그러므로 찬탄하여 말하기를, '천하의 지극한 신묘함

---

234 李萬敷, 「易統·易大象便覽」: "大傳本旨據易而言, 故曰易無思也無爲也, 言其感通之神也. 若以心言之, 其體寂然不動, 而及其用之感通也. 其有意有思乃天理所乘之幾, 而非可以強問者也. 孟子曰, 心之官則思, 思則得之, 若不思何得之有. 書曰, 思曰睿, 睿作聖. 若不思, 何以作聖之有. 故孔子之無意, 無私意, 非全無意也. 易所謂何思何慮, 亦爲憧憧往來者言, 非全無思慮也. 不然大學之教, 何不言無意, 而言誠意, 中庸之訓, 何不言無思, 而言慎思也. 惟聖人生知安行, 不見思爲之跡, 而無感不通, 亦何嘗牢閉其心, 絕聖棄智之謂哉. 是以聖賢千言萬語, 但欲操存省察以正其所發, 而養其本原, 不必以無意無思爲貴也. 顔子所從事於仁者, 惟於非禮處勿之而已. 顔子不違仁, 歷三月之久, 而有一念思爲之間, 苟能恒之則聖矣. 夫天下之至神, 莫越乎心, 制心之道, 斯言爲至. 循循見誘於博約之中, 則又豈可以無念思爲不違仁之證乎."

[天下之至神]'이라 하였던 것이다.[235]

실록의 예로, 명종 때 홍문관 부제학 주세붕周世鵬은 "임금 된 자면 그 누가 자신이 이제삼왕二帝三王[236]이 되고 싶지 않았겠으며, 신하된 자면 그 누가 고요皐陶·기夔·이윤伊尹·주공周公이 되고 싶지 않았겠습니까. 그러나 후세의 임금과 신하들이 우虞·하夏·주周에 조금도 미치지 못하는 것은 진실로 『대학』의 가르침이 전해지지 않고, 『대학』의 도가 행해지지 않기 때문입니다" 한다. 나아가 임금더러 '사물의 어떤 변화에도 곡진하고 알맞게 두루 응하여 감동으로 천하의 일에 통하라[感而遂通天下之故]'고 읍소한다.[237] '전통 명상법'을 '무사무위감이수통지고'로 찾고,[238] 기대승은 세상 사람들의 오해를 여기서 풀고 있다.[239]

---

235 金相岳, 『山天易說』: "易指著卦也. 辭變象占爲易之體, 而其用因著而行也. 著之爲物无思无爲, 故於未發也寂然不動, 於已發也, 感而遂通. 故贊之曰天下之至神."

236 堯·舜을 二帝라 하고, 夏의 禹王·殷의 湯王·周의 文王과 武王을 三王이라 한다. 문왕과 무왕은 부자지간이므로 한 사람으로 친다.

237 "博文約禮한 선비를 가려 뽑아 경연에서 모시도록 해야 마땅합니다. 신이 듣건대 『대학』이란 帝王이 세세토록 立敎하는 큰 법입니다. 글자 수는 겨우 1천 7백 51자이지만, 밖으로는 규모가 크고 안으로는 節目이 세밀하며, 本末의 차례가 지극히 간절하고도 자세하여 조금도 소홀한 데가 없습니다. 이를 배우는 요령은 가슴에 새겨 실천하는 것입니다. 옛적에 禹가 舜을 경계하기를 '丹朱처럼 오만하지 말라' 하였고, 周公이 成王을 경계하기를 '주왕처럼 술에 빠지지 말라' 하였습니다. 신하된 자들은 그들의 임금을 성인으로 여기지 않고 충성을 다하지 않았으며, 임금 된 자 또한 자신을 성인으로 생각한 적이 없어 경계 받기를 기뻐하지 않았습니다. 지금 거리에 있는 어린아이들도 다 『대학』을 읽을 줄 알며, 明德을 어떻게 밝히느냐고 물으면 틀림없이 格物·致知·誠意·正心·修身이라고 답하며, 新民을 물으면 齊家·治國·平天下라고 말하여 그 대답이 마치 메아리나 그림자와 같이 相應합니다. 그러나 그것을 행하는 방법을 물으면 명하여 그 항례조차 알지 못합니다. 아, 이것이 과연 『대학』의 학문입니까! 대저 학문이란 참으로 아는 것을 귀하게 여기며 이미 알았다면 모름지기 힘써 행해야 합니다. 신의 생각엔 湯임금의 盤銘에 '日新'을 배우려면 모름지기 太甲에 이른바 '天之明命을 살핀다는 것은 스스로 힘써 쉬지 아니하여 하늘처럼 강건하게 행해야만, 우리가 하늘에서 얻은 것이 그 全體가 회복되어 밝지 않은 때가 없게 되는 것입니다. 虛靈한 경지에 이미 어두운 막이 걷히면 그 本體가 밝은 거울보다 더 밝고, 고요한 채 움직이지 않지만 무궁한 사물의 어떤 변화에도 곡진하고 알맞게 두루 응할 수 있으니, 이른바 '감동하여 드디어 천하의 일에 통한다[感而遂通天下之故]'는 것이 바로 이것입니다." _ 『명종실록』 19집, 명종 2년 정미(1547) 2월 7일(기축).

238 이상호·손병욱·최주홍·송도선 공저, 『동양 전통 명상법의 도덕교육적 含意』: "靜坐法에 대한 구체적 언급은 星湖의 다음 말에서 찾아볼 수 있다. 정신을 모으고 고요히 앉아 이런저런 생각을 일으키지 말고, 나의 호흡을 헤아려서 마음을 보존하는 방법으로 삼으라. 양기를 뿜듯이 숨을 내쉬면 봄의 기운이 펼쳐지고 음기가 막히듯이 숨을 마시면 조수가 바다로 돌아오니, 자연스럽게 막힘없이 하며 서서히 하여 조급하지 말라. 한 번 단련하여 열 번 백 번에 이르면 마음과 눈이 환히 밝아지리라. 잠시라도 방심하면 바로 어긋나리니, 공경이 아니면 어찌할 수 있으랴. 처음에는 마음을 쓰더라도 오래 되면 저절로 익숙하리라. 고요하고 전일하게 되는 것은 요체가 자신의 몸에 있으니 이것으로 나의 본성을 잘 길러서 욕심 좇는 병통을 면해야 하리. 이런 과정을 습관화한다면 어느 순간 몸에 배어 자연스럽게 靜坐法에 익숙해질 수 있을 것이다."
李瀷, 『星湖全集』 第48卷: "凝神默坐 思慮不作 數我呼吸 爲存心則 出如陽噓 春氣發舒 入焉陰閉 潮返其海 順而勿拘 徐而勿迫 一轉十百 了然心目 乍忽卽舛 非敬胡得 初如著意 久自底熟 旣靜旣一 要在

夫易 聖人之所以極深而研幾也 唯深也故 能通天下之志 唯幾也故 能成天下之務 唯神也故 不疾而速 不行而至 子曰 易有聖人之道四焉者 此之謂也.

대저 역은 성인이 지극하게 천지의 이치를 깊이 통찰하여 그 기미를 연구한 결과이다. 역의 이치가 깊기 때문에 천하의 모든 이치를 통달할 수 있고, 오직 모든 사물의 기미를 알고 있기 때문에 능히 천하의 모든 업무를 이룰 수 있으며, [240] 오직 신령스럽기 때문에 서두르지 않아도 빠르게 갈 수 있고, 가지 않는 것 같지만 이미 가보면 그 자리에 도착해 있다.[241] 이에 공자가 '역의 이치 속에는 성인의 도가 네 가지 들어 있다'고 한 것이다.

'천지 이치'를 깊이 통찰하면 천지를 통달할 수 있고, 천지의 모든 사무를 성공할 수 있다. 이것은 오직 역이 신령스럽기 때문에 서둘지 않아도 빠르고, 가지 않았는데도 도착한 결과를 얻는다. 이러한 이치는 역에 성인의 4가지 도가 들어

軀殼 以養吾性 以免徇慾. 易曰, 无思也, 无爲也, 寂然不動, 感而遂通 天下之故."

239 기대승, 『高峯集』, '三解' : "天地之道를 도무지 알 수 없구나. 태양이 비추고 달이 뜨고 구름이 끼고 비가 내리는 걸 누가 주장하며, 추위가 가고 더위가 오고 봄에 살리고 가을에 죽이는 건 누가 주재하는가? 내 들으니, 천지의 도는 사람에게 갖추어져 있고, 만물의 도는 한 몸에 갖추어져 있고, 衆妙의 도는 정신에 갖추어져 있어, 생각하면 곧 알 수 있는 것이라 하였다. 천지의 도는 자연일 뿐이고, 만물의 도는 쉬지 않는 不息일 뿐이고, 衆妙의 도는 한 이치일 뿐이다. 본연에 근본한 것을 仁義라 하니, 백성은 나의 동포요, 物은 나의 무리이다. 物我에 드러나는 것을 利慾이라 하니, 물아의 의식을 갖기 때문에 며느리와 시어머니가 서로 다투어 반목하게 된다. 굽히고 펴고 이기고 지고 뜨고 가라앉고 오르고 내리고 하는 것은 動靜의 기틀이요, 幾微와 易簡과 廣大와 變通이란 것은 太極의 묘리이다. 느끼고 만나고 모이고 맺는 것은 다 이치 아님이 없고[易无思也无爲也寂然不動感而遂通天下之故], 바람 불고 비 오고 서리 내리고 눈 내리는 것은 다 가르침 아님이 없는 것이다. 천지의 도는 참으로 지극히 오묘한 것인가 보다. 聖人이 그 性을 온전히 하는 것은 靜에 근본한 것이요, 衆人이 그 성을 해치는 것은 動에서 잃은 것이니, 性을 온전히 하고 해치게 되는 이유는 어디에 있는가? 그것은 敬과 肆의 차이에 불과할 뿐이며, 誠과 僞의 차이에 불과할 뿐이다. 대체로 敬이란 '마음을 한군데 집중하여 잡념을 없애는 主一無適'의 이름이요, 誠이란 '진실하고 거짓이 없는 眞實無妄'이다. 誠은 하늘의 도이고 敬은 성인의 도이니, 진실로 敬으로써 내면을 곧게 하고 誠으로써 그것을 이룬다면 聖人의 도를 또한 배울 수 있을 것이다."

240 "깊음을 다하는 것은 '至精'이요, 기미를 살핌은 '至變'이다."(주자)
"드러나지 않는 이치를 다하는 것은 '審', 움직임의 기미를 딱 맞추는 것은 '幾'라 한다."(왕필)
"깊은 것은 이치고, 은미한 것은 그 작용이다."(동파)
'研'은 살필 '審', '幾'는 '微'와 같다.

241 "뜻을 통하고 일을 이루는 것은 神이 하는 것이다."(주자)
아산은 "不疾而速不行而至(人道)→能成天下之務(地道)→能通天下之志(天道)→神通→心易"이라 한다.

있기 때문이다. '역도易道'는 지극히 정미롭고 지극히 변화한다. 그래서 성인이 깊음을 다하고 기미를 살핀다. '기幾'는 은미함이다. 깊음은 마음의 경계이고 기미는 사업이니, 천지 이치를 통한 뒤 사업을 성공시켜 나가니 이는 신의 경지라 해야 할 것이다. 달리지 않고 가지 않음은 고요해 움직이지 않음이고, 빨리 이름은 감통하는 바이다. 정자가 말했다. "신은 빠름도 없고 이름도 없다[神无速无至]. 군이 이처럼 말한 것은 이처럼 말하지 않으면 설명이 불가하기 때문이다."[242]

"『역易』이라는 것은 책이니, 어찌 생각이 있고, 유위有爲도 있고, 고요히 느끼는 것도 있겠는가? 비록 마음의 본체가 이렇다 하더라도 이것은 『역』을 써서 말한 것이다. 성인이 역을 지음엔 다만 64괘 384효가 있을 뿐이라 혼연히 하나의 천지를 그려냈을 뿐이다."[243]

고요히 느껴 움직임이 없음은 '무사无思 무위无爲'의 각주이다. 다만 이와 같다면 『역』은 무능한 하나의 종이에 지나지 않는 것이어서 후세를 근심하는 뜻이 없게 된다. 그래서 성인이 또 '설시揲蓍'하여 괘를 구하는 방법을 만들어, 한 번에 384효를 따라서 느껴 각각 '길흉선악'으로 통달하여 드러내어, 천지의 마음과 더불어 하나가 되어 그 체용體用을 함께하였다. 또한 마음을 닦고 물러나 감춤[洗心退藏]은 '역의 지극한 신[易之至神]'이 이와 같음을 더욱 분명히 한 것이고, 달리지 않아도 빠르며 가지 않아도 이른다[不疾而速不行而至]는 것은 '지신至神'에 대한 주석이다.

위의 '지신至神'에 덧붙인다. "무사无思 무위无爲는 미발 상태라 고요할 뿐 움직임이 없고, 감응感應은 이미 발한 것이어서 드디어 소통이 된다. 수통遂通은 무사 무위의 상태에서 얻은 감응의 소통이다."[244] 고요함은 '곤괘坤卦'와 같고 감응은 '복괘復卦'와 같다. 고요하다가 감응하고, 감응하다 보면 통하며, 통하다간 또 고요해지니, 고요함은 은미隱微로 들어나지 않음이고 통하면 아름다움으로 쓰여질 것이다. '깊음[深]'은 고요함의 뿌리이고, '기미幾微'는 움직임의 싹이다. 뿌리로 깊이 감추고 싹으로 은미하게 드러낸다. 감추면 알기 어렵고, 은미하면 보기 어렵다. 그러나 '극極'은 궁극이니 궁극까지 가면 다 마침이 있을 수밖에 없을 것이다. '연

---

242 金相岳, 『山天易說』: "程子曰, 神无速亦无至. 須如此言者, 不如是, 不足以形容故也."
243 李漵, 『易經疾書』: "易者書也,豈有思而有爲寂感雖曰心體有如此而此則以易言者也. 聖人作易只有六十四卦三百六十四爻, 渾然畵出一天地"
244 尹行恁, 『薪湖隨筆·繫辭傳』: "无思无爲者未發也, 故寂然不動. 感者已發也. 故遂通. 其所謂故者."

研'은 돌로 가는 것이니 갈면 정미로워진다. 고로 무사무위한 마음이 깊고 고요해지면, 성인의 뜻을 모두 통할 수 있다. 기미幾微는 은미한 일을 찾음이니, 그 기미를 연마研磨하면 만사를 이룰 수 있을 것이다. '신神'이라고 말한 것은 평소에 범범한 생각을 넘어 도저히 상상할 수 없는 경우로, 맹자가 말한 '성스러우면서도 알 수 없는 존재가 신[聖而不可知之之謂神]'일 것이다.

아래는 『정조실록』에 실린 기사로, 번개와 천둥이 치는 하늘의 경고에 자책하면서, 3일 동안 감선減膳과 구언求言 등을 내린 정조의 간절한 하교 내용이다.[245]

"번개와 천둥이 심히 치고 비바람이 세차니 두렵고 떨리는 마음에 어찌할 바를 모르겠다. 재변이 닥치거나 상서祥瑞가 오는 것은 모두 사람이 불러들이는 것이다. 나 한 사람이 덕이 부족하여 하늘의 마음을 제대로 기쁘게 해드리지 못한 탓으로, 불안하고 좋지 못한 현상이 때 아닌 때에 일어났으니, 재변을 소멸시키고 좋은 방향으로 돌리는 방책에 있어서는 무엇보다도 나 자신에게 책임을 돌려야 할 것이다. 오늘부터 3일 동안 감선減膳을 하도록 하라. 언관의 직책에 있는 자들은 나의 말을 기다리지 말고 답변을 해줄 것이며, 기타 관직에 몸담은 자들도 각기 자기 위치에서 진달하도록 하라. 『주역』에 이르기를 '조용히 살 때에는 그 상象을 보면서 그 해석을 음미하고, 활동하게 될 때에는 그 변變을 살피면서 점占을 음미한다'고 하였다. 하늘과 사람은 이치가 하나이니 두드리면 응하는 법이다. 그러니 어찌 감히 인사를 다함으로써 기필코 하늘의 마음을 감동케 하고자 힘쓰지 않겠는가. 수뢰준괘水雷屯卦에서는 '경영할 때'라 하였고, 뇌지예괘雷地豫卦에서는 '양의 기운이 응해 온다' 하였으며, 택뢰수괘澤雷隨卦에서는 '시대를 따르는 의리야말로 큰 것'이라 하였고, 화뢰서합괘火雷噬嗑卦의 상사에는 '처벌을 분명히 하고 법규를 신칙할 때'라 하였다. 또 지뢰복괘地雷復卦에서는 '관문關門을 닫고 사방을 살피지 말라' 하였고, 천뢰무망괘天雷无妄卦에서는 '천시天時에 합하여 만물을 기를 때'라고 하였으며, 산뢰이괘山雷頤卦에서는 '언어를 신중하게 하고 음식을 절제하라' 하였고, 뇌풍항괘雷風恒卦에서는 '중정中正한 위치에 서서 방향을 바꾸지 말라'고 하였다. 그리고 뇌천대장괘雷天大壯卦에서는 '숫양의 뿔이 울타리에 걸쳤으나 어렵게 여길 줄 알면 길하리라' 하였고, 뇌수해괘雷水解卦에서는 '허물을 이해하고 죄를 용서하라'고 하였으며, 풍뢰익괘風雷益卦에서는 '위를 덜어 아래를 보태줄 때'라 하였고, 중뢰진괘重雷震卦에서는 '두렵게 여기고 몸을 닦으며 반성하라' 하였으며, 뇌택귀매괘雷澤歸妹卦에서는 '길이 같이 살 길을 도모하며 허물어질 것도 생각하라' 하였고, 뇌화풍괘雷火豐卦에서는 '천지의 성쇠도 때와 더불어 진퇴한다' 하였으며, 뇌산소과괘雷山小過卦에서는 '지나칠 정도로 씀씀이를 절약하라'고 하였

245 『정조실록』 46집, 정조 19년 을묘(1795) 10월 17일(갑오).

다. 나의 마음속 은미隱微한 곳으로부터 시행하고 조처하는 일에 이르기까지, 어느 일이 이치대로 따른 것이고 어떤 정사가 이치에 어긋난 것이겠는가. 이것은 이미 내가 내놓은 행동을 보면 드러나지 않은 마음속까지도 충분히 징험해 알 수 있을 것이다. 어떤 잘못을 바로잡고 어떤 허물을 고쳐야만 15괘卦의 단사와 상사와 효사의 뜻에 제대로 부합되어, 재변을 상서로움으로 돌리고 태평시대의 기상이 퍼지게 할 수 있겠는가. 섭리하는 위치에서 나를 도와주는 말을 해 줄 것을 요청하는 바이니, 경들은 한마디 말을 아끼지 말라."

계사전(상) 제 11 장

子曰 夫易 何爲者也 夫易 開物成務 冒天下之道 如斯而已者也 是
故 聖人 以通天下之志 以定天下之業 以斷天下之疑

공자가 말하였다.

"도대체 역은 어떤 물건인가? 역은 만물을 활짝 열고 인간 세상의 사업을 완성시키려는 천하의 도리 중에 가장 으뜸 되는 것이다.[246] 단지 역은 이와 같을 따름이다. 이런 고로 성인은 천하의 뜻(이치)에 통달하고, 천하의 온갖 사업을 바로 세우며, 천하의 모든 의혹을 판단하는 것이다."

역易은 '천하에 으뜸 되는 도리'로서 '만물을 열어 사업을 성공시켜 나가는 사명[開物成務]'을 띄고 만들어졌다. 부모가 자식을 낳고 그 자식이 소원하는 바를 성취하게 해 성공하는 사람으로 뒷바라지하는 마음과 전혀 다르지 않다. 그런 고로 성인이 점으로 길흉을 판단하여 일을 성공할 수 있도록 '천하의 으뜸되는 도리[冒天下之道]'를 괘효卦爻에 담아 놓았으니 그것을 쓰는 자가 임자이다. '모冒'는 덮어 놓았으니 다 갖춘 것을 말한다. "천하의 도리를 다 갖추었기 때문에 뜻을 통하고, 마음의 의심을 결단하고, 사업을 결정하니, 사업의 의심이 결단되는 것이다."[247] 아래는 '개물성무開物成務' 또한 마땅히 '이정利貞'에서 온다는 구사당九思堂 김낙행金樂行의 『독역설讀易說』이다.

"『역易』이라는 책은 광대함을 다 갖추어 천하의 상常과 변變을 다하고, 천하의 의리義理를 두루 포괄하여, 본래 하나의 단서로 구할 수 없다[貞이 아닌 단순히 利를 얻으려는 점서로만 볼 수 없다는 뜻이다]. 그런데 그 책을 복서卜筮의 글이라고 여기는 것은, 상象이 변하는 점사占辭가 종종 눈앞에 맞닥뜨린 때와 처한 처지와 부합하여 길흉吉凶과 회린悔吝이 그에 따라 구비되어 드러나기 때문이다. 그래서 후세에 이 책을 읽는 사람이 그 근원을 다 연구하고 그 심오함을 찾을 겨를도 없이, 다만 그 문구의 내용만

---

246 "'開物成務'는 길흉을 알아 사업을 이루게 함."(주자)
  "'冒天下之道'는 천하의 도에 벗어남이 없다, 즉 易理만 알면 천하 이치(通志, 定業, 斷疑)를 다 알 수 있다."(아산)
247 吳致箕 『周易經傳增解』: "悉備天下之道, 故志通, 而心之疑決業定, 而事之疑決矣."

좋아하여 마침내 흉凶을 피하고 길吉로 나아가며 해害를 제거하고 이利를 취하는 자료로 삼았던 것이다. 그래서 위로 공경公卿 귀인으로부터 아래로 포의처사布衣處士에 이르기까지 『역』을 읽는 것을 자랑으로 삼지 않은 자가 드물었고, 친구나 사제師弟 간에 권면하고 인도하며 지도하고 전수하는 자들이 항상 사서四書와 『시경詩經』, 『예기禮記』보다 우선시하였으니, 아, 이 역시 쇠퇴한 세상의 뜻이 아니겠는가. 그렇지만 『역』의 대의大義는 양을 부지扶持하고 음을 억제抑制하는 데 있어서 그 소중함이 강건剛健하고 중정中正함에 있으니, 여러 괘를 가지고 말해 보면 다음과 같다. 준괘의 '경륜經綸', 감괘의 '행유상行有尙', 둔괘의 '여시행與時行', 규괘의 '동이이同而異', 곤괘困卦의 '이강중以剛中'이 대개 또한 어려움에 대처하고 우환에 행하는 한 방법이다. 그런데도 이상하게도 세상에 역을 논하는 사람이 그 일一만 잡고 그 전체를 버리니 어쩌면 좋겠는가. 대과괘에서는 '독립불구獨立不懼'를 버리고 오직 '둔세무민遯世无悶' 만을 취하였고, 곤괘坤卦에서는 '직방대直方大'를 생략하고 꼭 '괄낭무구括囊无咎'를 말하여 그 주안점을 매번 자기 한 몸이나 보존하고 아끼려는 뜻에 두었으니, '개물성무開物成務'의 큰 쓰임에 비춰 어찌 편벽되다 하지 않겠는가. 그런데 말류의 폐단이 양은 혹 억누를 수 있고 음은 혹 부지할 수 있다 하여, 강건剛健과 중정中正을 귀하게 여기지 않고 유나柔懦와 편사偏邪를 잘못이라 여기지 않으니, 어찌 그럴 수 있겠는가. 이런 까닭으로 『역』을 배우는 사람은 반드시 먼저 건괘乾卦의 '자강불식自彊不息', 몽괘의 '과행육덕果行育德', 대장괘의 '비례불리非禮不履', 진괘晉卦의 '자소명덕自昭明德', 손익괘의 '징분질욕懲忿窒欲'과 '개과천선改過遷善' 등을 취하여 반드시 수용할 바탕으로 삼아야 할 것이다. 그러고 나서 비괘否卦의 '검덕피란儉德避亂', 기제괘의 '사환이예방지思患而豫防之' 등과 같은 것을 수시로 의리로 삼아도 나쁘지 않을 것이다. 그렇지만 그 요점은 또 '이정利貞' 두 글자에 있다는 사실을 잊어서는 안 된다. 대개 '정貞'은 '정正'이고 '고固'이다. '정貞'하면 '이利'롭지 않음이 없고, '부정不貞'하면 이利를 챙길지라도 진정한 이利는 아닐 것이다. 이런 까닭으로 64괘의 뜻이 모두 '이利'와 '정貞'을 주로 삼았다는 사실을 알아야 한다. 또 '영원히 바르게 해야 이롭다[利永貞]'라고 한 것도 있으니, '영정永貞'은 또한 이리로움의 큰 것이다. 『역易』을 배우는 사람이 어찌 이런 뜻으로 읽지 않는다 말인가?"

是故 蓍之德 圓而神 卦之德 方以知 六爻之義 易以貢 聖人 以此
洗心 退藏於密 吉凶 與民同患 神以知來 知以藏往 其孰能與於此
哉 古之聰明叡智神武而不殺者夫.

이런 고로 시초의 덕은 원만하고 신묘하며, 괘의 작용은 사방 미치지 않는 곳
이 없으며, 6효의 뜻은 쉽게 만들어졌다.[248] 성인은 이것으로 마음을 깨끗이 씻
어, 아무것도 없는 상태로 비워서(물러가 은밀하게 간직하여),[249] 백성(중생)들과
길흉을 같이한다.[250] 미래의 상황을 신묘하게 알아내면서도, 보통 사람처럼 살
아가니, 누가 이처럼 할 수 있겠는가? 옛날에 총명하고 예지롭고 신비로운 무
예를 가진 사람들은 남을 죽이지 아니하였다.[251]

여기서는 '시초'와 '괘'와 '효'의 세 가지 주요 역점을 말한다. '시초'는 하늘 수
7·7[50개 중 49개만 쓴다]을 쓰기 때문에 그 덕德이 원만하고 사물의 이치를 밝혀
내는 신묘함이 있다. '괘'는 땅 수 8·8[64괘]을 쓰기 때문에 그 덕이 모나고 업무를
이루는 지혜가 있다. '효'는 9·6[노양·노음]을 쓰기 때문에 그 뜻이 변역하여 의심
을 씻고 결정하는 공貢이 있으니 공貢은 받들어 고해준다. '성인이 이 세 가지의
덕을 한 티끌의 더러움도 없게 하여, 일이 없으면 지나간 것을 간직한 지혜를 괘
효에 담았고, 일이 있으면 올 것을 아는 신의 시초에 물었다.'[252][253] 그렇기 때문에

---

248 "'圓神'은 변화에는 일정한 방소가 없고, '方知'는 사물에는 일정한 이치가 있고, '易以貢'은 변역으로
사람에게 고해준다."(주자)
　"시초는 둥긂으로 신을 상징하고, 괘는 반듯함으로 앎을 상징한다."(왕필)
　"7·7이 49가 됨이 시초의 圓融함이요, 8·8이 64가 됨이 괘의 方正함이요, 6효의 원리가 變易함에 투철
하니 바뀜으로 이바지하는 易以貢이다."(다산)
　"치고 치면 모가 사라져 둥글어 지고, 보듬고 보살피면 천지를 다 아우르고, 천변만화를 함께할 수
있다."(하산)
249 "'退藏於密'은 알고도 모른 척하는 공부다."(藏諸用).
250 천지를 총동원하여 백성과 함께함이 인본이요, 개똥도 사람에게 쓰이기 위해 존재한다.
251 "신령스럽게 미래를 알고 지혜와 예지를 지니고, 과거를 알아 간직할 뿐 말하지 아니하고, 또 이런
신무불살 정신으로 일관한 것은 성인들이었다."(복희·문왕·주공)
　"'神武不殺'은 그 이치만 얻고, 그 물건은 빌리지 않는다."(주공)
　"시초와 괘의 쓰임이 귀신의 지혜와 같다."(왕필)
252 金相岳, 『山天易說』 : "聖人以此洗心, 无事則藏往之知與卦同, 有事則知來之神與蓍同."
253 김상악(金相岳, 1724~1815) : 본관 光山, 호 韋庵, 沙溪 金長生의 6세손. 동지중추부사를 지냈으나, 전
생애를 거의 주역 연구에 바침. 위암은 젊어서 주역을 읽고 심취하여 30세에 관악산에 들어가 오로
지 주역을 연구하기 시작하여 92세에 세상을 뜨기까지 근 60년에 걸쳐 주역을 연구하면서 주역을

신묘함은 스스로 족하고, 지혜는 미래를 알아 사물의 이치를 밝히고, 그 지혜가 저절로 만족해 이미 지난 것을 감추고는 사업을 성공시켜 나아가게 하는 것이다. '점치는 성인에게 이런 신묘함과 지혜가 갖추어져 있으니 곧 총명하고 슬기로운 자가 아니겠는가. 길흉을 결단하니 곧 신묘한 무력의 용기이고, 백성과 같이 근심하니 곧 죽이지 않는 어짊 즉 인간다움이 있는 것이다.'[254]

정자가 이 대목에 설명을 보탰다.

"낳고 낳음을 이르는 것이 역이고[生生之謂易], 천지가 자리를 펼치면 역이 그 가운데 유행한다[天地設位而易行乎其中]. 건곤이 훼손되면 역을 볼 수가 없고[乾坤毁則无以見易], 역을 볼 수 없다면 건과 곤이 혹 거의 그치고 말 것이다[易不可見乾坤或幾乎息矣]. 역은 필경 어떠한 것인가[易畢竟是甚]? 성인이 역의 변화를 알면 마음을 씻고 은밀하게 물러나 숨는다[聖人以此洗心退藏於密]고 하였으니, 성인이 사람들에게 보인 뜻이 이에 깊고도 분명하지만, 끝내는 사람들이 역을 이해할 수 없는 것은 이것이 은밀하기 때문인데, 이것은 어떤 물건인가? 사람들이 여기에 이르러 깊이 생각할 수 있다면 마땅히 스스로 터득할 것이다. 또 일렀다. 어찌 역을 알아낸 뒤에 은밀함에 물러나 숨을 줄을 모른단 말인가[不知退藏於密]? '은밀함'은 작용의 근원이고[密是用之原] 성인의 신묘한 곳이다[聖人之妙處]. 지혜는 전적으로 간 것을 감추기 위한 것은 아니니, 『주역』에서 '올 것을 알고 간 것을 감춘다[知來藏往]'고 한 것은 '시초'와 '괘효'를 위주로 말한 것이다."[255]

지침으로 생을 영위한 것으로 알려졌다. 尹定鉉이 쓴 서문에 "위암은 사람을 대할 때에도 주역을 논하는 외에는 별 말을 하지 않았다"고 할 정도였다. 그는 자신이 기거하던 곳을 「山天齋」라 이름하고, 평생 연구한 역서도 『산천역설』이라 하였다. 저서로 『葦庵詩錄』이 있다. 특히 위암은 "쉽고 간단한 데서 천하의 이치가 얻어진다"고 하며 역을 쉽게 풀었다.

254 吳致箕, 『周易經傳增解』: "古之聖人有此神知, 卽聰明叡知者, 而決斷吉凶, 卽其神武之勇, 與民同患, 卽其不殺之仁也."
255 정이천, 『伊川易傳』: "聖人以此洗心, 退藏於密, 聖人示人之意, 至此深且明矣, 終无人理會易者, 此也密也, 是甚物. 人能至此深思, 當自得之. 又曰, 安有識得易後, 不知退藏於密. 密是用之原, 聖人之妙處. 知不專爲藏往, 易言知來藏往, 主著卦爻而言."

是以明於天之道而察於民之故　是興神物　以前民用　聖人　以此齋戒
以神明其德夫?　是故　闔戶　謂之坤　闢戶　謂之乾　一闔一闢　謂之變
往來不窮　謂之通　見　乃謂之象　形　乃謂之器　制而用之　謂之法　利
用出入　民咸用之　謂之神

이로써 천도를 밝게 한 후에 백성들의 연고(삶)를 살폈으니, 이것은 신물을 일
으켜 백성들이 사용하기 전에, 성인이 이로써 재계하여 그 덕을 신묘하게 밝
힌 것이다.[256] 이런 고로 문을 닫는 것을 곤이라 하고, 문을 여는 것을 건이라
하며, 한 번 닫고 한 번 여는 것을 변화라 하고, 가고 옴에 막힘이 없이 끝없이
왕래하는 것을 통이라 하며, 외부로 드러나는 현상을 형상이라 하였다. 또 형
체를 갖춘 것을 그릇이라 하고, 그릇을 만들어 사용하는 것을 법이라 하고, 들
고 남에 이용의 법칙을 깨달아 모든 백성들이 사용하게 하는 것을 신이라 하
였다.[257]

앞 장에서 '시초'와 '괘'와 '효'의 셋을 통한 성인의 심역心易이야말로 바로 역을
쓰는 근본임을 말했다. 여기서는 앞 구절을 이어 성인이 역을 짓고 역을 쓰는 '신
명의 덕'을 말한다. '신물神物'은 '시초'와 '거북'이다[옛날에는 거북점도 쳤다]. 백
성이 '시초'를 씀은 곧 뜻을 통하고 일을 정하고 의심을 결단함에 있다. 점으로
밝힘은 앞에 있고 백성이 이를 쓰는 것은 뒤에 두었다. 그러므로 먼저 재계齋戒를
말한다. '시초'를 펼치기 전에 공경하는 마음을 가지라는 것이다. '시초'에는 신명
한 덕이 있다. 백성은 이를 친압親狎하여 쓰지 못하지만 성인은 공경하면서 이용
利用한다. 역이 '신명神明'하고 심원深遠하여 알기 어려운 것은 아니다. 예컨데 역
의 '건곤'과 '음양'에다 알 수 없는 '변통'을 돕기 위해 성인이 '문門'에 비유해 설명
했다. '문'은 하나인데 닫으면 '곤'이고 열면 '건'이다. 닫고 열며 고정하지 않으니

---

256 "生死와 禍福을 주관하는 자가 하늘이라, 백성이 이를 가장 두려워하는 바이다. 이런 까닭에 성인이
하늘의 도를 밝히고, 백성의 사정을 살펴 점치는 도구와 일을 만들었다."(동파)
257 "같은 '문'이지만 닫히면 '곤'이고, 열리면 '건'이니, 닫히고 열리는 사이에 '건곤'이란 두 물건이 왕래
한다. 고로 변화하면 둘이 되고, 소통하면 하나 되나, 하나 될 수 없으면 궁하게 된다."(동파)
"闔과 闢은 動靜의 기틀이니, 坤을 먼저 말한 것은 靜으로 動하기 때문이다. '乾坤'은 化育의 功이요,
'見象'과 '形器'는 물건을 낳는 차례이다. '法'은 성인이 도를 닦아 낸 것이요, '神'은 백성이 날로 쓰는
것이다."(주자)

'변變'이고, 열면 다시 닫고 닫으면 다시 여니 '통通'이 아닌가. 또 만상萬象은 반드시 규구방원規矩方圓이 있으니 '기器'가 된다. 옛날에 성인이 위로 기둥을 올리고 아래로 지붕을 내려 '문'을 달았으니 이는 곧 '법法'을 따랐다. 결론적으로 백성은 이 '문'을 통해 출입하며 날마다 쓰면서도 '천지 이치'를 알지 못하니 곧 '신神'의 영역이라 했던 것이다. 곧 '문'을 매일 쓰듯 이러한 '역의 신비한 이치'를 알라는 소리이다. '장자張子는 하늘의 변천과 재화災禍, 복됨의 도리는, 백성들이 짓는 업대로 오고 가는 바, 즉 백성이 거스르고 순응하며, 취하고 버리는 연고에 연유하기 때문에, 성인이 역을 지어 앞서서 쓸 수 있도록 만들었다는 것이다.'[258] '일합일벽一闔一闢'은 『훈민정음』「제자해制字解」[259/260]뿐 아니라 이를 부른 노래가 적지 않다. 동짓날 영대를 열고 닫는 목은牧隱,[261] 궂은 비가 지나침에 천문지축이 아마도 어긋난 것 같다고 걱정하는 동주涷州,[262] 그런 동주는 인생은 천지 조화 속에

---

258 金相岳, 『山天易說』: "張子曰, 言天之變遷禍福之道, 由民逆順取舍之故故, 聖人作易以先之."

259 "천지 이치는 오직 陰陽과 五行일 뿐이다. 坤卦와 復卦 사이가 태극이 되고, 動靜의 뒤가 음양이 되는 것이다. 무릇 천지간에 있는 삶을 받은 무리로서 음양을 버리고 어이 하랴. 그러므로 사람의 목소리도 다 음양의 이치가 있지만, 돌아보건대 사람들이 살피지 못할 뿐이다. 이제 훈민정음을 지음도 애초부터 지혜로써 이룩하고 힘으로써 찾은 것이 아니라, 다만 그 목소리를 따라 그 이치를 다할 뿐이다. 이치는 이미 둘이 아니니 어찌 천지 귀신과 더불어 그 쓰임을 같이하지 않을 수 있으리오. 훈민정음 스물여덟 글자는 각각 그 형상을 본떠서 만들었다. (중략) 'ㆍ'는 혀가 오그라지고 소리가 깊으니, 하늘이 子에서 열림이다. 꼴(모양)이 둥긂은 하늘을 본뜬 것이다. 'ㅡ'는 혀가 조금 오그라지고 소리가 깊지도 않고 얕지도 않으니, 땅이 丑에서 열림이다. 꼴이 평평함은 땅을 본뜬 것이다. 'ㅣ'는 혀가 오그라지지 않고 소리가 얕으니, 사람이 寅에서 남이다. 꼴이 섬은 사람을 본뜬 것이다. 이 아래 여덟 소리는 하나가 닫히고 하나가 열린다[此下八聲一闔一闢]. … 아! 훈민정음을 만듦에 천지 만물의 이치가 다 갖추어졌으니, 그 참 신기하도다. 이것은 아마 하늘이 성상의 마음을 열어서 손을 빌린 것이로다."

260 『訓民正音』「制字解」: "天地之道, 一陰陽五行而已. 坤復之間爲太極, 而動靜之後爲陰陽. 凡有生類在天地之間者, 捨陰陽而何之. 故人之聲音, 皆有陰陽之理, 顧人不察耳. 今正音之作, 初非智營而力索, 但因其聲音而極其理而已. 理旣不二, 則何得不與天地鬼神同其用也. 正音二十八字, 各象其形而制之. ㆍ舌縮而聲深, 天開於子也. 形之圓, 象乎天也. ㅡ舌小縮而聲不深不淺, 地闢於丑也. 形之平, 象乎地也. ㅣ舌不縮而聲淺, 人生於寅也. 形之立, 象乎人也. 此下八聲, 一闔一闢. 吁, 正音作而天地萬物之理咸備, 其神矣哉. 是殆天啓聖心而假手焉者乎."

261 이색, 『牧隱集』, '일합일벽[冬至]': "문을 닫고 조용히 앉아 천심에 부응하네[闔關靜坐契天心] 혁혁한 영대는 열고 닫음을 통하고[赫赫靈臺通闢闔] 맑은 새벽 팥죽에 몸이 절로 평온하여라[豆粥淸晨體自平] 의리를 모아야 기가 생김을 아는데[須知集義氣方生] 어찌 칠일 만에야 바야흐로 회복하리오[肯從七日方來復] 천지의 마음은 원래 스스로 밝은 것을[天地有心元自明]."

262 이민구, 『東州集』, '일합일벽[苦雨]': "하늘이 많은 비를 쌓았다가[上天積淫雨] 주룩주룩 여름 내내 퍼붓네[滂沱貫朱序]. 그 큰 기세 넓은 하천 터뜨리고[大勢決洪河] 온통 진흙탕이 되었다네[息壤底處所]. 요란한 우레 소리 천지를 뒤흔들고[疾雷撼二儀] 번개는 수많은 횃불처럼 번쩍이네[飛電列萬炬]. 비 오고 갬이 때에 맞지 않고[雨暘愆時若] 음양이 상도에 뒤틀리니[陰陽錯常序] 천문과 지축이[天關與地軸] 아마도 합벽이 어긋난 듯하네[闔闢恐齟齬]."

잠시 왔다 가는 나그네라는데,[263] 미수眉叟는 문을 닫고 문을 여는 반복되는 이 세상 이치를 묵묵히 탐구하며 산단다.[264]

---

263 위의 책, '나의 늙음을 한탄하는 노래[我衰篇]' : "내 늙었으니 마치 석양이[我衰如夕陽] 산 밑으로 내려가 남은 빛 적음과 같구나[下山少留景] 또 반쯤 마른 오동나무가[又如半枯桐] 뿌리와 가지에 날마다 병 생기는 것과 같네[根榦日以病]. 나면 죽는 줄을 잘 아나니[熟知生必死] 머잖아 이 일도 끝나리라[早晩此事竟]. 일부러 바깥 근심 없애려[故撥外患嬰] 쓸쓸히 술기운 빌려 읊노라[蕭然委酣詠]. 평소 곱던 얼굴[平生好眉目] 빼어나 봄빛과 서로 비췄는데[秀發春相映] 금세 얼굴과 머리털 변해[轉頭顔髮變] 어느덧 밝은 거울 내던지고 싶네[已欲抛明鏡]. 비유하자면 저 세상 사람들 어리석어[譬彼世人愚] 허물 감추며 바로잡아 주는 말 싫어하는 꼴이지[諱過厭規評]. 빠른 세월 아낄 것 없으니[倏去不足惜] 잠시 머무는 인생 또 무엇을 다투겠는가[暫駐又何競]. 천지의 조화 속에 잠시 왔다 가는 것이[闔闢乍存亡] 이것이 만물의 목숨이라네[是謂萬物命]. 끝없이 넓은 천지 사이에[浩浩覆載間] 밝고 밝은 신령한 본성 있구나[昭昭有靈性]."

264 허목, 「眉叟記言」 '합벽[贈判書洪君徵(洪宇遠)]' : "진시황이 점치기를 좋아했기에[秦王好卜筮] 역서는 불태우지 말게 했지만[焚書不及易] 오늘날 유림에 닥친 재앙을[至今儒林禍] 어느 누가 점괘로 풀 수 있으랴[誰夫解卦畫]. 이조판서 지낸 홍군징이여[太宰洪君徵] 야위 채로 먼 곳에 귀양 갔으니[憔悴在絶域] 가엾게도 재앙을 입은 원인은[咄咄禍之本] 상소하여 嫡統을 논해서라네[上疏爭宗嫡]. 뭇사람의 분노 오래 쌓여 왔으니[衆怒積已久] 하루이틀 사이의 일 아니었다오[非一朝一夕]. 정성스레 '가인괘'로 경계했건만[拳拳家人戒] 끝내는 먼 북방에 귀양 갔구려[竟至窮北謫]. 곤궁해도 형통한 바 잃지 않고서[困不失所亨] 쫓겨났단 사실조차 잊고 사누나[夷然忘擯斥]. 늙은이가 늦어서야 주역배우니[老人晩學易] 그 책 수 삼백 하고 육십이로세[三百六十策]. 천도는 본래부터 무상한지라[天道本無常] 문을 닫고 문을 엶이 반복되는 것[往來有闔闢] 이 이치 무너뜨릴 수가 없으니[此理不可毁] 묵묵히 세상 이치 탐구한다오[默究天下賾]. 곤궁함은 덕을 분변하는 것이라[困者德之辨] 군자는 이것으로 힘 시험하니[君子以驗力] 죽더라도 무얼 다시 원망하리오[致命亦何怨]. 즐거움은 궁색함에 있는 것임을[所樂在窮塞]." 홍우원이 1675(숙종 1) '가인괘'를 들어 大妃가 정사에 관여하는 폐단을 諫한 적이 있는데, 1680년 이것이 문제가 되어 귀양을 갔다. _ 『숙종실록』 1年 4月 1日.

是故 易有太極 是生兩儀 兩儀生四象 四象生八卦 八卦定吉凶 吉
凶生大業 是故 法象莫大乎天地 變通莫大乎四時 縣象著明莫大乎
日月 崇高莫大乎富貴 備物致用 立成器 以爲天下利莫大乎聖人 探
賾索隱 鈎深致遠 以定天下之吉凶 成天下之亹亹者莫大乎蓍龜

이런 고로 역의 이치 속에는 태극이 있으니,[265] 태극이 양의를 낳고, 양의는 사
상을 낳고, 사상은 팔괘를 낳으니, 팔괘가 길흉을 정하고, 길흉이 대업을 낳게
되는 것이다.[266] 이런 고로 법상은 천지보다 큰 것이 없고, 변통은 사시보다
큰 것이 없으며, 상이 뚜렷하게 드러나는 것으로 일월보다 큰 것이 없다. 숭고
한 것은 부귀보다 큰 것이 없으며, 만물을 구비하여 사용하게 하고, 도구를 만
들어 천하를 이롭게 하는 것은 성인보다 큰 것이 없다. 또 그윽하게 숨겨져
보이지 않는 것을 찾아내고, 그 멀고 깊은 이치를 철저히 이해함으로써(이치가
아무리 깊고 먼 곳에 있어도 시초가 다 알아서 가르쳐준다), 천하의 길흉을 정하고,
또 수없이 많은 일을 부지런히 성사시키는 것은 시초와 거북껍질보다 큰 것이
없다.[267]

'태극'은 곧 지극한 '마음' 자리이다. 마음에서 만물 만사가 일어나고 사라진다.

---

265 '태극'이란? 우주의 근원적 실체가 至高無上하여 더이상 추가할 수 없는 자리. 태극이란 관념은 『주
역』과 『장자』에 처음으로 나타나나, 철학사에서 중요한 자리를 차지한 것은 朱敦頤의 『태극도설』에
서 비롯되었고, 朱熹가 계승발전시켰다. 고로 태극은 (1)천지만물의 궁극적 근원자다[易有太極, 是生
兩儀, 兩儀生四象, 四象生八卦, 八卦定吉凶, 吉凶生大業]. 마음이 곧 태극이요, 태극의 곧 하늘이다.
(邵翁의 『황극경세설』과 陸九淵) 태극에서 음양·오행·만물이 발생한다.(周敦頤, 『태극도설』) 无의 별
명.(왕필, 韓康伯) (2) 태극은 곧 하늘이다. 『장자』, 「대종사」, "도는 태극 위에 있으면서도 높다 하지
않고, 육극의 아래 있으면서도 깊다 하지 않고, 천지보다 먼저 생하여도 오래되었다 하지 않았다."
(3) 元氣(공영달, 왕안석), 混沌未分의 氣, 淳化未分의 氣이다.(鄭玄) 천지가 아직 갈라지기 전 混沌清
虛한 氣이다.(王廷相, 羅欽順, 戴震) 허와 실, 동과 정, 취와 산 등 대립적 속성을 갖추고 있는 존재
즉 기를 이름한다.(張載) (4) 사사물물마다 모두 하나의 극이 있으니, 이것은 도리의 극치이다. 고로
천지만물의 이치를 합친 것이 곧 태극이다.(주희, 『자주어류』). (5) 만물 생성의 제 일인자.(손문) (6)
太極則太虛(서경덕), 太極則理(이언적, 이황), 음양의 주체(이이)
266 "'길흉'의 영역에 들어간 뒤에야 '大業'을 이루어 볼 수 있다."(동파)
267 "'天地'와 '四時'와 '日月'은 하늘의 일이다. 하늘의 일이 미치지 못하는 곳은 '富貴'한 자가 이것을
다스린다. 부귀한 자도 다스리지 못하는 곳은 '聖人'이 이것을 소통시킨다. 성인이 소통시키지 못하
는 곳은 '占'이 이것을 결정해 준다."(동파)
"'富貴'는 천하를 소유하고 황제의 지위에 오름을 이른다."(주자)
'亹亹'는 '勉勉'의 뜻이다. 부지런할 미(亹). 깊은 색(賾). 찾을 색(索). 갈고리 구(鈎). 없을 막(莫). 매달
현(縣). 드러날 저(著). 찾을 탐(探). 거북점 귀(龜).

그 마음에서 일어나는 만태만상을 표현한 것이 이 장의 내용이다. 곧 '태극'이란 '마음' 하나가 '음양'이란 '선악'과 '길흉'이란 둘로 나누어져 가는 '양의兩儀'를 만들어 '만태만상'을 보여주는 긴 설명이다. 오치기는 이렇게 설명했다. "마음[1]이 변화[2]를 생함은 자연스러운 이치이다. 다시 말하면 '역'은 음양의 변화를 말하고 '태극'은 마음의 변화가 없는 그 자리이다. 마음이 변화를 시작하면 천지天地를 넘고, 사시四時를 넘고, 부귀富貴를 넘으니, '법상法象'이 천지天地보다 더 큰 것이 없고, '변통變通'이 사시四時보다 더 큰 것이 없고, 일월日月보다 더 밝은 것이 없고, 부귀富貴보다 더 숭고한 것이 없고, 천하에 이로움을 주는 이는 성인보다 더한 이가 없고, 천하에 길흉을 정하여 부지런히 애쓰는 것은 '시초와 거북'보다 큰 것이 없다는 소리이다."

자범子範은 이렇게 설명을 더 보탠다. "만물이 나올 때 다 법상法象이 있지만 천지天地보다 큰 것은 없다. 만 가지 조화로운 움직임에 변통變通이 있지만 사시四時보다 큰 것은 없다. 천문을 밝게 비춤은 일월日月보다 큰 것은 없다. 숭고한 자리에서 부귀富貴를 누리는 자는 천자天子보다 큰 것은 없을 것이고, 나아가 만물을 도구로 삼아 천하를 이롭게 하는 것은 '성인'보다 큰 것이 없을 것이다. 또 그윽하게 숨겨져 보이지 않는 것을 찾아내고, 그 멀고 깊은 의치를 갈고리로 잡아내어 철저히 눈앞에 보여주고 이해시켜 천하의 길흉을 정하고, 또 수없이 많은 일을 부지런히 성사시키는 것은, '시초와 거북껍질'보다 큰 것은 없다고 거듭 확인한다. 이 구절에서 '막대함'을 말한 것이 여섯인데, 이상의 다섯은 '시초와 거북'의 큰 쓰임을 형용하여 찬탄한 것이다."

거듭 밝히면 '태극이란 마음자리'는 팔괘와 64괘로 그 만태만상의 궁극까지 다 밝히고 보여준다. 이를 다시 거꾸로[易] 말해 보면, 팔괘는 4에서 생했고, 4는 2에서 생했고, 2는 1에서 생하니, 다시 미룰 곳이 없어 이를 '시만물 종만물始萬物終萬物' 하는 '태극'이라 할 수밖에 없었다.

'미미亹亹'를 읊은 노래도 적지 않다. '경전을 펼쳐 놓고 부지런히 가르쳐 주심은,'[268] '천도가 쉬지 않고 운행하는 것과 같으니,'[269] '아 하늘이 쉬지 않고 돌고

---

268 유승현, 『慵窩集』, '미미[再從姪正源]' : "순박한 풍속은 날마다 피폐해지고[淳風日弊] 올바른 도리는 숨은 지 오래서[大道久隱] 재주가 덕보다 승할 때가 많고[才多勝德] 문채가 혹 바탕을 없애기도 하니[文或滅質] 익힐수록 더욱 멀어져[習而益遠] 명성은 헛되고 실제는 어긋나네[名浮實戒] 아 우리 공께서는[猗歟我公] 시내가 고요히 멎고 바다가 포용하듯[川停海納] 지조가 확고하여[操守確固] 단

돌기 때문일까?"[270]

是故 天生神物 聖人則之 天地變化 聖人效之 天垂象 見吉凶 聖人
象之 河出圖 洛出書 聖人則之 易有四象 所以示也 繫辭焉 所以告
也 定之以吉凶 所以斷也

이런 고로 하늘이 신물을 낳으니 성인이 그것을 본받고, 천지가 변화를 하니
성인이 그것을 이어받으며, 하늘이 상을 세워 길흉을 드러내니 성인이 그것을
상으로 삼았다.[271] 또 하도와 낙서가 나와 성인이 그것을 본받았던 것이다.[272]
/[273] 역에는 사상이 있어 우주의 법칙을 보여주고,[274] 괘사로써 그 법칙을 설명
하며, 길흉이 정해짐으로써 상황을 판단할 수 있게 한다.[275]

련된 금이요 매운 계수 같았네[金鍊桂梓] 성품은 담박하고 욕심이 없었고[恬淡寡欲] 근후하고 두루
신중하였네[謹厚周愼] 깨끗하되 지극히 고결하지는 않았고[潔不至矯] 화합하되 같이 휩쓸리지 않으
시니[和不同流] 은연중에 도와 부합하여[默與道契] 수양의 힘을 빌리지 않았네[匪假修爲] 분수 지키
고 천명 즐기는 일[安分樂志] 세상에선 간혹 쉽게 말하나[世或易言] 진실로 행하여 부끄러움 없는
것은[允蹈無媿] 옛날에도 또한 어려웠네[在古亦難] 의리를 탐색하고 강구하며[探討義理] 옛 책들을
펼쳐 놓고 부지런히 잊으시고[亹亹忘倦] 아는 것을 다 가르쳐 주셨네[倒廩傾困]." 柳正源은 『易解參
攷』를 쓴 足下이다.
269 이색, 『牧隱集』, '미미[自吟]' : "천도는 쉬지 않고 운행하는데[亹亹玄機轉] 백업은 아득히 희미하기만
해라[茫茫白業迷] 마음은 미쳐서 물불로 뛰어들고[心狂投水火] 자취는 방탕해 천지를 오르내리네[跡
蕩等雲泥] 국가 보좌엔 미련한 자식을 책하지만[輔國責愚子] 가정 다스림엔 늙은 아내가 어여뻐라
[持家憐老妻] 세력 떠나니 찾아오는 손은 없으나[勢去門無客] 마음 편함은 아내가 있기 때문일세[心
安室有妻] 이런 병통을 모두 다 없애 버려서[此病皆消盡] 내가 공평하면 사물도 가지런해지리[衡平
物自齊]."
270 이숭인, 『陶隱集』, '미미[感興]' : "하늘의 기계 장치 쉬지 않고 돌고 돌아[亹亹天機運] 어느새 숙살지
기 몰아치는 슬픈 가을[肅肅秋氣悲] 서쪽에서 표표히 바람 불어와[飄飄西風來] 마른 나뭇가지 쌕쌕
울부짖네[槭槭號枯枝] 느긋하게 풍류 즐기는 한량이시여[悠悠遊冶子] 한 번 가면 언제나 돌아오는지
[一去何當歸] 첩은 허전하게 홀로 규방에서[妾身在空閨] 밤낮으로 언제나 우리 임 생각[日夜長相思]
그리워만 할 뿐 볼 수 없으니[相思不可見] 서글픈 이 마음 끝내 어찌할거나[慨愴終何爲]."
271 성인이 『주역』을 만든 이유다.
272 『河圖』는 복희씨 때 黃河에 나타난 龍馬의 등에 그려진 그림이고, '洛書'는 禹王이 治水할 때 神龜의
등에 나타난 그림이다. 복희는 이 河圖의 그림을 보고 '八卦'를 그렸으며, 禹는 洛書를 보고 『洪範九
疇』를 지었다고 전한다. 河洛이 각기 별개로 전해지다 병기된 것은 『사기』 「공자세가」와 『淮南子』
「俶眞訓」에서부터인데, 그 후 송대에 이르러 소강절이 상수학에 의해 하도와 낙서를 도형화를 시작
했으며, 조선 초 권근은 『入學圖說』에서 河圖를 相生, 洛書를 相剋이라 하였다. '圖書'의 유래이기도
하다.
273 『논어』, 「자한」 : 子曰, "鳳鳥不至, 河不出圖, 吾已矣夫!"
274 사상은 태음(☷), 소음(☳, ☵, ☶), 소양(☴, ☲, ☱), 태양(☰)이다.

여기서 말하는 '신물神物'은 신물이 아니다. 자연히 생한 것인데 성인이 나와 어리석은 백성으로 하여금 이익이 있게 하니 '신물神物'이란 한 것이다.

'하수河水에서 '하도河圖'가 나왔다[河出圖]'는 말은 하수河水 가에서 용마龍馬에 그려진 그림을 지고 나왔다는 것으로 복희가 천지의 상을 관찰할 당시에 본 것이다. '낙수洛水에서 '낙서洛書'가 나왔다[洛出書]'는 것도 낙수洛水 가에서 신령스런 거북이가 글의 무늬를 지고 나온 것으로 우임금이 치수사업을 하던 날에 나온 것이다. 복희가 이를 본받아 팔괘를 그리고, 우가 이를 본받아 홍범구주洪範九疇로 다스리는 도를 펼쳤다. 복희의 역에는 그림은 있으나 글이 없으므로 '도圖'라 하고, 역易과 홍범洪範에는 글에 가까운 무늬가 있어 읽을 수 있으므로 '서書'라고 했다. 이처럼 천지 간에 만물이 나올 때는 모두 이러한 이치와 수를 지니고 있었다. 그런데 하늘이 신물神物을 낼 때 왜 산에서 나오지 않고 '하락河洛'이란 물에서 나왔을까. 견강부회牽强附會일지 모르지만, 물은 하늘이 처음[天一]으로 만들어진 것이기에, 성인이 신묘한 조화의 극치와 맞아 떨어진 곳 바로 물에서 그것을 얻었다고 보아야 할 것이다. 이를 양촌陽村은 다음과 같이 설한다. "하수 가의 용과 낙수 가의 거북이 영명함을 본받아 진리를 드러내니, 용은 변화를 예측할 수 없는 물건으로 형체를 변화시키지 않고, 상수常數의 체體를 얻었고. 거북은 정해진 형체를 부여받아 바탕은 그대로이면서 변수의 작용을 얻었던 것이다. 항상한 곳에 반드시 변화하고, 변화는 반드시 항상하려 하니, 이것이 조화의 묘함이 아니겠는가."[276]

용 그림 '하도河圖' 수는 1·6이 물이 되어 북쪽에 자리하고, 2·7은 불이 되어 남쪽에 자리하고, 3·8은 나무가 되어 동쪽에 자리하고, 4·9는 쇠가 되어 서쪽에 자리하며, 5·10은 흙이 되어 가운데 자리한다. 오행의 순서는 왼쪽으로 돌면서 상생相生하고, 천지 55의 온전한 수를 얻었으므로 본체의 일정함이 된 것이다. 거북 무늬 낙서의 수는 1이 북쪽에 자리하여 서북쪽의 6을 통솔하니 또한 물이 된다. 3이 동쪽에 자리하여 동북쪽의 8과 연결되니 이것 역시 나무이다. 9는 남쪽에 자리하여 동남쪽의 4를 주관하니 쇠이다. 7은 서쪽에 자리하여 서남쪽의 2와 접하니 불

---

275 '易'은 먼저 우주 대자연의 이치를 '象'으로 보여주고, '괘사'와 '효사'로 알리어 의심을 판단하여 준다.
276 權近, 『周易淺見錄』: "龜龍效靈以彰眞理, 龍者變化不測之物, 不變其形而得其常數之體. 龜者賦形有定之物, 故仍其質而得其變數之用. 常必有其變, 變必本乎常, 此造化之妙也."

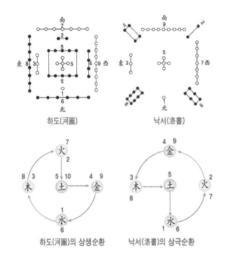

하도(河圖)　　　　낙서(洛書)

하도(河圖)의 상생순환　　　낙서(洛書)의 상극순환

이다. 5는 중앙에 자리하여 흙이 되고 홀로 성수成數하는 10의 수가 없다. 그러나 그 외부에 1과 9, 3과 7, 2와 8, 4와 6이 종과 횡으로 상대하니 모두 10이 된다. 오행의 순서는 오른쪽으로 돌면서 상극相克이고, 그 수는 9에서 극에 이르고 온전하지 않으므로 용用의 변화가 된다. 그러나 거북이가 지고 나온 무늬에서, 양은 그 바른 자리에 거하고, 음은 치우친 자리에 거하여, 양으로 음을 통솔하고 음을 양에게 배속시킨다. 노소老少의 사상四象이 각각 자기 자리에 거처하니, 이것이 체體의 상常이다. 용의 그림에서 음은 동북의 양 자리에 자리하고, 양은 서남의 음 자리에 거처하니, 소양과 소음이 앞으로 나가고, 노양과 노음이 뒤로 물러나 있으니 이것이 작용의 변화이다.

위의 설명처럼 복희는 「하도」를 본받아 팔괘를 그었고, 우禹는 「낙서」를 얻어 홍범구주洪範九疇를 펼쳤다는 것은 각각 하나의 일인데, 성인이 본받았다고 한 것[聖人則之]은 그 이치가 둘이 아님을 말한 것이리라. 한편 '신물神物'은 하도 낙서로 얻어낸 '시초'이다.[277] '시초'는 둥근 모양과 '괘'의 모난 것과 '효'의 뜻이 어우러진 세 마디를 이른다. '총명'과 '예지'와 '신무神武'도 세 마디이다. 은밀하게 물러나 감춤[退藏於密]은 '시초'와 '괘'와 '효' 세 가지의 덕을 감춤이다. 닫고 여는 것은 건곤乾坤이고, 왕래하는 것은 일월日月이며, 출입하는 것은 사람이다.[278]

실록의 예로, 판윤判尹 이충원李忠元이 선조 임금에게 『고경주역古經周易』을 진헌進獻하자 내린 글이 다음과 같았다. "『주역』은 음양과 신명神明에 대하여 설명한 책으로서 정미精微한 학문이니, 나 같이 학문이 모자라는 사람은 그 크고 넓은 경지를 헤아려 볼 수 있는 바가 아니다. 경이 지금 이 책을 보낸 것은 나에게

---

277 金相岳, 『山天易說』: "神物謂蓍. 伏羲受河圖而畫八卦, 禹得洛書而陳九疇 各是一事, 而曰聖人則之者, 蓋言其理之无二也."

278 沈就濟, 『讀易疑義』: "蓍圓卦方爻義卽三節也. 聰明叡知神武亦三節也. 退藏者藏其蓍卦爻三者之德也. 闔闢者乾坤, 往來者日月, 出入者人也. 闔者乾,闢者坤也."

음양소장陰陽消長의 이치를 보게 하고, 비태否泰가 상승相乘하는 기틀을 살피게 하여, 이런 것들을 멀리 하늘에서 찾아보려고 할 것이 아니라, 마땅히 나 자신의 태극太極에서 반성하여 구하게 하자는 것이리라. 선악의 싹은 길흉의 조짐이고, 만물의 변화가 서로 응하는 것은 사시四時의 운행과 같으니, 동정動靜의 계기를 깊이 살펴보고, 회린悔吝을 경계하는 데 늘 마음을 두게 되면, 아마도 권권충양惓惓忠養하는 뜻이 필시 이에 있을 것으로 생각된다. 가탄嘉嘆을 금할 수가 없다. 이 책은 마땅히 인쇄하여 내도록 하겠다.”[279]

주자朱子가 연구하였던 여조겸呂祖謙의 고경古經에 관한 내용도 상소로 소개되었다.[280]

---

279 “신들이 삼가 생각건대『주역』책 한 가지만은 秦始皇 때 焚書를 면했는데, 누차 漢·魏 시대 諸儒들의 穿鑿으로 잘못 전해 오다가 宋의 呂祖謙이 처음으로 고쳐 바로잡으면서, 공자 당시의 옛 모습을 회복하게 되었습니다. 그리하여 朱子가 그 뒤에 序를 달기를『古文周易』이라 하였는데, 바로 이 책이 漢 이전의 古經인 것 같습니다.” _『조선왕조실록』24집, 17쪽, 선조 32년 기해(1599) 12월 21일(병신). 참고로 임란에 참전한 芝峰 李睟光(1563~1628)이 39세에 부제학으로『古經周易』을 교정하였고, 또 그 이듬해『周易言解』를 교정하였으며, 41세에『사기』를 교정한다.
280 우승지 金時獻이 아뢴다. “상께서 내려주신『주역』을 가지고 편차를 나눈 차례들을 상고해 보니, 바로 朱子가 연구하였던 呂祖謙의 古經으로서 6편이 결본이었습니다. 程傳은 今文을 기초로 하였고, 本義는 古經을 사용했으니, 두 분의 취한 바가 이미 서로 달랐습니다. 그런데 本義를 단락별로 쪼개 서로 연결시켰으므로, 마침내 章句가 산산이 조각나고, 程傳과 本義가 뒤섞여 과연 상교대로 온당치 못하게 되었습니다. 다만『永樂大全』본을 보더라도 程傳이『주역』의 본뜻을 풀이한 것은 아닐지라도, 또한 諸儒들의 것에 비길 바는 아닙니다. 대체로『주역』은 費直·鄭玄·王弼 등이『고경』을 어지럽힌 이후로,『주역』을 논한 사람들이 무려 수백 사람이나 되었습니다. 주자와 呂氏에 이르러 거의 옛날대로 회복되었으나, 곧바로 다시 행해지지 않고 폐해져, 적적하게 천년의 세월이 흐르는 동안, 옛『주역』은 거의 없어져 버렸습니다. 이제 상께서 경연에 임하여, 古經을 회복시킬 것을 생각하시었으니, 이는 복희·문왕·주공·공자 네 성인의『주역』을 전수한 心法과 은연중에 서로 부합하는 것으로, 참으로 易道의 큰 다행이라 하겠습니다.”
_『조선왕조실록』24집, 136쪽, 선조 33년 경자(1600) 10월 11일(신사).

계사전(상) 제 12 장

易曰 自天祐之 吉无不利 子曰 祐者助也 天之所助者順也 人之所
助者信也 履信思乎順 又以尙賢也 是以自天祐之吉无不利也

⇨ **火天大有**

역에서 '하늘로부터 도우는지라 길하지 않음이 없다'고 하였는
데,[281] 공자가 말했다.

"하늘이 돕는 것은 순리며, 사람이 돕는 것은 믿음 때문이다. 신
의를 행하면서 순리를 생각하고 어진 이를 숭상하니, '하늘이 도
와 길하지 않음이 없다'고 하였던 것이다."

이는 '대유괘' 상9의 뜻을 풀이하여, 군자의 따름과 미더움에 견주어 말한 것이
다. 마땅히 하늘과 사람이 하나의 이치를 따라야 한다. 그러므로 이치를 따라 어
기지 않으면 하늘이 반드시 돕고, 믿어서 서로 미덥게 하면 사람들이 반드시 '도
울 것이다[祐].' 육5는 이치에 따름과 미더움으로써 임금의 자리에 있고, 상9는 육5
위에 가까이 있으면서, 마음이 항상 임금의 그 정성스럽고 미더운 도를 행하는
것에 있다. 그 알맞고 유순한 덕을 생각하고, 또 굳세고 밝음으로서 위에 있으면
서, 크게 그 덕을 지니면서 숭상하는 것은 현인이니, 그래서 하늘로부터 도와 이
롭지 않음이 없다. 상구는 하늘의 자리에 있으므로 '하늘'을 말하였고, 호응하는
짝 5가 사람의 자리에 있으므로 '사람'을 말하였다.

이런 '하늘의 도움[天祐]'을 받고자 하는 방법을 제시한 산좌汕左의 글이 이렇
게 적혀 있다.

"대저 사람이라면 누군들 하늘의 도움을 받고 싶은 마음이 없겠습니까마는[夫人之情
孰不欲獲天之祐], 정작 실제로 그 도움을 받는 방법에 대해서는[至其所以獲祐之實], 누
구나 다 같이 몽매하고 무식하지 않은 자가 드뭅니다[鮮有不涗涗乎爾]. 예를 들어 게으
른 농부가 일 년 내내 놀기만 하고[如惰農終歲偷逸], 땀 흘려 일은 하지 않으면서[不瞥
力服勞], 가을의 추수를 기대한다면 그것이 가능하겠습니까[望其有秋得乎]. 그런데 지

---

281 "'화천대유' 상9로 성왕을 섭정하는 주공의 경우를 해설로 선천 마지막 장이다. 이는 '大有괘'가 '大壯
괘'를 시작하는 후천 시작에 큰 변화를 암시한다."(아산)

금의 저는 자신의 전지마저 내버리고 있는 자입니다[余舍己田者也]. 그러니 어느 여가에 남의 밭을 김맨단 말입니까[顧人田之奚暇芸]."[282/283]

子曰 書不盡言 言不盡意 然則聖人之意 其不可見乎 子曰 聖人立
象 以盡意 設卦 以盡情僞 繫辭焉 以盡其言 變而通之 以盡利 鼓
之舞之 以盡神

공자가 말하기를, "글로 말을 다할 수 없고, 말로 뜻을 다할 수 없다"고 하였다.[284] 그렇다면 성인의 뜻은 알 수 없단 말인가? 공자가 다시 이르기를 "성인은 『주역』 속에서 그 상을 세워 그 뜻을 다하고, 64개의 괘를 베풀어 참과 거짓을 다하며, 계사로써 말을 다하고, 변통으로써 만민의 이로움을 다하며, 이렇게 하여 백성의 마음을 고무시킴으로써 신묘함을 다한다"고 하였다.[285]

'글'은 말을 싣는 것이고, '말'은 뜻을 전하는 것이지만, 글과 말은 모두 한계가 있어서 '뜻'을 다하기에는 부족하다. 이에 성인이 우러러 천문을 관찰하고, 구부려

---

282 汕左 李南珪, '자천우지[實祐成齋記]' : "일찍이 듣건대 주역의 계사에 말하기를, '하늘이 돕는 것은 순응하는 자이며, 사람이 돕는 것은 신실한 자이다. 이처럼 그 신실함의 실천을 통해서 순응하기를 생각하고, 또 이를 통해서 어진이를 높이는 것이다. 이 때문에 하늘이 이를 도와서 길하므로 이롭지 않은 것이 없는것이다[天之所助者順也, 人之所助者信也, 履信思乎順, 又以尚賢也, 是以自天佑之, 吉無不利] 하였습니다. 그 도움을 받는 실질적인 방법은 이것말고는 아무것도 없는 것입니다. 그러므로 만일 당신께서 참으로 이 도리를 따라 실천하면, 장차 어디를 가든 그 도움을 받지 못할 일이 없을 것입니다. 그렇게 된다면, 자연 당신께서 사는 곳은 어디든 實祐成이라고 부를 수 있을 것입니다. 한 말씀 더 드리자면, '신실함을 실천하고 순응함을 생각하는 것[履信思順]'이란 단지 '본성을 따르는 일[循性而已]'일 뿐인 것입니다. 그런데 만일 하늘이 나를 돕기를 기필하여 이것으로써 그 바탕을 삼아야 한다면[苟必天之祐己以此爲資焉], 이는 곧 아침에 물건을 빌려주고 저녁에 반환하기를 독촉하는 형국인데[則是朝與物而夕責還者也], 이것이 어찌 옳겠습니까[奚可哉]."

283 참고로 이남규는 1894년 5월 일본공사 오도리[大鳥圭介]가 군대를 이끌고 서울에 입성하자, 상소를 올려 일본의 무도함을 규탄할 것을 요구하였고, 갑오경장의 부당성과 명성황후 시해의 통분함을 상소하였으나 받아들여지지 않자 영흥부사의 직을 사임하고 향리로 돌아간다. 1906년 병오의병 당시 홍주에서 거의(擧義)하였던 민종식(閔宗植)이 일본군에 패하여 은신을 요구하자 숨겨주었으며, 이 일로 1907년 공주옥에 투옥되었다가 며칠 뒤 온양 평촌 냇가에서 아들 이충구(李忠求)와 함께 피살되었다.

284 "말로 전하는 것은 얕고, 상으로 보여주는 것은 깊다."(주자)
"아무리 성인의 말과 글이 있다 하더라도 자신이 깨달음을 얻지 않으면 이치를 통할 수 없다."(아산)

285 그렇지 않다. 64괘 384효의 '음양'을 베풀어 진정과 허위 곧 '길흉'을 판단한 '괘사'와 '효사'만 잘 깨달아도 통변(旋變, 倒顚, 配合, 互卦, 錯綜)이 훤히 되어, 백성을 '鼓之舞之' 시켜 기쁨을 드러내게 할 수 있다.

땅의 이치를 관찰하여, 양과 음의 획을 세우니, 천지만물의 상이 그 안에 포괄된다. 그러나 그 상을 세우니 뜻이 포괄되기는 하지만, 여전히 다할 수는 없었다. 이에 성인이 '괘와 효'를 펼쳐 괘 속의 음양의 맑고 사특함으로, 그 '진정'과 '허위' 및 '선악'을 드러내었다. 그러나 사람의 진정과 허위는 그 단서가 천만 가지여서, 그 괘를 홀로 세우니 뜻이 드러나긴 하지만, 여전히 다할 수는 없었다. 이에 성인이 그 '괘효'의 변화를 따라, 그 잃고 얻음과 우려하는 '상'을 취하여, '말[괘효사]'을 붙여 옛 성인의 정밀하고 깊은 뜻을 천명하였다. 그러나 말만 하여서는 도움이 없기 때문에, 성인이 백성들에게 점치는 법을 가르쳐, 길을 따르고 흉을 피하며, 그 변화를 보아 통할 수 있도록 하였으니, 공로가 말로 다 할 수 없으니, '역의 이로움[易利]'을 다할 수 있었던 것이다. 이로써 백성이 행함에 의심이 없고, 사용함에 권태롭지 않아, 자연히 부추기고 춤추게 하여[[鼓之舞之], '만물을 열어 일을 이루는 개물성무開物成務'에까지 이르니, 충분히 '역의 신묘함[疫神]'을 다할 수 있었다. 여기까지 이르면 성인이 역을 지은 공이 지극하고 다한 것이라 할 수 있다. 고로 말과 글로 역의 뜻을 다 전할 수 없어, 성인은 점을 만들어 길흉회린을 밝혀주었으니, 신비함을 밝힐 줄 알아야 할 것이다.

다시 말하면, '상'을 세우고, '괘'를 펼치고, '말'을 다는 것은 '역을 짓는 일'이다. '변통'하게 하고, '부추기고 춤추게 하는 고무鼓舞는 '역을 쓰는 일'이다.[286] 노파심老婆心에 성호의 자세한 해설을 하나 덧붙인다.

성인이 비록 뜻이 있어서 말을 할지라도, 사람들은 그 말을 가지고 그 뜻을 다하지 못하므로, 천하가 알지 못한다. 비록 말하려는 바가 있어 글을 쓸지라도, 사람들은 그 글을 가지고 그 말을 다하지 못하므로, 후세 사람들이 그 말을 알지 못한다. 성인이 남긴 것은 글뿐이다. 글이 이미 그 말을 다 할 수 없는데, 더구나 그 뜻을 다할 수 있겠는가? 이른바 다하지 못한다는 것은, 바로 후세 사람들이 말과 글을 다 알지 못한다는 소리이다. 성인으로서는 진정을 다한 것인데. 후학들은 그 도가 밝지 못함을 한탄한다. 후세의 성인이 일어나 반드시 그 글로 인하여 그 말을 다하고, 그 말로 인하여 그 뜻을 다해, 불을 환히 밝힌 듯 유감이 없었던 것은 공자가 그러했다. 그 증거가 '자왈'이다.[287]

---

286 金相岳, 『山天易說』 : "立象設卦繫辭者, 作易之事也. 變通鼓舞者, 用易之事也."
287 李瀷, 『易經疾書』 : "聖人, 則固有以盡之也. 此嗟歎其道之不明也. 後聖有作, 必將因其書而盡其言, 因其言而盡其意, 若燭照而無遺憾, 孔子是也. 故證而子曰字."

실록의 예로, 송시열은 옛날 충신 가운데는 유민流民들의 굶어 죽는 참상을 차마 '말과 글로 다 표현할 수가 없어[書不盡言言不盡意], 그 상황을 그림을 그려 바친 자도 있었고, 오매초(烏昧草, 고사리)를 올린 자도 있었다'고 한다.[288] 소경대왕昭敬大王 행장에는 선조를 추켜세워, "『주역』을 좋아하여 혼란한 때를 당하여서도 강독하는 것을 중지하지 않았으며, 항상 연신筵臣에게 이르기를 '계사전을 읽노라면 나도 모르게 손발이 흔들리면서 춤을 추게 된다[鼓之舞之]' 하였다"고 적었다.[289]

乾坤 其易之縕耶 乾坤 成列而易 立乎其中矣 乾坤 毀則无以見易 易 不可見則乾坤 或幾乎息矣 是故 形而上者 謂之道 形而下者 謂之器 化而裁之 謂之變 推而行之 謂之通 舉而措之天下之民 謂之事業

건곤은 역을 쌓은 핵심이다.[290] 건곤이 대열을 이루니 역이 그 가운데 있다. 건곤이 훼멸되면 역을 볼 수 없다. 역을 볼 수 없다면 건곤이 거의 종식되는지도 모른다.[291] 이런 고로 형이상을 도라 하고, 형이하를 기라 하며, 변화를 적절히 조절하는 것을 변이라 하고, 밀어붙여 실행하는 것을 통이라 하며, 그것으로 천하를 안정시키는 것을 사업이라 한다.[292]

---

288 권윤희, 「東洋畫論에서 '似'의 개념 恣意性 고찰(形似·神似間에 존재하는 似의 개념 중심으로)」 : "象은 東洋畫論에서 形神을 가시화시켜주는 개념이다. 神은 회화의 정신이며 회화가 전달하고자 하는 핵심이다. 이에 비하여 形은 神이 담겨있는 물체이고 그릇이다. 따라서 繪畫는 형을 상으로 변환하여 드러냄으로 화가의 意와 神을 가시화하게 한다. 동양화론에서 象은 形神의 개념을 가시화하여 존재하는 일종의 image이다. 形은 象의 實이고 象은 形의 虛이다. 나아가 형은 物이고 象은 意이다. 공자는 '하늘에서는 象을 이루고 땅에서는 形을 이룬다[在天成象 在地成形]' 하여 상과 형을 형이상학과 형이하학적인 측면으로 인식하였다. 또한 그는 象의 개념을 다음과 같이 구체화하여 설명하고 있다. '글로는 말을 다하지 못하고 말로는 뜻을 다하지 못하니 성인의 뜻을 볼 수 없단 말인가. 성인은 象을 세워 뜻을 다하였다. 象象은 聖人이 천하의 도리를 보고서 그 형용에 모의하며 그 물건에 마땅함을 가시물로 보여준 것이다[子曰 書不盡言 言不盡意 然則聖人之意 其不可見乎 聖人立象以盡意 夫象 聖人有以見天下之賾 而擬諸其形容 象其物宜].' 이는 象이 철학적 관점에서 뜻을 드러내는 수단임을 보여준다. 즉, 象은 形의 이해이며 해석이다. 나아가 象은 철학적인 측면에서뿐 아니라 예술적인 측면에서도 동양회화 審美를 가능하게 하는 개념이다."
289 『광해군일기』 31집, 광해군 즉위년 무신(1608) 2월 21일(무인).
290 "'건곤'은 역의 근본이요, 옷 속의 솜과 같다."(다산)
   "'건곤'은 역에 쌓여있는 진리다."(주자)

역을 알려면 '건곤괘'를 알아야 하고 '건곤'을 모르면 역을 알 수 없다는 소리이다. "'역'은 64괘 음양의 몸체를 가리킨다. '온縕'은 쌓아 간직함이다. 양은 모두 '건'이고, 음은 모두 '곤'이니, '건곤'은 64괘의 쌓임의 장이다. '줄을 지음[成列]'은 한 번 음이 되고 한 번 양이 되어 기다려 마주하는 대대對待이다. 곧 두 음양이 서로 마주하니 역의 체體가 저절로 변화가 있게 된다. '허물어짐[毀]'은 음양의 괘획이 서지 못함을 말하고, '그침[息]'은 음양의 변화가 행하지 못함을 말한다. 즉 '음이나 양만으로는 변화를 행할 수 없다는 소리이다[獨陰獨陽 无以行變化也].' 예컨대 양은 음을 만나 변하기를 좋아하고, 음 또한 마찬가지라는 것이다.

다음은 석재碩齋 윤행임尹行恁의 '형이상도形而上道'와 '형이하기形而下器'에 대한 해석이다.

"형체가 있는 것이 '기器'이고, 형체가 없는 것이 '도道'이다. 도를 어째서 '형이상形而上'이라고 하는가? 형체가 있고 난 뒤에 그 도道를 알 수 있어서이다. 그르므로 도道와 기器가 서로 떨어지지 않는다. 기器가 있으면 도道가 있고 도道가 있으면 기器가 있다. 형체를 이루는 것은 기器이고 이루게 하는 것은 도道이다. 주자는 '태극太極에는 이미 형기形器가 갖추어져 있' 하였고, '도道 역시 기器이고 기器 역시 도道이다' 하였다. 따라서 마음이 기器이면 성性은 도이다. 또 성性이 기器라면 하늘은 도道이다. 사람이 기器라면 마음은 도道이다. 귀와 눈이 기器라면 귀 밝고 눈 밝음은 도道이다. 천하가 기器라며 요순은 도道이다. 요순이 기器라면 효제孝悌는 도道이다. 괘효가 기器라면 역易은 도道이다."

"'건곤'은 역을 쌓아 둔 창고다."(동파)
"'건곤'은 역의 고갱이다."(왕필)
291 "'건곤'은 生生의 조상이다."(동파)
"'역을 볼 수 없다면 건은 홀로 양이 되고, 곤은 홀로 음이 되어, 生生의 공이 그치게 된다."(동파)
292 '역의 이치'를 열거하여 인민에게 베풀고 실행시켜감이 '사업'이다.

是故 夫象 聖人 有以見天下之賾 而擬諸其形容 象其物宜 是故 謂
之象 聖人 有以見天下之動 而觀其會通 以行其典禮 繫辭焉 以斷
其吉凶 是故謂之爻

이런 고로 상이란 성인이 천하에 그윽하고 깊이 가려져 있는 비밀을 보고서,
그것을 형용한 것인데, 그 형용이 비슷하기에 상이라 했다. 성인이 천하의 움
직임을 보고서, 그것을 회통시켜 전례로 삼았다. 또 계사로써 그 길흉을 판단
하였기에 그것을 효라 했다.[293]

앞의 설명과 중복된 구절이다.

極天下之賾者 存乎卦 鼓天下之動者 存乎辭 化而裁之 存乎變 推
而行之 存乎通 神而明之 存乎其人 黙而成之 不言而信 存乎德行

천하의 그윽하고 깊이 가려져 있는 이치를 지극하게 드러내는 것은 괘요, 천
하의 움직임을 고무시키는 것은 사辭요,[294] 변화를 적절히 조절시키는 것은 변
이다. 그러니 음양이 서로 작용함으로써 변화를 제재하고 재단하는 것은 변에
달렸는데, 이러한 음양의 법칙을 추리하여 진행하는 것은 통에 달렸고,[295] 역학
의 이치를 신묘하게 밝히는 것은 그 사람에게 달려있으니,[296] 묵묵히 이루고
말없이 믿게 하는 것은 덕행에 달렸을 뿐이다.[297]

---

293 "앞의 제8장 반복이지만, 다음 장 '存乎卦'와 '存乎辭'를 설명하기 위해 중복하여 썼다. '以斷其吉凶是
故謂之爻'의 구체적인 예를 들어보면, 大有 상9가 '自天祐之吉无不利'라 하였으니, 이는 '일오중천 시
기에 순천하면 길하다.' 그러나 '大有卦'가 全變이면 '比卦' 상6이 되어, '도우려 해도 도울 머리가 없
어 흉'이라는 '比之无首凶'이 되어버린다. 즉 三驅法으로 天命이 소멸되어 죽음에 이른다. 그러니 도
전으로 大有에서 살아남는 방법을 안다면 同人의 길을 찾을 것이다."(아산)
294 천하에 숨어 있는 이치를 통달하려면, 64괘의 상을 보고 궁구해야 하고, 천하가 움직이는 것을 보고
자기 능력껏 고무하여 이치를 알아내려면 계사를 살펴라. '極'과 '鼓'는 '通'의 의미다.
295 "'化而裁之'에서 '化'는 '心'이요 '裁'는 '物'이다. 고로 心과 物의 造化는 모두 변한다. '推而行之'의 예
로는, 하나를 알면 둘셋을 알아냄이다. 고로 '推'는 '溫故'에 '行'은 '知新'에 비유된다."(아산)
296 "「계사 하권 8장」의 '苟非其人道不虛行'으로 대신할 수 있고 또 '其人'은 「계사 상권 10장」의 '至精,
至變, 至神'의 힘을 가지고 '无思也, 无爲也, 寂然不動, 感而遂通天下之故' 하는 사람이며, 앞 11장에서

이 구절은 앞의 문장에 이어 '괘효卦爻'의 쓰임과 성인이 역易을 쓰는 일을 말하였다. '지극함[極]'은 끝까지 다하는 것[究]이고, '잡다함[賾]'은 뒤섞인 것이다. '부추김[鼓]'은 진작시킴이고, '움직임[動]'은 주고받으며 오고감을 말한다. 천지만물의 형상이 어지럽고 번잡하여 천태만상으로 지극히 잡되어 다 볼 수가 없다. 그러나 '괘상卦象'은 끝까지 다하여 형용하지 않는 것이 없으므로 '괘에 담아 놓았다[存乎卦]' 한 것이다. 천지만물의 사리事理는 주고받으며 오고가서, 천 가지로 바뀌고 만 가지로 변화하니 움직임이 지극해서 점쳐 결단할 수가 없다. 그러나 '효사爻辭'는 진작시켜 발휘하지 않음이 없으므로 '말에 담아 놓았다[存乎辭]'고 하였다. 괘는 곧 상이고, 말은 곧 효사이다. '변화하여 마름질한다[化而裁之]'는 예컨대 '건괘'의 변화가 초효에 있다면, 이치로 가늠하여 헤아려 '잠긴 용이니 쓰지 말라[潛龍勿用]'로 여긴 것이니, 이는 그 변화가 아래에 있어서 그러하므로, '변함에 있다[存乎變]'고 한 것이다. 결론은 이미 그 변화를 안다면 마땅히 미루어 실천으로 행해야 할 것이다. 때를 아는 사람이 때를 만나 쓰면 마침내 '통함에 있을 것이다[存乎通].' 또 운용함을 헤아릴 수 없는 것을 '신神'이라 하고, 극히 정밀함을 발휘하는 것을 '지혜[明]'라 했다. 묵묵히 스스로 이루고, 말하지 않아도 남들이 자연히 믿으니, 성인이 역을 쓰는 지극한 공효는 '덕행'에 있을 따름이다.

12장은 하늘을 따름[天順]과 사람의 믿음[人信]을 말했다. '건곤은 역의 쌓임[乾坤爲易之蘊]'이라 함은 그 체體를 말하고, '역이 그 가운데 선다[易立乎其中]'는 그 용用을 말했으니 역의 체용體用을 말한 것이다. '형이상자위지도形而上者謂之道' '형이하자위지기形而下者謂之器'는 하늘이 도道라면 땅은 기器이나 큰 틀에서는 하늘도 땅도 하나의 그릇이라는 소리다. 천하의 수많은 기器가 모두 이 기器 가운데 있고, 도道는 그 가운데 갖추어있는 내용물로 본다. 끝에서는 사람의 '덕행德行'으로 귀결하였는데, '이간易簡의 덕이 그 가운뎃자리를 이룬다[易簡之德成位其中]' 함

언급한 '履信思乎順又以尙賢' 할 줄 아는 사람이 아닐까. 『중용』 27장에서도 '待其人而後行'이라 하였다."(아산)
297 "괘효가 변통하는 것은 사람에게 있고, 사람이 신묘하게 밝히는 것은 덕에 달렸다."(주자)
"몸은 있고 인품이 없으면, 형체는 있어도 정신은 사라진다."(동파)
'黙而成之不言而信'에서 '成'은 곧 '誠'이기에 어느 누구든 '誠信'이 있으면 '德行'으로 나갈 수 있다. 이 문장은 「계사상전」 마지막 장으로 선천에서 후천으로 이어지는 다리를 건널 수 있는 사람은, '黙而成之, 不言而信, 存乎德行' 하는 자라는 것을 12장에서 '5위(도, 기, 변, 통, 사업) 6존(괘, 사, 변, 통, 기인, 덕행)'으로 밝혔다.

이 바로 그 성인의 '덕행'이다. "「계사전」 가운데는 음양, 강유, 전후, 좌우, 상하, 내외, 본말, 대소, 정밀함과 거칢, 쉬움과 간단함, 어짊과 지혜로움, 기휴와 연연, 이치와 수가 갖추어지지 않음이 없으나, 공자의 근본 뜻에는 더 큰 것이 있으니 완미玩味하여 구해야 할 것이다. 나아가 사람이 하늘의 도를 행할 수 있는데, 그 마음에 얻음이 있으면 그 덕이 밝아진다. 밝아지면 그 오묘함을 얻는데, 그 오묘함이 하늘의 신묘함에서 저절로 들어오면, 알지 못하는 사이에 하늘의 신묘함이 이르는 것을 볼 수 있을 것이다."[298] 『중용』의 '5체3용' 즉 '5도3덕'이 바로 '묵이성지黙而成之 불언이신不言而信 존호덕행存乎德行'에서 나오지 않을까?[299]

---

298 沈就濟, 『讀易疑義』: "繫辭之中, 陰陽剛柔, 前後左右, 上下內外, 本末大小, 遠近精粗, 易簡仁知, 碁衍理數, 無所不備, 而夫子之宗旨, 又有大者, 當玩求也. 人能行天之道, 而有得於其心, 則其德明矣. 明則得其妙, 而其妙自入於天之神, 則不知不覺之中, 庶幾見天神之來格也."

299 『중용』 20장: "哀公問政, 天下之達道五 所以行之者三 曰君臣也父子也夫婦也昆弟也朋友之交也五者 天下之達道也 知仁勇三者 天下之達德也 所以行之者 一也." 애공이 정치에 대해 물어 오자 공자의 대답이 위와 같았다. 達道는 體고 達德은 用이니 5도3덕을 잘 써야 한다고 말했다. 道는 가는 길이고 德은 길을 가면서 베푸는 일이다. 達道를 하나 達德을 하나 행하는 것은 하나이다. 곧 공자의 '吾道 一以貫之'이다. 達道는 『서경』에 이른바 五典이오, 『맹자』에 이른바 '父子有親 君臣有義 夫婦有別 長幼有序 朋友有信'이다. 또 知仁勇 三德이 계사전 12장에 '神而明之 存乎其人' 하니 '黙而成之 不言而信 存乎德行'이 바로 3덕이라 할 수 있다.

생생주역

계사전·하

繫辭傳·下

계사전(하) 제 1 장

> 八卦成列 象在其中矣 因而重之 爻在其中矣 剛柔相推 變在其中矣
> 繫辭焉而命之 動在其中矣.
> 팔괘로 줄을 이루니 상이 그 속에 있고, 팔괘로 중첩시키니 효가 그 가운데
> 있다. 또 강유가 서로 밀고 당기니 변화가 그 가운데 있고, 계사로써 명령하니
> 움직임이 그 가운데 있게 된다.

'팔괘'는 건괘(☰)·태괘(☱)·리괘(☲)·진괘(☳)·손괘(☴)·감괘(☵)·간괘(☶)·곤괘
(☷)이고, '열을 이루었다[成列]'는 것은 1·2·3·4·5·6·7·8로 차례가 됨이고, '상象'이란
하늘·땅·물·불·우레·바람·산·연못의 상이다.[300] '인하여 거듭함[因而重之]'은 각각 소성
괘 둘을 거듭하여 대성괘를 만듦이고, '효爻'도 64괘마다 각각 여섯 효를 가진다.
「계사상전」에서 태극太極·양의兩儀·사상四象이 서로 생겨나 팔괘에 그쳤지만, 「계
사하전」에서는 '팔괘로 거듭하여[因而重之]'라고 하여 비로소 64괘의 이름이 있게
되었다는 소리이다.[301] 양이 음을 밀치고, 음이 양을 밀치는 것이, 곧 서로 밀쳐
변화가 그 가운데 있게 된 것이다[剛柔相推變在其中矣]. 이와 같음으로 인하여 모두
'계사'하여 '길흉동정'이 명한 바 대로 '효爻'가 움직이는 것이다[繫辭焉而命之動在其
中矣].

이른바 '변화가 그 가운데 있음[變在其中]'은 예컨대 '건괘' 초효가 노양老陽이면
양효가 변하여 음효가 되고, '곤괘' 초효가 노음老陰이면 음효가 변하여 양효가 되
는 따위이니, 이것은 64괘의 공통된 규례를 말한다. '말을 달아 명함[繫辭命之]'은
성인이 '괘효의 변화'를 말을 매어 '길흉회린'을 알려주는 것이니, '건괘' 초효에서
'잠겨 있는 용이니 쓰지 말라[潛龍勿用]'고 말한 것과, '곤괘' 초효에서 '서리를 밟

---

300 '팔괘' 속에 8가지 상이 있고, 「설괘전·11장」에는 건괘 14종, 태괘 9종, 이괘 14종, 진괘 16종, 손괘
　　16종, 감괘 20종, 간괘 11종, 곤괘 12종으로 총 '112종'이 取象되어 있다.
301 실제적으로 역경 본문에는 태극이니, 양의니, 사상이니 하는 단어는 보이지 않는다. 음양이란 양의로
　　나누어지기 전을 태극이라 하면 그것은 선악으로 나누기 전에 마음 자리일 것이다. 내 마음에는 선
　　악이 없는데 내가 보는 시점과 관점에서 선악을 구별하니, 그 선악의 두 모양이 사상으로, 8괘로,
　　다시 8괘가 만가지 상으로 나타남을 표현한 것이다.

으면 단단한 얼음에 이른다[履霜堅氷至]'고 말한 것들이다. 양과 음의 변동으로 말하기 때문에 '움직임이 그 가운데 있다[動在其中]'고 한 것이다.

> 吉凶悔吝者 生乎動者也 剛柔者 立本者也 變通者 趣時者也.
> 길흉회린은 움직이는 데서 생겨나고, 강유는 근본을 세움에 있고, 변통은 시절의 흐름을 따름에 있는 것이다.[302]

노양老陽 9와 노음老陰 6이 움직임에 본괘本卦에서 변하는 지괘[之卦]가 된다. 그러기에 '길흉회린'은 괘효卦爻의 변동에 따라 그 뒤에 나타나는 것이다. '근본 세움[立本]'은 본괘本卦이고, '때에 맞춤[趣時]'은 변도의 작용으로 체용體用 관계의 체體를 말한다. 그런 고로 효사의 '길흉회린'이 모두 노양과 노음의 변동에서 생겨났음을 말하였기 때문에 '움직임에서 생긴다[生乎動者]'고 한 것이다. 예컨대 건괘 초효가 양효이면, 변하여 음이 되었더라도 양이 근본이고, 곤괘의 초효가 음효이면, 변하여 양이 되었더라도 음이 근본이 된다는 소리이다. 그러므로 체용體用에서 먼저 체를 세우는 일이 곧 '근본을 세움[立本者]'이다. '궁하면 변하고 변하면 통하기 때문에, 여기에서 변하면 저기로 통하니, 저기로 통하는 것이 '때에 맞춤[趣時]'이다. 예컨대 건괘의 초9가 노양이면 변화에 통하여 '잠겨 있는 용[潛龍]'의 때가 되고, 구2가 노양이면 변화에 통하여 '나타난 용[見龍]'의 때가 된다. 바로 때에 따라 만나는 것이기 때문에 '때에 맞춤[趣時]'이라 할 수 있다.'[303]

---

302 '괘'는 강유로 근본을 세우고, 변통하는 '효'는 시절 인연을 따라간다.

303 吳致箕, 『周易經傳增解』: "窮則變, 變則通, 故變乎此, 則通乎彼, 通乎彼者, 趣時也. 如乾之初九爲老陽, 則通其變, 而爲潛龍之時, 九二爲老陽, 則通其變, 而爲見龍之時者, 卽隨時所遇者也, 故曰趣時也."

吉凶者 貞勝者也 天地之道 貞觀者也 日月之道 貞明者也 天下之
動 貞夫一者也

길흉은 정도로써 승패에서 오는 것을 말하는 것이요, 천지의 도는 정관貞觀하
라는 것이요, 일월의 도 역시 정명貞明할 따름이요,[304] 천하의 움직임 역시 딱
바른 하나가 있을 따름이다.[305]

이 말을 요약하면, 길흉이 싸우면 이겨야 할 것이 흉이 아니고 길이라
는 소리이다. 천지 가운데 길흉을 판단하기는 매우 어렵다. 그러니 잘 보아라[貞
觀].[306/307] 일월이 똑바로 비추고 있고, 하늘 아래 만물만사가 딱 한 곳으로만 움직
이려고 하는 사실을 말이다. 그 이치만 알면 당신도 흉에 지지 않고, 두 길을 놓
고 스텝이 꼬이지 않고, 딱 한 길로 가서 승리를 쟁취할 것이라 한다.

하늘 아래 일마다 길흉이 있으니, 선하면 길하고 선하지 못하면 흉하다. 길하
고 선한 것이 정당正當한 것이고, 흉하고 불선함이 그 반대이다. 그러므로 성인이
역易을 사용하는 도에 오직 정당한 것으로 이로움만을 말하며, 사람들에게 길함
을 향하고 흉함을 피하여, 선을 행하고 악을 제거하게 하고, 정도正道로써 바르지
못한 사도邪道를 이기게 하였던 것이다. 아래 자범子範 오치기의 해설도 다르지

---

304 『역』에는 모두 103개의 '貞' 자가 나온다. 근현대 학자들은 모두 '貞'의 글자 모양을 점칠 때 사용하는
거북 껍질을 형상화한 것이라 한다.

305 '貞'은 일의 바른 줄기요, 항상(떳떳)함이다. "'貞夫一者也'를 항상한 이치일 뿐"(주자), "올바른 하나"
(동파), "바름으로 하나"(왕필), "바른 태극 하나"(아산)라 하니, 金一夫(정역)란 이름이 나오게 된다.
『노자39장』에 "天得一以淸, 地得一以寧, 神得一以靈, 谷得一以盈, 萬物得一以生, 侯王得一以爲天
下正, 其致之一也"라 했다.

306 8正道에서 正見과 같은 의미로, 그대 보지 못했던가[君不見]? 그러니 똑바로 貞觀하라는 것이다. 杜
甫가 친구 아들에게 준 시[君不見簡蘇徯]가 있다. "그대는 보지 못했던가 길옆에 버려진 연못을[君
不見道邊廢棄池] 그대는 보지 못했던가 꺾어진 오동나무를[君不見前者摧折桐]. 죽어서 백년 지난 나
무로 거문고를 만들고[百年死樹中琴瑟] 한 섬 오래된 물에 교룡이 숨기도 한다네[一斛舊水藏蛟龍].
장부는 관 뚜껑 덮고 평판이 비로소 결정되는데[丈夫蓋棺事始定] 그대는 다행히 아직 늙지 않았구나
[君今幸未成老翁]."

307 유명한 李白의 '將進酒'에서도 보인다. "그대는 보지 못하는가[君不見] 황하의 물이 하늘로부터 흘러
내려와[黃河之水天上來] 세차게 흘러 바다로 가서는 다시 돌아오지 못하는 것을[奔流到海不復回].
그대는 보지 못하는가[君不見] 고대광실 밝은 거울에 비친 서글픈 백발을[高堂明鏡悲白髮]. 인생이란
득의할 때 실컷 즐겨야만 하는 것이니[人生得意須盡歡] 금 술통 부질없이 달 마주 대하고 있게 두
지 말게나[莫使金樽空對月]. 하늘이 나라는 인재를 내신 것은 반드시 쓰일 데가 있기 때문이니[天生
我材必有用] 돈이란 건 다 써버린다 하여도 다시 돌아오게 된다네[千金散盡還復來]."

않았다. "하늘과 땅은 바른 이치로만 보기 때문에, 사사로이 덮어줌도 없고, 사사로이 실어줌도 없으며, 해와 달도 바른 이치로 밝기 때문에 사사로이 비춰줌도 없다. 천지일월이 이와 같은데 인간이 사사로울 수 있겠는가? 그러므로 천하의 움직임이 비록 천만 가지 단서가 있지만, 오직 바른 이치만 있지 사사로운 마음이 없다[正理无私]. 이것은 만사에 올바른 정도가 승리한다는 이치다[貞勝之理]."[308]

그러기에, '일一'은 하나의 이치이다. 천하가 움직이는 그 변화가 하나가 아니지만, 길흉이 항상 서로 이기려고 싸우니, 이치를 바르게 하면 항상 지극한 하나의 이치가 보존될 것이다.[309] 어쩌면 '하나[一]'는 성실하고 한결같음이다. 천하의 움직임은 이利로움에 한결같을 뿐이고, 성인의 도는 이를 본받아 천하를 이利롭게 하는 데 한결같이 할 따름이다.[310] 장자張子(橫渠)가 이런 말을 했다.

"의리와 천명에 마땅히 길하고, 마땅히 흉하며, 마땅히 형통하고, 마땅히 비색한 것이 있으니, 성인은 흉을 피하고 길을 향하여[避凶趨吉], 한결같이 바름이 이기게 하여 아랑곳하지 않는다[貞勝而不顧]."

남헌南軒 장식張栻도 '변동 시에는 이익을 보라'고 이런 말을 했다.

"변하여 움직임은 이익으로 말하고[變動以利言], 길흉은 실정으로 옮겨지는 것이니[吉凶以情遷], 이것이 길흉이 움직임에서 생겨나는 이유이다[吉凶所以生乎動也]. 만약 바르고 단단한 도를 얻는다면[得正固之道], 고요하여 움직이지 않고[寂然不動], 확고하게 뽑히지 않아서[確乎不拔], 재화를 당해도 굽히지 않고[禍亦不屈], 복일지라도 구차하게 구하지 않으니[福亦不求], 길흉은 움직일 수 없는 것, 이것이 길흉이 항상 이기는 것이다[吉凶以貞勝]."

실록의 예로, 이런 상소가 보인다. "한 사람이 들고나는 데도 택일을 고르는데, 하물며 군사를 일으키고 적에 대응하는 일인데 '동정길흉動靜吉凶'을 살피지 않을 수 있겠습니까?"

---

308 吳致箕, 『周易經傳增解』: "天地以此正理而觀, 故无私覆无私載, 日月以此正理而明, 故无私照. 天地日月且如此, 況于人乎. 故天下之動, 雖千緒萬端, 惟以正理, 而无私心而已也. 此皆貞勝之理也."

309 金相岳, 『山天易說』: "一一理也. 天下之動, 其變不一, 吉凶常相勝, 而其正理, 則常有至一者存."

310 沈大允, 『周易象義占法』: "一誠一也. 天下之動, 一於利而已矣, 聖人之道, 以天下一於利而已矣. 程子曰, 天地之道, 常垂象以示人, 故曰貞觀. 日月, 常明而不息, 故曰貞明. 朱子曰, 觀, 示也. 天下之動, 其變无窮, 然順理則吉, 逆理則凶, 則其所正而常者, 亦一理而已矣."

夫乾確然 示人易矣 夫坤隤然 示人簡矣 爻也者 效此者也 象也者
像此者也.

건은 확연하게 사람에게 쉽게 보여주고, 곤은 순하니 사람에게 간단하게 보여
준다. 효라는 것은 이러한 것을 본받는 것이고, 상이라는 것은 이러한 것을 형
상한 것이다.

'건'은 쉽게, '곤坤'은 간단하게 보여주니, 그런 '건곤'을 본받는 것이 '효爻'이고
'상象'은 이러한 것을 본받아 자기 모습으로 만드는 것이다. 주진朱振이 이런 말을
했다.

"건양乾陽은 지극히 굳세고 확고하여 바뀌지 않아 백성들에게 임금이 되고, 아
비가 되고, 남편이 되는 도를 보이니, 매우 쉽지 아니한가? 곤음坤陰은 지극히 부
드럽고 순하여 사람들에게 신하가 되고, 자식이 되고, 부인이 되는 도를 보이니,
매우 간단하지 아니한가? 강한 '건'과 부드러운 '곤'은 근본을 세우는 자이다. 그런
고로 확연確然은 강건한 모양이고, 퇴연隤然은 순한 모양이니, 항상 올바른 모습을
보여주는 것이다[貞觀]."³¹¹

爻象 動乎內 吉凶 見乎外 功業 見乎變 聖人之情 見乎辭 天地之
大德曰生 聖人之大寶曰位 何以守位 曰仁 何以聚人曰財 理財正辭
禁民爲非曰義

효와 상은 괘 안에서 움직이고, 길흉은 밖에서 나타나며, 공업은 괘상과 효상
이 변하는 데서 나타나고, 성인의 심정은 말에서 나타날 뿐이다. 천지의 큰 덕
은 생산이요,³¹² 성인의 큰 보배는 주어지는 자리이다.³¹³ 무엇으로 자리를 지
킬 것인가? 바로 인이다. 무엇으로 사람을 모을 것이냐? 바로 재물이다. 재물을
다스리고 말을 바로 하여, 백성들로 하여금 비리를 금지시키니 이것을 바로
의리라 한다.

---

311 金相岳, 『山天易說』 : "確然健貌. 隤然順貌. 所謂貞觀者也."

이 말은, 역易을 익혀 '세상을 이롭게 하는 자식에게 큰 사업을 낳아 성인이 되라'는 소리이다. 먼저 정도전의 '정보위正寶位'에 이런 내용이 있다.

"『주역』에 이르길, '성인의 큰 보배는 자리요[聖人之大寶曰位], 천지의 큰 덕은 생산이니[天地之大德曰生], 무엇으로 자리를 지킬 것인가? 바로 인이다[何以守位曰仁]' 하였다. 천자는 천하의 봉공奉貢을 누리고, 제후는 경내境內의 봉공을 누리니, 모두 부귀가 지극한 사람들이다. 현능한 사람들은 지혜를 바치고, 호걸들은 힘을 바치며, 백성들은 분주하여 각기 맡은 역할에 종사하되, 오직 인군人君의 명령에만 복종할 뿐이다. 그것은 '위位'를 얻었기 때문이니, 큰 보배가 아니고 무엇이겠는가? 천지가 만물을 생성시키는 일로 본심을 삼으니, 이른바 만물을 생성시키는 마음이 바로 천지의 큰 덕이다. 인군은 천지가 만물을 생육시키는 그 마음을 자기의 마음으로 삼아서, 천하 사방의 사람으로 하여금 모두 기뻐해서 인군을 마치 자기 부모처럼 우러러볼 수 있게 한다면, 오래도록 안부安富·존영尊榮의 즐거움을 누릴 수 있게 될 것이요, 위망危亡·복추覆墜의 걱정을 끝내 갖지 않게 될 것이다. 인仁으로써 위를 지킴이 어찌 마땅한 일이 아니겠는가?"[314]

실록에도 여러 곳에 보인다. '천지대덕왈생[天地之大德曰生]'이 임금의 큰 인仁이라 하고,[315] 문종은 세자 단종을 걱정하며 교양하라 한다.[316] 종鐘에는 생生과 위位

---

312 「계사상·5장」에 '生生之謂易'이라는 말과 같다.

313 역은 6위를 통해 시간과 공간 즉 '時位'를 밝힌다.

314 鄭道傳, 『經國大典』 '正寶位' : "易曰. 聖人之大寶曰位. 天地之大德曰生. 何以守位. 曰仁. 天子享天下之奉. 諸侯享境內之奉. 皆富貴之至也. 賢能效其智. 豪傑效其力. 民庶奔走. 各服其役. 惟人君之命是從焉. 以其得乎位也. 非大寶而何. 天地以生物爲心. 所謂生物之心. 卽天地之大德也. 人君以天地生物之心爲心. 使天下四境之人. 皆悅而仰之若父母. 則長享安富尊榮之樂. 而無危亡覆墜之患矣. 守位以仁. 不亦宜乎."

315 "天地大德은 生이라 하는데, 이것은 仁은 낳는 이치이므로, 천지의 큼과 만물의 번성함도 다 仁에 포함되었습니다. 임금은 하늘을 대신하여 만물을 다스려서 하늘과 다름이 없으므로 仁이 큰 것입니다." _ 『조선왕조실록』 15집, 480쪽, 중종 13년 무인(1518) 9월 5일(임자).

316 上이 勤政殿 뜰에서 文科의 擧子를 策試하였다. "왕은 말하노라. 三代 이전에는 聖帝明王이 이어 나서, 학문하는 要諦와 정치하는 도리를 모두 마음으로 서로 전했으니, 그 대략은 經에 보인다. 周나라 말엽에 공자가 나서, 聖德은 있었지만 지위가 없었으므로, 詩書와 禮樂을 刪定하고, 『周易』과 『春秋』를 纂修한 뒤에야, 이제 二帝三王의 학문하고 정치하는 도리가 典籍에 갖추어 실려서 만세에 드리워졌다. 秦·漢 이후로 道學이 밝혀지지 않아 좋은 정치를 들을 수 없더니, 송나라에 이르러 여러 선비가 배출하여, 六經을 세상에 널리 드러내어 正學이 다시 밝아지니, 마땅히 眞儒가 많아서 좋은 정치가 일어날 듯하였다. 그러나 그 뒤의 학자가 邪僻한 곳에 빠지기도 하고 迂遠한 데로 돌아가서, 世道가 끝내 예전과 같지 못하였으니, 무엇 때문인가? 師道가 서지 않아서 敎養이 미진함인가? 아니면 氣化가 衰하여 끝내 다시 떨치지 못함인가? 또는 위에 있는 자가 이를 행함이 지극하지 못함인가? 世子를 교양하고 인재를 일으킴이 나라의 정치에 먼저 해야 할 바인데, 장차 어떻게 닦아서 그 도리

의 중요성을 새기기도 했으며,[317] 또 사람을 모으고 흩어지는 재물의 의미를 상소하기도 했다.[318]

다시 위로 돌아오면, 천지의 큰 덕을 낳음이라 하고, 성인의 큰 보배를 자리라 하니, 무엇으로 그 자리를 지킬 수 있을까? 심대윤은 즉답으로 '사람에 달렸다'고 한다.[319] 바로 그 사람만이 재화를 다스릴 수 있고 말을 바르게[理財正辭] 하며 백성의 잘못된 행동도 금하여 갈 수 있으니 그것이 바로 사람의 마땅함[禁民爲非曰義][320/321]이라 하였다. 주자의 설은 이랬다.

를 얻겠는가? 너희 대부는 학문이 고금을 통하고 지식이 治體에 달하였으니 숨김없이 陳達하라."
　_『조선왕조실록』 6집, 373쪽, 문종 1년 신미(1451) 4월 9일(정축).

317 藝文春秋館 學士 權近이 鐘의 銘을 쓴 서언이다. "옛날로부터 국가를 차지한 자가 큰 공을 세우고 큰 업을 세우면 반드시 鐘과 鼎에 새기기 때문에, 그 아름다운 소리가 갱갱(鏗鏗) 굉굉(鍠鍠)하여 후인의 이목을 용동(聳動)시키고, 또 通都와 大邑 가운데에서 새벽과 어두운 무렵에 쳐서 인민의 일어나고 쉬는 시한을 엄격하게 하니, 종의 쓸모가 크다. 『주역』에 말하기를, '天地大德을 生이라 하고, 聖人大寶를 位'라 하였다. 그러면 무엇으로 位를 지키는가? 그것은 仁이라 하였으니, 聖人이 천지의 生物之心으로 마음을 삼아서 확충하기 때문에 능히 그 위를 보유함을 말한 것이니, 이것은 하늘과 사람이 비록 다르나 그 마음은 한 가지인 것이다. 지금 우리 전하께서 즉위하시는 날에, 군사가 칼에 피를 묻히지 않고, 中外가 편안하고 조용하여, 백성이 虐政에 시달리던 자가 모두 '生生之樂'이 있는 것을 알게 되었으니, 이것은 好生之德이 더할 수가 없으므로, 이것을 더욱 銘하지 않을 수 없다." _『조선왕조실록』 1집, 19쪽, 태조 7년 무인(1398) 4월 4일(경진).

318 "『주역』에서 사람을 모으는 것을 財라 하였고, 『대학』에서는 재물이 모이면 백성이 흩어진다고 했습니다. 그래서 鹿臺에 재물이 모이자 은나라가 폐허로 되었고, 彩藏이 채워지자 漢나라 사직이 위태해졌고, 瓊林에 재물이 쌓이자 당나라가 쇠퇴해졌고, 洛口에 곡식이 가득 차자 수나라가 멸망하였습니다. 고래로 역대의 군주가 악착같이 재물을 거두어들여, 아침저녁으로 액수를 헤아리면서 산더미 같이 쌓아두고, 후세 자손을 위해 계획하였지만, 그 자손은 한 푼도 써보지 못한 채, 간웅·도적의 밑천으로 되고 말았습니다. 삼가 원하옵건대, 황상께서는 사람을 모으는 것이 재물이라는 『주역』의 가르침을 깊이 생각하고, 백성이 흩어진다는 『대학』의 경계를 곰곰 되새기고, 鹿臺와 鉅橋를 전철로 삼고, 瓊林과 大盈을 거울로 삼으소서." _『조선왕조실록』 23집, 619쪽, 선조 32년 기해(1599) 5월 14일(신유).

319 주자도 '何以守位曰仁'에서 '仁'을 '人'으로 보아, 지위를 지키는 것은 사람이라 하였다.

320 이익, 『星湖全書』, '守位·理財·正辭[答尹幼章乙卯]' : "세상에 여한 없는 일이야 없지마는[世間無事無遺憾] 학문을 못 이루고 죽는 것 같겠는가[未若身亡學未成]. 십수 년 계속하여 닦아 온 학업들이[十數年來多少業] 티끌로 사라지니 무어라 이름하랴[一塵吹散果何名]. 제자를 보내고 안타까운 심정이 있었는데, 제자 愼後聃을 오랫동안 만나보지 못했는데, 근래에 편지를 받고 보니 다시 四書를 가지고 절실히 공부하고 있었다. 지난번에는 易學에 힘써 단계를 따르지 않고 있다는 염려가 자못 있었는데, 앞으로는 큰길을 달려갈 것이니 어느 곳인들 도달하지 못하겠는가. 기물을 만들고 쓰임을 이롭게 하는 것[成器利用]은 聖人이 지위를 지키고[守位], 사람을 모으고[聚人], 재물을 다스리고[理財], 말을 바르게 하는[正辭] 뜻이 아닌 것이 없다."

321 인류의 思惟는 사물을 소유하고 지배하는 占有의 獨占에서부터 시작되었다.(下山) 그 첫 대상은 특수한 능력을 타고난 사람(영웅)들이었다. 그 뒤에 그들은 인격화된 '神'(殷商 시대의 '皇帝'), 자연 역량과 이성 역량을 겸비한 '天', 그리고 마지막으로 순수한 이성적 역량(윤리, 철학, 종교)을 만들어낸 자들일 것이다. 그리고 "정착한 민족들은 하나의 신을 상상해내고 그 신을 위해 한 여자를 허구적으로 만들게 했다(Wells, Herbert George, 『世界史綱』, 222쪽, 1982)." 고대 문명 이전의 주술사(추장), 그

"천지는 만물을 낳는 것으로 마음을 삼는다[天地以生物爲心]. 대체로 천지 사이에 온갖 사물은 각각 일삼는 것이 있지만[各有所事], 하늘은 위에서 굳세고 땅은 아래에서 순하며 한결같이 꾀하는 것 없이[一无所爲], 단지 만물을 낳는 것으로 일을 삼을 뿐이다 [只以生物爲事]."

왕안석王安石도 덧붙였다.

"낳고 낳아 그치지 않음이[生生不已] 천지의 큰 덕이다[天地大德]. 그러나 천지가 사물을 낳고 사람을 낳아도[天地生物生人], 다시 천지와 덕을 합하는 성인을 낳아서[生與天地合德之聖人], 군사의 자리에 있도록 명하여[命居君師之位], 인물의 주인을 삼은 뒤에야[主而後], 천지가 낳은 것들이 각각 그 삶을 이루도록 할 수 있었다[能使天地之所生]. 진실로 그 덕이 있기는 하지만 그 자리가 없으면 또한 천지를 도와서 인물의 삶을 이룰 수 없다. 그러므로 자리는 성인의 '큰 보배'가 된다. 큰 보배는 귀중할 만큼 크다. '수守'는 보유함이다. 반드시 많은 사람이 따르고 의지해야만, 이내 군사君師의 자리를 보유할 수 있다. '취聚'는 양육하여 사람들을 만백성萬百姓이 되게 번성시킴을 이른다."[322]

이후의 승려나 예언가(예수), 그리고 현대의 마술사들은 모두 특별한 능력을 지닌 사람들이다. 또한 우리는 '신화는 해석 체계이고, 의식 체계이며, 조작 체계'라는 것을 공공연히 인정한다(王霞中, 「諸神的起源」, 1988). 그리스신화에도 '신의 喜怒는 일정하지 않아 추측하기 어렵지만, 미리 보이는 징조에서 그들의 의도와 바람을 점쳐서 알 수 있다'고 한다. 이런 체계를 '미래를 점쳐서 예측하여 사람들을 이끄는 예술(柳无忌, 『西洋文學研究』, 55쪽, 1985)'로 또는 고대 이집트의 『사자의 서』와 고대 인도의 『베다아타르베다』에 기술된 주문은 인류 사유 속의 언의 승화, 즉 언어 자체의 역량이 발휘된 것으로 이해되어야 한다(彭端智, 『東方文學史話』, 1986). 고로 신화는 언어 명령 체계일 수 있다. 고래로부터 이런 말의 테크닉은 정치가들의 중요한 '출세 수단이 된 것이다.

322 『주역대전』 "臨川王氏[王安石]曰, 生生不已者, 天地之大德, 然天地生物生人, 又生與天地合德之聖人, 命之居君師之位, 爲人物之主而後, 能使天地之所生, 得以各遂其生也, 苟或但有其德, 而无其位, 則亦不能相天地, 而遂人物之生, 故位爲聖人之大寶, 大寶, 謂大可貴重, 守, 謂保有之, 必得衆人之歸嚮, 乃能保有君師之位, 聚, 謂養之而使蓄盛衆多也."

계사전(하) 제 2 장

古者包犧氏之王天下也　仰則觀象於天　俯則觀法於地　觀鳥獸之文
與地之宜　近取諸身　遠取諸物　於是　始作八卦　以通神明之德　以類
萬物之情

옛날 포희씨가 천하의 왕 노릇을 할 때 위로는 우러러 하늘의 상을 관찰하고,
아래로는 허리를 구부려 땅의 법칙을 살폈었다. 그리고 새와 짐승의 무늬와
땅의 특성까지를 살펴, 가까이는 자기 몸에서 취하고 멀리는 저 만물에서 상
을 취하였었다. 이에 비로소 팔괘를 짓고, 신명의 덕에 통달하고, 만물의 정상
을 유추하여 알게 하였던 것이다.[323]

여기 2장은 아주 중요한 대목이다. 맹자도 '복희씨 때부터 글자가 나올 때까지
의 사회 변천사를 모두 괘상에서 취했음을 알 수 있다'고 한다.[324] 특히 사람이면
누구든 『역』을 익히기만 하면 '신명의 덕을 통달'하게 되어 만물의 정상을 참작하
여 잘 살아갈 수 있다는 믿음을 준다. 먼저 '천하에 왕이 되다[王天下]'의 '왕'은
1장의 '성인의 큰 보배[聖人之大寶]'를 이은 '포희씨'로부터 차례로 제왕을 서술하
였다. 포희씨가 먼저 나와 덕이 있고 자리가 있고 난 뒤, 우러러보고 굽어살펴,
멀리에서 구하고 가까이에서 취하여 비로소 '팔괘'를 만들었다는 소리이다. 「계사
상전」은 '하늘의 역[天易]'이니 곧 획이 그어지기 이전의 역이고, 「계사하전」은
'사람의 역[人易]'이니 곧 획이 그어진 이후 복희의 역이다.

---

323 "'복희가 易을 그린 뜻이 여기서부터 나오는데, 복희 당시에 이미 64괘가 나왔다."(다산)
"복희가 역을 지음에 크다고 다하지 못함이 없었고, 작다고 궁구하지 않음이 없었다. 크면 천지에서
상을 취하고, 작으면 짐승의 모양과 땅에 맞는 것을 세밀히 관찰하였다."(왕필)
"복희가 처음 팔괘를 그릴 때 첫째 하늘을 보고, 둘째 땅을 보고, 셋째 천지 사이의 만사만물을 볼
줄 아는 神明이 있었다."(아산)
"'與地之宜'에서 '천'이 빠진 것으로 보기도 한다."(주자)

324 『맹자』 제4장 '滕文公上' : "有爲神農之言者許行 自楚之滕 踵門而告文公曰遠方之人 聞君 行仁政 願受
一廛而爲氓 文公 與之處 其徒數十人 皆衣褐 捆屨織席 以爲食." 즉 "신농씨의 후예라고 하는 '허행'이
란 자가 있어 초나라에서 등나라에 와, 문 앞에서 문공에 일러 가로대, '먼 곳에 사는 사람이 인군의
인정을 베풂을 듣고, 원컨대 집자리를 하나 얻어 백성이 되고자 하나이다' 하였다. 문공이 그와 더불
어 거처하시니 그 무리 수십 인이 다 갈옷(누더기 옷)을 입고 신을 삼고 자리를 짜서 먹고 살더라."

「계사상전」에서는 '우러러 살피고 구부려 살핀다[仰以觀俯以察]' 말하고, 여기에서는 '우러러보면서 보고 구부리면서 보았다[仰則觀俯則觀]'는 대목은 「계사상전」에서 관찰하기를 「계사하전」에서 거듭 강조함이다. 「계사상전」에서 성인·군자라고 말한 것도 범범하게 말하였다면, 「계사하전」에서 포희씨·신농씨·황제·요·순을 말한 것은 구체적으로 말한 것이다. '상象'은 기氣로써 말하면 양에 속하니 해·달·별 등이고, '법法'은 형체로써 말하면 음에 속하니 산·언덕·강·늪 등이다. '조수鳥獸' 등속은 하늘에 근본하여, 날짐승과 길짐승이 서로 섞여 있기 때문에 '문채[文]난다' 하였고, 초목 등속은 땅에 근본하여, 건조하고 습한 것이 각각 알맞기 때문에 '마땅하다[宜]' 하였다. 가까이 몸에서 취한다는 '근취제신近取諸身'은 기운으로는 호흡하고 형체로는 머리·발이 있는 류이고, 멀리 물건에서 취한다는 '원취제물遠取諸物'은 어류·갑각류·길짐승·날짐승 류이다. '신명지덕神明之德'은 곧 음양의 이치여서 8덕 즉 강건剛健·유순柔順·동動·입入·함함陷·려麗·지止·열說의 괘덕과 같고, '만물지정萬物之情'은 곧 음양의 자취여서 하늘·땅·산·못·우레·바람·물·불의 형상과 같으니 이치는 정밀하여 보기 어렵기 때문에 '서로 통通한다' 하였고, 자취는 거칠고 보기 쉽기에 '분류分類'해 놓았다'[325]고 하였다.

이렇게 보면 하늘은 대우주로 하나의 큰 하늘이고, 사람은 소우주로 하나의 작은 하늘이다. 그 이치理致는 성정性情에 구비되어 있고, 상象은 장부腸腑에 갖추어져 있다. 피부·구멍·기운·횟수까지도 호흡하고 움직이고 쉬는 데에 맞추어져 있기에 가까이는 몸에서 취하였다고 한 것이다.[326] 실록의 예로, 효종은 『주역』을 법으로 삼으라'는 신하의 상소에 마음속 깊은 다짐을 보이기도 한다.[327]

---

325 吳致箕, 『周易經傳增解』: "神明之德, 卽陰陽之理, 而如健順動入陷麗止說之性, 萬物之情, 卽陰陽之迹, 而如天地山澤雷風水火之形, 理精而難見, 故曰通, 迹粗而易見, 故曰類."

326 沈大允, 『周易象義占法』"天爲一大天, 人爲一小天. 理具于性情, 而象備于腸腑. 皮竅氣數, 存乎呼吸動息, 故近取諸身也."

327 副司直 鄭斗卿의 상소다. "전하께서는 易의 乾卦를 법으로 삼아 自彊不息하시고, 蹇卦를 법으로 삼아 反身修德하시고, 震卦를 법으로 삼아 恐懼修省하시고, 損卦를 법으로 삼아 懲忿窒欲하시고, 益卦를 법으로 삼아 見善則遷하시고, 咸卦를 법으로 삼아 허심탄회한 심정으로 虛受人하시고, 旣濟卦를 법으로 삼아 事患豫防하시고, 解卦를 법으로 삼아 赦過宥罪하시고, 中孚卦를 법으로 삼아 議獄緩死하신다면 재앙을 없애는 방도는 대체로 여기에서 벗어나지 않을 것입니다" 하니, "국사를 걱정하고 임금을 사랑하는 정성을 내가 매우 가상하게 생각한다. 끝부분의 주역을 법으로 삼으라는 말은 더욱 마음속에 깊이 새기겠다" 답하셨다. _ 『효종실록』 35집, 690쪽, 효종 5년 갑오(1654) 11월 2일(무자).

作結繩而爲網罟 以佃以漁 蓋取諸離 包犧氏沒 神農氏作 斲木爲耜
揉木爲耒 耒耨之利 以敎天下 蓋取諸益

노끈을 매고 그물을 만들어서 사냥하고 물고기를 잡은 것은 이괘離卦로부터
취하였다. 포희씨가 죽고 신농씨가 나와, 나무를 깎고 쪼개어 쟁기 날을 만들
고 나무를 휘어 쟁기 자루를 만들어서, 밭을 갈고 김을 매는 이익을 천하에
가르치니, 이것은 모두 익괘益卦로부터 취한 것이다.[328/329]

重火離

風雷益

중화리괘離卦의 '리离'는 '눈'이니 그물에 두 눈이 서로서로 이어진
것과 유사하고, '☲(리)'는 '걸림'이니 물건이 그물에 걸린 것과 유사
하다.[330] 그물은 줄로 만드니 호괘 '☴(손)'이 '줄'이 된다. 쟁기와 보
습은 위아래 몸체가 모두 '나무'인지라, ☴(손)을 취했다. 쟁기와 보
습은 움직여 땅으로 들어가는데, '☳(진)'의 움직임과 '☴(손)'의 들
어감과, 호괘 '☷(곤)'의 땅이 만남이다. 하늘이 베풀고 땅이 낳으니,
그 이利한 바는 무한하다. 그러므로 '☴(손)'과 '☳(진)'으로 익괘益卦
의 의미를 취하였다.

---

328 눈구멍(离) 둘을 서로 이으니 사물이 걸러든다. '麗'는 두 개의 눈구멍 '丙'이 '鹿'에 걸린 상이고, '離
卦' 互卦 '巽'은 繩이 되고, '兌'에게 먹힌다. '巽'은 숲 사냥이 적절하고, '兌'는 고기잡이에 적절하다.
노끈 승(繩), 그물 망(網), 그물 고(罟), 사냥 전(佃), 고기 잡을 어(漁). 깎을 착·촉(斲), 쟁기날 사(耜),
굽을 유(揉), 쟁기 뢰(耒), 김맬 루(耨).

329 설중 : '益卦'는 巽과 震 두 종류의 나무다, 互卦 离가 兵器가 되니, 震木은 兵器처럼 날카롭게 깎고,
巽木은 휜다. 또 乾의 임금이 坤의 백성에게 巽의 命을 내려 천하를 가르친다(益卦는 否卦에서 推
移). 艮의 손으로 쟁기를 잡아, 坤의 흙을 위로 올리니, 震의 농사가 잘되고, 巽의 이익이 세 배나
된다.

330 이익,『星湖僿說』,「十三卦」: "五行 가운데서 오직 불이 殺物이다. 나무에 부딪히면 나무가 타고, 흙에
닿으면 흙이 타고, 금에 닿으면 금이 녹아내리고, 물을 달이면 물이 말라버리며, 두 불이 서로 부딪
치면 위에 있는 것이 꺼지기 마련이니, 離卦에 이른바 '불타고 죽고 버리곤 한다[焚如死如]'는 것이
다. 성인이 物을 살리는 것으로 마음을 삼지만 때로는 죽이지 않아서는 안 될 것이 있으니, 뭍에서
짐승 사냥과 물에서 생선잡이가 이것이다. 離卦는 위아래가 다 불이기 때문에 짐승 사냥과 고기잡이
는 離에서 취해 온 것이다."

日中爲市 致天下之民 聚天下之貨 交易而退 各得其所케 蓋取諸噬嗑

(신농씨가) 한낮에 시장을 열어, 천하의 만백성을 모이게 하여, 천하의 재물을 모아서 교역하게 하니, 이것은 서합噬嗑괘에서 취상하였다.[331]

火雷噬嗑

한낮을 말하는 '일중日中'은 '화뢰서합괘'의 태양 '☲(리)'의 부드러운 음 자리를 얻은 상이다. '서합괘'의 모체母體는 '비괘否卦'이다. '서합괘'의 아래 '☳(진)'은 큰길로 감이고, 괘 안의 호괘 세 음 '☷(곤)'은 백성이 된다. 다른 호괘 '☵(감)'은 물이 되고 '☶(간)'은 산이 된다. '산과 바다는 뭇 보배가 생산되는 곳이니, 곧 '재화財貨'가 모이는 곳이다. 괘 안에는 음양이 교차하니 교역交易의 상이 있다. 천하의 재화가 모두 시장에서 합하기 때문에 '서합괘'는 시장에서 모이는 뜻이 있다.' '비괘否卦' 호체 '☴(손)'과 '서합괘'의 음양이 전변한 '정괘井卦'의 ☴(손)은 재화가 진퇴進退하는 상이 보인다. 또 호괘 '☶(간)'은 그침이 되니 시장으로 갈 곳을 얻는다.[332]

神農氏沒 黃帝堯舜氏作 通其變 使民不倦 神而化之 使民宜之 易窮則變 變則通 通則久 是以自天祐之 吉无不利 黃帝堯舜 垂衣裳而天下治 蓋取諸乾坤

신농씨가 죽고, 그 뒤 황제와 요순씨가 나와, 천지 만물의 변화에 통달하여, 백성으로 하여금 게으르지 않게 하였으며, 신통하게 변화시켜, 백성으로 하여금 마땅하게(지혜롭게) 하였다. 역은 궁하면 변하고, 변하면 통하고, 통하면 오래 지속된다. 이로써 하늘로부터 도우니 길하고 이롭지 않음이 없다. 황제와 요순이 의상을 드리우고 앉아 있어도 천하가 잘 다스려 졌으니, 대개 이것은 건곤乾坤괘에서 취상하였다.[333]

---

331 '噬嗑괘'는 离의 해가 중천에 떠오르고, 震의 나그네(復卦에서 行人과 商旅라 함)가 길을 가고 있는 형국으로, 천하의 백성을 왕래시키니 金과 玉이 교환된다(否卦推移).

332 吳致箕, 『周易經傳增解』: "山海群珍之所産, 乃聚貨之象. 卦中陰陽交錯, 有交易之象. 巽爲進退, 而對巽乃退之象. 互艮爲止, 得其所之象. 又以天下之貨, 皆于市而合之, 故噬嗑有市合之義也."

重天建

重地坤

'복희씨와 신농씨'의 세상에서는 손수 밥을 지어 먹으며 다스렸다. 인문人文이 열리지 않았으니 의식衣食이 풍족했다 하더라도, 예의禮義가 일어나지 않아 궁하고 통하지 않은 때였다. '황제와 요순'이 서로 이어 일어남에, 궁한 것이 변하고 변한 것을 통하게 하여, 백성에게 날마다 나아가 게으르지 않게 하고, 신묘하고 밝음으로 교화하여 백성에게 편안하고 마땅하게 하였다. 이것이 바로 역의 도가 궁하면 반드시 변하고, 변하면 반드시 통하고, 통하면 오래 갈 수 있었다는 소리이다. 이러므로 당시의 윗자리에 있는 임금과 아랫자리의 백성이 모두 하늘로부터 도움을 받아, 길하여 이롭지 않음이 없었다. 그러나 잘 다스려진 이유는 '위에는 저고리를 입고 아래에는 치마를 입는[上衣下裳]' 제도로 '존비귀천尊卑貴賤'의 분수를 밝혀 천하가 스스로 다스려지는 데에 불과하였으니, 바로 '건곤은 변화하지만 유위로 술수를 부리지 않는다[乾坤之變化而無爲]'는 것이다. 이는 오치기의 설명이다.

'건곤은 변화하지만 유위의 술수를 부리지 않는다[乾坤變化而無爲]'는 것은 주자의 말이다. '건곤괘'는 64괘의 주체가 되나 직접 일을 맡지는 않는다. ☳(진)은 ☰(건)을 대신하고, ☱(태)는 ☷(곤)을 대신하여 시행하기 때문에, 후천도에서 ☰(건)은 오午에서 왼쪽으로 돌아, 술戌·해亥에 이르러 본래의 자리에 있는 ☷(곤)을 만나고, ☷(곤)은 자子에서 오른쪽으로 돌아 미未·신申에 이르러 본래의 자리에 있는 ☰(건)을 만나 그친다. '부모가 늙으면 자녀가 대신 그대로 이것을 행한다. 건곤괘는 부모를 취상한 웃도리와 치마의 상이다.'[334]

실록의 예로, 율곡 이이李珥가 '만언소萬言疏'에서 아래에서처럼 변통을 요구하고 있는 장면이 보인다.

"대체로 성왕聖王이 만든 법이라 하더라도, 그것을 적절히 변통하는 현명한 자손이 없으면 마침내는 반드시 폐단이 생기는 법입니다. 그러므로 주공周公은 대성인으로서 노魯나라를 다스렸지만 뒷날 쇠퇴해질 형세를 떨치게 해놓을 수는 없었고, 태공太公은 대현인으로서 제齊나라를 다스렸지만 뒷날 왕위를 찬탈하게 될 조짐을 막을 수는

---

333 "天尊地卑"로 귀천의 신분질서가 밝혀지니 천하가 잘 다스려진다. "乾"은 만물을 덮는 장막이니 윗옷이요, "坤"은 아래를 치장하니 치마가 된다. 게으를 권(倦). 세울 수(垂).

334 沈大允, 『周易象義占法』: "父母既老, 而子女代行是也. 乾坤有衣裳之象."

없었던 것입니다. 만약 제나라와 노나라에 현명한 자손이 나와서, 조종이 남긴 뜻을 잘 따르며 법에만 구애받지 않았던들, 어찌 쇠란衰亂의 화가 있었겠습니까. 우리나라 조종들께서도 입법立法하신 당초에는 그렇게 빈틈이 없었으나, 2백 년이 지나오는 동안 시대도 바뀌고 일도 변화하여 폐단이 없지 않다면, 또한 변통할 수 있는 것입니다. 그런데 더구나 후일에 잘못 제정된 법의 경우이겠습니까. 마땅히 서둘러 개혁하여 불에 타는 자를 구하고 물에 빠진 자를 구해주듯 백성을 구제해야만 되지 않겠습니까. 『주역』에 이르기를, '궁窮함이 극도에 이르면 변화하고窮則變, 변화하면 통해진다變則通' 하였으니, 바라건대 전하께서는 이를 유념하시어 변통할 것을 생각하소서."[335]

> 刳木爲舟 剡木爲楫 舟楫之利 以濟不通 致遠以利天下 蓋取諸渙
> 나무를 파고 깎아 배와 노를 만들고, 이것을 이용해 불통한 곳에 물자를 서로 통하게 해, 먼 곳까지 교역하여 천하를 이롭게 하니, 이는 환渙괘에서 취한 것이다.[336]

≡≡(손)은 나무이고 호괘 ☶(진)도 나무라 '나무를 쪼개다[刳木]', '나무를 깎다[剡木]'라고 하였다. ☴(손)의 나무가 ☵(감)의 물에 움직여 바람을 받으니, 배의 상이다.

風水渙

"호괘 ☶(간)의 손과 ☳(진)의 발로 사람이 배 안에서 노를 저어 배를 몰고 간다. 또 상9와 구5는 뱃머리 같고, 초6은 뱃고물[船尾]과 같으며, 3·4는 배 허리와 같으니, 또한 노를 부리는 상이다. 2에서 5까지는 돛이 걸려있는 상과 같다. ☴(손)에 ☶(간)의 그침이 잠복해 있으니 통하지 못하는 상이 있으나, ☳(진)이 움직이고 ☵(감)이 흘러 통하지 못하는 것을 건네니 '환괘'의 상이다."[337]

---

335 『선조실록』 25집, 437쪽, 1574년 1월 1일(정축).
336 설증: '渙卦' 또한 '否卦'에서 왔는데, '비괘' 때는 巽의 나무가 두터웠다. 추이로 '환괘'가 되면 '강' 하나가 쪼개져(4가 2로 감) 나가는데, 震의 배를 만들고, 坎의 하천에 띄우게 된다. 남겨진 것으로 巽의 노를 만들고, 艮의 손으로 조종하니 '刳木爲舟'라 한 것이다. '否卦' 때는 도로가 막혀 통행하지 못하였는데, '渙卦'에서는 배가 운행하고, 坎의 물길이 통하니 멀리 있는 것을 불러들임이다. 두 조각으로 쪼개는 것은 '刳', 깎아 얇게 한 것은 '剡'이다. 파낼 고(刳). 깎을 섬(剡). 노 즙(楫).
337 徐有臣, 『易義擬言』: "互艮手震足, 人在舟中, 擊楫撑舟之象. 又上九九五如船頭, 初六如船尾, 三四如船腹, 亦如拖楫之狀. 自二至五, 如掛帆之狀也, 巽伏艮止, 有不通象, 震行坎流, 而濟其不通也."

服牛乘馬 引重致遠 以利天下 蓋取諸隨
소와 말을 길들여 무거운 짐을 먼 곳까지 이르게 하여 천하를 이롭게 하니,
이는 수隨괘에서 취하였다.[338]

澤雷隨

☷(진)은 수레가 되고 말이 되며, 또 소와 말이 수레를 멍에 하여 가는 상이다. 초9는 ☰(건) 수레 멍에이고, 2·3은 ☷(곤)의 소이다. 상6은 ☷(곤) 수레의 끌채이고 4·5는 ☰(건)의 말이다. ☰(건)과 ☷(곤)이 섞이고 반복하여 상을 취하였다. 호괘 ☶(간)의 산에 무거운 것을 끄는 상이 있고, ☴(손)의 바람에 멀리 가는 상도 있다. ☴(손)의 노끈으로 코청을 뚫고 고삐를 매달며, ☶(간)의 손으로 쳐서 채찍질도 한다. ☱(태)의 기쁨에 ☴(손)이 숨어 있고, ☳(진)으로 움직이고 ☶(간)이 그친다. 소와 말이 길들여지고 복종하여, 사람의 명에 따라 움직이거나 그치기 때문에 부리고 탄다. 그렇지 않다면 고집스럽고 사나워 사슴이나 돼지와 같을 뿐이니, 어찌 멍에 하거나 부릴 수 있겠는가? 또 초구에서 구4까지가 '큰 리(☲)'가 되고, 육3에서 상6까지는 '큰 감(☵)'이 되니, 이것이 소와 말의 상이 되어'[339] 수괘隨卦라 한다.

重門擊柝 以待暴客 蓋取諸豫
이중문을 만들어 딱따기를 두드려 빗장을 지르며, 사나운 도둑을 기다리니, 이는 예豫괘에서 취하였다.[340]

---

338 설증 : '隨卦' 역시 '否卦'에서 변화된 것인데, 곤의 소 뒤에 진의 수레를 메우니(진의 강이 소 뒤에 있음), 소에 수레를 다는 것[服]이다. 건의 말 위에 곤의 백성을 실으니 이것이 말을 길들여 타는 것[乘]이다.

339 徐有臣, 『易義擬言』: "又初至四爲大離, 三至上爲大坎, 是爲牛馬象也."

340 설증. '豫卦'는 '剝卦'에서 추이하는데, 剝卦 때는 艮의 성문이 坤의 읍에 먼 곳에 있으니 外門이다. 추이하여 豫卦가 되면, 艮의 성문이 坤의 읍에 가까워지니 거듭 문을 설치함이다. 震의 나무가 '斗'가 되는데, 그 성격은 소리를 내는 '딱따기'의 상이다. 이에 艮의 손으로 坤의 자루를 잡고 艮의 문 위에서 두드리니 중문의 '딱따기'다. 강과 내륙이 이미 소통됨에 坎의 도적이 장차 이를 것이니, 暴客을 대비하는 것이다. 고로 豫卦는 예비함이다. '柝'은 야경을 돌 때 두드리는 '딱따기'다. '擊柝'을 빗장을 지르다로 새기기도 한다.

먼 곳의 재화財貨가 유통하고 난 뒤 반드시 '보관을 허술하게 하면 도적을 가르침[慢藏誨盜]'이 된다. 그러기에 문을 이중으로 하여 견고하게 경계한다. 이미 견고하게 한 뒤에는 또 강자가 약자를 위협하고, 다수가 소수에게 폭력을 휘둘러, 혹 보전하여 지킬 수 없는 일이 있기에, 반드시 딱따기를 두드려서 대비시킨다. '예괘豫卦'를 보면 우레가 땅 속에 있다가 때에 응하여 드러나니, 문을 이중으로 하고 딱따기를 두드리는 상과 같다.[341] '예괘'는 '미리 대비하다[豫備]'와 '편안하고 기쁘다[逸豫]'라는 두 가지 뜻이 있다. 일을 미리 대비하면 편안하다. ☷(곤)은 중복하고, ☶(간)은 문이며, ☳(진)은 '치다·나무·소리·놀라고 두려워함'이며 ☵(감)은 도둑이다. '예괘豫卦'의 전변은 '소축괘'가 되니 ☱(태)와 ☰(건)이 사나운 나그네가 되고, ☴(손)과 ☲(리)는 행인이 들어와 따르는 자가 된다.[342]

斷木爲杵 掘地爲臼 臼杵之利 萬民以濟 蓋取諸小過
나무를 잘라서 절구공이를 만들고, 땅을 파서 절구통을 만들어, 이것으로써 만민을 구하니, 이는 소과小過괘에서 취하였다.

'소과괘'는 '이괘頤卦'를 교역한 것이다. '이괘頤卦' 때는 ☳(진)의 나무가 아래에 있고, 그 가지가 매우 장대하였으며, ☶(간)의 돌이 위에 있고, 땅속에 들어가 있지 않았다. '이괘頤卦'가 '소과괘'가 되면 가지와 줄기가 가운데 절단되고, ☳(진)의 나무가 높이 들어지니, '나무를 잘라 정구공이를 만든 격[斷木爲杵]'이다. ☷(곤)의 흙이 가운데로 나뉘고, ☶(간)의 돌이 아래로 떨어지니 이것이 '땅을 파서 절구통을 만드는 꼴[掘地爲臼]'이다. 이에 ☳(진)의 곡식이 위아래로 뒤집히며, ☵(감)의 구덩이 속에 있으니, '절구통과 절구공이의 이로움이다[臼杵之利].' 이괘頤卦 때는 백성들이 곤궁하였는데, 지금 소괘괘는 ☷(곤)의 가운데가 그득하고, 피차 서로 도와 구제되니 '만민

---

341 李漢, 『易經疾書』: "遠貨旣通, 必有慢藏誨盜之憂, 故重門以固之. 旣固, 又必有强劫弱衆暴寡, 或不能以保守, 故必須有擊柝以備之也. 雷在地中, 應時而發, 重門擊柝之象也."

342 沈大允, 『周易象義占法』: "豫有豫備及逸豫二義. 事豫備則安也. 坤爲重複, 艮爲門, 震爲擊爲木爲聲爲警懼, 坎爲險固. 對小畜, 兌乾爲暴客, 巽离爲行人之入附者."

이 구제[萬民以濟]되는 것이다.[343]

호괘 ☱(태)는 훼절毁折이 되니 곧 끊고 파는 상이고, ☴(손)은 나무이다. 상하괘가 바껴 교역[착종]한 ☷(곤)은 땅이다. '소과'의 대감(大坎, ☵)은 함정이니 곧 절구의 형상이 아닌가. 백성은 낟알곡식을 먹는데, 절구에 공이질하여 쌀을 빻아 정밀하게 찧게 하니, 곧 조금 지나치긴 하지만 백성에게 이롭다.[344] 상고시대에는 기장을 구워서 먹었는데도 당시에는 이것을 편안히 여겼다. 사람들의 지모가 점차 갖춰져서, 절구와 절구공이로 방아를 찧게 되었으니 훨씬 나아졌음에도 불구하고 진수성찬의 음식에 비한다면 좀 못했다. 우레가 산 위에 있는 것[뇌산소과]과 하늘 위에 있는 것[뇌천대장]은 다르다. 둘은 모두 호괘가 작은 연못이라 무젖는 데는 이르지 못하지만, 가뭄보다는 훨씬 나은 상황이다. 흠뻑 젖는 데에 비하면 좀 모자라기 때문에 소과괘가 되어 흡족하지는 않아도, 이것으로써 만민을 구하는[萬民以濟] 상을 취하였다.

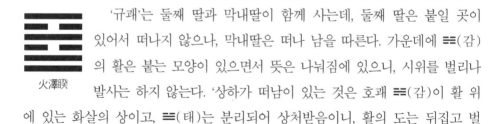

弦木爲弧 剡木爲矢 弧矢之利 以威天下 蓋取諸睽
나무를 휘어 활을 만들고, 나무를 꺾어 화살을 만들어, 이것으로 천하를 위협하니, 이는 '규睽괘'에서 취하였다.[345]

'규괘'는 둘째 딸과 막내딸이 함께 사는데, 둘째 딸은 붙일 곳이 있어서 떠나지 않으나, 막내딸은 떠나 남을 따른다. 가운데에 ☵(감)의 활은 붙는 모양이 있으면서 뜻은 나눠짐에 있으니, 시위를 벌리나 발사는 하지 않는다. '상하가 떠남이 있는 것'은 호괘 ☵(감)이 활 위에 있는 화살의 상이고, ☱(태)는 분리되어 상처받음이니, 활의 도는 뒤집고 벌

火澤睽

---

343 졸저 『생생주역』(상·하)의 산뢰이괘와 뇌산소과를 참고하고, 정약용의 『주역사전』을 참조할 것.
344 吳致箕, 『周易經傳增解』: "互兌爲毁折, 乃斷與掘之象, 互巽爲木之象, 交坤爲地之象. 似坎爲陷, 乃曰舂之象. 民粒食矣, 杵臼而治米, 使之精鑿, 乃小有所過, 而利民者也."
345 설중 : '睽卦'는 '中孚卦'에서 나왔는데, 中孚 때는 나무가 휘어 굽어 있었다. 추이하여 睽가 되면, 坎이 주물러 바로 잡고, 直心(☵)이 되어 활을 이루니, 이것이 나무에 줄을 걸어 활을 만드는 것이다. 中孚가 되면 震과 兌가 있었지만, 睽卦가 되면 离와 坎이 생기니 동서남북이 곧 천하인 것이다. 离의 위력과 兌의 엄정함이 사방을 복속시키니 위엄으로 천하에 군림하는 것이다. '弦'은 '絃'이다. 활시위 휠 현(弦). 활 호(弧). 꺾을 섬(剡).

림이다. 화살은 밖에서 메워 안으로 향하기 때문에, 외괘는 붙어있는 ☲(리)이고, 내괘는 결단하는 뜻의 ☱(태)가 된다.[346] '규괘'는 화목함과는 반대이니, 화목하면 서로 더불어 즐거움이 생겨나고, 노려보면 혹 서로 위협하고 빼앗을 것을 생각한다. 노려봄을 방지하는 데는 활과 화살 만한 것이 없다.[347]

上古 穴居而野處 後世聖人 易之以宮室 上棟下宇 以待風雨 蓋取諸大壯

상고에는 사람들이 동굴에 거하고 들에 처하더니, 후세에 성인이 동굴을 궁실로 바꿔서, 대들보와 서까래를 얹음으로써, 비바람을 막으니, 대장大壯괘에서 취하였다.[348]

'대장괘'는 씩씩하지만 성실하지 못한 뜻이 있으니, 집의 지붕이 높고 단단하나 가운데가 빈 것과 같다. 높고 큰 것 위에서 움직이니, ☰(건)과 ☱(태)는 지붕과 집이 되고 ☳(진)과 ☱(태)는 우레와 비의 상이다. 전변한 '관괘'는 온전히 ☴(손)의 바람이 되고, ☶(간)과 ☴(손)은 집이 되고 들어가는 곳이 된다.[349] 대장大壯이라는 것은 건장하고 견고하다는 뜻이다. 상괘 두 음은 종도리[용마루 밑에 서까래가 걸리게 된 도리]가 되고, 하괘 세 양은 서까래가 된다.[350]

---

346 沈大允, 『周易象義占法』: "其所上下有离, 互坎爲矢, 在弧上之象, 互兌爲分離而傷夷, 弓之道, 反張焉. 矢搭于外而向內, 故外离附而內兌決."
347 李漢, 『易經疾書』: "睽與睦反, 睦則相與樂生, 睽則或思劫奪. 防睽莫如弧矢."
348 실증: '大壯卦'는 '遯卦'에서 反易한 도전괘인데, '遯卦' 때는 ☶(간)의 동굴에 ☴(손)으로 들어가, 엎드리거나 노숙하며 굴속에 거처하고 들판에서 살았다. 反易하여 '大壯괘'가 되면, ☳(진)의 나무가 위로 놓이고, 이엉을 엮어 지붕을 이으니[☳(진)의 두 음이 풀이 된다], 용마루를 위로 올리는지라, ☰(건)의 지붕과 처마가 휘어져 솟아올라 그 위의 나무를 떠받치고 있는 격이다. '棟'은 등마루이고 '宇'는 처마, '宙'는 동량이 된다.
349 沈大允, 『周易象義占法』: "大壯有壯而不實之義, 屋宇高壯而中虛也. 動乎高大之上, 乾兌爲屋宇宮室, 震兌爲雷雨之象. 對觀全爲巽風, 艮巽爲家爲入處."
350 金相岳, 『山天易說』: "大壯者, 壯固之意也. 上二陰爲棟, 下三陽爲宇."

古之葬者 厚衣之以薪 葬之中野 不封不樹 喪期无數 後世聖人 易
之以棺槨 蓋取諸大過

옛날 장사를 지낼 때, 시신을 섶으로 두텁게 싸서 들 가운데 장사를 지내고,
봉분도 없고 나무도 심지 아니 하였으니, 상기가 일정하지 않았는데, 후세에
성인이 섶 대신에 관곽으로 바꾸었으니, 이는 대과大過괘에서 취하였다.[351]

澤風大過

죽은 이를 장례함에 정성이 지나치더라도 때에 맞아야 한다. '대
과괘'의 ☱(태)가 ☴(손)과 갈마드니, ☱(태)는 죽은 시체가 되고,
☴(손)은 들어감이 되며 나무가 되고, ☵(감)은 가리고 감추고 묻음
이 된다. ☱(태)와 ☴(손)은 또 초상에 쓰는 나무가 되고, 음양이
바뀐(전변한) '이괘頤卦'는 ☶(간)이 무덤이 되고 ☳(진)이 나무가 되니, 무덤의
나무를 기르는 뜻이 있다. ☴(손)은 3이 되고, ☱(태)도 전변하면 ☶(간)에 3년
상이 보이니 죽음과 시신과 무덤의 히스토리가 담긴 '대장괘'의 상을 취한 것이
다.[352]

공영달孔穎達의 『주역정의』에서는 이렇게 해설한다.

"'봉분하지도 않고 나무를 심지도 않았다[不封不樹]'는 것은 흙을 쌓지 않고 분
묘를 만들었고, 나무를 심어 분묘가 있는 곳을 표시하지도 않았다는 소리이다.
'초상의 기간이 정해진 일정한 수가 없었다[喪期無數]'는 것은 슬픔이 가시면 그만
두었다는 것이다."

첩산사씨疊山謝氏 사방득謝枋得도 이런 말을 했다.

"대과괘는 아래가 ☴(손) 나무이고 위가 ☱(태)로 도전한 ☴(손)이니 또한
나무이다. 내관과 외곽은 모두 나무로 만드는데, 나무는 모두 네 조각이다. 대과

---

351 설중 : '大過卦'는 '遯卦'에서 나왔는데, 遯卦 때는 乾의 사람과 艮의 죽음 상이 있으니, '큰 풀 巽'으로
엮어 乾의 옷을 만들어 죽은 자를 艮의 읍 바깥에 안치하니, 이가 '마른풀로 두텁게 감싸 벌판 가운
데 매장하는 격이다. ☱은 2개의 양이고 遯은 4개의 양이라 두텁다. 遯卦에서는 乾의 사람 위에 흙
(봉분)이 보이지 않고, 또한 震의 나무도 없으며, 4개의 양이 연이어 겹쳐 한계와 절도가 없으니 봉분
도 나무도 장례 기간도 일정하지 않았다. 大過卦로 보면 내괘는 正巽의 나무로 속널이 되고, 외괘는
거꾸로 된 손이 겉널이다. 『예기』에서 순임금 시대는 瓦棺, 우임금 때는 이중 瓦棺, 은나라에 와서
棺槨 즉 속널과 겉널을 사용했다고 한다. 장자 지낼 장(葬). 섶(풀) 신(薪). 덮을 개(蓋). 널 관곽(棺槨).
352 沈大允, 『周易象義占法』: "送死, 過于厚而時中也. 全卦兌互巽, 兌爲死尸, 巽爲入爲木, 坎爲蔽藏埋瘞.
兌巽又爲喪木, 對頤艮爲墳, 震爲樹, 有樹養墓木之義. 巽爲三, 兌互對卦艮, 有喪三年之象."

괘는 또 ☵(감)의 구멍이 있으니, 모두 매장埋葬의 상이 있다."

위의 두 경우는 유정원柳正源의 『역해참고易解參攷』에 보인다. 살아 생전에 즐겁게 열심히 일하고 살려면 반드시 거처하는 집이 있어야 하고, 죽어서는 반드시 장례가 있어야 하기에 '대과괘'를 들어 '궁실과 관곽棺槨'을 말하였다. 소과괘 「상전」에서 '상사喪事에는 슬픔을 지나치게 함'이라 한 것은 마음으로 말하였고, 여기 '관곽'을 말한 것은 성심으로 상사喪事를 다함이다.[353]

上古 結繩而治 後世聖人 易之以書契 百官以治 萬民以察 蓋取諸夬

상고엔 노끈을 매서 다스리더니, 후세에 성인이 계약서로 바꾸어, 모든 관원들이 이로 다스리니, 만민이 이로써 살피게 되었는데, 이는 '쾌夬괘'에서 취하였다.[354]

澤天夬

이상의 말은, 인류가 처음에 거래를 할 때 약속 징표로 노끈을 묶는 표시로 계약契約을 했으나, 사람들이 시간이 흐르면서 약속을 어기는 자가 생겨나자 문자와 계약서가 나왔다는 것이다. 진재進齋 서씨[徐機]가 이를 증언하는 말을 적은 대목이 공감을 준다. "아주 옛날에는 사람이 순수하고 일이 간단하여, 크고 작은 일에 노끈을 묶어서 식별하더라도 또한 다스릴 수 있었으나, 후세에는 풍속風俗이 경박輕薄하고 야박野薄하며 날마다 속이는 일이 일어나서, 글과 문서를 만들지 않을 수 없게 되었다. 글은 문자이고 문서는 약속함이다."[355] 말에 기억할 수 없는 것이 있으면 글로 식별하고, 일에 믿을 수 없는 것이 있으면 문서로 확인하였으니, 밝게 결단한다는 뜻이다. 대체로 '쾌괘'는 군자가 소인을 결단하는 괘이고, 글과 문서를 만든 것도 또한 소인의 거짓을 결단하고, 그 기만을 방비하는 것이겠다.

육유陸游·범성대范成大·우무尤袤와 함께 '남송南宋 4대 문장가'로 주자를 둔피遯

---

353 李漢, 『易經疾書』: "旣樂業而爲生, 生必有居, 死必有葬, 故宮室棺槨, 其序然也. 小過之象, 喪過乎哀, 以心言也, 此云棺槨, 以事言也."

354 설중 : '夬卦'는 '姤卦'의 反易卦다. 姤卦 때는 巽이 줄이 되어, 艮의 손으로 줄을 잡아매는 방식을 이용하여 다스렸다. 그 후 夬卦에 兌(金)로써 震의 나무에 약속을 새기니 書契의 형상이 되었다. '契'는 '券契' 즉 '契約'을 증명하는 조각이다.

355 徐幾, 『進齋易說』: "上古民淳事簡, 事之小大, 唯結繩以識之, 亦足以爲治, 至後世, 風俗嬝薄, 欺詐日生, 而書契不容不作矣. 書文字也, 契合約也."

避시킨 한탁주韓侂胄를 위한 '남원기南園記'를 지으라는 명을 거절한 성재誠齋 양만리楊萬里도 이렇게 설명했다.

"아! 아주 먼 옛날 백성이 처음 나올 때는, 오늘날과 같이 기물을 갖추고 기거를 편하게 하고 의복과 음식을 갖추지 않았다. 사람들이 굶주려도 사냥하고 고기 잡을 줄을 모르기 때문에, 성인이 이에 그물을 만들었으며, 사람들이 고기를 먹어도 쌀밥을 먹을 줄을 모르기 때문에, 성인이 이에 쟁기와 보습을 만들었다. 사람들의 양식과 재화가 혹 남거나 혹 모자라는 치우침 때문에, 성인이 이에 시장을 열어 교역하게 했으며, 사람들이 추워서 가죽옷을 입고 직물을 제조할 줄 모르기 때문에, 성인이 이에 의상을 만들었다. 사람들이 출입함에 내에 막히고 길이 끊기는 재앙을 당하기 때문에, 성인이 이에 배와 노를 만들었으며, 사람들이 짐을 져서 피곤하고 길이 멀어 발이 부르트기 때문에, 성인이 이에 수레와 고삐를 만들었다. 사람들이 도적 물리침을 염려하여도 막음을 게을리하기 때문에, 성인이 이에 문과 딱따기를 만들었으며, 사람들이 밭 갈고 김맬 줄 알아도 찧어서 퍼낼 줄 모르기 때문에, 성인이 이에 절구공이와 절구를 만들었다. 사람들이 스스로를 지킴에 쓸 만한 것이 없어서 할퀴고 물림을 걱정하기 때문에, 성인이 이에 활과 화살을 만들었으며, 사람들이 동굴에서 지내면서 눅눅함으로 병이 들기 때문에, 성인이 이에 집을 만들었다. 사람들이 죽어서 덩굴에 가려져 수축되기 때문에, 성인이 이에 널을 만들었다."

양만리는 또 "사람들이 노끈을 묶은 것에 막히어 서로 빌림이 없다고 속이기 때문에, 성인이 이에 글과 문서를 만들었다. 그러나 이는 성인이 사사로운 지혜가 아니라 위와 같은 13괘의 상에서 취한 뒤에 이루어진 것이며, 또한 한 성인이 해낸 것도 아니고 네 성인을 거친 뒤에 갖추어졌다. 대체로 사람들이 낳고 낳는 도리는 어려움이 이와 같고, 성인이 사람들을 낳고 낳는 것은 수고로움이 이와 같다. 그러므로, '만약 옛날에 성인이 없었다면 인류는 오래전에 멸망했을 것이다[古之無聖人人之類滅久矣]'라고 하였다.[356]

윤종섭도 다음과 같이 덧붙이고 있다. "2장에서 '비로소 팔괘를 만들어 이로써 신묘하고 밝은 덕에 통한다[始作八卦以通神明之德]' 하였다. 천도에 신명한 덕이 있고 인심에도 신명한 덕이 있으니, 역이란 인도를 천도에 합하게 할 따름이다[人道

---

356 楊萬里, 『誠齋易傳』: "自斯人之窮於結繩, 而相欺无藉也, 聖人於是乎作書契. 然非聖人之私知也, 取於十三卦之象然後成, 亦非一聖人之能爲也, 歷四聖人而後備. 蓋斯人生生之道, 若此其難, 而聖人所以生生斯人者, 若此其勞也. 如古之无聖人, 人之類滅, 久矣."

使合乎天道]. 역이 아니면 상을 나타낼 수 없다. 천지는 신명의 기틀이니[天地神明之機], 괘를 만들고 상을 관찰하여[設卦觀象], 신명을 통하게 하여[以通神明], 사람에게 정신을 다하여 변화를 알게 할 따름이다[使人窮神而知化]."

서산西山 진덕수陳德秀도 다음과 같이 설했다. "2장에 나열된 괘상卦象의 뜻은 모두 사물의 자연스러운 이치이다. 자연스러운 상이 있으면 자연스러운 이치가 있으니 사람이 함께 보는 것이다. 그러나 보통 사람은 그 상을 보아도 그 이치에 어둡고, 성인만이 이러한 상을 보면 곧 이러한 이치를 인지하고, 이러한 이치를 인지하면 곧 이러한 기물을 제작한 것이었다. 사람들은 모두 '만물을 갖추며 씀을 다하며[備物致用], 기물을 만들어 내어[立成器], 이로써 천하의 이로움을 삼는 것이[以爲天下利] 바로 성인의 생각에서 나온 것이다[莫大乎聖人]' 하였으니, 성인도 이런 고유한 것을 따랐을 뿐임을 알지 못한다. 배우는 사람들이 참으로 마음을 비우고 천하의 사물을 체득할 수 있다면, 정밀한 뜻과 미묘한 도리가 나의 마음에 밝게 접촉하지 않음이 없을 것이며, 그런 뒤에야 참으로 도道와 기器가 서로 합하고 드러남과 미묘함이 사이가 없음을 알 수 있을 것이다."[357]

---

357 尹鍾燮,『經·易』: "學者誠能虛心 以體天下之物 則精義妙道 莫不昭昭然接於吾之心目 然後眞知道器之相合 而顯微之无間也."

계사전(하) 제 3 장

是故 易者象也 象也者 像也 象者材也 爻也者 效天下之動者也 是
故 吉凶生而悔吝著也.

이런 고로 역은 상이다. 또 상은 형상이다.[358] 단은 재료고[359] 효는 천하의 만물이
움직이는 것을 본받은 것이다. 이런 까닭으로 길흉회린이 나타난 것이다.[360]

여기서 '상이란 모양이다[象者像也]'는 「계사상전」 1장에서 말한 '하늘에 있어
서는 형상이 이루어지고[在天成象], 땅에 있어서는 형체가 이루어진다[在地成形]'는
그 소리이다. 이 '상象' 자는 형상形象의 상을 겸하고 또 법상法象의 상을 겸하였
다. '하늘이 신령한 물건을 내거늘 성인이 본받는다[天生神物聖人則之]'에서 '신령한
물건[神物]'이란 하늘의 상이고, '본받는다[則之]'란 땅의 법이다. 그것을 본받아 역
을 만들었으니, '역상易象'이 또한 '법상法象'이 아니겠는가? '괘효卦爻'로 말하면
'상象'은 괘의 상이고, '상像'은 효의 상像이다. 하늘과 사람으로 말하면 '상象'은 하
늘의 상이고, '상像'은 사람의 상像이다. 경문經文에서는 '단象'을 먼저하고 '상象'을
뒤로 하였다.[361]

다음은 이익의 설명이다.

---

358 "'象' 자는 卜筮에서 짐승 이름, 사람 이름, 나라 이름으로 사용되었다. 그러나 주나라 시대 이후에는
주로 형상이나 모습의 의미로 사용되었다. 그 이유는 기후가 변하자 코끼리[象]가 남쪽으로 이동해
버려 볼 수 없게 되었지만, 사람들은 그 형상을 본떠서 기억해낼 수 있었기 때문이다. '象'의 작자는
'豕'의 사상을 보다 발전시켰다. 사람들의 사회생활을 자연물에 비유하여 공통성을 사회윤리 측면으
로 확대시킨 것이다. 이 점은 가족, 사유제, 국가의 기원과 비슷한 점이 있다. '象'이란 자연물의 형상
에 근거해 그 형상들을 기본 부호에 연결시키거나 혹은 기본 부호와 대응시키는 것이다."(장상평,
『역과 인류의 사유』)
359 "'象'의 작자는 주나라 사람이 숭배했던 '天'을 모든 것보다 높은 지위에 두려고 하였다. 이것은 그가
'乾元'을 '하늘의 뜻을 이어받는다[乃統天]'라고 생각했고, '坤元'을 '하늘의 뜻에 순응하여 이를 계승
한다[順承天]'라고 생각했다는 점에서 뿐만 아니라, 『역』의 작자가 '易' 자를 만든 방법에 의거해 그
도 '象' 자를 만들었다는 점에서도 드러난다."(위의 책)
360 "'彖·象·繫辭'의 작자는 『역』의 해석자이며, 『역』의 작자와 동등한 해석학적 지위를 갖는다. 하지만
'繫辭'의 작자는 현상학적 민감성과 최고의 지혜를 갖춘 사람이며, 최고의 지식인[大智者]에게서나
보이는 '경외감'을 좀 더 갖추고 있다."(위의 책)
361 沈就濟, 『讀易疑義』: "自易而言, 則象者易之象也, 像者聖人之法象也. 以卦爻言之, 則象者卦象也, 像者
爻像也. 以天人言之, 則象者天象也, 像者人像也. 經則先象而後象也, 此則先象而後彖者."

"'상象'이란 말은 천도를 본받아서 만들었다. 「계사전」 안에 '상象'을 말한 것은 모두 팔괘의 상을 가리키기 때문에 팔괘에서 먼저 상을 일러주었지[八卦以象告], 대성괘가 생긴 뒤에 나온 6효六爻의 상을 말하는 것은 아니다. 대성괘의 '단象'도 팔괘에서 벗어나지 않기 때문에 단象도 상象을 말하였다[象者言乎象者也]. '단象'이란 어금니가 없는 코끼리 암컷의 상이다. 암코끼리는 어금니가 짧기 때문에 단象도 그 형태를 본받았다. 수코끼리는 두 어금니가 코를 끼고 밖으로 나와 공수攻守에 활용되는 상이다."[362]

변이 없는 '괘卦'는 음이고 변동하는 '효爻'는 양이다. '단象'이라는 이름은 괘가 대성괘 뒤에 생겨났고, '상象'은 이미 팔괘가 있던 때에 드러났다고 했다. 그러니 '단象'의 재질로 인하여 효爻의 움직임이 있게 되고, 길흉吉凶이 생겨났다. 그러나 후회後悔하면 흉한 것도 길함으로 되돌아가는 도가 있고, 인색吝嗇하면 길한 것도 흉으로 마치는 도가 있게 된다. 그 이치가 분명하니 이것을 드러냈다고 했다. 한편 '상象'을 버리면 역을 말할 수 없기에 '역은 상이다[易者象也]'고 하였다. '상像'은 상상想像함을 이르니, '상象'을 빌어서 이치를 붙였다. '재材'는 한 괘卦의 근간根幹으로 곧 괘덕卦德이다. '효效'는 드러냄이니, 효爻가 움직임으로 인하여 변화가 무궁하여, 다 들 수 없기 때문에 '천하의 움직임[天下之動]'이라 했다. 괘卦에는 대소가 있고, 효爻에는 선악이 있어, 각각 그 '상象'으로 인하여 '길흉회린吉凶悔吝'이 생겨난다. '길흉'은 일에 있어서 이미 드러났기 때문에 '생生긴다' 하였고, '회린悔吝'은 마음에서 미미하기 때문에 '드러난다[著]'고 하였다.

---

362 李瀷, 『易經疾書』 "象之爲字, 無牙之象, 象之牝也. 牝象牙短, 故象亦像其形也. 其牡者兩牙挾鼻, 而出於
外, 以爲用."

계사전(하) 제 4 장

陽卦多陰 陰卦多陽 其故何也 陽卦奇 陰卦耦
양괘는 음이 많고, 음괘는 양이 많으니, 그 까닭은 무엇인가? 양괘는 기수(홀수)요, 음괘는 우수(짝수)이기 때문이다.

김상악의 설명을 들어보자.

"양괘는 홀을 주체로 삼기 때문에 비록 음이 많으나 양이라 이르고, 음괘는 짝을 주체로 삼기 때문에 비록 양이 많으나 음이라 이른다."[363] 예로 ☳(진)·☵(감)·☶(간)의 경우는 음이 많아 다음多陰 하니 양괘이고, ☴(손)·☲(리)·☱(태)처럼 양이 많은 다양多陽이면 음괘가 된다. 성호星湖 이익은 "실제로 ☰(건)이 9이고, ☷(곤)이 6이며, ☳(진)·☵(감)·☶(간)이 7이고, ☴(손)·☲(리)·☱(태)가 8이니, 음양과 노소와 홀짝의 수에 꼭 맞다"[364]고 했다.

실록의 예로, 단종 즉위년에 중국 사신이 "어찌하여 9는 노양老陽이라 합니까?" 하는 질문에 "3, 3은 9가 되고, 9는 극수極數이므로 노양老陽이라고 합니다"라는 답변이 보인다.[365]

---

363 金相岳, 『山天易說』: "陽卦以奇爲主, 故雖陰多, 而謂之陽, 陰卦以偶爲主, 故雖陽多, 而謂之陰."

364 李瀷, 『易經疾書』: "其實乾爲九, 坤爲六, 震坎艮爲七, 巽离兌爲八, 沕合於陰陽老少奇耦之數."

365 명나라 사신 陳鈍·李寬이 성균관에 나아가 文廟로 들어가 뜰 아래에서 재배하고, 大成殿 안에 들어가 두루 보고 나와서 東廡(儒賢閣)에 들어가 序立하여 揖하고, 西廡에 들어가서 또한 그와 같이 하였다. 처음에 李瑢이 '大成殿 액자를 썼는데, '聖' 자로 잘못 쓰니, 사신이 쳐다보고 웃으며 말하기를, "중국과 같지 않습니다" 하고, 물러 나와 明倫堂에 앉으니, 兼大司成 鄭麟趾가 假大司成 金銚·예조참관 鄭陟·병조참관 李邊이 재배하고 동벽에 앉고, 申叔舟·朴彭年 이하 모든 學官이 또한 재배하고 나갔다. 여러 儒生은 흰옷에 黑巾을 쓰고 뜰 아래에 서립하여 또한 재배하니, 모두 答拜하였다. 아래는 생원 丘致峒과 金石通 두 사람과 사신이 茶禮를 행하며 나눈 다담의 일부다. 『『주역』은 어찌하여 上經 30괘이고 下經이 34괘입니까?" "건괘·곤괘·감괘·리괘는 반대가 없고, 陰陽奇偶의 수가 모두 같기 때문입니다." "어찌하여 9는 老陽이라 합니까?" "3, 3은 9가 되고, 9는 極數이므로 노양이라고 합니다. 『중용』을 잡고 "1장에 어느 것이 人心이며, 어느 것이 道心입니까?" "形氣의 私情에서 발하는 것이 인심이요, 性命의 바른 데서 근원하는 것이 도심입니다." "무엇이 形氣의 私情이며, 무엇이 性命의 正心입니까?" "이목구비는 형기이고, 義理와 性命은 도심입니다." "그러면 이것은 밥을 먹지 않습니까?" "어찌 밥을 먹지 않겠습니까마는, 먹을 때 마땅히 먹는 것이 道心입니다." "館中에 書生이 몇 사람이나 됩니까?" "항상 3백 명을 기릅니다." "중국 조정에서는 國子監生이 7, 8천 명입니다." "어찌 중국에 비하겠습니까마는, 그러나 단지 성균관 유생뿐만 아니라, 또 동서·남·북중의 五部學堂을 설치하여 秀才를 모아서 가르칩니다." "科擧 본 문장을 인쇄하여 배포합니까?" "그런 일은 없습니

> 其德行何也 陽一君而二民 君子之道也 陰二君而一民 小人之道也
> 음양의 그 덕행은 어떠한가? 양괘는 한 군주에 백성이 둘이니 군자의 도요,
> 음괘는 한 백성에 군주가 둘이니 소인의 도이다.

군주 한 사람이 많은 백성을 다스려 가면 정상적이나, 두 임금이 "내가 임금이다, 내가 임금이다"며 백성을 찢어놓으면 비정상적이니 소인의 도가 된다. 한 가정도 마찬가지이다. 부인이 둘 있는 집안과 남편이 둘 있는 집안 역시 비정상적일 것이다. 이치는 먼 곳에 있지 않다.

다." "중국 조정은 高第의 문장은 모두 인쇄하여 반포합니다."
_ 『조선왕조실록』 6집, 529쪽, 단종 즉위년 임신(1452) 8월 23일(계미).

계사전(하) 제 5 장

易曰 憧憧往來 朋從爾思 子曰 天下何思何慮 天下同歸而殊塗 一
致而百慮 天下何思何慮
역에 이르기를 '어린아이 마음처럼 동동거리니 온갖 별별 생각이 다 일어난다'
고 했다. 이에 공자가 다음과 같은 주석을 달았다.
"천하에 무엇을 생각하고 무엇을 염려하리요, 천하가 길은 달라도 종내는 하
나로 돌아간다고 하는데, 만물 만사가 생각은 여러 가지로 달리할 수 있지만
종내는 하나로 일치하니, 천하에 무엇을 생각하고 무엇을 염려하리요."[366]

이 글은 함괘咸卦 구4를 인용한 해석이다. 설명은 위암韋庵의 주석으
로 충분할 것이다.

澤山咸

"'길은 달라도 돌아감이 같다'는 것은, 길은 비록 달라도 하나의 이치로 돌아감은 같다
는 소리이다. '이치는 하나여도 생각은 백 가지'라는 것은 생각하는 방법이 비록 수천
만 가지라 할지라도 답은 하나라는 말이다. '함께 돌아 감'은 정답이란 끝자리를 찾음
이고, '이치가 하나임'은 처음을 근원하는 바이다."[367]

성호는 백성들의 생각이 유별남을 걱정한다. "무릇 백성의 잘못된 행동은 의리
가 사사로운 뜻에서 비롯된 것일 수 있다[義始於私意]. 사심을 가지고 끊임없이 왕
래하여[憧憧然往來不已], 사사로운 뜻이 자라게 되면[私意浸長], 작게는 아첨을 하고
[小而吮舐], 크게는 살해하고 반역하지만[大而弒逆], 이것으로 길러지고 이루어지는
것이 없으니[莫不從此養成], 이것이야말로 백성의 잘못된 행동의 뿌리가 아니겠는

---

366 "'致'는 극단에 도달하는 것이고, 극단에 도달하면 하나가 된다. 하나가 아니면 아직 극단에 이르지
않은 것이다. 바닷물은 한결같이 평탄하고, 이 마을 저 마을의 먹줄은 한결같이 곧다. 고로 하나에
도달하면 백 가지 생각을 모두 얻는데 무엇을 생각하고 무엇을 염려하겠는가?"(동파)
그리워할 동(憧), 끊임없이 오고 갈 憧, 주저할 동(憧). 다를 수(殊). 길 도(途).
367 金相岳, 『山天易說』: "此引咸九四爻辭而釋之. 同歸而殊塗者, 其塗雖殊, 歸于理則同, 一致而百慮者, 其
慮雖百, 致于數則一. 同歸, 要其終也, 致一, 原其始也."

가[此民非之根柢也]." 성호星湖가 국회에서 딴소리해대는 여야의 행태와 광화문 광장에 두 편이 갈라져 시위하는 모양을 본 듯, 백 가지 생각과 염려의 폐단을 지적한 사례이다. 즉 "군자라면 해와 달, 추위와 더위가 오고 가고 굽히고 펴도, 서로 생각하고 염려함을 범하지 않으니[不犯思慮], 사사로운 뜻이 용납될 곳이 없어[私意無所容], 의리로 돌아간다[歸於義而已]"는 것이다. 그러므로 "군자는 반드시 의리를 발휘하여 깨닫게 하니[發揮曉之], 이것이야말로 바로 백성들로 하여금 말을 바르게 하여 만사를 금지하고 경계해야 할 대목이다[正辭禁戒]"[368]라고 지적하기도 한다.

그렇지만 공자는 '나는 말을 하지 않으련다[予欲無言]' 하였고, '하늘이 무슨 말을 하던가[天何言哉]? 그래도 사시가 운행하고 만물이 이루어지지 않던가[四時行焉百物成焉]' 하였으니, 이런 점은 성인과 천지가 서로 다르지 않을 것이다. 고로 말이 없을 뿐 아니라, 또한 번거롭게 생각과 염려를 하지 않는다. 해와 달과 추위와 더위가 왕래하여, 결국에는 밝음이 같이 생겨 한 해를 이룸에, 돌아가 굽힌 것이 느끼고 편 것이 응한다면, 만물을 이롭게 하는 도가 생길 것이다. 사람이 이와 같을 수 있다면, 또한 의리를 조화롭게 하기에 충분하니, 「문언전」에 '만물을 이롭게 함이 의리에 조화되기에 충분하다[利物足以和義]'고 하였다.

日往則月來 月往則日來 日月 相推而明生焉 寒往則暑來 暑往則寒來 寒暑相推而歲成焉 往者屈也 來者信也 屈信相感而利生焉.
해가 지면 달이 뜨고, 달이 지면 해가 뜬다. 해와 달이 서로 밀고 당기니 밝음이 생겨나고, 추위와 더위도 서로 앞서고 뒤서며 오고 가니 한 해를 이뤄간다. 가는 것은 굴(복)이요, 오는 것은 신(실)하니, 굴신이 서로 교감하면 이로움이 생겨나도다.[369]

위의 '함괘咸卦'는 부부의 도를 말한다. 부부는 따로따로가 아닌 한 쌍 한 세트이다. 부부는 인사人事 중에서도 '감응'하는 도는 부부 만한 것이 없을 것이다. 이

---

368 李瀷, 『易經疾書』: "君子必發揮以曉之, 此正辭而禁戒也."
369 "역에서 장차 '하나'임을 밝히려 할 때 '變과 化', '晦와 明,' '寒과 暑', '往과 來', '屈과 信'을 쓰지 않은 적이 없었다. 이것은 모두 둘이지만 하나임을 밝힐 수 있는 것은 아니다. 오직 둘이 소통하여 하나가 된 뒤에야 그 하나가 필연할 수 있다."(동파)

때문에 「계사 상·하전」의 팔다리와 몸을 '굽히고 펴는[屈信]' 도를 함괘에서 말하였으니, 함괘에서 '굴신'으로 말하였다면 「계사 상·하전」은 모두 함괘의 이치라 해도 좋다. 해가 가면 달이 오고, 추위가 가면 더위가 오는 것은 생각하지 않고 염려하지 않아도, 저절로 그렇게 되는 천지 이치이다. 부부가 굽히고 펴는 것도 따로 놀지 않는다. 해가 가고 달이 오는 것이 그렇고, 추위가 가면 더위가 오는 것이 다 그렇다. 남편이 더우면 아내가 덥고, 아내가 추우면 남편도 춥다. 이런 '굴신'은 해와 달처럼 음과 양으로 누가 봐도 몸은 둘이지만 감응이 하나라는 것이다. 저 자벌레가 한 번 굽혔다가 한 번 펴는 것도 따로 행하는 일이 아니라, 동시에 저절로 그렇게 될 뿐이다. 해와 달 그리고 추위와 더위는 하늘에 관계된 것이고, 자벌레와 용과 뱀은 땅에 관계된 것이고, 몸을 편안히 하고 덕을 높임은 사람에 관계된 것이다. '굽히고 펴는 굴신은 천지인 모두가 그렇게 한다. 그 다른 둘이 감응하여 하나로 합하는 것은 신묘함이고, 변화함은 음양인데, 음양은 둘이니, 둘이면서 하나가 됨이 신묘하지 아니한가[二而一者非神耶]?'[370] 굽히고 펴고, 가고 옴은 모두 저절로 그렇게 되는 이치이다. 해와 달처럼 부부도 서로 감응하기 때문에 천지를 이롭게 함이 생겨나는 것이다. 『맹자·이루』에 '이利는 이치를 따라 가서 얻음과 같다[利猶順也]'고 하였다.[371] 해와 달이 만물을 얻듯 부부도 천하를 아름답게 하는 자식을 얻는 이익을 누린다. 그 이익이 없으면 해와 달도 뜨지 않고 부부도 사랑을 나누지 않을 것이다.

---

370 沈就濟, 『讀易疑義』: "咸者夫婦也. 夫婦人事, 人事之相感, 莫如乎夫婦也. 然則屈伸者, 天地人之屈伸也. 合一者神也, 變化者陰陽也, 陰陽者二也, 二而一者, 非神耶."
371 金相岳, 『山天易說』: "屈信往來, 皆自然之理數, 故相感而利生焉. 孟子集註, 以利爲本, 利猶順也."

尺蠖之屈 以求信也 龍蛇之蟄 以存身也 精義入神 以致用也 利用
安身 以崇德也 過此以往 未之或知也 窮神知化 德之盛也
자벌레가 몸을 움츠리는 것은 펼치기 위함이요, 용이나 뱀이 동면을 하는 것
은 자기 몸을 보존하기 위함이다. 정밀하고 정의롭게 생각하여 신묘한 경지에
이르는 것은 세상 인류를 위해서이며, 몸을 편안히 두는 것은 덕을 높이기 때
문이다. 이것을 넘어서는 부분에 대해서는 혹 아는 사람이 있을지 모르나, 신
묘한 최고의 경지를 넘어 변화를 아는 것은 '성인'의 덕이 성대함이다.[372/373]

윗글은 '함괘'에서 주고받는 남녀 감응의 도를 '정의입신精義入神'의 경지로 끌
어 올린 공자의 높은 세계인지라, 후학들의 댓글도 다양하다. 그들 역시 공자처럼
굽혔다 폈다 하는 자벌레를 예로 든다. '칩거蟄居'란 깊이 감춤이니 굽힘이고, '몸
을 보존함[存身]'이란 펼치고 편안하게 사는 모양새이다. 사물의 이치로 말하면,
굽힘은 펴기 위한 것이고 굽힘이 아니면 펼 수 없다. 자벌레가 굽히는 것은 굽힘
이 아니면 펼 수 없기 때문이고, 용과 뱀이 칩거함은 칩거하지 않으면 몸을 보존
할 수 없기 때문이다. 이것은 모두 저절로 그렇게 되어 굽히고, 저절로 그렇게
되는 것이지 의도한다고 되는 것이 아니다. '정精'은 정밀精密히 하는 것이고, '의
義'는 일의 이치상 마땅함이다. '신묘함에 들어감[入神]'은 의리를 정밀하고 지극한
신묘함에 들어감이다. '치용致用'은 베풀어 씀을 극진히 함이며, '이용利用'은 베풀
어 쓰는 데 이롭게 하는 것이다. '몸을 편안히 함[安身]'은 베풀어 써서 처함에 이
롭지 않음이 없으면, 이 몸이 편안하여 들어가는 곳마다 스스로 만족하지 않음이
없다[無入而不自得也]는 소리이고, '숭덕崇德'은 덕을 높고 크게 함이다. "이런 것들
은 모두 저절로 그렇게 되어 이루어지고, 저절로 그렇게 되어 높아지는 것이지,
인위적으로 의도하여 구해지는 것은 아니다. 곧 내 몸 안팎이 서로 감응하고 서
로 길러내는 까닭이니, 이른바 '이치는 하나로 돌아감이 같다[同歸一致]'는 소리이

---

372 '精義'는 이치를 궁구하는 것이고, '入神'은 정성을 다하여 명에 도달하는 것이고, '精義入神'은 사물
의 精微한 이치를 알아 신묘한 곳으로 나가는 것이다. 곧 도통 경지로 들어가 장차 쓰임에 다하려
함이다. 자벌레 확(蠖). 뱀 사(蛇). 숨을 칩(蟄).
373 천하가 低級을 따르면 근본을 몰라 無窮할 뿐이다[모르는 자는 평생 모른다]. 그러나 당신 같이 神道
를 알고 그와 하나될 줄 안다면, 천지의 변화까지를 알게 되니, 바로 그 점[德性]이 대단한 것이다.

다."[374]

　오치기는 움츠리고 펼치는 '굴신屈信', 이치를 정밀하게 하여 입신의 경지에 오르는 '정의입신精義入神', 내 몸을 편안하게 하여 덕을 높이는 '숭덕崇德'은 애쓴다고 되는 것이 아니고 저절로 그렇게 되는 자연스러움이라 한다.

　심대윤도 '군자가 감응할 수 없는 데서 억지로 감응하기를 구하지 않음은 나를 해롭게 하기 때문'[375]이라며 여러 경우를 제시하고 있다. 이를테면 가르침에도 순서가 있으니[教誨有序], 분심이 없으면 깨우쳐 주지 않고[不憤不啓], 알고자 하지 않으면 말해주지 않으며[不悱不發], 세 모퉁이로 반증하지 못하면 다시 가르쳐 주지 않듯이[以三隅反則不復], 나아가 활동하고 물러나 은둔하는 데도 도가 있으니[行藏有道], 벼슬할 만하면 벼슬하고[以仕則仕], 그만둘 만하면 그만두며[以止則止], 말할 수 있으면 말하고[以言則言], 말할 수 없으면 말하지 않으며[不可言則不言], 할 수 있으면 하고[以爲則爲], 할 수 없으면 하지 않는다[不可爲則不爲]고 한다. 만사는 구하는 데도 때가 있으니[求取有時], 교분이 정해진 뒤에 구하고[定交後求], 때가 된 뒤에 취하는 것이다[時然後取]. 교유에도 사람이 있으니[交遊有人], 해로운 사람은 버리고[去其損], 이로운 사람을 취한다[取其益]. 거처에도 장소가 있으니[居處有地], 위태로운 나라에는 들어가지 않고[危邦不入], 어지러운 나라에는 거처하지 않는다[亂邦不居]. 그러므로 윗사람을 사귐에 아첨하지 않고[上交不諂], 아랫사람을 사귐에 모독하지 않는다[下交不瀆]며 여러 경우를 들었다.

　이는 군자가 감응을 구하지 않는 것은 아니나, 감응할 수 없는 데서 감응을 구하지는 않는다는 소리이다. 감응할 수 없는 데서 감응을 구하지 않음이, 곧 감응을 구하는 까닭이라 한다. 감응하는 도는 정밀하고 한결같이 귀하게 여겨야 할 것이다[感應之道貴其精一]. 그래야 감응할 수 있는 것을 잃지 않는다[不失其感]. 군자는 의를 정밀히 하여 신묘함에 들어가니[精義入神], 감응을 잃지 않아야 씀을 이롭게 하고, 감응할 수 없는 것을 억지로 하지 않아야 몸을 편안히 하여 덕을 온전히 할 수 있다는 것이다.

　백운白雲은 이러한 감응을 '함괘咸卦'와 '관괘觀卦'로 비교 분석하기도 했다. '함

---

374 吳致箕, 『周易經傳增解』: "此皆自然而致, 自然而崇, 非其思慮之所求, 乃吾身內外相感而交養. 卽自然之理也, 正所謂同歸一致者也."
375 沈大允, 『周易象義占法』: "君子不强求感於不可感之, 所以取其害也."

괘'는 단지 끼리끼리 동류同類에 그친다. 동류가 이미 감응했다면[同類感應] 천하가 따라서 변화한다[天下從觀化]. 신묘함을 궁구하여 변화를 아는 것[窮神知化]은 '관괘觀卦'의 도이지만, 함괘는 정밀하나 신묘하지 않고[咸精不神], 관괘는 신묘하나 정밀하지 않으며[觀神不精], 함괘는 전일하나 두루하지 못하고[咸專不徧], 관괘는 두루하나 전일하지 못하며[觀徧不專], 함괘는 감응하나 변화하지 못하지만[咸感而不化], 관괘는 변화하나 감응하지 못하고[觀化不感], 함괘는 알고 서로 감응하지만[咸知相應], 관괘는 모르면서 서로 변화한다[觀不知相化].[376]

여타 제설諸說은 단순한 남녀의 감응에서 출발한 것이 측량해 낼 수 없는 신묘한 경지[不知者神]에 오른 까닭은 주고받는 사랑이 절대의 자리를 얻으면 저절로 이루어지는 변화[自致者化]라고 말하였다. 「계사전·상」에서 말한 '신묘함으로 미래를 안다[神以知來]'는 것이 바로 이런 변화가 아니겠는가?[377] 유달리 「계사전」을 높이 사는 장자[張載]도 공감했다. "미루어 행하는 데 점진적인 아름다움이 나타나는 것이 변화이고[推行有漸爲化], 바깥세상과 함께하여 그 아름다움이 나타나 예측할 수 없는 행복으로 살아가는 것이 바로 신묘함이다[合一不測爲神]."[378]

이상을 결론지으면 이렇다. "신묘함을 애써 구하지 않지만[神不求窮] 저절로 궁구함에 이르고[自至于窮], 조화를 알려고 구하지 않아도[化不求知] 저절로 앎에 이르게 된다[自至于知]. 어째서인가? 이것은 바로 성인이 본성을 다하면 천명에 이르는 일임을[盡性至命之事] 증명하였기 때문이다. 그러니 어찌 사심을 내어 욕심으로[憧憧思慮] 구하겠는가?"[379]

---

376 沈大允, 『周易象義占法』: "咸之道, 止於同類. 同類旣已感應, 天下從以觀化之矣. 窮神知化, 觀之道也. 咸精而不神, 觀神而不精, 咸專而不徧, 觀徧而不專, 咸感而不化, 觀化而不感, 咸知而相應, 觀不知而相化."

377 沈就濟, 『讀易疑義』: "不知者神也, 自致者化也. 上傳所謂神以知來, 則來者非化耶."

378 金相岳, 『山天易說』: "窮神於內, 知化於外, 乃養盛自致. 張子曰, 推行有漸爲化, 合一不測爲神."

379 吳致箕, 『周易經傳增解』: "此乃聖人盡性至命之事, 而德之盛, 无以加矣. 何嘗憧憧思慮而求之哉."

易曰 困于石 據于蒺藜 入于其宮 不見其妻 凶 子曰 非所困而困焉
名必辱 非所據而據焉 身必危 既辱且危 死期將至 妻其可得見邪

역에 이르길, '돌에 눌리고 가시덤불에 걸려 이러지도 저러지도 못한다. 집에
돌아오니 아내마저 도망쳐 버리고 없어 흉한 꼴이 벌어진다'라 하니, 공자가
일렀다.

"곤란할 바가 아닌데 곤란하면 명성에 반드시 욕이 되고, 걸릴 데가 아닌데
걸리는 것은 자신의 몸이 반드시 위태로울 것이다. 이미 욕되고 또한 위태로
워 죽을 지경에 이르렀는데, 집에 들어간들 아내를 볼 수 있겠는가?"[380]

澤水困

'곤괘' 육3을 공자가 다시 한번 풀었다. 세상살이 중 가장 어려운
처지를 당하는 모습이다. 처자식을 잃을 정도의 일은 아예 생각도 말
라는 소리이다. '역왈곤우석易曰困于石' 이하는 '굽히고 펼 수 있는지'
'굽히고 펼 수 없는지'를 말하였다. 군자는 굽히고 펼 수 있지만 소인
은 굽히고 펼 수 없다는 것이다. 여기서 주자가 혹자의 질문을 받고 나눈 대화가
있다. "곤란할 일이 아닌데 곤란을 받고 욕을 먹는 것은[非所困而困焉名必辱], 돌은
움직일 수 없는 물건인데 힘을 쓰다 스스로 곤란을 초래할 상황입니까?" "할 수
없는 행동은 애초에 하지 말라는 소리입니다. 사람이 힘을 쓸 수 없는 곳인데,
'하다 안 되면 그만두면 되지' 하는 의미로 덤비면, 바로 허탕치게 되어 다른 사람
들이 무능하다 할 뿐 아니라, 이름만 욕되게 할 뿐입니다. 거기에 그치면 다행이
나 처자식까지 잃을 정도의 욕을 당할 터인데요."[381]

---

380 "'咸卦' 다음에 '困卦'가 온 것은 憧憧往來로 모든 정력이 소모되어 澤无水困이 된 상황이다. 咸其心
으로 무아지경에 이르는 길은 죽음에 이를 정도로 어렵다는 뜻인데, 마음을 몰아가는 도중에 뜻밖의
돌변한 사태에 직면하면 명예와 保身뿐 아니라, 처자식과 부모 형제들도 잃을 정도에 직면한다는
것이다."(아산) 걸릴 거(據). 가시덤불 질려(蒺藜). 욕될 욕(辱).

381 沈就濟, 『讀易疑義』: "或問, 非所困而困焉, 名必辱, 大意謂石不能動底物, 自是不須去動他. 若只管去用
力, 徒自困耳. 朱子曰, 此爻大意, 謂不可做底, 便不可入頭去做. 又曰, 且以人事言之, 有着力不得處. 若
只管着力去做, 少間去做不成, 他人便道自家无能, 便是辱了名."

易曰 公用射隼于高墉之上 獲之 无不利라 子曰 隼者 禽也 弓矢者
器也 射之者 人也 君子 藏器於身 待時而動 何不利之有 動而不括
是以出而有獲 語成器而動者也

역에 이르기를, '왕공이 높은 담 위에 있는 매를 쏘아 떨어뜨리면 무슨 일이라
도 순조롭고 불리한 것이 없다'라 하니, 공자가 다음과 같이 댓글 하였다.
"매는 맹금, 화살은 무기, 쏘는 자는 사람이다. 군자가 몸에 무기를 지니고 때
를 기다렸다가 필요시에 움직이니 어찌 불리할 수 있겠는가. 움직여도 막힐
것이 없으니, 이로써 무기를 쓰기만 하면 반드시 잡아오는지라, 무기를 완벽하
게 갖추어 움직이는 왕공처럼 해야 할 것이다."[382]

雷水解

군자는 구할 수 있음에도 구하지 않았기에, '곤괘困卦' 육3 같은 흉
을[入于其宮不見其妻] 당하지 않고, 구해도 분수와 자리를 넘지 않기
에, '해괘' 상6처럼 불리한 점이 없을 것이다[公用射隼于高墉之上獲之无
不利]. 여기서 회재 선생은 다음과 같이 일렀다.

"소인은 꺼리는 것이 없으니[小人無忌憚], 인의를 해치면서도[賊仁害義] 조금도
부끄러워하거나 두려워하지 않는다[略無恥畏]. 작게는 어진 이를 투기하고 유능한
이를 질투하여[妒賢嫉能], 정사를 훼방하고 다스림을 해치며[妨政害治], 크게는 위
엄과 복을 전횡하여[專擅威福], 임금을 시해하고 나라를 찬탈하니[弑君簒國], 매우
두려울 만하다. 그 마음은 오직 이로움을 따르고 해를 피할 줄만[趨利避害] 알기
때문에, 이로움을 보인 뒤에야 선행을 하는데 부지런하고[見利勸善], 위엄으로 두
렵게 한 뒤에야 악행을 징계한다[畏威懲惡]. 진실로 작은 일에서 징계될 수 있어
큰일에 이르지 않게 한다면[懲小不至大], 소인의 복이 아니고 무엇이가."[383]

---

382 '새[bird, new]'를 잡는 것 같은 목적을 달성하기 위함인데, 그러기에 궁시(弓矢·마음자리)를 잘 보존해
야 하고[正心修養], 계획 또한 치밀해야 한다. 단 善을 이루려는데 惡[도둑]이 방해하면 가차 없이
죽여도 좋기에, 군자는 무기[器·실력]를 쓴다. 사나운 새 준(隼). 담 용(墉). 묶을 괄(括).
383 柳正源, 『易解參攷』: "晦齋先生曰, 小人无忌憚, 賊仁害義, 而略无恥畏. 小則妒賢嫉能, 妨政害治, 大則
專擅威福, 弑君簒國, 甚可懼也. 蓋其心唯知趨利避害, 故見利而後, 勸於爲善, 畏威而後, 懲於爲惡. 苟能
懲之小, 使不至於大, 則小人之福也."

子曰 小人 不恥不仁 不畏不義 不見利不勸 不威不懲 小懲而大誡
此小人之福也 易曰 屨校 滅趾 无咎라 此之謂也.
공자가 말하였다.

"소인은 불인을 부끄러워하지 않고, 불의를 두려워하지 않고, 이익이 나지 않
으면 힘쓰지 않고, 위협을 받지 않으면 놀라지 않으니, 이로써 작은 잘못을 징
벌하여 큰 죄를 짓지 않도록 경계함이니, 이는 소인의 복인지라, 역에서 '형틀
에 매어두고 그 발꿈치를 베니 허물이 없다' 한 것이다."[384]

火雷噬嗑

'서합괘' 초9에 대한 설명이다. 부끄러워할 만한 것이 '불인不仁'인
데도 소인은 불인을 마음으로 달가워하고, 두려울 만한 것이 '불의不
義'인데도 소인은 불의를 마음으로 달가워하여, 이로움을 본 뒤라야
선에 부지런하고[見利勸善], 위엄에 제재 받은 뒤라야 악함이 징계된
다[制威懲惡]. 그러므로 앞에서 작게 징계함이 있으면 뒤에 크게 경계함이[小懲大
誡] 있게 되니, 이것이 바로 소인의 복이다. '한상漢上 주씨[朱震] 왈. "소인은 어질
지 못함을 부끄러워하지 않는다[不恥不仁]. 그러므로 의롭지 못함을 두려워하지
않아[不畏不義], 죽음에 빠지고 욕됨이 선조에 미치니[陷死辱先], 이보다 큰 부끄러
움이 무엇이란 말인가[恥孰大焉]. 비록 어리석어도 이익으로 나아가려 하고 재해
를 피하려는 것은[就利避害] 남들과 마찬가지이다. 그러므로 이익을 보인 뒤에 장
려되고[見利後勸], 위엄을 보인 뒤에 징계된다[威而後懲]. 적게 징계하여 크게 조심
하게 함도[小懲大誡] 오히려 소인의 복이 되거늘, 하물며 참으로 의를 아는 것이
랴!"[385]

부끄러워하지 않고 두려워하지 않으며, 권면하지 않고 징계하지 않음은, 백성
이 잘못된 행동을 하는 것이고, 작게 징계하여 크게 경계하게 함은, 바로 말을
바르게 하여 금지하고 경계해야 한다는 소리이다. 이익이 없으면 행하지 않고, 해

---

384 앞에 '뇌수해괘' 상육이 소인을 궤멸치 않으면 삽시간에 소인의 세상이 펼쳐질 것이기에, 그 소인에
게 복을 주는 방법으로 서합괘에 滅趾, 滅鼻, 墨刑, 宮刑, 梟首 등과 같은 것을 썼다. 부끄러울 치(恥).
두려울 외(畏). 징계할 징(懲). 경계할 계(誡). 맬 구(屨).
385 吳致箕, 『周易經傳增解』: "漢上朱氏曰, 小人, 不恥不仁. 故不畏不義, 陷於死亡, 辱及其先, 恥孰大焉.
雖愚也, 而就利避害, 與人同. 故見利而後勸, 威之而後懲. 小懲大誡, 猶爲小人之福, 況眞知義乎."

로움이 없으면 버리지 않는 것은 백성의 잘못된 행동이다. 엄폐하거나 용서해서는 안 되니[不可掩解], 말을 바르게 하여 그런 행동을 금지해 나가야 할 것이다[正辭禁戒].

善不積 不足以成名 惡不積 不足以滅身 小人以小善 爲无益而弗爲也 以小惡 爲无傷而弗去也 故 惡積而不可掩 罪大而不可解 易曰 何校 滅耳 凶

선을 쌓지 못하면 이름을 이루지 못하고, 악을 쌓지 않으면 몸을 잃지 않는다. 그렇지만 소인은 작은 선이 무익하다 하여 베풀지 아니하고, 작은 악이 해롭지 않을 것이라 여겨 함부로 행하는지라, 고로 악한 것이 쌓이면 덮을 수가 없고, 죄가 커지면 풀 수가 없다 하였으니, 역에 이르기를 '하교何校 하야 멸이滅耳라, 흉凶타' 한 것이다.[386]

초9에 이어 '서합괘' 상9의 경우이다. '불인不仁'을 부끄러워하지 않기 때문에 작은 선을 무익하다고 행하지 않고, '불의不義'를 두려워하지 않기 때문에 작은 악이 상하지 않을 것으로 여겨 없애지 않는다는 것이다. 주진朱振이 말했다. "의리에 정밀한 자[精義者]가 어찌 하루만 쌓겠는가[豈一日積哉]? 저 선善하지 않음을 쌓아 제 몸을 망치는 사람은[積惡滅身], 작은 선이 큰 선을 쌓는 것임을 알지 못한 것이다[不知小善者大善之積]." 건안建安 구씨[丘富國]도 말했다. "악이 작다고 징계할 수 없다면 곧 죄가 커지면 더 풀 수가 없다. 발꿈치를 못 쓰게 하는 작은 벌로 방지하지 않아서[滅趾不防], 귀를 잘라내는 큰 벌을 줌과 같으니[至於滅耳], 어찌 흉하지 않을 수 있겠는가?"[387] 선과 악은 모두 작은 것이 쌓여 큰 것[積小而高大]을 이룬다. 승괘升卦 「대상전」 뜻을 보고 이해를 얻도록 하라.[388]

火雷噬嗑

---

386 소인의 엄청난 악폐의 예로, 공자가 '서합괘'의 초9와 상9, '뇌수해' 육3과 상6을 들고 있다.
387 吳致箕, 『周易經傳增解』: "漢上朱氏曰, 精於義者, 豈一日積哉. 彼積不善而滅其身者, 不知小善者大善之積也. 建安丘氏曰, 惡小而不能懲, 則罪大而不可解. 猶滅趾不防, 而至於滅耳也, 烏得而不凶."
388 沈大允, 『周易象義占法』: "善惡之事, 皆積小而致其大. 詳見升之大象下義"

子曰 危者 安其位者也 亡者 保其存者也 亂者 有其治者也 是故
君子 安而不忘危 存而不忘亡 治而不忘亂 是以身安而國家 可保也
易曰其亡其亡 繫于苞桑

공자가 말하였다.

"위危란 그의 자리를 편안히 여기는 것이요, 망亡이란 그 존재를 보존하는 것이다. 난亂은 정치에 달렸으니, 이런 고로 군자는 편안할 때 위태함을 잊지 아니하며, 잘 살 때 망할 것을 잊지 아니하며, 정치로 변란을 잊지 않는 것이다. 이로써 몸이 편안해야 국가를 보존할 수 있으니, 역에서 말하기를 '망할 듯 망할 듯해 뽕나무 뿌리에 묶어둔다'라고 하였다."[389]

天地否

'비괘否卦' 구5의 뜻을 풀었다. '편안함'과 '위태로움'은 몸으로써 말하였고, '보존함'과 '망함'은 집안으로써 말하였으며, '다스림'과 '어지러움'은 나라로써 말하였다. 또 몸이 편안해야 '나라가 보존될 수 있다[身安而國家可保]'고 말한다.

주자가 이렇게 말했다. "보아하니 '지킨다[保]'고 한 것이 좀 억지인 듯하지만, 위태함과 망함과 어지러움의 뜻을 항상 유념한다면, 자리를 편안히 하고, 존재를 지키고, 다스림을 유지할 수 있다는 소리일 뿐이다."[390] 예로부터 지금까지 우환에

---

389 『논어』 「微子」에 '苞桑'의 경우가 둘 있는데, 하나는 "楚狂接輿歌而過孔子日, 鳳兮鳳兮! 何德之衰? 往者不可諫, 來者猶可追. 已而已而! 今之從政者殆而! 孔子下, 欲與之言. 趨而辟之, 不得與之言"이고, 둘은 "長沮桀溺耦而耕, 孔子過之, 使子路問津焉. 長沮日, 夫執輿者爲誰? 子路日, 爲孔丘. 日, 是魯孔丘與? 日, 是也 日, 是知津矣. 問於桀溺. 桀溺日, 子爲誰? 日, 爲仲由. 日, 是魯孔丘之徒與? 對日, 然. 日, 滔滔者天下皆是也, 而誰以易之? 且而與其從辟人之士也, 豈若從辟世之士哉? 耰而不輟. 子路行以告. 夫子憮然日, 鳥獸不可與同羣, 吾非斯人之徒與而誰與? 天下有道, 丘不與易也"이다. 즉 "접여나 장저와 걸익 같이 세상을 은둔하는 자도 있고, 공자처럼 적극적으로 세상에 맞서 바로잡아가는 자도 있다. 그런가 하면 적적함을 지키지 않는 자는 두려운 곳이 없고 소홀한 바가 적지 않다. 소홀한 자는 항상 가장 먼저 잃어버리고, 두려워하는 자는 가장 뒤에 잃는다. 잃어버린 뒤에야 징계하면 바로잡아도 종신토록 일한 찬스를 포착하지 못할 것이다."(동파)
否卦 때일지라도 군자가 은거만으로 세상을 등지는 것이 능사가 아니라 실력 연마로 소인을 몰아낼 수 있도록 해야 할 것이다. 군자가 망할 듯해도 종자는 사라지지 않는다.
390 吳致箕, 『周易經傳增解』: "此釋否九五爻辭之義. 安危以身言, 存亡以家言, 治亂以國言. 所以下文日身安而國家可保也. 朱子日, 看來保字說得較牽强, 只是常有危亡與亂之意, 則可以安其位, 保其存, 有其治."

서 보존되고, 안락에서 망하지 않은 적이 없었다.[391] 실록에 따르면, 국가의 위급한 사태에 대비하는 자들은 눈앞의 무사無事를 잠시도 소홀히 하지 않았다.[392]

> 子曰 德薄而位尊 知小而謀大 力小而任重 鮮不及矣 易曰 鼎折足 覆公餗 其形渥 凶 言不勝其任也.
> 공자가 이르길, "덕이 엷으면서도 존경받으려 하고, 배운 게 없으면서 꿈은 크게 그리려 하고, 힘은 보잘것없으면서 자리는 막중하려고 하면, 당연히 미치지 못할 것이다" 하였다. 역에서 말한 "공식 연회석상에서 솥 다리가 부러지고 음식이 엎질러지면 중형에 처할 정도로 흉하다"고 한 바의 예이다.[393]

火風鼎

'화풍정괘' 구4에 대한 해설인데, 이어지는 삼산三山 유정원의 주석은 아래와 같다.

"덕에는 두터움과 얇음이 있고[德有厚薄], 앎에는 큼과 작음이 있으며[知有大小], 힘에는 가벼움과 무거움이 있어[力有輕重], 이것을 헤아려 소임을 맡긴다면[量度授任], 천하에 버릴 만한 재주가 없을 것이다[天下無棄才]. 만일 현명하지도 않고 잘 알지도 못하는 자가[不明不審], 시동처럼 앉아 자리만 탐낸다면[尸居貪位], 무거운 형벌을 내리더라도, 어떻게 밥그릇을 엎는 화를 구제할 수 있겠는가?"[394]

---

391 沈大允, 『周易象義占法』 : "自古及今, 未嘗不存於憂患而亡於安樂."
392 右議政 李濡가 箚子를 올렸다. "예로부터 무릇 국가의 위급한 사태에 대비하는 자들은 눈앞의 無事한 것을 가지고 소홀히 하지 아니하였으니, 『주역』에 이른바 '편안할 때에 위태로움을 잊지 않는다[安而不忘危]'는 것과 『시경』에 이른바 '하늘에서 陰雨가 내리기 전에 창문을 치밀하게 얽는다'는 것은 그 깊은 뜻을 알 수가 있습니다. 중략. 변변치 못한 정성이 본래 나라를 保衛하려는 계획에서 나왔으나, 도리어 나라를 멸망시키는 覆轍에 빠지고 말았습니다. 신이 진실로 우매하여 생각이 여기에 미치지 못하였으니, 이것이 신의 죄입니다."
  _ 『조선왕조실록』, 40집, 146쪽, 숙종 31년, 을유(1705, 강희44), 3월 14일(무신)
393 앞의 '否卦' 구5 '其亡其亡' 때에는, '明明德'이 없었으면 이를 극복해 나갈 수 없었다. 지금 여기서는 鼎卦로 革하는 것이고, 다시 革은 利涉大川하는 것일 때, 오로지 '德人'만이 가능한데도, 어쭙잖은 일[尊·大·重]을 하는 자가 있으니 결국 국 쏟고 옷 버리는 꼴을 당한다.
  엷을 박(薄). 꺾을 절(折). 엎을 복(覆). 밥 속(餗). 나쁠 악(渥).
394 柳正源, 『易解參攷』 : "德有厚薄, 知有大小, 力有輕重, 量度以授之任, 則天下兂可棄之才矣. 苟使不明不審, 尸居貪位, 則雖刑渥之刑, 而何能救覆餗之禍乎."

주진朱振은 또 이렇게 설했다.

"자리를 덕에 맞추고자 하고, 꾀를 지혜에 맞추고자 하고, 소임을 역량에 맞추고자 하여, 세 가지가 각각 그 실질을 얻는다면, 씀을 이롭게 하고 몸을 편안히는 할 것이다[利用安身]. 소인은 단지 뜻을 얻음에 있을 뿐이니까, 나라를 다스림에 뜻밖의 행운과 만에 하나를 바라니[徼倖萬一], 재화가 미치지 않음이 드물 것이다. 예로부터 완전히 망해 자신이 죽어도 그 책임을 다할 수 없는 것은 이렇다 할 의리를 알지 못함에 근본했다[本不知義]."

융당融堂 전시錢時도 '임금의 역량'에 비유해 이렇게 말하고 있다.

"옛날 임금은 반드시 역량과 덕을 헤아린 뒤 벼슬을 주었고, 신하도 반드시 역량과 덕을 가늠한 뒤 그 소임을 맡았다. 비록 백공百工과 서리胥吏라 하더라도 구차히 하지 않았거늘, 하물며 삼공三公이겠는가? 임금이 되어 가려내는 것에 분명하지 못하고, 신하가 되어 스스로 가려냄에 자세하지 않아, 자신을 망치고 군주를 위태하게 하며, 나라를 그르치고 천하를 어지럽게 하는 것이, 모두 소임을 감당하지 못하기 때문이니, 경계하지 않을 수 있겠는가?"

성재誠齋 양만리楊萬里도 '분수를 몰라' 만사가 생기는 일이라 덧붙였다.

"성인이 어찌 천하의 사람들로 모두 덕이 두텁고 얇지 않으며, 지혜가 크고 작지 않으며, 역량이 많고 적지 않기를 요구하겠는가? 또한 자리를 탐하면서 자기를 헤아리지 않고[貪位不量己], 분수에 넘치면서 소임을 감당하지 못하여[過分不勝任], 사람들의 밥그릇을 뒤엎고[覆人之餗] 자기의 몸을 망치게 됨을 책망할 뿐이다[敗己之身]."

子曰 知幾其神乎 君子上交不諂 下交不瀆 其知幾乎 幾者動之微
吉之先見者也 君子見幾而作 不俟終日 易曰 介于石 不終日 貞吉
介如石焉 寧用終日 斷可識矣 君子知微知彰知柔知剛 萬夫之望

공자가 일렀다.

"사물의 기미를 관찰하면 그야말로 신묘하다 아니할 수 없다. 군자는 위로는 공손하되 아부하는 일은 없으며, 아랫사람에겐 친밀하지만 그로 인해 몸을 더럽히지도 않는다. 이는 장차 다가올 화에 대한 기미를 알기 때문이다. 기미란 사물의 움직임에 나타나는 작은 징조로, 거기서 이미 길흉의 단서를 읽을 수 있다. 그런 까닭으로 군자는 기미를 보고는 즉시 일어나 그 때를 놓치지 않아야 한다. 예괘 2에 '절개가 돌처럼 굳다. 종일을 가지 않아도 길하다'고 하니, 4와 함께 할 기쁨을 갖지 말 것을 돌처럼 하라는 의미다. 어찌 기미를 보면서 무위로 하루 해를 보낼 수 있겠는가! 과단성은 그 기미를 아는 데서 반드시 생겨난다. 군자는 작은 기미를 알기 때문에 크게 나타나는 현상을 알고, 또 부드러움을 알기 때문에 강하게 행할 수 있다. 고로 기미를 아는 군자만이 만인의 숭앙을 받게 되는 것이다."[395]

雷地豫

'예괘豫卦' 육2의 경우이다. 여기에 회재晦齋의 해석이 보인다.

"군자의 뜻은 오히려 기미를 살펴[審幾微], 미연에 방지하는 데 있기 때문에, 은미함을 보고도 드러남을 알며[見微知著], 유약함을 보고도 강건함을 안다[見柔知剛]. 쉬움에서 어려움이 되고[爲難於易], 세세한 데서 중대하게 되니[爲大於細], 서리를 밟는 처음에 단단한 얼음이 얼 줄 알며, 한 음이 자랄 때에 여자가 장성하게 됨을 안다. 이것이 어지럽기 전에 다스림을 제재하고[制治未亂], 위태롭기 전에 나라를 보존하는 방법이다[保邦未危]."[396]

'기미를 안다[知幾]'고 한 것은 반드시 윗사람과 사귀고, 아랫사람과 사귀는 것

---

395 '明明德이 된 자는 日午中天 시기에 '豫卦' 2처럼 豫知가 되면 그 幾微를 알기에 六極(洪範九疇一曰 凶短折, 二曰疾, 三曰憂, 四曰貧, 五曰惡, 六曰弱)을 당하지 않는다. 과연 이런 '萬夫之望'이 될 자가 누구인가?

아첨할 첨(諂). 모독할 독(瀆), 도랑 독(瀆). 기다릴 사(俟). 굳을 개(介). 어찌 영(寧). 드러날 창(彰).

396 柳正源, 『易解參攷』: "晦齋先生曰, 君子之志, 尚在於審幾微, 而防之於未然, 故見微而知著, 見柔而知剛. 爲難於其易, 爲大於其細, 知堅冰於履霜之初, 知女壯於一陰之長. 此所以制治于未亂, 保邦于未危也."

을 경계로 삼은 것이다. 기미가 먼저 움직임[幾之先動]은 교제의 사이에서[交際之間] 가장 잘 드러남을 알 수 있다. 은미함은 일이 아직 드러나지 않은 것이고, 드러난 것은 일이 이미 나타난 것이다. 은미하고 드러나며 부드럽고 굳셀 줄 아는 것은 기미를 살핀 것이며, 아첨하지 않고 모독하지 않은 것은 기미를 알아 중도를 얻은 것이다. 맹자도 선비가 가고 오고 백성이 가고 옴을 '기미幾微'로 말했다.[397]

근재近齋 박윤원朴胤源은 '기미를 안다[知幾]는 범주를 어디까지로 봐야 할까?' 하고 의문을 던진 사람이었다. "유독 윗사람과 사귀면서 아첨하지 않으며[上交不諂], 아랫사람과 사귀면서 모독하지 않으니[下交不瀆言之]라고 말한 것은 어째서인가? 교제의 일이 기미를 아는 데 가장 중요하기 때문일 것이다. '기미[幾微]'는 움직임의 한 가지 일이니 주돈이周敦頤가 말한 '선과 악의 갈림[善惡之幾]'의 '갈림[幾]'과 같다면, 여기서 말한 '기미를 알다[知幾]'가 생각이 처음 싹트는 곳에 성찰함으로 말한 듯한 것과, 또 그 아래 글에 '기미를 보고 일어남[見幾而作]'이 벼슬길에 나아가거나 은둔함과 떠나가고 나아감의 거취로 말한 것은 아닐까? '지미지창지유지강知微知彰知柔知剛'을 이천伊川은 '은미함을 보고 드러남을 알며[見微知彰], 부드러움은 보고 굳셈을 안다[見柔知剛]'는 것으로 보았고, 주자도 마찬가지로 네 가지 일로 간주하였는데, 어느 주장이 옳을까?"[398]

'기미[幾微]'란 사람이 알기 어려운 것이지만, 알 수 있기 때문에 '신묘하다[神]'고 말하였다. 구4는 예괘 중 때를 얻은 자로 초육은 4와 응하고, 3은 4와 이웃하니, 모두 윗사람과 사귐에 아첨하는 자이다. 2만이 3에 가로막혀 4와 사귀지 못하

---

397 『맹자』 제4장 '離婁下' : "孟子曰無罪而殺士則大夫 可以去 無罪而戮民則士 可以徙 言君子 當見幾而作 禍已迫則不能去矣." 즉 "맹자 가라사대, 죄없이 선비를 죽이면 대부가 갈 것이며, 죄없이 백성을 죽이면 선비가 가히 옮길 것이다. 군자는 마땅히 기미를 보고 일어나니, 화가 이미 임박하면 능히 떠나지 못함을 말씀하셨다." 위의 '見幾而作'은 「계사 하전」 제5장에서 공자가 '雷地豫卦' 육2[君子 見幾而作 不俟終日]를 두고 하신 말씀이다. 곧 "군자는 기미를 보고 일어나서 종일을 기다리지 아니하고, 당장 실행으로 옮긴다" 한 바이다. 또한 "군자는 미미한 것도 알고, 밝게 드러난 것도 알고, 부드러운 것도 알고, 강한 것도 아니, 온 천하 남자들이 우러러본다[君子 知微知彰知柔知剛 萬夫之望]"고 하였다. 하물며 죄없이 선비를 죽이고 죄없이 백성들을 죽이는 인군 아래에서 무슨 일을 할 수 있단 말인가. 기미를 보고 어진 선비들이 떠나감을 말하고 있다.

398 朴胤源, 『經義·易經箚略·易繫箚疑』 : "天下之事知幾何限. 而此獨於上交不諂, 下交不瀆言之, 何歟. 舉交際一事, 最在交際之事知幾也. 幾者, 動之一事, 如周子所云幾善惡之幾, 則此言知幾, 似以念慮初萌處省察爲言, 其下見幾而作, 又以出處去就言之者, 何歟. 知微知彰知柔知剛, 伊川以見微知彰, 見柔知剛看, 而朱子做作四件事, 何說爲長歟."

니 아첨하지 않는다. 초6은 즐거움을 소리 내니 흉하고 바르지 못한 자이고, 2는 중정한 자리에 있어 비록 아래 초6과 이웃하나, 그 덕이 같지 않기 때문에 아랫사람과 사귐에도 모독하지 않는다. '먼저 나타난 길[先見之吉]'은 아래의 '곧고 길한 길[貞吉之吉]'과 호응한다. 이미 은미함을 알았다면 드러나서 더욱 알기 어렵지 않을 것이다. 4에 아첨하지 아니하니 곧 4의 굳셈이 바르지 않음을 안 것이고, 초6을 모독하지 아니하니 곧 초6의 부드러움이 바르지 않음을 안 것이다. '망望'은 그런 2를 우러러 바라봄이다.[399]

子曰 顏氏之子 其殆庶幾乎 有不善 未嘗不知 知之未嘗復行也 易曰 不遠復 无祇悔 元吉

공자가 일렀다. "안씨의 아들 안연은 거의 기미를 알았다. 불선을 몰랐던 적이 없었고, 알고는 두 번 다시 잘못을 저지르지 않았었다." 『역경』에 이르길 "머지 않아 회복하니 후회가 없고 크게 길하리라"고 하였다.[400]

'복괘' 초9의 경우이다. 『심경부주』에 설명이 자세하다.[401] '태殆'는 거의[危]이고

---

399 吳致箕, 『周易經傳增解』: "旣知其微則彰, 尤不難知矣. 不諂于四, 卽知剛之不正也, 不瀆于初, 卽知柔之不正也. 望者仰望也."

400 종일[君子終日乾乾夕惕若]을 기다리면 顏子[冬至一陽始生者]와 같은 復聖公[吉之先見者]이 출현하여, '복괘' 초효처럼 '不遠復'가 된다고 한 장면으로, 공자의 心法이 안자에게 전달된 것으로 본다. 『논어』에서도 증명하고 있다. "顏淵問仁. 子曰, 克己復禮爲仁. 一日克己復禮, 天下歸仁焉. 爲仁由己, 而由人乎哉?" 위태할 태(殆). 맛볼 상(嘗). 이를 지(祇), 공경할 지(祇).

401 『心經附註』, 제1권[易], '不遠復章' : 程伊川 왈. "잃은 뒤에 되찾으니, 잃지 않았으면 무슨 되찾음이 있겠는가. 잃고 바로 돌아오면 후회하지 않아 크게 善하고 吉하다. 멀리 가지 않고 돌아온다는 것은 君子가 몸을 닦는 道이다. 學問하는 道는 다른 것이 없다. 오직 不善을 알았으면 속히 고쳐서 善을 따르는 것일 뿐이다." 橫渠(張載) 왈. "不善을 알면 일찍이 다시 행하지 않는 것이 不貳過다." 程子 왈. "顏子와 같은 경지에 어찌 不善이 있겠는가. 이른바 不善이란 것은 다만 조금 差失이 있는 것뿐이니, 조금 差失이 있다면 곧 두 번 다시 싹트 나오지 않게 해야 한다. 顏子는 대체로 聖人(孔子)과 모두 같았으나 다만 이 점에 곧 分別이 있었으니, 만약 이것이 없었다면 곧 聖人의 경지였다. 曾子의 三省은 다만 긴하게 단속한 것이었다." 邵子 왈. "입으로 말하는 것이 몸으로 행하는 것만 못하고, 몸으로 행하는 것이 마음을 다하는 것만 못하다. 입으로 말하는 것은 사람들이 들을 수 있고, 몸으로 행하는 것은 사람들이 볼 수 있고, 마음을 다하는 것은 神만이 아니라 사람의 聰明도 오히려 속일 수 없는데, 하물며 神의 聰明에랴. 입에 부끄러움이 없는 것이 몸에 부끄러움이 없는 것만 못하고, 몸에 부끄러움이 없는 것이 마음에 부끄러움이 없는 것만 못하니, 입에 허물이 없기는 쉽고 몸에 허물이 없기는 어려우며, 몸에 허물이 없기는 쉽고 마음에 허물이 없기는 어렵다." 朱子 왈. "屛山先生(劉子翬)이 병드셨을 때 내가 童子로서 선생을 모시고 병을 간호하였는데 하루는 평소 道에 들어

地雷復

'서기庶幾'는 가깝다는 뜻이니 도리에 가까움으로, 죽음 따위에 거의 이르렀다[殆] 하니 조금은 차이가 난다는 뜻이다.[402]

임천오씨[吳澄]도 아래처럼 정자의 설을 인용하였다.

"안자顔子는 분명하게 드러나는 과실이 없기에, 공자가 '거의 가깝다[庶幾]'고 하였다. 힘쓰지 않고도 중절中節하는 것이 법도에 넘으면 과실이 있다. 그러나 밝고 굳세므로 하나라도 선하지 않음이 있으면 일찍이 알지 못한 적이 없고, 알게 되면 일찍이 바로 고치지 않은 적이 없으니, 바로 멀리 가지 않고서 돌아오는 것이 된다. 과실이 아직 형성되지 않았는데 고쳤으니, 어찌 후회함이 있겠는가? '복復'은 양이 돌아와 회복함이고, '양陽'은 군자의 도리이다. 그러므로 복復은 선으로 돌아간다는 뜻이다. 복괘 초9는 양이 돌아와 회복하여 처음에 있으니, 가장 먼저 회복한 것이고, 멀리 가지 않고서 돌아온 것이다. 잃은 뒤에 회복함이 있지만, 잃었어도 멀리가지 않고 곧장 회복하니, 후회함에 이르지 않았다는 것이다."[403]

도은陶隱은 안자顔子를 따라 배움이 배우는 자들의 소원이라 한다.[404]

가는 차례를 물었더니, 先生은 欣然히 말씀하기를 '나는 周易에서 德에 들어가는 문을 얻었으니, 이른바 '不遠復이 나의 三字符이다. 너는 장차 이것을 힘쓸지어다' 하셨다." 南軒張栻 왈. "顔子의 不貳過는 한 번 끊으면 다시는 생겨나지 않게 하는 것이다. 그러므로 나의 書室을 이름하기를 不貳라 하노라."

402 朱熹, 『周易本義』: "殆, 危也. 庶幾, 近意, 言近道也. 是近義. 又曰, 殆是危殆者."

403 吳澄, 『易纂言』: "程子云, 顔子无形顯之過, 夫子謂其庶幾. 未能不勉而中, 所欲不踰矩, 是有過也. 然其明而剛, 故一有不善, 未嘗不知, 既知未嘗不遽改, 乃不遠復也. 過既未形而改, 何悔之有. 復者, 陽反來復也, 陽君子之道. 故復爲反善之義. 初陽來復, 處卦之初, 復之最先, 不遠而復者也. 失而後有復, 唯失之不遠而復, 則不至於悔也."

404 이숭인, 『陶隱集』'復齋記': "復에는 陰陽과 관련된 天地의 복이 있고, 動靜과 관련된 聖人의 복이 있고, 善惡과 관련된 衆人의 복이 셋 있다. 凡人은 태어날 때 氣稟이 이미 雜駁한 데다가 物欲이 또 가리기 때문에 그 마음을 상실하고서도 스스로 알지 못하는 경우가 대부분이다. 그래도 그 본연의 善은 원래 보존되어 있으니, 이는 陽이 한 번도 없어지지 않고 반드시 회복되는 것과 같다. 그래서 감응하는 데에 따라 나타나면서 스스로 막을 수 없는 점이 있는 것이다. 그렇기 때문에 지극히 궁핍한 자라 할지라도 자기를 업신여기며 무례한 태도로 주는 음식은 달갑게 여기지 않을 수도 있는 것이며, 지극히 포악한 자라고 할지라도 엉금엉금 기어들어 가는 광경을 차마 그냥 보지 못할 수도 있는 것이다. 이는 바로 본연한 善의 실마리가 회복되는 것으로서 감히 소홀히 할 수가 없는 까닭이다. 복괘는 陽의 기운이 위에서는 완전히 소멸되고, 아래에서는 바야흐로 자라나고 있음을 알 수 있다. 夫子가 '不遠復이라는 효사에서 '이렇게 몸을 닦는 것이다[以脩身也]'하였고, 또 顔氏의 아들을 거기에 해당시켰다. 그리고 보면 顔子가 배운 것을 배우는 것이야말로 우리들이 소망하는 바가 아니겠는가."

天地絪縕 萬物化醇 男女構精 萬物化生 易曰 三人行則損一人 一人行則得其友 言致一也

천지가 실타래처럼 뒤엉켜 돌아가면서 만물은 번성하고, 남녀가 교접하니 자식 만대가 생겨난다. 易易에 이르기를 '세 사람이 같이 가면 한 사람을 잃고, 홀로 가면 친구를 얻는다' 하는 것이 바로 저 둘이 하나로 되어 간다는 말이다.[405]

山澤損

'손괘損卦' 육3의 경우이다. 심취제와 김상악의 해설을 참고해 보자. '천지가 얽히고 설킴[天地絪縕]'은 합하여 하나가 됨이고, '남녀의 정기가 얽힘[男女構精]'도 합하여 하나가 됨이다. '하나를 덜고 하나를 얻음[損一得一]'도 하나가 됨이니, 군자가 교제를 정하는 것도 하나 되려는 까닭일 것이다. 하나가 되고 나면 굽히고 편다. 신神이 굽히고 펴서[神之屈伸] 만물을 변화하고 생기게 하는 것 역시 신이 하나이기 때문이다[神之一故].[406] 천지가 얽히고 설킴은 기운의 사귐이기 때문에 '변화하여 엉긴다[化醇]' 하였고, 남녀가 정기를 얽음은 형체의 사귐이기 때문에 '변화하여 생긴다[化生]'고 하였다. '함괘咸卦'에 하나를 이룸[咸之致一]은 도가 본래 두 가지가 아니니 하나로 귀결하는 것이고, '손괘損卦'에 하나를 이룸[損之致一]은 사람이 이 도를 본받아 하나를 이루어 나가는 것이다.[407]

위의 겸와謙窩와 위암韋庵 같이 백운白雲 심대윤沈大允도 '도의 극치는 하나 됨[一者道之極致]'에 있다는 주석이 특별히 자상하여 그의 설을 살펴보고자 한다. 내용이 심오하고 탄탄하다. 내가 지금 읽고 있는 이 글과 내가 하고 있는 이 일, 즉 글과 일이 하나 되는 서사일통書事一通이 될 때까지 잘근잘근 씹어보라 한다. 설명이 좀 길다.

---

405 "세상은 어떤 '損益' 속에서도 어떻게 하면 '益'이 될 것인가를 생각하지만, 聖人은 救濟蒼生이란 교화로 진정한 損益을 쓴다. 결국 둘은 하나, 하나는 둘을 안고 돌아가는 태극과 부부 도리가 곧 도통의 경지라는 것을 알린다."(아산).
"하나가 된 뒤에라야 변화가 완성된다."(왕필).
하늘기운 인(絪), 땅기운 온(縕), 번성할 순(醇), 진한 술(醇).

406 沈就濟, 『讀易疑義』: "天地絪縕者合而一也, 男女構精者合而一也. 損一得一者亦合而一也, 君子之定其交者, 亦一也. 一然後屈伸也. 神之屈伸, 化生萬物者, 神之一故也."

407 金相岳, 『山天易說』: "釋損六三爻義. 天地絪縕, 氣之交也, 故曰化醇, 男女構精, 形之交也, 故曰化生. 咸之致一, 道本无二, 而歸於一也, 損之致一, 人體是道, 而致其一也."

"『중용』에서 '내외를 합한 도는 때에 맞게 두어야 마땅하다'고 적었다. 이것은 '하나를 이루는 도[致一之道]'이다. 얽히고 설키며 응결되어 합함은[絪縕凝合] 교제가 긴밀한 상태이다. '순醇'은 도탑고 짙음이니 기의 변화[淳濃氣化]를 말하고, 변화하여 생김은 형체의 변화[化生形化]이다. 내가 『주역』을 읽다가 여기에 이르러, 감동하여 우러러 탄식하고 구부려 깊이 살피고서[仰歎俯深], 오직 말하기를 '아름답도다, 도여[美哉道]!'라고 외쳤다."[408]

지극히 드러나면서도 은미하고[至著而微], 지극히 가까우면서도 아득하며[至近而玄], 지극히 평평하면서도 깊고[至平而深], 지극히 번다하면서도 정밀하며[至繁而精], 지극히 쉬우면서도 어려우니[至易而難], 아름답다, 도여! 더할 나위 없도다. 이것이 천지와 성인이 천지가 되고 성인이 되는 이유이다. 이런 이치는 신묘함으로만 알 수 있으나[可以神會], 뜻으로 도달할 수는 없으며[不可意到], 설사 뜻으로 도달할 수는 있다 하더라도[可以意到], 말로는 전할 수 없다[不可言傳]. 지금 우선 그 다듬어지지 않은 생각으로 억지로 말하노니[强言糟粕], 세상 군자 중에 혹 여기에 밝은 자[能明之者]는 편달鞭撻을 바란다.

무릇 음과 양 두 기운은 함께 하나에서 나와[同生于一] 짝하고 합해 하나가 되었다[配合爲一]. 형체와 기운은 두 가지 물건인데 함께 하나에서 생겨나 짝하고 합해 하나가 되었다. 하나라는 것은 태극이다[一者太極]. 양의兩儀와 사상四象과 팔괘八卦가 태극太極에서 생겨나, 분열하고 구별되어 만 가지로 같지 않음이 있으나[有萬不同], 태극의 밖에서 나온 적은 없었다[出於太極之外]. 태극은 사상과 양의의 가운데 있고, 사상과 양의는 태극 가운데 있으니, 이것은 '만萬'이 '하나[一]' 가운데 있고, '하나'가 '만' 가운데 있다는 의미이다. 이것을 '하나'라고 하지만 '만' 가지로 다르고, 이것을 '만' 가지라고 하나 '하나'일 뿐이다[萬矣則一已矣].[409]

예를 들면, '태극太極'은 임금이고, 양의兩儀는 신하이며, 사상四象은 백성이다. 임금·신하·백성 셋이 확실하게 구별 있는 것이 층수層數이고, 신하와 백성은 아래로 내려갈수록 더욱 많아지나 사람이 각각 같지 않으니 섞일 수 없어 분수分數이다. 나라를 다스리는 것도 하나뿐이다[爲國則一已矣]. '임금'을 '나라'라고 할 수는

---

408 沈大允, 『周易象義占法』: "中庸曰, 合內外之道也, 時措之宜也, 此言致一之道也. 絪縕凝合, 交密之狀. 醇淳也濃也, 言氣化也, 化生言形化也. 小子讀易至此, 喟然仰而歎, 俯而深, 惟曰美哉道也."
409 위의 책, "謂之一矣, 則萬而殊矣, 謂之萬矣, 則一而已矣."

없지만 임금이 없으면 나라가 없고, '신하'를 '나라'라고 할 수는 없지만 신하가 없으면 나라가 없으며, '백성'을 '나라'라고 할 수는 없지만 백성이 없으면 나라가 없으니, 나라는 임금·신하·백성 밖에 있지 않지만, 또한 임금에게만 달렸거나, 신하에게만 달렸거나, 백성에게만 달린 것은 아니다. 반드시 세 가지가 합하여야 하나의 나라가 되니 세 가지가 동일해서는 안 될 것이다.

사람에게도 백 가지 신체 부위와 아홉 구멍[百體九竅]은 섞이면 안 되지만, 통체로 보면 하나이다[爲身則一己矣]. 한 몸통과 한 구멍을 가리켜 몸이라고 하면 안 되나, 몸통과 한 구멍이 없으면 또 몸이 아니다. 그러므로 나누어진 뒤에 합하고, 합한 뒤에 나누어진다. 나뉨은 합한 가운데 있고, 합함은 나뉨 가운데 있어, 섞이고 엉겨[混淪膠葛] 마침내 나눌 수 없고, 또 마침내 합할 수도 없다. 나뉠 수 없기 때문에 또한 합할 수 없으니, 이것을 '하나를 이룸[致一]'이라 하는 것이다.[410]

무릇 도는 나뉘어 다르게 되면 가장 좋지 않고[分異不善], 합하여 같게 되면 가장 좋다[善於合同]. 오관五官이 나뉘어 다르게 되면 사람의 생명이 끝나고, 삼족三族이 나뉘어 다르게 됨에 집안의 도리가 망하고, 상하가 나뉘어 다르게 되면 천하가 어지러워질 것이다. 사덕이 합하여 같으면 바른 도가 되고[四德合同爲道], 오미가 합하여 같으면 바른 양육이 되며[五味合同爲養], 만물이 합하여 같게 되면 쓰임이 된다[萬物合同爲用]. 나뉘어 다르면 사사롭고[分異則爲私], 합하여 같으면 더불어 행하게 된다[合同則爲公]. 고로 충서는 합하여 함께하는 도이다[忠恕合同之道].

또 소인의 도를 비유하자면, 동쪽을 향하는 자는 서쪽을 등져서 더욱 멀어지고, 남쪽을 향하는 자는 북쪽을 등져서 더욱 멀어진다. 군자의 도를 비유하자면, 사방 사람이 똑같이 중앙에 모여 하나가 되는 이치와 같다. 또 소인의 도를 비유하자면, 방에서 나가 멀리 백 리를 가면 방과 거리가 백 리가 되고, 천 리를 가면 방과 거리가 천 리가 될 것이다. 또 군자의 도를 비유하자면, 천길 되는 나무 가지는 하늘까지 뻗어 있고, 뿌리는 샘에 깊이 박혀 있는 것 같아, 위로 관통하고 아래로 관통하며, 멀리 관통하고 가까이 관통하여, 통하여 하나가 되니 이것을 '하나를 이룸[致一]'이라 하는 것이다.[411]

---

410 위의 책 : "分在合之中, 合在分之中, 混淪膠葛, 而不可遂分, 亦不可遂合也. 不可不分, 亦不可不合也, 此之謂致一也."

『서경』에 '오직 정밀하게 하고 한결같이 하여야[唯精惟一], 진실로 중도를 잡을 것이다[允執厥中]' 하고, 『중용』에 '오직 천하의 지극히 성실한 분이어야[惟天下至誠] 본성을 다할 수 있고[能盡其性], 사물의 본성을 다할 수 있어야[盡物之性] 천지 공사에 참여할 수 있다[與天地參矣]'고 하였으니, 자기의 본성을 다한 뒤에야 물건의 본성을 다할 수 있는 것이 아니라, 자기의 본성을 다하여야 물건의 본성도 극진하게 되어 물건이 나와 더불어 통하여 하나가 된다는 것이다. 도에 지극히 정밀[道之至精]한 것은 천지만물과 통하여 하나가 되기 때문에, 신묘하고 변화할 수 있으니[能神變化], 이것을 '하나를 이룸'이라 한 것이다.

　'하나를 이룸'이란 하나라서 하나를 이룸이 아니라[非一而一], 하나가 아닌데도 하나를 이루는 것이다[乃不一而一]. 하나가 아닌데도 하나가 될 수 있기 때문에[不一而一], 마침내는 하나가 될 수 있다[故能一也]. 하나라는 것은 도의 극치이다[一者道之極致]. 충성과 용서는 하나가 되는 방법이고[忠恕者一之法], 중용은 하나의 자리이며[中庸者一之位], 성실함에 밝음은 하나의 공효이고[誠明者一之工力], 예와 악은 하나의 기구이며[禮樂者一之器], 성인은 하나가 된 사람이고[聖人者一之人], 천지는 하나의 신이며[天地者一之神], 태극은 하나의 주체이다[太極者一之主].[412]

　지극히 성실한 도는[至誠之道] 만물을 체득하여 빠뜨리지 않는다[體萬物不遺]. 그러므로 천지의 조화[天地造化]는 만물 가운데에 있을 뿐[在萬物中已], 만물 밖에[萬物之外] 다시 천지의 조화가 없음을 알아야 할 것이다[更无造化]. 성인의 도 역시 천·지·인·사물 가운데 있을 뿐, 하늘·땅·사람·사물 밖에 성인의 도는 없다. 만일 천지와 성인이 별도로 사람과 물건 밖에서 행한다면 이것 또한 어찌 '지극히 큼[至大]'이 될 수 있겠는가? 그러므로 '하나를 이룸'이라는 것은 천지와 성인이 오직 천지와 성인이 되는 방법일 뿐이다.[413]

　『중용』에서 '천지의 도는 한마디 말로 다 할 수 있다[可一言而盡]. 또 그 물건

---

411 위의 책 : "小人之道, 譬如自室出遠行百里, 則去室百里矣, 行千里, 則去室千里矣. 君子之道, 譬如千仞之木, 枝參於天, 而根深於泉, 徹上而徹下, 徹遠而徹近, 通爲一矣, 此之謂致一也."

412 위의 책 : "致一者, 非謂一而一也, 乃不一而一也. 不一而一, 故能一也. 一者, 道之極致也. 忠恕者, 一之法也, 中庸者, 一之位也, 誠明者, 一之工力也, 禮樂者, 一之器也, 聖人者, 一之人也, 天地者, 一之神也, 太極者, 一之主也."

413 위의 책 : "至誠之道, 體萬物而不遺, 故天地之造化, 在於萬物之中而已, 萬物之外, 更无天地之造化矣. 聖人之道, 在於天地人物之中而已, 天地人物之外, 更无聖人之道矣. 若天地聖人別有事, 爲於人物之外, 則是亦爲一物也, 何能爲至大乎. 是故致一也者, 天地聖人之所以爲天地聖人也."

됨이 둘이 아니기에[爲物不貳], 만물을 살려내는 양을 측량할 수는 없을 것이다[生物不測]'고 하였으니, 이것이 바로 '하나를 이룸[致一]'이다. '하나를 이루는 도[致一之道]'는 음악에 있어 오성五聲과 육률六律과 팔음八音이 화합하여 하나의 소리가 되는 것과 같다. 내가 처음 글을 배울 때 곧 스스로 분발하여 '글을 읽는 것은 사물의 이치를 궁구하여, 일을 행하기 위함이니, 만일 '글 따로 일 따로[書自書事自事]'라면 글을 읽어 무엇 하겠는가?'라고 생각하였다. 이에 글을 읽으면 마음으로 사물을 끌어당겨 합해보고, 일에 임하면 마음으로 경전을 증명하여 비교해 보았다. 그러나 글을 읽는 데 전념하면 일을 잊고, 일에 임하는 것이 급하면 글을 잊는 것이 항상 걱정이었다. 대체로 노력한 지 30년이 지난 뒤에야 글과 일이 통하여 하나가 되어[書與事通爲一], 읽은 글이 곧 임하는 일이고[讀書卽臨事], 임하는 일이 곧 읽은 글이 될 수 있었다[臨事卽讀書]. 일찍이 일이 있어서 1년 동안 글을 읽지 못했는데도, 책을 대면하자 문리가 도리어 더욱 밝아져서[文理乃反益明], 전날 통하지 못했던 것들이 모두 기쁘게 이치가 순하게 되었다. 그런 뒤에야 '하나를 이룸'의 징험을 알게 되었으니, 모든 일은 이와 같지 않음이 없었다[萬事莫不然]. 아! 훗날의 군자여! 바라건대 나의 망령된 말에 대해서, 정신으로 이해하여 스스로 터득할 지어다[神會自得]. 말단적인 말투에 사로잡혀[局言辭末] 그 본지를 잃어서는 안 될 것이다[不可喪其意].

子曰 君子 安其身而後 動 易其心而後 語 定其交而後 求 君子修此三者故 全也 危以動 則民不與也 懼以語 則民不應也 无交而求 則民不與也 莫之與 則傷之者至矣 易曰 莫益之 或擊之 立心勿恒 凶

공자가 말하였다. "군자는 몸을 편안히 한 후에 움직이고, 마음을 편안히 한 후에 말을 하며, 또 사귈만한 사람을 정한 후에 서로 구할 것을 구한다. 군자는 이 셋을 갈고 닦았기에 온전하다 할 수 있다. 내가 위험하게 움직이면 백성들도 같이하지 않고, 내가 걱정스러운 말을 하면 백성들은 어떤 형태로든 응하지 않으며, 또 백성들과 친하지 않고 무리한 요구만 해대면 백성들이 어떻게 참여하겠는가? 백성들이 참여하지 않는다면 상처 줄 이들만 찾아들 것이다. 그러니 『주역』에서 말하기를 '보태주지 않았으니 섭섭한 백성들로부터 공격은 당연한 결과가 아닌가. 항심이 있어야 지도자의 자세인데 이러니 흉하기 짝이 없도다!' 한 것이다."[414]

風雷益

'익괘益卦' 상9의 경우이다. 도를 따르면 몸이 편안하고, 도를 어기면 몸이 위태롭다. 평탄하여 넉넉하면 마음이 차분해진다. '이易'는 '편안하고 수월함'이고, 오래 걱정하면 마음이 두려우니 '구懼'는 '근심'이다. "의義로 사귀면 교분이 안정되고, '이利'로 사귀면 교분이 없게 된다. 교분이 없는데도 먼저 구하려면 도리어 상해를 받으니, 모두 마음 세우기를 항구히 하지 못해 생기는 병통[立心勿恒]이다.'[415]

덕을 닦고 일을 닦는 공부가 여기 '익괘'를 벗어나지 않는다. 배우는 자는 마땅히 여기에 마음을 두어야 할 것이다. 자기 몸을 편안히 한 뒤에 움직이는 것은 몸을 닦는 것이고, 마음을 가다듬은 뒤에 말하는 것은 마음을 바르게 하는 것이며, 교분이 안정된 뒤에 구하는 것은 인仁을 돕는 것이다. 윗사람과 사귐에 아첨하지 않고, 아랫사람과 사귐에 모독하지 않는 것은 교분을 편안하게 한 뒤에 구

---

414 앞서처럼, 사람은 '咸恒'에서 혼인하고 '損益'으로 살아간다, 따라서 이 '損益의 妙'에 따라 풍요가 왕래한다. 「계사상」 5장은 '神'으로 끝맺고, 「계사하」 5장은 '감응의 이치, 즉 神의 작용과 損益의 관계'를 말했다. 咸恒의 착종괘가 損益이다.

415 吳致箕, 『周易經傳增解』: "以義交則爲定交, 以利交則爲无交也. 无交而先求之, 不與則反傷之, 皆立心勿恒之事也."

하는 공부이다. 교분이 안정되는 것은 마음을 바르게 하고 몸을 닦는 데에 있으니, 그것에 근본 하면 앎을 다하고 앎을 다하면 기미를 알 것이다. 기미를 알고도 위태로울까 염려하는 자는 자리를 편안히 하고, 망할까를 염려함은 그 존재를 지키며, 어지러울까 염려함은 그 다스림을 유지하려 함이다. 덕이 얇은 사람이 높은 자리에 있지 않으며, 지혜가 적은 사람은 큰일을 도모하지 않는다. 선을 쌓아 이름을 이루고, 악을 없애어 죄를 면하며, 어질지 못하고 의롭지 못함을 부끄러워할 것이다. 때를 기다려 움직이고, 자리할 때가 아닌 곳에 자리하지 않으면 불선을 행할 일이 없을 것이다. 고로 '천지에 얽혀있는 기운과 남녀가 변화하여 생기는 이치를 알면 만사는 다르지 않음을 안다.'[416]

---

416 尹行恁, 『薪湖隨筆繫辭傳』: "能有以窮極乎天地絪縕之氣, 男女化生之理, 知萬四不二相."

계사전(하) 제 6 장

> 子曰 乾坤其易之門邪 乾陽物也 坤陰物也 陰陽合德 而剛柔有體
> 以體天地之撰 以通神明之德
> 공자 왈. "건곤은 역의 문이다! 건은 양물이고, 곤은 음물이다. 그래서 음양이
> 덕을 합치면 강유가 형체를 나타내고, 천지를 길러내는 법(일)을 체득하면 신
> 명의 덕에 통할 수 있다."[417]

물건이 들고 나는 곳을 문이라고 하는데, '건곤'은 바로 64괘 384효가 들고 나
오는 곳이기 때문에 '역의 문이다[易之門]' 하였다. 양은 홀수 기수奇數이고 음은
짝수 우수偶數로서 형질이 있기 때문에 '물物'이라고 하였다. 음과 양이 서로 합하
여야 이루어지니, 역은 음만 있고 양만 있는 것은 없기 때문에 '덕을 합한다[合德]'
고 하였다. '양강' 따로, '음유' 따로, 각자 바탕이 서로 나뉘기 때문에 '몸체가 있
게 된다[有體]'고 하였다. '찬撰'은 일[법]이고, '덕德'은 성정이니, 앞의 음양과 강유
를 이어서 말한 것이다. 고로 역易이 그것을 본받고, 은미하여 측량할 수 없는
것은 강유의 신명神明한 덕 아님이 없는데, 그기에 역易이 그것에 통하니, '괘효
卦爻'로 말한 것이다.

> 其稱名也 雜而不越 於稽其類 其衰世之意耶?
> 그 이름이 섞여 있어도 넘지는 않으나, 그 종류를 살펴볼 때 난세를 의미하지
> 않았던가?

역의 내용을 살펴볼 때, 그 용어의 선택은 포괄적이고 실제적이며[其稱名也雜而不
越](그 이름은 섞여 있지만 그 질서는 넘지 아니하며), 자료 인용은 정확하였으나[於稽其
類](그 종류를 상고해 보면), 이것 또한 난세를 의미하지 않았던가[其衰世之意耶]?[418]

---

417 "'건곤이 여닫으면서 변화를 낳으니 역의 원천이 되며, 또한 음양의 덕은 합하기 때문에 섞이고,
강유의 본체가 존재하기에 흐트러지지 않는다."(동파) 법 찬(撰), 기를 선(撰=養), 일 선(撰=事).

패卦에는 패명이 있고, 효爻에는 효명이 있다. 어떤 것은 물상物象으로 일컫고, 어떤 것은 성정性情으로 일컬으며, 어떤 것은 사물의 변화變化로 일컬으니, 쉬운 일이 아니기에 지극히 어렵지 않을 수 없다. 그러나 역은 천지를 길러내는 법을 체득하고[以體天地之撰], 신명의 덕에 통하는[以通神明之德] 두 가지 일을 넘지 않았다. 다만 지극히 잡다한 가운데서 이름을 일컬었지만, 허다한 일의 류류를 살펴보면, 성인의 뜻은 바로 쇠락한 세상에, 백성의 거짓이 날마다 불어남을 걱정하였을 뿐이다. 그러므로 거짓 풍문이 난무하는 어지러운 세상에 어쩔 수 없어 그 진실을 담아 엮을 수밖에 없었던 것이다. '쇠세衰世'의 '쇠衰'는 '성세盛世'의 '성盛'에 상대되는 말이다. 문왕이 쇠락한 세상에 처하여, 나아가지도 않고 물러나지도 않았으니 그 마음을 볼 수 있겠는가? 문왕의 마음을 볼 수 있게 된 다음에야 이 장의 뜻을 알 수 있고, 또 역에 대해 말할 수 있을 것이다.[419]

夫易 彰往而察來 而微顯闡幽 開而當名 辨物 正言 斷辭 則備矣
무릇 역은 과거를 알아 미래를 살피고, 드러난 부분을 자세히 살피어 어두운 부분은 드러내고, 괘와 효를 열어서 이름을 정확하게 한다. 또 사물의 이치를 정확히 분별하고, 나아가 정확하고 틀림없는 용어를 구사하여, 길·흉·회·린을 384효에 다 판단해 두었으니, 이만하면 6가지를 충분히 갖춘 것이다.[420]

'간 것을 드러낸다[彰往]'는 것은 천도天道가 이미 그러함을 밝힌 것이고, '올 것을 살핀다[察來]'는 것은 인사人事가 그렇지 못함을 살피는 것이다. '드러냄을 은미하게 함[微顯]'은 곧 덕행을 신묘하게 함이고, '그윽한 것을 밝힘[闡幽]'은 도를 드러내는 것이다. 유하혜가 그런 사람이었다.[421] '이름에 마땅하게 함[當名]'이라는

---

418 일정한 질서에 따라 기록되었다[雜而不越], 즉 음양 배합, 도전괘, 착종괘, 호괘로 섞이어 질서를 벗어나지 않았다. 고사로 주 文王 당시의 상황 기록이라면 역은 救濟蒼生의 교훈이 시사된다.
　　넘을 월(越). 상고할 계(稽), 머무를 계(稽). 쇠약할 쇠(衰).

419 沈就濟, 『讀易疑義』: "文王處於衰世, 而不進不退, 則其心而可得見耶. 得見文王之心, 然後可以知此章之意 而亦可以言易也."

420 여기서도 공자는 6장이라 여섯 가지로 설명했다[彰往察來, 微顯闡幽, 開而當名, 辨物, 正言, 斷辭]. 밝힐 창(彰). 나타날 현(顯). 자질구레할 정도로 자세할 미(微). 열어젖힐 천(闡).

421 『맹자』 제28장 '盡心上' : "孟子曰 柳下惠不以三公 易其介." 즉 "맹자 왈. 유하혜는 삼공으로써 그 절개를 바꾸지 아니하였다." 유하혜는 나아가서는 어짊을 숨기지 않아 반드시 그 도로써 하며, 버림

것은 마땅히 그 이름에 걸맞게 한다는 것이며, '사물을 분별함[辨物]'은 잡다함을 분별하되 넘지 않는 것이고, '말을 바르게 함[正言]'은 서로 뒤바꿔 왜곡하지 않는 것이며, '말을 결단함[斷辭]'은 의존하거나 어김이 없음을 이른다. 무릇 이것들은 모두 역의 괘 안에 갖추어 놓았다.[422] 하늘의 사업을 인간에게 대신 맡겨 이 땅에 완성하려 함이 '미현천유微顯闡幽'로 '변물辨物'하여 '창왕이찰래彰往而察來'하니 그 엄청난 프로젝트를 역易에 모두 밝혀 놓았다는 것이다. 동파가 이런 말을 했다. "'도道'가 온전하여도 이름이 없을 때, '역'이 실로 이를 열어 이름을 붙였다. 다시 이름이 부족하자 사물에 비겼고, 사물도 부족하자 말을 붙였으며, 말도 부족하자 문장[辭]을 갖추었다. 고로 이름이란 말을 줄인 것이고, 문장은 말을 다 갖춘 것이다."

其稱名也小 其取類也大 其旨遠其辭文 其言曲而中 其事肆而隱 因 貳 以濟民行 以明失得之報
그 이름은 작은 것으로부터 시작하여 큰 것으로 확대해 나가고, 그 뜻은 심원하고 그 표현 또한 자못 문학적이다. 그 말은 원만(곡진)하면서도 모든 사물에 알맞으며, 역이 설명하고 있는 그 일은 광범위하지만 깊이가 있으니, 이러한 의문으로 인하여, 백성의 행함을 불선에서 구제하여 득실의 응보를 밝혀나간다.[423]

그 옛날 작역作易할 당시에는 괘획卦劃만 보고도 그 뜻을 다 이해하였는데, 시

을 받고도 원망하지 아니하고, 곤궁함을 당하여도 근심하지 아니하며, 도를 곧게 하여 인군을 섬겨 세 번 내침에 이르렀으니, 이것이 그의 절개이다. '和而不流'하면서도 '백이숙제처럼 구악을 생각하지 않았다夷齊不念舊惡]'던[公冶長 제23장] 뜻과 비슷하니 모든 성현이, 드러난 것을 미미하게 하고 그윽한 것을 밝힌 뜻[微顯闡幽之意]이다.

422 金相岳, 『山天易說』: "彰往者, 明天道之已然也, 察來者, 察人事之未然也. 微隱卽神德行也, 闡幽卽顯道也. 當名者, 當其稱名者也, 辨物者, 辨其雜而不越也, 正言, 謂不回互也, 斷辭, 謂无依違也. 凡此皆備於易卦之中也."

423 "'道'는 하나일 뿐이지만, '易'이 되는 것은 반드시 그것이 둘에서 연유하기 때문이다."(동파) "둘이란 득실이다. 득실로 인하여 생활을 터주고, 구제하므로 결과를 밝히는 것이다."(왕필) "성인은 복서라는 방법으로, 자신의 교화를 보완하여 백성을 인도하는 것이다. 선하면 복을 얻고, 악하면 복을 잃으니, 그 인과응보를 밝혀 백성을 깨우쳤던 것이다."(다산) 극에 달할 사(肆), 방자할 사, 거리낌 없을 사. 貳는 疑로 새겨 書經에서 '任賢勿貳 去邪勿疑'라 했다.

간이 흐르고 인심이 쇠락하니 갖은 말을 다하여도 의미를 풀기가 어렵다고 한다. 여러 제설諸說을 참고해 보자.

임천臨川 오씨吳氏가 일렀다. "위의 '부역夫易'으로부터 여기까지는 모두 문왕의 '단사彖辭'를 논한 것이다. 논한 류를 취함이 크고, 말이 무늬가 있고, 일이 진열되었지만 은미한 것은 '효사爻辭'도 또한 그러하나, 이것은 오로지 '단사彖辭'만을 말한 것이다."[424]

쌍호雙湖 호씨胡氏도 왈. "이 구절의 여섯 구는 모두 억누르고 북돋는 말이다. 『주역』에 실린 것은 이름이 비록 작으나 부류는 크며, 뜻이 비록 심원하나 말은 무늬가 있으며, 말이 곡진하지만 이치는 꼭 맞으며, 일이 진열되었지만 이치는 은미하다. 바로 『서경』의 '강직하나 온화하며[直而溫], 관대하나 씩씩하다[寬而栗]' 등의 말과 같은 뜻이다. 무릇 이것들은 모두 다 민심民心이 의심하기에, 그 행할 바를 역易으로 구제하여, 그 잃고 얻는 응보를 밝혀 보이려 했기 때문인 것이다."[425]

운봉雲峯 호씨胡氏도 말했다. "이름을 일컬음이 비록 작으나, 음양에서 부류를 취함이 아주 크기에, 역易을 천근淺近하다고 낮출 수 없다. 그 뜻이 비록 심원하지만 무늬를 종횡으로 볼 수 있기에, 역을 고원高遠하다고 버릴 수 없다. 그 말이 비록 곡진하지만 또한 모두 이치에 맞으니, 『주역』이 어찌 고원한 책이겠는가? 그 일이 비록 멋대로 늘어섰지만 실로 지극히 은미함에 근본하니, 『주역』이 어찌 천근한 책이겠는가? 아주 옛날에는 다만 역易의 획만 있었어도, 잃고 얻는 보응을 밝혀 백성이 의심이 없었는데, 세상이 쇠락하게 되자 어쩔 수 없이 백성의 의심을 따라서 말로 이를 밝히게 되었다."[426]

실록에는 이 같은 『주역』은 이수理數의 근원이며, 경서經書의 최상으로,[427] 권

---

424 吳澄, 『易纂言』: "自夫易以下至此, 皆論文王彖辭. 雖取類之大辭之文事之肆而隱, 爻辭亦然, 而此則專爲彖辭言也."

425 胡一桂, 『周易本義附錄纂疏』: "此一節上六句, 皆是抑揚說. 易書所載, 名雖小而類則大, 旨雖遠而辭則文, 言雖曲而理則中, 事雖肆而理則隱. 正與書直而溫寬而栗等語同意. 凡此者, 无非因民心之疑貳, 而欲濟其所行以易, 而明示其失得之報故也."

426 胡炳文, 『周易本義通釋』: "稱名雖小, 而取類於陰陽也甚大, 不可以淺近卑吾易也. 其旨雖遠, 而其文經緯可見, 不可以高遠荒吾易也. 其言雖委曲, 而又皆中於理, 易豈高遠之書哉. 其事雖橫陳, 而實本於至隱, 易豈淺近之書哉. 上古之時, 唯有易畫以明失得之報, 而民无疑, 至于衰世, 不得不因民之疑, 而明之以辭矣."

427 상이 經筵에 납시자, 洪貴達이 아뢰었다. "세종께서 학문에 뜻을 돈독히 하시와 『資治通鑑綱目』을 읽기를 시작하면 1백 번에 이르시고, 세조께서도 또한 『강목』과 『좌전』을 백 번씩을 읽으셨다 하니, 이 두 祖宗은 潛邸에 계신 지 오래였으므로 그 학력의 연마가 깊었습니다. 신이 成均館知事로 있을

학절목勸學節目에 『주역』을 먼저 강강講하여 불통不通한 자는 응시조차 못하도록 지시하였고,[428] 세조는 『주역구결周易口訣』을 강강講하게 하여 이기는 자는 자급資級을 더하고 지는 자는 자급을 깎겠다고 한 살벌한 장면도 보이는가 하면,[429] 『주역』을 강강講하는 자는 푼수를 갑절로 주라고 명하기도 했다.[430]

때 유생들이 『周易』 읽는 것은 이미 成法이 있었으며, 또 講經할 때에 分數를 더 주어 그 권장한 바가 지극하였으나, 지금은 그 師儒된 자도 오히려 알지 못하는데 하물며 유생들이겠습니까. 대저 『주역』이란 '理數의 근원'이며 '經書에 최상'의 서책이니, 어찌 업신여겨 버려두고 읽지 않아서야 되겠습니까." _『조선왕조실록』 13집, 374쪽, 연산군 5년 기미(1499) 8월 22일(기유).

428 성균관에 명하여 예조와 함께 권학절목을 의논한 내용 중 일부다. "1. 『주역』은 理學의 근본이 되는 것인데, 근래 『주역』을 배우는 유생이 적어서 역학이 이에 따라 폐기되어 없어질 듯하니, 이제부터 講試는 三經 중에서 『주역』을 먼저 강하여 不通한 자는 시험하지 말 것. 1. 반드시 『주역』이 이학의 근본이 되는 것이기는 하나, 五經은 다 輕重을 비교할 수 없으니, 『주역』을 배워야 뽑는다면 인재를 얻는 길이 넓지 못할 것입니다. 『주역』을 강하는 자는 다른 글들보다 畫數를 더 준다면, 사람들이 스스로 『주역』을 배우는 일에 勸勉할 것입니다. 1. 儒生이 반드시 『주역』을 배우게 하려면 講畫을 갑절 하여 주는 것이 어떠하겠습니까?" _『조선왕조실록』 12집, 성종 24년 계축(1493) 5월 5일(무진).

429 경복궁 丕顯閣에 나아가니, 효령대군·영웅대군, 여러 종친 및 봉원부원군 정창손, 좌의정 구치관, 우찬성 박원형, 좌참찬 최항, 이조판서 한계희, 판한성부사 이석형, 호조판서 노사신, 인순부윤 성임, 이조참판 강희맹, 행상호군 김예몽, 한성부윤 이파가 입시하여 술자리를 베풀었다. 술이 수차 돌자 여러 종친과 宰樞에게 이르기를, "이 사람들은 모두 재주 있는 선비이다. 내가 『周易口訣』을 講하게 하여 이기는 자는 資級을 더하고 지는 자는 자급을 깎겠다. 종친과 재추들은 함께 그들의 묻고 논란하는 것을 보라" 명하고, 좌우로 나누어서 앉히고 『주역』을 묻고 논란하였다.
_『조선왕조실록』 7집, 708쪽, 세조 11년 을유(1465) 10월 15일(기축).

430 知事 李克增이 아뢰기를, "『주역』은 五經 중에서 더욱 중요한 것인데, 유생이 읽기를 좋아하지 않고 『주역』을 아는 學官도 적으니, 이제부터는 『주역』을 講하는 자는 表·箋의 례에 따라 分數를 갑절로 주면 『주역』을 배우는 자가 많아질 것입니다." 하니, 임금이 좌우에 물었다. 이극배가 대답하기를, "이 말이 옳습니다. 世祖 때에 『周易啓蒙』을 강하여 略 이상은 科試에 나아가는 것을 허가하였습니다. 신의 생각으로는, 『주역』을 아는 홍문관의 관원을 시켜 고례에 따라 유생을 가르치는 것이 좋겠습니다" 하니, 그대로 따르고, 또 『주역』을 강하는 자는 푼수를 갑절로 주라고 명하였다.
_『조선왕조실록』 2집, 112쪽, 성종 22년 신해(1491) 11월 8일(경진).

계사전(하) 제 7 장

易之興也 其於中古乎? 作易者 其有憂患乎?
역易의 중흥기는 중고시대일까? 역을 만든 자는 '우환'의 의식이 있었을까?[431]

'중고中古'는 하나라·상나라 말기를 이른다. '우憂'는 천하와 후세를 위한 근심이고, '환患'은 내 몸을 위한 걱정이다.[432] '어진 이는 근심하지 않는다[仁者不憂]' 하였지만, 다시 『역』을 지은 이가 우환이 있다[作易者其有憂患]'고 하였으니, 반드시 쓰이는 곳이 각각 다름을 알아야만 한다. 천하에는 단지 하나의 '우憂'나 하나의 '환患'이 있는 것이고, 이미 이 두 글자가 있다면 성인에게 어찌 없을 수 있겠는가?[433]

복희씨가 획을 그은 이래로 성인이 번갈아 일어났으니, 비록 '단彖'과 '상象'에 대한 문자가 없었다고 하더라도, 역의 도가 크게 밝았다.

다음은 삼산 유정원이 더하는 설명이다. "예컨대 13괘로 기물器物을 만든 것과 고종高宗과 제을帝乙이 '상象'을 취했다는 것이 이것이다. 하나라와 상나라의 말기에는 성인이 일어나지 아니하여, 충忠의 폐단으로 경敬이 있게 되었고[忠弊也敬], 질박함의 폐단으로 귀신을 섬기게 되었으니[質弊也鬼], 이것이 역도易道의 쇠미함이다. 문왕이 유리에 구속되어 『역』을 지음에, 몸은 우환憂患의 처지에 있었으나, 천리天理가 소장消長하는 기미幾微와 인사人事의 득실得失 분수에 대해서 근심함이 깊었기 때문에, 그 말이 위태로웠고, 염려함이 심원했기 때문에 말이 곡진曲盡하였다. 이는 후세를 위해 근심하는 뜻이니, 성인이 아니면 그렇게 할 수 있었겠는가?"[434]

---

431 태고시대에는 복희가, 중고시대에는 문왕(주왕에 의해 유리옥에 갇혀 있을 때)이 易을 演繹하면서부터 중흥기로 보면, 그 문왕이 어려움을 겪으면서 하늘의 프로젝트[易]를 절실히 연구하게 된 것이다.

432 金相岳, 『山天易說』: "中古, 謂夏商之末. 憂者, 天下後世之憂, 患者, 一身之患."

433 程伊川, 『伊川易傳』: "如言仁者不憂, 又卻言作易者其有憂患, 須要知用處各別也. 天下只有一箇憂字, 一箇患字, 旣有此二字, 聖人安得无之."

434 柳正源, 『易解參攷』: "蓋自伏羲畫卦以後, 聖人迭興, 雖无象象文字, 而易道大明. 如十三卦之制器, 高宗帝乙之取象是也. 及夫夏商之末, 聖人不作, 忠之弊也敬, 質之弊也鬼, 是易道之微也. 文王拘羑里易, 身處憂患之地, 其於天理消長之幾, 人事得失之分, 其憂之也深, 故其辭危, 其慮之也遠, 故其言曲. 其爲後世憂患之意, 非聖人能之乎."

이어지는 오치기의 설명이다. "복희씨가 역을 만들었을 때는 '말[卦辭·爻辭·彖辭·象辭]'은 없었다. 하나라와 상나라의 말기에 역도易道가 중간에 쇠락하였지만, 문왕이 유리에 갇히는 어려움을 겪자, 비로소 '단사彖辭'가 있게 되어 사람들에게 몸에 돌이켜 덕을 닦는 도를 가르쳤다."[435]

실록에, 세종이 "일찍이 육적六籍(六經)의 글을 보건대, 그 뜻이 가끔 서로 맞지 않는 구석이 있어, 내가 그윽이 의심한다. 『주역』에 '역을 지은 자는 근심하는 것이 있었다[作易者其有憂患乎]' 하고, 또 '하늘을 즐거워하고 천명을 알기 때문에 근심하지 않는다[樂天知命故不憂]' 하였으니, 그 말이 서로 어그러지는 것은 무슨 까닭인가"라는 질문을 하고 있다.[436] 또 낙전당樂全堂 신익성申翊聖은 성재誠齋 양만리楊萬里의 『역전易傳』을 바치면서 '작역자의 우환'을 이렇게 말하고 있다.

"신이 병오년에 숙직을 하고 있을 때, 선왕께서 신이 『주역』을 좀 읽었다고 잘못 들으시고서, 성재가 지은 『역전』 1부를 주셨습니다. 신이 이 『역전』을 받은 지 26년이 되었으나, 아직도 그 오묘한 의미를 완전히 알지는 못하겠습니다. 그러나 삼가 그 전을 살펴 보건대, 고인이 행한 일들을 괘효卦爻에 배열하면서, 격언과 확론確論을 많이 기술하였으므로, 치도治道에 깊이 유익함이 있겠기에 감히 전하에게 올리는 것입니다. 공자는 '역易을 지은 것은 우환이 있었기 때문[作易者其有憂患乎]'이라고 하였습니다. 전하께서 재변災變을 만나 참회하는 마음으로, 남이 보고 듣지 않는 곳에서도 두려워하고 삼가시어, 득실得失과 치란治亂, 굴신屈伸과 소장消長을 탐구하여 통달하고, 음양이 발동하는 기틀과 강유强柔를 현실에 적용하는 오묘한 도리를 환히 밝혀 깨달으심으로써, 천도天道를 체득하여 꿋꿋이 나아가고, 시운時運을 살펴 올바르게 처리하면서 간이簡易한 방법으로 왕업王業을 원대하게 하신다면, 그야말로 제왕帝王의 효라고 할 수 있는 것으로서, 하늘에 계신 조종祖宗의 영령들을 위로할 수 있게 될 것입니다."[437]

---

435 吳致箕, 『周易經傳增解』: "伏羲作易, 而无其辭. 夏商之末, 易道中微, 文王經羑里之難, 而始有彖辭, 敎人以反身修德之道. 故夫子之言如此, 以起下文九卦之用也."

436 "『書傳』에 文王을 칭찬하여 '먹을 겨를도 없이 만민을 모두 화평하게 하였다' 하고, 武王을 칭찬하여 '팔짱을 끼고 있어도 천하가 다스려졌다' 하였으니, 정치를 하는 것이 같지 않은 것은 무슨 까닭인가. 『詩傳』에 '昊天이 밝아서 네가 나가는 데에까지 미친다' 하였다. 하늘이 컴컴하여 알기 어려운 것이 아닌데, 또 '上天의 일은 소리도 없고 냄새도 없다' 하였으니, 하늘은 헤아릴 수 없는 것이다. 여기에 대하여 설명할 수 있겠는가. 사대부들이 강구하기를 익히 하였을 것이니 각각 자세히 변명하여 대답하라. 내가 친히 보겠다." _ 『세종실록』 4집, 232쪽, 세종 21년 기미(1439) 8월 20일(병신).

是故 履 德之基也 謙 德之柄也 復 德之本也 恒 德之固也 損 德
之修也 益 德之裕也 困 德之辨也 井 德之地也 巽 德之制也
이런 고로 이괘는 덕의 기본이요, 겸괘는 덕의 자루요, 복괘는 덕의 근본이요,
항괘는 덕의 굳음이요, 손괘는 덕의 수행이요, 익괘는 덕의 넉넉함이요, 곤괘
는 덕을 분별함이요, 정괘는 덕이 땅처럼 확고부동함이요, 손괘는 덕의 재단이
다.[438]

소위 '구덕괘'이다. 위의 아홉 괘는 모두 '덕德'을 닦아 '우환憂患'에 대처하는
일로 순서가 있다. '리履'는 예禮이다. 사람이 덕을 닦음은 반드시 행하는 것으로
써 근본을 삼고, 겸손함으로써 요점을 삼는다. '터전[基]'은 확립하는 조건이고, '자
루[柄]'는 지탱하는 조건이기 때문에, '복괘復卦'로 근본을 돌이키고, '항괘恒卦'로
지킴을 굳게 하고, '손괘損卦'로 스스로 닦고, '익괘益卦'로 선을 길이 행하며, '곤괘
困卦'로 천명을 알고, '정괘井卦'로 본성을 안정하고, '손괘巽卦'로 일을 제재해 나가
는 것이다. '리괘(履卦, ䷉)'의 한 음과 '겸괘(謙卦, ䷎)'의 한 양이 위아래로 괘를
주관하기 때문에 아홉 괘의 첫머리가 되었다.[439]

자범子範 오치기가 설명을 더한다. "이履는 실천이다. 사람이 몸소 행하고 실천
하는 것은 예와 덕으로 집터와 같아 덕의 터전[德之基]이라 했다. 자루[柄]는 사람
이 잡고서 지탱하는 것으로 심지가 가득 찬 자는 반드시 그 덕을 잃지 않거니와,
오직 자기를 낮추고 남을 높이며 겸양으로 스스로 지킨다면 덕이 날마다 쌓여,

---

437 『인조실록』 34집, 418쪽, 인조 9년 신미(1631) 3월 13일(정해). "東陽尉 申翊聖의 箚子의 내용."
438 "공자의 '九德三陳卦' 중 第1陳을 설명한 글로 문왕이 우환을 해소하는 데는 우선 무엇보다도 덕[君
子進德修業 忠信所以進德也]이 있어야 한다고 본 것으로, 『서경』의 九德[너그러우면서도 위엄 있고
[寬而栗], 부드러우면서도 마음이 확고하고[柔而立], 성실하면서도 공손하고[愿而恭], 난하여도 공경
하며[亂而敬], 부드러우면서도 굳세고[擾而毅], 곧으면서도 온화하고[直而溫], 대범하면서도 염치있
고[簡而廉], 군건하면서도 충실하고[剛而塞], 강하면서도 의롭다[彊而義]와 같다."(주자)
"履는 하늘과 연못이 분수가 정해져 바꾸지 않은 것처럼 덕이 기초가 되어야 하고, 井은 또 땅처럼
자리를 바꾸지 않는 덕을 지닌다."
439 金相岳, 『山天易說』: "此九卦, 皆反身修德, 以處憂患之事, 而有序焉. 履者禮也. 人之修德, 必以踐履爲
本, 而謙退爲要也. 基所以立, 柄所以持也, 故復以反本, 恒以固守, 損以自修, 益以長善, 困以知命, 井以
定性, 巽以制事. 履之一陰, 謙之一陽, 主卦於上下, 故爲九卦之首."

사람이 자루가 있는 물건을 잡고 지탱함과 같기에 덕의 자루[德之柄]라 했다. 인욕
人慾의 폐단을 제거하고, 천리天理의 선을 회복回復하면 온갖 선이 이로부터 채워
지고 넓어지니, 나무에 뿌리가 가지와 잎사귀가 스스로 뻗어 나가는 것과 같기에
덕의 근본[德之本]이라 했다. 선이 있고 없음은 나에게 달렸으니, 선을 지킴이 항
구恒久하면 길이 오래도록 견고하기 때문에 덕의 굳음[德之固]이라 했다. 분심과
욕심은 덕을 해치는 것이니 징계하고 막는 것이 곧 스스로 수양하는 일이기에
덕의 닦음[德之修]이라 했다. 선을 보고 옮기고 허물을 보고 고치면 스스로 닦음에
더함이 있어 덕이 반드시 충족되기에 덕의 넉넉함[德之裕]이다. 곤궁을 당할 때
선악을 가장 잘 분별할 수 있으니, 곤궁해도 형통한 것은 군자이고, 이에 넘치는
것은 소인이기 때문에 덕의 분별함[德之辨]이다. 그런 덕을 축적하고 길러 남에게
미치면, 반드시 우물이 제자리에 있지만 물을 길어 사람을 길러줌과 같기에 덕의
대지[德之地]가 된다. 의리에 순응하여 자세하고 은미한 데 들어가 의로움에 따라
마름질하며 결단하기에 자신의 덕을 다듬는 덕의 마름질[德之制]이 된다 한 것이
다."440

履 和而至 謙 尊而光 復 小而辨於物 恒 雜而不厭 損 德之修也 損
先難而後易 益 長裕而不設 困 窮而通 井 居其所而遷 巽 稱而隱

이履는 화목함이 지극하고, 겸謙은 높으니 빛이 나고, 복復은 미약하지만 사물
을 잘 분별하고, 항恒은 잡다함에도 싫어하지 아니하고, 손損은 먼저는 어려워
도 나중은 쉽고, 익益은 오래 너그러워 꾸미지 아니하고, 곤困은 궁하면 통하
고, 정井은 거처하는 장소를 옮기고, 손巽은 칭찬받을 때 몸을 숨긴다.441

---

440 吳致箕, 『周易經傳增解』: "此言九卦, 爲修德之具也. 履者, 踐履也. 人之所躬行實踐者, 禮而爲德之所依
據. 亦猶室之有基址, 故爲德之基也. 柄者, 人所執持也. 心志滿盈者, 必喪厥德, 惟卑己尊人, 謙讓自持,
則其德日積, 亦猶物之有柄, 而人所執持, 故爲德之柄也. 去人慾之蔽, 而復天理之善, 則萬善從此充廣,
亦猶木之有根, 而枝葉自達, 故爲德之本也. 有善在我, 而所守恒久, 則長久而堅固, 故爲德之固也. 忿欲
所以害德, 而懲窒乃自修之事, 故爲德之修也. 見善而遷, 有過而改, 則乃有益于自修, 而德必充足, 故爲
德之裕也. 處困窮之際, 最可辨其善惡, 而困而亨則君子, 窮斯濫則小人, 故爲德之辨也. 蓄養其德, 而施
及于人, 必如井居其所而汲以養人, 故爲德之地也. 順於義理, 而入于細微, 隨宜裁斷, 故爲德之制也."
441 九德三陣卦 중 第2陣. 싫을 염(厭). 옮길 천(遷). 칭찬할 칭(稱).

'9덕괘'의 장점을 예찬한 소리이다. '예禮'가 지나치면 마음이 떠나기 때문에 '조화調和'로움을 우선해야 예가 지극하게 될 수 있으니, 이것이 '이괘履卦'가 화합하면서도 지극한 이유이다. 스스로 낮추면 더욱 높아지고 스스로 어둡게 하면 더욱 빛나니, 이것이 '겸괘謙卦'가 높으면서도 빛나는 이유이다. 미미한 양이 비록 여러 음 아래에 있으나 능히 선善의 아름다움을 회복하는데 빨라서 여러 음의 어두움 속에 빠지지 않으니, 이것이 '복괘復卦'가 작으면서도 사물과 구별되는 이유이다. 비록 시끄럽고 어지러운 곳에 처하였으나 떳떳한 덕을 변하지 않고 멀리 오래도록 하루처럼 하니, 이것이 '항괘恒卦'가 섞이면서도 싫어하지 아니하는 이유이다. 분심忿心을 징계하고 욕심을 막는 것이 곧 사욕私慾을 극복하기에 가장 어려운 것이나 먼저 어려운 일을 이겨내면 뒤에 저절로 쉬운 것을 이겨낼 수 있으니, 이것이 '손괘損卦'가 먼저는 어려우면서도 뒤에는 쉬움이 되는 이유이다. 선으로 옮기고 허물을 고치면 덕이 날마다 자라나 저절로 넉넉한 데 이르니 사사로운 뜻으로 조장을 베풀지 않으니, 이것이 '익괘益卦'가 넉넉하면서도 조작하지 아니하는 이유이다. 곤궁한 데 처해도 그 절개를 변하지 않으면 몸이 곤궁하고도 도리가 통할 것이니, 이것이 '곤괘困卦'가 곤궁하면서도 유통하는 이유이다. 비록 움직이지 않고 제자리를 지키면서도 사물을 길러내는 것은 '정괘井卦'가 제자리에 머무르면서도 옮겨가는 까닭이다. 또 사리事理에 따라 마땅함에 맞추면서도 숨어 자취가 드러나지 않게 할 수 있으니, 이것은 손괘巽卦가 맞추면서도 은미한 이유이다.

공자 일행이 초나라로 가려고 진나라로 들어섰을 때, 진나라는 오나라의 침입을 얻어 국내가 어지러웠고, 그의 일행은 오해를 받아 군대에게 포위되었다. 이때 자로子路가 불평이 가득 찬 얼굴로, '군자도 곤궁에 처할 때가 있습니까?' 하고 무례하게 대들자, 공자가 이렇게 일렀다. "있고말고. 군자란 원래 곤궁하다. 궁窮하고 달達한 것은 천명이니 어쩔 수 없다. 다만 소인은 궁할 때 어지러운 행동을 하지만, 군자는 그렇지 않으니 그 점이 소인과 다르다."[442]

442 『논어·위령공』 "君子亦有窮乎? 子曰, 君子固窮, 小人窮斯濫矣."

履以和行 謙以制禮 復以自知 恒以一德 損以遠害 益以興利 困以
寡怨 井以辨義 巽以行權[443]
'이履'로써 어울리게 행하고, '겸謙'으로써 예를 따르고, '복復'으로써 스스로 알
게 하고, '항恒'으로써 한결 같고, '손損'으로써 해를 멀리하고, '익益'으로써 이
익을 크게 일으키고, '곤困'으로써 원망을 적게 하고, '정井'으로써 의리를 분별
하고, '손巽'으로써 임기응변하는 것이다.[444]

여기서는 성인이 '아홉 괘'를 써서 덕을 닦음을 말하였다. 덕을 행하는 것이
어긋남에서 잘못될까 두려우니 '이괘履卦'로써 조화롭게 하고, 덕의 품절이 엄격
한 데서 잘못될까 두려우니 '겸괘謙卦'로써 제재한다. 선善을 선택하는 것이 덕을
닦는 첫 단계이니 '복괘復卦'로써 스스로 알아 선택하고, 굳게 지킴은 곧 덕을 닦
는 끝의 일이니 '항괘恒卦'로써 덕을 한결같이 지킨다. 욕심이 나의 덕을 해치니
'손괘損卦'로써 멀리하고, 천리天理는 나의 덕을 이롭게 하는 것이니 '익괘益卦'로
써 일으킨다. 곤궁하여 원망하고 탓함에서 벗어나지 못하는 자는 덕을 닦고 천명
을 모르니 '곤괘困卦'로써 적게 하고, 제자리에 있으면서 의리를 옮길 수 없는 자
는 덕을 닦아 본성을 다하는 것이 아니니 '정괘井卦'로써 구별한다. '덕을 닦아 일
을 행함에도 통하고 변하는 도에 합해지지 않는다면 더 먼저 숙이고 더 공손하니
'손괘巽卦'로써 행한다. 이 아홉 가지로 덕을 닦으면 천하에 무슨 대처하지 못할
우환이 있겠는가?[445] 이 장은 성인이 아홉 괘로써 덕을 닦고 우환에 대처함[修德處
憂患]을 말하였다.

성호星湖는 위의 '지이이之而以'에 대해 남다른 설명을 내놓았다. "아홉괘를 세
차례 펼친 공자는 문왕이 이런 뜻을 만들었을 것이라 여겼을 것 같다. 첫 번째
펼칠 때는 모두 '지之' 자를 썼고, 두 번째 펼칠 때는 모두 '이而' 자를 썼으며,

---

443 '九德卦' 중 '履卦'가 먼저 온 것은 乾卦 九三爻가 변하면 履卦가 되고, 또 履卦가 全變하면 謙卦가
된다. 3은 선천 마지막 가는 때라 進德修業된 군자라야만 후천으로 건너갈 수 있다. 고로 '履가 '德之
基也→ 而至→ 履以和行'이라고 할 때 천지 속에서는 '和行'이 기본적인 덕목이 된다.

444 九德三陣卦 중 第3陣. "사람이 의리를 저버릴 수 없듯 마치 우물도 옮겨 갈 수 없는 것이다[井以辨
義]"이고 "바람처럼 흔적없이 권력을 행사하는 것[巽以行權]"이 쉽지 않다.

445 吳致箕, 『周易經傳增解』: "修德行事, 若有不當固執, 而合用通變之權者, 則用巽而行之. 以此九者修德,
則天下有何憂患之不可處哉."

세 번째 펼칠 때는 모두 '이以' 자를 썼다. '지之'라는 말은 이것이 저것의 요점이 됨을 이르고, '이而'라는 말은 이미 이와 같고 또 저와 같음을 이르며, '이以'라는 말은 이것으로 쓰임을 삼았을 것이다."[446]

위암韋庵도 위의 9덕을 '치기지도治己之道', '치접물지방治接物之方', '행권行權'으로 나뉜다고 주석하고 있다. "조화롭게 행하면 행하는 쪽이 편안하고, 예로 제재하는 것은 겸손함과 공손함을 다하는 것이다. 스스로 안다는 것은 내면을 살피는 것이고, 한결같은 덕이란 밖을 지키는 것이다. 자기를 덜어내면 남이 서로 해치지 않고, 남에게 보태면 자기에게 이롭지 않음이 없을 것이다. '곤괘困卦'는 곤궁함에 처해도 원망하거나 탓하는 마음이 적고, '정괘井卦'는 베풂이 넓으면서도 취하고 주는 의리를 분별하며, '손괘巽卦'는 권도를 행하니 때에 맞게 시행할 것을 헤아려서 마땅함에 합치되지 않음이 없을 것이다."[447]

대체로 이괘履卦·복괘復卦·손괘損卦·곤괘困卦는 자기를 다스리는 방도이고, 겸괘謙卦·항괘恒卦·익괘益卦·정괘井卦는 남과 교제하는 방법인데, '손괘巽卦'는 이를 겸하기 때문에, 권도를 행하니 아홉 번째 끝에 있는 것이다. 구덕괘에서 '분별[辨]'을 말한 것이 세 군데이다. '곤괘困卦'에서는 덕의 분별을, '복괘復卦'에서는 작으나 물건 분별함을, '정괘井卦'에서는 의를 분별함을 말하였으니, 먼저 만난 때를 분별하여 잘못됨이 없게 함이다. 또 구덕괘에서 ☰(건)의 몸체는 하나이고, ☷(곤)·☵(감)·☶(간)의 몸체는 각각 둘이며, ☳(진)·☱(태)의 몸체는 각각 셋이고, ☴(손)의 몸체는 다섯이니 이 때문에 '손괘巽卦'로 권도權道를 행하는 것이다. 삼획괘에서 구덕九德괘를 살펴볼 때, 8괘 가운데 7괘를 취하고 리괘(離卦, ☲)에서만 취함이 없다. 이것을 '성인이 밝은 것을 감추는[晦明]' 뜻이라고 하나, 호체로서의 리괘(離卦, ☲)가 거기에 있으니, 밝지 않은 적이 없다는 것이다. 대체로 겸손을 행하여 밝음을 감추고자 함은 '소축괘'와 '명이괘'에서 서로 그 의미를 알 수 있다. 호병문胡炳文이 말했다. "상경의 '건괘'로부터 '이괘履卦'까지가 아홉 괘이고, 하경

---

446 李瀷, 『易經疾書』: "七章三陳九卦, 孔子爲文王設此義也. 不獨此也, 如謙明夷升之類, 周公已以文王事, 鋪排爲辭, 孔子亦或證之曰, 文王以之, 可信無疑. 此類皆與九卦, 相表裡也. 一陳則皆下之字, 二陳則皆下而字, 三陳則皆下以字. 之之爲言, 謂此爲彼之要也, 而之爲言, 謂旣如此而又如彼也, 以之爲言, 謂以此爲用也."

447 金相岳, 『山天易說』: "和行者, 安其所履也, 制禮者, 致其謙恭也. 自知者, 省之於內也, 一德者, 守之於外也. 損己則人不相害, 益人則己无不利. 困處約而少怨尤之心, 井施博而辨取與之義, 巽以行權, 則斟酌時措, 无不合宜."

의 '항괘恒卦'로부터 '손익괘損益卦'까지도 아홉 괘이다. 상경의 '이괘履卦'에서 '겸괘謙卦'까지가 다섯 괘이고, 하경의 '익괘'에서 '곤괘困卦'·'정괘井卦'까지도 다섯 괘이다. 상경의 '겸괘'에서 '복괘復卦'까지도 아홉 괘이고, 하경의 '정괘井卦'에서 '손괘巽卦'까지도 아홉 괘이다." 이처럼 위의 삼진구덕괘三陳九德卦는 우환憂患의 '역도易道'에서 발굴된 인문주의적人文主義的 가치가 '천인天人의 도道'란 보편적 이념을 위한 중요한 실마리를 제공했고,[448] 또한 구덕괘는 우환의식의 산물로 공자가 숨겨놓은 역 운용방법에 대한 메시지이기도 하다.[449]

실록의 예로 '구덕괘' 중 바람을 쓴 경우가 보인다. 소인은 풀과 같다. 바람이 불면 풀은 바람의 방향을 따라 자연스럽게 눕는다. 군자의 덕풍德風 앞에서 소인은 자신도 모르게 머리를 숙인다는 말이다. 바람처럼 다가가 소인을 일깨우는 군자의 교육을 풍교風敎라 한다.[450] 사간원의 상소가 '의리義理가 순순한 곳은 권도가 행해지는 까닭'이라며 '손이행권巽以行權'의 예를 설명하고 있다.[451/452]

---

448 김연재, '주역 九卦 덕목에 나타난 憂患의 易道와 수양론의 綱領 : "이 아홉 개 괘의 덕목은 『역전』에서 제기한 수양론의 강령을 단적으로 보여준다는 점에서 '道義의 門'으로 표상된 人文精神의 발현인 것이다." (한국양명학회, 『陽明學』 제19호)

449 권호용, '『주역(周易)』구덕괘(九德卦)의 원의(原義) 분석', 한국동서철학회, 『동서철학연구』84권 0호.

450 『논어』, 「안연」: "季康子問政於孔子曰, '如殺無道, 以就有道, 何如?' 孔子對曰, '子爲政, 焉用殺?' 子欲善而民善矣. 君子之德風, 小人之德草. 草上之風, 必偃."

451 사간원 대사간 姜子平과 사헌부 장령 安琛 등이 상소했다. "신 등은 삼가 생각하건대, 經으로써 權을 이루고 權으로써 經을 이루므로, 經과 權은 진실로 두 길이 아니고, 오직 理에 타당하게 할 뿐입니다. 權이 부득이한 데에서 나온 것이지 부득이한 일은 아니니, 權道를 쓸 수는 없는 것입니다. 周易 계사에, '巽으로써 權을 행한다' 하였는 바, 이것을 주석한 자가 이르기를, '義理가 順한 곳은 권도가 행해진 所以'라 했음도 실로 이것을 이른 것입니다. 벼슬로 상을 주는 사례는 어긋나는 처사이옵니다." _ 『조선왕조실록』 10집, 246쪽, 성종 12년 신축(1481) 8월 2일(갑진).

452 朱子는 『本義』에서 "巽은 사물의 마땅함에 꼭 맞추지만 숨어서 드러내지 않는다[巽, 稱物之宜, 而潛隱不露]" 하고 또 "巽은 꼭 맞추면서도 은미하다[巽稱而隱]"에서 "巽은 낮추는 것[巽卑底]"이라 했다. "兌는 나타남이고 손은 엎드림이다[兌見巽伏]"와 같다. "꼭 맞추면서도 은미하다[巽稱而隱]"는 유순하고 꼭 맞는 도리이니, 은미하지만 꼭 맞출 수 없거나 꼭 맞출 수 있지만 자취를 숨겨 드러나지 않게 할 수 없는 것은 모두 巽의 도리가 아니다. "손은 덕의 마름질이다[巽德之制也]"와 "손으로 권도를 행한다[巽以行權]"가 모두 이 의미이다. 白雲도 『周易象義占法』에서 "巽卦는 어진 덕에 공손하여 마땅함에 걸맞게 하고[巽巽于賢德而稱其宜] 은미하고 완곡하여 자취가 없다[微婉而无迹]"고 하였다.

계사전(하) 제 8 장

易之爲書也不可遠 爲道也屢遷 變動不居 周流六虛 上下无常 剛柔
相易 不可爲典要 唯變所適

『역』이란 책은 멀리 뗄 수 없다. 도는 수시로 변하는지라, 한 곳에 머무르지
않고 계속 변동하면서, 상하사방을 두루 돌아다니는 동물이다. 상하가 늘 같지
아니하고, 강유가 항시 바뀌며, 고정된 틀도 없이 오직 변화하여 갈 뿐이다.[453]

　『역』이라는 책[易書]은 괘사와 효사를 이르고, 역을 '멀리할 수 없음[不可遠]'은
이런 역을 배우고 익히지 않을 수 없다는 소리이다. '자주 옮겨감[屢遷]'은 변통하
여 막히지 않음을 이르고, '머물지 않음[不居]'은 한 군데에 있지 않고 늘 변동한다
는 소리이다. '육허六虛'의 '허虛'는 여섯 자리에서 음양이 왕래하기 때문에 '육허六
虛'라 하였다. 바깥의 몸체는 상괘이고, 안의 몸체는 하괘이다. '정해진 법[典]'은
떳떳함이고, '준칙[要]'은 요약이다. '나아감[適]'은 변하는 데에 나아감을 이른다.
　이른바 역의 도는 백성의 일상생활에서 벗어나지 않아, 사물의 떳떳한 이치와
떳떳한 실정일 뿐, 매우 가까워 멀리할 수 없다. 성인이 또한 어찌 떳떳한 실정과
달라서 별도로 신묘하고 기이한 것이 있겠는가? 선대의 학자들은 언제나 말하기
를 '군자는 이로움과 해로움을 알지 못하고, 오직 인의에 힘써서[唯務仁義] 하늘의
효자 되기를 구한다[求天之孝子]'고 하니 고원하다고 이를 만하다. "군자도 사람일
뿐이다. 배고프면 먹고, 추우면 옷을 입는 것이 보통 사람과 같으니 어찌 이로움
과 해로움을 모르겠는가? 만약 이로움과 해로움을 따지지 않는다면 어찌하여 부
지런히 하고 괴롭게 하겠는가?"[454] "고로 사람은 잠시라도 도를 떠날 수 없으므로
역易을 멀리할 수 없다. 떠날 수 있는 것은 도가 아니고, 멀리할 수 있는 것 또한
역이 아니다."[455]

---

453 "「易傳序」에 '易, 變易也, 隨時變易, 以從道也'라 했다. 수시변역 하는 것은 도이지, 책이 아니다."(동파).
　"괘가 추이하지 않고, 효가 변동하지 않으면 역이 아니며, 오히려 역을 죽이는 방법이다[爻不變非易
　也 猶死法也]."(다산)
454 沈大允,『周易象義占法』: "君子亦人耳. 飢而食, 寒而衣, 猶斯人也, 寧能不知利害耶. 若不計利害, 何爲
　勤苦. 乃爾縱自能, 天下孰有從之者乎."

실록의 예로, 율곡 이이의 시폐時弊와 재변災變에 관한 '만언소萬言疏'에 보이는 '수시변역'이 있다. "대체로 시의時宜라고 하는 것은 수시로 변통하여 법을 마련해서 백성을 구제하는 것을 말합니다. 정자가 『주역』을 논하기를, '때를 알고 형세를 아는 것이야말로 『주역』을 배우는 큰 법'이라 하고, 또 '수시로 변혁하는 것이 곧 상도常道라 하였습니다. 대체로 법은 시대 상황에 따라 만드는 것으로서, 시대가 변하면 법도 달라지는 것입니다. 이를테면 순舜이 요堯의 뒤를 이었으니 의당 다른 것이 없어야 할 것인데도, 12주를 고쳐 9주로 만들었습니다. 이것이 어찌 성인이 변혁하기를 좋아하여 그렇게 한 것이겠습니까. 시대를 따라 그렇게 한 것에 지나지 않을 뿐입니다."[456]

其出入以度 外內 使知懼 又明於憂患與故 无有師保 如臨父母 初
率其辭而揆其方 旣有典常 苟非其人 道不虛行
출입에도 일정한 법도가 있다. 그러기에 안팎으로 늘 조심스럽게 한다. 또 우환의 원인을 밝혀주니, 이럴 때는 스승도 도와줄 수 없기에, 『역』을 부모 모시듯 해야 하지 않겠는가. 처음에 그 『역』 속의 말만 따라도 방향을 짐작할 수 있다. 그 이유는 역 속에 일정한 법칙이 있기 때문이다. 진실로 당신이라면 이 역의 도를 헛되게 행하지 않을 것이다.[457]

여기서는 왜 역을 배워야 할까를 말한다. 나의 '우환'을 그 누가 속 시원하게 밝혀 줄 수 없다. 역이 그 역할을 할 수 있다는 소리이다. '무유사보无有師保 여림부모如臨父母'가 그말이다. '우환'이라는 것은 일이 어쩌면 이치를 따라오지 않는 것이고, '연고[故]'라는 것은 마땅한 까닭으로 행해지는 것이다. 그렇지만 역은 만사에 밝기에 스승이나 보호자도 할 수 없는 영역을 부모처럼 임하시어 돌봐준다지 않는가. 역경易經이란 책 됨이라는 '역지위서易之爲書' 한 구절이 이 뜻을 관통하고 있다.[458] 성인은 괘효가 들어오는지 나가는지[出入], 응하는지 아닌지[感應],

---

455 郭雍, 『郭氏家傳易說』: "人之於道, 不可須臾離也, 故於易不可遠. 可離者非道, 可遠者亦非易也."
456 『조선왕조실록』 25집, 437쪽, 선조(1574) 1월 1일(정축).
457 괘의 내·외와 효의 출입이 '우환'을 밝혀준다. 역이 우환과 그 원인을 밝혀주니, '師保'나 '부모처럼' 임한다. 그러니 당신이라면 이런 도를 헛되이 하겠는가? 헤아릴 규(揆).

가운데 자리에 있는지 없는지[中不中], 바른 자리인지 아닌지[正不正位]를 살펴서 말을 매달아 놓았다.[459] 또 내괘 외괘의 몸체에서 길흉회린을 말한 것이, 모두 사람들로 하여금 경계하고 두려워할 줄 알게 하였다. 또 우환과 연고를 밝게 말하여, 사람들에게 길에 나아가고 흉을 피하게 하였기 때문에, 비록 가르치고 보필하는 이의 교훈이 없어도 항상 교훈이 있는 것 같고, 비록 부모께서 굽어 임하는 것이 아닐지라도 항상 굽어 임하신 듯하였다. 그러니 두려워하여 감히 범하지 않고, 또 사랑하니 차마 떠나지 못하는 것이다. 역의 도가 이와 같으니 사람이 어찌 멀리할 수 있겠는가?[460] 고로 신명함이 나에게 보존되면[神明存人] 법과 도가 허위로 행해지지 않을 것이니[典常不虛行], 이런 고로 역易을 멀리할 수 없는[不可遠] 까닭으로, '당신이 아니면 역을 누가 행하겠느냐[非其人行]' 하는 소리이니, 바로 여기에서 성인이 출현한 바이다.[461]

---

458 李漢, 『易經疾書』: "憂患者, 事或不順理也, 故者, 其當行也. 易皆明於此. 其愛人如此, 故如臨父母. 易之爲書一句貫串來."

459 예로 '出入'은 5가 2와 응하고, 4가 초와 응함은 出이고, 2가 5와 응하고, 3이 상과 응하는 것은 入이다. '度'는 법도로 초와 4가 응하고, 2와 5가 서로 응하며, 3과 상이 서로 응하는 것도 모두 일정한 법도가 있다는 소리이다. '연고[故]'라는 것은 '憂患'이 그렇게 된 까닭이니 예컨대 需卦 구3은 '진흙에서 기다림이 우환이 됨[需于泥爲憂患]'이니 그 연고는 '도적이 옴을 초래하였다[致寇至]'이다.

460 吳致箕, 『周易經傳增解』: "又明言憂患與故, 使之趨吉避凶, 故雖旡師保之敎訓, 而常如敎訓, 雖非父母之俯臨, 而常如俯臨. 旣懼之而不敢犯, 又愛之而不忍離. 易道如此, 人豈可遠乎."

461 『중용』 제27장: "大哉 聖人之道 洋洋乎發育萬物 峻極于天 優優大哉 禮儀三百 威儀三千." 즉 "크도다, 성인의 도여! 넘실넘실 만물을 발육하여 하늘의 높음에 닿았도다. 넉넉하고 넉넉해서 크도다. 예의는 삼백 편이요 위의는 삼천 편이로다." 이러한 道는 아무나 행하는 것이 아니다. '苟非其人 道不虛行' 하였듯이 모든 것은 진실로 도를 펼 수 있는 당신[성인]만이 가능한 일이다.

계사전(하) 제 9 장

易之爲書也　原始要終　以爲質也　六爻相雜　唯其時物也　其初難知
其上易知　本末也　初辭擬之　卒成之終

『역』이란 책은 처음과 끝을 인과로써 본질적인 것을 말한다. 6효가 서로 섞여
복잡한 것 같으나 오직 시간과 공간이 핵심일 따름이다. 그래서 처음엔 어려
우나 위로 가면서 쉽게 본말을 알 수 있을 것이다.[462] 고로 처음 말은 애매하지
만 나중에는 뚜렷해짐을 알 수 있다.[463]

　역을 이해하는 방법 중 한 가지를 제시한다. 처음에는 애매하고 복잡한 것 같
아도 끝에 가면 아주 쉽게 풀어 놓았다는 것이다. '원原'은 근본이고, '시始'는 맨
아래 즉 초위·초획을 이르며, '요要'은 요점을 살핌이고, '종終'은 맨 위 상위[획]를
이르니 먼저 맨 아래와 맨 위를 말하고 보면, 2·3·4·5 중간 자리는 저절로 그 안에
있어 요점 파악하기가 어렵지 않다는 소리이다. '서로 섞임[相雜]'은 양과 음의 자
리가 서로 섞여서 음양이 변동하여 두루 흘러 고정함이 없음이다. '시時'는 여섯
자리의 때이고 '물物'은 음양 두 물건이다. '괘卦'는 정해진 몸체가 있기 때문에
'바탕[質]'이라고 말하였으니, 문왕의 단사는 반드시 초획에 근본하고 상획을 살펴
말을 만들었다는 것이다.[464] 예컨대 '건괘乾卦'에서는 '크고 형통하며 이롭고 곧다
[元亨利貞]' 하였고, '곤괘坤卦'에서는 '암말의 바름이 이롭다[牝馬之貞]' 한 것이 모
두 처음과 마침을 합하여 말했다. '효爻'는 정해진 쓰임이 없기 때문에 '그때그때
의 사물이다[時物]' 하였으니, 주공의 효사도 오직 때와 사물에서 취하여 말을 만

---

462 땅속의 많은 뿌리는 알기 어렵고, 가지에 달린 (밤·대추 같은) 열매는 알기 쉽다. 그러니 초는 이해가
　　어렵고, 상은 이해가 쉽다.
463 "역이 종횡으로 이치를 담고 있는데, 質은 卦體를 말하니, 卦는 始終으로 中을 잡아 본질을 이루고,
　　爻는 오직 그때의 사물로 취상하여 설명할 뿐이다."(주자)
　　초위는 '사물의 애매모호한 문제를 제시(擬)하고 있고, 상위는 '마침내(卒) 완성(成)'이 되도록 하려는
　　것이다. 본질 질(質). 헷갈릴 의(擬). 마침내 졸(卒).
464 吳致箕, 『周易經傳增解』: "原者, 本也, 始, 謂初爻也, 要者, 察也, 終, 謂終爻也, 言其始終, 則二三四五
　　之爻, 自在其中矣. 相雜, 言剛柔之位, 相錯而陰陽變動, 周流无定也. 時, 謂六位之時, 物, 謂陰陽二物也.
　　卦有定體, 故曰質, 而文王之彖辭, 必本乎始, 察乎終, 以爲辭."

들어 놓았다. 예로 '건괘'는 양물陽物로 '잠겨있고, 나타나고, 날고, 뛰어오르는' 것처럼 같지 않고, '곤괘'는 음물陰物로서 '서리를 밟고, 자루를 묶는' 것처럼 같지 않다.

박복剝復괘를 예로 들 수도 있다. 박괘剝卦와 복괘復卦의 뜻은 단지 초획에 매어있으나, 박괘 여섯 획이 모두 '깎음[剝]'을 말하였고, 복괘 여섯 획이 모두 '돌아옴[復]'으로 말하였으니, 이것이 처음과 마침이 바탕이 된다는 소리이다. 그러나그 여섯 획은 물건이 각각 다르니 '평상을 깎음'·'살갗을 깎음', '아름다운 돌아옴'·'돌아옴에 혼미함'의 부류가 이것이다.[465] 시작과 마침[始終], 근본과 끝[本末]이란말은 『대학경문』에 갖춰져 있고[物有本末, 事有終始], 시작과 마침, 근본과 끝의 분별은 『맹자집주』의 '단서를 짓고 시작을 의탁한 말[所以造端託始之深意]'을 참고해보면 알 수 있다.[466/467]

若夫雜物 撰德 辨是與非 則非其中爻 不備 噫 亦要存亡吉凶 則居可知矣 知者 觀其彖辭 則思過半矣

만약 대저 '사물'을 섞는 것과 '괘덕'을 가리는 것과 '시비'를 분변할 때는 '중간의 네 효의 변동'이 아니면 구비하지 못한다.[468] 그렇다[噫]! 역은 '존망'과 '길흉'을 아는 것이 요점인데, '괘사와 효사'를 봐도 알 수 있으며, 지혜로운 사람이라면 그 '단사'만 봐도 반은 분명히 알 수 있을 것이다.[469]

---

465 李漢, 『易經疾書』: "如剝復之義, 只繫初爻, 然剝六爻, 皆以剝言, 復六爻, 皆以復言, 此始終爲質之義也. 然就其間六爻, 其物各殊, 剝床剝廬, 休復迷復之類是也."

466 沈就濟, 『讀易疑義』: "始終本末, 備言於大學, 而始終本末之分別, 參於孟子之造端托始, 則可見也."

467 『맹자』 '양혜왕' 중 "王曰叟不遠千里而來, 亦將有以利吾國乎? 孟子對曰王何必曰利 亦有仁義而已矣"에관한 주자의 주석이다. "'仁義'란 사람 맘의 고유한 근원으로 天理의 公이며, '利心'은 사물과 나의형체에서 생겨나니 人欲의 사사로움이다. 그러니 천리를 따르면 이로움을 구하지 않아도 스스로 이롭지 않음이 없으나, 人欲을 따르면 이로움을 구하여 얻지 못하였을지라도 해로움은 이미 따르게된다. 이것이야말로 '작은 차이가 천리의 뒤틀림을 낳는다[毫釐之差千里之繆]'는 뜻이다. 이는 『맹자』의 단서로부터 출발하고 시작에 의탁한다는 깊은 뜻으로[造端託始之深意], 배우는 사람이라면 마땅히 정밀하게 찾고 밝게 분별해야 한다[學者所宜精察而明辨也]".

468 "'中爻'는 '互卦'를 중요시해야 한다는 말이나 왕필은 2·5만 '중효'라 했다. 주자가 '선유들이 이 구절을해석함에 互體로 간주하였다. 互體說은 漢代 학자들이 많이 사용하였으니, … 또한 폐기할 수 없다'고 하였다(『朱子語類』). 胡炳文(元, 『易本義通譯』)·洪邁(宋)·吳澄(元, 『易纂言』) 등처럼 여러 易說에서모두 호체를 논하였거늘, 왕필(魏)이 불쑥 나서서 그를 폐기하니, 이는 당시 鍾會(魏)가 '周易無互體

여기서도 앞글의 '맨 아래를 근원하고 맨 위를 살핌[原始要終]'을 이어서 초위·상위 두 위를 말하였다. 초위는 괘의 근본이어서 바탕이 밝지 못하기 때문에 '알기 어렵다[難知]'하였고, 상위는 괘의 끝이어서 바탕이 이미 드러났기 때문에 '알기 쉽다[易知]'고 하였다. 알기 어렵기 때문에 성인이 초위의 말을 붙일 때는 반드시 어떤 상象과 어떤 점占에 모의해야 하는지를 상세히 살핀 뒤에 헤아렸다[詳審其當擬何象何占]. 알기 쉽기 때문에 성인이 상위의 말을 붙임은, 아래 자리의 말로 인하여 마침을 이룬 것에 불과하니, 예컨대 '건괘'의 초구에서는 '잠겨있는 용'이라 하였고, 상구에서는 '끝까지 올라간 용'이라 한 까닭이다.

다음 글은 괘 가운데 상위와 초위를 제외한 네 위를 들어 '호체互體'를 말한 부분이다. '잡雜'은 섞임을 이르고 '물物'은 음양을 이른다. '찬撰'이라는 것은 칭함이고, '덕德'은 괘덕이다. '변辨'은 분별이다. 이치에 마땅한 것은 '시是', 이치에 어긋난 것은 '비非'이다. 예컨대 중정中正하여 이치에 맞으면 시是, 중정中正하지 못하여 이치에 맞음이 없으면 비非가 된다. '가운데 효[中爻]'라는 것은 2·3·4·5위이니, 전체로 말하면 초와 상 가운데 있고, 내괘·외괘 두 괘로 말하면 2는 내괘 가운데, 5는 외괘 가운데이며, 호체互體로 말하면 3은 내체內體 가운데이고, 4는 외체外體 가운데이기 때문에, 합하여 말하기를 '가운데 효[中爻]'라 하였다. 모든 괘의 안과 밖은 이미 본괘本卦의 몸체가 있고, 또 '호괘互卦'의 몸체가 있어서 각각 음양이 서로 섞임이 있고, 각각 칭술할 만한 덕이 있다.

예컨대 준괘(屯卦, ䷂)의 외괘는 감괘(☵)의 빠지는 덕이 있고, 내괘는 진괘(☳)의 움직이는 덕이 있으니, 이것이 곧 '본체'이다. 음양이 섞여서 어울리면 2부터 4까지는 곤괘(☷)의 순한 덕이 있고, 3부터 5까지는 간괘(☶)의 그치는 덕이 있으니, 이것이 바로 '호체互體'이다. 본체로만 살피고 호체를 빠뜨리면 그 의미가 갖추어지지 않을 것이며, 호체로만 말하고 본체를 빠뜨리면 그 의미가 또한 갖춰지지 못할 것이다. 그러므로 '가운데 효[中爻]'라는 것은 본체와 호체를 합하여 말한

說을 저술하여 漢儒들을 비판하자, 왕필이 앞뒤를 가리지 못하고 황급히 추종한 것이었다. 만일 주자가 거듭 이 대목을 밝히지 않았다면 호체설은 거의 잊혀버리고 사라졌을 것이다."(다산)

469 여기서 '亦'은 '易'으로 봐도 무방하다.(하산) '象'은 근본을 세우기 위한 것이며, 근본이 서야 변화가 근거할 데가 있다. 고로 6효의 변화는 모두 본상에 의거해 변화하는 것이니, 본상을 모르고서야 그 변화를 어찌 파악할 수 있겠는가?

"'象辭'를 파악하고 난 후 '爻辭'를 보면 그 변화도 칼이 닿자 베어지듯 쉽다[迎刀而解矣]."(다산)

것이다. 본괘와 변효와 호괘도 볼 수 있어야 한다는 소리이다. 이처럼 호체互體는 주역 해석에 있어서 중요한 의미를 지닌다.[470]

二與四 同功而異位 其善不同 二多譽 四多懼 近也 柔之爲道 不利
遠者 其要无咎 其用柔中也

2위와 4위는 공은 같지만 자리가 다르니 그 공덕이 같지 않다. 2는 명예가 많고
4는 두려움이 많다. 이것은 임금에게 가깝기 때문이다. 부드러운 유의 도는 멀리
가면 불리하니 허물이 없어야 하며, 그 이유는 유순중정을 쓰기 때문이다.[471]

위에 이어 2·3·4·5의 자리에 대해 논하였다. 2와 4는 모두 음 자리이기 때문에 '공효가 같다[同功]' 하였고, 2는 내체內體에 있고 4는 외체外體에 있기 때문에 '자리가 다르다[異位]'고 하였다. 2는 가운데 자리를 얻고 4는 가운데 자리를 얻지 못하였기 때문에 '선함이 같지 않다[善不同]'고 하였다. '칭찬이 많다[多譽]', '두려움이 많다[多懼]'는 것은 경계하고 두려워하는 말이 많음을 이른다. '가까움[近]'은 임금의 자리에서 가깝고, '멂[遠]'은 임금의 자리에서 멀다. '요要'라는 것은 대요大要이고, '용用'이라는 것은 공용功用이다. 4는 유柔로서 음의 자리에 있으니, 비록 바른 자리를 얻었더라도 가운데 자리가 아니면서, 임금의 자리와 가깝기 때문에 오히려 두려움이 있는 것이거늘, 하물며 강양으로 음의 자리에 있으면서, 가운데 자리도 아니고 바른 자리도 아닌 자는 어떻겠는가? 이것이 '두려움이 많은[多懼]' 이유이다. 2는 임금의 자리에서 멀어, 자못 음으로서 양을 따르는 도리가 아니니, 2의 음 자리에 있는 것이 의당 이롭지 않을 듯하다. 그러나 강양으로서 2의 자리에 있는데도 오히려 허물이 없음이 되는 것은, 음의 자리가 가운데를 얻었기 때문이니, 하물며 부드러운 음으로서 음의 자리에서 '가운데[中]'와 '바름[正]'을 갖추어 얻은 자는 어떻겠는가? 이것이 칭찬이 많은 이유가 된다.

---

470 최인영의 '호호체(互互體)·호체(互體)·본괘(本卦)의 상관성과 『주역』 해석', 한국철학사연구회, 『한국철학논집』 53권0호, 2017년 5월)

471 2와 4는 같은 음일지라도, 신분이 서로 다르다. 예로 2는 중전의 자리요, 4는 임금의 최측근 신하라 할 수 있다.

三與五 同功而異位 三多凶 五多功 貴賤之等也 其柔危 其剛勝耶
3위와 5위는 공은 같되 자리가 다르다. 3위는 흉이 많고 5위는 공이 많다. 그
이유는 귀천의 차등 때문이다. 3과 5는 부드러운 유를 쓰면 위험하고 강양을
쓰면 과격할까?[472]

3과 5는 모두 양의 자리이기 때문에 '공효가 같다[同功]' 하였고, 3은 하체下體
에 있고 5는 상체上體에 있기 때문에 '자리가 다르다[異位]' 하였다. 3은 신하의 천
함으로 하괘 위에 있으니 강강剛이라면 너무 굳세어 중도가 아니고, 유유柔라면 자리
가 마땅하지 아니하여 중정中正을 잃으니 흉이 많다. 5는 임금의 귀함으로 상괘
가운데에 있으니, 강한 양이라면 강이 중정中正을 얻어 큰일을 해낼 수 있고, 부
드러운 음이라면 유순으로 중도를 얻어 여러 아랫사람이 복종하기 때문에 공효가
많다. 이것이 이른바 귀하고 천한 등급이다[貴賤之等]. 그러나 흉함이 많은 3의 자
리에 유약한 음으로서 양의 자리에 있다면, 자리가 마땅하지 않아 위태롭기 때문
에 흉함이 많게 될 것이고, 또 강강剛으로서 그 자리에 있어도 흉함이 있게 될 것이
다. 공적이 많은 5의 자리는 강강剛으로서 양의 자리에 있다면, 그 자리에 바르고
마땅하기 때문에 공적이 많을 것이고, 또 유유柔로 그 자리에 있어도 길함이 있게
될 것이다. 9장은 여섯 자리의 강과 유의 몸체[剛柔之體]에 대하여 논한 것이다.

---

472 본시 3·5가 양인데 음이라면 음심을 품기에 위험하고 양이면 과격이 흉이다.

계사전(하) 제 10 장

易之爲書也 廣大悉備 有天道焉 有人道焉 有地道焉 兼三才而兩之
故 六 六者 非他也 三才之道也

『역』이란 책에는, 광대하여 모든 것을 다 갖추고 있다. 특히 그중 크게는 천도
와 지도 그리고 인도가 있고, 이 천지인 삼재를 겸하여 각각 둘씩 갖고 있
다.[473] 고로 이를 6획劃이라 하는데, 6은 다름이 아니라 '천지인' 삼재의 도다.[474]

여기 제10장에서 세 번째로 '역이라는 책[易之爲書]'을 말한 것은, 거듭해서 말
하여 『역경易經』 속에 천지 이치를 다 갖추어 놓았다고 자신하는 소리이다. 「계
사하전」은 사람의 일이기 때문에 사람이 천지天地의 가운데 서 있으며, '삼재三才'
라는 말이 비로서 여기에서 나타나기 시작한다. 「계사상전」은 천지의 역이고[天地
易], 「계사하전」은 천지의 사람이니[天地人], 사람이 곧 역이고[人是易] 역이 곧 사
람[易是人]이라는 것이다.[475]

道有變動 故曰爻 爻有等 故曰物 物相雜 故曰文 文不當 故 吉凶
生焉

삼재의 도가 고정되지 않고 변동하니 그를 효라 한다.[476] 그 효는 등급이 있는
데, 이는 양효 음효라 하는 사물이다. 이 사물은 서로 섞이는지라 문채(문화)
라 하고, 이 문채가 부당하면 길흉이 생겨나게 된다.[477]

역의 '변동變動'은 때에 따라 변하고 움직임을 말한다. '효爻'는 획의 변동을 말

---

473 세 효씩 '互體'를 두 개 만들어 한 괘를 성립시켜 나가는데, '互卦'라고 한다.
474 역은 '天大地廣'으로 '천지인 삼재'를 다 갖추고 있다. 모두 실(悉).
475 沈就濟, 『讀易疑義』: "三言易之爲書者, 申申言之, 而其意各具也. 下傳人事, 故人立於天地之中也, 三才
二字, 始見於此. 上傳則天地易也, 下傳則天地人也, 人是易, 易是人也."
476 "不變하면 '효'가 아니다[不變非爻]."(다산)
477 6등급의 효는 양물과 음물로 섞여 있으니 64괘, 384효는 문체가 생겨나지만, 음양의 '변동'이 생기
면서 '길흉'이 생겨난다.

하니, 9·6(九·六)이 그것이다. 옛날에는 64괘의 상상象만 있고 효효爻가 없었던지라 부족하였다. 이에 9·6(九·六)의 뜻을 부연해 냈으므로 '효효爻'라고 하였다. 효에는 귀천貴賤이나 원근遠近의 등급이 있는데, 9·6(九·六)으로 다하기에 부족하였다. 따라서 '건괘乾卦'의 잠김[潛], 드러남[見], 뜀[躍], 낢[飛]과 같은 것이다. '등급[等]'은 강유와 귀천, 대소와 원근의 부류이고, '사물[物]'은 음양이고, '서로 섞임[相雜]'은 모여서 섞임을 말한다. 하나면 홀로 서고, 둘이면 무늬를 이루는데, 음양은 두 사물로 서로 사귀어 섞인다. 그러므로 '무늬[文]'라고 하였고, '마땅하지 못함[不當]'은 단순히 양陽이 음 자리에 있고, 음陰이 양 자리에 있는 것만을 가리키지는 않는다. 괘의 실정이 선善하다면 자리가 혹 마땅하지 못하더라도 길하게 되니, '대유괘大有卦' 상9와 '송괘訟卦' 구4와 같은 것이다. 괘의 실정이 선하지 못하다면 혹 자리가 마땅하여도 흉하게 되니, 또한 '박괘剝卦'의 육2와 '항괘恒卦'의 상6과 같은 류도 있다. '요점은 때에 따라서 뜻을 나타냄에 있으니, 마땅함을 얻으면 길하고, 마땅함을 얻지 못하면 흉하다.'[478]

실록의 예로, "『대학』을 읽어 정통한 뒤에야 『논어』로 올라가고, 『주역』까지 올라가서 모두 다 정통한 뒤에야 과거에 나아가기를 허락한 까닭으로, 비록 강경講經하는 생도가 아닐지라도 스스로 경학에 힘을 써왔는데, 지금은 이 법을 따르지 않기 때문에 학생들이 한갓 문장에만 힘을 쓰고 경학에는 힘을 쓰지 않사오니, 법대로 행하시라" 한다.[479] 또 『중용』·『대학』·『논어』·『맹자』에 통달한 자는 '주역재周易齋'로 올리고, 『역경易經』에 능통한 자라야 비로소 향시鄕試에 나가게 하였는데, 지금 성균관에 있는 '주역재'의 이름을 보더라도 그 법이 행해졌던 것을 알 수 있다.[480]

---

478 吳致箕, 『周易經傳增解』: "要在隨時見義, 得其當則吉, 不得其當則凶."
479 『세종실록』 3집, 228쪽, 세종 12년 경술(1430) 4월 6일(을해).
480 『중종실록』 18집, 322쪽, 중종 34년 기해(1539) 8월 1일(을축).

계사전(하) 제 11 장

易之興也 其當殷之末世周之成德耶 當文王與紂之事耶 是故 其辭
危 危者使平 易者使傾 其道甚大 百物不廢 懼以終始 其要无咎 此
之謂易之道也

역易이 흥한 때는 은나라 말 주나라 초, 즉 문왕과 주왕 때의 일이 아닐까?
이런 고로 말투가 위태롭고 직설적이다. 이렇게 직설적인 것은 천하의 태평을
위해서이고, 또 역이라고 부른 것은 판세를 바꿔 안정시키기 위함이다. (위태로
운 자를 평안하게 하고 안이한 자를 기울어지게 하니) 그러한 역의 도가 심히 크니
백물을 폐하지 아니하고 만사를 포괄하며 시종 삼가는 것이다. 그 요점은 허
물을 없게 하는 것이니, 이를 일러 역의 도라 했다.[481]

만사를 폐하고 역을 배우는 이유는 '자신의 허물을 없애는 데 있다[其要无咎]'
는 소리이다. 다음은 삼산三山 유정원의 11장에 관한 해설이다.

"공영달孔穎達[482]의 『주역정의』에서 '두려움으로 마치고 시작한다[懼以終始]'는 것은
마치고 시작함에 항상 두려워할 수 있음이니, 시작할 때에 마침을 생각하고, 마칠 때
시작을 생각하라는 것이다. 장식張栻의 『남헌역설南軒易說』에서도 말했다. 문왕이 유
리에 수감되어 조심하고 삼가며 역易을 따랐기 때문에 '위태한 자를 편안케 하였고[危
者使平]', 주紂가 고귀한 천자가 되어 무고한 자를 죽이고 역易을 거슬렀기 때문에 '쉽
다고 하는 자를 기울게 했다[易者使傾]'는 것이다. 예컨데 '건괘乾卦'의 강건한 도는 '지
나친 용[亢龍]'으로 위태하게 하고, '태괘泰卦'의 형통한 세상은 '해자로 돌아옴[復隍]'
으로 위태하게 하였다. 모든 64괘의 괘사와 384효의 효사에는 길함은 적고 흉함이 많
기에 위태하고 두려운 말이 많기에, 말이 위태하다[辭危] 하였다. 길함도 있고 흉함도
있으며, 뉘우침도 있고 인색함도 있으며, 길로 시작하여 흉으로 마침도 있고, 흉으로
시작하여 길로 마침도 있으며, 뉘우침으로 시작하여 인색함으로 마침도 있고, 인색함

---

481 여기 "懼以終始 其要无咎"와 "其要无咎 其用柔中也" 또 점은 존망과 길흉을 아는 것이 요점이라는
　　 "噫! 亦要存亡吉凶則居可知矣"를 '三要'라 부른다. 이른바 요긴한 이치를 담아 놓은 旅軒(1554~1637)
　　 의 '宇宙要括說'의 '要'도 그것이다. 의문 어조사 야(耶). 임금 주(紂). 매우 심(甚). 두려워할 구(懼).
482 공영달(孔穎達, 574~648)은 당의 경학가이자 공자의 31대손으로 당 태종(太宗)의 명을 받들어 『五經
　　 正義』를 편찬한 인물로, 『周易正義』는 왕필의 『周易註』를 인용했다.

으로 시작하여 뉘우침으로 마침도 있어서, 있지 않은 경우가 없으므로, 온갖 것을 폐지하지 않았다[百物不廢]. '두려워함으로 마치고, 시작하여 마침을 시작과 같이 삼가면 허물이 없어, 이른바 '천하의 움직임은 한결같을 것이다[天下之動貞夫一]'. 만약 시작은 있지만 마침이 없으며, 시작은 삼가지만 마침을 소홀히 한다면, 시작함에는 비록 허물이 없더라도 마침에는 반드시 흉함이 있을 것이다. 그러므로 특별히 마침과 시작함에 두려워하는 것이니[終始懼之], 성인의 근심하는 뜻[聖人憂患之意]이 지극하도다!"[483]

---

483 柳正源, 『易解參攷』: "愼終唯始, 則旡咎矣, 所謂天下之動貞夫一者也. 若有其始而旡其終, 愼於始而忽於終, 則始雖旡咎, 終必有凶. 故特以終始懼之, 聖人憂患之意, 其至矣哉."

계사전(하) 제 12 장

夫乾 天下之至健也 德行 恒易以知險 夫坤 天下之至順也 德行 恒
簡以知阻
무릇 건은 천하에서 가장 강건하기에 그 덕행이 쉽게 위험을 알아내고, 곤은
천하에 가장 유순하기에 그 덕행이 항시 간단하게 막힌 것을 깨닫는다.[484]

「계사전」을 마무리 하는 12장 서두에 걱정을 앞세우는 경계사로 '험險'·'조阻'
·'우환憂患'을 말하고 있다. 험함과 막힘이 없다면 어찌 우환이 있을 수 있겠는가?
성인은 본래 '건'의 강건과 '곤'의 유순을 지니는데, '강건'하기에 그 행함에 모든
것이 '쉽게[平易]'하여 험이 없었고, '유순'하기에 그 거처함에 모든 것이 '간략簡略'
하여 장애가 없었다. 그러나 이미 그렇게 할 수 있다고 해서 잊어버려서는 안 된
다. 지혜로운 자는 잊어버리지만, 잊지 않는 것은 후세를 걱정하기 때문이다.[485]
'험險'은 아래의 위태함이고, '조阻'는 위로 막힌 어려움이다. '건곤'은 이미 평이平
易와 간결簡潔을 알기에 막힘이 없다. 고로 험과 막힘에서 벗어날 수 있다면 위태
함이 없다는 소리이다.[486]

能說諸心 能研諸侯之慮 定天下之吉凶 成天下之亹亹者
사람의 마음을 능히 사로잡을 수 있고, 제후의 마음을 능히 알 수 있어야만,
천하의 길흉을 바르게 처리해 천하가 제대로 돌아가게 할 수 있다.[487]

---

484 아무리 어려워도 '至健'하면 쉬이 해결되고, 아무리 험난해도 '至順'하면 간단하게 풀 수가 있다.
　　쉬울 이(易). 막힐 조(阻).

485 李漢, 『易經疾書』: "知者忘之, 反不忘, 所以爲憂患後世也."

486 金相岳, 『山天易說』: "下危曰險, 上難曰阻. 乾之德行, 旣易而知險, 坤之德行, 旣簡而知阻. 故能免乎險
　　阻, 而无危也."

487 왕필·동파·주자는 여기서 '侯之' 衍文으로 보고 '마음을 기쁘게 하며 생각을 다듬다'로 해석하고, 한편
　　아산은 '能研諸侯之慮'를 '역학이 시공을 초월하는 데까지 연마하여야만 비로소 다루어진다'고 보며
　　'諸侯'를 '時候'로 보아야 한다고 주장한다. 모두 저(諸). 궁구할 연(研). 생각 려(慮). 힘쓸 미(亹).

여기서는 성인이 역을 지은 공을 밝혔다. '마음을 능히 기쁘게 할 수 있는 것[能說諸心]'은 정신이 하나 되는 것이고, '생각을 깊이 할 수 있는 것[能硏諸慮]'은 잘 살펴 헤아리는 것이다. 성인이 역을 지은 공이 이와 같다. 그러므로 천하의 길과 흉을 판정할 수 있고, 그것을 멀리까지 전해서 후세에 부지런히 애씀[亹亹]을 이루었다. '미미亹亹'는 오래 가고 멀다는 뜻이다.[488]

『한상역전漢上易傳』에서 한상 주씨[朱振]가 말했다. "쉽고 간결하기 때문에 마음에 기쁠 수 있고[易簡故能說諸心], 험함과 막힘을 알기 때문에 생각이 깊을 수 있다[知險阻故能硏諸慮]. 평이함과 간결함은 내 마음에 본디 있는 것인데[易簡我心固有], 돌이켜 구하니 기쁘지 않을 수 있겠는가! 내가 가진 것으로써, 그렇지 않은 것[險阻]을 생각하여, 반복해서 버려두지 않아야 하니[反覆不舍] 깊이 연구함이 없을 수 있겠는가! 이처럼 '마음이 이치와 맞으면[心與理會], 그 마음이 분명 쉽게 보이니 건도이고, 이치를 곰곰이 생각하여 살피면 그 일이 찬찬하고 세밀해서 간결하니 곤도이다."[489]

是故 變化云爲 吉事有祥 象事知器 占事知來
이런 고로 '변화운위' 즉 세상은 변하는 원칙이 있고, 또 세상이 변하니 그 영향이 나타나고, 그 변화에 대해 말하고, 또 그 변화에 맞춰 행동하게 되면, 그 즉시 좋은 일에 감응이 나타나게 되어 있다.[490] 그리고 '괘상'을 보고는 세상에 필요한 '기구'를 만들고, '점'으로써는 '미래'를 알아낼 수 있게 된다.[491]

---

488 李瀷, 『易經疾書』: "能說諸心, 精神合也, 能硏諸慮, 思度審密也. 聖人作易之功如此, 故能斷定天下之吉凶, 以之傳遠而成後世之亹亹. 亹亹久遠之義."

489 柳正源, 『易解參攷』: "心與理會, 則其心明白易見, 乾道也. 理因慮審, 則其事續密便簡, 坤道也."

490 '吉事'가 생기려면 '祥瑞'가 먼저 나타나고, '凶事'가 생기려면 나쁜 '徵兆'가 먼저 나타나게 된다. "是故, 天生神物, 聖人則之, 天地變化, 聖人效之, 天垂象, 見吉凶, 聖人象之, 河出圖, 洛出書, 聖人則之." 「계사상」 11장에 적었다.

491 "현대의 관점에서 보면, 점쳐서 묻는 일은 일종의 미신적 행위이지만, 정신 자산의 창조 과정이라는 측면에서 보면 점쳐서 묻는 일은 사람들이 원시 시대에서 理智의 시대로 진입했음을 의미하는 것이다. 이것은 다름 아닌 '비교 선택'하는 과정을 거쳤다는 것이다. 점쳐서 묻는 일을 하지 않을 때는, 대부분 전쟁을 준비하거나 전쟁을 하고 있었고, 그때는 매우 긴장된 상황이어서, 사람들은 '직관적 판단에 의해 행동을 결정'하였을 것이다. 점쳐서 묻는 것은 인간이 해야 할 행위를 선택함에 있어, 하늘의 도움을 빌리는 것이고, 평가는 인간 자신의 과거 행위의 도움을 받아, 미래에 해야 할 행위를

점을 만든 이유를 밝힌 자리라 할까. 평암 항씨[項安世]도 『주역완사周易玩辭』에서 이렇게 설했다. "운위云爲는 말함과 행함이다. 사람이 말하고 행동함은 바로 '역의 변화[易之變化]'를 근거로 한다. 그러므로 '변하고 화하며 말하고 행한다[變化云爲]'는 이 네 구절은 앞에서 말한 네 가지 도이다. '변화운위'는 그 일을 숭상함이고[尙其事], 그 변화를 숭상함이다[尙其變]. '일을 그려내고 일을 점친다[象事占事]'는 바로 '그 상을 숭상하고 그 점을 숭상함[尙其象尙其占]'이다. 변하고, 화하며, 말하고, 행하기를 정밀하게 하면 움직임이 미묘하게 드러남을 알아차려, 길한 것에 앞서서 헤아리는 공이 있고, 곤경에 빠지는 화가 없을 것이기 때문에 '길한 일은 상서로움이 있다[吉事有祥]'고 하였다. 이는 사辭와 변變으로써 몸에 체득한 공로이다[辭變體身]. 상을 관찰하기를 정밀하게 하면, 기구를 만드는 이치를 알 수 있으니, 예로 보인 13괘 같은 것이다. 점치기를 정밀하게 하면 올 일을 알 수 있으니[精占知來], 마침내 올 것을 안다[遂知來物]."

유정원의 설명은 이렇다. "길흉은 괘의 변화에서 보이고[吉凶見卦變], 요사함과 상서로움은 사람이 말하고 행하는 데서 보이니[妖祥見云爲], 『중용』 24장에 이른바 '시초점과 거북점에 나타나며[見乎蓍龜], 사지에서 드러난다[動乎四體]'는 것이 이것이다. 길한 일만 말하면 흉한 일은 그 가운데 있다."[492]

天地設位 聖人成能 人謀鬼謀 百姓與能
천지가 자리를 잡자 성인이 능히 보완하고 완성해 나가니, 사람이든 귀신이든
저마다 지혜로써, 저 천지의 이치를 다 알 수 있게 된다.[493]

'변하고 화하며 말하고 행함[變化云爲]'은 변變을 숭상하고 사辭를 숭상한다는

　선택하는 것이다."(張祥平, 『역과 인류 사유』)

492 柳正源, 『易解參攷』: "吉凶見於卦之變化, 妖祥見於人之云爲, 如中庸所謂見乎蓍龜, 動乎四體是也. 只言吉事, 則凶事在其中."

493 '易簡'이란 말은 모든 사물에서 취하니 풍족하다는 말이다. 만물은 저절로 생겨나고, 저절로 이루어지기 때문에, 천지는 위치를 갖출 뿐이다. 성인은 무능하지만, 천하의 유능에 말미암아 마침내 이루어지는 것이다. 성현의 관심은 밝음에 있고, 귀신의 관심은 어둠에 있으니, 백성은 이를 잘 활용하면 능히 성공할 수 있다. 『서경』에도 "고관대작과 함께 계획하고, 백성과 함께 계획하며, 점과 함께 계획하라[『서경·주서·홍범』, '汝則大疑, 謀及乃心, 謀及卿士, 謀及庶人, 謀及卜筮.']" 하였다.

소리이다. '말함[云]'은 그 이치를 말하는 것이고, '행함[為]'은 그 일을 함이다. 말하는 자는 하려고 하기 때문에 '위爲' 자를 덧붙였다. 이 두 가지는 일의 단서에만 해당하는 것이 아니라 그 길흉을 점치는 것이다. 곧 나 스스로 선한 쪽만을 따라서 행하기 때문에 균등하게 '길한 일[吉事]'이라 하고, '상서로움[祥者]'은 길함이 먼저 드러난 것[吉之先見]이기 때문에, 선을 따르고 악을 등짐[從善背惡]이 길한 일의 상서로움이 된다. 미루어 말하면 천지가 자리를 베풂에[天地設位] 귀신에게 도모함이 드러나고[鬼謀著矣], 성인이 공을 이루면[聖人成能] 사람에게 도모함이 갖추어지는데[人謀具矣], 성인이 역을 지은 이후에 신명에게 물으므로[稽于神明], 사람을 먼저 하고 귀신을 뒤로 하였다. 역이 이미 이루어졌기에 백성들도 능히 그 공에 참여할 수 있다는 소리이다. '인모귀모人謀鬼謀'는 천도를 살펴 '수기경세修己經世'로 가는 인문정신이 아닐까 싶다.[494]

남헌 장씨[張栻]가 이런 말을 했다. "하늘은 하늘 노릇을 할 수 있지만 땅 노릇은 할 수 없고[天能天而不能地], 땅은 땅 노릇을 할 수 있지만 하늘 노릇은 할 수 없어서[地能地而不能天], 성인이 그 공능을 이루는데 의지하는 것이니[頼聖人成其能], 그 공능을 크다고 하겠다. 그러나 또한 '밝음[明]'은 사람에게 도모하는 것이고 '그윽함[幽]'은 귀신에게 도모하는 것인데 자신도 모르는 채 능하게 하는 것이다[不自認爲能]. 그러므로 백성이 아름다움으로 돌아가지 않음이 없어서[百姓莫不歸美] 그 공능에 참여하는 것이다."[495]

---

494 金學權, 「『易經』의 "人謀鬼謀"에 관한 고찰」 : "周易에는 天帝를 숭배하고 鬼神을 신봉하며, 祭祀를 높이 받드는 전통신앙이 반영되어 나타나고 있지만, 대부분은 '天命은 영원한 것이 아니며[天命靡常]', '하늘의 聰明은 백성들의 聰明을 통해 나타난다[天聰明自我民聰明]' 등의 人文精神으로 나타난다. 즉 周易의 내용에는 '鬼謀'의 전통신앙 의식이 일부 표현되지만 그 보다는 새로운 '人謀'의 人文精神을 강조하고 있다. 繫辭下傳에서 '天地가 위치를 정하니 聖人이 能함을 이룬다. 사람에게 도모하고 귀신에게 도모함으로써 백성도 능함에 참여한다[天地設位, 聖人成能. 人謀鬼謀, 百姓與能]'고 말하고 있다. 易經은 고대 중국인들이 天帝에게 제기한 물음에 대한 天帝(神)의 응답이 아니라 고대 중국인들의 경험과 지식이 하나로 결집된 지혜의 寶庫인 것이다. '鬼謀'의 예로 '王假有廟' '王用享於帝' '王用享於西山' '利用享祀' 등등이 있고 '人謀'로는 '君子終日乾乾夕惕' '敬之終吉' '復自道何其咎' '安節' '甘節' '勞謙君子有終' '愬愬終吉' 등등이 있다. 『논어』에도 '사람을 잘 섬기지 못한다면 어떻게 귀신을 잘 섬길 수 있겠는가?', '삶에 대해 모르는데 어떻게 죽음에 대해 알겠는가?', '내가 들으니 死와 生은 命에 달려있고, 富와 貴는 하늘에 달려있다' 등등의 말이 '人謀鬼謀'를 잘 알려 주고 있다."

495 柳正源, 『易解參攷』: "南軒張氏曰, 天能天而不能地, 地能地而不能天, 所頼聖人成其能, 其能可謂大矣. 然, 又且明, 謀之人, 幽, 謀之鬼, 不自認以爲能. 故百姓莫不歸美, 以與其能也."

八卦以象告 爻彖以情言 剛柔雜居而吉凶 可見矣

팔괘는 상으로 알려주고, 효사와 단사는 길흉의 정리로 말하니, 강유가 아무리 뒤섞여 있을지라도 길흉을 반드시 알 수 있게 된다.[496]

'팔괘는 상으로 알려 준다[八卦以象告]'는 '건괘乾卦'가 강건한 상으로 알려주고 '곤괘坤卦'는 유순한 상으로 알려주는 것과 같으니, 효와 괘는 사辭를 붙이기 전에는 단지 상象만 있을 뿐이었다. '효사와 단사는 정황으로 말해준다[爻彖以情]'는 '태괘泰卦' 단사에서 '군자가 안에 있고 소인이 밖에 있다[內君子而外小人]'고 한 것과, '비괘否卦' 단사에서 '소인이 안에 있고 군자가 밖에 있다[內小人而外君子]'고 한 말 같은 것과, '태괘' 효사에 '띠풀을 뽑는다[拔茅]', '성이 무너져 해자로 돌아온다[城復于隍]'고 한 것과, 비괘 효사에 '띠풀을 뽑는다[拔茅]' '비색한 것이 기운다[傾否]'고 한 것 등이 이것이다. '군센 양과 부드러운 음이 뒤섞여 있음[剛柔雜居]'은 또 효사와 괘사를 가지고 말한 것이다.[497] 즉 상象으로써 알려주는 것은 괘덕卦德·괘체卦體 같은 류이고, 정황情況으로 알려주는 것은 길·흉·회·린 같은 류이다.

變動 以利言 吉凶 以情遷 是故 愛惡 相攻而吉凶生 遠近 相取而悔吝生 情僞 相感而利害生 凡易之情 近而不相得 則凶或害之 悔且吝

변동은 이해관계를 말하고, 길흉은 감정에 따라 옮겨 다닌다. 이런 고로 애증은 서로 일방적인 데서 길흉이 생겨나고, 원근을 두고 주고받으니 회린(오해)이 생겨나고, 진실한 마음(진정)과 거짓된 마음(허위)이 서로 교감하면서 이해가 생겨났다. 무릇 역의 정리는 가까이 있으면서도 마음을 얻지 못하면 흉하거나 혹 해를 입게 되니, 거기서 '회린'이 있게 되었던 것이다.[498]

---

496 易의 大義的 해설이라 할 수 있는 대목이다.
497 李瀷, 『易經疾書』: "八卦以象告, 如乾告剛健之象, 坤告柔順之象. 爻彖繫辭之前, 只有象而已. 爻彖以情言, 如泰彖言內君子而外小人, 否彖言內小人而外君子, 及泰爻言拔茅城復等, 否爻言拔茅傾否等是也. 剛柔雜居, 又以爻彖言也."

여기 등장하는 4개의 '상相'을 밝힌 오치기의 주석이 아래와 같이 자세하다.

"'변동은 이로움으로 말한 것이다[變動以利言]'는 이른바 공과 사업이 변화에서 보인[功業見乎變] 것이다. 이로움은 공과 사업을 말하는데[利謂功業], 변동하여 길한 것은 사람이 추구해 이롭게 되고[人趣爲利], 변동하여 흉한 것은 사람이 피하여 이롭게 됨이다[人避爲利]. 고로 '변동은 이로움으로 말한 것이다[變動以利言]' 하였다. '말[爻卦辭]'은 길흉을 말하는데, 길하다고 한 것은 그 효의 정황이 옮겨가서 변한 것[以情遷變]으로 길함을 얻기 때문이고, 흉하다고 한 것은 그 효의 정황이 옮겨가서 변한 것으로 흉함을 얻었다. 그러므로 '길흉은 정황으로 옮겨간다[吉凶以情遷]'고 하였다. '이런 까닭으로' 아래에서 네 번이나 '서로[相]'라고 한 것은 바로 정황이 옮겨감을 가리킨 소리이다.

'공격함[攻]'이란 취함과 같다. 사랑하여 서로 취해 길한[愛相攻吉] 예로는 '몽괘' 육5와 구2가 서로 사랑하는 것과, '준괘' 육4와 초9가 서로 사랑한 것이 있다. 미워해서 서로 공격해서 흉한 것으로는[惡相攻凶] '구괘'의 구4와 구2가 서로 미워하고, '박괘'의 초6과 상9가 서로 미워하는 예가 있다. 멀리 서로 취해서 후회하고 부끄러운 것으로는[遠相取悔吝] '동인괘' 육2와 구5가 서로 취하고, '진괘晉卦' 상9와 육3이 서로 취한 예가 있다. 가까이 서로 취하여 후회하고 부끄러운 것으로는[近相取悔吝] '예괘' 육3과 구4가 서로 취하고, '태괘兌卦' 구5와 상6이 서로 취한 예가 있다. 진정이 서로 감응하여 이로운 것으로[情相感利] '가인괘' 구5와 육2가 서로 감응하고, '태괘泰卦' 구2와 육5가 서로 감응하는 예가 있다. 거짓이 서로 감응하여 해로운 것으로는[僞相感害] '몽괘' 육3과 상9가 서로 감응하고, '수괘隨卦' 구4와 육3이 서로 감응하는 예가 있다.

'멀리[遠]'는 응효應爻를 가리키니 혹 주효이고, '가까이[近]'는 상비相比 효를 가리킨다. 윗 구절에서 이미 '사랑함과 미워함[愛惡]', '멂과 가까움[遠近]', '진정과 허위[情僞]' 세 조목으로 정황이 옮겨감에 그 길이 한결같이 않음을 말하였고, 아랫 구절에서 또 비효比爻가 서로 얻지 못한 경우에도, '흉함과 해로움[凶害]', '후회함과 부끄러움[悔吝]'이 생겨남을 말하였으니, 예컨대 '췌괘' 구5와 구4가 서로 얻지 못하고, '비괘比卦' 상6과 구5가 서로 얻지 못하며, '소축괘' 구3과 육4가 서로 얻지 못하고, '동인괘' 육2와 구3이 서로 얻지 못한 것이다. 이러한 종류는 이루 다 말할 수가 없다.

'사랑과 미움이 공격함[愛惡之攻]', '멂과 가까움이 취함[遠近之取]', '진정과 허위가 감응함에는[情僞之感]' 얕고 깊은 구별이 있다[有淺深分]. 서로 느끼면 정황이 움직이기 시작하므로[相感情始動] 이로움과 해로움으로써 말하였고[以利害言], 서로 취하면 정황이 이미 드러나므로[相取情已露] 후회함과 부끄러움으로 말하였으며[以悔吝言], 서로 공격하면 정황이 극에 달하므로[相攻情至極], 길함과 흉함으로 말하였다[以吉凶言]. 가

---

498 吉凶의 '三相'이 '相攻, 相取, 相感'에서 온다. 옮길 천(遷). 거짓 위(僞).

까운데도 서로 얻지 못하는 경우에도[近不相得], 얕고 깊음이 같지 않으므로[淺深不同], 흉함과 해로움, 후회함과 부끄러움[凶咎悔吝]의 구별로 말하였다."

실록의 예로, 정두경鄭斗卿이 『명심보감』 '원리편原利篇'을 예로 '이利'를 이렇게 확연하게 적시하고 있다.

"이利라는 것은 군자가 말하지 않는 것으로, 맹자가 배척한 것이 이것입니다. 그러나 『주역』에서는 이利와 불리不利를 말했으니, '대인을 보는 것이 이롭다'거나 '제후를 세우고 군사를 행하는 것이 이롭다' 또는 '큰 물을 건너는 것이 이롭다'든가 '큰물을 건너는 것이 이롭지 않다'든가 '갈 바를 두는 것이 이롭다'든가 '이롭지 않음이 없다' 또는 '이로운 바가 없다', '서남쪽이 이롭고 동북쪽이 이롭지 않다'고 한 것 등은 무엇입니까? 『맹자』와 『주역』에서 말한 것은 서로 반대가 되지만, 그 뜻은 한 가지입니다. 이利에는 자연의 이가 있고, 인욕의 이가 있습니다. 『주역』에서 말한 것은 자연의 이利이고, 맹자가 배척한 것은 인욕의 이利입니다. 자연의 이利는 이利를 목적으로 하지 않지만 끝내 이利로 돌아가고, 인욕의 이利는 이利를 목적으로 하지 않은 적이 없지만 끝내 이利롭지 않은 데로 돌아가니, 그렇지 않은 경우가 없습니다."[499]

---

499 첨지 鄭斗卿이 올린 '原利篇'의 내용이다. "『맹자』와 『주역』은 말이 상반되지만 뜻이 한가지인 것을 알 수 있습니다. 그러므로 利는 반드시 불리하게 되고 不利는 반드시 이롭게 되는 것입니다." 또 "양나라는 海內에 있으면서 사방 천 리나 되는 영토를 소유하여 천하의 9분의 1을 차지하고 있으니, 만약 왕도정치를 행하여 왕 노릇 하면 해내가 모두 그에게로 돌아갔을 것입니다. 탕임금은 재산을 불리지 않아 사방 칠십 리의 땅으로 천하를 소유하였고, 紂는 천하를 소유하고서 鹿臺의 돈과 鉅橋의 곡식을 모아 나라가 망했습니다. 그러니 利는 不利하게 되고, 不利는 利가 된다는 것이 또한 분명합니다." 그러므로 "한고조는 함곡관에 들어가 털끝만큼도 利에 가까이 한 바가 있지 않자, 秦나라 백성들이 왕으로 삼고자 하지 않는 사람이 없었고, 항우는 재물 보화와 부녀를 거두어 동쪽으로 돌아가자 진나라 백성들이 크게 실망했습니다. 그 때문에 초나라는 멸망하고, 한나라는 흥성했습니다. 이것이 利를 좋아하는 것이 참으로 利를 좋아하는 것이 아니고, 利를 좋아하지 않는 것이 참으로 利를 좋아하는 것이라는 것이 아니겠습니까." 예로, "옛날 魯나라 정승 公儀休가 물고기를 좋아하였습니다. 어떤 사람이 그가 물고기를 좋아한다는 말을 듣고 물고기를 보내주었는데, 받지 않았습니다. 괴이하게 여겨 그 이유를 묻자, 답하기를 '내가 물고기를 받지 않는 것은 물고기를 좋아하기 때문이다. 내가 지금 정승이 되었으니 물고기를 자급할 수가 있다. 물고기를 받고 정승 자리에서 면직된다면 누가 다시 나에게 물고기를 보내주겠는가고 하였답니다. 아, 공의휴 같은 사람은 참으로 물고기를 좋아하는 사람입니다. 이 말이 비록 작은 것이지만 큰 것을 깨우칠 수 있습니다."
_ 『조선왕조실록』, 36집, 134쪽, 효종 8년, 정유(1657, 순치14), 12월 22일(경인).

> 將叛者 其辭慙 中心疑者 其辭枝 吉人之辭 寡 躁人之辭 多 誣善
> 之人 其辭游 失其守者 其辭屈
>
> 장차 배반하려는 자의 말은 부끄러운 기색이 있고, 마음에 의심을 둔 자는 그
> 말이 직설적이지 못하고, 성공할 사람은 말이 적고, 조급한 사람은 말이 많으
> 며, 착한 사람을 무고하는 자는 그 말이 애매모호하여 빙빙 돌며, 줏대가 없는
> 사람의 말은 비굴하기 짝이 없다.[500]

괘효卦爻에 담긴 여섯 가지 타입으로 「계사전」을 마무리하고 있다. '성인의 진
정眞情은 말에서 드러나고[聖人之情見乎辭], 보통 사람의 말도 진정에서 생겨나나
[凡人之辭由情], 위에서 논한 것처럼 여섯 갈래로 갈라져 나오기도 한다. 말은 그
사람의 마음의 소리이다[言心之聲].'[501] 모름지기 역의 말은 괘효에 담겨 있다. 배반
하려는 자의 부끄럽기 짝이 없는 참괴慙愧한 말, 의심스러운 자의 본질에서 벗어
난 지엽枝葉적인 말, 좋은 사람의 과묵寡默한 말, 조급한 사람의 번다繁多한 말,
무고하려는 자의 유영游泳한 말, 실수를 지키려는 자의 비굴卑屈한 말 등이 그것
이다. 이는 역을 공부하는 사람이 대사를 계획할 때, 정황이 아직 드러나지 않았
으면[事情未顯] 서죽筮竹을 빌려 길흉회린吉凶悔吝을 반드시 살피라는 것이다. 만약
일의 정황이 이미 드러나면[事情旣露] 굳이 점칠 필요도 없이[不必占筮], 그 전말을
괘효의 말로 살펴 그 참람하고, 갈라지고, 겉돌고, 비굴한 말을 살펴야 할 것이다.
말을 아는 자는 스스로 먼저 깨우칠 수 있으니, 이는 또한 우환에 대처하는 요령
이다. 이로써 기미를 살피고 잘 대처하게 되니 이것이 바로 군자의 '심역心易'이
고, 배움 가운데의 일 아님이 없으니, 그 뜻이 정밀할 수밖에 없다는 소리이다.[502]

---

500 384효를 여섯 가지 타입으로 나누어 봄. '叛辭慙', '疑辭枝', '吉辭寡', '躁辭多', '誣善辭游', '失守辭屈'.
　　부끄러울 참(慙). 가지 지(枝). 모자랄 과(寡). 성급할 조(躁). 무고할 무(誣). 헤엄칠 유(游). 비굴할
　　굴(屈).

501 吳致箕, 『周易經傳增解』: "聖人之辭, 以吉凶悔吝, 見其情, 卽聖人之情, 見乎辭者, 而凡人之辭, 亦由情
　　而生. 言心之聲."

502 李瀷, 『易經疾書』: "事情之未顯, 須假占筮而避吉凶悔吝也. 事情之旣露, 則不必占筮, 可以聽其辭, 而知
　　之其辭枝游屈之辭. 知言者, 自可以先覺, 此又處憂患之要也. 俾有以察幾善處, 此君子心易也, 莫非學中
　　事, 其意密矣."

이런 정황으로 「계사상·하」를 마무리 지으면서 심취제沈就濟는 이런 결론을 도출해 내고 있다.

"「계사상전」은 '하늘의 역易'으로 곧 획劃이 그어지기 이전의 역易이고, 「계사하전」은 '사람의 역'으로 곧 획劃이 그어진 이후의 역易이다. '하늘의 역易'이라고 말한 것은 곧 역易이 하늘로부터 나왔다는 것이고, '사람의 역易'이라고 말한 것은 곧 역易이 사람으로부터 나왔다는 것이다. 그렇다면 하늘이 또한 복희씨이고 복희씨가 또한 하늘이다. 「계사상전」은 건곤乾坤괘를 본받았고, 「계사하전」은 함항咸恒괘를 본받았다. 또 「계사상전」은 음양陰陽을 설명했고, 「계사하전」은 오행五行을 설명했다. 「계사전」에 상하上下가 있으니 사람이 상하上下의 사이에 거처하여 위를 살피고 아래를 살핀다면 음양陰陽과 강유剛柔가 서로 본체와 작용이 되는 사싱을 알 수 있을 것이다."

실록의 예로, 임진 해에 전쟁으로 혼란한 시기를 당하던 선조가 경연經筵을 열어 역리易理에 밝은 자를 찾고 있었는데, 그날 사관의 기록이 이랬다.

"말을 멈추고 도를 논하며 배 안에서 학문을 강론하던 아름다운 뜻이어서 족히 난을 평정하여 쇠세衰世를 일으킬 수 있겠다. 더구나 『주역』은 바로 성인이 진퇴進退 존망存亡의 이치를 밝혀서, 사람으로 하여금 삼가고 조심하여, 어려운 일을 해결하고 어지러운 시기를 구제할 수 있는 방법을 알게 한 것이다. 진실로 국가를 다스리는 자로 하여금, 이 역리를 강구하여 조심하고 꾸준히 힘써서, 자신으로부터 도적을 오게 하는 뜻을 알아서, 군사를 쓰는 데 이용하고, 음양陰陽 소장消長의 기미를 살펴서 화란禍亂의 조짐을 경계하게 한다면, 왕업王業이 튼튼하게 될 것이니, 어찌 무너질 것을 염려하겠는가. 적을 쳐 복수하는 것은 다만 조치措置 중의 한 가지일 따름이다. 애석하다, 당시 신하들이 학술에 노무勞務하여, 능히 성인이 밝힌 진퇴 존망의 이치로 계발啓發하고 보도補導하지 못하고, 더러는 기수氣數의 설로써 한갓 임금의 귀를 어지럽히기만 하였으니, 아 이것이 어찌 『주역』을 강론하는 본의이겠는가!"[503]

---

503 (위에서 이어지는 내용이다.) 상이 별전에 나아가 『주역』을 강하였다. 검토관 수찬 鄭經世가 아뢰기를, "대개 성인이 『주역』을 지은 뜻은 사람으로 하여금 戒愼恐懼하게 한 것입니다. 보통 사람은 일을 당했을 때, 그 점괘를 보고 그 뜻을 살펴보아도 되지만, 임금은 반드시 한 몸에 體仁해야 됩니다" 하니, 상이 "무릇 글이란 익히 강독한 연후에야 그 이치를 알 수 있는 것이다. 내 잠깐 이 글을 보았으나 문자도 오히려 제대로 이해하지 못하겠는데, 하물며 그 이치를 체득하기를 바랄 수 있겠는가. 반드시 깊이 들어앉아 마음을 가라앉히고 완미한 연후에야 배울 수 있는 것이지, 庶務를 처리해야 하는 사람의 배울 바가 아닌 것 같다"고 하였다. 정경세가 아뢰기를, "공자는 늘그막에 『주역』을 좋아하여 韋編三絶할 정도였고, '나에게 몇 해를 더 살게 해주어 끝내 『주역』을 배우게 한다면 큰 허물은 없을 것'이라 하였습니다. 공자 같은 성인으로서도 이처럼 근면히 하였으니, 공부를 착실히 다져

온 자가 아니면 그 易理를 알 수가 없습니다" 하였다. 상이 "기린이 비록 나오지 않았다 하더라도 성인은 필시 『春秋』를 지었을 것이고, 龍馬가 나타나지 않았다 하더라도 복희는 반드시 八卦를 그렸을 것이다. 그렇지 않으면 성인이 어떻게 길흉을 알아 開物成務할 수 있었겠는가? 복희 때에도 글자가 있었던가?" 하자, 특진관 판돈녕부사 鄭崐壽가 아뢰기를, "蒼頡이 바로 복희 때 사람"이라고 하였다. 상이 또 "만고 길흉이 모두 이 『주역』에서 나오니, 그 이치의 신묘함은 무어라 다 말할 수 없겠다"고 하자, 우의정 金應南이 "병법을 다루는 자도 이 『주역』을 가지고 하고, 卜筮를 하는 자도 이 『주역』을 가지고 하니, 온갖 사물의 이치가 다 이 『주역』에서 나옵니다"고 대답하였다. 상이 또 "연소한 文師 중에 역학을 아는 자는 누구인가?" 하니, 다시 김응남이 "오늘 입시한 鄭經世가 가장 역학을 잘 알고, 또 禹廷琛도 『주역』을 정밀하게 읽었다 하는데, 지금 부여현감으로 있습니다" 하였다. 정경세가 "소신은 역학을 전혀 모르는데 대신이 이처럼 그릇 계달하니 지극히 미안합니다. 신은 들으니, 서울 朝官 중에 韓百謙이란 자가 있는데 꽤 역학을 안다고 합니다" 하였다. 상이 "韓浚謙의 형인가?" 하자 모두 그렇다고 하였다. 金睟가 아뢰기를, "백겸과 준겸은 바로 韓孝胤의 아들입니다. 그 집안은 본래 학문에 힘쓰기로 이름이 났습니다" 하였다. 鄭琢이 다시 "한준겸(이때 原州牧使로 재직)도 역시 학문에 열중하는 선비입니다" 하자, 김응남이 "한준겸과 그의 숙부인 韓孝純도 다 역학을 안다고 말들 합니다"고 했다. 이날은 『주역』을 강하고, 정철의 관작 추탈, 이순신과 원균의 문제 등을 논의했다. _『선조실록』 22집, 395쪽, 선조 27년 갑오(1594) 11월 12일(병술).

생생주역

설괘전

說卦傳

■ 설괘전 해설

한漢나라 사서史書에 이르기를 '진秦의 분서갱유 이후에 『주역』도 망실되었는데, 「설괘」 세 편을 한나라 선제宣帝 때 이르러 하내河內의 어떤 여인이 낡은 집을 허물다가 발견하였다'고 한다.[504] 왕충의 『논형·정설』에서도 '효선제孝宣帝 때 하내河內의 여인이 낡은 집을 허물다가 일실逸失되었던 역易·예禮·상서尚書 각각 한 편씩 발견하여 조정에 바쳤는데, 선제는 이를 박사들에게 내려보내, 그 후부터 역·예·상서에 각각 한 편씩 늘게 되었다'고 적고 있다.[505] 오유청吳幼淸도 말하기를 '「설괘」는 공자 이전부터 있었던 글이다. 예컨대 『팔색八索』과 같은 책을 공자가 다소 다듬고 정리하여 「설괘전」을 만들었을 것'이라고 하였다.[506/507]

그러나 다산은 「설괘전」은 공자의 글이라 확신한다. 그의 주장이다.

"역사易詞에서 상을 취함은 모두 「설괘전」에 근거했기에 이 편을 읽지 않고서는 한 글자도 해석할 수 없다. 그러기에 설괘를 모르고 역의 문을 열고자 하는 것은 어리석기 그지없다. 특히 한대의 학자들은 역을 논함에 있어 여섯 효가 변하는 것을 알지 못해, 용을 얻고서는 소를 찾고자 하고, 닭을 손에 들고서 말이

---

504 민족문화추진회편, 『국역 다산시문집』, 49쪽, '1882년 다산이 김덕수에게 보낸 편지에서.'
505 『周易正義』를 쓴 진나라의 韓康伯 같은 이는 「서괘」·「잡괘」·「설괘」 세 편이었다고 한다. 강백은 위나라 왕필의 『周易注』에서 빠져있던 「계사·설괘·서괘·잡괘」 등에 補注를 하였던 바, 이것이 오늘날의 왕필의 注本으로 전해진다.(김승동, 『역사상대사전』, 1282쪽)
506 元의 경학자 吳澄(1249-1333). 『易纂言』이 있고 정자와 주자의 학문을 따르고, 邵氏易의 범위를 벗어나지 못한 사람으로 봄.
507 『春秋左氏傳』에 「팔괘의 설을 적은 고서.」 또 『尚書序』, 孔安國漢書曰, "옛적에 복희씨가 天下에 왕이 되어 처음으로 팔괘를 그리고, 書契를 만들어 結繩의 정치를 대신하니 이로써 文籍이 생겨났다. 伏羲와 神農과 黃帝의 책을 일러 三墳이라 하니 이는 大道를 말했다. 少昊·顓頊·高辛·唐虞의 책을 일러 五典이라 하니 이는 常道를 말했다. 夏·商·周의 책에 이르러 그것들의 가르침이 한결같지는 않지만, 바른 가르침과 그 깊은 뜻은 그 귀결점이 한 곳이니, 그런 까닭에 歷代로 그것을 보물로 삼아 大訓으로 여겼다. 八卦의 說을 일러 八索이라 하니 팔괘의 의미를 구함이다. 九州에 관한기록을 일러 九丘라고 하니, 丘란 모은다(聚)는 뜻이니 구주에 있는 것과 토지에서 생산되는 것과 풍토에 따라 알맞은 바를 말한 것이니, 모두 이런 책을 모은 것이다. 『春秋左氏傳』에 이르기를 '楚나라 左史인 倚相이 능히 『三墳』·『五典』·『八索』·『九丘』를 읽을 수 있었다고 한 것은 곧 上世의 帝王이 책을 남긴 것이다."

아닌가 의심하였거니와, 멀리 겉돌거나 쓸데없는 천착만 일삼아 한결같이 그런 식으로 나갔으니 역의 이치에 부합되지 않았다. 이 같은 한대漢代 역학의 폐단 때문에 왕필과 같은 자가 나와 엉터리 소리를 하게 된다. 그 후 「설괘전」은 내팽 개쳐지고 쓰지 않았으니, 역이 마침내 그 때문에 망쳐졌던 것이다. 6효가 변한 뒤 에 「설괘전」과 괘·효사의 글에 비추어 상을 구한다면, 얼음이 녹듯이 의문이 풀려 서 구구절절 자연스레 이치가 맞아 들어갈 것인데, 그런데도 저 구양수歐陽修 같 은 무리들이 「역동자문易童子問」에서 「설괘전」은 공자의 글이 아니라고 하였으 니, 어찌 그 같은 망발을 부릴 수 있었단 말인가? 「설괘전」은 역사易詞의 훈고訓詁 이다. 그 한 글자 한 구절이 모두 어두운 거리의 밝은 등불이니, 역을 연찬硏鑽하 는 자는 마땅히 한 자 한 자 검토하고 음미해야 할 것이다."[508]

---

508 정약용, 『주역사전』 : "易詞取象, 皆本說卦, 不讀說卦, 則一字不可解. (중략) 嗟乎! 六爻旣變, 臨文求象, 則渙然氷釋, 怡然理順"과 "說卦者 易詞之訓詁也, 其一字隻文, 昏昏衢之明燭, 玩易者宜字字考驗."

설괘전 제 1 장

昔者聖人之作易也, 幽贊於神明而生蓍, 參天兩地而倚數, 觀變於陰
陽而立卦, 發揮於剛柔而生爻, 和順於道德而理於義, 窮理盡性 以
至於命

옛날 성인이 역을 지을 때 신명을 도와 시초를 내고,[509] 천수는 셋으로 하고
지수는 둘로 하는 수에 의지하였다(1·2·3·4·5=1·3·5는 천수, 2·4는 지수). 그리고는
음양의 변화를 관찰하여 괘를 세우고 강유를 발휘해서 효를 만들어 내었다.
또 도와 덕에 조화롭게 맞춰 의리를 다스렸으며,[510] 궁리진성으로 천명에 이르
게 하였으며,[511] 또한 우주의 이치가 실제 그러한가를 성심을 다해 증명해 보
였다.

「설괘전」 첫장에서, 성인이 신명을 그윽히 돕는 것은[聖人之幽贊神明] '수에서
시작하여 이치에 마친다[始數終理]'는 소리이다. 역을 만든 순서로 말하자면 하도
의 대연의 수로써 만 가지 사물을 드러내고, 64괘의 상을 세워서 만 가지 이치를
보여주었다. 수로써 사람과 사물의 신을 다하고, 이치로써 사람과 사물의 본성을
다하였으니, 모두 천명을 밝혔다는 것이다.[512]

다음은 오치기의 '삼천양지參天兩地'와 '의수倚數'에 관한 자세한 해설이다.

---

509 "命을 전달하는 것이 '贊'인데, 귀신은 사람과 접할 수 없으므로 '蓍龜'가 그 '찬'을 담당한다."(동파)
『사기』에 "천하가 화평하고 王道가 제대로 되면 蓍草줄기가 一丈(十尺)이 되고, 무더기로 백 개가
난다"고 하였다.

510 '理'는 갑골문과 금문에는 보이지 않지만 춘추시대 이후 일상적으로 사용된 형성자이다. 오른쪽 부분
'里'는 소리 부분이고 의미는 왼쪽 부분인 '玉' 자에서 파생되었다. 옥돌은 질이 좋고 무늬의 결이
세밀하지만, 갈고 다듬어야만 "원석을 다듬어 보옥을 얻을 수 있다[理其璞而得寶, 『韓非子』「和氏」].
그렇기 때문에 '條理'의 의미로 확대될 수 있고 '治理'의 의미로도 확대될 수 있으며 나아가 도리와
법칙, 즉 사물의 '내재 규칙' 또는 '행위규범'의 의미로 파생될 수도 있다.

511 성인이 역으로 점만 치게 한 것이 아니라, 도덕을 화순케 하고, 의리를 다스렸고, 그렇지 아니한
가를 직접 천명을 증명하기 위해 궁리진성 하였다.
옛 석(昔). 도울 찬(贊). 의지할 의(倚). 휘두를 휘(揮).

512 尹鍾燮, 『經易』: "說卦傳首章, 聖人之幽贊神明, 始於數而終於理. 就作易之序言之, 則河圖大衍之數而
以蓍萬象, 立六十四卦之象而以示萬理也. 數以盡人物之神, 理以窮人物之性, 皆所以發明天命也."

"'성인이 역을 지었다[聖人作易]'는 것은 문왕이 괘사를 달고, 주공이 효사를 단 것을 말한다. '찬贊'이란 사람을 인도하여 일을 행하도록 함을 가리키니, 신명이 스스로 할 수 없는 것을 사람이 도와 인도하는 것이므로, 실제로는 신명의 일이기에 '그윽히 돕는다[幽贊]'고 하였다. '시초蓍草'는 신묘한 풀로 책수를 헤아리는 도구이다. '생生'은 만들어내는 것과 같으니, 성인이 신명을 그윽히 도와 시초를 헤아리는 법을 내어, 음양의 효를 정하는 것을 말한다. '하늘에서 셋을 취한다[參天]'는 것은 하늘의 생수 셋을 말하니, 곧 1·3·5이다. '땅에서 둘을 취한다[兩地]'는 것은 땅의 생수 둘을 말하니, 곧 2·4이다. '의倚'는 의지한다는 소리이다. 하도의 생수는 다섯으로 천1·지2·천3·지4·천5이고, 성수도 다섯으로 지6·천7·지8·천9·지10이다. 생수에 의지하면 노소, 음양의 모수母數를 이루는데, 노양은 순수하게 홀수를 쓰기 때문에 천수 1·3·5 셋을 취하고, 이 셋을 더하면 노양老陽의 수 9가 된다. 노음은 순수하게 짝수를 쓰기 때문에 지수 2·4 둘을 취하고, 둘을 더하면 노음老陰의 수가 된다. 소양少陽과 소음少陰은 음이 작은 것은 양이 더 많고 양이 작은 것은 음이 더 많기 때문에 천지의 생수를 나누어 쓰고, 지수4와 천수3을 더하면 소양의 수 7이 되고, 천수 1·5와 지수2를 합하면 소음의 수 8이 된다. 그러므로 6·7·8·9는 노양노음, 소양소음의 모수이고, 1·2·3·4·5의 생수에 의지한다고 말할 수 있다."

아래는 참고 사항으로 일독을 권한다.

"이는 모두 천지와 자연의 수이고, '삼천양지參天兩地'의 '삼량參兩'도 이것을 벗어나지 않는다. 지름1, 둘레3에 이르러 삼이 되고 변1, 둘레4에서 양이 되는 것은 그 이치가 또한 여기에서 나왔다. 책수를 헤아려 효를 정하는 법은 넷으로 세기 때문에 3×4=12이고 2×4=8이다. 매 세 번의 변화가 한 효가 되기 때문에 12×3=36 노양의 과설過揲이고, 8×3=24 노음의 과설이고, 2×8=16, 1×12=12, 16+12=28 소양의 과설이고, 2×12=24, 1×8=8, 24+8=32 소음의 과설이다. 이 네 가지는 노양노음, 소양소음의 자수가 삼량參兩에서 나오는 것이다. 4에 노양노음, 소양소음의 모수를 곱하면 4×9=36 노양의 과설이고, 4×6=24 노음의 과설이고, 4×7=28 소양의 과설이고, 4×8=32 소음의 과설이다. 그 법은 다른 것 같지만, 실제로는 삼량參兩에 근본을 두고 있다.
세 번 변하여 문장을 이루기 때문에 하나의 기수는 4가 되고 3×4=12는 노양의 남은 책수이다. 하나의 우수는 8이 되고 3×8=24는 노음의 남은 책수이다. 2×8=16, 1×4=4, 16+4=20은 소양의 남은 책수이다. 2×4=8, 1×8=8, 8+8=16은 소양의 남은 책수이다. 이 네 가지는 남은 책수로 노·소, 음양의 효를 정한다. 삼량이 수에 의지하여 효를 정하니, 그 법이 다름이 없다. 그러나 노양과 노음은 지극하면 변하기 때문에 노양과 노음을 써서 효의 변화를 관찰한다. 삼량의 법으로 서로 사귀고 노양노음, 소양소음의 책수를 곱하면 노양 2×36=72가 되고, 노음 3×24=72가 되고, 소양 3×16=48, 2×12=24,

48+24=72가 되고, 소음 2×24=48, 3×8=24, 48+24=72가 된다. 이 노양노음, 소양소음의 수는 서로 삼량이 된다. 팔괘八卦는 삼량參兩으로 사상四象을 정하고 끝내는 하나로 돌아간다[終歸于一].

3×72=216은 곧 건괘 육효의 책수이고, 2×72=144는 곧 곤괘 육효의 책수이다. 이 건곤 두 책수는 삼량에서 나온 것이다. 이를 미루어 건괘의 효 192를 셋으로 나누면 64이고, 건괘의 책수 36을 곱하면 2,304가 된다. 곤괘의 효 192를 둘로 나누면 96이고, 곤괘의 책수 24를 곱하면 또한 2,304가 된다. 총괄하여 말하면 건괘의 책수 6,912는 2,304에 3을 곱한 것이다. 곤괘의 책수 4,608은 2,304에 2를 곱한 것이다. 이 두 편의 책수는 '삼량參兩'에서 나온 것이다. 이는 모두 「하도」의 생수가 '삼량'의 근본이 되고[河圖生數爲參兩之本] 조화와 자연의 오묘함이라는 것이다[造化自然之妙].

'음과 양에서 변화를 보아 괘를 세우고[觀變於陰陽而立卦], 굳셈과 부드러움에서 발휘하여 효를 낳는다[發揮於剛柔而生爻]'는 것은 시초를 세워서 괘를 점치는 것이다. 괘를 점치는 방법은 노·소, 음양으로 육효의 강·유를 정하는데, 변하지 않는 효로 말하면, 소양은 나아가도 지극함에 이르지 않고, 소음은 물러나도 극에 이르지 않는다. 그래서 이 두 소음과 소양은 그 굳셈과 부드러움을 변하지 않는다. 변하는 효로 말한다면, 양은 나아가 지극함에 이르는데, 나아감이 지극함에 이르면 반드시 변하기 때문에, 노양이 변하여 소음의 효가 되고, 음은 물러나 지극함에 이르는데, 물러남이 지극함에 이르면 반드시 변하기 때문에, 노음이 변하여 소양의 효가 된다. 이 두 노음과 노양은 나아가고 물러남을 지극히 하여, 서로 변하여 움직이는 효가 되는 것이다. 그러므로 책수로 말하면, 192양효는 모두 건괘 36책을 얻어 9를 쓰고, 192음효는 모두 곤괘 24책을 얻어 6을 쓴다. 이는 모두 괘를 세우고 효를 낳으니, 모두 건과 곤의 문에서 나오고, 하늘에서 셋을 취하고 땅에서 둘을 취하지 않음이 없다.

조화는 어긋나지 않음을 말하고[和者言不乖], 따름은 거스르지 않음을 말한다[順者言不逆]. 도덕은 곧 이른바 도를 드러내고 덕행을 신묘하게 하는 것이다[道德者顯道神德行]. 이치는 어지럽지 않음을 말하고[理者言不亂], 의는 이른바 음양의 의이다[義者陰陽之義]. 이치를 궁구한다는 것은 이른바 신명의 덕에 통하고[窮理者通神明之德] 만물의 실정을 분류하는 것이다[類萬物之情也]. 본성을 다한다는 것은 이른바 천지와 비슷하다는 소리이다[盡性者與天地相似也]. 명에 이른다는 것은 이른바 넓게 포괄하고 세세하게 이룬다는 것이리라[至命者範圍曲成也]."[513]

결론적으로 도에 조화하고 덕에 따르는 것이[和道順德] 괘가 세워지는 방법이며[卦所以立], 의에 맞게 하는 것이 효가 세워지는 방법이다[理義爻生]. 성性이란 이

---

513 吳致箕, 『周易經傳曾解』: "和者, 言不乖也, 順者, 言不逆也. 道德者, 卽所謂顯道神德行也. 理者, 言不亂也, 義者, 卽所謂陰陽之義也. 窮理者, 卽所謂通神明之德類萬物之情也. 盡性者, 卽所謂與天地相似者也, 至命者, 卽所謂範圍曲成者也."

치가 지극한 곳이기 때문에[理之極處] 성을 다한다 하였고, 명命이란 성이 거기에 근거하기 때문에[性之自處] 마음이 이른다고 하였다.[514] 이쯤에서 여헌 선생과 함께 동해 구경을 하며 '궁리진성窮理盡性 이지어명以至於命'에 대한 강을 들어보자.

"아, 물, 물이라고 말하나 그 크고 작고, 깊고 얕은 물 뿐이겠는가. 내 평소 물을 본 것이 가두어 놓은 물로는 작은 것은 우물이고, 큰 것은 연못일 뿐이었으며, 흐르는 물로는 작은 것은 시냇물이고, 큰 것은 강하江河일 뿐이었다. 내가 생각하기를 '가두어 놓은 물로는 연못보다 큰 것이 없고, 흐르는 물로는 강하보다 큰 것이 없다'고 여겼는데, 이제 바다에 나와 보니 연못과 강하 모두, 다시는 내 눈에 큰물이 될 수 없었다. 똑같은 물인데도 서로 비길 수 없음이 이와 같단 말인가. 그러나 이 바다가 이렇게 크고 이렇게 깊은 까닭을 연구해 보면, 작은 물줄기를 가리지 않고 모으고 모아 이에 이른 것이다. 그러므로 만약 그 근원을 연구한다면 이 바다는 곧 강하와 시냇물인 셈이다. 그러므로 수신水神에게 제사하는 자들이 하수河水를 먼저 하고 바다를 뒤에 함은 이 때문이다. 우리의 학문에 있어서도 이러한 도리가 있다. 성을 다하고 천명을 아는 것[盡性知命]이, 반드시 효도하고 공경하고 충성하고 성실함에 근본하며, 신명의 이치를 연구하고 조화를 아는 것[窮神知化]이, 또한 물 뿌리고 청소하고 응하고 대답하는 사이에서[灑掃應對] 말미암는다. 효도하고 공경하고 충성하고 성실함이 애당초 높고 멀어 행하기 어려운 일이 아니나, 성을 다하고 천명을 앎에 이르고[盡性至命], 물뿌리고 청소하고 응하고 대답하는 것[灑掃應對]은 다만 천근淺近하여 행하기 쉬운 예절이나, 신명의 이치를 궁구하고 조화를 앎에 이를 수 있으니[至於窮神知化], 멀고 크고 높고 깊은 도에 뜻을 둔 자[志遠大高深者]는 진실로 가깝고 작고 낮고 얕은 일에 종사하여야 하고[固當從事近小卑淺], 가깝고 작고 낮고 얕은 일을 하는 자는 멀고 크고 높고 깊은 도를 채우지 않을 수 없다. 바라건대 오늘 나와 함께 이 바다를 구경한 자들은 그 큰 것이 작은 것을 쌓음으로 말미암아, 커지고 깊은 것이 얕은 것을 합함으로 말미암아 깊어짐을 안다면, 오늘날 구경한 것이 어찌 다만 바다뿐이겠는가."[515]

---

514 金相岳, 『山天易說』: "和於道, 順於德, 卦所以立, 理於義, 爻所以生也. 性者, 理之極處, 故曰盡, 命者, 性之所自處, 故曰至."

515 張顯光, 『旅軒集』, '觀海說』: "噫. 水云水云. 其大小深淺. 豈特什百千萬哉. 余平日之觀水也. 于潴則小而井淋. 大而池澤而已. 於流則小焉溪澗. 大焉江河而已. 以爲水之潴者. 無大於池澤. 水之流者. 無大於江河. 今乃卽海而觀焉. 則池澤江河. 皆不得復爲水於吾目中矣. 同是水也. 而其不相侔如是夫. 雖然. 究此海之所以爲是大是深. 則以其能不擇細流. 積之積之. 以至於是乎. 若究其源. 則卽是江河與溪澗也. 故祭於水者. 先河而後海. 其以此也.[於吾學. 亦有是道焉. 盡性知命. 必本於孝悌忠信. 窮神知化. 亦由於灑掃應對. 孝悌忠信. 初非高遠難行之事也. 而可以達於盡心知命. 灑掃應對. 只是淺近易行之節也. 而可以至於窮神知化. 則志遠大高深者. 固當從事於近小卑淺. 而爲近小卑淺者. 又不可不充之於遠大高深也. 願今日同吾觀者. 又知其大從積小而大. 深由合淺而深. 則今日之觀. 豈但海而止哉."

설괘전 제 2 장

昔者聖人之作易也, 將以順性命之理 立天之道曰陰與陽, 立地之道
曰柔與剛, 立人之道曰仁與義, 兼三才而兩之, 易六劃而成卦, 分陰
分陽 迭用柔剛 六位而成章.

옛날 성인이 역을 지을 때 장차 마음 도리와 천명에 순응하고자 하였기에, 천
도를 세워 음양이라 하고, 지도를 세워 강유라 하고, 인도를 세워 인의라 하고,
또한 삼재를 둘로 만들었다. 즉 천지인 삼도가 모두 플러스 마이너스란 음양
을 있게 했다. 고로 역은 6획이 한 괘가 되고,[516] 음양을 다시 나누고, 강유를
번갈아 썼으니 고로 역은 여섯 자리로 이루어 문장을 만든 것이 된다.[517]

여기 2장은 '음양陰陽' '강유剛柔' '인의仁義'로 대성괘大成卦에 여섯 자리가 문장
을 이루어감을 설명한다. 사람에게 있는 이치를 '성性'이라 하고, 하늘에 있는 이
치는 '명命'이라 한다. '음양陰陽'은 기로 말하였으니 한서寒暑·왕래往來와 같은 류
이고, '강유剛柔'는 질로 말하였으니 산이나 강과 같은 류이며, '인의仁義'는 덕으로
말하였으니 사친事親·종형從兄과 같은 류이다. 묶어서 말하면 양陽·강剛·인仁이 하
나의 이치가 되고, 음陰·유柔·의義가 하나의 이치가 된다. 하늘에 음양이 없으면 기
의 기틀이 멈추고, 땅에 강유가 없으면 땅의 사방이 떨어지며, 사람에게 인의가
없으면 인도가 사라진다. 그러므로 하늘을 세우고 땅을 세우고 사람을 세운다고
하였다.

대성괘大成卦 가운데 5와 상은 하늘의 자리이고, 3과 4는 사람의 자리이며, 초
와 2는 땅의 자리가 되니, 이것이 '삼재三才'이다. 초가 굳세고 2가 부드러운 것은
땅의 강유剛柔이고, 3이 굳세고 4가 부드러운 것은 사람의 인의仁義이며, 5가 굳세
고 상이 부드러운 것은 하늘의 음양陰陽이다. 그러므로 '삼재를 겸해서 두 번 한

---

516 여기서 '여섯 획으로 괘를 이룬다'고 하였지, 여섯 효라 하지 않았다. 갈마들(번갈아들) 질(迭).
517 "6획은 天(陰陽), 地(剛柔), 人(仁義)으로 나누어졌다. 초는 강, 2는 유, 3은 의, 4는 인, 5는 양, 상은
음이 된다. 천도를 '음양'이라 함은 하늘과 불이 바탕이 맑고 무형적인 기운으로 나타나서 이치상으
로만 분별할 수 있기 때문이고, 지도를 '강유'라 함은 땅과 물의 바탕이 하늘보다 혼탁하고 구체적인
형태를 가졌기에 직접 포착할 수 있기 때문이다."(다산)

다[兼三才而兩之]'고 하였다. 여섯 자리로 말하면 강유의 구분이 있고, 여섯 효로 말하면 혹 음으로서 부드러운 음의 자리에 거하고 양으로서 굳센 양의 자리에 거하는 것은 마땅한 자리가 되고, 혹 음으로 굳센 양의 자리에 거하고 양으로서 부드러운 음의 자리에 거하는 것은 마땅하지 않은 자리가 된다. 그러므로 '음으로 나누고 양으로 나누며[分陰分陽] 유순함과 굳셈을 차례로 썼기[迭用柔剛] 때문에 자리를 여섯으로 하여 문장을 이룬 것이다[六位而成章]'라고 하였다.

정자程子는 위의 삼재三才 중에서도 인의仁義를 이렇게 말했다. "공자는 인仁을 말하면서 의義를 겸하여 말하지 않다가[言仁未嘗兼義], 『주역』에서 비로소 사람의 도를 세움이 인의이다[立人之道曰仁與義] 하였고, 맹자도 인을 말할 때에는 반드시 의를 짝지어 말하였다[言仁必以義配]."

오치기는 이렇게 주석을 달고 있다. "인은 체體이고 의는 용用이다[仁體義用]. 의가 용이 됨을 알아[知義爲用], 여기서 벗어나지 않는 자라면[不外焉者], 더불어 도를 말할 수 있을 것이다[可與語道矣]. 세상에 의에 대하여 의론하는 자는[論義者], 대부분 여기서 벗어나거나[多外之] 그렇지 않으면 뒤섞어 분별이 없으니[混而无別], 인과 의를 알고 하는 말은 아닌듯 하다[非知仁義之說]."

설괘전 제 3 장

天地定位 山澤通氣 雷風相薄 水火不相射 八卦相錯. 數往者順 知
來者逆 是故易逆數也.

천지가 반듯하게 자리하고, 산과 연못이 서로 기운이 통하고, 천둥과 바람이
서로 부딪치고 조화를 이루며, 물과 불은 서로 꺼지지 아니하고 죽이지 아니
하도다. 팔괘가 서로 변역變易과 교역交易하며 통변通變해 나가기에, 지나간 것
을 헤아려 보는 것은 순하고, 미래를 알고자 하면 그 수를 거슬러 올라가면
알 수 있게 된다. 고로 역은 셈을 거꾸로 하는 게임이라고도 한다.[518/519/520]

여기 3장을 두고 소강절[邵子]은 "복희팔괘의 자리, 즉 선천先天의 학문이다"라
고 하였다. 하늘·땅·산·못·우레·바람·물·불은 모두 괘의 상이다. '천지정위天地定位'는
하늘을 위로 땅을 아래로 자리를 정한다는 것이고, '산택통기山澤通氣'는 산과 연
못이 왕래하여 서로 감응하는 것이며, '뇌풍상박雷風相薄'은 우레와 바람이 부딪쳐
서 서로 돕는 것이고, '수화불상사水火不相射'는 물과 불이 서로 쏘거나 해롭게 하
지 않는다는 것이다. '팔괘상착八卦相錯'은 음과 양이 서로 얽히고설키기에, '수왕
자순數往者順'은 이미 생겨난 괘로부터 세며 따르면 미래의 일도 알 수 있다는 말
이다.

이 말을 미루어 보면, 건괘는 남쪽이고 곤괘는 북쪽이어서, 하늘과 땅이 높고
낮은 자리를 정한다. 리괘는 동쪽이고 감괘는 서쪽이어서 해와 달이 왕래하는 문
을 연다. 태괘는 동쪽이고 간괘는 서북쪽이어서 산과 못이 서로 감응한다. 진괘는
동북쪽이고 손괘는 서남쪽이어서 우레와 바람이 서로 부딪친다. 건·곤·감·리는 네
가지 바른 자리의 괘로서, 상하·좌우의 자리에 나누어 거하기 때문에, 천지를 면

---

518 "<복희8괘차서도>에 상충된 두 괘가 9를 조화한다. 山澤은 땅과 물이 이루고, 雷風은 하늘과 불이
　　이룬다. 불이 땅속으로 지나가면 온천이 생기고, 물이 불기운을 받으면 초목을 기르니, 이것이 8괘의
　　8물이 서로 통하고 결합하는 이유이다."(다산)

519 變易은 본괘뿐 아니라, 초변, 2변, 3변, 4변, 5변, 상변을 이른다.

520 '河圖 洛書'로 설명이 가능하다, 또 아래 초에서 상까지 위를 삼으니 逆數다. 姤卦에서 坤卦까지 다시
　　復卦에서 乾卦까지 그 음양의 소멸과 성장이 아래위로 이름도 逆數다. 그런데 正易파들은 逆數를 歷數
　　로도 본다. 결합할 박(薄). 부딪칠 박(薄). 꺼릴 역(射). 죽일 석(射). 헤아릴 수(數). 섞일 착(錯).

저 말하고 수화를 나중에 말하여 네 가지 바름을 표시하였다. 진·손·간·태는 네 가지 치우친 자리의 괘로서, 건·곤·감·리의 사이에 치우치게 거하기 때문에 산택·뇌풍을 중간에 말하여 네 모퉁이를 표시하였다. 나머지는 <복희팔괘방위도>에 보인다. 이상 제3장은 선천 괘의 순서에 대해 근본을 미루어, 음양이 대대待對하는 몸체가 따르고 거스르며, 오고 가는 이치를 말했다.

설괘전 제 4 장

雷以動之 風以散之 雨以潤之 日以晅之 艮以止之 兌以說之 乾以
君之 坤以藏之.
천둥으로써 움직이고, 바람으로써 흩뜨리고, 비로써 적시고, 해로써 말리고, 산
으로써는 머물고, 연못으로써 기뻐하고, 건으로써 군림하여 주장하고, 곤으로
써 갈무리하여 저장한다.[521]

여기 4장은 후천의 여섯 괘가 건곤乾坤에게 명을 받아 만물을 생성하기 때문
에, 건곤의 처음 효가 사귀어 진괘震卦와 손괘巽卦가 되는데, 우레가 움직이면 만
물이 싹트고[雷動物萌] 바람이 흩어지면 만물이 해체되니[風散物解], 이것은 만물을
낳는 공[生物之功]을 말하였다. 건곤의 가운데 효가 사귀어 감괘坎卦와 리괘離卦가
되는데, 비가 적시면 만물이 자라나고[雨潤物滋] 해가 빛나면 만물이 펴지니[日晅
物舒], 이는 만물을 자라게 하는 공[長物之功]을 말하였다. 건곤의 마지막 효가 사
귀어 간괘艮卦가 태괘兌卦가 되는데, 산이 그치면 만물이 이루어지고[止則物成], 기
쁘면 만물이 완수되니[說則物遂], 이것은 만물을 이루는 공[成物之功]을 말하였다.
건괘乾卦는 여섯 괘를 통솔하고[統率六子] 만물을 만드는 주인이 되고[造物之主],
곤괘坤卦는 여섯 괘를 포용하고[包容六子] 만물을 기르는 창고[養物之府]가 되기 때
문에, 천지 가장자리에 거하여[居終] 생성하는 공을 총괄한다[生成之功]. 움직이고
흩어지고 적시고 빛나는 것은[動散潤晅] 기를 가지고 생겨나고 자라는 것[以氣生
長]을 말하였고, 그치고 기쁘고 임금 노릇 하고 감추는 것[止說君藏]은 질을 가지
고 거두고 감추는 것[以質收藏]을 말하였다. 이상은 '후천팔괘'의 공용功用을 말했
는데, 여섯 괘를 앞세우고 건곤을 뒤로 한 것은 음양의 시종始終을 차례로 삼았기
때문이다. 이상은 오치기의 해설을 참고했다.

---

521 '8괘 덕성'으로, 乾이 군주면 坤은 백성이요, 離가 해면 坎은 달이고, 艮이 止면 震은 進行이요, 또
坤이 藏이면 乾은 施가 될 것이다. 태양으로 말릴 훤(晅).

설괘전 제 5 장

帝出乎震 齊乎巽 相見乎离 致役乎坤 說言乎兌 戰乎乾 勞乎坎 成言乎艮.

황제(성인)가 진방에서 나와, 손에서 가지런히 하고, 리에서 마주보며, 곤에서 힘써 일하고, 태에서 기뻐하고, 건에서 싸우고, 감에서 노고하니, 간에서 모든 것이 이루어짐을 말한다.[522]

성재誠齋 양만리楊萬里의 해설부터 살펴보자.

"'제출호진帝出乎震'으로부터 '성언호간成言乎艮'에 이르기까지 상제上帝가 올라탄 것이다. '만물이 진괘로부터 나와서[萬物出乎震]'로부터 '간괘에서 이룬다[成言乎艮]'까지 또한 만물이 중심이 된 것이다. 帝가 만물을 올라타서 주관하는 것은 모두 팔괘로부터 말미암았다. 성인이 팔괘를 본받아 다스리므로 남면南面하여 다스림을 리괘离卦에서 취하였으니, 리괘离卦는 양이 밝은 괘로서 만물이 교섭하여 서로 만나보는 때이다. 그 「대상전」에 '대인이 그것을 본받아 밝음을 이어 사방을 비춘다[大人以繼明照于四方]' 하였으니, 이를 본받아 공수拱手하고 앉아 있는 것이 어찌 마땅하지 않겠는가? 그러나 성인이 리괘离卦에서만 취하여 다스리지 않고, 건곤乾坤의 상서로운 표징을 받아 천명天命하여, 진괘震卦·손괘巽卦·감괘坎卦·태괘兌卦의 다스림을 흥기하는데 이르렀으니, 취하지 않음이 없다. 역易에서는 한 가지를 취하면 다른 것도 미루어 볼 수 있다."

---

522 '후천팔괘'를 震방에서 기점을 잡아 설명하였다. '帝出乎震'함은 선천 震方이 후천 艮方이 되니, 震動 艮止는 表裏 관계이다. '出'은 重山艮方이라고도 볼 수 있다면, 과연 艮方인 한국에서 '成言乎艮' 할 수 있을까? '說言乎兌'와 '成言乎艮'의 두 '言'은 어조사이다.

萬物出乎震　震東方也　齊乎巽　巽東南也　齊也者　言萬物之潔齊也.
离也者明也　萬物皆相見　南方之卦也　聖人南面而聽天下　嚮明而治
蓋取諸此也. 坤也者地也　萬物皆致養焉　故　曰致役乎坤, 兌正秋也
萬物之所說也　故曰說言乎兌, 戰乎乾　乾西北之卦也　言陰陽相薄,
坎者水也　正北方之卦也　勞卦也　萬物之所歸也　故曰勞乎坎, 艮東
北之卦也　萬物之所成終而所成始也　故曰成言乎艮.

만물은 진震의 동방에서 나온다. 손방에서 가지런하니 손巽은 동남방이다. '제
齊'는 만물을 깨끗하게 가지런히 함을 말한다.[523] 리离는 밝은 것으로 만물이
마주보는 남방괘다. 성인이 남쪽을 향해 천하의 소리를 듣고 밝은 것을 향하
여 나라를 다스리니 대개 이런 이유에서 취한 것이다.[524] 만물을 길러내는 땅
의 성질을 곤坤의 역할로 말한다. 태兌는 가을로 만물이 기뻐하는 바니 태를
기쁨이라 하였다. 음양이 싸우는 건乾은 서북괘니 고로 음양이 서로 부딪치는
것을 말한다.[525] 감坎은 물로 정북방괘니 수고와 위로를 받는 괘다. 만물이 돌
아가는 감을 노고라 했다.[526] 동북방 간艮은 만물이 마침을 이루는 자리고, 시
작을 이루는 자리니 간에서 모든 것이 이루어진다.[527]

이 구절을 주석한 양만리는 음이 양을 의심하여 피튀기는 싸움이 불가피하다
는 논리를 편다.

"내가 살펴보니, '제帝'와 '만물'이 올라탄 것은 모두 팔패이다. 제帝에 대하여서는 '곤
괘에서 일을 이룬다[致役乎坤]'고만 하였고, 만물에서 '기름을 이룬다[致養]'고 한 것은
왜 그런 것인가? 잘 모르겠지만, 곤괘가 제帝에 대해 '일을 이룬다[致役]'고 한 것은

---

[523] "여기 '만물'부터 시작하는 부분이 공자의 전문으로 볼 수 있다."(다산)
　潔齊는 만물이 순결하게 齋戒하고 정화함을 말한다. 그러기에 제사를 요하는 글에는 ☴(손)의 형체
　가 있다.
[524] '다스리다', '치료하다', '수행하다'의 의미에는 ☲(리)를 쓰고, '얼굴'에도 쓴다. 예로 혁괘에 '革面'은
　'南面'이 된다. 향할 향(嚮). 깨끗할 결(潔). 재계할 제(齊).
[525] 서북쪽은 음양이 서로 맞붙은 자리라 떨며 '戰戰兢兢'하는 자리다. 부딪힐 박(薄).
[526] 북망산천으로 돌아가는 귀결처가 북방이다. '歸妹', '歸逋竄'의 예가 있다.
[527] 만물이 ☳(진)에서 나서 ☶(간)에서 죽으니 '始終'이고, 또 '剝卦' 양 하나가 종말을 이루니 '坤卦'가
　이를 저승 門, 冥門으로 삼고(鄭玄, 『易緯·乾坤鑿度』), 저승 ☷(곤)으로 간 것으로 본다. 또 훈계나 약
　속, 맹세도 艮이다.

곤괘는 신하이고, 제帝는 임금이기 때문이니, 임금은 신하를 부릴 뿐이다. 만물에 대하여 '기름을 이룬다[致養]'고 한 것은 곤괘가 어미이고 만물은 자식이기 때문이니, 어미는 자식을 기를 뿐이다. 다른 괘에서는 싸운다고 하지 않았는데 건괘乾卦에서는 싸운다고 하였으니, 건괘는 서북방西北方의 괘로 구월과 시월이 교차하는 지점으로, 음이 성하고 양이 미미한 때이므로 싸우지 않을 수 없다. 왜 그런가? 음이 양을 의심하여 싸울 수밖에 없다[陰疑於陽必戰]. 그렇지 않다면, 곤괘의 상6은 시월의 괘인데 어째서 '용이 들에서 싸운다[龍戰於野]'고 하였겠는가? 이로부터 본다면 '음양이 서로 부딪힌다[陰陽相薄]'는 말은 헛되이 한 말이 아니다."[528]

유정원도 음양상박陰陽相薄을 편다.

"'제帝' 자에서 구절을 끊어야 하니, 팔괘를 통틀어 말하였다. '출出'은 '인을 드러낸다[顯諸仁]'와 같다. 손괘巽卦는 봄과 여름이 바뀌는 때이니, 낳는 뜻을 가지니 만물을 가지런히 한다. 리괘离卦는 해가 되고 눈이 되어 만물을 살펴 보니, 해가 중천에 떠서 눈으로 분명하게 볼 수 있다. 곤괘坤卦는 여러 만물이 번성하여 많은 것이니, 모두 땅에 의해 길러질 수 있으면 하는 일이 없을 수 있겠는가? 서로 일을 하는 것은 서로 길러주는 것이니, 서로 길러줄 수 있으면 기쁨이 없을 수 있겠는가? 서북西北은 구월과 시월이 바뀌는 때이니, 양이 없다고 의심하기 때문에 건괘乾卦를 서북에 두었다. 괘로 말하면 양이 성하고[卦言陽盛], 계절로 말하면 음이 성하다[時言陰盛]. 음과 양이 서로 부딪치니[陰陽相薄], 싸움이 없을 수 있겠는가?"[529]

실록의 예로, '임금이 진震에서 나와 국가의 주主가 되면, 만백성이 모두 귀를 기울이고 눈을 모아 그 정치를 바라보므로, 한 번의 호령과 한 번의 상벌에 인심의 향배와 천명天命의 거취가 달렸다'고 한다.[530] 또 동방에서 나와 대통을 이은

---

528 楊萬里, 『誠齋易傳』: "抑嘗觀之, 帝與萬物所乘者, 皆八卦也. 於帝獨言致役乎坤, 而萬物言致養, 何耶. 曾不知坤於帝言致役者, 蓋坤臣也, 帝君也, 君之於臣役之而已. 於萬物言致養者, 蓋坤母也, 萬物子也, 母之於子, 養之而已. 至于他卦, 不言戰, 而乾言戰, 則乾西北之卦, 九十月之交, 陰盛陽微之時, 故不能无戰, 何則. 陰疑於陽必戰. 不然則坤之上六十月之卦也, 何以言龍戰於野. 由此而觀, 則言陰陽相薄之語, 不爲虛設矣."

529 柳正源, 『易解參攷』: "案, 帝字當句, 統八卦言也. 出者, 猶顯諸仁也. 巽爲春夏之交, 是生意之物, 物齊平也. 離爲日爲目, 物物之能照而能見者, 以有日之中天而目之明視也. 坤爲衆物之繁衆者, 皆能有役於地, 則能无役乎. 相役者, 所以相養也, 相養則能无說乎. 西北是九十月之交, 疑於无陽, 故置乾於西北. 以卦言, 則陽盛也, 以時言, 則陰盛也. 陰陽相薄, 能无戰乎."

530 兵曹正郎 權守平 등의 상소다. "무릇 임금이 震에 나서 국가의 主가 되면 만백성이 모두 귀를 기울이고, 눈을 모아 그 정치를 바라보므로, 한 번의 호령과 한 번의 상벌에 인심의 향배와 天命의 거취가 달렸으니, 어찌 매우 두려워하지 않을 수 있으리까. 유생 鄭希良 등이 국가에서 대행대왕을 위하여 齋를 베푸는 일 때문에, 疏章을 올려 狂僭한 말이 많으매, 전하께서 그 죄를 鞫問하고 모두 법으로

임금이 크게 용서하는 은전을 베푼다.[531]

다스리라고 명하심을 보고, 신 등은 애석히 여깁니다. 옛날 임금이 사람의 말을 듣고 사람의 죄를 다스릴 적에는, 반드시 그 일의 시비를 살피고, 그 情의 공사를 가려서, 일이 참으로 옳으면 말이 지나치더라도 반드시 용납해 받아들이고, 정이 참으로 私가 아니면 죄가 지극히 중할지라도 반드시 너그러이 용서하였습니다. 지금 여러 유생들이 孔孟을 법 받아 자기 임금을 堯舜으로 만들려고 뜻하여, 狂直할 줄만 알고, 事體를 모르고서 危言激論하여 말이 悖慢하게 된 것입니다. 그러나 그 일로 말하면 유생으로서 佛을 배척한 것이니 그르다 할 수 없고, 그 정으로 말하면 신하로서 임금께 충성한 것이니 私라 할 수 없습니다. 그 마음은 정성스럽고 간곡하여 아무런 타의가 없는데, 그 죄줌이 도리어 誹謗한 죄와 같이 되니 신 등은 그윽이 의혹됩니다. 신 등은 국가의 元氣가 선비의 기풍에 따라 低下되고 振作된다고 생각합니다." _ 『조선왕조실록』 12집, 연산군 1년 을묘(1495) 2월 1일.

531 大提學 李植이 지은 教書. "임금이 동방에서 나와 대통을 이으니[帝出乎震] 북두성이 임함을 우러러 보았고, 온유함이 겹치어 은혜를 베푸니[重巽以申命] 조서가 내림을 보았다. 이처럼 분에 넘치는 경사를 만났으니, 의당 널리 포고하는 의식이 있어야겠다. 우리나라는 궁벽한 해변에 자리 잡고 있는데, 과인의 몸에 이르러 국난을 거듭 만났다. 오직 대업이 길이 안정되고자 어리신 성군이 뒤를 이어 나오시니, 태양이 동에서 떠올라 그 빛이 먼저 桑溟[桑田碧海·변천]을 비추고 조칙이 署에서 내려와 그 예가 箕甸[箕子의 영토]에 가해졌다. 이달 9일 새벽 이전을 시한으로, 雜犯死罪 이하는 모두 용서하여 석방하고, 관직에 있는 자는 각각 한 자급 씩 加資한다. 아, 덕이 후하면 흠이 있어도 포용하고, 정성이 지극하면 많은 사람의 신임을 얻는 법이다. 하늘이 덮어주고 땅이 길러주니 모두 생육해 준 은혜를 입었고, 우레와 빗발이 온 누리에 가득하니 크게 용서하는 은전을 보이노라." _ 『조선왕조실록』 35집, 165쪽, 인조 21년 계미(1643) 10월 9일(기사).

설괘전 제 6 장

神也者妙萬物而爲言者也, 動萬物者莫疾乎雷, 撓萬物者莫疾乎風, 燥萬物者莫熯乎火, 說萬物者莫說乎澤, 潤萬物者莫潤乎水, 終萬物始萬物者莫盛乎艮, 水火相逮 雷風不相悖 山澤通氣然後 能變化旣成萬物也.

신은 만물의 묘함이다. 만물을 움직이는 데는 우레만큼 빠른 것이 없고, 만물을 흔드는 데는 바람만큼 빠른 것이 없고, 만물을 말리는 데는 불만큼 강력한 한 게 없다. 또 만물을 기쁘게 하는 데는 연못 만한 것이 없고, 만물을 적시는 데도 역시 물 만한 것이 없으며, 만물을 끝맺고 시작하는 것 또한 산 만한 것이 없다. 고로 물과 불이 서로 긴한 관계를 미치며 돌아가고, 천둥과 바람이 서로 거스르지 아니하고, 산과 못이 기운을 소통한 뒤에야 능히 변화를 시도하여 만물을 다 이뤄 나가는 것이다.[532]

여기 6장은 문왕팔괘의 순서대로 여섯 괘가 유행하는 공용功用을 들고, 아울러 그 덕과 상을 말하고 있다. 역시 자범子範 오치기吳致箕의 해설이다.

"신神은 천지의 변화이다. 묘妙는 신의 작용이고[妙者神用], 신은 바로 묘의 극치를 이른 말이다[神是極妙之語]. 동動은 고무함이고, 요撓는 흔들어 흩어지게 함이다. 질疾은 급속함이고, 조燥와 한熯은 모두 마른 '간乾'을 말한다. 열說은 희열이고, 성盛은 공을 이룬 성대함이다. 체逮는 서로 미쳐서 이루어줌이다. 불패不悖는 거스르지 않는 것이니, 비록 부딪치더라도 서로 거스르지 않는 것을 말한다. 감리坎离는 본래 건곤乾坤으로부터 변했기 때문에 먼저 수화水火를 말하였고, 수화가 서로 이루어주기 때문에 진태震兌가 되고, 뇌풍雷風이 서로 어긋나지 않기 때문에 간곤艮坤이 되고, 산택山澤이

---

532 본장은 '神妙한 造化'를 말한 것으로, '중천건괘' 구5 「문언전」에 '夫大人者'와는 아주 중요한 대목으로, 「계사상」 5장 '陰陽不測之謂神'과 「계사상」 12장 '書不盡言, 言不盡意' 그리고 「중용」 16장 '視之而不見聽之而不聞體物而不可遺'에서 공자는 '神'을 밝히고 있다. 위에서 '乾坤'을 언급하지 않은 것은 6괘 속에 '乾坤'의 공덕이 존재하기 때문인데, '艮'으로 사물을 말하지 않은 것 또한 '坤'이 그 덕을 겸했기 때문이다. 그런데 다산은 '산'이라 하지 않고 '간'이라 한 것을 '聖人易說, 多令互發, 而推通之'의 한 사례로 보았다. 즉 앞서는 팔물, 뒤에는 팔괘로 거론함에, 연관되거나 반대되는 경우를 미루어 파악하라는 것이다. 빠를 질(疾). 흔들 요(撓). 마를 조(燥). 말릴 한(熯). 윤택할 윤(潤). 미칠 체(逮). 어그러질 패(悖).

기를 통하기 때문에 건손乾巽이 된다. 이것이 선천괘의 자리가 변하여 후천괘의 자리가 된 것이다. '음이 변하여 양이 되는 것을 변[陰變爲陽曰變]'이라고 하는데, 곤坤이 변하여 감坎이 되고, 리离가 변하여 진震이 되고, 손巽이 변하여 간艮이 되고, 태兌가 변하여 건乾이 된다. '양이 변화여 음이 되는 것을 화[陽變爲陰曰化]'라고 하는데, 건乾이 변하여 리离가 되고, 감坎이 변하여 태兌가 되고, 진震이 변하여 곤坤이 되고, 간艮이 변하여 손巽이 된다. '기旣'는 이미 다한 것이요, '성成'은 생성이다. 이는 여섯 괘의 공용功用을 말하고, 건곤乾坤의 작용을 말하지 않아서, 천지에 가득 찬 건곤의 변화가[乾坤變化] 만물을 신묘하게 하는 것 아닌 게 없다[非無神妙萬物]는 것을 보여주었다."

여기서 아산은 이렇게 해설을 덧붙이고 있다.

"신神은 현현묘묘玄玄妙妙한 대자연의 작용이다. 따라서 만물의 묘용妙用으로써 신神과 같은 조화를 가지게 하는 것이 여섯이다. 즉 건곤乾坤괘를 제외한 6괘 3남3녀가 바로 부모를 닮은 꼴이니 신神의 묘용妙用 그 자체이다. 만물을 요동撓動하는 데는 우레와 바람만한 것이 없고, 마르고 건조 시키는데는 불만한 것이 없고, 만물을 즐겁게 하는 것은 연못만한 게 없고, 만물을 윤택하는 것은 물만한 게 없으며, 만물이 마치고 시작하는 신묘한 조화는 동북간방東北間方의 간괘艮卦보다 더한 것이 없다. 그런고로 물과 불은 서로 떨어질 수도 없고 섞일 수도 없는 특별한 관계를 유지하고, 우레와 바람도 서로 떨어질 수 없어 상호보완 하고, 산과 연못 또한 하학적으로는 기운이 다르나 상학적으로는 상통한 기운으로 주고받는 지라, 이러한 6자의 묘용妙用이 수수收受작용 할 때, 아들 낳고 딸 낳아 만물을 이 땅에 충만하게 하는 것이다."[533]

---

533 "여기 6장은 우주 대자연이 돌아가는 이치를 담고 있기에, 乾卦 구오 문언전 '夫大人者…況於鬼神乎' 구절과 함께 매일 독송할 필요가 있다."(아산)

설괘전 제 7 장

乾健也 坤順也 震動也 巽入也 坎陷也 离麗也 艮止也 兌說也

건乾은 건강함이요, 곤坤은 순함이요, 진震은 움직임이요, 손巽은 들어감이다.
또 감坎은 빠지는 것이요, 리离는 걸리는 것이요, 간艮은 그치는 것이요, 태兌
는 기뻐하는 것이다.[534]

여기 7장은 팔괘의 '괘덕卦德' 즉 '성정性情'을 말했다. 주자의 설명이다.

"팔괘의 성정에서 '성性'은 본성이 이와 같고, 또 '정情'은 그 발용發用한 곳이 이와
같음을 말한다. 예컨대 건괘의 강건함[健]은 본성이 이와 같고, 작용할 때에도 이와
같다. 복희가 팔괘를 그은 것이 몇 개의 획일 뿐이지만, 여기 팔괘에서 만물의 이치를
다하였다. 양이 아래에 있으면 진괘(☳)가 되니, 진괘는 움직인다. 양이 위에 있으면
간괘(☶)가 되니, 간괘는 그친다. 양이 아래에 있으면 자연히 움직이고[陽下自動], 위에
있으면 자연히 멈춘다[陽上自止]."

공자가 다음 장에서 팔괘의 상을 말하려고 먼저 그 '성정性情'이 이와 같음을
말하였다. 호병문도 그랬다.

"상象이란 흡사한 것이고, 성정性情은 그 실제인 것이니, 「단전」에서 손괘巽卦에 대해
'들어간다'고 하지 않고 곧바로 '손巽'이라 하고, 감괘坎卦에 대해 '빠진다'고 하지 않고
'험하다'고 하며, 리괘离卦에 대해 '걸린다'는 말은 드물게 하고 '밝다'고 말함은 또한
그 실제를 얻은 것이다."[535]

---

534 '8괘의 덕' 곧 '性情을 설명함. 震巽 이하는 「서괘전」과 동일. 「잡괘전」 '乾剛坤柔, 震起也, 艮止也,
兌見而巽伏也, 離上而坎下也.' 「계사전·하」 '巽稱而隱 又曰 巽以行權'은 重卦(大成卦)의 성격을 말한
다.

535 胡炳文, 『周易本義通釋』: "雲峰胡氏曰, 夫子欲於下文, 言八卦之象, 故先言其性情如此. 象者其似, 性情
者其眞, 彖傳於巽不言入而直言巽, 坎不言陷而言險, 離罕言麗而言明, 則又得其眞矣."

설괘전 제 8 장

乾爲馬 坤爲牛 震爲龍 巽爲鷄 坎爲豕 离爲雉 艮爲狗 兌爲羊

건乾은 말이고 곤坤은 소고 진震은 용이다. 또 손巽은 닭이요 감坎은 돼지요 리离는 꿩이며 간艮은 개요 태兌는 양이다.[536]

여기 8장은 멀리 동물에서 취한[遠取諸物] 대목이다. 임천오씨臨川吳氏(吳澄)가 밝힌 여덟 동물의 특징이 이랬다.

"꿋꿋이 행하여 쉬지 않는 것은 말이고, 유순하게 무거운 짐을 감당하는 것은 소이다. 떨쳐 움직이는 몸으로, 땅의 형세가 중첩된 음의 아래에서 고요히 쉬면서 땅속 우레와 더불어, 그 고요함을 같이하는 것은 용이다. 용이 못 아래 잠겨있는 것은 음이 중첩된 곳이다. 들어가 엎드리는 몸으로, 천기가 중첩된 양 속에서 소리를 내어 지상의 바람과 더불어 느끼기를 같이하는 것은 닭이다. 닭이 축시丑時 반에 우는 것은 양이 거듭된 때이다. 어떤 이는 이렇게 말한다. 닭이 행함에 머리는 앞에서 움직이고, 발은 가운데서 움직이며, 몸은 움직이지 않고 그 뒤를 따르니, 움직이는 두 양은 앞뒤에 있고 음은 가운데 있다. 앞뒤는 모두 음으로 혼탁하고, 가운데가 군세고 조급한 것은 돼지이다. 앞뒤가 모두 양으로 문명하며 가운데가 유약하여 겁내는 것은 꿩이다. 밖은 군세어 사물을 멈추게 할 수 있으나 가운데 속은 유약하여 아첨하는 것은 개다. 밖이 부드러워 기쁘게 할 수 있는 것은 풀이고, 가운데 속이 군세어 고집스러운 것은 양이다. 이는 움직이는 종류 가운데 여덟 동물로써 8괘에 견준 것이다."

평암항씨平庵項氏(項安世)도 조화가 시작된 것이라며, "말은 건괘의 상이므로 통굽이고, 소는 곤괘의 상이므로 굽이 두 개가 붙어 있다. 닭은 날개 달린 종류이니 날 수 있는데, 그 성질은 들어감이고 엎드림이다. 때를 알아 잘 감응하므로 손괘가 닭이 된다"[537]고 하였다. 남헌장씨南軒張氏(張栻)도 덧붙였다. "돼지는 주로 더럽고 습하니, 그 성질이 아래로 쫓아가므로 감괘가 돼지가 된다. 꿩의 성질은

---

536 8괘를 '遠取諸物' 즉 동물에 비유했다.

537 項安世, 『周易玩辭』: "造化權輿云, 馬乾象故蹄圓, 牛坤象故蹄拼. 括蒼龔氏曰, 鷄羽屬也而能飛, 其性則 爲入爲伏. 知時而善應, 故巽爲鷄."

밝고 지조가 있으며 밖으로 문채가 나므로, 리괘가 꿩이 된다. 간괘는 개가 되는데, 사람에게 머물러 있으면서도 사람을 그치게 할 수도 있음을 말한다."[538]

위암韋庵도 이렇게 보충한다. "강건하여 멀리 가는 것은 말이고, 순하여 무거운 짐을 지는 것은 소이다. 웅크려 있으면서도 움직일 수 있는 것은 용이고, 검은 주둥이를 가지고 있는 종속이면서 사람을 멈출 수 있는 것은 개이고, 뿔이 나 있으면서도 무리 짓기를 좋아하는 것은 양이다. 멀리 동물에서 취하는 바가 이와 같다."[539]

오치기는 또 이렇게 설한다.

"말의 성질은 강건하고 굽은 둥그니 건괘의 상이고, 소의 성질은 유순하고 발굽은 갈라져 있으니 곤괘의 상이다. 용은 웅크려 있는 동물로 양을 만나면 떨쳐 일어나니, 진괘의 양이 여러 음의 아래에서 움직이는 자이다. 닭은 날개가 있는 동물로 부드러워 들어가 엎드릴 수 있으니, 손괘의 음이 여러 양의 아래에 엎드린 자이다. 돼지는 속이 굳세고 조급하며 밖이 더러우니, 감괘의 밖이 음으로 부드럽고 안으로는 양으로 굳센 것이다. 꿩은 날개가 빛나고 성질이 깐깐하니, 리괘의 밖은 양으로 밝고 가운데는 빈 것이다. 개는 밖은 굳세어 도둑을 지키고 안은 아첨하여 사람에게 붙으니 간괘의 상이고, 양은 밖은 부드럽고 기뻐하며 안은 굳세고 조급하니, 태괘의 상이다."[540]

한편 오치기는 아래와 같이 종합적으로 간추려 말한다. "이상以上은 모두 대체로 상을 말한 것으로 역易에서 구하더라도 다 합당하지는 않다. 건괘乾卦에서는 용을 말하고 말을 말하지 않았고, 진괘震卦의 몸체에서는 말을 말하고 용을 말하지 않았다. 곤괘坤卦에서는 암말을 말하고 소를 말하지 않았고, 리괘离卦에서는 암소를 말하고 꿩에 대해서는 언급하지 않았다. 역易의 상은 한 가지 예로 합치되기를 구해서는 안 되니, 건괘乾卦의 강건함에는 혹은 용의 상이 있고 혹은 말의 상이 있으며, 진괘震卦는 건괘의 강건함에 속하기 때문에 용을 말할 수 있고 말을

---

538 張栻, 『南軒易說』: "豕主汚濕, 其性趨下, 故坎爲豕. 雉性耿介而外文明, 故離爲雉. 艮爲狗, 言其止於人而能止人也.

539 金相岳, 『山天易說』: "健而致遠者馬也, 順而任重者牛也. 蟄而能動者龍也, 黔喙之屬而止人者狗也, 角峙之類而說群者羊也. 此遠取諸物如此."

540 吳致箕『周易經傳增解』: "馬性健, 其蹄圓, 乾之象. 牛性順, 其蹄拆, 坤之象. 龍蟄物遇陽則奮, 震陽動於重陰之下者也. 鷄羽物柔能入伏, 巽陰伏於重陽之下者也. 豕性內剛躁而外汙濁, 坎之外陰柔而內陽剛也. 雉羽文明而性耿介, 離之外陽明而中虛也. 狗外剛而止盜, 內媚而附人, 艮之象. 羊外柔悅而內剛躁, 兌之象."

말할 수 있다. 곤괘坤卦의 순함은 혹은 소의 상이 있고 혹은 암말의 상이 있으며, 리괘離卦는 곤괘의 순함에 속하기 때문에 암말을 말할 수 있다. 이로써 미루어 보면 그렇지 않은 상이 없다. 상을 취하는 방법은 혹은 형용形容으로 말하고 혹은 성정性情으로 말하며, 혹은 사실事實로 말하여 그 단서端緖를 하나로 할 수 없으니, 각각 취한 바가 이렇다."

윤선도가 복희임금의 강의를 받고 닭을 노래한 구절도 있다.[541] 다산도 여기 7장에 대한 심도 있는 해석을 내놓았다.

"☳(진)과 ☵(감)은 ☰(건)의 양 하나씩을 얻었으니 말이 되고, ☴(손)과 ☲(리) 또한 ☷(곤)의 음 하나씩을 얻었으니 소가 된다. 그러니 소축괘 구2[牽復]와 둔괘 육2[黃牛]가 소를 삼았으며, ☱(태)가 양이 되니(소와 닮고 좀 작다), ☶(간)은 응당 당나귀가 될 것이다(말과 유사하며 좀 작다). ☴(손)의 성격은 부드럽고 굽히거나 펴는 것이 자유로워 유연하게 꿈틀거리는 벌레가 되고, 고괘蠱卦가 되고, 함괘咸卦가 건괘蹇卦로 변하는 경우에도, 건蹇의 모괘가 관괘觀卦가 되기에 자벌레[尺蠖之屈]가 된다['風' 자의 근거]. 또 준괘屯卦 육3에 '즉록則鹿'과 '종금從禽'이 감위록坎爲鹿의 증거가 되고, 『예기·곡례』편에도 '좌청룡左靑龍, 우백호右白虎, 남주작南朱雀, 북현무北玄武'라는 것을 보더라도 진震은 용이고, 태兌는 호랑이가 된다. 이괘[履虎尾]와 혁괘[虎變·豹變]에도 태兌를 호랑이라 하였으니 이 모두가 「설괘」의 응용일 따름이다."

한편 한대漢代의 역학자 순구가荀九家[542]들의 응용은 바른 것도 있고, 그 근원과 변화를 무시하고 단순히 '건乾이 용이 되고, 곤坤이 혼미昏迷함이 되고, 감坎이 질곡桎梏이 된다'는 식의 고식적인 설명도 발견된다.[543]

---

541 윤선도, 『孤山遺稿』, '닭을 노래하다[詠鷄]' : "뜰에서 쪼는 모양 찬찬히 살펴보니[細看啄庭姿] 하는 짓이 그야말로 꿩과 똑같네[正與雉同規] 아마도 산량[꿩의별칭]의 족속인 듯한데[疑是山梁種] 복희 시절부터 홰대에 올랐나 봐[棲時自伏羲]."

542 荀慈明(荀爽)이 九家의 易을 10권으로 集解한 것으로, ①京房 ②馬融 ③鄭玄 ④宋衷 ⑤虞翻 ⑥陸績 ⑦姚信 ⑧翟子玄 ⑨荀爽으로 9인이다.

543 虞氏 曰, "巽爲魚爲麇鹿爲鵠爲鸖, 艮爲狐爲虎爲狼." 荀九家 曰, "离飛鳥爲牝牛爲鶴爲隼爲飛, 坎爲狐, 坎爲宮." 다산 曰, "離+坎爲鴻漸, 離+震爲隼, 震+巽(潔白)爲鳴鶴, 巽爲牛爲蟲, 乾馬震龍, 艮爲迷, 坎+(震+艮)爲桎梏, 震+巽+坎爲蒺藜, 坎爲鹿, 兌爲虎, 陽劃爲矢, 陰劃爲膚, 乾衣坤裳, 乾寒坤溫, 震爲蠿爲旗, 坎爲忠直."

설괘전 제 9 장

乾爲首 坤爲腹 震爲足 巽爲股 坎爲耳 离爲目 艮爲手 兌爲口

≡(건)은 머리요, ☷(곤)은 배요, ☳(진)은 발이다. ☴(손)은 다리요, ☵(감)은 귀요, ☲(리)는 눈이며, ☶(간)은 손이요, ☱(태)는 입이다.[544]

　여기 9장은 '가까이 몸에서 취한[近取諸身]' 예이다. 머리는 양에 속하고 위에서 높으니 건괘乾卦의 상이다. 배는 음에 속하고 음식물을 넉넉히 받아들이니 곤괘坤卦의 상이다. 발은 아래에 있고 움직이기 때문에 진괘震卦이고, 다리는 아래에 있고 둘로 갈라졌기 때문에 손괘巽卦이다. 귀는 밖의 음에서 들어 받아들이고 안의 양에서 깨닫기 때문에 감괘坎卦에서 취하였다. 눈이 보고 비추는 것은 안의 음에 속하고, 광명은 밖의 양에 속하기 때문에 리괘离卦에서 취하였다. 손은 위에서 움직이고, 잡을 수도 있고 그칠 수도 있으며, 입은 위에서 갈라지고 말할 수도 있고 먹을 수도 있다. 이것이 손과 입이 간괘艮卦와 태괘兌卦에서 상을 취한 까닭이다. 이 또한 리괘离卦에 대해서는 비록 눈을 말했지만 또한 마음을 말할 수도 있고, 감괘坎卦에 대해서는 비록 귀를 말했지만 또한 엉덩이를 말할 수도 있다. 간괘艮卦에 대해서는 비록 손을 말했지만 또한 등을 말할 수도 있고 몸을 말할 수도 있다. 태괘兌卦에 대해서는 비록 입을 말했지만 또한 턱을 말할 수도 있고 뺨을 말할 수도 있다. 이와 같은 종류는 다 기록할 수 없다. 이상은 자범子範 오치기吳致箕의 설이다.

　구순가九荀家는 간艮은 코가 되고 광대뼈와 뺨이 되고[艮爲鼻爲輔頰舌], 우씨虞氏가 간艮은 꼬리가 되고, 곤坤은 엄지발가락이 되고, 감坎은 엉덩이, 간艮은 등짝이 되고 가죽이 된다 하였다[虞飜曰 艮爲尾 坤爲拇坎爲臀艮爲背爲皮].[545] 풍각점상風角占相에 정통한 위魏나라 관로管輅처럼 '코는 얼굴 부분에서 산에 해당한다'[546] 하고, 주자도 『주자어류·역·설괘』에서 동의했다. 간艮이 꼬리가 됨은 예가 있다.[547] 엄지

---

544 "8괘를 '近取諸身' 즉 자신의 신체에 비유하였다."(주자)
545 다산은 艮이 背가 아니라 坎이 背가 된다고 한다.
546 심경호, 『주역철학』, 261쪽, 280쪽.

발가락은 곤坤이 아니라 진震에서 나온 것이 아닐까?[548] 엉덩이는 중부中孚의 상이며, 구괘姤卦 쾌괘夬卦, 곤괘困卦에서도 나온다.[549] 그러니 감坎이 어찌 엉덩이겠는가? 강剛은 뼈가 되고 유柔는 살점이 되니 곤坤이 살점이라, 서합괘噬膚滅鼻와 박괘剝牀以膚가 그것이다. 진震은 입 주위에 붙은 풀이 무성하니 비괘[賁其須]처럼 수염이 되며, 배背는 북쪽에 있는 근육이라 간괘[艮其背]에서 호감互坎을 따른 것이며, 리离는 남면南面으로 상견相見하니 얼굴이 된다. 이상은 다산의 설이다.[550]

---

547 遯卦(遯尾之厲), 旣濟(濡其尾), 未濟(濡其尾), 또한 易例에서는 초획을 꼬리로 삼는다.
548 咸卦(咸其拇)와 解卦(解而拇)처럼 震足에서 의거한 것이다. 咸之革에서 혁의 모괘는 大壯卦니 震足에 拇다.
549 '中孚卦'는 양쪽 엉덩이 볼을 나타낸다. 姤卦(臀无膚), 夬卦(臀无膚), 夬之需에서 需는 中孚에서 오고, 困卦(臀困于株木), 困之兌에서 兌는 中孚에서 왔다.
550 "坤爲膚, 震爲鬚, 坎爲背, 离爲面."(다산)

설괘전 제 10 장

乾天也 故稱乎父 坤地也 故稱乎母 震一索而得男 故謂之長男 巽
一索而得女 故謂之長女 坎再索而得男 故謂之中男 离再索而得女
故謂之中女 艮三索而得南 故謂之少男 兌三索而得女 故謂之少女

☰(건)은 하늘이라 아버지요, ☷(곤)은 땅이라 어머니요, ☳(진)은 첫 번째 구하
여 아들을 얻은지라 장남이요, ☴(손)도 첫 번째 구해 딸을 얻은지라 장녀라
한다. 그리고 ☵(감)은 두 번째 구하여 아들을 얻은지라 중남이라 하고, ☲(리)
도 두 번째 구하여 얻은지라 중녀라 이르고, ☶(간)은 세 번째 구하여 얻은지
라 막내아들 소남이라 하고, ☱(태) 역시 세 번째 구하였으니 막내딸 소녀라
일렀다.[551]

호병문胡炳文이 일렀다.

"부모와 여섯 자녀의 상象 또한 공자가 스스로 취한 것이다. 복희팔괘[선천도]에 견주
어 보면 건괘乾卦는 남쪽에 거하여 아버지를 칭하고, 곤괘坤卦는 북쪽에 거하여 어머
니를 취한다. 건괘가 첫 번째로 곤괘를 찾아 곤괘의 초효를 얻어 손괘巽卦를 낳고,
곤괘가 첫 번째로 건괘를 찾아 건괘의 초효를 얻어 진괘震卦를 낳는다. 이는 소옹邵康
節이 '어머니가 맏아들을 잉태한 것이 복괘復卦가 되고, 아버지가 맏딸을 낳는 것이
구괘姤卦가 된다'고 말한 뜻이다. 건괘가 두 번째로 곤괘를 찾아 곤괘의 가운데 효를
얻어 리괘离卦를 낳고, 세 번째로 곤괘를 찾아 곤괘의 상효를 얻어 태괘兌卦를 낳는
다. 곤괘가 두 번째로 건괘를 찾아 건괘의 가운데 효를 얻어 감괘坎卦를 낳고, 세 번째
로 건괘를 찾아 건괘의 상효를 얻어 간괘艮卦를 낳는다. 손巽·리离·태兌는 비록 각각
곤괘坤卦의 한 효를 얻어 낳지만, 본래 건괘의 몸체이기 때문에 동남쪽에서 아버지를
따른다. 진震·감坎·간艮은 비록 각각 건괘의 한 효를 얻어 낳지만, 본래 곤괘坤卦의 몸
체이기 때문에 서북쪽에서 어머니를 따른다. 문왕팔괘[후천도]에 이르면 건괘乾卦는
서북쪽에서 세 아들을 거느리고, 곤괘坤卦는 동남쪽에서 세 딸을 거느린다."

유정원柳正源도 아래와 같이 설했다.

---

551 공자가 '문왕8괘차서도'를 설명하여 고증한 글로, 가족단위를 표현하였다. 일컬을 칭(稱). 얻을 색(索).

"서북쪽은 마땅히 동북쪽이 되어야 하고, 동남쪽은 마땅히 서남쪽이 되어야 한다. 이는 이미 태어난 후에 아들은 모두 아버지를 따르고, 딸은 모두 어머니를 따라서 저절로 같지 않은 것과 같다. 선천도에서 부모와 여섯 자녀에 괘를 분배하였는데, 공자가 복희의 마주보는 대대待對의 괘를 보고서 아직 밝혀지지 않은 상을 미루어 설명하였을 뿐이다. 『춘추좌전』에서 '팔색八索'을 '팔괘八卦'라고 하였고, 주자 또한 '첫 번째로 찾아서 양효를 얻어 진괘를 이룬다[一索得陽爻而成震]'고 말하였으니, 이 '색索'은 구求하다의 의미이나 여기서는 효爻를 말한다. 즉 시초를 헤아려서 효爻를 구하는 것이다. '소현세자 만사[昭顯世子挽詞]'에 '진震이 한 번 구하여서 궁이 열리더니[宮開震一索] 왕세가 되었다'고 한다."[552]

다산의 설명도 이어진다.

"건부乾父가 소과지항小過之恒에서는 할아버지가 된다[過其祖]. 소과괘는 감괘坎卦 중남의 자식에게서 생겨났기 때문이다. 또 고괘蠱卦 초9[有子考]는 태괘泰卦 건부乾父 초가 간艮에서 죽은 아비가 됨을 알 수 있고, 귀매괘에서는 태兌가 누이 동생이니까 뢰雷가 오빠이며, 항괘처럼 진震이 지아비면 손巽은 지어미가 된다. 진震이 형이 되면 태兌와 리离는 누이동생이 되고, 태兌가 누이 동생이면 진震과 감坎은 오빠가 된다. 그래서 우씨역虞氏易에서는 '진위부위형震爲父爲兄 손위처巽爲妻 태위매兌爲妹'라 하였다."

552 鄭斗卿, 『東溟集』, '소현세자에 대한 만사[昭顯世子挽詞]' : "震이 한 번 구하여서 궁이 열렸고[宮開震一索] 달[왕세자]이 다시 둥글어져 사해 적셨네[海潤月重輪]. 인효하매 모든 이들 기대가 컸고[仁孝皆延頸] 총명함은 짝 될 만한 사람 없었네[聰明固絶倫]. 지난날에 구름 우레 일어났을 때[往者雲雷作] 우리나라 역수 준괘 상 되었었네[吁嗟曆數屯]. 바야흐로 임금 자리 맞나 했는데[方稱協于帝] 어찌하여 갑작스레 돌아가셨나[何遽返其眞]. 병들어서 광릉 물결 못 보았거니[病未觀濤起] 돌아가서 학가 타는 손님 됐으리[歸應駕鶴賓]. 인자하신 밝은 임금 애통해 하고[止慈明主痛] 신령스러운 적손 이에 남겨주셨네[貽厥嫡孫神]. 세상에선 삼양[太陽·小陽]陽明의 세 脈 찌를 줄 몰랐거니[世昧三陽取] 이수[膏肓을 뚫고 든 두 놈]란 놈 파고든 줄 뉘 알았으리[誰知二豎因]. 곽나라의 태자 능히 살려 내었던[能生虢太子] 편작이란 사람은 그 어떤 이런가[扁鵲是何人]."

설괘전 제 11 장

乾 爲天爲圜爲君爲父爲玉爲金爲寒爲氷爲大赤爲良馬爲老馬爲瘠馬
爲駁馬爲木果

'건乾'은 하늘, 둥근 것, 임금, 아버지, 옥, 금, 찬 것, 얼음, 아주 붉은 것, 좋은
말, 늙은 말, 야윈 말, 얼룩말, 나무의 과실을 말한다.[553]

본장은 「설괘전」의 마지막 장으로, 112종의 취상을 열거하고 있다. 건괘 14종,
곤괘 12종, 진괘 16종, 손괘 16종, 감괘 20종, 이괘 14종, 간괘 11종, 태괘 9종 등
총 112종이다. 또 「계사전」과 「설괘전」에서 취상된 물건은 114종으로 이는 곤책수
坤策數를 이르기도 한다. 여기 「설괘전」의 해설은 오치기의 「주역경전중해周易經
傳增解」를 참고하여 살폈다.

乾

　　　　'건乾'은 지극히 강건하고 높아 위에 있기에 하늘이다. 천체는 둥
글고 운동하여 쉬지 않기 때문에 둥글고, 만물을 주재하여 임금의 도
리를 갖고 있다. 만물에 의지하여 아버지의 도리를 갖고 있고, 순수
하기 때문에 옥이 되고, 순전히 굳세기 때문에 쇠가 된다. 서북 쪽에
거처하기에 추위와 얼음이 되니, 얼음은 음의 극으로서 도리어 양의 굳셈과 같다.
크게 붉은 것은 깊이 붉고 순수한 양의 색인데, '대大'라는 글자를 더하여 '감괘坎
卦'의 붉은색과 구별된다. '덕德'으로 말하면 좋은 말이고, '노양老陽'으로 말하면
늙은 말이고, 뼈가 많이 드러나면 '수척瘦瘠'하다는데, 뼈는 굳센 양에 속하기 때
문에 수척한 말이 된다. 힘이 센 짐승을 '박駁'이라고 하고, 강건하면서도 힘이 세
기 때문에 '박마駁馬'가 된다. 단단하고 둥근 나무의 과실은 양의 견실함을 상으로
취한 것이다.

　　한漢나라 순상荀爽의 『구가역해九家易解』에서도 용龍이 된다고 한 것은 건괘乾
卦의 효사를 취한 것이며, 곧음[直]이 된다고 한 것은 양획의 상을 취한 것이고,
또한 「계사전」의 '그 움직임이 곧다[夫乾動也直]'는 말을 취한 것이다. 말[言]이 된

---

553 '乾卦' 14종이며, 荀爽(後漢, 128~190)의 『九家易』에서는 '용·곧음·옷·말[爲龍爲直爲衣爲言]'이 더해진
다.(『周易傳義大全』, 「本義」) 야윌 척(瘠). 얼룩말 박(駁).

다고 한 것은 말과 행동을 음과 양에 나누어 속하게 하면, 행동은 질로 음이 되고 [行爲質陰] 말은 기의 양이 되기 때문에[言爲氣陽] 건괘乾卦가 말[言]이 된다. 교외郊外는 하늘에 제사하는 들이기 때문에 건괘乾卦에서 교외를 말하였다. 양은 높고 귀하기 때문에 큰 것이다[陽尊貴爲大].

다산은 아래와 같이 ☰(건)의 설을 덧붙이고 있다.

"☷(곤)의 세 음이 응결되면 '한빙[爲寒爲氷]'으로 서북쪽 ☰(건)이 된다. 대적大赤은 순양純陽의 빛깔로 깃발을 의미한다. '척마瘠馬'는 여윈 말이다, 유柔가 살이고 강剛은 뼈인데[噬乾胏], 건괘乾卦는 뼈만 있고 살이 없으니 여윈 말이 된다. 또 나무에 달린 과실 '목과木果'는 형체가 둥글고 허공에 달렸기에 하늘을 상징한다. 구순가九荀家는 '옷·곧음[乾爲衣爲直]'으로, 우씨[虞飜]는 '덕·사람·가득·큰차·화살[乾爲德爲人爲盈爲大車爲矢]'이라 하였는 바, '덕德'은 곧고 바른 마음으로[直心乃惪], ☰(건)과 ☵(감)은 모두 중심이 곧고 바르기에 덕이 된다[直方大]. '베풂[施]' 또한 ☰(건)과 ☴(손)이 함께 상을 이루면 '천명'을 베풂이고[姤卦 '施命告四方'], 수레 역시 하늘처럼 회전하기에 수레가 된다[大有卦 '大車以載']."

고로 다산도 '화살·계단·교외·들·마루[사당]·손님·야윔·부자·흰·창·분노[乾爲矢爲階爲郊爲野爲宗爲賓爲羸爲富爲白爲茅爲忿]'를 덧붙였다.

마융馬融과 왕숙王肅[554][555] 같은 학자는 날아가는 새 ☲(리)를 '화살'로 본 예가 많다[解卦 '得黃矢', 旅卦 '射雉一矢亡', 噬嗑 '得金矢']. 이는 건이 움직일 때는 곧고 바르며, 성질은 강하고 형체는 둥글기 때문이니[繫辭傳 '夫乾其靜也專其動也直'] 이 또한 대체로 양이 화살이 됨이다. 승지정升之井으로 지괘之卦가 되면 '승계升階'는 정괘井卦가 태괘泰卦 건乾의 계階에서 온 것을 알 수 있다. 그리고 '교郊'는 하늘 제사를 지내는 곳이며, 건부乾父의 친척을 '종宗'이라 한다[同人于宗]. 『예기·향음주의』에서는 옛날에 손님[乾賓]을 서북쪽에 앉혔다고 한다[需卦 '有不速之客三人', 觀卦 '利用賓于王', 姤卦 '不利賓']. 그러나 반드시 ☰(건)과 ☴(손)이 구비된 후에야 ☰

---

554 馬融(79~166)은 후한의 儒家로, 數經에 통달하여 盧植, 鄭玄 등을 가르쳤다. 『효경』『논어』『시경』『주역』『삼례』『상서』『열녀전』『노자』『회남자』『이소』를 주석했다.

555 王肅(195~256)은 위나라 학자이자 정치가. 그의 딸을 司馬文王에게 시집보내 晉나라 武帝를 낳았다. 아버지에게 今文學을 배웠으나 古文學者 賈達·馬融의 현실주의적 해석을 이어, 鄭玄의 讖緯說을 혼합한 통일해석을 반박하였다. 많은 경서를 주석하고 신비적인 색채를 실용적인 해석으로 대체하고, 정현의 예학(사회생활을 규제하는 학문) 체계에 반대하여 『聖證論』을 지었다. 그의 학설은 모두 위나라의 官學으로서 공인받았다. 저서 『孔子家語』『古文尚書孔宏國傳』 등이 있다.

(건)이 비로소 손님이 된다. 만일 주인 자리가 설정되지 않으면 손님이 붙을 자리가 없다. '야월 리羸'는 '야윈 척마瘠馬'고, '건백乾白'은 '곤흑坤黑'과 상반되고, '손위다백巽爲多白'이면 '건순백乾純白'이 된다. 또 ☳(진)과 ☴(손)의 풀이 ☰(건)이라는 세 개의 등줄기를 겸하게 되면 '띠풀 모茅'로, 손괘 대상大象에서는 ☰(건)을 '징분질욕懲忿窒欲'으로 나타내었음을 볼 수 있다.

坤 爲地爲母爲布爲釜爲吝嗇爲均爲子母牛爲大輿爲文爲衆爲柄其於地也爲黑

곤坤은 땅, 어머니, 베(포목), 가마솥, 인색, 고른 것(균등), 새끼 달린 어미 소, 큰 수레, 문서(문채), 무리(대중), 자루, 그리고 검은 빛이 나는 땅이다.[556]

☷(곤)은 순수한 음이기 때문에 땅이 된다[純陰爲地]. 만물을 먹이고 살리기 때문에[資生萬物] 어머니이다[故爲母]. 베와 비단은 땅에서 나오고, 비어서 음식물을 용납하기 때문에[虛而容物] 가마솥이다[故爲釜]. 조용히 모아서 베풀지 않기 때문에[靜翕不施] 인색한 면이 없지 않다[故爲吝嗇]. 열고 넓혀[闢而廣] 용납하지 않는 물건이 없기에[無物不容] 균등하다[故爲均]. 성질이 순하고 순전히 부드럽기 때문에[性順純柔] 새끼 있는 어미 소가 된다[爲子母牛]. 또 큰 건괘乾卦를 순순히 받들어[順承大乾], 도타운 덕으로 물건을 싣기 때문에[厚德載物] 큰 수레가 된다[故爲大輿]. 만물이 땅에서 생겨나 지극히 섞이니 문채가 있다. 짝이 많기 때문에 무리가 되고[耦多故爲衆], 만물을 낳는 권한을 갖기 때문에 자루가 되고[持生物之權故爲柄], 검은 것은 순수한 음의 색이니[黑者純陰之色] 곤이 된다. 또 나라가 되고, 읍이 되고, 신하가 되고, 백성이 되고, 빈 것이 되고, 작은 것이 된다[爲國爲邑爲臣爲民爲虛爲小]. 『순구가역荀九家易』에는 암컷이 되고, 혼미한 것이 되고, 네모난 것이 되고, 주머니가 되고, 치마가 되고, 누런 것이 되고, 비단이 되고, 간장이 된다는 내용이 있다[坤爲牝爲迷爲方爲囊爲裳爲黃爲帛爲漿]. 이상은 오치기의 해설이다.

---

556 '곤괘' 12종. 『九家易』 : "암컷·혼미·모남·주머니·치마·누런·비단·장[爲牝爲迷爲方爲囊爲裳爲黃爲帛爲漿]"

다산은 또 이렇게 보았다. "곤이 '포백布帛'이 되는 이유는 토지의 가로 세로의 경계선이 교차하는 것을 본뜬 것이고, 다리 없는 솥 '부釜'는 ☷(곤)에 ☳(진)의 다리가 없는 상이며, 받아들이기만 하고 저장하기만 하니 '인색吝嗇'하다. 땅을 고르는 '균均'은 열흘旬이란 '十'의 수를 나타내니 지수地數는 모두 '열 십十'이다."

한편 공영달557은 '자모우子母牛'를 새끼 낳은 소라 하였으며, 구순가九荀家는 대지에 만물이 서로 다양하게 얽혀 있으므로 문채가 난다[萬物相雜故文]고 한 반면, 다산은 중지곤괘를 보면 흡사 두 줄에 열두 글자로 된 문장文章과 같다고 했다. "자루 병柄은 만물을 낳는 근원이고[繫辭傳, '謙德之柄']라 함은 땅이 '자루[坤爲柄]'임을 이른 말이다. 또 곤을 '밭·벗·살갗·따뜻함·욕심[坤爲田爲朋爲膚爲溫爲慾]'이라고도 했으니, '밭[爲田]'에 수렵 의식은 본래 농작물에 해를 끼치는 짐승 따위를 제거하기 위한 것이었기에, 곤괘의 밭과 수레나 말의 상이 겸하면 사냥이 되었다[恒卦 '田无禽', 師卦 '田有禽']. '벗 붕朋'이란 둘이 어울려 짝이 되는 것인데, 곤의 세 음의 상을 이른다[坤卦 '東北喪朋', 豫卦 '朋盍簪', 蹇卦 '大蹇朋來']. 조개껍질 두 개도 '붕朋'이라 하는데, 손괘와 익괘의 '십붕[十朋之龜]'이 그것이다. 그리고 곤이 '단맛'이 난다 함은 반드시 ☱(태)가 겸비되어야 한다[臨卦 '甘臨', 節卦 '甘節'].

震　爲雷爲龍爲玄黃爲專(敷)爲大塗爲長子爲決躁爲蒼莨竹爲萑葦其於馬也爲善鳴爲馵足爲作足爲的顙其於稼也爲反生其究－爲健爲蕃鮮
진震은 우레, 용, 음양을 분간하기 힘든 현황, 펴는 것, 큰 도색, 장남, 조급한 결단, 푸른 대나무, 갈대를 말한다. 또 말에서는 잘 우는 말, 뒷발이 흰 것, 뒷발질 잘하는 말, 이마에 흰털이 많은 것이다. 농작물에서는 다시 살아난 것이요, 또 굳센 것이요, 번성하고 선명한 것이다.558

'진괘震卦' 우레는 양이 움직이는 상으로, 양의 기운이 음 아래에서 움직이고

---

557 孔穎達(574~648)은 『周易正義』의 저자로 어려서부터 재능이 뛰어나 수나라 양제 때 明經科에 급제, 관계에 나갔으나 양제가 그의 재능을 시기하여 암살하려 했다. 그 후 당나라 태종에게 중용되어 신임을 받았다. 문장·천문·수학에 능통하였으며, 왕명에 따라 五經 해석의 통일을 시도하여 『五經正義』 170권을 편찬한다.

558 '震卦' 16종. 『九家易』는 '옥·고니·북[爲玉爲鵠爲鼓]'이라고도 했다. 펼 부(專). 어린대 랑(莨). 갈대 위(葦). 갈대 환(萑), 풀 많을 추(萑). 왼쪽 뒷발 흰 말 주(馵). 이마 상(顙). 심을 가(稼). 우거질 번(蕃).

분발하여 치니 우레가 된다. 대표적 동물이 용이다. 색으로는 '천현지황天玄地黃'처럼 진괘震卦는 건괘와 곤괘가 처음 사귀는 때라 그 색이 '현황玄黃'이 된다. '부尃'는 펼치는 것을 말하는데, 우레는 양의 기운이 처음 펼치기 때문이다. ☳(진)의 그림이 한 양이 안에서 움직이고 두 음이 밖에서 펴져 있어서, 사방팔방으로 통하기 때문에 '큰길[大塗]'이 된다. ☰(건)이 한 번 찾아서 남자를 처음 얻으니 장남이 된다[乾一索而得男故爲長子]. 또 한 양이 아래에서 움직이고 앞에 막힘이 없어서 그 나아감이 날카롭기 때문에 '결단[決]하고' '조급함[躁]'이 된다. 검은색과 노란색을 합하면 푸른색이 되고 '푸른 대나무[蒼筤竹]'와 '갈대[萑葦]'는 모두 줄기는 실하지만 가운데가 비어있기 때문에 양이 아래에서 차 있고 음이 위에서 빈 상을 취하였다. 소리는 양에 속하며 아래의 양은 처음 움직이고 위의 음은 열려있기 때문에 '잘 우는 소리[善鳴]'가 된다. '발이 흰[馵足]' 것은 양의 색이 흰색이라서 그렇다. '발을 치켜드는 것[作足]'은 양이 아래에서 위로 움직이는 상을 그렸다. 이마에는 곱슬한 털이 있고 가운데가 비어있어서, 활 쏘는 사람의 표적과 같기 때문에 '흰 이마[的顙]'라 하였다. 털은 음에 속하기 때문에 음효가 위에 있으면서 가운데가 빈 상이기 때문이다. '농사[稼]'에서 곡식의 열매[穀實]가 아래에 있는 것을 '거꾸로 생겨난 것[反生]'이라고 하니, 양이 도리어 아래에 있는 상을 취했다. 일양[☳]이 나아가 세 양[☰]을 이루면, 결국에는 건괘乾卦의 강건함을 이룬다. '번蕃'은 무성茂盛하고 번성繁盛함을 말하고 '선鮮'은 아름다움을 말하는데, 일 양이 처음 생겨나 만물이 모두 형통하면 무성하고 선명鮮明하게 된다. 그런고로 '진震은 만듦이 되고, 일이 되고, 공이 되고, 생겨남이 되고, 걸어감이 되고, 빠름이 되고, 소리가 되고, 일어남이 되고, 아침이 되고, 광주리가 되고, 제기가 된다.[559]

즉 움직이면 만듦이 있고, 일이 있고, 공이 있고, 생겨남이 있기 때문에, 양이 움직이는 형상이다. 만물을 움직이는 것 가운데 우레보다 빠른 것이 없기 때문에 빠름이라 했고, 천하의 소리 가운데 우레보다 큰 것이 없기 때문에 소리라 했다.

---

559 吳致箕, 『周易經傳增解』: "震爲作爲事爲功爲生爲行爲疾爲聲爲起爲朝爲筐爲簋."

> 巽 爲木爲風爲長女爲繩直爲工爲白爲長爲高爲進退爲不果爲臭其於
> 人也爲寡髮爲廣 顙爲多白眼爲近利市三倍其究－爲躁卦
> 손巽은 나무, 바람, 장녀, 먹줄처럼 곧은 것, 공업, 흰 것, 긴 것, 높은 것, 진퇴,
> 과단성이 없는 것, 냄새 등을 말한다. 그리고 모발이 적은 사람, 이마가 넓은
> 것, 흰자 많은 눈, 세 배 이익을 남기는 것, 또 조급해하는 괘의 상을 갖고
> 있다.[560]

巽

‘손괘巽卦’는 바람처럼 음이 안으로 들어감이다. 만물 가운데 잘 들어가기로는 나무 만한 것이 없어[善入莫如木] 뚫지 못할 땅이 없고[無土不穿], 기운 가운데 잘 들어가기로는 바람 만한 것이 없어[入莫如風] 바람에 쏘이지 않을 물건이 없어 나무와 바람이라 하였다. 곤괘坤卦가 한 번 찾아서 딸을 얻기 때문에 맏딸이 된다[坤一索而得女故爲長女]. 나무에 대해서는 굽거나 곧다고 하는데 먹줄을 따라 곧게 되고, 공장은 곧은 먹줄을 이용해서 굽은 나무를 쓰기 때문에 먹줄의 곧음이 되고 공장이 된다[繩直爲工]. ‘손괘巽卦’는 덕을 쓰기 때문에[巽德之制] 나무를 쓰는 것으로 말하였다. 색은 밖으로 드러나고[色見乎外], 양의 색은 희기 때문에[陽色爲白], 두 양이 밖으로 통하는 것을 취하여 흰 것이 된다. 양은 길고 음은 짧으며[陽長陰短], 양은 높고 음은 낮은데[陽高陰低], 두 양이 위에 있고 한 음이 아래에 있기 때문에 긴 것이 되고 높은 것이라 했다[爲長爲高]. 털은 음에 속하는데, 두 양이 위에 있기 때문에 머리털은 적다[寡髮]. 이마는 양에 속하는데, 위에 있는 양의 획이 많기 때문에 넓은 이마[廣顙]다. 눈의 흰자위는 양에 속하고 검은 눈동자는 음에 속하는데, 두 양이 위에 있고 한 음이 아래에 숨어 있기 때문에 흰자위가 많은 것[多白眼]이 된다. ☲(리)와 ☳(진)이 합[雷電合]이 되고, 문왕의 그림에서 ☴(손)과 ☲(리)와 ☳(진) 사이에 있기 때문에 이익에 가깝다. 양의 수는 9이고 음의 수는 6인데, 두 양의 수를 합하여 18이 되면 한 음의 수의 3배를 얻을 수 있기 때문에 시세의 3배가 되니[近利市三倍], 3배는 3×6이다. ☴(손)의 세 효가 전변하면 궁극에는 ☳(진)의 조급躁急한 괘가 된다.

『순구가역』에서는 ☴(손)을 버드나무라 하였는데, 아마도 버드나무가 부드러

---

560 ‘巽卦’ 16종. 『九家易』는 ‘버드나무·황새[爲楊爲鸛]’라고도 한다. 노끈 승(繩). 해낼 과(果). 머리 발(髮).

위 아래로 드리워 있기 때문일 것이다. 이런 고로 '손괘巽卦'는 명령이 되고, 엎드림이 되고, 묶는 것이 되고, 빠름이 되고, 풀이 되고, 물고기가 되고, 학이 되고, 부유함이 되고, 재물이 된다[爲命爲伏爲繫爲疾爲草爲魚爲鶴爲富爲財]. 즉 명령은 입으로 부니 명령을 행하는 것과 같고, 또 음이 들어가 양의 아래에 거하기 때문에 엎드림이고, 또한 한 음이 아래에 있기에 두 양이 거기에 묶인 꼴일 것이다. 만물을 흔드는 것으로는 바람보다 빠른 것이 없기 때문에 빠름이 되고, 초목 가운데 부드럽기로는 풀 만한 것이 없기 때문에 풀이 된다. 음에 속하는 동물이 아래에 잠복한 것으로는 물고기 만한 것이 없기 때문에 물고기라 했고, 학은 다리가 길고 색이 희니 손괘의 길고 흼을 취한 바일 것이다.

坎　爲水爲溝瀆爲隱伏爲矯輮爲弓輪其於人也爲加憂爲心病爲耳痛爲血卦爲赤其於馬也爲美脊爲亟心爲下首爲薄蹄爲曳其於輿也爲多眚爲通爲月爲盜其於木也爲堅多心

감坎은 물, 도랑, 숨어 엎드리는 것, 가마, 바퀴처럼 굽은 활이다. 또 사람에 비유하면 걱정을 많이 하는 것, 심장병, 귀 앓이, 온몸에 피 칠함이요, 붉은색이 된다. 말에 비유하면 등뼈가 잘 생긴 것, 성질이 급한 것, 머리를 항상 숙이는 것, 발굽이 얇은 것, 짐과 사람을 끄는 것이 된다. 수레에는 고장이 자주나는 것이 되고, 괘상으로 봐서는 물은 정체 없이 흐르기에 유통이 되고, 달이되고, 도적이 된다. 나무로는 속이 단단하고 심이 많은 것이다.[561]

'감괘[☵]'는 안이 밝고 밖은 어두운데[內明外暗], 한 양이 안에 있는 것은 물의 밝음이고 두 음이 밖에 있는 것은 물의 어두움이다. 강과 바다는 물 가운데 큰 것이고, 천지의 도랑[溝瀆]이기 때문에 작은 것을 들어 큰 것을 포괄하였다. 한 양이 두 음에 가려있기 때문에 숨어 엎드려 있음이 된다[隱伏]. 물의 흐름은 굽거나 곧음이 있는데, 굽음을 바로잡아 곧게 변

---

561 '坎卦' 20종. 『九家易』, '궁궐·법률·옳음·기둥·떨기(덤불)나무·여우·가시나무·형틀[爲宮爲律爲可爲棟爲叢棘爲狐爲蒺蔾爲桎梏]'이라 했다. 도랑 구(溝). 도랑 독(瀆). 바로잡을 교(矯). 바퀴 유(輮). 등뼈 척(脊). 빠를 극(亟). 발굽 제(蹄).

화시키고 곧음을 구부려 굽게 변화시키기 때문에 바로잡음과 구부림이 된다[矯輮]. 바로잡음과 구부림으로 인하여 활과 바퀴를 말했는데, 모두 바로잡음과 구부림에 의해 이루어지기 때문에 활과 바퀴가 된다[弓輪]. 또한 한 양 가운데서 곧은 것이 활로 화살을 쏘는 것과 같고, 두 음이 밖을 싸고 있는 것이 바퀴살이 바퀴통에 모인 것과 같다. 양이 음 가운데 빠져서 염려하고 두려워하기 때문에 근심을 더함[加憂]이다. ☲(리)의 가운데가 비어있는 것이 마음이 되는데, ☵(감)의 가운데가 차 있는 것은 ☲(리)와 상반되기 때문에 마음의 병[心病]이 된다. 듣고서 받아들이는 것은 비우는데 달려있는데, 가운데가 차 있으면 듣는 데 방해가 되기 때문에 귀앓이[耳痛]가 된다. 물은 천지의 피가 되고, 피는 사람의 몸 가운데의 물이기 때문에 피를 상징하는 혈괘血卦이다. ☰(건)은 순수한 양을 크게 붉은색으로 삼기 때문에, ☵(감)이 ☰(건)의 가운데 양을 얻어 붉은 것이 된다[爲赤]. ☰(건)은 좋은 말이 되는데, ☵(감)이 ☰(건)의 한 양을 얻어서 가운데 있기 때문에 등마루가 아름답다[美脊]. 굳센 양이 가운데 있고 성질이 용맹하기 때문에 마음의 급함도 있다[爲亟心]. 부드러운 음이 위에 있어서 머리를 드리워 올려보지 않는 상이 있으며, 부드러운 음이 아래에 있어 발굽이 얇아 두텁지 않은 상이 있기 때문에 머리를 아래로 떨굼이 되고, 발굽이 얇다[爲薄蹄]. 양이 음에 빠져서 나갔다가 나가지 않다가 하기 때문에 끄는 것이 된다[爲曳]. 험한 데 빠지고 장애가 많아서 수레가 무거운 짐을 감당할 수 없기 때문에 하자가 많다[爲多眚]. 굳센 양의 기가 가운데 행하고, 응결하여 모인 음을 가로지르고 있기 때문에 통하는 상이다[爲通]. 달은 물의 정령이기 때문에[月爲水精] 그 종류를 따라서 상을 취하였다. 숨어 엎드려 형체를 숨기고, 험한 데 빠뜨려서 사람을 해치는 것이 도둑의 상도 있다[爲盜]. 굳세고 단단함이 가운데 있기 때문에 나무에 있어서는 단단하고 심이 많다[爲木堅多心].

『순구가역』에서 집이 되는 것은 곤괘(困卦 '入于其宮')의 3에서 대감大坎을 취하였고, 법률이 되는 것은 법률은 바름과 바르지 않음을 구별해주는 것인데, 감괘의 양이 중정[坎陽中正]하여 법률의 상이 있다. 기둥이 되는 것은 대과괘의 단사[棟橈本末弱也]에서 취하였는데, ☵(감)의 가운데가 차 있는 것과 유사한 상이다. 가시나무 더미가 되는 것은 중수감괘의 효사[置于叢棘]에서 취하였는데, 그 험함이다. 여우가 되는 것은 기제괘[小狐汔濟]에서 취하였는데, 속이 교활하고 험한 것을 말한다. 가시덤불이 되는 것은 곤괘困卦의 효사[據于蒺藜]에서 취하였는데, 그 험함을 말한다. 형틀이 되는 것은 몽괘의 효사[用說桎梏]에서 취하였는데, 한 양이 두 음의 가운데 빠져 있는 것이 형틀의 상이다. 고로 믿음이 되고, 술이 되고, 음식이 되고, 덕이 되고, 지체함이 되고, 불안이 되고, 잉태함이 되고, 그윽함이 되고 엉덩이가 된다[爲孚爲酒爲食爲德爲遲爲不寧爲孕爲幽爲臀]. 즉 가운데가 차 있고 믿는 상이 있기 때문에 믿음이 되고, 물이라 술이 되고, 양이 ☷(곤) 배 가운데 있어 음식이 가득하니 음식이 된다. 충실함은 마음에서 얻기 때문에 덕이 되고, 험하고 어려운 가운데서 행하면 빨리할 수 없기 때문에 지체함이 된다. 한 양이 두 음 사이에서 가운데가 차 있기에 잉태가 된다. 북방에 거처하여 숨어 엎드린 상이 있기에 그윽함이 되고, 뼈는 굳세고 살은 부드러우며, 한 굳센 양이 안에 있고 두 부드러운 음이 밖에 있어, 부드러움이 굳셈보다 많기 때문에 엉덩이가 되는 것이다.

離 爲火爲日爲電爲中女爲甲冑爲戈兵其於人也爲大腹爲乾卦爲鱉爲蟹爲蠃爲蚌爲龜其於木也 爲科上槁
리離는 불, 태양, 번개, 중녀, 갑옷과 투구, 창과 무기가 된다. 사람으로는 배가 큰 것이다. 괘상으로는 말리기 위하여 걸어 놓은 것, 자라, 게, 소라, 조개, 거북이 같은 갑각류다. 나무는 속이 비고 위가 바른 것을 말한다.[562]

離

'불[☲]'은 안은 어둡고 밖은 밝다. 해는 불의 정령이고[日爲火之精] 번개는 불의 빛이기 때문에[電爲火之光], ☲(리)는 해가 되고 번개가 된다[爲日爲電]. 곤괘가 두 번 찾아 딸을 얻었기에 둘째 딸이다[坤再索而得女故爲中女]. 굳센 양이 밖에 있으니 갑옷과 투구가 밖이 단단한 상과 같다. 불꽃이 날카롭게 올라가는 것이 창과 무기가 날카로운 상과 같아 ☲(리)가 갑옷과 투구가 되고[爲甲冑], 창과 무기가 된다[爲戈兵]. ☲(리)가 가운데가 빈 것이 ☷(곤)의 배를 상징하고, 양이 밖을 싸고 있기 때문에 큰 배로 본다[爲大腹]. 여기 '간乾'은 건조한 불의 성질로 보기에 '건괘'가 된다[爲乾卦]. 또 밖은 단단하고 안은

---

562 '離卦' 14종.『九家易』는 '離爲牝牛'라고도 했다. 투구 주(冑). 자라 별(鱉). 자라 별(鱉). 게 해(蟹). 소라 라(蠃). 조개 방(蚌). 마른나무 고(槁).

부드럽고 비었기에[外剛內柔] 자라가 되고, 게가 되고, 소라가 되고, 조개가 되고, 거북이처럼 갑각류甲殼類의 상이다[爲鼈爲蟹爲蠃爲蚌爲龜]. 뿌리 없이 나무 위에 붙은 것도 속이 비어 위가 말랐기 때문인데[科上槁], 이는 나무 위에 붙어 기생하는 꼴이니 ☲(리)에서 상을 취한 것이다. 고로 ☲(리)는 믿음이 되고, 마음이 되고, 전쟁이 되고, 담장이 되고, 먹지 않음이 되고, 대낮이고, 질장구가 되고, 옹기가 된다[爲孚爲心爲戎爲墉爲不食爲晝爲缶爲甕]. 즉 마음을 비우니 믿음이고, 창과 칼로 공방攻防을 하니 전쟁이 되고, ☲(리)의 안이 비고 밖이 단단하게 둘러쳐 있으니 담장이다. ☵(감)은 가운데가 차 있으니 먹을 것으로 삼지만, 반대로 ☲(리)는 가운데가 비었으니 먹지 않는 상이다. 가운데가 비어있으니 질장구이고 옹기의 상으로 볼 수 있다.

艮 爲山爲徑路爲小石爲門闕爲果蓏爲閽寺爲指爲狗爲鼠爲黔喙之屬 其於木也爲堅多節

간艮은 산, 지름길, 작은 돌, 큰 대문, 과일과 풀의 열매, 환관, 손가락, 개, 쥐, 부리가 검은 짐승이다. 또 나무는 단단하고 마디가 많은 것이 된다.[563]

☶ 멈추어 움직이지 않는 것으로는 산[☶, 간] 만한 것이 없다[止不動者莫如山]. 양 하나가 위에 있으니 그치는 상이며, 두 음이 아래에 있으니 움직이지 않는다. 통하지 않는 군은 땅에 난 길을 작은 길 '경로徑路'라 하니, ☳(진)의 큰 길 대도大塗와는 상반된 모양이다. 군센 흙이 돌이 되는데[土剛爲石], 물가에 있으면 큰 암반이 되지만, 산 위에 있기 때문에 작은 돌이 된다[爲小石]. 양 하나가 위에서 덮고 음 둘이 아래에서 대치하고, 가운데가 비어있으니 문이다[爲門闕]. 서서 자란 나무의 열매를 '과果'라고 하고, 덩굴로 자란 풀의 열매를 '나蓏'라고 한다. '혼인閽人'은 궁문을 담당하여 물건을 막아 들어가지 못하게 하고, '시인寺人'은 궁내를 담당하여 물건을 막아 나가지 못하게 하기 때문

---

563 '艮卦' 11종. 『九家易』에서는 ☶(간)을 '코·호랑이·여우[爲鼻爲虎爲狐]'라기도 하고 陳安卿[陳淳]은 '麻衣道人曰艮爲鼻'라 했다. 지름길 경(徑). 열매 라(蓏). 문지기 혼(閽). 내시 시(寺). 검을 검(黔). 주둥이 훼(喙).

에 그치는 상을 취하여 '혼시[閽寺]'로 삼았다. '손가락[指]'은 손에 속하기에, 잡을 수도 있고 그칠 수도 있는 것[能執能止]을 취하였다. 육축 중에는 '개[狗]'가 된다. '쥐[鼠]'가 되는 것은 앞에 강한 이빨을 취하였으니, 이는 음식물을 씹는 쥐를 취했다. '부리가 검은 짐승들의 등속[爲黔喙之屬]'은 새의 부리가 검은색이 많고 굳센 부리가 있기 때문이고, 일일이 다 들 수 없기 때문에 등속等屬이라 하였다. ☵(감)에서 굳센 양이 가운데 있기 때문에 나무에 있어서는 단단하고 심이 많음이 되었지만, ☶(간)은 굳센 양이 밖에 있기 때문에 나무에 있어서는 단단하고 마디가 많음이 된다[爲木堅多節].

『순구가역』에서 ☶(간)을 '코'라 함은 코는 얼굴 가운데서 가장 높아서 얼굴에서는 산이 되며, 또한 콧등은 한 양이 되고[準爲一陽], 두 콧구멍은 음이 된다[兩穴二陰]. 고로 ☶(간)이 구릉이 되고, 언덕이 되고, 어린아이가 되고, 등이 되고, 몸이 되고, 팔뚝이 되고, 사슴이 되고, 막음이 되고, 거처가 되고, 이룸이 되고, 끝남이 되고, 붙잡음이 되고, 함께함이 되고, 받음이 되고, 궁이 되고, 집이 되고, 초막이 되고, 상이 되고, 색이 되고, 꼬리가 된다[爲丘爲陵爲童爲背爲身爲肱爲鹿爲禦爲居爲成爲終爲執爲與爲受爲宮爲家爲廬爲牀爲色爲尾] 하였다. 즉 ☶(간)은 양이 위에 머물러 움직이지 않기 때문에 등이 되고, 또 손이 붙은 팔뚝이다. 사슴이라는 동물은 머리에 뿔이 있고, 뿔은 양에 속하기 때문에 한 양이 위에 있는 것을 취하였다. 산의 머무는 상을 취해 막는 것이 되고, 거처하는 꼴이다. 끝을 이루고 시작을 이루기 때문에[成終而成始] 이룸이라 하였다. 손의 상을 취했기에 잡음이 되고, 함께함이 되고, 받음이 된다[爲執爲與爲受]. 또 한 양이 위에서 아래 두 음을 덮고 있기에 궁이 되고, 집이 되고, 초막이 된다[爲宮爲家爲廬]. 또 한 양이 위에서 빛나며 밖으로 드러나기에 색이 된다. 꼬리는 음에 속하고 한 양이 위에 있고, 두 음이 아래에 있기에 음이 긴 꼬리가 되었다.

兌 爲澤爲少女爲巫爲口舌爲毀折爲附決其於地也爲剛鹵爲妾爲羊
태兌는 연못, 소녀, 무당, 입과 혀, 상하고 꺾인 것, 부속되어 결정되는 것이다. 땅에서는 단단하고 짠 것, 그리고 첩과 양羊을 말한다.[564]

☷☱ '태괘[☱]'의 부드러운 음이 밖으로 드러난 것은 기름진 사물[膏物]
이 밖으로 드러난 것으로 삼기 때문이다. 곤괘坤卦가 세 번 찾아서
兌 딸을 얻기 때문에 막내딸이 된다[坤三索而得女故爲少女]. 신神은 음에
속하고 기쁨을 말하니, 신이란 '무당巫堂'이 된다. 음이 위에서 갈라져 있기 때문
에 '입과 혀가 되고[爲口舌]', 음이 두 양의 위에서 갈라져 있기 때문에 ☰(건)의
몸체를 '해치고 끊어지게 하는 훼절毁折'이 된다. 음이 양에 붙었다가 위에서 떨어
지기 때문에 '붙었다가 떨어지는 부결附決'이 된다. 양이 음 아래 모여서 그 흐름
을 가두고 있고, 음이 양의 위에 맺혀서 못이 응결하여 짜게[爲鹹]하기 때문에 '단
단하고도 짠 땅 강로剛鹵'가 된다.[565] 막내딸은 잉첩媵妾이기 때문에 '첩妾'이 되면
밖으로는 기뻐하면서도 안으로는 사나운 뿔을 쓰기 때문에 '양羊'이 된다. 『순구
가역』에는 '뺨과 볼'이 되는 것은 함괘의 효사[咸其輔頰舌]에서 취했고, 입을 상으
로 삼았다. 고로 ☱(태)는 기름이 되고, 기쁨이 되고, 웃음이 되고, 노래가 되고,
저녁이 되고, 별이 되고, 짧음이 되고, 낮음이 되고, 맛이 되고, 입으로 먹는 것이
되고, 말이 되고, 고함이 되고, 경계가 되고, 호령이 된다[爲膏爲喜爲笑爲歌爲夕爲星
爲短爲低爲味爲口食爲言爲告爲誡爲號]. 즉 연못은 기름이 되고, 기쁨이 되고, 웃음이
되고, 노래가 된다. 또 해가 들어가는 서쪽에 있기 때문에 저녁이 된다. 하늘에
붙어서 저녁에 나타나기 때문에 별이 된다. ☴(손)이 길다면 ☱(태)는 짧고, ☴(손)
이 높으면 ☱(태)는 낮다. ☴(손)이 냄새가 나기 때문에 ☱(태)는 맛이 되며, 또한
맛은 입에 달렸기에 먹는 것이 되고, 말이 되고, 고함이 되고, 경계가 되고, 호령
이 된다[取口之象而爲口食爲言爲告爲誡爲號]. 위의 설괘 해설 역시 오치기의 『주역경

---

564 '兌卦' 9종. 『九家易』는 '떳떳함이 되고 뺨과 볼떼기[有爲常爲輔頰頼]가 된다고도 하고, 鄭少梅가 '굳
센 양은 금을 내고[剛者出金], 소금밭은 소금을 낸다[鹵者出鹽]' 하였으니 '비록 오곡을 살리지는 못
하지만[雖不生五穀] 보물이 나오니[寶藏興焉] 이것이 천지의 인이다[天地之仁]'라고 하였다. 헐 훼
(毁). 꺾을 절(折). 붙일 부(附). 소금밭 로(鹵).

565 정약용, 『茶山詩文集』, '염책(鹽策)' : "소금은 모든 일에 필수적인 것이요 만백성들이 원하는 것이다.
백성의 식생활을 돕고 국가의 재용(財用)을 넉넉하게 하는 것치고 소금보다 더 중대한 것은 없다.
칡베와 소금을 조공(朝貢)한 사실이 요 임금 시대에 처음 보였으니, 불로 밥을 짓던 최초에는 바닷물
을 끓여 소금을 만들 줄 몰랐던 것인가. 강노(剛鹵, 干潟地)의 상이 주역 설괘전에 이미 기록되었으
니, 복희씨가 괘를 그리기 전에 간석지(干潟地)가 있었던 것인가. 고염(苦鹽)·형염(形鹽)·어염(魚鹽)·
염철(鹽鐵)·염관(鹽官)·지염(池鹽)·석염(石鹽)·정염(井鹽)·지염(地鹽)·염지(鹽池)·염정(鹽井)·수염(水鹽)·
애염(厓鹽)·청염(靑鹽)·녹염(綠鹽)·백염(白鹽)·홍염(紅鹽)·흑염(黑鹽)·잠염(蠶鹽)·난염(欒鹽)·봉염(蓬鹽)·
냉염(冷鹽)·맥염(陌鹽)·염법(鹽法)·한염(寒鹽)·유염(乳鹽)·염창(鹽倉)·염업(鹽業)·염세(鹽稅) 등등 염의
종류와 이름도 가지각색이다."

전증해周易經傳增解』를 참고했음을 밝힌다.

다음은 실록에서 보이는 '역'에 관한 몇몇 사례이다. 역易을 밝혔다는 정자程子를 보고 오히려 의리에 치우치다 역易을 멀게 했다며 오류를 꼬집는가 하면, 주자朱子의 『역학계몽』을 알지 못하고 『주역』을 읽는 것은 잣대를 갖지 않고 장단長短을 알려고 하는 것과 같으니, 고로 역易의 뜻을 제대로 아는 자를 얻기 쉽지 않은 일이라 하였다. 예컨대 이런 언급이 보인다. "『정전程傳』의 의리義理는 좋습니다마는, 『역경』의 뜻을 그다지 발명發明하지 못하였습니다. 대개 『역경』은 복서卜筮에 관한 글인데, 정자는 다만 의리를 주로 하여 해석하였습니다. 그런 까닭으로 주자도 일찍이 '정씨의 역'이라고 따로 일컬었습니다. 진실로 『역경』의 뜻을 깨달아 알고자 한다면, 『본의本義』가 더욱 지극히 중요한 것이니, 『본의』를 겸하여 읽어야 합니다. 이는 신이 조부에게 들은 것이 이와 같기에 감히 그대로 말씀드립니다."[566]

송시열도 숙종 임금에게 이런 서계書啓를 올렸다.

"들으니 선사先師 문원공文元公 김장생金長生이 '역학계몽'을 알지 못하고 『주역』을 읽는 것은 잣대를 갖지 않고 장단을 알려고 하는 것과 같다'고 하였습니다. 또 '대저 『주역』은 주부자朱夫子께서 일생 공부하셨지만, 이를테면 용구用九와 용육用六 등의 뜻은 오히려 구양수歐陽脩의 논설을 기다려서 깨달을 수밖에 없었다'며, '『정전程傳』은 물을 부어도 새지 않을만치 치밀하지만 『주역』에는 알지 못한 것이 많았다' 하고, 드디어 『계몽』을 지은 것입니다. 『계몽』의 글을 어찌 쉽게 말할 수 있겠습니까? 공자가 『주역』을 논하기를, '역을 지은 자는 아마 우환이 있었을 것이다. 역이 다시 일어날 적에 문왕文王이 주紂의 일을 당하였기 때문에 그말이 위태로웠으니, 위태롭게 여기는 자는 안정되게 하고, 쉽게 여기는 자는 무너지게 만드나, 그 종시終始를 두려워하면 그 귀요歸要는 허물이 없게 되니라'라고 하셨습니다. 신은 그윽이 생각건대 역易을 배우는 방도는 이에서 더 큰 것이 없다고 봅니다. 삼가 들건대 오늘날 진언進言하는 사람들이 모두 안일安逸함과 일락逸樂으로써 경계를 한다고 하니, 만에 하나라도 성명聖明께서 이러한 조짐이 있다면 이 한마디 말에 어찌 더욱 경계하지 않아서 되겠습니까?"[567]

---

566 『숙종실록』 39집, 43쪽, 숙종 11년 을축(1685) 9월 4일(신유). "임금이 『程傳』을 읽었으나 『本義』를 읽지 아니하자, 記事官 宋疇錫이 아뢴 말이다."

수찬 강현姜銳이 상소한 내용 또한 아래와 같았다.

"전하께서 때때로 『주역』을 받아 읽으시고 그중 한두 가지를 추려서 예람睿覽에 대비하소서. 『역易』의 글은 대개 음양陰陽에 순종하여 변화를 다하는 방도이니, 사물事物에 산포散布하면 일만 가지가 다 다른 바가 있으나, 마음속에 거두어들이면 본디 똑같은 이치로서 간격이 없습니다. 건괘乾卦 초9에 이른바 '잠긴 용이니 쓰지 말라[潛龍勿用]' 함은 괘유卦繇로 본다면, 양기가 잠재해 있는 때를 말함에 불과하나, 이를 나의 마음속으로 돌이켜서 말한다면, 사려思慮가 아직 싹트지도 않고 사물에 접하지도 않아서 고요하게 움직이지 않고 있는 때이며, 곤괘坤卦 초6에 이른바 '서리를 밟으면 굳은 얼음이 온다[履霜堅氷至]' 함은 괘유로 본다면음기가 장차 움직이려는 징후를 이름에 불과하지만, 이를 나의 마음속으로 돌이켜서 말한다면, 도심道心은 잠재하나 인욕人慾이 싹터서 뾰족하게 장차 발동하려고 하는 기상입니다. 한 모퉁이를 들어서 나머지 세 모퉁이를 반증해 본다면 64괘, 384효의 체용體用과 동정動靜이 어찌 일심一心 상의 태극太極에 벗어나겠습니까? 그리고 『주역』을 강론하는 날에는 글 뜻을 제대로 아는 자를 얻기가 쉽지 않으실 겁니다."[568]

마지막으로, 「설괘전」풀이를 마치면서 몇 가지 이설異說을 참고하고자 한다. 먼저 역학을 깊이 연구한 학자들은 이구동성으로 '설괘의 상을 보면 잡박雜駁하여 질서가 없고 또한 말이 기이奇異하니, 아마도 공자의 말[大傳]이 아닐 것이고, 다 믿을 수는 없다'는 것이 대체론이다.[569] 왕충王忠의 『논형論衡·정설正說』편에서 '진秦나라 효선孝宣 황제 때 황하 이북 하내河內의 여자가 옛집을 헐어 잃었던 『역易』과 『예禮』그리고 『상서尙書』각 한 편을 얻어 선제宣帝에게 바치자 박사에게 내려 보여주었다. 그런 다음에 『역』『예』『상서』가 각각 한 편씩 더해지게 되었다'[570]고 한 기록이 있다. 그 뒤 분분한 견해도 많이 나왔다. 예컨대 『수서隋書·경

567 위의 책, 65쪽, 숙종 12년 병인(1686) 4월20일(갑진). "봉조하 宋時烈이 史官의 書啓에 붙여 陳啓한 내용이다."
568 위의 책, 62쪽, 숙종 12년 병인(1686) 3월21일(을해).
569 李震相, 『易學管窺』: "此說象雜駁無倫, 且涉語怪, 恐非夫子之言, 不可盡信."
570 王忠, 『論衡正說』: "至孝宣皇帝之時, 河內女子發老屋, 得逸易禮尙書各一篇, 奏之. 宣帝下示博士, 然后易禮尙書各盆一篇."

적지經籍志』는 「설괘」·「서괘」·「잡괘」 세 편을 뒤에 얻은 본경本經이 아닌 위경僞經에 포함시켰다. 『한서漢書·예문지藝文志』에서도 위서僞書를 구분하여 역학易學은 유흠劉歆[571]에 의해 어지럽혀졌다는 설에는 셋이 있다고 한다. 첫째는 문왕文王은 다만 육효六爻를 중시했고 상하편을 지은 일은 없으며, 주공周公이 지은 것은 그 뒤라는 것이다. 둘째는 『주역』에는 다만 상하 두 편이 있었고 십익十翼은 없었다는 설로, 공자가 십익을 지었다고 생각하는 것은 본래 잘못이라는 것이다. 셋째는 『주역』에 시施·맹孟·양구梁丘 씨가 아울러 나왔고, 전하田何[572]의 뒤에 경씨京氏가 뛰어났으나 모두 금문今文의 설이고, 비씨費氏의 역은 없었으며, 고씨高氏에 이르러 더욱 지리하게 되었다는 것이다.[573]

다음은 이병헌이 「역경금문고통론易經今文考通論」[574/575]에서 언급한 역사易史 관련 내용이다. 『사기·공자세가』에 '공자가 만년에 『역』을 좋아하여 「단전」·「계사」·「상전」·「설괘」·「문언」을 서술하였다'고 하였다. 단사와 효사의 아래에 「단전」·「계사」·「상전」을 서술한 다음에 『주역』이 바야흐로 『역경』이 되었다. 오직 건괘와 곤괘 두 괘는 괘효 아래에서만 꾸미는 말이 있으니, 이것은 실로 공자가 손수 정한 경經이다. 그 나머지 한 효의 「문언」과 한 괘의 설명은 성인의 지극한 논의가 아님이 없지만, 당시에는 경經에 들어가지 않았기 때문에 대전大傳을 서술한 것은

---

571 劉歆(BC 53?~AD 23) 前漢 문신·학자. 劉向의 아들. 황실의 도서를 교감하고 관리하였으며, 중국 최초의 도서목록인 『七略』을 편찬함. 뒤에 王莽이 國師로 삼았으나 그를 모살하려다 실패하여 자살함.

572 前漢 사람 田何, 자는 子莊. 東武 孫虞에게 주역을 배웠다. 이후 杜縣으로 이주하여 杜田生이라고 불렸다. 제자로 왕동·주왕손·정관·복광이 있었고, 모두 易傳을 지었다. 후세에 역을 하는 자는 거의 전씨의 역을 宗으로 삼을 정도였다.

573 易의 전수는 魯의 '商瞿(이름 子木)'로부터이다. 子木은 易을 공자의 제자 子夏로부터 田何에게 전수 받는다. 漢 초기 역을 전수한 이는 田何부터이다. 田何는 丁寬, 정관은 田王孫, 왕손은 施讐와 孟喜와 梁丘賀에게 전수함으로써 田何에게는 시씨·맹씨·양구씨의 學이 있게 되었다. 후한 때는 施·孟·梁丘·京 4家가 병립하여 서로 전수한 바가 많았다. 漢 초기는 田何의 역이 가장 성행하였고, 費氏의 역은 처음에는 미약했지만, 馬融이 받들고 鄭玄에게 전하였다. 정현은 『易注』를 지었으며, 荀爽이 또 『易傳』을 지었고, 王肅王弼이 아울러 注解를 하였다. 이로부터 費氏의 역이 크게 성행하여 田何의 것은 드디어 뜸하게 되었다. 이후로는 王弼의 역학이 홀로 전하여졌고, 당나라 孔穎達은 『주역정의』를 지었으니, 옛 12편의 田氏의 易本은 드디어 없어진다.

574 이병헌(李炳憲, 1870~1940) : 자 子明, 호 眞庵. 今文학자. 「역경금문고통론易經今文考通論」은 그의 『역경금문고易經今文考』에 수록. 『역경금문고』는 이병헌이 금문학자들의 주석에 근거하여 주역을 해설하였다. 먼저 「역경금문고통론」에서는 "易은 공자가 神道로 가르침을 베푼 大經이며 六經의 大腦이다"라면서 성인이 역을 지은 경위와 후세의 연구 경향에 대해 각종 관련 문헌을 인용해 밝혀놓았다.

575 이병헌은 역을 보는 관점에 대해 "易卦四義는 神과 理와 象과 數이다"라며 4가지로 소개하고 있다. 「역대전(易大傳)」에서 '형이상의 道는 성인의 뜻이고, '형이하의 器는 괘 가운데 象'인데 뜻은 象 가운데 있고 神은 뜻 가운데 행하고 있다고 설한다.

특별히 은미한 말을 기록하면서 '자왈子曰'이라는 두 글자로 구별하였다. 이 한 편은 유독 「설괘」라고 칭했는데, 『수지隋志』는 뒤에 얻은 위경僞經에 포함시켰으니, 가탁하여 지은 것으로 여긴 것이다.

그러나 『사기』는 「설괘」를 말하면서 「단전」·「상전」·「문언」과 병칭하였고, 편 머리의 문장의 뜻이 대전大傳에서 성인의 글을 인용한 것과 매우 비슷하다. 또한 '건괘에서 싸운다[戰乎乾]'는 한마디 말은 경방京房[576]이 이미 인용하여, 역을 하내河內의 일 이후에 얻어, 문학박사의 교감을 거친 이후에 역易이 한 편을 더 얻었다고 한다면, 위고문가僞古文家가 함부로 편찬한 것과는 같지 않다고 여겼다. 「설괘전」이 만일 대전大傳 가운데 들어갈 것이 아니라고 한다면, 마땅히 그대로 한 편이 되어야 할 것이다. 만일 그대로 한 편이 된다면 '옛날에 성인이 역을 지을 적[昔者聖人之作易也]'에로부터 '간괘에서 말씀이 이루어진다[成言乎艮]'까지 본문이 되고, 양구하梁丘賀의 「장구章句」 가운데 '정기본만사리正其本萬事理'라는 한 구절도 마땅히 「설괘전」의 문장이 되어야 할 것이다. 이는 「단전」이나 「상전」의 말이 아니고, 반드시 「서괘전」의 문장이 되어야 하니, 결코 「계사전」의 말은 아니다. 태사공이 「계사전」을 인용하면서 역대전易大傳이라고 하였는데, 이 구절을 인용하면서 '역왈易曰'이라고 하였으니, 그 예를 알 수 있다. '만물이 진괘에서 나오니[萬物出乎震]'로부터 편의 끝에 이르기까지는 마땅히 하내河內의 일 이후에 얻은 것이 되어야 한다. 이는 윗 문장의 「설괘전」의 뜻을 반복하여 풀이하면서 맹씨와 경씨의 괘기설卦氣說과 잃어버린 상[逸象]을 참고하여 이루어졌기 때문인 듯하다.

'근본을 바르게 하면 만사가 다스려진다[正其本萬事理]'에 관한 주석은 『후한서·범승전』에서 『역』에 대한 장회태자章懷太子 이현李賢의 주석을 인용한 것인데, 지금의 『주역』 즉 고문에는 이 문장이 없다. 살펴보건대, 『예기·경해』에서 『주역』을 인용하여 '군자는 처음을 삼가니[君子愼始], 조금이라도 차이가 생기면 천리나 어긋난다[差以毫釐繆以千里]'고 하였고, 『대대예기·보전편』에서 『주역』을 인용하여 '근본을 바르게 하면 만사가 다스려지니[正其本萬事理], 조금이라도 어긋나면 천리나 차이가 난다[失之毫釐差以千里]'고 하였다. 가의賈誼의 『신서新書』와 유향劉向의

---

576 京房(BC 77~37). 前漢 하남성 사람으로 자는 君明. 焦延壽의 제자이며 한나라 역학을 대표하는 학자로서 『京氏易傳』, 『易傳積算法雜占條例』 등을 썼다.

『설원說苑』도 아울러 인용하였고, 동방삭東方朔의 「백성을 교화하는 데 도리가 있다는 물음에 대한 대책[化民有道對]」에서도 『주역』을 인용하여 '근본을 바르게 하면 만사가 다스려지니[正其本萬物理], 조금이라도 어긋나면 천리나 차이가 난다[失之毫釐差以千里]'고 하였다. 「태사공자서太史公自敍」에서도 『주역』을 인용하여 '근본을 바르게 하면 만사가 다스려진다[正其本而萬事理]'고 하였다. 여러 책들에서 인용한 것이 조금씩 다르지만, 요컨대 한 구절의 문장이 된다. 태사공太史公은 양하楊何에게서 『주역』을 전수받아서 『주역』을 인용한 것도 같으니, 양하楊何의 역과 양구梁丘의 역에도 모두 이 구절이 있었는데 왕필王弼이 잃었음을 알 수 있다. 어떤 사람은 『역위易緯·통괘험通卦驗』에도 이 말이 있는데, 서한西漢의 초기에는 위서緯書에 관한 학문이 행해지지 않았기 때문에 가의賈誼와 동방삭東方朔, 태사공太史公이 그것을 인용했다는 것은 마땅하지 않고, 『역위易緯』에서 『주역』의 말을 칭술했다고 보아야 할 것이라고 말한다.

오치기는 이렇게 피력披瀝하고 있다.

"역은 진秦나라에서 불태운 책 분서焚書에 포함되지 않았기 때문에 가장 완전한 책인데도, 오히려 유흠劉歆이 거짓된 비씨費氏[577]에게 가탁하여 옛 성인의 뜻을 어지럽혔으니, 다른 경전은 말할 것도 없다. 그러나 실제로는 여러 경전들의 완전해서 흠이 없는 것도 『역』과 같다. 진시황秦始皇이 책을 불태웠다는 오명을 뒤집어썼더라도, 신新나라의 유흠이 날조捏造한 고문古文이 없었다면 육예六藝의 경전이 본래 그대로 유지되었을 것이다. 신新나라의 유흠이 날조한 경전이 있었더라도, 진나라의 왕숙王肅[578](진나라 무제의 외할아버지)이 주인의 옛 학문을 훔치지 않았더라면, 세 학파가 전한 시詩서書역易(세 학파의 경전은 永嘉 이후에 없어짐)을 분명 증명할 수 있었을 것이다. 진나라 초대 황제 영가(永嘉, 307~312) 연간 이후로 시씨·맹씨·양구씨 세 학파의 역은 이미 없어졌지만 경전 가운데 세상에 행해진 것은 오직 왕필王弼의 판본이었을 뿐이다. 왕필의 역은 곧 비씨費氏의 역이었으니, 분명 공자 문하에서 전해진 역과는 배치되는 것이 많고, 또한 바꾸고 어지럽히며 더하고 더는 폐단이 없지 않았다. 송나라 이후 역의 처지는 또한 진희이陳希夷[579] 무리가 함부로 점거함을 당하여, 역을

---

577 '費直'은 前漢의 경학자인데 費氏易의 창시자로, '古文易學'의 시작은 費氏로부터라고 할 수 있다. 그의 학설이 처음에는 민간에 유전하다가, 後漢에 이르러 馬融(AD79~166)에 의하여 연구되었으며, 鄭玄(127~200) 또한 마융의 제자로서 고문역학 費氏易을 연구하였다.

578 王肅(195~256) : 魏나라 대신. 자는 子雍. 經學家로 일찍이 여러 경전에 두루 주를 달고, 『孔子家語』 등의 책을 위조한 인물이다.

579 陳希夷(871~989)는 한평생 經史와 諸子百家를 연구하고, 伏羲 이래로 先天易學을 창시다. 그의 『陳

배우는 데 뜻을 둔 사람은 참으로 그와는 어긋나서 따르기 어려웠다. 그러나 다행히도 금문今文의 여러 경전을 연구하는 선생들의 은미한 말을 따라서 대전大傳이 끊어지지 않았으니, 실로 문으로 들어가는 바른길이자 현대의 큰 추세가 묵묵히 보여주는 나아갈 길이니, 읽는 사람들은 택할 바를 거의 알 수 있을 것이다."

오치기와 달리 최근 덕전德田 장봉혁張俸赫이 『학역종술學易綜述』에서 정리한 분서갱유焚書坑儒 이후 관학官學으로 알려진 상수역象數易과 강호학江湖學으로 알려진 의리역義理易을 밝힌 대목을 참고하여 정리해 둔다.

경학經學 특히 역학易學에 혼란이 온 것은 진秦의 시황제始皇帝로부터 비롯되었다. 그는 49세의 나이로 일생을 마치면서, 12살 나이로 왕위에 올라 37년간 왕위에 있는 동안 6국을 통일하고 만리장성을 축성하고 보니, 세세무궁토록 권좌에 머물러 있고 싶어, 신선사상에 관심을 보이면서 방사方士들을 동방의 삼신산에 파견하여 불사약인 영초靈草를 구해오도록 하였으나, 많은 비용만 소모하고 돌아오는 사람이 없었다. 초조해진 진시황은 권력을 철저하게 보전하고 확대하기 위하여 정치에 대한 논의를 엄금시키고, 학문적 사상을 통제하고 탄압함으로써, 시황제에 대한 비판의식이 싹트지 못하도록 하였는데, 그 방편으로서 승상丞相 이사李斯의 건의를 받아들여, 유교의 경전을 포함한 정치성을 띤 민간인의 서적을 몰수하여 불태워버리도록 하였다. 이 명령이 내려진 후 30일 이내에 책을 소각하지 않으면 체포 구금은 물론이거니와, 얼굴에 입묵入墨하여 4년 동안 만리장성을 쌓는 노역에 복무케 하는 성단형城旦刑에 처한다고 하였던 것인데, BC 213년 시황제 재위 34년에 일어났던 이 사건이 이름하여 분서焚書사건이다.

『사기史記』 '진시황본기秦始皇本記' 제35년조條를 살펴보면, 이 해는 BC 212년으로서 방사方士 노씨盧氏와 후씨後氏는 시황제의 분서사건과 같은 행위에 불만을 품고 그를 격렬하게 비난하고 도망쳐 버렸다. 아울러 진나라의 옛 도읍지였던 함양성咸陽城에서도 또 다른 여러 방사方士와 유생儒生들이 진시황의 분서사건과 학문적 사상을 탄압하는 폭정을 공박하자 460여 명의 유생들을 잡아서 생매장한 갱

博易學이」란 象數學은 邵堯夫에 의해 크게 빛난다. 朱熹(1130~1200)가 그의 도학연원이 '陳希夷에게서 유래되었다'고 할 정도로, 그는 '역의골수[易之心髓]'를 얻은 사람으로 정평이 났다. 그의 『先天無極圖』는 周濂溪에 인용되어 송나라 命理學의 효시가 된다. 『紫微斗數』의 저자이기도 하다.

유坑儒사건이 일어났다. 이렇듯 권력의 장기집권을 위한 학문적 사상탄압의 방법으로서 해를 거듭하면서 분서와 갱유 사건을 일으켜 시황제의 권력을 철저하게 유지하려 하였으나, 시황제는 그 해로부터 2년을 못다 살고 BC 210년 7월 49세의 나이로 세상을 마치고 말았다.

경학經學의 사론적史論的 입장을 밝히기에 앞서 시황제의 분서갱유 사건을 거론하게 되는 것은, 이 사건을 기점으로 하여 경학의 해결할 수 없는 양대 파벌이 조성되는 계기가 되었으며, 이 양대 파벌은 오늘날까지도 계속되어 오고 있으니 이름하여 금문今文학파와 고문古文학파이다. 이 양대 파벌은 『주역』의 학문적 연구 발전에도 지대한 영향을 미치게 되었으니, 그 과정을 살펴봄으로써 의리역과 상수역이 어떠한 경로를 타고 시대적으로 소침되기도 하고 촉발되기도 하였는가를 알아보면 자못 드라마틱하다.

진시황의 분서사건을 달리 표현하여 경전과 서책을 겨드랑에 끼고 다니는 것을 금지한다는 뜻으로서 협서금법挾書禁法이라 하는데, 이 협서금법은 진나라가 망하고 한漢나라가 들어선 이후에도 정권유지 차원에서 계속되어 오다가, 한나라 제2대 제왕 혜제惠帝 4년(BC 191)에야 해제되었으니, 진의 시황제로부터 시작되었던 협서금법의 기간이 22년의 세월이나 되었다. 협서금법이 진행되는 동안 많은 학자들은 경전과 서책을 불사르기에 앞서 중요 경서를 외워두었다가, 협서금법이 해제되자 사제師弟 간에 외워두었던 경전을 금문今文(당시 통용되던 문자 隸書)으로 복원 출간하였다. 이 복원작업으로 새로이 쓰여진 경전을 중심으로 연구하는 학파를 금문학파今文學派라고 하는데, 당시의 한나라 초기뿐 아니라 서한西漢의 229년과 동한東漢의 195년을 통틀어서 관학官學으로서 널리 유행하였으며, 전한(前漢·西漢)의 대유大儒로 일컬어지는 동중서董仲舒에 의하여 과거제도가 시행되면서, 벼슬하려는 사람들은 금문今文 경전을 공부하여야만 출세하였고, 경학의 출발은 공맹孔孟으로부터라고 믿어오고 있었던 것이다.

협서금법이 해제된 후로 104년의 세월이 흘러서 전한의 6대 제왕 무제武帝 말년(BC 87)에, 한의 제후국이었던 노나라의 공왕恭王이 궁전의 뜰을 넓히려고 공자孔子의 옛집을 헐다가 그 벽 속에서 수십 편의 경전이 발견되었는데, 그 글자의 모양이 올챙이 모양처럼 위가 굵고 아래가 가는 전서篆書의 일종인 주서周書(篆書의 자획을 간략하게 고친 隸書로 쓰임)로서 과두문자蝌蚪文字(올챙이 모양)로 쓰여져 있었다. 공벽孔壁에서 발견된 수십 편의 경전이 곧바로 세상에 알려지지 아니하고, 전한前漢이 망하고 왕망王莽이 전한前漢의 왕권을 찬탈할 때까지 약 100여 년 동안 비부秘府에 보관되었다가 왕망이 실권을 장악하고, 정치의 개혁과 함께 유교의 이상을 실현하고자 복고적인 정책을 시행하면서, 진나라 시대에 이미 폐기되었던 정전법井田法을 다시 부활시켜 시행하는 과정에서, 고문경학의 대종사大宗師로 불리는 유흠劉歆에 의하여 금문 경전과 함께 공벽孔壁에서 찾아낸 고문 경전도 학관에 설치하여 연구하게 되었다. 이때로부터 고문학파古文學派가 형성되었으며, 한편으로는 금문학파今文學派와의 논쟁이 시작되었다 할 수 있을 것이다. 또한 금문학파의 출발로부터 200여 년 세월이 지난 다음에야 고문학파의 형성이 시작되었다고 할 수 있겠으나, 고문 경전은 관변이 아닌 민간에서 이보다 훨씬 이전부터 암암리에 널리 유포되어 왔다고 보이는 것이다.

역학易學에 있어서도 이 양대 파벌의 영향을 받게 되었으니, 금문경학을 연구하던 학파들은 주로 관변에서 벼슬을 하면서 관학官學을 주도해 오면서 상수역象數易에 치우쳐 왔다고 할 수 있을 것이며, 고문경학을 연구하던 학파들은 초기에는 주로 민간에서 유행하다가 점차로 확산되었으나, 반드시 그렇다고는 할 수 없을지라도 관학에 가까운 상수역象數易에 눌려오면서 의리역義理易의 발전에 이바지하였다고 할 수 있을 것이다. 달리 표현하자면 상수역象數易은 화려한 괘도를 달려왔고, 의리역義理易은 외롭고 쓸쓸한 괘도를 달려왔다고 할 수도 있을 것이다. 서한西漢의 경학자로서 관학을 주도하던 전하田何는 금문역학의 창시자로서, 전한前漢 때에 세워진 박사博士의 금문역학은 모두가 전하田何의 전수로부터 비롯되었다고 전해오고 있으며, 그 인맥은 정관丁寬, 전왕손田王孫, 맹희孟喜와 양구하梁丘賀, 경방京房, 우번虞飜으로 이어진다. 이들은 모두가 관변에서 높은 벼슬을 하였거나 대장군의 직위에 있었던 사람들로서, 금문역학의 대를 이어오면서 소식消息, 괘기卦氣, 세응世應, 비복飛伏, 효진爻辰, 월체납갑月體納甲, 승강升降, 방통旁通, 호괘互卦 등과 같은 상수역象數易의 발전을 가져오게 되었다. 이 상수역은 전한前漢의 초기에 유교를 국교國教로 진작시킨 바 있는 재상 동중서(董仲舒, BC 176~104)의 저작 『춘추번로春秋繁露』에 쓰여있는 음양과 오행에 대한 해설문으로부터 크나큰 영향을 받았다고 할 수 있다. 『역경易經』의 해석하는 방법이 우주의 무한한 변화와 인간의 길흉을 상상象과 수數로서 해명하려 하고 있으나, 예컨대 상수역의 한 분야로서 점후역占候易이 있는데, 하늘에 나타난 해 달 별 구름의 모양과 빛깔 등의 움직임을 보고, 국가와 인간의 길흉을 점치는 일을 하여왔으나 그 근거가 미약하고 황당무계한 해설이 많았다고 할 수 있다. 우주의 구조와 무한한 변화에 입각하여 인간의 도덕적 당위를 도출해 내려는 의리역義理易과 대비된다고 할 수 있을 것이다.

비직費直은 전한前漢의 경학자인데 고문역학古文易學인 비씨역費氏易의 창시자로서, 고문역학의 시작은 비씨로부터라고 할 수 있다. 그의 학설이 처음에는 민간에 유전하다가, 후한後漢에 이르러 마융馬融에 의하여 연구되었으며, 정현鄭玄 또한 마융의 제자로서 고문역학인 비씨역費氏易을 연구하였으나, 정현은 금문역학과 고문역학의 융화에 노력한 공이 크므로 오늘날까지도 그의 명성은 대단한 것이다. 그 이후로 삼국시대 위魏나라의 왕필王弼은 『주역』을 주석할 때에, 비씨역에 근원을 두어 상수象數이론을 모두 없애고 여기에 다시 의리사상義理思想을 덧붙여서 『주역주周易注』 6권을 저술하였는데, 당唐나라에 이르러 공자孔子의 32대 손 공영달孔穎達이 찬술한 『오경정의五經正義』 중에 『주역정의周易正義』의 근원이 되었다 할 수 있다. 이 책은 『십삼경주소본十三經注疏本』이 되어 오늘날까지 전해오고 있다. 한편 북송北宋의 이천백伊川伯 정이程伊는 주역에 대한 주석서 4권을 쓰고 그의 호를 따서 『이천역전伊川易傳』이라고 하였는데, 정씨역전程氏易傳 또는 정전程傳이라고도 한다. 이 책은 왕필王弼의 주석본을 근거로 하여 쓰면서 한대漢代의 상수역象數易을 반대하고, 전문을 도의道義와 도학道學적인 측면에서 의리적으로 해석하였다. 후일에 주희朱熹는 이 책의 내용이 상수역의 이론을 져버리고 의리義理에 대한 이론을 전개하려다 보니, 비유적인 문장이 많다고 비판하면서 '옛 성인이라 할지라도 정씨처럼 전편이 비유뿐인 책은 지으려 생각하지 않았을 것이다'라고, 『주자어류朱子語類』 67권의 『정자역전程子易傳』이라는 제목하에 조금은 혹독한 평을 하여 놓았는데, 이 『정자역전』은 의리역을 집대성한 책이라 할 수 있을 것이다.

『주역』이 비록 분서갱유焚書坑儒 사건 당시에 점서로 분류되어 협서금법挾書禁法에서 면제되기는 하였으나, 복서를 위한 책으로 전락하는 계기가 되어 학문적으로 의리사상義理思想을 져버린 것은 그 시류時流에 어쩔 수 없었겠으나, 천지자연의 올바른 이치가 잠시 끊어진 반면 상수역象數易을 촉발시키는 계기를 마련해 준 결과가 되었으며, 오직 하늘만이 올바른 이치를 알되 그 이룸은 더딘 것처럼,

『주역』에 있어서도 한동안 끊겼던 의리사상이 학문적으로 되살아날 수 있었던 것이다.

주희朱熹는 송대의 의리학義理學이라고 일컬어지는 성리학性理學을 일으키는 데 큰 공을 세웠다고 할 수 있겠으나, 『주역』에 대한 해설만은 의리역보다는 상수역에 치우친 바 없지 않아서, 그의 나이 48세 되던 해에 『주역본의周易本義』 12권을 찬술하였는데, 소강절邵康節의 상수학을 기초로 하여 역점易占 이론을 받아들여 역리易理를 해설하는 데 주력함으로써, 『주역』을 인간의 윤리나 처세의 지혜로서 해설하는 자세를 보이지 않았다. 그 결과 『정전程傳』은 의리역에 가깝고 『주역본의周易本義』는 상수역에 가깝다고 할 수 있겠으나, 반드시 그 대표적인 해설서라고 단정하기에는 어려운 면이 없지 않을 것이다.

명明나라 제3대 제왕 성조成祖의 실록을 살펴보면, 성조는 영락대제永樂大帝로서 재임기간(1403~1424) 동안 수많은 서책을 찬술하는 데 힘써온 왕으로서, 칙찬勅撰된 서책들이 2만 2,877권이나 되는데 이름하여 『영락대전永樂大全』이라고 하는 바, 영락 5년(1407) 11월에 완성을 보았다. 경서에 대한 애착심이 대단하여 영락 12년(1414) 11월 갑인甲寅에 한림원 학사 호광胡廣 외 41명에게 명하여 『오경사서대전五經四書大全』을 찬수케 하여 그 다음 해 9월에 완성을 보았는데 그 가운데 『주역전의대전周易傳義大全』 24권을 완성하였다. 여기에서 전傳은 『정전程傳을』, 의義는 주자朱子의 『본의本義』를 의미하는 바로써, 그 외에도 136가家의 선유들의 해설문을 집대성하였다. 경학사상 『주역』에 대한 해설문을 집대성한 것으로는 아직까지 이보다 더 방대한 것이 없으며, 『영락대제』의 이와 같은 대성사大盛事는 당나라 시대에 공영달孔穎達에 의하여 『오경정의』가 찬수된 이후 실로 800여 년만에 이루어진 학문적인 대역사大力事였던 것이다.

송대宋代 이후 『주역』에 대한 해설문을 방대하게 집대성한 일이 여러 차례 있을 때마다 정자程子의 『전傳』 및 주자朱子의 『본의本義』를 위주로 하였는 바, 그 대표적인 또 다른 한 가지가 청淸나라 초기 제4대 성조聖祖는 대학사大學士 이광지李光地 외 49명의 신하들에게 명하여, 1715년에 『주역절중周易折中』 22권을 찬술토록 하였는데, 정주程朱와 218명의 제가諸家의 훈해訓解 중 경의經義에 밝히기에 족한 것을 잡채雜採하였고, 첫머리에는 도설圖說을 끝에는 계몽啓蒙을 실었다 하여, 경학자 피석서皮錫瑞(1850~1905)는 이 책을 평하여 '송대의 고루한 역설易說을 벗어나지 못한 것이다'라고 하였다.

　『주역전의대전周易傳義大全』은 『정전程傳』을 앞에 하고, 『본의本義』를 뒤에 한 반면 『주역절중周易折中』은 『본의』를 앞에 하고 『정전』을 뒤에 하여, 어느 책이 의리적인 면을 앞세웠는가를 짐작할 수 있다 할 것이다. 정이천程伊川은 『주역』의 경의經義를 훈해訓解하면서 공자孔子의 뜻을 부연 설명함으로써 괘획의 올바른 이치를 밝혔다고 할 수 있다. 즉 '원형이정元亨利貞'을 의리적인 해설로 '원元은 만물의 비롯함이요, 형亨은 만물의 거침없는 자라남이요, 이利는 만물의 결실을 이루어내는 과정이요, 정貞은 만물의 결실을 온전하게 이룸이다'라고 하였으며, 독역讀易할 때에도 '원하고 형하고 이하고 정하니라'고 하여 점사占辭적인 의미를 배제하고 있는 반면, 주자朱子의 해설은 이와는 달라서 '원元은 큼이라, 형亨은 통함이라, 이利는 마땅함이라, 정貞은 바르고 진실됨이라'고 하여 독역할 때에도 점사적인 의미를 부여하여, 점하는 자가 건괘를 얻었을 때에는 '크게 형통하고 바르고 진실되게 함이 이로우니라'고 하여, 『주역』 경문의 첫 구절부터가 의리적인 해설과 상수역에 기저를 둔 점사적인 해설이 다름을 볼 수 있는 것이다.

　조선조 말엽에 주리主理철학의 대가요 척사의리론斥邪義理論을 주창하여 문하생 중에 최익현崔益鉉과 같은 여러 의병장을 배출시킨 바 있는 화서華西 이항로李恒老[580]는 『주역전의동이석의周易傳義同異釋義』 상하권을 찬술하였는데, 『정전』과 『본의』에 대한 간결하면서도 핵심적인 평을 끝부분에 써놓았으니, '『정전』은 의리 일변으로 해석함에 있어서 사람됨을 다하여 유익하도록 하였다'고 하였으며 '『본의』는 역의 글된 근본 취지를 밝게 나타내서 다시 한 터럭만큼이라도 틀린 뜻이 없도록 하였으니, 학역學易하는 사람이 『본의』를 무시한다면 『역』을 해독하지 못할 것이다'고 하였다[華西集 권30 下 참조]. 학역자學易者가 의리역이나 상수역의 어느 쪽에도 치우치지 않고 『주역』을 해석하기란 지극히 어렵다고 할 수 있다.

---

580 이항로(李恒老,1792~1868)) : 본관 碧珍, 호 華西. 49세 때 1840년(헌종 6) 그의 학덕이 조정에 알려져 經史에 밝은 선비로 천거되었으나 나아가지 않음. 한말 衛正斥邪論者로 유명한 최익현·김평묵·유중교 등이 문하에서 수학. 75세 때인 1866년(고종 3) 병인양요가 일어나자 승정원 동부승지의 자격으로 입궐하여 홍선대원군에게 主戰論을 적극 주장. 이항로는 조선 말 저명한 성리학자로 그의 尊華攘夷의 春秋大義는 斥邪衛正 운동의 정신적 지주가 되었으며, 임금을 내 아버지처럼 사랑하고, 나라를 내 집처럼 걱정하는 애국사상은 조선조 말기 민족운동의 실천적 지도이념으로 승화되었다. 저서로는 『주역전의동이석의周易傳義同異釋義』 상하, 『화서집』 42권, 『華東史合編綱目』 60권 등 방대한 저술이 있으며, 시호는 文敬.

생생주역

서괘전 상·하

說卦傳 上·下

■ 서괘전 해설

공자의 십익十翼 중 하나로, 문왕이 서괘序卦하고 괘사卦辭를 붙인 자리에, 공자가 다시 서괘序卦의 이치를 해설한 편이다. 특히 상편은 '대자연의 생성원리'를 설명하였고, 하편은 '인사적인 순환의 원리'로 설명을 해놓았다. 다음은 유중교柳重教581의 『성재집性齋集』 '역설오易說五'에 '문왕과 주공은 천지가 낳은 훌륭한 자제이며 백성의 부모이다'라는 내용이다.

"은殷의 말세에 역도易道가 미약해졌다가, 문왕文王이 괘사卦辭를 짓고 주공周公이 효사爻辭를 잇는 데에 이르러서 다시 흥기하였다. 그것을 흥기시켰을 뿐만 아니라 또다시 넓히고 거듭 새롭게 하여, 천하 사람의 눈을 열어주고 만백성의 쓰임을 이루어 주었으니, 이른바 후천後天의 역易이다. 대개 선천8괘는 단지 천지정위天地定位하고 산택통기山澤通氣하고 뇌풍상박雷風相薄하고 수화상체水火相逮하는 상象을 보여줄 뿐인데, 지금은 방위를 옮겨서 오행五行이 유행하는 순서와 인륜人倫이 바르게 자리 잡는 체제를 밝혔다. 선천 64괘는 단지 음양과 기우奇偶가 대등하게 짝이 되어 합하고 천근天根과 월굴月窟이 순환하며 왕래하는 상을 보여줄 뿐인데, 지금은 통체統體를 나누어 쪼개어 각각 한 괘를 만들고 상대를 택하여 나란히 차례대로 늘어놓고 위아래에 나누어 놓아, 천지와 만물이 각각 제 자리를 얻는 이치를 밝혔다. (중략) 공자가 「서괘전」을 지으시어 여러 괘를 차례대로 순서를 정하여 모두가 사정의 원인이 있는 것을 밝히셨는데 처음부터 끝까지 한 가지 설로 관통하였으나, 문왕의 본래 의도가 여기에서 다 드러났다고 할 수는 없을 것이다. 다만 기존의 순서에 의거하여 의미를 담았을 뿐이므로, 그 사이에 지극한 이치를 담고 있는 곳이 없지 않다. 그 아래에 또 「잡괘전」을 마련하여, 여러 괘가 단지 짝을 취하여 둘씩 저절로 있으며 전도顚倒와 이합離合을 뜻에 따라 운용하여, 진실로 짝을 잃지 않아 모두 장애가 없으면 순서에 꼭 크게 얽매일 필요는 없다는 것을 보였다. 요컨대 두 가지 설이 서로 의존해야 그 의미가 갖춰진

---

581 유중교(柳重教, 1832~1893) : 본관 고흥(高興). 초명 맹교(孟敎). 자 치정(稺程), 호 성재(省齋). 이항로(李恒老) 문인. 이항로의 사후에는 김평묵(金平默)을 스승으로 섬김. 대제학에 추증되고, 고산(高山)의 삼현서원(三賢書院)에 봉향. 시호는 문간(文簡).

다. 연산連山과 귀장歸藏 이전에는 일을 점쳐 괘를 얻은 자가 단지 상을 살펴보고 변화를 완상하며 법法으로 풀이하였을 뿐이다. 그러나 지금은 괘와 효마다 문장을 짓고 점사占辭를 붙여서 길흉을 판단하였다. 또 일에 따라 가르침을 붙여서 백성이 향배를 정하는 데에 미혹되지 않게 하였으니, 그 용도가 크도다. 『주역』에 이르러 그 가운데에서 본말을 따져보고 법과 의리를 절충하며, 신명을 대신 말하여 길을 잃은 어리석은 사람에게 갈 길을 가르쳐 주었다. 아! 문왕과 주공 같은 이는 '천지의 훌륭한 자제이며 백성의 부모'라고 할 수 있다. 비록 그렇기는 하나 또한 후천의 일이다. 획을 긋기 이전의 역으로부터 획을 그은 이후의 역을 살펴보면 크게 드러났음을 이미 깨닫지만, 글이 없는 역으로부터 글이 있는 역이 되었으니 그 드러남이 더욱 심하다. 역을 배우는 자가 묵묵히 운용하고 정신으로 이해하며, 지류를 따라가다 근본을 잊지 않아야 옳다."

서괘전 상편

> 有天地然後 萬物生焉 盈天地之間者 唯萬物 故 受之以屯 屯者盈也 屯者 物之始生也
>
> '천지天地'가 있고 '만물萬物'이 생겨났으니. 천지를 가득 채운 것은 오직 만물이라, 고로 '건곤'괘 다음에 '준괘'를 받아 온 연유다. '준'이란 가득 채운다는 의미니 준은 만물의 탄생의 시작이다.[582]

여기 「서괘전」에서는 이를 중점적으로 연구한 향은鄕隱 이장찬李章贊[583]의 『역학기의易學記疑』[584/585/586]를 주로 참고하여 전개하고자 한다. 그의 첫 번째 설은

---

582 '受之以屯'에서 '之以'는 64괘의 차례(次例)를 만드는 연결문이다.

583 이장찬(李章贊, 1794~1860) : 본관 한산(韓山), 자 양숙(襄叔), 호 향은(鄕隱). 토정(土亭) 이지함(李之菡, 1517~1578)의 후손, 오촌(鰲村) 송치규(宋穉圭)의 문인. 性理學뿐 아니라 諸子百家書에도 달통, 특히 『주역』에 조예가 깊었다. 그는 효행으로 널리 알려지기도 하였다. 『易學記疑』는 그의 『향은문집』 제3권에 수록되어 있으며 「서괘도」, 「서괘전통론」, 「서괘전」 상하편으로 구성되어 있다.

584 이장찬의 역학관은 「서괘전」에 대한 그의 주해를 통해 보다 명확하게 드러난다. 그는 「서괘전」 상편을 모두 27장으로, 하편을 32장으로 편성한다. 이장찬은 64괘 배열 순서의 원리를 「복희선천팔괘방위도」와 「문왕후천팔괘방위도」 사이의 교섭관계와 호체의 원리로 본다. 그는 한나라 유학자들이 펼쳐 낸 호체의 원리가 역학 연구에 지대한 공이 있는 것으로 평가하며, 정이와 주희가 호체를 취하지 않은 것을 애석해 한다.

585 이장찬은 64괘의 순서에서 건곤 다음에 준괘가 놓이는 것을 「복희선천도」와 「문왕후천도」 사이의 교섭관계로 설명한다. 「선천도」에서 정남이 건괘가 되고 정북이 곤괘가 된다. 그런데 정북의 곤괘는 「후천도」에서 감괘가 된다. 하늘은 子에서 열리는 이치가 있으므로 정북에 있는 곤괘는 자연히 변하여 감괘가 된다는 것이다. 후천의 감괘는 왼쪽으로 선천 동북방의 진괘와 합하여 준괘(屯卦)가 되고 오른쪽으로 선천 서북방의 간괘와 합하여 몽괘가 된다는 식으로, 64괘 배열순서에서 「복희선천도」와 「문왕후천도」 사이의 교섭이라는 원칙 만큼은 일관되게 적용된다고 본다.

586 이장찬은 선후천도의 교섭관계를 "이 이치는 내가 밝힌 것으로 괘마다 미루어 보니 암암리에 부합하지 않음이 없다"고 하여, 자신의 연구에 대해 자부심이 대단하다. 이장찬은 괘 배열의 원리와 관련하여서는 상수학적 탐색에 치중하지만, 「서괘전」 경문을 해설할 때에는 의리학적 관점을 함께 적용한다. 하나의 사례를 들어보면, 「서괘전」 첫머리의 경문은 '유천지연후有天地然後, 만물생언萬物生焉'으로 괘명인 '건곤'을 쓰지 않고 '천지'라 기술하고 있다. 이는 준괘(屯卦) 이하로는 직접 괘명을 거론하는 것과 다른 방식이다. 이에 대해 이장찬은 '역의 이치는 천지가 만물의 부모 됨을 밝히는 데에서 비롯하기 때문에 공자의 「서괘전」은 건곤이라 하지 않고 천지라고 하였다'고 한다. 또 '여러 이치가 생긴다라 하지 않고 '만물이 생긴다萬物生焉'고 한 것은 구체적 사물로 인해 이치를 깨닫도록 하려는 것으로 『대학』에서 '窮理'라 하지 않고 '格物'이라 한 뜻과 같다고 본다. 한국과 중국을 막론하고 「서괘전」의 괘 배열 순서에 대해 상수학적으로 일관되게 원리적 설명을 제시한 경우는 찾기 어렵다. 그러한 점에서 이장찬의 「서괘전」 상하편의 괘 배열 원리에 대한 연구는 적지 않은 의의를 지닌다.

이렇다.

"건곤은 역의 골자이다[乾坤爲易之縕]. 그러기에 건곤乾坤의 이치를 먼저 알고자 하면 반드시 복괘復卦와 구괘姤卦를 시작으로 삼아야 한다." 아마 이 '구복姤復' 둘을 쉽게 알면 '사람에게 도모하고 귀신에게 도모하는[人謀鬼謀] 바'를 쉬이 알 수 있다고 보았기 때문일 것이다. 그러기에 '건곤'은 천지만물의 부모이며, 문왕이 역에서 '건곤'을 첫머리로 한 이유이고, 공자가 「서괘전」에서 '건곤乾坤'이라 하지 않고 '천지天地'라 한 까닭으로 삼는다. 역易이 역易이 된 까닭을 생각해보면 천하고금의 사물의 변화에 두루 통하지 않음이 없고, 상하사방의 운행의 이치에 두루 편만遍滿하지 않음이 없을 것이다. 그러니 『주역』의 '주周' 자는 두루 통하고 두루 편만하다는 주周이지, 단지 문왕과 주공이 매달은 바의 말씀을 가지고 주周라고 하는 것은 아니다.

'천지'에 이어 생하는 '준屯'은 장남과 차남들로 무리지어 모이는 뜻으로 이른 바 '준은 가득함[屯者盈也]'이다. '만물萬物'은 곤충과 초목만을 말하는 것이 아니라 천지와 사람을 포함한 만물이다. '물物'이란 글자가 품는 바가 깊으니 여기에는 천리天理와 인사人事가 모두 그 가운데 함께한다. '만물이 처음 생기는 것[物之始生]'은 그 취한 뜻이 한결같지 않다. '준屯'이란 괘는 위는 ☵(감) 아래는 ☳(진)으로 ☵(감)은 소양이 되고 ☳(진)은 소음이 되어 두 개의 '소少'가 처음으로 사귄다. 또 감坎이란 수水가 천일天一에서 생기는 것이다. 효爻의 획으로 말하면 ☷(곤)이 ☰(건)의 가운데 효를 얻어 ☵(감)이 되면 양을 가운데 머금는다. 이미 가운데 양을 ☵(감)이 머금었지만 아래에서 ☳(진)이 움직이니 강한 양의 기운이 아래에서부터 움직이기 시작한다. 이것이 만물이 처음 생기게 되는 까닭이다.

物生必蒙 故 受之以蒙 蒙者蒙也 物之穉也 物穉不可不養也 故 受之以需 需者 飮食之道也.
만물의 탄생은 반드시 '몽매'하다. '몽'은 어리며 유치하다. 유치한 것은 또 키워내지 않으면 아니 되니 '수괘需卦'로 받는다.[587] '수需'는 먹고 마시는 음식의 도다.

만물이 되는 처음은 어린 것이 마땅하다. '준괘屯卦'의 호체는 '박괘剝卦'가 되고, '몽괘蒙卦'의 호체는 '복괘復卦'가 된다. 만물 가운데 어느 때 어느 곳이든지 쉽게 입으로 들어가는 것은 오직 물뿐이다. ☵(감)은 음식의 상이다. 예로 감괘坎卦 육4에는 '한 동이의 술과 안주 두 개[樽酒簋貳]'라 하였고, 곤괘困卦 구2에서는 '술과 밥 때문에 어렵다[困于酒食]' 하였으며, 점괘漸卦 육2에서는 '음식을 먹음이 즐겁다[飮食衎衎]'고 하였다. 곤괘困卦는 내괘가 ☵(감)이 되고, 점괘漸卦는 호체가 ☵(감)이 되기 때문이다. 하물며 건괘乾卦에는 '아름다운 이로움으로 천하를 이롭게 하는[乾始能以美利利天下]' 도를 둔 곳은 ☵(감)이 ☰(건) 위에 있어 '수괘需卦'가 음식의 도가 됨을 알 수 있을 것이다. 이것이 '몽괘'의 뒤에 '수괘需卦'가 있는 까닭이다.

飮食必有訟 故 受之以訟 訟必有衆起 故 受之以師
만물은 먹이를 더 가지려는 욕심 때문에 반드시 싸움을 일으키기에 '송사訟事'가 일어난다. 송사는 반드시 무리지어 일어나니 총칼을 든 군대를 부리는 '사괘師卦'로 받았다.

'음식에는 다툼이 있다[飮食必有訟]'는 말의 뜻이 비록 가볍고, 송사하는 법이 비록 혹 의리 때문에 나왔지만, 그 발단은 사람이 반드시 사욕에 매어, 의리를 저버리고 이치를 어김이 있고 난 뒤에 비로소 송사가 생겨난 것이다. 사람의 목숨이 음식에 매인 욕심에서 오고간다니 어이해야 할꼬. 그러기에 송괘訟卦에는 ☵(감)의 술밥과 ☱(태)의 입이 보이고 호괘로 ☲(리)가 보이니, 입으로 들어가는 음식으로 말미암아 말이 서로 시비에 걸려 다투게 된다. 또 '다투면 무리로 일어난다[訟必有衆起]' 하니 '사괘師卦'로 받은 바이다. '송訟'이란 글자에는 공정公正한 말言이 들어 있으니, 말을 살필 필요가 있다.

---

587 '乾坤'이 '屯'을 낳아 '蒙養'하니 飮食으로 慈養할 수밖에 없어 '需'로 받았다.

師者衆也 衆必有所比 故 受之以比 比者比也 比必有所畜 故 受之
以小畜

'사師'는 많은 군사들의 무리다. 무리는 서로가 반드시 살아남기 위한 협조가
필요하기에 '비괘比卦'로 받는다. '비比'는 도움이다. 도우면 반드시 조금씩 무
언가 축적하게 되니 고로 '소축괘小畜卦'이다.

군대는 무리가 싸운다. 무리가 일어났지만 친하지 않으면 다툼이 그칠 수 없
다. 그러기에 반드시 서로 친하여 가까운 뒤라야 편안할 수 있을 것이다. '비比'는
돕고 보태고 따라붙는 것이다. 만물은 반드시 서로 따라붙은 뒤에 서로 돕게 된
다. 친해야 비로소 무리가 되니, 붙은 자가 비록 수천억이라도 친하지 않으면 무
리가 아니다. 가족家族, 친족親族, 민족民族이 그 류이다. 고로 친함이 쌓여야 싸움
을 그치게 된다. 소축은 ☴(손)에 하나의 음이 강한 양을 저지하는 바이다. '축畜'
에는 저지沮止하고 억제抑制하는 의미가 있다. 적게 쌓인 '소축小畜'이니 경망스럽
게 하지 말아야 할 것이다.

物畜然後 有禮 故 受之以履 履而泰然後安 故 受之以泰 泰者通也
物不可以終通 故 受之以否

어떤 '사물事物'이 경륜이 축적한 연후에는 '예禮'를 알게 되니, 고로 '이괘履卦'
를 얻는다. 고로 세상을 알고 가는 걸음은 태연하니, 태연하면 편안하여 '태괘
泰卦'를 받는다. '태泰'는 통通하나 사물이 내내 소통만 되는 것은 또 아니기에
'비괘否卦'로 받는다.

친하면 반드시 정이 쌓이기 때문에 '소축괘小畜卦'로써 받았다. 정이 쌓인 뒤에
는 예禮가 있어야 하니 '이괘履卦'로써 받았다. 「서괘전」 하편 서두에 '하늘과 땅
이 있고 난 뒤에 만물이 있고, 만물이 있고 난 뒤에 남녀가 있고, 남녀가 있고
난 뒤에 부부가 있고, 부부가 있고 난 뒤에 부자가 있고, 부자가 있고 난 뒤에
군신이 있고, 군신이 있고 난 뒤에 상하가 있고, 상하가 있고 난 뒤에 예의禮義를

둔다'[588]는 유명한 구절이 바로 '예禮'를 말한다. 안연은 그의 스승 공자를 일러 '학문으로 나를 넓혀주시고 예로 나를 다듬어주셨다[博文約禮]' 하였고, 관중은 '의식이 충분하면 예절을 안다[衣食足而知禮節]'고 하였으니, 이는 모두 만물이 쌓인 뒤에 예가 있다는 소리이다. 고로 '이履'는 예이니, 예는 이理라는 말이다. 사람이 밟고 행함이 이理를 벗어나면 아니 되니, 이履·예禮·이理 세 글자는 음이 비슷하고 뜻이 서로 부합된다. 그런 의미에서 『논어』의 '극기복례克己復禮'도 이치를 회복한다는 뜻으로 보아야 할 것이다.

이를 설증說證으로 보면, ☰(건)이 ☴(손)을 따르면 소축괘小畜卦가 되고, ☱(태)를 따르면 이괘履卦가 되는데, ☱(태)는 연못이고, 연못 위에는 ☰(건)이 있으므로, 위아래의 분별[履以辨上下]이 있으니 저지沮止하여 멈추는 공을 이룬다. 그러므로 예로 방지하는 도를 '이괘履卦'에서 볼 수 있다. 또한 선천도에서 ☰(건)은 남방의 문명한 곳에 있어 자연히 아름다움이 모여 예禮에 합하는 도가 있으니, 이것이 소축괘와 이괘履卦의 사이에 예禮가 삽입되는 까닭이다. '이履' 자 하나로만 말한다면 이履는 행함이고, 예禮는 사람이 말미암아 늘 행해야 할 바의 바른 이치이므로 이괘履卦가 예가 됨이다.

예禮를 실천하는 것은 군자의 큰 도이기 때문에 그 마음이 태연泰然하고 편안하다. 그러므로 '태괘泰卦'가 '이괘履卦' 다음에 있다. 그렇지만 예는 행하나 소통하지 못한다면 반드시 불안하기에, 태泰란 통함이고 편안함이라 하였다. '비괘否卦'는 소통이 아닌 비색이다. 비색은 불통이다. 세상은 또 내내 불통不通으로만 갈 수 없으니 서로 짝짓기며 얽히고설키며 살려고 동인同人하며, 대유大有 하려고 애쓰지 아니하겠는가. 그처럼 대유大有 자는 맘껏 채우지 않으니 겸손을 안다. 대유한 자가 능히 겸손까지 하다면 반드시 즐겁다. 그래서 '예괘豫卦'로 받은 것이다.

따라서 소축괘와 이괘履卦 이후에 ☰(건)과 ☷(곤)이 스스로 만나 '태괘泰卦'와 '비괘否卦'를 이루어 나가는데, '건곤'이 열 번 변한 후 태괘泰卦가 되니, 태평泰平으로 사는 일이 어찌 쉬운 일이랴? 태괘泰卦가 다시 한번 변하면 비괘否卦가 되니, 이 또한 쉬이 이루어지는 일인가? 사귀고 만남에 대처하는 자는 변화하고 지키는 도를 경계할 줄 알아야 할 것이다. 치란治亂이 서로 물고 돌기가 끝이 없으니, 어

---

588 「서괘전·하」: "有天地然後, 有萬物, 有萬物然後, 有男女, 有男女然後, 有夫婦, 有夫婦然後, 有父子, 有
父子然後, 有君臣, 有君臣然後, 有上下, 有上下然後, 禮義有所錯."

찌 오래도록 소통하지 아니할 수 있겠는가? 태괘泰卦 뒤에 비괘否卦를 둔 까닭이 분명 있을 것이다.

만사가 태평하면 교만해져 막히고, 막히면 두려워 태평을 회복하려는 것이 자연의 이치이다. 비괘否卦는 7월 괘이고, 둔괘遯卦는 6월의 괘이다. 이로 보면 비괘否卦는 마땅히 둔괘遯卦 다음에 와야 하고, 또 태괘泰卦 다음에 와서는 안 되는 것이다. 이괘履卦의 됨됨이는 위아래를 분변하여 백성의 뜻을 정하는 상을 볼 수 있으니, 천도에 정해진 체가 엄연히 있음을 알게 한다. 고로 태괘泰卦가 극에 이르면 비괘否卦가 되어 소장消長하고 변화함에 그 이치가 매우 신속하여, 대장大壯·쾌夬·건乾·구괘姤卦가 그 사이에 끼어들 틈이 없음도 우리는 엄연히 본다.

한편 역이란 음양일 뿐이니, 6음과 6양이 각각 순전한 몸체가 되는 것이 '건곤乾坤'이다. '준괘屯卦' 이하는 위아래가 교역交易하고 변역變易하여 그 종류가 일치하지 않는다. 태괘泰卦·비괘否卦의 3음 3양, 임괘臨卦·관괘觀卦의 2양 4음, 박괘剝卦·복괘復卦의 1양 5음은 위아래 음양이 서로 뒤섞이지 않는다. 준괘屯卦를 도전하여 몽괘蒙卦가 되는 종류에 비해 그 이치는 확연하다. 복괘復卦가 건괘乾卦에 이르고, 구괘姤卦가 곤괘坤卦에 이르는 이치로 말하면 그 효험이 매우 느리다. 예로 주周 왕조로 말하면 후직后稷이 덕을 쌓고 인仁을 쌓은 지 천여 년 만에 문왕文王에 이르러 비로소 천명을 받았다. 이는 태비泰否, 박복剝復괘에서 볼 수 있듯 길흉吉凶 소장消長이 각기 다름을 알 수 있다. '석과碩果'의 이치와 '포상[繫于苞桑]'의 경계가 시사하는 바이다.

物不可以終否 故 受之以同人 與人同者 物必歸焉 故 受之以大有
'사물事物'이 끝내 '비색否塞'할 수만 없다. 그래서 남과 함께하는 '동인同人'괘로 받았다. '동인同人'이야말로 '비색否塞'을 멈출 힘을 지닌다. 사람과 함께하는 자에는 '사물'이 반드시 돌아오기 때문에 '대유괘大有卦'로써 받는다.

대유大有란 큰 것을 소유함이다. 그런 고로 '비괘'에서는 '비否는 바른 사람이 아니다[否之匪人]'하고, '동인괘'에서는 '군자가 사귐을 바르게 함이 이롭다[利君子貞]' 하였다. '동인괘'와 '대유괘'는 각각 ☰(건)의 몸이 밝고 성대함을 얻었을 뿐 아니라, 도전의 상이 있다.

有大者 不可以盈 故 受之以謙 有大而能謙 必豫 故 受之以豫
큰 것을 소유한 '대유大有' 자는 가득 차게만 할 수 없기 때문에 '겸괘謙卦'로써
받았다. 큰 것을 소유하고도 겸손하면 반드시 즐거울 것이기 때문에 '예괘豫卦'
로써 받았다.

'겸괘'는 ☶(간)이 아래에 있고 ☷(곤)이 위인데, ☶(간)은 멈춤이고 ☷(곤)은 순함이다. 만사에 순종하면 멈출 수 있으므로 화목하고 기쁠 수 있다. 인간은 만물이 돌아와 자기의 소유가 크게 되면 반드시 교만해지니, 교만하면 지나치게 가득 차고 크게 잘못된다. 큰 것을 소유한 자는 가득 차게 해서는 안 되기 때문에 '겸괘'가 왔고, '겸괘' 뒤에 기쁨을 조절할 '예괘'가 온 것이다. '겸괘'와 '예괘'는 도전괘이다.

豫必有隨 故 受之以隨 以喜隨人者 必有事 故 受之以蠱
대유하고 겸손하며, 미리 다가올 기쁨마저 아는 자는 반드시 따라 좇아가니
'수괘隨卦'로 받았다. 따르고 좇음에도 도가 있고, 또 기쁜 마음으로 절제 없이
나가면 반드시 삼가야 할 일이 있다. 그러나 기쁜 마음을 상하게 되면 '고괘蠱
卦'로 받는다.

기쁨으로써 사람을 따르는 데에는 반드시 섬겨야 하는 도리가 있다. 신하가 임금을 섬기고, 자식이 부모를 섬기고, 아내가 지아비를 섬기고, 제자가 스승을 섬길 때 섬겨야 하는 것을 즐거워하지 않는 자라면 기꺼이 따르는 도가 살아 있겠는가? '겸괘'와 '예괘' 이후에 ☱(태)와 ☳(진)이 전변하여 ☶(간)과 ☴(손)으로 만났으니 처녀와 총각, 총각과 아주머니가 만난 꼴이라 '수괘隨卦'와 '고괘蠱卦'가 된 것이다. '수괘隨卦'는 '비괘否卦'의 초효와 상효가 변이變移한 것이고, '고괘蠱卦'는 '태괘泰卦'의 초효와 상효가 변이變移한 것이니, '건괘乾卦'와 '곤괘坤卦'에서 말

미암지 않았다고 할 수 있겠는가?

'예괘豫卦'는 ☷(곤)으로 순종하여 ☳(진)으로 움직이는 괘가 되므로, 때를 따르고 사물을 따르는 기쁨의 '수괘隨卦'로 가는데, '수괘隨卦'의 ☱(태)와 ☳(진)이 전변하면 ☶(간)과 ☴(손)의 '고괘蠱卦'가 되는데, '고蠱'란 부모의 일을 바로잡지 못한 가운데 생긴 일이다. ☶(간)은 아버지의 일을 주관하고, ☴(손)은 어머니의 일을 주관한다 '고괘蠱卦' 역시 '태괘泰卦'에서 왔으니 '건곤乾坤'에서 온 일의 이치가 있다. 무슨 소리냐? ☶(간)은 아버지의 ☰(건)이 고蠱로 무너진 상이고, ☴(손)은 어머니 ☷(곤)의 일이 좀먹어 무너진 상이기 때문이다.

蠱者事也 有事而後 可大 故 受之以臨 臨者大也 物大然後 可觀 故 受之以觀

'고蠱'는 사사로운 일에 사로잡혀 나쁜 일이 생긴 것이다. 나쁜 일이 있고 난 후에야 가히 일을 대승적으로 처리하게 되니 고로 '임괘臨卦'로 받는다. '임괘'는 임금이 나랏일을 맡아 군림하는 일과 같아 대사大事라 한다. 이처럼 물건이 크게 된 다음에는 볼만한 것이 있으니 '관괘觀卦'로 받았다.

『순자』에 이런 구절이 있다. "공자가 동해의 물을 보고 있을 때 자공이 물었다. '군자가 큰 물을 보면 반드시 관찰하는 것은 왜 그렇습니까?' 공자의 대답은 이랬다. '저 물은 덕과 닮았고, 의리와 닮았고, 도와 닮았고, 용기와 닮았고, 법과 닮았고, 바른 도리와 닮았고, 살핌과 닮았고, 선한 교화와 닮았고, 천하를 아름답게 하고자 하는 뜻과 닮았다.'"[589] 이는 볼만한 까닭이 있고 난 뒤에 쌓을 수 있다는 소리이다. 여기 '일이 있어야 커질 수 있는 것[有事而後可大]'은 ☶(간)과 ☴(손)이 반드시 변해서 무너져 훼손되지 않았던 본래 상 ☰(건)·☷(곤)으로 회복하는 데 있을 것이다. 8괘 가운데 가장 큰 것이 어찌 '건곤乾坤'이 아니겠는가. 위가 ☰(건) 아래가 ☱(태)이면 '이괘履卦'가 되고, 위가 ☷(곤)이고 아래가 ☱(태)이면 '임괘臨卦'가 되어 '건곤'을 짝한다. 고로 연못이란 땅에 물이 가득 차는 당당한 모습

---

[589] 『荀子·宥坐』: "昔孔子觀於東海之水, 子貢問曰, 君子之所以見大水, 必觀焉者, 何也. 孔子告之, 似德似義似道似勇似法似正似察似善化似志."

이 자못 훌륭하고 대단한 것이다. 다시 말하면 여기서 '대大'는 윗사람으로서 아랫사람에게 임臨하고, 큰 것으로서 작은 것에 임臨하는 처연한 자세이다. 고로 '임臨한다'는 말은 모두 윗자리에 있는 자[大者]의 일이므로 크다고 한 것이다. 그러니 '임괘臨卦'가 큰 것이 되는 까닭을 알 수 있다[臨者大也]. 또한 '임괘臨卦'와 '이괘履卦'가 한가지 뜻임을 여기에서도 볼 수 있다. 역의 4덕은 '원형이정元亨利貞'으로 마무리를 삼는데, 만약 '정貞'의 일이 없다면 '원형이元亨利' 3덕으로만 베푸니 '고蠱'의 일이 '정貞'이 없는, 아니면 '정貞'을 바르게 쓰지 못한 것으로 나타나게 되니, '부정不貞'이 될 것이다. '임臨'이란 그 일을 실천하는 것이므로 군왕이 자신을 낮추며 백성을 받드는 일인지라, '임대臨大'가 솔선수범으로 크게 보이니 '관괘觀卦'로 받은 것이다.

> 可觀而後有所合 故 受之以噬嗑 噬嗑者合也 物不可以苟合而已 故 受之以賁
> 볼만한 뒤에 합이 있기 때문에 '서합噬嗑'으로써 받았고, '서합'은 씹어 맛을 보고 비로소 합하니 사물이란 진실로 합하였다고 하여 무턱대고 오래가기만은 어렵다. 그래서 '비괘賁卦'로 받는다.

위에서 볼만한 것이 없으면 못 본 체하든가 아니면 아래에서 끌어내 버리고 말 것이지, 볼만한 것이 아닌데 합하겠는가? 사물은 구차하게 합해서는 곤란하다[物不可以苟合而已]. 까닭 없이 합하는 것은 반드시 까닭 없이 떠나게 되는데 또한 '비괘賁卦'의 꾸밈까지 있어서랴! 임금과 신하, 부모와 자식, 남편과 아내, 벗들이 사귈 때를 합한다고 하는 것이니, 마음을 그대로 따라 행하면 구차스럽지 않다. 예禮도 본심으로 하면 구차하지 않다고 했다. 구차스럽게 하면 쉽게 합하고, 그렇게 합하면 서로 함부로 하고, 서로 함부로 하면 쉽게 헤어진다. 꾸미면 합하기 어렵고, 합하기 어려우면 서로 공경하니, 공경하면 오래가지 않겠는가. 예물을 주고받지 않으면 남녀의 합이 이룰 수 없다 한 말을 상기하기 바란다. 이처럼 꾸미는 '산화비괘賁卦'는 오래 합하기 위한 것이다. 「설괘전」에 '리에서 서로 만나고[相見乎离], 간괘에서 말씀을 이룬다[成言乎艮]'고 하였다. 이미 '비괘賁卦'에 서로 만나고 말을 이루었다면 구차하게 합하기 위해 또 꾸며야 하겠는가? '서합괘'와 '비괘賁卦' 역시 '건곤괘'를 바탕으로 하고 있다. '서합괘'는 '비괘否卦'에서 왔고 '비괘賁卦'는 '태괘泰卦'에서 왔다.

賁者飾也 致飾然後 亨則盡矣 故 受之以剝 剝者剝也 物不可以終盡 剝 窮上反下 故 受之以復
'비賁'는 임의로 꾸밈이 된다. 그렇지만 그 가식적인 꾸밈도 다하면 박락하고 만다. '박剝'은 깎이고 떨어지는 것이다. '사물事物'이 끝끝내 그 자리를 붙잡고 가지 못하니, 박락의 시절이 극에 이르면 위에서 아래로 떨어져 본 자리로 복귀하게 되니, 바로 '복괘復卦'를 얻는다.

꾸밈은 문식文飾보다 귀하니 문식이 너무 지나치면 그 바탕을 잃고 만다. 그러므로 꾸밈이 다하여 형통함이 소진하고 나면[物不可以終盡] 박락할 것이다. '박괘'는 양이 다하고, '복괘'는 양이 다시 생겨나는 것이다. 호체가 '박복괘'가 되는 것은 준몽괘가 있고, 사비師比괘가 있으며, 임관괘가 있는데, 여기에 이르면 비로소 박복괘剝復卦의 본괘를 볼 수 있다. '박괘'는 양이 다함이요, '복괘'는 양이 다시 시작함이다.

復則不妄矣 故 受之以无妄 有无妄然後 可畜 故 受之以大畜 物畜然後 可養 故 受之以頤
회복하면 망령되지 않기에 '무망괘无妄卦'로써 받았고, 망령됨이 없고 난 뒤에 쌓을 수 있기에 '대축괘大畜卦'로써 받았고, 물건이 쌓인 뒤에 기를 수 있기에 '이괘頤卦'로써 받았다.

본래 일이 커지고 커지면 볼만하며, 볼만해서 합하고 합하면 꾸민다. 그 충성과 믿음이 얇아지면 가식이 시작된다. '박복剝復'이 교차하는 사이에 다시 '복괘復卦'가 시작되면 진실함이 홀로 있을지라도 거짓이 없을 것이다. 1양이 이미 아래에서 회복되었다면 그 괘 바깥 3음은 모두 부드러움이 변해 강함이 되고, 빈 것이 변해 가득 차게 되어 '무망괘无妄卦'가 될 것이다. 이는 곧 『중용』에서 말하는 성誠으로 봐도 좋다.[590] '이頤'는 기르고 양육한다. 어머니의 기름에는 정성精誠이 있을 뿐이다. 망령이 없어진 뒤에 쌓일 수 있는 까닭은 큰 덕이 쌓였기 때문일 것이다. ☰(건)이 ☳(진)과 ☶(간)을 만나 '무망괘'와 '대축괘'를 이루었으니, 또한 맏이와 막내 두 아들이 아버지를 따르는 상이 된다. '무망无妄'은 하늘의 덕이다. 망령됨이 없다는 것은 사람이 천덕天德을 지녔기 때문이다. 반드시 쌓는 바가 있으면 작은 것부터 쌓게 되니, '소축'이었다. 쌓을 수 있어 천지 끝간 곳 없이 쌓으면 '대축'이다. 또 크게 쌓이면 만물을 길러낸다. '이괘頤卦'는 상하의 두 양이 많은 음을 감싸니 천지 안에 만물을 키워냄이다.

이상을 정리하면, '박剝'이란 깎여 다함이다. 이미 위에서 깎여버렸으면 반드시 아래에서 다시 생겨나니, '복復'은 선이 돌아옴이다. 선善의 단서가 이미 회복되었으면 천리에 순전純全하여 망령되게 움직이는 바가 없고, 망령된 움직임이 없으면 언행이 성실하여 반드시 덕을 쌓음이 크고, 덕이 이미 크게 쌓였으면 반드시 기르는 바가 있으며, 이미 기른 바가 있으면 일과 행동에서 움직이되 반드시 남보다 크게 지나침이 있을 것이다. 그러나 천하의 일은 크게 지나쳐 극에 이르면 반드시 험난에 빠짐이 있고, 이미 험난함에 빠졌으면 반드시 붙어 걸리는 바가 있으니 그 재주와 힘을 바탕삼아 어려움을 구제함이 있을 것이다. 여러 괘의 순서

---

590 『중용』에서 "誠은 하늘의 도이고[誠者天之道也] 성실하려고 하는 것은 사람의 도이다[誠之者人之道也]"라고 했다. 誠이란 자기를 이룰 뿐만 아니라 만물을 이루게 하는 所以가 되니, 곧 誠은 만물의 존재 근거가 된다. 『孟子·盡心上』에서는 "誠이란 하늘의 도이고, 誠하려고 생각하는 것은 사람의 도이다. 지극히 誠하면 움직이지 않은 자 없고, 誠하지 않으면 능히 움직일 수 있는 자 없다"고 했는데, 이때의 성은 진실하여 속임이 없는 것을 의미한다. 또 『荀子·不苟』편에서는 "대저 誠이란 군자가 지키는 것으로 政事의 근본이 된다"고 했다. 이것은 성으로써 덕행의 기초를 삼은 것이다. 이러한 덕목으로서의 誠을 체계화한 사람은 李翶와 周敦頤이다. 李翶는 그의 『復性書』에서 "誠이란 성인이 본성으로 하는 것이다. 그 본성을 회복한다는 것은 현인이 그것을 좇아 끊임없이 노력한다는 것이며, 끊임없이 노력하면 그 근원에 돌아갈 수 있다"고 했다. 천명의 본연을 회복하는 것이 바로 誠이라는 것이다. 周敦頤 『通書』 '誠下'에서 "誠이란 성인의 근본이다. 여기서 근본은 본성을 의미한다. 이 본성을 따라 행하고 誠을 보존하고 誠을 다하면 성인이 될 수 있다"고 하여, 도덕 수양을 행함으로써 착한 본성을 회복하라고 했다. 또 "誠은 仁義禮智信 五常의 근본이며, 百行의 근원"이라고 하여 성인이 성인되는 까닭은 오직 誠에 있을 따름이라 하고, 五常을 비롯한 모든 덕행은 성으로써 기초를 삼는다고 하고 있다. 李珥는 『栗谷全書』에서 "誠이란 하늘의 實理이며, 마음의 본체이다"라 했다. 또 성인이 성인된 까닭은 이 誠을 완성한 곳에 있으며, 賢人君子가 현인군자 된 까닭은 이 誠을 깨닫고 이를 회복하여 그 덕행을 행하려는 데 있다고 했다. 丁若鏞은 『중용』 전반부에서 誠이란 용어가 쓰이지 않고 있으나 '愼獨'이 곧 誠이며, '戒愼恐懼'가 곧 誠이기 때문에 誠으로 일관되었다고 보았다.

는 천리의 자연스러움을 말한 것이고, 사람의 일도 당연한 이치가 있다. 그러나 참으로 그 실상을 깊이 살펴보면 천리天理와 인사人事는 애초에 둘이 아니고 하나였다.

頤者養也 不養則不可動 故 受之以大過 物不可以終過 故 受之以
坎 坎者 陷也 陷必有所麗 故 受之以離 離者麗也

'이괘頤卦'는 기름이니, 기르지 않으면 움직일 수 없기 때문에 '대과괘大過卦'로써 받았다. 사물은 끝내 지나칠 수 없기 때문에 '감괘坎卦'로써 받았으니, '감坎'은 빠짐이다. 빠지면 반드시 걸리기 때문에 '리괘離卦'로써 받았으니, '리離'는 걸림이다.

길러내는 '양이養頤'는 군자가 자기를 완성하는 것이고, 움직임은 군자가 사물에 호응하는 것이다. 그러나 군자가 거처할 때는 알맞게 서고, 움직일 때는 중도를 행하니, 어찌 사물을 누르려고 하겠는가? 변화에 대응함에는 때로 잘못도 있기에 '대과괘'로 받았다. 사물은 또 끝내 지나칠 수만 없기에 '감괘坎卦'로써 받았다는 말은 알맞음을 귀하게 여긴다는 것으로 '감괘'의 양이 가운데 있어 그 지나침을 절제하면 잘못이 사라져, '리괘離卦'로 걸려 나오게 된다는 소리다. 한 번 빠져서 나오지 못하는 것이 '감괘'이고, 한 번 걸려서 나오는 것이 '리괘'라면, 역을 지은 자가 '감괘' 뒤에 반드시 '리괘'로써 구출하였으니[作易者於坎後必繼以離], 어찌 백성을 사랑하고 사물을 아끼는 마음이 없었겠는가[豈无仁民愛物之心哉]? 천하의 일이란 크게 지나쳐 극에 이르면 반드시 험난에 빠짐이 있고, 이미 험난함에 빠졌으면 반드시 붙어 걸리는 바가 있으니 그 재주와 힘을 바탕삼아 어려움을 구제하게 될 것이다. 이러한 이치를 궁구하면 천리天理와 인사人事는 같았으면 같았지, 다름이 없다.

말인 즉, '무망괘无妄卦'와 '대축괘大畜卦' 이후에 ☳(진)과 ☶(간), ☴(손)과 ☱(태)가 합하여 '이괘頤卦'와 '대과괘大過'를 이루었다. 여기서 '이괘頤卦'는 호체가 '곤괘坤卦'이고, '대과괘'는 호체가 '건괘乾卦'이니, '건곤괘'가 없어서는 안 된다는 말이다. '건곤괘'로부터 여기에 이르기까지 한 괘도 '건곤괘'가 없는 적이 없었다는 말은 믿을 만하다. '대과괘'는 4양으로써 2음 가운데에서 움직이니 하늘의 도로 말하면 양이 지나친 것이고, 사람의 도로 말하면 일이 지나친 것이니 그래서 '대과괘'이다. 만약 오로지 아래위만 본다면 바로 '곤괘'가 되고, 또 만약 단지 중간의 호체만 본다면 '건괘'가 된다. 그 위아래 중간을 아울러 말한다면 바깥은 부드럽고 가운데는 차 있어서 곧 '감괘'가 되고, 또 전변하면 '리괘'가 되니, 역시 위로는 '건곤'의 흐름을 받고 아래로는 '감리坎離'가 됨을 알 수 있다.

　　여기 「서괘전」 상편 마지막에 붙이는 향은蘇隱 이장찬李章贊의 '감리설坎離說'을 살펴보기로 한다.

"'리괘離卦'는 선천[복희8괘도] '건괘'의 자리에 있는데 그 상은 해[태양]가 되며 그 수는 3이고, '감괘'는 선천 '곤괘'의 자리에 있는데 그 상은 달이 되며 그 수는 6이니, 그것이 음양의 분별로 분명하다. 그렇다면 괘의 순서는 마땅히 '리괘離卦'가 앞서고 '감괘'가 뒤에 와야 할 것인데, 감괘가 리괘보다 앞에 오고 '대과괘'의 다음에 이어진 것은 어째서인가? 사상四象으로 말하면 소음少陰은 두 번째에 있고, 소양少陽은 세 번째에 있는데, 소음 위에 각기 하나의 기奇와 하나의 우偶를 더하여 '리괘'의 3과 '진괘'의 4가 되고, 소양 위에 각기 하나의 기와 하나의 우를 더하여 '손괘' 5와 '감괘' 6이 된다. 이와 같지 않다면 '리괘'가 어떻게 해가 되어 '건괘'의 자리를 물려받겠으며, '감괘'가 어떻게 달이 되어 '곤괘'의 자리를 물려받겠는가?

또 효爻와 획劃으로 말하면, 3획괘는 매양 한 효가 홀로 다른 것을 위주로 한다. 그러므로 비록 ☳(진)·☴(손)·☶(간)·☱(태)에 위아래로 각기 1음 1양을 얻더라도 오히려 그 괘의 주인이 될 수 있는데, 하물며 ☵(감)은 ☰(건)의 가운데 효를 얻었으니, 비록 ☷(곤)의 몸체이나 어찌 ☰(건)이 되지 않겠는가! ☲(리)는 ☷(곤)의 가운데 효를 얻었으니 비록 ☰(건)의 몸체이나 어찌 ☷(곤)이 되지 않겠는가! 이에 '감괘'와 '리괘'가 어떤 것이 먼저이고 어떤 것이 나중인지를 알 수 있을 것이다.

그러나 '복괘'에서 '건괘', '구괘'에서 '곤괘'에 이르는 예를 말하고자 한다면, '건곤괘'는 이미 상경의 첫머리에 있어 '준몽괘' 앞에 있으니, 장차 미루어 어느 괘에 이르겠는가? 역의 여러 괘는 오로지 2와 5를 위주로 한다. 대체로 2라는 것은 두 기氣의 이치이고, 5라는 것은 오행의 이치이다. '감괘'의 2와 5는 모두 음 속의 양이고, '리괘'의 2와 5는 모두 양 속의 음이다. 기운을 오로지 하는 이치는 도리어 순체純體의 음양보다 중요함이 있다. 세 효를 가지고 말하면, ☵(감)의 위아래는 모두 곤坤이나, 그 가운데가 건乾이니 곤坤 가운데의 건乾이 된다. ☲(리)의 위아래는 모두 건乾이나, 그 가운데는 곤坤이니 건乾 가운데의 곤坤이다. 이것은 '감괘'와 '리괘'가 상경의 끝에 있어 '함항괘'보다 앞서는 까닭이다. 그렇다면 '준괘屯卦'로부터 '감괘坎卦'까지와 '정괘鼎卦'로부터

'리괘離卦'까지는 과연 '복괘復卦'로부터 '건괘乾卦'에 이르고 '구괘姤卦'로부터 '곤괘坤卦'에 이르는 이치가 아니겠는가?

서괘序卦의 사례는 비록 '건괘'와 '곤괘', '비괘否卦'와 '태괘泰卦'가 대체로 서로 이어져 있고 연달아 기록된 여섯 효가 모두 서로 음양이 반대이니, 나머지 괘들도 모두 이 사례를 써서 털끝의 차이가 하늘 땅처럼 바뀌는 곳을 보여주었고, 또 음양이 서로 바뀌어 깃들이는 이치를 마땅히 짐작할 수 있음을 보여주었으니, '감괘'와 '리괘'가 서로 반대되는 것이 어찌 서로 변하는 도가 아니겠는가! '준괘'와 '몽괘'의 이치가 '감괘'로부터 '리괘'를 거쳐 '혁괘'와 '정괘鼎卦'에 이르면 ☵(감)의 가운데 획과 ☳(진)의 아래 획과 ☶(간)의 위 획의 양이 ☲(리) 가운데 획과 ☴(손)의 아래 획과 ☱(태) 위 획의 음에서 다한 것이니 바로 '복괘復卦'로부터 '곤괘坤卦'에 이른 것이다. 형세가 마땅히 중첩된 '진괘震卦'로 들어가 진괘의 움직임으로서 '간괘艮卦'의 그침을 얻으니 간괘로부터 아래는 마땅히 한결같이 괘의 순서와 같이 한다. '정괘鼎卦'와 '혁괘革卦'의 이치는 '리괘'로부터 '감괘'를 지나 '준몽괘'에 이르면 ☲(리)의 가운데 획과 ☴(손)의 아래 획과 ☱(태)의 위 획의 음이 ☵(감)의 가운데 획과 ☳(진)의 아래 획과 ☶(간)의 위 획의 양에서 다한 것이니, 바로 '구괘'로부터 '건괘'에 이르는 것이다. 형세가 마땅히 순전한 '곤괘'로 들어가 '곤괘'의 순종함으로서 '건괘'의 강건함을 얻고, '건괘'의 강건함으로부터 또 '곤괘'의 순종함이 되니, '곤괘' 이하 역시 한결같이 괘의 순서와 같이한다.

그러기에 '준몽괘'의 이치는 '건곤괘'로부터 미루어 얻었음을 알 수 있고, '혁정革鼎괘'의 이치는 태(☱)·손(☴)·간(☶)·진(☳)으로부터 미루어 얻었음을 알 수 있다. 이처럼 본다면 이치가 순환해서 끝이 없음을 알 수 있을 것이다. 또한 ☵(감)과 ☲(리)가 모두 양수를 쓰는 것은 양을 높이는 뜻이 있다. 또 옛날 학자들은 모두 일월日月과 오성五星이 하늘에서 운행하는 것을 순조로움이고 좌선左旋한다고 여겼는데, 역가易家들은 거스름이고 우선右旋이라고 여겼다. 유학자들은 땅에서 보기 때문에 그것이 좌선한다고 알고, 역가들은 하늘 쪽에서 헤아리기 때문에 그것이 우선한다고 안다. 그러나 그쳐서 비록 물러나 가더라도 나아가지 않은 적이 없고, 물러나서 비록 거슬러 가더라도 순응하지 않은 적이 없다. 역을 순차적으로도 보고 거슬러서도 볼 수 있는 것은 곧 이 이치이다. 비록 『대학』으로 말하면 8조목의 공효는 격물格物로 시작을 삼았지만, 공부로 말하면 '치국평천하'의 도가 과연 격물의 바깥에 있는가? 그러므로 『대학』 경문에서 한 번 순차적으로 하고 한 번 거슬러, 뜻이 각기 근거가 있다고 한다면, 역리易理에서 '혁괘革卦'와 '정괘鼎卦'로부터 거스르고 미루는 것을 옳지 않다고 할 수 있겠는가? 글을 읽는 사람은 마땅히 단지 이전 학자들의 설을 따르고 별도로 다른 뜻을 구하지 말아야 할 것이지만, 내 좁은 소견이 우연히 여기에 미쳤기에 짐짓 기록하여 의심을 간직해 두어서 알만한 이를 기다린다."

서괘전 하편

상편은 '유천지연후有天地然後 만물생언萬物生焉'으로 '천지 건곤의 생성원리'를 설명했다. 반면 하편에서는 '유천지연후有天地然後 유만물有萬物'로 인사적인 '순환의 원리'를 설명하고 있다.

有天地然後 有萬物 有萬物然後 有男女 有男女然後 有夫婦 有夫婦然後 有父子 有父子然後 有君臣 有君臣然後 有上下 有上下然後 禮義有所錯
'천지'가 자리하면 '만물'이 있게 되고, '만물'이 있게 되면 '남녀'가 있고, '남녀'가 있게 되면 '부부'가 있게 된다. '부부'가 있게 되면 '부자'가 있고, '부자'가 있으면, '군신'이 있고, '군신'이 있으면 '상하'가 있고, '상하'가 자리한 후에는 '예의'가 있게 된다.

'건곤괘'는 만물의 부모이고 '함항괘'는 사람의 부모이다. '함咸'이라 하지 않고 '부부'라 한 것은 처음이라 받은 것이 없어서이다. 주자도 '부부의 도가 곧 함이다[夫婦之道卽咸也]' 하였다. 서괘序卦 상·하편이 비록 천지天地와 인사人事로 나뉘지만 그 차례가 서로 이어진다. 사물이 따라붙음 가운데는 부부 만한 것이 없다. '함괘'에서 '함咸'을 말하지 않은 것은 '건곤괘'에서 '건곤'을 말하지 않은 것을 모방했기 때문으로 '하늘과 땅이 있고 난 뒤에[有天地然後]'로부터 '예의 둘 곳이 있다[禮義有所錯]'에 이르기까지 '연후然後'를 쓴 것이 일곱 번이니, 다른 여러 괘들이 비할 바 아님을 알 수 있다.

연못 아래 산이 어떻게 '건곤'의 지극히 큼에 비하겠는가? '함咸'은 젊은 남자와 젊은 여자가 서로 느끼는 이치임을 이미 말했으니 이는 아마도 후천의 이치일 것이다. 여기서는 상편과 구별됨이 있고 또 '함괘'의 중요한 바를 지극하게 말하였다. 그러므로 '걸리는 바가 있다[有所麗]' 하지 않고 굳이 '느끼는 바가 있다[有所感]'고 하였으니, 마땅히 말한 것 밖에서 알아차려야 할 것이다. 다시 말하면 상편에서는 '천지' 기화氣化의 공을 첫머리로 삼았기 때문에 곧바로 만물이 생겨남을 말하였고, 하편에서는 남녀가 형체를 이루는 공을 첫머리로 삼았기 때문에 '함항'두 괘가 곧 부부의 뜻을 말한 것이다. 비록 '함괘'를 직시하여 말하지 않았지만 '부부'가 '천지·만물·남녀'의 뒤와 '부자·군신·상하'의 앞에 있으니, 여기에서 '함괘'가 한편의 머리가 됨을 알 수 있는데, 부부의 시작됨이 바름을 얻으면 미루어 부자의 생육과 군신의 존비와 상하의 귀천에 이르기까지 '부부'로부터 비롯되지 않음이 없고, 또 '예의禮義'가 행해짐이 있지 않음이 없으니, 그 사이에 '함괘'의 뜻이 크다. 그 예가 『동몽필습』과 『중용』에 '부부유별夫婦有別'과 '조단호부부造端乎夫婦'로 나타난다.[591]

> 夫婦之道 不可以不久也 故 受之以恒 恒者久也 物不可以久居其所
> 故 受之以遯 遯者退也 物不可以終遯 故 受之以大壯 物不可以終
> 壯 故 受之以晋 晋者進也 進必有所傷 故 受之以明夷[592]
> '부부의 도'가 오래지 않으면 안 되기에 '항괘'를 두었다. '항'은 영구한 것이다. 사물이 한 곳에 오래가지 못하여 물러가면 '둔괘'로 받는다. '둔'은 물러남이다. 사물이 내내 물러날 수만 없으니 '대장괘'로 받고, 또한 사물이 내내 씩씩할 수만 없으니 '진괘'로 받는다. '진'은 나아감이다. 나갈 줄만 알면 또 상하니 '명이괘'로 받았다.

괘의 순서로 말하면 '함咸'은 '느낌[感]'이다. 느껴서 기쁘고[☱] 또 그치니[☶] 항상함이 당연하다. 「계사전」에서는 '친함이 있으면 오래할 수 있고[有親則可久], 오래함은 현인의 덕이다[可久則賢人之德]' 하였다. 괘가 놓인 곳으로 말하면 '건괘'로부터 여기에 이르기까지 모두 32괘이니 64괘 중앙지점이다. 사물이 한 곳에 오랫동안 머물 수 없다는 것은 물리物理가 당연하지만, 신하가 총애받는 자리에 오래 머무는 것 같은 경우와는 다르다. 어찌 부부가 그 자리에 오래 머물지 않을 수 있겠는가? 그렇다면 「서괘전」의 이치가 단지 한 모퉁이만 취했는가? 부부로써

---

591 『童蒙必習』: "父子有親(父慈子孝), 君臣有義(君義臣忠), 夫婦有別(夫和婦順), 長幼有序(兄友弟恭), 朋友有信(朋友輔仁). 『중용』12장, "君子之道 造端乎夫婦 及其至也 察乎天知."
592 상편이 '乾坤'괘로부터 출발한다면, 하편은 '咸恒'괘로 시작한다.

말하자면 어찌 오래 머물지 못하는 이치가 있겠는가? 이것이 이른바 「서괘전」이 포용하지 않는 바가 없는 것인데, 이미 '오랫동안 머물 수 없다[不可以久居]'면 반드시 물러나야 하고, 이미 끝까지 물러날 수만 없다면 반드시 가는 바가 왕성할 것이다. 그런 고로 '항괘'로 말하면 ☳(진)은 만물을 움직이는 상이고, ☴(손)은 만물을 흔드는 상이다. 이미 흔들리어 움직이면 형세가 자연히 돌아가니 한 발짝씩 물러나게 된다. 그러나 끝까지 왕성한 힘을 멈출 수 없다면 반드시 나아가야 하니, 나아갈 줄만 알고 물러날 줄을 몰라 그 나아감을 그치지 않으면 반드시 상하는 바가 있을 것이니, '진괘晉卦' 다음에 '명이괘明夷卦'로 받은 것이다.

한번 더 살펴보면 '둔괘'는 두터운 대손大巽이고, '대장괘'는 두터운 대태大兌이니 두 괘를 합하면 바로 '대과괘'와 '중부괘'가 된다. 이는 '임괘臨卦'와 '관괘觀卦'가 '이괘頤卦'와 '소과괘小過卦'가 되는 것과 같은 꼴이다. '이괘頤卦'와 '대과괘'가 상경의 '감괘'와 '리괘' 위에 있고, '중부괘'와 '소과괘'는 하경의 '기제'와 '미제괘' 위에 있는 것이 어찌 우연이겠는가?

또 ☲(리)가 ☷(곤) 위에 있으면 태양이 정오에 있는 '진괘晉卦'가 된다. 다시 ☲(리)가 ☷(곤) 아래로 가면 태양이 땅속으로 빠지는 '진괘晉卦' 도전의 상이 되어 밝음이 사라지는 '명이괘明夷卦'가 된다. 위에서처럼 서로 도전 되는 괘로는 '준몽괘屯蒙卦' '수송괘需訟卦' '사비괘師比卦' '태비괘泰否卦' '동인대유괘同人大有卦' '진명이괘晉明夷卦'가 있고, '기제미제괘既濟未濟卦'가 그것이다.

한편 성인은 단지 양을 북돋고 음을 억제하는[抑陰扶陽] 것만이 아니라, 드러난 것을 은미하게 하고 그윽한 것을 드러나게 한다[微顯闡幽]. '건곤'이 서로 짝이 되는 데 있어 교태交泰의 이치를 취하였으므로, 태괘泰卦를 비괘否卦보다 앞세우기도 했다. ☰(건)과 ☵(감)이 서로 만남에 ☵(감)의 1양이 ☰(건)의 3양보다 중요함을 취하였으므로 '수괘需卦'를 '송괘'보다 앞세웠다. ☷(곤)과 ☲(리)가 서로 만남에 있어서도 ☲(리)의 1음이 ☷(곤)의 3음보다 중요함을 취하였으므로 '진괘晉卦'를 '명이괘'보다 앞세웠다. ☵(감)과 ☲(리)가 서로 합함에 ☵(감)의 1양이 ☲(리)의 1음보다 중요함을 취하였으므로 '기제괘'를 '미제괘'보다 앞세웠다. ☵(감)의 1양이 3음의 아래에 있고, ☲(리)의 1음이 3양의 아래에 있는데 이르면, 비록 성인이라도 북돋거나 억누르고, 은미하게 하거나 드러낼 수 없었기 때문에 부득이 '사괘'와 '동인괘'를 '비괘比卦'와 '대유괘'보다 앞세웠던 것도 볼 수 있다.

夷者傷也 傷於外者 必反其家 故 受之以家人 家道窮必乖 故 受之
以睽 睽者乖也 乖必有難 故 受之以蹇
'이夷'는 밝음이 상한 것이다. 밖에서 상한 자는 반드시 집으로 돌아온다. 가도
家道가 궁하게 되면 괴리 되니 '규괘睽卦'로 받는다. '규睽'는 어긋남이다. 만사
가 괴리되면 반드시 어려워지니 '건괘蹇卦'로 받는다.

이익利益으로 합하는 자는 재난과 우환이 들이닥치면 서로 저버리고, 천륜天倫
으로 결속된 자는 어떤 재난과 우환이 들이닥쳐도 서로 받아들인다. '명이괘'의
상처 입은 때에 어찌 '가인'에게로 돌아오지 않을 수 있겠는가? '명이괘' 위에 ☷
(곤)은 후천에서는 서남쪽에 있으니 서남쪽은 선천도에서 ☴(손)의 위치이다. 그
러므로 ☴(손)과 ☲(리)가 서로 만나 '가인괘'가 되니, '서남쪽에서 벗을 얻음[西南
得朋]'을 말한 것이다. 또 집안에는 부모와 자식의 친함과 부부의 사랑이 있다. 그
렇지만 몸소 부자의 도를 다하지 않으면 부자와 부부가 친해지기가 어렵다. 집안
의 도가 다하면 어그러지기 때문에 '규괘睽卦'로 받은 것이다.

'가인괘家人卦'의 바깥 ☴(손)은 후천의 동남쪽으로 ☱(태)의 본래 자리이다. 그
러므로 '가인괘'가 도전하면 '규괘睽卦'가 된다. '준괘'로부터 '정괘鼎卦'에 이르는
사이에 ☵(감)이 있는 괘는 모두 10개로 상경 6개와 하경 4개이다. 곧 상경에는
준괘屯卦·몽괘蒙卦·수괘需卦·송괘訟卦·사괘師卦·비괘比卦이고, 하경에는 건괘蹇卦·해괘
解卦·곤괘困卦·정괘井卦이다. 이는 ☵(감)의 세 획이 ☳(진)과 ☶(간)으로부터 곧바
로 ☰(건)과 ☷(곤)으로 이르는 것이다. 또 ☲(리)가 있는 괘 또한 10개이니, 정괘
鼎卦·혁괘革卦·규괘睽卦·가인괘家人卦·명이괘明夷卦·진괘晉卦·비괘賁卦·서합괘噬嗑卦·대
유괘大有卦·동인괘同人卦이다. 이 또한 ☲(리)의 세 획이 ☴(손)으로부터 ☱(태)에
이르고 또 ☱(태)로부터 ☴(손)에 이르러서야 ☷(곤)에 이름을 알 수 있다.

'준괘屯卦'를 말하는 자는 모두 어렵다고 여기고, '건괘蹇卦' 또한 어렵다고 하
는 것은 괘에 모두 ☵(감)이 있어서이다. 그렇지만 '준괘屯卦'는 험한 가운데 움직
이고 환란에서 행하는 것이고, '건괘蹇卦'는 험함을 보고 멈추어 오직 험하고 어렵
다고 여겨 앞으로 나아가지 않을 뿐이니, 환란의 어려움이 아니다. 그러므로 '준
괘屯卦'에 처한 자는 반드시 경륜으로써 구제하고, '건괘蹇卦'를 만난 자는 풀리고

느슨해지기를 기다린 이후에 나아가니, 어렵고 쉬움이 참으로 같지 않다. '규괘睽卦' 밖의 ☲(리)는 ☵(감)으로 짝을 삼고, 안의 ☱(태)는 ☶(간)으로 짝을 삼으니, 규괘睽卦 다음에는 ☵(감) 아래 ☶(간)이 있는 것이 마땅하다.

> 蹇者難也 物不可以終難 故 受之以解 解者緩也 緩必有所失 故 受
> 之以損 損而不已 必益 故 受之以益 益而不已 必決 故 受之以夬
> '건괘蹇卦'는 어렵지만 사물이 내 어려울 수 없어 '해괘解卦'로 받는다. '해解'는 풀리어 느슨해짐이니, 느슨해져 풀리면 실기를 하여 '손괘損卦'로 받는다. 그래서 덜기를 그만두면 반드시 이익이 나는지라 '손괘' 뒤에 '익괘益卦'로 받는다. 익益은 더하긴데, 더하기를 그치지 않으면 반드시 결단이 나니 '쾌괘夬卦'로 받았다.

'가인괘家人卦'와 '규괘睽卦' 이후에 ☶(간)과 ☳(진)이 ☵(감)을 만나 '건괘蹇卦'와 '해괘解卦'가 되었다. '둔괘遯卦'에서 '해괘'까지 8괘는 간(☶)과 진(☳), 손(☴)과 태(☱)가 건(☰)·곤(☷)·감(☵)·리(☲)를 만난 것으로 스스로 하나의 구분을 이루었다. ☰(건)의 안 ☶(간)은 후천에서 동북쪽이 되니 ☳(진)의 본래 자리이다. 그러므로 ☰(건)의 ☳(진)과 ☵(감)이 합하여 '해괘解卦'가 되니 이른바 '동북쪽에서 벗을 잃음[東北喪朋]'이다. 집안 사람은 곧 내 천륜天倫의 가족이다. 그러므로 밖에서 상하여 곤궁한 자는 반드시 집으로 돌아온다. 집안의 도가 궁하면 화순和順한 도리를 잃기 때문에 친족親族이 괴리乖離되어 반드시 어긋나는 데 이른다. 어긋남이 극에 이르면 마침내 어려움에 이르고, 어려움이 이미 극에 이르면 반드시 느슨한 때가 있으며, 느슨함이 극에 달하면 반드시 나태하여 손실됨에 이른다. '해解'는 느슨한 '완緩'이다. '해괘解卦'의 바깥 ☳(진)은 후천의 ☶(간)이고, 안쪽 ☵(감)은 후천의 ☱(태)이다. 그러므로 '해괘解卦' 다음에 위가 ☶(간) 아래가 ☱(태)인 손괘損卦'로 받았다.

'건괘蹇卦'와 '해괘解卦' 이후에 '손괘損卦'와 '익괘益卦'가 다음인 것은 '함괘咸卦'에서 10번째 괘가 변화를 다하여 '손괘'가 되어 위가 ☶(간) 아래가 ☱(태)이며, '항괘恒卦'에서 10번째 괘가 변화를 다하여 '익괘'가 되어 위가 ☴(손) 아래☳(진)

이니, 상경 '건곤괘'에서부터 10번째 괘가 다하여 '비태괘否泰卦'가 있는 것과 같다. 덜기를 그치지 않으면 반드시 더해지고, 더하기를 그치지 않으면 반드시 덜어지기 때문에 '덜고 더함은 성쇠의 시작이 된다[損益盛衰之時]'고 하였다. '손괘'의 위는 ☶(간)이고 아래는 ☱(태)이니, 동서로 볼 수 있는 것이 있다. '해괘'로부터 '손괘'에 이르는 것을 순차적으로 보면 후천 동북쪽의 ☶(간)이고 서쪽의 ☱(태)이다. '익괘'로부터 '손괘'에 이르는 것을 거슬러 보면 선천 서북쪽의 ☱(태)이고 동남쪽의 ☴(손)이다.

역易은 교역交易과 변역變易의 뜻을 지니고 있다. 선천先天과 후천後天이 번갈아 서로 변해 옮겨가니, 선천이 있으면 곧 후천이 있다는 소리이다. 그러니 복희씨의 때를 선천이라 하고 문왕의 때를 후천이라 하는 것은 세속의 논의이다. 후천의 괘는 비록 문왕이 고쳐서 정하였지만, 후천의 이치도 문왕이 창작해 내었겠는가?

'손익괘' 두 괘는 이 편 첫머리의 '함항괘'와 서로 호응한다. '손괘損卦'는 '함괘咸卦'의 위아래 괘가 바뀌었고, '익괘益卦'는 '항괘恒卦'의 위아래가 바뀐 것이며, '함괘'의 호괘는 '쾌괘夬卦'가 되고, '항괘'의 호괘는 '구괘姤卦'가 되며, '쾌괘'가 거꾸로 도전 되면 또 '구괘'가 된다. '손괘損卦'의 호괘는 '복괘'가 되고, '익괘'의 호괘는 '박괘'가 되며, '박괘'가 거꾸로 도전 되면 또 '복괘'가 되니, 음양이 조화를 이루는 이치가 은연중 그 가운데 반영되어 있다. '산과 못이 기를 통한다[山澤通氣]'는 것은 '손괘'와 '함괘'에서 뜻이 보이고, '우레와 바람이 서로 부딪친다[雷風相薄]'고 한 것은 '항괘'와 '익괘'에서 뜻을 일으킨다. 또 '항괘'와 '익괘' 두 괘가 ☳(진)과 ☴(손)을 얻은 것은 같지만, '항괘恒卦'는 64괘의 중앙에 있고, '익괘'는 '손괘' 다음에 있지 '항괘' 다음에 있지 않으니, 혹 괘의 맥락脈絡과 순서에 각기 같지 않음이 있어서 그런 것인가? 이는 단지 맥락과 순서의 문제가 아니다. '항괘'는 3양이 가운데 있어 3음에 막혀 싸여 있고, '익괘'는 3양이 바깥에 있어 3음을 감싸서 얻기 때문이다. 천지의 조화가 양을 귀하게 여기고 음을 천하게 여기며[貴陽賤陰], 성인이 양을 북돋고 음을 억제함[扶陽抑陰]을 여기에서도 볼 수 있다.

夫者決也 決必有所遇 故 受之以姤 姤者遇也 物相遇而後聚 故 受
之以萃 萃者聚也 聚而上者謂之升 故 受之以升

'쾌夬'는 결단함이다. 결단 뒤에는 필시 만남이 있으니 '구姤'라 하였다. '구괘姤
卦'는 만남이니 사물이 서로 만남이 있으면 취하게 되니 '췌괘萃卦'로 받았다.
취하면 모인다. 모이면 기가 위로 오르니 '승괘升卦'로 받는다.

'쾌괘夬卦'의 안쪽은 ☰(건)이고 바깥은 ☱(태)이니, '구괘姤卦'를 보면 후천만
가지고는 말할 수 없다. 선천의 ☰(건)이 남쪽에 있는데 오른쪽은 ☱(태), 왼쪽은
☴(손)이다. 그러므로 ☰(건)이 ☱(태)를 따르면 '쾌괘夬卦'가 되고, ☴(손)을 따르
면 '구괘姤卦'가 된다. '구괘'가 만남이 되는 것은 해가 하늘과 만나고 달이 해와
만나는 것이 모두 남쪽에 있기 때문이니, 이는 「설괘전」에서 '☲(리)에서 서로 만
나본다'는 것이다. 『향음주례』에서도 이른바 남쪽에 손님을 앉히고 동남쪽에 돕
는 이를 앉히는 것은 온후한 기운이 동남쪽에 왕성함을 취한 것이다. 남쪽은 문
명한 곳이니 교제하는 이치는 자연과 사람이 같음을 알 수 있다.

'쾌괘'와 '구괘' 이후에 ☱(태)와 ☴(손)이 ☷(곤)을 만나 '췌괘'와 '승괘'를 이루
니, 또한 어머니가 두 딸에게 임하는 것이다. ☰(건)이 이미 ☱(태)와 ☴(손)을 만
나 서로 합하여 '쾌괘'와 '구괘'가 되었고, ☷(곤)은 ☰(건)의 짝이므로 역시 ☱(태)
와 ☴(손)과 서로 합하여 '취괘'와 '승괘'가 된 것이다. 「계사전」에 '건곤이 정해진
다[乾坤定矣]'고 운운한 다음에 '우레와 번개로써 고동하며[鼓之以雷霆]'를 운운하였
다. 이미 '우레와 번개로써 고동하며' 운운한 뒤에 '건의 도가 남성을 이루고 곤의
도가 여성을 이룬다[乾道成男坤道成女]' 하였다. 이것은 '건곤'의 상을 지극하게 말
한 것이다.

그 이치를 말하자면 '건곤'이 있고 난 뒤 여섯 자식이 있다 할 수 있지만, 그
이치가 드러난 것으로 말하자면 또 여섯 자식이 있고 난 뒤에야 '건곤'이 비로소
'건곤'이 된다고 할 수 있으니, 역의 도는 순차적으로 볼 수도 있고, 거슬러 볼
수도 있는 것임을 여기에서 알 수 있다. 그러므로 '준괘'로부터 '비괘比卦'에 이르
기까지 여섯 괘는 모두 ☵(감)이 있고, 수괘·송괘·사괘·비괘의 네 괘는 또 '건곤'의
몸체를 얻었다. 우리 몸 5장6부에 혈류血流가 흐르는 것처럼 6개의 물이 자리한다

는 소리일 것이다.

'혁괘'와 '정괘鼎卦' 위로 열 괘를 지나 규괘·가인괘·명이괘·진괘에 이르는 네 괘에 ☲(리)가 있어서 불의 이치를 볼 수 있음도 자연스러운 이치이다. 하물며 '곤괘困卦'는 못에 물이 없는 상이 되고, '정괘井卦'는 나무 위에 물이 있는 상이 되니, 이미 물이 없는 연못과 나무 위의 물이 되었다면 단지 겨우 물의 이치만 보존되어 있을 뿐이어서, 불이 점차 치솟아 올라도 방해가 되지 못한다. 또 수괘·송괘·사괘·비괘는 '건곤'이 ☵(감)을 얻은 것이고, 승괘·취괘·구괘·쾌괘는 '건곤'이 ☱(태)와 ☴(손)을 얻은 상이다.

升而不已 必困 故 受之以困 困乎上者必反下 故 受之以井 井道不可不革 故 受之以革 革物者莫若鼎 故 受之以鼎

오르기만 하고 그만두지 아니하면 반드시 곤란을 당한다. 그래서 올라가다 곤困한 자는 반드시 아래로 돌아오게 되니 '정괘井卦'가 된다. 우물의 도는 깨끗한 물을 얻기 위함이니 혁신을 가하지 않으면 아니 되기에 '혁괘革卦'를 취했다. 그런데 사물을 혁신하는 데는 솥 만한 것이 없으니 '정괘鼎卦'로 받았다.

'췌괘'와 '승괘' 이후에 ☱(태)와 ☴(손)이 ☵(감)을 만나 '곤괘困卦'와 '정괘井卦'를 이루었다. 더하기를 그치지 않으면 반드시 터지는 '쾌괘'도 있지만, 지나치게 빠져 아예 담긴 것이 없는 '곤괘困卦'도 있다. 여하튼 위에서 곤란한 자는 반드시 아래로 돌아오기 때문에 '정괘井卦'가 생겨났다. 여기 '곤괘困卦'를 보면 강한 양에 가려져서 ☱(태)가 거꾸로 ☴(손)이 되었는데, ☴(손)의 덕은 음으로 양에게 공손을 취한다. 그러므로 위에서 곤란한 자는 반드시 아래로 돌아온다. 이처럼 덜기를 그치지 않으면 반드시 더하게 되고, 더하기를 그치지 않으면 반드시 터지는 것은 모두 성쇠盛衰하는 이치이다. 터지면 반드시 만나는 것이 있으니, 마치 소인을 제거하면 군자를 만날 수 있는 것과 같은 맥락이다. 군자가 서로 만나면 덕을 한가지로 하고, 뜻을 합하여 반드시 서로 모임이 있으니, 이미 그 모임을 얻었으면 때를 타고 만나서 반드시 위로 나아감이 있는데, 올라가기를 마지않으면 마침내 궁하여 곤란함을 받는 데 이르게 된다.

여기서도 ☵(감)의 세 획은 바깥이 곤坤이고 속은 건乾이다. ☰(건)과 ☷(곤)이 ☱(태)와 ☴(손)을 보고 서로 합하여 쾌괘·구괘가 되고, 췌괘·승괘가 된다면, ☵(감)이 ☱(태)와 ☴(손)과 합하여 곤괘困卦·정괘井卦가 된다. ☲(리)의 세 획은 바깥이 건乾이고 안이 곤坤이니 역시 ☱(태)와 ☴(손)에 합하여 혁괘革卦가 되고 정괘鼎卦가 된다. 혁괘革卦·정괘鼎卦 두 괘는 모두 ☲(리)가 있는데, ☲(리)는 후천에서는 ☳(진)이므로, 정괘鼎卦 다음은 거듭된 진괘震卦로 이었다. 곤괘困卦와 정괘井卦 이후에 ☱(태)와 ☴(손)이 ☲(리)를 만나 혁괘革卦와 정괘鼎卦를 이루었다. 쾌괘에서 정괘鼎卦까지 8괘는 모두 태(☱)와 손(☴)이 건(☰)·곤(☷)·감(☵)·리(☲)를 만난 것으로 또한 스스로 하나의 구분을 이루었다.

主器者莫若長子 故 受之以震 震者動也 物不可以終動 止之 故 受之以艮 艮者止也 物不可以終止 故 受之以漸
솥은 공물供物을 삶아 제사를 올리는 그릇이다. 그 그릇을 주장하는 자는 장자長子만한 자가 없다. 그래서 '진괘震卦'로 받고, '진震'은 진동震動이니 사물이 내내 진동만 할 수 없으니 멈추어야 하기에 '간괘艮卦'로 받았다. '간艮'은 또 멈춤이니 사물 역시 내내 멈추기가 어려워 '점괘漸卦'로 받았다.

종묘 제사를 주관하는 자는 장남 '진괘震卦'만한 것이 없다. ☳(진)은 1양이 아래에서 움직이고, ☶(간)은 1양이 위에서 멈추었다. 움직임이 지극해지면 멈추므로 '간괘艮卦'로써 받는다. '혁괘'와 '정괘鼎卦' 이후에 '중뢰진괘'와 '중산간괘'처럼 순괘純卦가 다음으로 이어진다. ☳(진)은 ☶(간)의 거꾸로 된 상으로 ☳(진) 다음에 ☶(간)으로 받았고, 또 ☳(진)이 후천에서 변하여 ☶(간)이 되는 이치를 보여주는 것이다. 또 이 두 괘는 '혁괘'와 '솥괘' 뒤에 있는데, 상경이 끝나갈 때 '이괘頤卦'로 이었고, 하경이 끝나갈 때 '소과괘'로 이었다.

또 '진괘震卦'에서 '간괘艮卦'가 되고, '간괘艮卦'에서 '점괘漸卦'가 되니, 움직임과 고요함이 반드시 서로 기인한다. '점괘漸卦'는 아래에서 멈추고 위에서 점진하니 끝내 멈추지 않고 나아감이다. '진괘震卦' 다음에 이미 '간괘艮卦'로 이었다면 중점이 ☶(간)에 있다. 그러므로 ☳(진)에 대해서는 그 음양이 전변한 ☴(손)을 취하였다. 선천도에서 ☴(손)은 서남에 놓이고 ☶(간)은 서북에 가장 존귀한 ☰(건)의 자리에 놓이니, 그 서남에서 서북으로 나아감을 취하여 이름이 '점漸'이 된다. ☲(리)가 동쪽 가장 낮은 자리로부터 북쪽 ☷(곤)의 자리에 합하여 그 괘가 '진晉'이 되는 예와 같다.

「계사상전」 '12장'에서 '형이상자위지도形而上者謂之道'라 하는데, 하도河圖와 낙서洛書가 이미 나오고 괘와 획이 이미 이루어지면 이 도道는 곧 형이하形而下의 기器가 된다. 이 기器는 자연히 주재가 있다. 선천은 고요함을 위주로 하고 후천은 생하여 움직이니, 움직이는 이치는 ☳(진)보다 나은 것이 없다. 그러므로 ☳(진)이 양의 시작이 되어 동쪽 3·8 목木의 자리에 놓인다. 그 셋은 3획이 되고, 그 셋을 8번 하면 8괘 방위 24가 되니, 절기의 24가 모두 여기에서 나온다. 그 셋을 2번 하면 매 괘의 6획이 되고 음획으로 이름한다. 그 셋을 3번 하면 양획의 이름이 되고, 그 8을 2배 하면 16괘가 되고, 그 여덟을 4배 하면 32괘가 되며 그 8을 8배 하면 64괘가 되고 384효가 되니, 3과 8이 중요한 것을 알 수 있을 것이다.

더구나 나무의 이치는 뿌리에서 줄기로, 줄기에서 가지로 나아가고 매 괘 6효가 아래로부터 위로 나아가니 ☳(진)이란 괘만 3·8의 수가 되는 것은 아니다. 이에 나무의 이치가 있어서 여러 괘의 주인이 되는 것이니, 원元이 4덕의 으뜸이 되는 이치이다. 「설괘전」에 '상제가 진괘에서 나온다[帝出乎震]'는 것 역시 이 뜻이고, 제기를 주관하는 맏아들이 되는 것이 참으로 그러하다. '진괘震卦' 「단전」에서 말하는 '제주祭主'와 '풍괘豊卦' 효사에서 말하는 '짝이 되는 주인[配主]'과 '대등한 상대[夷主]'에서의 '주主'는 모두 '제기를 주관한다'는 '주主' 자에서 벗어나지 않는다.

이미 '혁괘'와 '솥괘'가 있은 뒤에 '중뢰진괘震卦'· '중산간괘'· '중풍손괘'· '중택태괘'의 거듭된 괘가 비로소 여기에 보이니, 이는 '준괘'· '몽괘' 앞에 '건곤괘' 두 괘가 있는 것과 같은 예이다. 그러나 '준몽괘' 앞에는 단지 2괘만 있고, '혁정괘' 뒤에는 14괘가 있는 것은 어째서인가? 역의 도는 단지 '한 번 음이 되고 한 번 양이되니[一陰一陽]', 만약 끝나는 수를 말한다면 4는 땅의 생수의 끝이 되고, 10은 땅의 성수의 끝이 되며, '준몽괘'는 천1·천3·천5의 수를 얻는다. 그러므로 '건곤괘'의 두 괘로써 시작하고, '혁정괘'는 지2·지4·지8의 수를 얻으므로 '중뢰진괘' 이하 14괘로써 끝맺는다. 여기에 마땅히 진(☳)·간(☶)·손(☴)·태(☱)가 여러 괘에 호괘가 됨에 '건곤괘'가 '박괘'· '복괘'·'쾌괘'· '구괘'·'이괘頤卦'· '대과괘'에 대한 예와 같다. 여섯 자식괘가 본래 다른 괘의 호괘가 될 수 없는 것은 '건곤괘'가 호괘가 없는 것과 이치가 서로 부합한다.

漸者進也 進必有所歸 故 受之以歸妹 得其所歸者必大 故 受之以豊 豊者 大也 窮大者必失其居 故 受之以旅

'점漸'은 전진이나, 전진하면 반드시 그 마지막에는 돌아옴이 있으니 '귀매歸妹'하고, 그만 나가고 돌아옴을 얻으면 반드시 크게 되는지라 '풍괘豊卦'로 잇는다. 풍은 풍성하고 풍대함이다. 그 풍요로움豊도 극에 이르면 반드시 거처를 잃게 되니 '여괘旅卦'로 받았다.

'점진적으로 나아가 돌아감이 있는 것[進必有所歸]'은 여자가 예禮로써 남편을 따라 시집가고, 군자가 예禮로써 임금을 섬겨 돌아감과 같다. '돌아감을 얻어 반드시 커지는 것[得其所歸者必大]'은 가느다란 물줄기가 강과 바다로 돌아가면 강과 바다가 커지고, 만민이 임금에게로 돌아가면 임금이 커지는 것과 같다. 그러나 커지는 것을 믿어 풍성함을 다하면 임금이 나라를 잃어버리고 신하가 집을 잃어버려 밖으로 떠돌게 된다는 소리이다. 상편에서는 '사람과 함께하는 자는 물건이 반드시 돌아오기 때문에[與人同者物必歸焉] 대유괘大有卦로써 받았다' 하였고, 여기에서는 '돌아갈 곳을 얻은 자는 반드시 커진다[得其所歸者必大]'고 하였으니, '대유괘'가 '동인괘' 다음에 오는 것은 큰 곳에 처신하는 도[處大之道]이며, '풍괘'가 '귀매괘' 다음에 오는 것은 큼을 이루는 도[致大之道]이다.

'임괘'의 '큼'은 임臨하는 두 양이 크다고 여기는 것이고, '풍괘'의 '큼'은 괘 이름을 가지고 성대한 뜻으로 여긴 것이다. '점괘'와 '귀매괘' 이후에 진(☳)·간(☶)이 리(☲)를 만나 '뇌화풍괘'와 '화산려괘'를 이루었다. '풍괘'의 안은 ☲(리)이고 '귀매괘' 안은 ☱(태)이다. 그러므로 ☱(태)의 음양이 전변한 ☶(간)이 ☲(리)에 합하여 '려괘旅卦'를 삼았다. ☲(리)에는 그 자리에서 떠나는 의미가 있고 ☶(간)은 머무르는 스톱이 있다. 이미 제자리에서 떠나 머문다면 여행이 아니다. 그 호체 역시 '대과괘'가 된다. 위에서 '귀歸'를 쓴 것은 그 차례를 논한 것이지 '귀매괘'의 뜻을 밝힌 것은 아니다. 또 '함괘'와 '항괘'의 하괘가 합하면 '점괘漸卦'가 되고, 상괘가 합하면 '귀매괘'가 된다. 그렇다면 '함항괘'는 남자가 여자에게 합하는 것이고, '점괘', '귀매괘'는 여자가 남자를 따르는 것이다.

旅而无所容 故 受之以巽 巽者入也 入而後說之 故 受之以兌 兌者
說也 說而後 散之 故 受之以渙 渙者離也 物不可以終離 故 受之
以節
여행을 떠난 나그네가 그 여행지에서 몸 둘 곳이 없으면 손순해진다. '손巽'은 들어감이다. 들어간 뒤에는 기뻐하게 되니 '태괘兌卦'로 받는다. '태兌'는 기쁨이라, 기쁨 뒤에는 또 희열喜悅도 흩어짐이 있으니 '환괘渙卦'를 얻었다. '환渙'은 별리別離하는 이산離散이라, 사물이 또 내 흩어질 수만 없으니 '절괘節卦'로 받은 것이다.

사람의 정은 서로 거부하면 화내고, 서로 맞이하면 기뻐하므로 들어간 이후에 기뻐한다. ☴(손)과 ☱(태)가 또 스스로 ☵(감)을 만나 '풍수환괘'와 '수택절괘'를 이루었다. 근심하면 기운이 모여서 쌓이고 기뻐하면 기운이 퍼져서 흩어진다. 물건은 끝내 떠날 수만은 없기 때문에 '절괘節卦'로써 받았다. 흩어짐에도 절도가 있다면 흩어지는 이산은 없을 것이다. 이산가족이 그냥 이산가족이랴.

『주역』60과는 '수택절괘'이다. 역이 인생처럼 환갑還甲을 맞아 가장 귀하게 여긴 것은 바로 철든 모습 절도節度로 보기 때문에 작역자作易者가 60에 배치한 이유가 아닐까. '절괘'는 ☵(감)의 물과 ☱(태)의 연못이다. ☵(감)이 또 달이라면 ☱(태)는 상현上弦이니 이른바 보름에 가까운 달이다. ☵(감)은 도랑이 되고 ☱(태)는 강하고 짠 땅이 되니, 절제하는 뜻이 아님이 없다. 이로 보면 '절괘'는 '중산간괘' 뒤로 8번째에 놓이니 후천도에 '8간'으로 그침에 절제의 상이 있다. '절괘' 뒤로 중부괘·소과괘·기제괘·미제괘인데, '중부괘' 「단전」에는 '부드러운 음이 안에 있고 군센 양이 알맞음을 얻은[柔在內剛得中]' 상이 있고, '소과괘' 괘사에는 '큰 일은 불가하니[不可大事]' '올라감은 마땅하지 않다[不宜上]'는 교훈이 있으며, 기제괘에서는 '일을 사전에 미리 방비함[事患而豫防]'을 상으로 삼고, '미제괘'에서는 '신중히 분별함[愼辨物居方]'을 상으로 삼았다. '미제괘' 상9는 『주역』의 끝인데 또 '절제를 알지 못하는 것[亦不知節]'에 대한 경계가 있으니, '절제'라는 말은 '절괘'와 따라다니지 않을 수 없다. '아, 성인의 도는 비록 천지를 범위로 하지만, 그 경계하고 신중히 하며 두려운 듯 하는 뜻이 더욱 보태지니, 자연의 도가 이지러지고, 가득 차며, 보태고, 덜어내는 이치가 더욱 밝다. 여기에 성인의 도는 지극히 커서 밖이 없는 데까지 포괄하고, 지극히 작아 속이 없는 데까지 들어감을 알 수 있다.'[593]

☰(손)은 들어가는 입入으로, 후천 ☴(손)은 선천 ☱(태)의 자리이다. 상경이 끝나갈 때 '택풍대과괘'로 잇고, 하경이 끝나갈 때 '뇌산소과괘'로 이은 것이 모두 이런 이치이다. '택화혁괘'와 '화풍정괘' 다음에 '중뢰진괘'가 먼저 있고 '중산간괘'가 뒤에 있는 것은 선천으로부터 변하여 후천이 된 것이다. '중풍손괘'가 먼저 있고 '중택태괘'가 뒤에 있는 것은 후천으로부터 한 걸음 올라가 선천에 이른 것이다. 또 '진괘震卦'의 호체는 '건괘蹇卦'가 되고 '간괘艮卦'의 호체는 '해괘解卦'가 되며, '손괘巽卦'의 호체는 '규괘睽卦'가 되고, '태괘兌卦'의 호체는 '가인괘家人'가 된다. 건괘蹇卦·해괘解卦·가인괘家人卦·규괘睽卦의 이치가 이미 여기에 있으니 '건곤괘'가 박괘·복괘·쾌괘·구괘 등의 괘에서 호체[互卦]가 되는 예를 잇는다.

節而信之 故 受之以中孚 有其信者 必行之 故 受之以小過 有過物者必濟 故 受之以旣濟 物不可窮也 故 受之以未濟 終焉
절도節度가 있으면 믿음이 가는 '중부괘中孚卦'를 둔다. 중부의 믿음이 있게 되면 반드시 행동으로 옮기는지라 '소과괘小過卦'로 받았다. '사물'이 소과를 알고 지나치게 공손하고, 지나치게 검약하고, 지나치게 슬퍼할 줄 알면 반드시 일을 해결하여 건너가 '기제괘旣濟卦'가 된다. 기제가 되면 이제 완전무결하여 궁색할 수 없으니 '미제괘未濟卦'로 받아 마침의 종지부를 찍는다. 미제가 되면 기제로 가고, 다시 기제는 미제로 간다.[594] 이것이 역易의 묘리이다.

---

593 李章贇, 『易學記疑』: '第二十八章' "噫, 聖人之道, 雖範圍天地而其戒慎恐懼之意, 尤以有加, 天道虧盈益謙之理, 益昭昭矣. 此可見聖人之道, 包乎至大而無外, 入乎至小而無內矣."

594 "사물은 완전무결할 수 없기에 '旣濟'에서 다시 '未濟'로 종결하니 곧 '絕對'는 없다. 그러기에 '旣濟' 속에 '未濟'가 있고, '未濟' 속에 '旣濟'가 존재하니 이를 '太極'의 원리로 본다. '未濟'는 무궁하게 되는 원리다."(동파)
"'坎離'의 바뀜이 '旣濟未濟'다. '心臟'과 '腎臟'의 기운이 어찌 바뀜이 없겠는가? '心臟'은 반드시 위에

「서괘전」을 마무리하면서 믿음을 가진 자가 행동이 과감하여 독선獨善에 빠져 지나칠 수 있음을 경계한다. 지나친 행동이 나오는 괘는 '대과괘'와 '소과괘'이다. 아무리 자신의 생각이 옳다 하더라도 시절 인연에 맞지 못하면 과한 처사가 나오기 마련이다. 나아가 능력이 남보다 지나치면 반드시 천하를 구제하려고 일어서려고 할 것이다. 고로 크게 지나친 자가 '중부中孚'를 뛰어넘으면 세상 구제를 놓치게 되고, 조금 지나치면 간혹 구제하기도 할 것이다. 여하튼 '남보다 지나친[過物]' 생각이 있으니 세상을 구제하려 드는 것이 아닐까.

'절괘節卦' 이후 감(☵)과 리(☲)를 뺀 택(☱)·손(☴)·간(☶)·진(☳) 4자끼리 서로 만나 '풍택중부괘'도 되고 '뇌산소과괘'도 된다. 또 '택산함괘'와 '뇌풍항괘'처럼 위아래를 서로 주고받으며 괘를 만들기도 한다. '택산함괘'와 '뇌풍항괘'가 한 번 변하면 '산택손괘'와 '풍뢰익괘'가 되고, 두 번 변하면 '풍산점괘'와 '뇌택귀매괘'가 되고, 세 번 변하면 '풍택중부괘'와 '뇌산소과괘'가 되니, 음과 양이 각각 그 류를 따르는 것을 볼 수 있다. '중부괘'를 전변하면 단지 작은 일만 할 수 있는 '소과괘'가 된다. '중부괘'와 '소과괘'를 보더라도, 상경의 '임관괘'가 대진大震·대간大艮으로서 '이괘'와 '소과괘'가 되고, 하경의 '둔대장괘'가 대손大巽·대태大兌로서 '대과괘'와 '중부괘'가 된다. 처음과 끝이 서로 부합하는 이치를 말한다면 건(☰)·곤(☷)·감(☵)·리(☲)에 그 이치가 둘이 있을 수는 없다. 즉 ☲(리)는 ☰(건)의 자리에 있는데 그 가운데 효가 ☷(곤)이고, ☵(감)은 ☷(곤)의 자리에 있는데 그 가운데 효가 ☰(건)이다. 또 ☵(감)과 ☲(리)가 '기제미제괘'로써 상하경의 끝에 놓이니 순환하는 이치를 여기에서 볼 수 있다. 이 어찌 고인이 역을 지음에 그 기교를 말로 다할 수 있겠는가. 호괘 및 후획厚劃괘가 뒤따라 쫓는 축괘逐卦 뒤에 구현되었다는 사실을.

『주역』은 비록 '기제미제괘'에서 끝이 나지만 ☶(간)이 있는 '중부괘'와 '소과괘'를 '기제미제괘' 앞에 두었으니 ☶(간)이 만물을 마치고 시작하는 이치[艮之終始萬物之理]를 여기에서 또 볼 수 있다. '중부괘'를 교역하면 '대과괘'이다. '대과괘'는 후획厚劃괘 즉 대감大坎이 되니 '중부괘'의 대리大离와 합하여 '기제미제괘'가 된다. 하늘과 땅이 있으면 해와 달이 있듯, ☲(리)와 ☵(감)은 해와 달의 상이 되므로

있고, '腎臟은 반드시 아래에 있으니 變易할 수 없어 '旣濟未濟'를 관하게 된 것이다.”(지욱)

상경을 '중수감괘'에 이어 '중화리괘'로 마쳤고, 하경은 '기제미제괘'로 마쳤다. '혁괘', '정괘鼎卦' 다음에 '중뢰진괘震卦', '중산간괘艮卦'로 받았으니 ☳(진)과 ☶(간)이 선천도에서 ☷(곤)의 양 옆에 있고, 또 ☷(곤)은 후천의 ☱(태)가 되어, 그다음에 '풍산점괘', '뇌택귀매괘'로 받았는데, 여기에는 '기제미제'의 호괘가 되니 '기제미제'의 뜻이 크다.

'미제괘'는 '기제괘'의 전변이면서, 그 호괘도 '기제괘'이다. 다시 '기제괘'의 호괘도 '미제괘'가 되고, '미제괘'의 호괘도 '기제괘'가 된다. 이는 이미 건너왔는데도 오히려 아직 건너지 못한 근심이 있는 것이 아니겠으며, 아직 건너지 못하였지만 건널 수 있는 도리가 있는 것 아니겠는가? '건곤괘'가 후천의 '리감괘'가 되니, '태비괘'는 곧 '기제미제괘'가 된다. ☳(진)과 ☱(태)가 선천의 ☲(리)와 ☵(감)이 되니 '수괘隨卦'와 '귀매괘' 역시 '기제미제괘'이다. 이 어찌 천지 사이에 개개 사물의 이치가 모두 이미 '기제미제괘' 사이에 놓인 것이 아니겠는가?

☲(리)는 해가 되어 바로 정오正午에서 비추고, ☵(감)은 달이 되어 바로 한 밤중 자정子正에서 비추니 이것이 ☲(리)가 천9天九 ☰(건)이 되는 것이고, ☵(감)이 지10地十 ☷(곤)이 되니 '건곤괘'가 상경의 첫머리가 되는 이치이기도 하다. 음양의 변화는 처음과 끝을 말할 수 있는 것이 없지만, 천지의 수리數理와 생生하고 극剋하는 이치가 여기에 겸비되어 있음도 알 수 있다. 또 더구나 '미제괘'의 안에는 ☵(감)으로 역시 상경 '준괘'의 외괘이고, '소과괘'의 외괘 ☳(진)도 '준괘'의 내괘가 된다. '소과괘'의 내괘 되는 ☶(간)과 '미제괘'의 내괘 되는 ☵(감)이 합하여 온전한 '몽괘'가 된다. 또 이미 감☵·진☳·간☶이 있으면 자연히 음양이 바뀌는 이치가 있는 것이 마땅하다. 그러므로 '기제미제괘'의 ☲(리)가 '중부괘'의 ☴(손)과 ☱(태)가 더불어 또 하경의 '혁괘'와 '정괘鼎卦'가 되는 것이다. 천지의 이치는 경위經緯가 얽히고 끝났다가 다시 시작하니, 하도河圖에서 생성하는 순서와 하나하나 꼭 들어맞는다.

☵(감)과 ☲(리)가 사귀는 것을 '기제괘'라고 하니, 이것은 낳고 낳는 '생생生生'의 끝없는 이치가 나오는 바인데[生生不窮之所從出], 성인은 오히려 다함이 있다고 여겼다[聖人猶以爲有窮]. 또 ☵(감)과 ☲(리)가 밀어내어 '미제괘'가 되니, 이것은 '함괘'의 감응感應 이후에 '항괘'의 항구恒久함으로 이어졌다. 인정은 오래 사귀면 폐단이 없을 수 없기에 반드시 사귀고 헤어짐에 바르게 마쳐야 한다. 사람의 심

장과 신장도 그 기운이 일찍이 사귀지 않음이 없지만, 심장은 반드시 위에 있고 신장은 반드시 아래에 있어 바꿀 수 없다. 이것을 보면 '기제괘'와 '미제괘'의 상을 살필 수 있다. 이렇듯 '중부괘'와 '소과괘' 이후에 ☲(리)와 ☵(감)이 거듭하여 '기제괘'와 '미제괘'가 되니, 하경으로 매듭하는 것이다. '중부괘'와 '소과괘'도 ☲(리)와 ☵(감)에서 온 것이다. 역이 미제未濟에서 '사물은 궁할 수 없다[物不可窮]'한 것은 '미제괘'가 끝이 나면 다시 '기제괘'로 가기 때문이다. 역은 일생일사一生一死로 종지부를 찍는 것이 아니고 끊임없이 생생불궁生生不窮 생생불식生生不息함을 알 수 있다.[595]

이에 서유신은 '기제는 미제가 아니고 미제 역시 기제가 아니다'라고 한다.

"이러한 이치는 작역자作易者가 의도적으로 안배한 것이 아니다. 기제既濟는 처음부터 기제既濟가 아니기에 반드시 미제未濟가 잉태되어 있었다. 천하에 어찌 완전히 흠 없는 물건이 있겠는가[天下豈有十分無欠之物乎]? 이는 조화롭고 자연스러운 이치이니 만물은 다할 수 있는 날이 없다[物無可窮之日]. 소리와 색, 재산과 부귀, 권세와 이익, 사치와 열락을 끝까지 다하려는 자[欲其窮極者]는 이러한 이치를 모른다."[596]

다음은 「서괘전」을 마무리 하며 "'건괘'로부터 '미제괘'에 이르기까지 천지의 큰 조화와 성인의 큰 사업을 볼 수 있었다"는 향은薌隱 이장찬의 설명을 들어보자.

"이렇듯 후천의 이치가 선천으로 다시 돌아가는 사실을 안다면, 그 넓고 두터우며, 높고 밝으며, 길고 끝이 없는 이치를 알 수 있을 것이다. 아, '건괘'로부터 '미제괘'에 이르기까지 전말이 매우 길고 변화가 무쌍하니 천지의 큰 조화와 성인의 큰 사업이 여기에서 벗어나지 않는구나. 만약 '복괘'에서 '건괘乾卦'에 이르고 '구괘'에서 '곤괘坤卦'에 이르는 변역이 분명하여 쉽게 추측할 수 있는 것이 아니고, 성인의 큰 안목과 큰 역량이 있지 않다면 누가 그 단서를 엿볼 수 있겠는가? 이것이 이른바 '사물은 궁할 수 없다[物不可窮]'는 것인데 이전의 학자들이 이에 대해 분석해서 설명하지 않았다. 이른바 '언급하지 않았다'는 것은 신중하여 말하지 않았다는 것이다. 이미 내가 망령되게 해석을 더한 뒤에, 진희이陳希夷가 괘도卦圖를 변석한 것[597]이 우리나라에

---

595 「천부경」의 "一始無始一 一終無終一"과 같은 이치이다.
596 徐有臣, 『易義擬言』: "此非用意安排也. 夫既濟未始既濟, 亦必有所未濟者. 天下豈有十分無欠之物乎. 此乃造化自然之理, 而物無可窮之日也. 凡聲色財貨富貴勢利豪侈遊宴, 欲其窮極者, 不知此理故也."
597 河洛理數는 陳希夷(陳摶, 872~989)가 사람들의 태어난 년월일시를 干支로 河圖數와 洛書數에 연관시켜 괘를 짓고 효사를 중심으로 해석하여 일상생활에 맞게 재해석한 것으로 나중에 邵康節이 찬술한

들어왔는데 대체로 괘의 순서를 위주로 했다고 들었다. 내가 해설한 것과 과연 서로 부합하는지 모르겠다.[598]

이런 이치는 나 이장찬李章贊이 밝힌 것으로 괘마다 미루어 보니 암암리에 부합하지 않음이 없으나 다만 증명하지를 못하였는데 술가術家의 말을 들으면 과연 그렇다고 하니, 비로소 역술가의 말도 없앨 수 없는 것이 있음을 알겠다.[599] 근래 듣자하니 명나라 래지덕來知德이 『래주주역來注周易』[600]을 지었고, 이광지李光地가 『주역절중周易折中』[601]을 지었으며, 완당阮堂 김정희金正喜에게 인장印章을 건네준 청나라 사람 옹방강翁方綱(1733~1818)이 『옹씨역翁氏易』을 지었고, 우리나라 여헌旅軒 장현광張顯光이 『역학도설易學圖說』을 지어 지금 세상에 돌아다니고 있다고 하는데, 이 책들이 모두 괘 배열을 위주로 하였는지 모르겠다. 내가 궁벽한 시골에 사는 탓으로 보고 질정하지 못했으니 한탄스럽다.

끝으로 한 세상을 살아가는 나그네는 친한 사람이 적은데 공손하지 않으면 용납될 곳이 있겠는가? 진정으로 공손할 수 있다면 가는 곳마다 들어가지 못할 곳이 있겠는가. 들어가서 거절당하지 않으면 반드시 기쁜 바가 있으며, 기뻐하되 기운이 함께하지 않는다면 다시 흩어지게 될 것이다. 세상 인연이 끝내 흩어질 수만은 없기 때문에 반

것이고, 梅花易數는 소강절이 창안한 점법으로, 전해오는 이야기에는 '알기는 소강절이요 점서하면 매화역수'라는 말이 있을 정도이다. 매화역수는 년월일시의 수를 계산하여 괘를 얻은 다음 괘상을 해석하는 것이다. 파자점은 문자의 특성을 이용하여 글자로만 풀이한다는 것이 특색이라 하겠다.

598 李章贊, 『易學記疑』: "於是乎後天之理, 復歸於先天, 則可知其博厚高明悠久無疆之理. 噫, 自乾至未濟之間, 源委甚長, 變化多端, 天地之大造化, 聖人之大事業, 不外乎此. 非若復至乾姤至坤之變易分明, 可以易於推測, 自非有聖人之大眼目大力量者, 則孰有得以窺其端倪者哉. 此乃所謂物不可窮者也, 而先儒於此未有辨解. 所謂未及者, 鄭重而未及言之者也. 旣已妄加詮釋之後, 聞陳希夷辨卦圖今來我國, 而大抵以序卦爲主. 未知鄙說之果有相符否也."

599 주역을 활용한 점술이 아래와 같이 몇몇 개발되었다.
焦氏易林 : 초씨역림은 焦延壽가 지은 주역 확장판으로 4,096괘(64×64)의 괘사가 실려 있다.
六爻 : 육효는 초연수의 제자인 京房이 창안한 점술로 주역 응용 점술 중 가장 널리 쓰인다. 이순신 장군이 전쟁을 앞두고 육효점을 친 사실이 『난중일기』에 기록되어 있다.
梅花易數 : 邵康節의 매화역수는 일상에서 일어나는 조짐에 주역의 팔괘를 대입하여 해석하는 점술이다. 소강절은 매화나무에서 새들이 싸우다 떨어지는 것을 보고 젊은 여자가 다리를 다칠 것을 예견했다고 한다.
河洛理數 : 陳希夷의 하락이수는 사주의 干支에 배당된 수를 이용해 괘를 구하여 길흉을 예측하는 점술이다.

600 래지덕(1525~1604)은 자 矣善, 호 瞿塘, 보통 來瞿塘 선생으로 칭한다. 과거를 버리고 주역 연구에 평생을 바친 노력 끝에 29년 만에 『周易集注』 16권을 완성한다. 래지덕은 錯綜說을 활용한 새로운 해석을 내놓았다. 정약용은 해석이 반드시 상에 근거해야 한다는 래지덕의 입장을 긍정하면서도 착종설과 같은 래지덕의 역 해석 방법이 잘못임을 지적하였다.

601 이광지(李光地, 1642~1718) : 청 康熙帝 때 『어찬주역절중(御纂周易折中)』은 3년에 걸쳐 완성한 명저이다. 이 『주역절중』은 무엇보다도 주희의 견해를 기본으로 하여 義理學과 象數學을 망라하는 다양한 학설을 실었다. 64괘의 괘사와 효사, 단전, 상전, 계사전, 문언전, 설괘전, 서괘전, 잡괘전의 순서로 주역 전문을 해석했다. 여기에는 주희의 『주역본의周易本義』, 정이의 『이천역전伊川易傳』, 그리고 한대부터 명대까지 역학에 조예 깊은 학자 218명의 집설 등도 실려 있다.

드시 막아 세우는 절제가 있어야 한다. 절제가 나의 행동 밖까지 조절할 수 있으면 반드시 마음속도 믿음이 있으니 남들이 믿고 따를 것이다. 이렇게 남들이 믿고 따르는 것을 믿고 다시 살피고 나간다면 반드시 세상을 구제할 수 있다. 사물은 다하는 이치가 없기 때문에[物无窮之理] 역의 마지막을 '미제未濟'로 마쳤다."

한국과 중국을 막론하고 「서괘전」의 괘배열 순서에 대해 이장찬李章贊만큼 '상수학象數學'적으로 일관되게 원리적 설명을 제시한 경우는 찾기 어렵다. 그러한 점에서 이장찬의 「서괘전」 상·하편 괘 배열 원리에 대한 연구는 우리 역사易史에 적지 않은 의의를 충분히 지닌다고 하겠다.

생생주역

잡괘전

雜卦傳

■ 잡괘전 해설

　「서괘전」·「잡괘전」을 정리하면서 다산의 변을 참고해 보고자 한다. 다산은 현
존하는 십익十翼의 저자를 공자라고 보았으나 그 구성과 내용에 대해서는 종래의
설과 다른 주장을 제시한다. 십익은 「단전彖傳」 상하, 「상전象傳」 상하, 「계사전繫
辭傳」 상하, 「문언전文言傳」, 「설괘전說卦傳」, 「서괘전序卦傳」, 「잡괘전雜卦傳」을
통틀어 일컫는다. 다산은 이 십익의 열 편 중에서 「문언전」을 제외하고 대신 「대
상전」을 새롭게 포함시켰다. 또한, 본래의 취지에 맞지 않는 내용이 잘못 편입되
는 등 현존 십익에는 여러 문제가 있다고 진단하고 일부에 대해서만 주석을 남겼
다. 실제로 십익과 관련하여 다산은 「단전」·「소상전」·「대상전」·「설괘전」·「계사전」
등에 주석을 하고, 「서괘전」·「잡괘전」에 대해서는 특별한 주석을 남기지 않았다.
또한 「계사전」의 경우는 모든 부분을 주석한 것이 아니라 추이推移 및 효변爻變
과 관련된 부분만을 별도로 발췌하여 주석하였으며, 「계사전」 내용 중 점치는 방
법에 관한 부분은 「시괘전蓍卦傳」이라는 편명으로 독립시켜 주석을 했다. 다산은
「시괘전」 주석을 통해 자신이 고대의 점법을 완벽히 밝혀냈다고 자부하였지만
그렇다고 그가 역易을 점서로 활용하고자 한 것은 아니었다. 오히려 다산은 공자
가 만든 「대상전」이 점술과 관계없이 군자의 도덕수양을 위해 역을 이용하도록
한 의도가 반영된 저술이었다는 점을 강조하였다. 다산은 점서보다는 의리서로서
의 역의 활용 가능성에 더 주목하였다. 그러나 다산은 공자와 같이 역학 이론을
가지고 새로운 의리를 제시하고자 하지는 않았다. 그렇게 하기보다는 『주역』과
십익에 반영되어 있는 고대 성인의 의리를 연구하고 밝히는 것이 역학 연구자로
서 해야 할 목표라고 여겼다. 다산은 새로운 진리를 말하기보다는 성인이 남긴
'미언대의微言大義'를 찾아내어 밝히고, 그것을 현실에 구현하는 전통 유학자의 삶
에 충실하고자 하였던 것이다.

그러나 역대로 「잡괘전」을 해석한 학자들도 많다. 먼저 오징吳澄은 이렇게 보았다. "「서괘전」은 상경上經 30괘, 하경下經 34괘인데, 거꾸로 도전된 괘로 보면 상경上經 18괘, 하경下經 18괘이다. 그러나 「잡괘전」은 거꾸로 된 도전괘로 짝을 따른 것이지 앞뒤의 순서를 따른 것이 아니다. 그러므로 '잡雜'이라 하였으며, 그 뜻은 64괘에서 주主되는 효를 밝히고 있다."[602/603]

주희朱熹의 상수학象數學을 계승한 호일계胡一桂도 왈. "「잡괘전」은 건괘乾卦에서 곤괘困卦까지는 상경上經 30괘에 해당할 뿐만 아니라 실제로 하경下經 12괘가 그 가운데 섞여 있고, 함괘咸卦에서 쾌괘夬卦까지는 하경의 34괘에 해당할 뿐만 아니라, 또한 상경의 12괘가 그 가운데 섞여 있으니, 섞여 있는 가운데 섞이지 않음에 반드시 지극한 이치가 있다. 또 일찍이 「잡괘전」을 보니, 건괘乾卦를 처음으로 하여 다른 괘로써 끝마치지 않고, 쾌괘夬卦로써 반드시 끝마친 것은 쾌괘는 다섯 양이 한 음을 결단하는 것으로, 한 음을 결단하여 제거하면 다시 순수한 건괘乾卦가 되기 때문이다. 그러므로 「잡괘전」 말미에서 '군자의 도는 자라나야 하고 소인의 도는 사라지지 않으니 걱정스럽다[君子道長小人道憂]'고 하였다."[604]

장재張載 역시 "역은 군자를 위하여 도모한 것이니[易爲君子謀] 그 말씀이 크다[大哉言矣]!" 하면서 잡괘 하나하나를 살피고 있다. 주희朱熹의 문인 식재息齋 여기서余芑舒도 자세히 정리하듯 이렇게 말한다. "「잡괘전」 한 편은 「서괘전」의 변통이다. 「서괘전」은 건괘乾卦와 곤괘坤卦 이하가 30괘이고, 함괘咸卦와 항괘恒卦 이하가 34편인데 「잡괘전」도 그렇다. 「서괘전」은 거꾸로 된 도전괘와 음양이 바뀐

---

602 오징(吳澄, 1249~1333)의 『역찬언외익(易纂言外翼)』에서 괘효사를 해석하는 데 있어 주요한 방법론은 괘변(卦變), 변괘(變卦), 호괘(互卦)이다. 괘변(卦變)은 괘사를 해석하는 데 있어서 중요한 방법론이고, 변괘(變卦)는 효사를 해석하는 데 있어서 중요한 방법론이며, 호괘(互卦)는 괘사와 효사를 해석하는 데 모두 활용되는 방법론이다. 이 세 가지 방법론 중에서 가장 빈번하게 사용되는 방법론은 호괘(互卦)라 할 수 있다. 그러므로 오징의 괘변(卦變), 변괘(變卦), 호괘(互卦) 이 세 가지 방법론은 오징의 『주역』 해석 방법론 중 가장 중심적인 방법론이며, 이 세 가지 방법론은 결국 『주역』 괘효사의 '상(象)'을 찾기 위한 수단에 해당하며, 이러한 점에서 오징의 역학은 '상학(象學)'으로 규정할 수 있다.

603 오징이 『주역』 해석에서 이처럼 '상(象)'을 강조한 것은 주희가 『주역본의』를 지은 의도와 마찬가지로 『주역』의 원래적 의미를 찾기 위한 것으로 이해할 수 있다. 왜냐하면, 주희의 역학에 대한 기본적인 관점도 오징과 같이 『주역』의 괘효사를 상(象)과 점(占)의 구조로 보고 있기 때문이다. 따라서 오징의 역학은 큰 틀에서 보자면 주희의 역학을 계승한 것으로 볼 수 있다.

604 중국 원(元) 나라 문종(文宗) 때의 학자. 호방평(胡方平)의 아들로, 주희(朱熹)의 학문을 종주로 하여 도학(道學)을 강학하였으며, 역학(易學)에 정통하여 『역본의부록찬소(易本義附錄纂疏)』·『역학계몽익전(易學啓蒙翼傳)』 등을 저술함.

전변괘로 되어 있는데, 「잡괘전」도 대부분 거꾸로 된 괘와 음양이 바뀐 괘이니, 이것이 닮은 점이다. 「서괘전」은 건괘乾卦·곤괘坤卦·이괘頤卦·대과괘大過卦·감괘坎卦· 리괘離卦는 상편에 있고, 중부괘中孚卦·소과괘小過卦는 하편에 있으므로 두 편의 반대괘는 모두 18괘를 이룬다. 「잡괘전」은 건괘乾卦와 곤괘坤卦만 상편에 있고, 나머지는 모두 하편에 있으며, 또 대과괘大過卦 이하로는 다시 반대괘가 없으니, 이 것이 다른 점이다. 『춘추』에서 「계사전」 해석을 살펴보니, '준괘屯卦는 견고하고 비괘比卦는 들어가는 상이다[屯固比入]', '곤괘는 백성을 편안하게 하고, 진괘는 악 인을 죽이는 것이다[坤安震殺之屬]' 등에서 한 글자로 괘의 뜻을 결단하였는데, 이 따금 옛 점서에서 이런 경우가 많이 있었으니, 「잡괘전」이 이런 종류이다. 공자가 이것을 두어 경전에 대한 이해를 도왔으니, 창작한 것은 아니다."

이렇듯 「잡괘전」에서는 정자의 주석은 전혀 보이지 않는다. 그러나 주자는 '대 과괘 이하는 괘가 반대되지 않으나 혹 착간錯簡인 듯 의심스러우나 운자韻字를 맞추어보면 또 오류誤謬가 아닌 듯하니 무슨 뜻인지 상세하지 않다'고 한다. 오히 려 여헌의 『역학도설』에는 주註가 많이 실려 있다. 그리고 운자韻字를 보면 '진기 간지震起艮止, 서합식비색噬嗑食賁色, 박란복반剝爛復反, 진주명이주晉晝明夷誅, 해완 건난解緩蹇難, 수부진송불친需不進訟不親, 이양정기제정頤養正旣濟定, 귀매여지종미 제남지궁歸妹女之終未濟男之窮'의 식이다. 그럼 「잡괘전」으로 들어가 보자.

乾剛坤柔 比樂師憂 臨觀之義 或與或求

임금·사장·가장과 같은 '건괘乾卦'는 강하고, 그 짝 '곤괘坤卦'는 부드러워야 한다.[605] 그런 강건한 자와 친해 가는 '비괘比卦'는 즐겁고, 거역하는 '사괘師卦'는 걱정이 있다.[606] 그러니 그런 지도자의 뜻과 함께[與]하고 구求하는 처신은 '임괘臨卦'와 '관괘觀卦'에 달렸다.[607]

「잡괘전」 머리말도 '건곤괘'로 시작한 것은 건곤乾坤이 역의 문이기 때문이다[乾坤易之門也]. 그러므로 '건괘'는 순전히 굳세고 '곤괘'는 순전히 부드러우니 64괘에서 굳셈과 부드러움의 변화는 모두 '건곤괘'에서 일어난다. 이는 '건괘'와 '곤괘'의 음양이 전변한 괘로 짝함을 말한다. '비괘比卦'는 위에 있으면서 무리를 얻었기 때문에 즐겁고, '사괘師卦'는 아래에 있으면서 임무가 막중하기 때문에 근심스럽다. 저 둘은 천하의 가운데에 서서 백성을 안정시킴이 '비괘比卦'의 즐거움이고, 몸을 굽혀 힘을 다하여 죽은 뒤에야 그치고 성공과 실패, 이로움과 불리함을 미리 헤아릴 바가 아님이 '사괘'의 근심스러움이다. 또 내가 남에게 다가가는 것을 '준다[與]' 하고, 남이 와서 나를 보는 것을 '구한다[求]'고 한다. '임괘臨卦'는 두 양이 안에 있으면서 밖으로 다가가 임하는 것을 위주로 하고, 또한 밖의 네 음은 안으로 다가와 임한다. '관괘'는 두 양이 위에서 아래를 바라보며 구하려 하고, 네 음은 아래에서 위를 바라보며 구하려 한다. 그러므로 '임관괘는 혹 주고 혹 구한다[或與或求]'고 했다. 주는 것이 받는 것이고 받는 것이 주는 것이니, '임관臨觀'이 다르지 않다. '비사比師'도 기쁨과 근심이다. 이는 '건곤'이 강하면 부드럽고 부드러우면 강한 상대의 뜻을 지니고, '임관'도 강자가 아래에서 약자를 받들듯 하느냐 아니면 강자가 약자의 위에서 군림하며 갑질하느냐이다. 「잡괘전」에서는 두

---

605 '乾卦'는 '剛健中正純粹精'으로 '강'을 보이고 '坤卦'는 '至柔而動也剛至靜而德方'하기에 '유'로 보인다.
606 '比卦' 5는 '剛健中正'한 君王이 '顯比'하니 즉 '比親' 또는 '親樂'이나 '比卦'를 倒顚한 '師卦'는 그 반대이니 근심걱정이라, 比와 師는 '樂憂'가 共存한다.
607 '觀卦'는 '元亨利貞'이 없는 고로 누구나 觀의 정성만 있으면 원하는 바를 求한다.

괘씩 전변轉變한 반대의 상을 잡아 간단한 '이간易簡'의 의미를 알려주고 있다.

> 屯見而不失其居 蒙雜而著
> '준괘'는 비록 보잘것없는 것이지만 나타나 제자리를 잃지 아니하고, '몽괘'는
> 몽매하여 앞뒤를 분간하지 못하지만 제 모습은 나타낸다.

'준괘'는 물건이 처음 생겨나기 때문에 '나타난다[見]' 하였다. 비록 초9가 가문
과 왕통을 이어받을 장자이기는 하나 아직 힘 있는 자리를 얻지 못하고 있다. 그
렇지만 정위正位에 머물러 있으니 '그 거처를 잃지 않았다[不失其居]'고 하였다. '몽
괘'는 어두운 상태로 태어나기 때문에 맑지 않고 '잡스럽다[雜]'고 하였다. 상9 막
내보다는 구2 둘째가 '몽괘'의 주장이 되어 다스려 가니 그나마 밝기 때문에 '드러
난다[著]'고 하였다. 이는 '몽괘'한 것은 몸이 비록 어릴지라도 본성은 어리지 않다
는 것이다. '준괘'의 구5는 상괘의 두 음 가운데 나타나 주인이 되고, 하괘 ☳(진)
의 초9는 험한 ☵(감) 안에서 움직이지만 자신의 자리를 견고하게 지키므로 그
거처를 잃지 않는다. '몽괘' 구2 역시 하괘 ☵(감)은 두 음 가운데 섞여 있지만
주장이 되고, 상괘 ☶(간)의 상9는 험한 ☵(감) 밖에 그쳐서 빛나고 밝기에 드러난
다고 하였지만, 구2 또한 ☵(감)의 음 가운데 빠짐은 같다. 몽이 나타남은 양이
상괘 하늘에 있어 자리가 드러남이고, 섞임은 양이 하괘의 땅에 있어 자리가 그
윽한 것이다. 고로 양이 아래 구2에 나타나 바르므로 거처를 잃지 않는다.[608] '준
괘'의 도전괘는 '몽괘'이고 '몽괘'의 도전괘는 역시 '준괘'이다. 경륜이 일천한 자는
몽매하고 몽매한 자는 경륜이 없다.

---

608 '屯'은 본분을 지켜야만 그 지위를 잃지 않고, '蒙'은 雜多한 蒙昧함 속에서도 그 '빛'을 보게 된다.

震起也 艮止也 損益盛衰之始也 大畜時也 无妄災也

'진괘震卦'는 일어남이요, '간괘'는 멈춤이다. 또 '손익괘'는 성쇠盛衰의 시점을 알린다. '대축괘'는 그때를 위하여 노력하며 쌓아가는데, 그 대축大畜의 때를 놓치면 '무망'의 재앙을 입는다.[609]

천둥과 지진이 일어나는 ☳(진)은 양이 아래에서 일어남이고, 첩첩이 쌓인 산 (☶)은 양이 아래에서 그침이니, ☳(진)과 ☶(간)은 일어나고 그치는 짝이다. 내것을 덜어내는 '손괘'는 성함의 시작이고, 남의 것을 받아먹는 '익괘'는 쇠함의 시작이다. '손괘' 위 ☶(간)을 거꾸로 하면 '익괘' 아래 ☳(진)이 되니 양이 홍성하기 시작한다. '익괘' 위 ☴(손)을 거꾸로 하면 '손괘' 아래 ☱(태)가 되므로 음이 쇠하는 시작이다. 시작으로 말했다면 끝도 미루어 볼 수 있다. 이는 음양이 성하고 쇠하는 상으로 짝을 삼았다. 유약한 음으로 굳센 양을 저지하는 것은 때가 그러하며, 재앙을 기대하지도 않았는데도 찾아온 재앙이라면 재앙이 올 때가 되어 온 것이다. '손損'은 사람이 근심하는 것이지만 성함의 시작이 되고, '익[益]'은 사람이 기뻐하는 것이지만 쇠함의 시작이 되니, 이에 길흉吉凶·소장消長의 기미와 진퇴進退·존망存亡의 이치를 깨닫지 못해서야 되겠는가?

만사는 때가 아님이 없으니, '대축괘'일 때 그칠 줄 아는 도가 행해지는 것은 공부가 '대축'이 되었기 때문일 것이다. 그렇지만 재앙이 일어날 때가 아닌데도 재앙을 입는 것은 만사를 대처하는 기미幾微 즉 때를 몰라서 그럴 것이다. '무망괘'에 움직여 재앙을 얻는 것은 단지 얻을 때인지 잃을 때인지를 모르고 움직였기 때문이다. '대축괘'와 '무망괘' 역시 서로 도전 되는 때에 찾아온다. 아예 망령이 붙을 자리가 없을 '무망'이 되려면 공부가 '대축'이 되어야 하고 '대축'이 되면 망령이 사라진 '무망'이 될 것이다. 따라서 '진괘'의 도전은 '간괘'이고 '손괘'의 도전도 '익괘'이다.

---

609 크게 길러가는 '大畜'은 그 '때'를 위함이다.

萃聚而升不來也 謙輕而豫怠也

'췌괘'는 기운을 모으고 '승괘'은 그 모은 기운에 의해 올라갈 뿐 돌아오지 않는다. '겸괘'는 스스로를 가볍다고 낮추는 것이요, '예괘'는 미래의 즐거움을 알게 되니 나태하게 보이게 된다.[610/611]

'췌괘'는 ☱(태)가 위에 있으면서 ☷(곤)이 아래로 모이고, '승괘'는 ☴(손)이 아래에 있으면서 ☷(곤)의 위로 올라가는데, 아래 모인 것은 흩어지지 않고, 위로 올라간 것은 내려오지 않는다. '췌괘'는 '관괘' 4가 상으로 와서 주인이 되고 ☷(곤)이 아래에 모여 있고, '승괘'는 '임괘' 3이 초로 가서 주인이 되고, 같은 ☷(곤)이 위로 올라간 것이니, 위로 올라가는 것을 '갈왕往'이라 하고, 아래로 내려오는 것은 '올래來'라 하며, '오지 않은 불래不來'는 올라가서 내려오지 않음을 말한다. 연못은 물이 모여서 내려가고, 나무는 줄기가 올라가 위로 간다.

'겸괘'는 3의 양이 하괘에 있어 겸손하고 낮추는 주인이 되어 높아도 잘난 체하지 않기에 스스로 작게 여겨 가볍고, '예괘'는 4의 양이 상괘 아래에 있어 즐거움의 주체가 되어 뜻이 가득 차고 만족하기 때문에 드러냄이 늦으니 게으르다. '췌괘'와 '승괘'도 도전의 상이고 '겸괘'와 '예괘'도 거꾸로 선 도전의 상이다.

噬嗑食也 賁无色也 兌見而巽伏也

'서합괘'는 씹어 먹는 것이요, '비괘賁卦'는 드러남이 없이 꾸미는 것이다.[612] '태괘兌卦'는 기쁨을 나타냄이요, '손괘巽卦'는 엎드려 숨기는 것이다.

식욕과 색욕은 사람이 면할 수 없는 것인지라 '서합괘'에서 '먹는다'고 하였고, '비괘賁卦'에서 '무색无色'이라 한 것은 드러내어 꾸밈이 지극하면 허물이 되기 쉽기 때문에 경계한 소리이다. '서합괘'는 '비괘賁卦' 초가 5로 가서 주인이 된 것이

---

610 '升'은 올라가기만 하지 돌아오지 않는다.
611 '謙'은 스스로 자기 가치를 낮추기에 솔선하여 허리를 숙이고 빗자루를 든다.
612 '噬嗑'은 食事처럼 입을 놀리는 '說得'이요, '賁'는 색깔 없는 '꾸밈'이다.

고, '비괘賁卦'는 '태괘泰卦'의 상이 2로 와 강을 꾸며 주인이 된 것이다. 또한 '비괘'는 꾸밈이 되지만 위에서 그치니, 꾸밈이 그치면 색이 사라진다. 씹고 먹는 '서합괘'는 자신을 과시하기 위한 '비괘賁卦'이고 색을 드러내 보이기 위한 '비괘'는 먹어 놓은 '서합괘'의 에너지에서 온다.

> 隨无故也 蠱則飭也 剝爛也 復反也
> '수괘隨卦'는 이유 없이 무조건 따라감이요, '고괘蠱卦'는 일이 잘못되어 가면 다시 닦고 바로잡는 것이다. '박괘'는 익어 떨어지는 것이요, '복괘'는 본 자리로 돌아옴이다.[613/614]

'수괘隨卦'는 연못 아래 떨어진 가을 낙엽이라 어떠한 불만도 할 수 없으니 연고緣故가 없고, '고괘蠱卦'는 부모의 습習이 묻어나온 유전자라 나 또한 마땅히 삼가해야 한다. 그러기에 성인은 어려움이 많음을 두려워하지 않고 어려움이 없음을 두려워한다. '수괘隨卦'는 '비괘否卦'에서 변이變移하여 그 연고를 버리고자 하고, '고괘'는 '태괘泰卦'에서 변하여 그 뒤를 신중하게 하고자 한다. 이는 연고가 없으므로 서로 따르고, 일이 있으므로 닦고 삼간다. 이 둘은 거꾸로 도전倒顚과 전변轉變을 겸하고 있다. '박괘'는 깎여서 문드러지면 양이 위에서 다하고, '복괘'는 회복하여 돌아오면 양이 아래에서 다시 생겨나니, 과일이 다 익어 떨어지면 다시 씨로 환생함과 같다. '박복괘' 역시 도전한 괘이다.

> 晋晝也明夷誅也 井通而困相遇也 咸速也恒久也
> '진괘晋卦'는 밝은 대낮이요, '명이明夷괘'는 밝음의 목이 싹둑 베여 달아나 어둡다. '정괘井卦'의 우물은 통하고 '곤괘困卦'는 어렵지만 서로 만남이 일어남이다. '함괘咸卦'은 신속함이요, '항괘恒卦'는 오래오래 감이다.[615/616]

---

613 '蠱'는 일이 잘못 되면 바로잡는다.
614 '爛'은 腹心·內爛처럼 '문드러잠'의 뜻을 쓴다.

'진괘晉卦'와 '명이괘'는 아침과 저녁의 상으로, '진괘'는 ☲(리)가 위에 있어 밝게 드러나고, '명이괘'는 ☲(리)가 아래에 있어 밝음이 상한다. '진괘' 5는 ☲(리)의 해가 하늘에 있음이니 낮에 해당하고, '명이괘' 2는 ☲(리)의 해가 땅 속으로 들어감이니, 밝음이 상하는 것이다. '주誅'는 목을 벨만큼 큰 상처를 입는다는 뜻이다. '정괘井卦'는 오고 가는 이들 모두가 우물로 쓰니, 그 도가 유통流通함이 있고, '곤괘困卦'는 강한 양들이 음에 가려지기에 힘을 쓰지 못해 곤란을 당한다. '정괘'는 2와 5가 비록 서로 응하지 않지만 상과 3은 통하고, '곤괘'도 2와 5가 서로 응하지 않지만 4와 초는 통한다. 통하면 막히고, 막히면 통함이 '정괘井卦'와 '곤괘困卦'가 도전 되어 궁통窮通을 만들어낸다. '함괘'는 천하에 지극히 빠른 도이니, 이른바 남녀의 정은 빠르려고 하지 않아도 빠르다. 음양이 감동이 있으면 빠르게 감응하기 때문이고, 그 감응이 항상하기 때문에 오래 간다. 기쁨의 감동이 항상 오래 가면 부부가 되어 해로할 것이다.

'건곤괘'에서부터 여기까지가 30괘로 바로 상경에 해당하며, 하경도 '함항괘'로 시작했다. 비록 괘 이름이 「잡괘雜卦」이지만 천지의 주인 '건곤괘'가 인사의 주인 부부의 당체 '함항괘'가 상하경의 첫머리가 됨은 천지 이치가 일찍이 섞인 적이 없음을 알 수 있다.

渙離也節止也 解緩也蹇難也
'환괘渙卦'는 마음이 떠나는 것이요, '절괘節卦'는 절도와 절제로 그치는 것이다.[617] '해괘解卦'는 느슨하게 풀어헤치는 것이요, '건괘蹇卦'는 절뚝거리며 걸어가는 어려움이다.

'환괘'와 '절괘'는 바로 '정괘井卦'와 '곤괘困卦'가 위아래가 교역된 괘이다. '정괘井卦'는 나무가 물을 내기 때문에 막혀 있지만 통하고, '환괘渙卦'는 물이 나무를 뜨게 하므로 통함이 지극하지만 흩어짐이 있다. '절괘'는 못 위의 물이기 때문에

---

615 어려워지자 협조자를 찾으러 다니는 꼴로 '困'의 도전이 '井'이다.
616 연애[咸]와 결혼생활[恒]은 엄연히 다른 꼴이다.
617 '渙'은 흩어져 떠나지만, '節'은 그칠 자리에 그칠 줄 알아야 한다.

통해 있지만 막히고, '곤괘困卦'는 못 아래 물이기 때문에 막힘이 지극하여 어려움에 이른다. 바람이 물을 흩어지게 하므로 떠나고, 연못이 물을 막기 때문에 그친다. '환괘' ☵(감)의 2는 위의 바람으로 흩어지고, '절괘' 5 ☵(감)은 아래 연못에 의해 절제되고 멈추게 된다. 바람이 물을 흩어 '환괘'가 되지만 흩어지면 떠나 멈추지 않는다. 연못이 물을 가둬 '절괘'가 되어, 절제가 되면 그쳐서 떠나가지 않는다. '해괘'는 천하의 어려움이 이미 풀렸기 때문에 즐거움에 편안하나 매양 느슨한 데서 잘못이 온다. 발걸음을 저는 '건괘蹇卦'는 험을 당해 멈출 줄 아니 그칠 줄도 안다. '해괘' ☵(감)의 2는 빠짐이 안에 있고, ☳(진)은 험을 벗어 나와 밖에서 움직이니 안의 험이 이미 풀린 상이다. '건괘蹇卦' 5는 ☵(감)의 험이 밖에 있고, 멈추게 하는 ☶(간)이 험을 당해 안에서 그치고 있으니 밖으로 나가는 험은 한창 어렵다. '해괘'와 '건괘蹇卦'도 역시 도전한 상이다.

睽外也家人內也　否泰反其類也　大壯則止　遯則退也
'규괘'는 밖에서 생기는 일이요, '가인괘'는 안에서 생기는 일이다. '비괘否卦'와 '태괘泰卦'는 태통과 비색이 나타나는 정반대의 상황이다. '대장괘'는 너무 씩씩한 힘도 그칠 시점을 생각하라는 소리요, '둔괘'는 물러날 시점을 알려주고 있는 것이다.

'규睽'는 소원하여 등을 돌리니 밖이고, '가인家人'은 가족처럼 친밀하니 안이다. '규괘' 5는 밖에서 주인 노릇 하고, '가인괘' 2는 안에서 가장 역할을 한다. 밖으로 어긋나는 자는 서로 친하지 못하고, 안으로 친한 자는 서로 어긋나지 않는다. '비괘否卦'는 큰 양이 가고 작은 음이 오며, '태괘泰卦'는 작은 음이 가고 큰 양이 오기 때문에 그 부류部類를 뒤집어 놓은 꼴이다. '대장괘'는 4개의 양이 나아가 음을 사라지게 하는 것이고, '둔괘'는 두 음이 나아가 4양을 사라지게 하는 것이다. '대장괘'는 아래 양들이 그 강성함을 과신할까 염려하였기 때문에 구4를 나아가게 하지 않고 멈추려 하고, '둔괘'는 앞의 4양이 도피함에 이르지 않을까 염려하였기 때문에 육2를 나아가게 하지 않고 물러나게 하였다. 그러기에 '대장'이 크게 씩씩하지만 멈추면 뿔이 위태로운 곤란이 없고, '둔'은 물러나 후퇴하면 물러남의 위태로움이 없을 것이다. 성인이 5양의 '쾌괘'에서도 양이 경솔하게 나아가지 않게 하고, 1음의 '구괘姤卦'에서도 음이 나아가지 않게 하였으니, 뜻은 다르지 않다. '규괘'와 '가인괘', '태비泰否괘', '대장괘'와 '둔괘' 모두 도전괘이다.

大有衆也 同人親也 革去故也 鼎取新也
'대유괘'는 많은 무리를 거느림이요, '동인괘'는 친친이다. '혁괘'는 낡은 것을 없애고, '솥정괘'는 새로운 것을 취함이다.

'대유괘'는 권력과 재력 나아가 학력과 외모까지 갖추니 세상이 '무리'지어 모여든다.[618] '동인괘'는 친족처럼 사람들이 서로 하나 되려 하니 '친함'이라 하였다. 크게 가지면 아껴주는 자들이 많아지고, 남들과 함께 하면 함께 하는 자들이 친해진다. '대유괘'의 5는 유일하게 상상할 수 없는 부드러움으로 존귀한 자리를 얻으니 많은 양의 무리가 그에게 돌아오니 '대유는 무리[大有衆也]'라고 하였다. '동인괘' 2는 유일하게 유순중정으로 처신하니 많은 양들과 함께 하고, 사람들도 그를 친하게 여기므로 '동인은 친함[同人親也]'이라 하였다. '혁괘'는 불로 쇠를 녹이므로 옛것을 버리게 되고, '솥정괘'는 나무로 불을 피우기 때문에 새로운 밥을 얻는 격이다. 물과 불은 서로를 없애려고 상극하니[水火相息] '옛것을 버리는 뜻'이 있고[去故之義], 불과 나무는 서로 상생하니 '새로운 것을 취하는[取新之理]' 이치가 있다. 고로 '혁괘'는 물불이 서로 없애려고 하니 옛것을 버리는 뜻이 있고, 정괘鼎卦는 나무가 불을 피워 밥을 삶게 되니 새로운 것을 취하는 이치가 있는 것이다. '대유괘'와 '동인괘', '혁괘'와 '솥정괘' 모두 도전의 상이다.

---

618 '大有卦'는 한 마리의 여왕벌이 많은 무리의 수벌을 거느리는 권력과 리더십을 말한다.

'소과'든 '대과'든 지나친 자는 그 평상平常을 넘어서고, 미더운 자는 그 정성精誠을 간직한다. '소과괘'는 구4가 육5에서 보면 지나치다. 그러나 왕성한 네 음이 지나치기에 쇠한 두 양이 미치지 못하는 실정이다. '중부괘'는 육4를 구5가 믿고 육3을 구2가 믿는 바가 있으니, 안팎으로 가득 찬 네 양이 두 음에게 믿음을 보내니 감동이 일어난다. 또한 풍성한 '풍괘'에는 여러 일이 많이 생겨나고, '나그네'로서 객사에 머물면 친하고 잘 아는 사람이 적을 수밖에 없다. 만물이 흥성하면 까닭이 많고, 낯선 곳에 나그네가 머물면 친한 이가 적지 않겠는가. 「잡괘전」에서 괘명 모두가 구절 앞쪽에 놓였는데, '여괘'만 뒤쪽에 놓인 것은 운韻을 맞추기 위함이다.

물과 불이 불타며 오르고 적시고 내림은 그 성질이 서로 반대이지만, 위로 따라잡고 아래로 사귀어 그 작용이 서로 이루는 바가 있을 것이다. 즉, 위로 올라가야 일을 이루고 아래로 내려가야 일을 이루는 일이 있지 않던가. 명랑해야 할 때가 있고 명상으로 침잠해야 할 경우가 그것이다. '소축괘'에 '적은 것[寡]'은 하나밖에 없는 음이 적다는 뜻이고, '머물지 않음[不處]'은 앞으로 계속 행해 나가는 뜻이 있다는 소리이다. 적은 1음은 많은 5양의 무리를 대적할 수 없으므로 '소축'이라 했고, 하늘은 철없는 막내딸년의 응석을 받으며 집 안에 머물 수 없으니 일터로 나가며 집 안에 머무르지 않으니 '이괘履卦'가 된다. '감리괘'는 전변괘이고 '소축괘'와 '이괘履卦'는 도전괘이다.

需不進也 訟不親也 大過顚也
'수괘需卦'는 나가지 못하고 기다림이요, '송괘'는 친하지 않아 생긴 일이다. '대
과괘'는 본말本末이 약하고 중간 기운이 강해 넘어진다.

앞에 나온 '이괘履卦'와 여기 '수괘需卦'를 보니 관랑關郞(關子明)이 『관씨역전關
氏易傳』에서 한 말이 생각난다. "행하여 머무르지 않은 이는 주공이로구나[履而不
處者周公]. 기다리며 나아가지 않은 이는 중니로구나[需而不進者仲尼]."[619] 말인 즉,
주공은 조카 성왕이 성인이 되자 섭정을 마치고 돌아보지 않고 떠났고, 나가지
말아야 할 때라면 때를 기다리며 절대로 나아가지 않은 자가 공자라는 소리이다.
즉 남들이 다 나갈지라도 나가야 할 때가 아니라면 기다리고[需], 친해야 하는데
친하지 않았으니 송사[訟]가 나지 않더라는 것이다. 즉 송사는 모르는 사람들과는
절대 일어나지 않고, 꼭 이익을 같이하며 간을 빼 줄듯 친한척 한데서 생겨난다
는 소리다. '수괘'는 하늘 위에 구름이 빽빽하니 나아가지 않음이고, '송괘'는 아버
지는 재산을 취하라 하고 둘째 아들은 공부를 하려고 하니 친하지 않는 꼴이 있
다. '수괘需卦'와 '송괘'는 모두 ☰(건)을 주인으로 하는 상을 취한다. 한편 '소과괘'
는 허물이 있어도 엎어지지 않았지만, '대과괘'는 허물이 크기에 '엎어진다'고 하
였다. '엎어질 전顚'은 머리가 고꾸라짐이니, ☰(건)의 머리를 취했다. '대과괘'는
☰(건)을 호체로 하니 그 상이 이와 같다. 고로 '대과괘'는 평상심이 지나쳐 고꾸
라지는 상황에 부닥치니 부득이하다 해야 옳은 소리이다. '수괘需卦'와 '송괘'는 도
전한 상이고 '대과괘'는 호체 '건괘乾卦'가 '무수길无首吉'의 이치를 모르고 대가리
를 휘젓다가 대감大坎의 '대과괘' 큰물에 빠져 머리가 잠겨버리는 큰 변을 맞는
상이다.

---

619 朱振, 『漢上易傳』: "關子明云, 履而不處者其周公乎, 需而不進者其仲尼乎."

> 姤遇也柔遇剛也 漸女歸待男行也
> '구괘'는 어떤 경우든 부드러운 유가 강을 만남이요, '점괘漸卦'는 여자가 시집 가는 것이니 남자의 '콜사인'을 기다리는 것이다.

'구괘姤卦'는 사내의 맛을 모르는 철없는 초6이 뭇 양들을 만나는 꼴이니, 과연 그 만남이 아름다운 만남일까? 거꾸로 '구괘'의 도전상이 '쾌괘'인데 젊은 뭇 사내 들이 늙은 여인 상6의 만남을 또 좋아할까? '풍산風山'은 여자 ☴(손)이 아래에 남 자가 있는 시댁으로 시집을 가니 '점괘'이다. '점괘'는 아래 ☶(간)이 위의 아가씨 를 부르는 아름다운 '콜사인'[☶(간)의 도전상 ☳(진), 즉 진위선명震爲善鳴]이 있어야 움직인다. '구괘'에는 호체 '건괘乾卦'를 보였고, '점괘'는 도전상 '귀매괘'로 시집을 보였다.

> 頤養正也 旣濟定也
> '이괘頤卦'는 바로 정도正道를 키우는 것이요, '기제괘'는 완성되어 이젠 이미 바로 선 것이다.

기르는 바가 바르지 않으면 작은 소인을 길러 오히려 큰 대인을 해치는 꼴이 된다. 길러냄에는 바르게 하지 않으면 안 된다는 소리이다. '기제괘'는 여섯 자리 가 모두 마땅하므로 똑바로 '정定해진 것'이다. 물과 불이 서로 번갈아 들고 여섯 효가 마땅함을 얻으니 정해진 '기제'이다. '이괘頤卦'의 호체는 '곤괘' 엄마이다. 이 엄마가 아빠 '건괘'를 만나 각기 제자리를 찾아 앉아 각기 일을 바르게 함이 바로 '기제괘'다. '기제괘'는 '건곤'이 교태交泰를 이루는 '태괘泰卦'가 본괘이다.

歸妹女之終也 未濟男之窮也 夬決也 剛決柔也 君子道長 小人道憂也

'귀매괘'는 처녀로서의 마지막 자리요, '미제괘'는 모든 것이 제자리를 벗어났으니 남자가 궁색한 자리에 처하게 된다. '쾌괘'는 결단이다. 강이 유를 결단하는 것은 군자의 도를 키우기 위함이나, 소인의 도는 날로 사라지니 발 붙일 곳이 없어 걱정이 된다.[620/621]

'여女'는 시집가기 전의 호칭이고, 시집가고 나면 '부婦'가 되니 '여女'는 여자의 종착점이다. '미제괘'는 '천지비괘'를 모괘로 삼는데, '비괘否卦'의 5가 궁색해지자 아래 2로 감이니, 남자가 궁한 상으로 세 양이 모두 제자리를 잃었기 때문이다. 앞의 '기제괘'는 2가 음으로 음의 자리에서 그 정해진 자리를 얻었고, 위아래 다섯도 모두 그 정해진 자리를 얻었기에 '정해진 것[定]'이라 하였다. '쾌괘'는 5양이 아래에서 올라오고 1음이 위에서 물러나므로 '굳센 양이 부드러운 음이 도망갈 자리를 터준다[剛決柔也]'고 하였다. 터놓으면 '쾌괘'는 순전한 양만 있는 '건괘乾卦'가 되므로 군자의 도가 장구함을 소인이 근심하는 것이다.

「잡괘전」이 '건괘'에서 시작하여 '쾌괘'에서 마치는 것은 과연 어째서일까? '쾌괘'는 강한 양이 자라 마치려 하니, 이 또한 사물이 극에 달하면 근본으로 돌아가려 하기 때문이다. 그러기에 군자의 도가 완전히 자라남은 소인의 근심은 나날이 심각해진다[君子道長 小人道憂也]는 소리다.[622] 아래는 운봉호씨雲峰胡氏가 '군자도

---

620 64괘 중 '旣濟未濟'만이 全變, 倒顚, 互卦, 錯綜의 조건을 만족시키고 있지만, '未濟'는 전부 不正位라 만물을 성취하지 못하고 窮塞한 지경에 놓인다. 즉 「잡괘전」 상경 30괘를 살펴보면 부도전괘는 乾坤 2괘이고, 도전괘는 '比·師, 臨·觀, 屯·蒙, 震·艮, 損·益, 大畜·无妄, 萃·升, 謙·豫, 噬嗑·賁, 兌·巽, 隨·蠱, 剝·復, 晋·明夷, 井·困'으로 28괘다. 또 하경 34괘가 '咸恒'으로 시작하는 것은 「서괘전」과 같다. 부도전괘가 '中孚, 頤, 坎, 大過, 離로 6괘이고, 도전괘는 그 나머지 28괘이다. 「잡괘전」 상경은 30괘 180효인데, 그 중 음효 108개와 양효 72로 음효가 36개 더 많다. 하경 34개는 총204효로 그 중 음효 84효와 양효 120효로 양효가 36개 더 많다.

621 易의 사상과 철학이 '소인의 도를 결단하고 멀리하는 것' 즉 '억음부양(抑陰扶陽)'하고 '알악양선(遏惡揚善)'하는 것이라면, '3월 夬卦'에 파종한 씨가 '君子'라야만 수확할 剝卦에서 풍년을 기약할 수 있지 않았을까? 그 이유를 '皇極經世說'에서 보면 大過괘는 午會(姤, 大過, 鼎, 恒, 巽)의 종점이고, 夬괘는 巳會(需, 小畜, 大壯, 大有, 夬)의 마지막이다『아산주역강의』 부록 참조). 참고로 1元=12會, 1會=30運, 1運=12世, 1元=129,600年, 1會=10,800年, 1運=360年, 1世=30年이라 한다.

622 하느님 천국 사업을 훼방하는 사탄의 심보라고나 할까? 온 세상이 자유민주 세계를 건설하고자 하는데 굶주림에 허덕여 가며 문호를 꼭꼭 걸어 잠그는 북한이 핵탄두로 몸부림 치는 꼴과 다르지 않다는 소리다.

장君子道長 소인도우小人道憂'를 '세상의 변화를 북돋는 뜻'으로 풀이한 내용이다,

"「잡괘전」끝머리에 특히 군자와 소인의 도를 구별하여 말하였다. 이는 성인이 천지의 화육化育을 돕고 세상의 변화를 북돋는 뜻이 미묘하다. 잡괘는 건괘乾卦에서 시작하여 쾌괘夬卦에서 마치니, 어떤 이는 쾌괘夬卦의 1음이 다 소진되면 건괘乾卦가 된다고 한다. 『황극경세서』를 살펴보면 건괘乾卦는 사회巳會의 끝으로 요순堯舜의 빛나는 시대에 해당한다. 즉 12만 9,000년이 어찌 늘 쾌괘夬卦로부터 건괘乾卦에 이르는 요순의 시대에 해당하겠는가? 아, 현인賢人을 등용함에 두 마음을 두지 말고, 사악邪惡함을 제거하는 데 주저하지 말며 의심스러운 계책은 이루려 하지 말아야 하는 것이, 이른바 쾌괘夬卦의 결단함이니 후세에 천하를 다스리는 자, 또한 요순을 본받아야 할 것이다."[623]

마지막으로 주자와 호병문의 설은 차치且置하고 순암順庵 안정복安鼎福이 「잡괘전」을 정리한 노트를 들여다 보면, '교역괘' '도전괘' '전변괘' '호괘' 등을 중시해야만 역을 온전히 이해할 수 있다고 밝힌다. 내용을 요약하면 이렇다.

「잡괘전」에서 건乾·곤坤·함咸·항괘恒卦만 순서를 뒤바꾸지 않고, 나머지 괘들을 모두 뒤바꾼 것은 어째서인가? 건곤乾坤괘는 기화氣化의 시작으로 상편上編의 첫머리에 있고, 함항咸恒괘는 형화形化의 시작으로 하편下編의 첫머리에 있어 뭇 괘들의 강령이 되므로 뒤바뀌지 않으며, 나머지 괘들은 그 작용作用이 되므로 뒤바뀌었다. 뒤바뀐 뒤에 역도易道의 오묘한 작용이 궁하지 않아 더욱 드러났다. 「서괘전」에서 건곤乾坤괘가 열 괘를 지나 비태否泰괘를 얻으니, 비태否泰괘는 건곤乾坤괘의 작용이다. 함항咸恒괘가 열 괘를 지나 손익損益괘를 얻으니, 손익損益괘는 함항咸恒괘의 작용이다. 그렇다면 비태否泰괘는 곧 손익損益괘로 서로 변이變移가 가능하다. '태괘泰卦' 3이 상으로 가면 '손괘損卦'요 '비괘否卦' 4가 초로 가면 '익괘'가 된다. 이는 8괘에서 건곤乾坤이 부모괘가 되어 움직이지 않고, 여섯 자녀들은 그 작용이 되어 두루 행하고 통하니 변화함이 마땅하다.

「서괘전」에서 건乾·곤坤·감坎·리離의 4정괘正卦가 상편에 있고, 진震·간艮·태兌·손巽의 4모퉁이괘[隅卦]는 하편에 있었다. 이제 감리坎離로로 진震·간艮·태兌·손巽을

---

623 胡炳文, 『周易本義通釋』: "雜卦之末, 特分別君子小人之道言之, 聖人贊化育扶世變之意微矣. 始於乾, 終於夬, 或曰夬之一陰決盡則爲乾也. 以皇極經世考之, 乾已會之終, 堯舜雍熙之世也. 十二萬九千六百年, 安得常如自夬而乾所值堯舜之世哉. 嗚呼, 任賢勿貳, 去邪勿疑, 疑謀勿成, 卽此所謂夬之決也. 後之涖天下者, 亦法堯舜而已矣."

바꾸어 배치하면, 감리坎離괘는 단지 두 괘가 되어 4괘의 수를 감당하기에 부족하다. 그러므로 감리坎離괘와 닮은 대과괘大過卦·이괘頤卦를 서로 교환하였다. 나머지 12괘는 「서괘전」의 순서대로 짝을 지워 말하였는데, 췌괘萃卦·승괘升卦와 대유大有·동인괘同人卦를 교환하고, 진괘晉卦·명이괘明夷卦를 소축괘小畜卦·이괘履卦와 교환하며, 정괘井卦·곤괘困卦를 수괘需卦·송괘訟卦와 교환했으니 그 순서를 어지럽힐 수 없다. 다른 괘도 숱하게 많은데 군이 췌괘萃卦·승괘升卦 다음의 12괘로 바꾼 것은 어째서인가? 건곤乾坤괘는 뭇 괘의 주인이 되고 6자괘는 건곤을 따르기 때문이다.

그래서 괘의 순서에서 예괘豫卦는 맏아들이 어머니를 따르고, 비괘比卦는 둘째 아들이 어머니를 따르며, 박괘剝卦는 막내아들이 어머니를 따르는데, 이들은 상편에 본래 존재하기에 움직이지 않는다. 관괘觀卦는 장녀가 어머니를 따르는데 상편에 본래 존재하므로 역시 움직이지 않는다. 진괘晉卦는 둘째 딸이 어머니를 따르고, 췌괘萃卦는 막내딸이 어머니를 따르니, 두 괘는 하편에서 왔다. 소축괘小畜卦는 맏딸이 아버지를 따르고, 대유괘大有卦는 둘째 딸이 아버지를 따르는데 두 괘는 상편에서 왔다. 쾌괘夬卦는 막내딸이 아버지를 따르는데 하편에 본래 존재하므로 움직이지 않는다. 대장괘大壯卦는 맏아들이 아버지를 따르는데 하편에 본래 존재하므로 또한 움직이지 않는다. 수괘需卦는 둘째 아들이 아버지를 따르니 상편에서 왔다. 대축괘大畜卦는 막내아들이 아버지를 따르는 괘인데 움직이지 않는 것은 어째서인가? ☶(간)은 몸체가 고요하고 저지하여 멈추는 때를 당해 움직이지 않는다. 두 편의 여러 괘는 모두 상편으로 뒤바뀌고 하편으로 뒤바뀌었는데 간괘艮卦는 몸체가 뒤바뀌지 않았으니 그 뜻을 알 수 있다.

그렇다면 손괘損卦·간괘艮卦·이괘頤卦의 변역은 어째서인가? 손괘損卦는 비태否泰괘와 자리의 순서를 바꾸었는데 덜어내고 보태는 때를 맞이하여 움직이지 아니하면 안 된다. 간괘艮卦는 진괘震卦를 따라 움직이고, 이괘頤卦는 대과괘大過卦를 따라 움직인다. 또 ☶(간)으로써 비록 진(☳)·간(☶)·태(☱)·손(☴)을 바꾸더라도 그 형세는 바꾸지 않을 수 없다. 그 나머지 승괘升卦·명이괘明夷卦·동인괘同人卦·리괘履卦·송괘訟卦는 모두 본괘가 거꾸로 된 것을 따라 움직이니 다른 뜻은 없고 역의 괘는 오로지 거꾸로 함으로써 이루어지기 때문이다.

정괘井卦·곤괘困卦는 어머니를 따르는 괘가 아닌데 또 위에 있는 것은 어째서인가? 「잡괘전」은 비록 이름이 '잡'이지만, 그 상편은 반드시 「서괘전」 상편의 수를 기준으로 하였고 하편 역시 그러하다. 그러므로 이제 두 괘를 취하여 상편의 끝으로 옮겨 30괘의 숫자를 충족시켰다. 정괘井卦를 취한 것은 정괘의 괘사에 '오고 가는 이가 우물물을 퍼마시며 우물을 쓴다고 왕래정정往來井井'이라고 하였으니, 두루 흘러 막히지 않는 뜻이 있어서이다. '건곤괘'는 비록 변하지 않으나 '건곤'이 몸을 합하여 '비태괘'가 되어 도리어 하편에 있고, '함항괘'가 비록 변하지 않으나 '함항괘'가 몸을 나누어 진(☳)·간(☶)·태(☱)·손(☴)이 되어 도리어 상편에 있으니, '건곤괘'·'함항괘' 역시 일찍이 변하지 않음이 없으니 그 뜻 역시 오묘하다. '손익괘'가 진(☳)·간(☶) 다음에 있는 것은 한 번 움직이고 한 번 고요해서 덜고 보탬이 생기는 것이다. '비태괘'가 '규괘'·'가인괘' 다음에 있는 것은 한 번은 소원하고 한 번은 친하여 비색否塞과 태평泰平이 형성되기 때문이다. 다른 괘들은 비록 움직이지 않으나 그 거꾸로 된 짝이 서로 뒤바뀌니 「서괘전」의 '사괘師卦'·'비괘比卦'를 여기서는 '비괘' 다음 '사괘'라 한 것이다.

「잡괘전」이 배열하는 괘의 차례는 의심스러운 바가 있다. 주자는 경을 해석할 때 착오가 있는 것은 모두 바로잡았으니 『효경』 『대학』 같은 종류가 이것이다. 「잡괘전」에서 대과괘大過卦 이하 여덟 괘는 거꾸로 한 것을 가지고 문장을 이루지 않아서 앞의 예와 같지 않다. 그러므로 단지 '무슨 뜻인지 잘 모르겠다[未詳何義]'고만 하고 개정하지 않았다. 만약 마음에 전혀 의심이 없었다면 채연蔡淵(「易象意言」)의 말을 기다릴 것 없이 경문經文이 바른 데로 돌아갔을 것이다. 경전을 읽는데 자기의 견해와 부합하지 않는다고 해서 문득 덧붙이고 깎아서 정하면 그 폐단을 장차 어찌 이기려고 하는 것인가? 『주역』이란 책은 그 사례가 한결같지 않으니 성인이 별도로 「잡괘전」 한 편을 써서 고정된 표준을 만들 수 없다는 뜻을 드러내었다. 「서괘전」 64괘는 모두 거꾸로 되었으므로 「잡괘전」에서 취한 것도 모두 거꾸로 된 것인데, 끝의 여덟 괘에 이르러 또 그 예가 아니라면, 성인의 뜻은 괘가 비록 거꾸로 된 것이나 또한 반대로 되지 않은 사례도 있다고 말하는 것 같다. 이것이 이른바 고정된 표준을 만들 수 없다는 소리이다. 그렇다면 대과괘大過卦 이하 여덟괘를 취한 것은 어떤 예를 취한 것인가? 성인이 「계사전」에서 '사물을 섞음과 덕을 가려냄은 가운데의 효가 아니면 갖춰지지 않을 것이다[雜物撰德非其中爻不備]' 하였으니, 가운데 효는 바로 호체互體 호괘를 말한 것이다.[624/625]

위에서 안정복은 「잡괘전」괘 배열의 주요한 변환 원칙이 "부모괘 건곤乾坤은 체體로 움직이지 않으며, 나머지 자식에 해당하는 여섯괘는 용用이 되므로 변화하게 된다"는 사실을 밝히고 있다. 말미에 안정복은 "경전을 읽는데 자기의 견해와 부합하지 않는다고 해서 문득 덧붙이고 깎아서 정하면 그 폐단을 장차 어찌 이길 것인가?"라고 걱정하며, 원문에 충실할 것을 당부하고 있다. 이 부분에 대해서는 주자도 "무슨 뜻인지 잘 모르겠다[未詳何義]"고만 하고 개정하지 않았음을 상기시켜 준다. 특히 이 「잡괘전」의 괘 배열 순서에 대해서는 어느 역학자도 명쾌하게 설명한 예를 찾기 어려운데, 안정복은 이에 천착해 주희의 제자 채연蔡淵[626]의 설을 비판하고, 괘 배열의 원리를 독창적으로 설명한 부분은 역학사적易學史的으로 특기할만한 하다.

여기 마지막 십익장十翼章을 덮으면서 사마천司馬遷[627]과 달리 취옹醉翁 구양수(歐陽修, 1007~1072)가 차향茶香에 취해 수발하는 동자童子와 문답하는 동영상 한 토막에 잠깐만 귀를 기울여 보자.

동자가 물었다. "「계사전繫辭傳」은 공자 성인聖人이 지은 것이 아니란 말씀이십까?"
"어찌 「계사전」만 그렇겠느냐. 「문언文言」·「설괘說卦」이하 모두가 공자 성인이 지은 것이 아니며, 여러 가지 학설이 뒤섞여서 한 사람의 말만도 아니라네."[628]

---

624 安鼎福, 「雜卦後說」: "聖人於繫辭曰, 雜物撰德, 非其中爻不備, 中爻者, 互體也."

625 안정복(安鼎福, 1712~1791) : 본관 광주(廣州), 호 순암(順庵), 한산병은(漢山病隱), 우이자(虞夷子). 성호 이익(李瀷)의 문인. 『천학고(天學考)』 『천학문답(天學問答)』 등을 지어 천주교 비판. 종2품 가선대부(嘉善大夫), 정2품 자헌대부(資憲大夫), 광성군(廣成君)에 추봉됨. 안정복이 세손(정조)의 교육을 맡고(1772~1775) 있던 시절, 세손에게 답하는 내용을 통하여 그의 학통에 대한 입장을 알 수 있다. "이이(李珥)의 학설은 참신하기는 하지만 자득(自得)이 많고, 이황(李滉)은 전현(前賢)의 학설을 존중해 근본이 있으므로 이황의 학설을 좇는다." 이처럼 그의 학문 영역은 성리학에 국한되지 않고 매우 자유분방하다. 널리 알려진 『동사강목(東史綱目)』(1759)은 단군조선으로부터 고려말까지를 다룬 역사서이며, 이외에도 중국의 당 왕조의 역사 『열조통기(列朝通紀)』(1767)를 저술한다. 『경서의의(經書疑義)-역잡괘설·잡괘후설』의 내용을 보면 이황이 순정한 성리학자이면서도 『계몽전의』에서 주자가 배척한 한대 역학의 여러 점법들을 기술하고 있는 것이나, 안정복이 유학자로서 상수 내지 술수학적 영역에 관심을 보이는 것은 모두 재미있다.

626 채연(蔡淵, 1156~1236) : 자 백정(伯靜), 호 절재(節齋). 부친 채원정의 뜻을 이어 주경야독하면서 벼슬길에 나아가지 않았다. 특히 『역』에 조예가 깊어 저술이 많다. 저서로 『주역훈해(周易訓解)』, 『역상의언(易象意言)』, 『괘효사지(卦爻辭旨)』 등이 있다.

627 司馬遷, 『史記』, 「孔子世家」: "孔子晩而喜易 序彖繫象說卦文言 讀易 韋編三絶."

628 歐陽脩, 『童子問曰』: "繫辭 非聖人之作乎? 曰 何獨 繫辭焉. 文言 說卦而下 皆非聖人之作 而衆說淆亂 亦非一人之言也."

[부록1]

■ 해설

정이程頤(1033~1107)는 북송北宋 중기의 유학자다. 형 정호程顥와 함께 주돈이에게 배웠고, 형과 아울러 '이정자二程子'라 불리며 정주학程朱學의 창시자로 알려진 인물이다. 학자로서 『역』의 연구에 매진했고, 이기이원론理氣二元論의 철학을 수립하여 큰 업적을 남겼다. 그의 사상과 철학은 주자朱子에게 계승되었으며, 역에 대한 이론은 주자의 『태극도설太極圖說』 등에 잘 나타나 있다.

정이가 지은 『주역』 해설서가 4권으로 된 『역전易傳』이며, 흔히 '정이역전'으로 불린다. 이 책에는 두 개의 서문이 붙어 있는데, 이 둘을 흔히 「역서」와 「역전서」로 구분하여 부른다. 이 중 「역전서」가 정이의 글이라는 데에는 이견이 없으나, 「역서」의 경우 정이의 글이 아니라는 주장도 있다.

『역전』이 중국 역학을 대표하는 저작이라면, 우리에게는 이익의 『역경질서易經疾書』가 있다. 성호星湖 이익李瀷(1681~1763)은 조선 영조 때의 실학자로, 당쟁에 휩쓸려 몰락한 남인 가정에서 태어나 평생 벼슬을 멀리하고 오직 학문에만 힘쓴 유학자다. 유형원의 학풍을 이어받아 천문, 지리, 역사, 제도, 수학, 의학에 밝았고, 서양 학문에도 관심을 가져 실학사상을 펴는 데 크게 이바지했다. 『역경질서』는 그의 대표작으로, 6권 3책의 필사본이 전한다.

책에서 이익은 『주역』의 성립과정을 체계적으로 설명하고, 64괘를 차례로 설명하였는데, 364효가 내포하고 있는 뜻을 근거로 삼아 그 괘가 가지고 있는 진의를 파악하도록 하였다. 권두 서문에서 이익은 "다행스럽게도 늦게 태어나서 『주역』이 간직한 깊은 뜻에 대하여 군현羣賢들의 훈사訓辭를 보게 된 것을 기쁘게 생각한다"며, 『주역』이 비록 어렵기는 하지만 군현들의 말을 이의하여 추구해 나간다면 이해하게 된다고 말하고 있다.

이하에서 세 '서문'의 원문과 역문을 첨부한다.

역서易序

易之爲書 卦爻彖象之義備 而天地萬物之情 見

　　역의 글됨이 괘, 효, 단, 상의 의리가 모두 갖추어 있어, 천지 만물의 정이

　　나타나 있으니

聖人之憂天下來世 其至矣.

　　성인이 천하의 오는 세상을 걱정하심이 지극하도다.

先天下而開其物 後天下而成其務

　　선천은 밑으로 만물의 형체를 열고, 후천은 밑으로 만물의 작용을 이루셨다.

是故 極其數 以定天下之象

　　이런 까닭에 그 수를 극도로 해서 천하의 상을 정하며,

著其象 以定天下之吉凶

　　그 상을 드러내 천하의 길흉을 정하니

六十四卦 三百八十四爻 皆所以順性命之理 盡變化之道也

　　64괘 384효 모두 이로써 성명의 이치에 순하며, 변화의 도를 다하는 것이다.

散之在理則有萬殊 統之在道則无二致

　　이치가 흩어져 만 갈래로 다르고 통솔하는 도가 둘이 아니니

所以易有太極 是生兩儀

　　그래서 역에 태극이 있으니 이것이 양의를 낸다.

太極者 道也 兩儀者 陰陽也

　　태극은 도이고, 양의는 음과 양이니,

陰陽 一道也 太極 無極也

　　음양은 한 도이며 태극은 무극이다.

萬物之生 負陰而抱陽

　　만물의 생겨남이 음을 뒤에 지고 양을 앞으로 안아

莫不有太極 莫不有兩儀

　　태극이 있지 않음이 없으며, 양의가 있지 않음이 없으니,

絪縕交感 變化不窮

　　천지 기운이 풍부히 쌓여 교감함에 변화가 무궁하다.

形一受其生 神一發其智

　　형체가 한 번 그 생을 받고 신이 한 번 그 지혜를 발하여

情僞 出焉 萬緖 起焉

　　거짓과 진정이 나오게 되고 만 가지 단서가 일어나니,

易所以定吉凶而生大業.

　　역으로써 길흉을 정하고 대업을 내는 것이다.

故 易者 陰陽之道也

　　그러므로 역은 음양의 도이고,

卦者 陰陽之物也

　　괘는 음양의 물체이며,

爻者 陰陽之動也

　　효는 음양의 작동이니,

卦雖不同 所同者 奇偶

　　괘가 비록 같지 않으나 같은 것은 홀수와 짝수 뿐이고,

爻雖不同 所同者 九六

　　효가 비록 같지 않으나 같은 것은 9(양효)와 6(음효) 뿐이다.

是以 六十四卦爲其體

　　이런 까닭으로 64괘가 체가 되고

三百八十四爻 互爲其用 遠在六合之外

　　384효가 서로 그 용이 되어, 멀리는 육합의 밖에 있고

近在一身之中

　　가까이는 한 몸 가운데 있어서,

暫於瞬息 微於動靜 莫不有卦之象焉

　　눈 깜짝하고 숨 한 번 쉬는 잠깐 사이와 동하고 정하는 미세한 것에도 괘의

　　상이 있지 않음이 없으며,

莫不有爻之義焉 至哉易乎

　　효의 뜻이 있지 않음이 없으니, 지극하도다! 역이여!

其道 至大而无不包

　　그 도가 지극히 커서 감싸지 않음이 없고,

其用 至神而无不存

　　그 쓰임이 지극히 신묘하여 존재하지 않음이 없다.

時固未始有一而卦未始有定象

　　진실로 때는 처음부터 하나만 있지 않고, 괘는 처음부터 정해진 상이 있지
　　않으며,

事固未始有窮而爻亦未始有定位

　　일은 진실로 처음부터 곤궁함이 있지 않고, 효 또한 처음부터 정해진 자리가
　　있지 않다.

以一時而索卦 則拘於无變 非易也

　　한 때로서 괘를 찾으면 변화가 없음에 구애되니 역이 아니고,

以一事而明爻 則窒而不通 非易也

　　한 가지 일로써 효를 밝히면 막혀서 통하지 않으니 역이 아니며,

知所謂卦爻彖象之義而

　　이른바 괘, 효, 단, 상의 뜻을 알더라도

不知有卦爻彖象之用 亦非易也

　　괘, 효, 단, 상의 쓰임을 알지 못하면 역시 역이 아니다.

故 得之於精神之運 心術之動

　　그러므로 정신의 운용과 마음씨의 움직임에서 체득해서,

與天地合其德

　　천지와 그 덕을 합하며,

與日月合其明

　　일월과 그 밝음을 합하며,

與四時合其序

　　사시와 그 차례를 합하며,

與鬼神合其吉凶然後

　　귀신과 그 길흉을 합한 뒤에야

可以謂之知易也

　　역을 안다고 말할 수 있는 것이다.

雖然 易之有卦 易之已形者也

　　비록 그렇지만, 역에 괘가 있는 것은 역이 이미 형상화된 것이고,

卦之有爻 卦之已見者也

　　괘에 효가 있는 것은 괘가 이미 나타난 것이다.

已形已見者 可以言知

　　이미 형상하고 이미 나타난 것은 안다고 말할 수 있거니와,

未形未見者 不可以名求

　　형상하지 않고 나타나지 않은 것은 무어라 이름을 구할 수 없으니,

則所謂易者 果何如哉

　　이른바 역은 과연 어떠한 것인가?

此 學者所當知也

　　이는 배우는 자가 마땅히 알아야 할 바이다.

河南程頤序

　　하남성 정이가 쓰다.

역전서易傳序

易 變易也 隨時變易 以從道也

　　역은 변하여 바뀌는 것이니, 때를 따라 변하여 바꿈 역시 도를 따른다.

其爲書也 廣大悉備

　　그 글됨에서는 세상의 이치를 넓고 크게 다 갖추어서,

將以順性命之理 通幽明之故

　　장차 성명의 이치에 순응하고 유명의 연고를 통하며

盡事物之情 而示開物成務之道也

　　사물의 뜻을 다함으로써, 사물을 열고 일을 이루는 도를 보이니

聖人之憂患後世 可謂至矣

　　성인이 후세를 근심하고 걱정하심이, 정말 지극하다고 이를 만하다.

去古雖遠 遺經 尙存

　　지나간 옛날은 비록 멀지만 남겨진 경전이 아직 있거늘

然而前儒 失意以傳言

　　지난날의 선비는 의미를 잃고 말만을 전했고

後學 誦言而忘味

　　뒤에 배우는 사람은 말만을 외우고 참뜻을 잃었으니,

自秦而下 蓋無傳矣

　　진나라 이래로는 전함이 없었다.

予生千載之後 悼斯文之湮晦

　　내가 천 년 후에 태어나서 이 글이 빠지고 어둠에 가린 것을 슬퍼하여

將備後人 沿流而求源 此傳所以作也

　　장차 후세사람으로 하여금 흐름을 거슬러 올라 근원을 구하게 함이니, 이것
　　이 역전을 짓는 까닭이라

易有聖人之道四焉 以言者 尙其辭

　　역에는 성인의 도가 넷 있으니 역으로써 말하는 자는 그 글을 숭상하고

以動者 尙其變 以制其者 尙其象

　　행동하는 자는 그 변화를 숭상하고, 그릇 만드는 자는 그 형상을 숭상하고,

以卜筮者 尙其占 吉凶消長之理 進退存亡之道備於辭

　　역으로써 점치는 자는 그 점을 숭상 하나니, 길흉소장지리와 진퇴존망의 도

　　가 글에 갖추어져 있으니

推辭考卦 可以知變 象與占 在其中矣

　　글을 미루어 보고 괘를 고찰해보면 변화를 알 수 있고, 상과 점은 그 가운데

　　들어 있다.

君子居則觀其象而玩其辭

　　군자가 거처할 때면 그 상을 관찰하고 그 글을 음미하며,

動則觀其變而玩其占

　　움직일 때는 그 변화를 관찰하고 그 점을 음미하나니

得於辭 不達其意者有矣

　　글에서 얻더라도 그 뜻을 통달하지 못한 자가 있거니와,

未有不得於辭而能通其意者也

　　글에서 얻지 못하면서 그 뜻을 통할 수 있는 사람은 없다.

至微者 理也 至著者象也

　　지극히 은미한 것은 이치이고, 지극히 드러난 것은 상이니,

體用一源 顯微無間

　　체와 용이 한 근원이요 드러나고 미미한 것에 간격이 없는지라

觀會通 以行其典禮 則辭無所不備

　　모이고 통함을 봐서 그 전례를 행하면 글에 갖추지 않는 바가 없다.

故 善學者求言 必自近

　　고로 잘 배우는 자는 말을 구함에 반드시 가까운 데서부터 하니

易於近者 非知言者也

　　가까운 데를 가벼이 여기는 자는 말을 앎이 아님이라

予所傳者 辭也 由辭以得其意 則在乎人焉

　　내가 전하는 바는 글이니, 글로 인하여 그 뜻을 얻는 것은 사람에게 달려 있

　　느니라.

有宋元符二年己卯正月庚申 河南程頤程叔序

　　송원 이년 기묘정월 경신에 하남 정이정숙은 서 하노라.

『역경질서易經疾書』 서문序文

『역경』이 읽기 어려워진 지가 오래되었다. 복희씨가 괘卦를 설정하였지만 상象은 여전히 밝혀지지 않았고, 문왕과 주공이 사辭를 붙였지만 뜻은 여전히 드러나지 않았다. 공자가 다시 십익十翼을 더하였지만 『역경』을 읽는 사람들은 오히려 말하기를 "심오하여 밝혀지지 않은 점이 있도다. 어찌 그리도 쉽게 밝힐 수 없단 말인가" 하였다. 복희씨가 그은 괘는 심오하고, 문왕이 지은 단사彖辭와 주공이 지은 상사象辭는 간략하다. 공자가 전傳을 지은 것은 후학들로 하여금 명쾌하게 깨치도록 하는 것이 목적이었다. 그러나 단사와 상사가 합치되지 않았을 뿐만 아니라, 바로 공자의 전과 더불어 읽기가 어렵게 되었으므로 앞서의 혼미함이 여전하였고, 이후의 의혹도 더욱 커졌다. 이것이 어찌 후세를 염려한 마음이 미진해서이겠는가. 수많은 세월을 거치며 물정物情이 따라서 변화하고, 언어가 현저히 달라진 까닭에 옛날에는 자세히 알 수 있던 것이 지금에 이르러서는 의심이 생기지 않는다고, 기필할 수는 없기 때문이다.

성인聖人은 고인古人이고, 전하고자 한 것은 마음이었다. 마음은 책에 깃들고 책은 사람에게 주어져 읽히는데, 사람은 고인이 아니니 성인도 어찌할 수가 없었다. 이천伊川 정자程頤가 주해註解하면서 스스로 일컫기를 '7분分 정도 이해하였는데, 이해한 것은 기록해두고 이해하지 못한 것은 버려두었다'라고 하였으니, 의미를 3분 내지 2분 정도 이해하지 못한 것은 본래 어찌할 수 없는 일이었고, 주 선생[朱熹]으로 인하여 바로잡힌 것도 많았던 사실로 볼 때, 의미를 밝히지 못한 것과 밝힌 것이 거의 반반 정도였던 것 같다. 『본의本義』의 말은 뒤에 나와서 더욱 정밀하지만, 주석을 달 무렵에도 혹자는 "이것은 의심스럽고 저것은 이해하기 어렵다"라고 말하였다. 그렇다면 지금 사람들이 날로 낮아지는 지혜를 가지고 선철先哲들이 난해하다고 유보해둔 것을 이해하려는 것은, 망령된 짓이고 또한 서글픈 일이다. 지금 혹 글자마다 풀이를 달리하고 구절마다 의미를 달리하여 어렵사리 설명함으로써 비록 논리를 잘 갖추더라도, 이것은 본래의 의미는 앞서 끊어 버리고 문장만 끌어다 꿰맞춘 것이니, 어떻게 고인의 의도를 알 수 있으며, 이렇게 하고도 반드시 의심이 없을 수 있겠는가. 비유하자면, 통역通譯을 여러 번 거쳐서 들고 온 사신이 자신의 나라로 돌아와 자기가 들었던 중국中國의 방언方言을 전할 때, 이해한 것은 전하고 이해하지 못한 것은 전하지 말아야 옳은 것과 같다. 만약 이해하지 못하고서 억지로 설명한다면, 비록 나라 사람들의 마음에는 충분히 흡족하더라도 결국 중국의 본뜻은 아닌 것이다. 그러므로 '모르는 것을 모른다고 하는 것, 이것이 아는 것이다[不知爲不知 是知也]'라고 하는 것이다.

『본의』의 경우에는 반드시 글에 의거하여 해석을 하고 말에 따라서 의미를 밝혔으며, 궁구할 만하면 궁구하고 막히면 바로 그만두었다. 궁구하는 것이 자랑거리가 아니라 그만두는 것이 어려운 것이니, 이것이 『역경』을 읽는 바른 방법이다. 내가 『역경』을 공부할 때에 한결같이 옛 풀이를 따라서 막히는 것이 너무 많더라도 싫어하지 않았으며, 간혹 약간이라도 터득한 것이 있으면 기탄없이 모두 기록하였다. 그러면서 생각하기를 '내 말이 꼭 맞는 것도 아니고 꼭 틀리는 것도 아니니, 안목眼目이 있는 사람이 나와서 취사取捨하기를 기다릴 뿐이다'라고 하였으니, 그 뜻이 혹시라도 밝혀지기를 바란 것이다. 이것은 또한 마치 아홉 갈래의 대로大路를 앞에 두고 어느 방향으로 가야 할지 모르는 사람이 길을 제대로 잡으면 목적지에 도달하고 길을 잘못 잡으면 바로 곤경에 빠지는 것과 같으니, 사람의 이해利害가 첨예하게 걸린 경우라면 반드시 사람의 꾀를 더욱 모아서 갑론을박하며 방법을 모색하여 비록 작은 지혜와 재주를 가진 천한 사람에게라도 두루 의견을 들은 뒤에야 비로소 그만두어야지 '내가 있으니, 너희는 일단 가만히 있어라'라고 단정하여 말해서는 안 된다. 저 갈림길에서 묻지 않는 자는 길을 잘못 들어 천리가 어긋나게 되는 것을 걱정하지 않는 자이다. 식견 높은 사람은 과연 어떻게 생각할지 모르겠다.

易之難看久矣. 伏羲設卦而象猶未昭. 文王周公繫之辭而義猶未察. 孔子又加之翼. 執卷者尙曰賾賾乎有餘蘊在. 何其不可以易明也. 夫義畫秘矣. 文象周象則簡矣. 至孔子之作傳. 要後人痛快覷破. 然不但象象之未契. 卽並與孔傳而難讀. 與前迷猶在. 後惑益繁. 此豈憂患後世之功. 爲有未到哉. 抑歲歷千億. 物情隨異. 言語迥別. 故詳乎古者未必不疑於今也. 聖人古人也. 所欲傳者心也. 心寓乎書. 書付乎人. 人之非古. 聖人亦無奈何也. 及至伊川程子之解. 自謂七分有得. 得者著之. 不得置之. 其義固不禁三二分未透. 而因朱先生所駁正亦多. 則殆若幽與闡之. 幾乎相半歟. 本義之言. 後出愈精. 然箋釋之際. 尙或曰此可疑而彼難通也. 然則今人以每下之智思. 求有見於先哲之所擔閣者. 妄也. 亦可哀也. 今或字字異訓. 句句殊旨. 艱難以說得. 雖似曲成道理. 是則先斷其義. 援文而符之. 安知古人之意之所在. 必如此而無疑乎. 比如重譯輶軒. 歸宣中國之方言. 通者傳焉. 否者已焉. 斯可矣. 苟使未透而強說. 雖十分當乎邦人之心. 畢竟非中國意旨也. 故曰不知爲不知是知也. 如本義者. 必依文立解. 沿其言而發其義. 可竀而竀之. 柅則便止. 非竀之爲姤. 止之爲難. 玆爲讀易之正法. 余之學也. 一遵舊訓. 不厭蒙蔽之太多. 或有一斑之窺. 亦不憚並錄. 其意蓋曰言未必是. 亦未必非. 則惟待有目者去就之. 庶幾厥旨之或發. 此又如九逵在前. 人迷所向. 得則達. 失便入阬. 而爲人利害之極則必將益聚人謀. 甲乙互辨. 雖挈瓶洒削之賤. 進而該聽. 然後方已也. 不應斷之謂吾在爾且休矣. 彼歧衢而不詢者. 不憂千里之謬者也. 未知達識. 果以爲何如也.

만물 만사에는 물리가 있고 사리가 있다. 즉 근원적인 큰 이치가 있는가 하면 사물마다 각기 다른 크고 작은 사리가 있다는 소리다. 국가가 이끌어 가는 큰 흐름이 있는가 하면 개개인의 운도 함께 존재한다고 이해하면 좋다. 이런 이치를 밝히는 학문이 『주역』이다. 그러기에 각기 다른 물리와 사리에 맞춰 살피는 『주역』은 쉽지만은 않을 것이다. 어째서인가? 물리와 사리가 어떤 고정된 틀에 매어 있을 수 없고 늘 변하기 때문이다. 그렇지만 『주역』도 법칙이 있기에 그 법만 알면 쉽다. 그래서 역易을 변화를 알아내는 경전으로 『역경易經』 또는 이치를 알면 쉽게 세상을 아는 『이경易經』이라 했다.

다산 정약용은 공자가 『주역』을 엮은 이래로 역을 가장 깊게 연구한 사람으로 봐도 좋다. 그 다산이 친구 윤영희에게 보낸 편지 내용이 이랬다.

"내가 열 서너 살 무렵 부친께서 하루에 『주역』 한 괘씩을 읽으시고는 무릎을 치며 감탄하는 것을 보았다. 부친께서 왜 그렇게 하시는지를 묻지는 못했다. 훗날 규장각 각신閣臣이 되었을 때, 비로소 성인[정조 임금]에게 『주역』을 배우게 되었음을 자축했다. 그런데 『대학』부터 시작한 성인의 강론이 『주역』에 이르렀을 때, 그만 부친상을 당하여 안타깝게도 『주역』을 배우지 못했다."

다산은 어릴 때 선친으로부터 듣고 자랐던 『주역』을 당시 모시던 정조대왕으로부터 직접 배울 기회를 놓쳤다는 것이다. 시간이 흐른 후 당대의 석학 정헌貞軒 이가환李家煥을 찾아 이런 문답을 나눈다.

"대감, 다른 경전은 대략 통할 수 있으나 『주역』은 어렵습니다. 어찌하면 알 수 있겠습니까?"

"나는 『주역』을 평생 연구하여도 알지 못할 글로 이미 판단했으니 나에게 묻지 말게."

"성재 이익의 『역경질서』는 어떻습니까?"

"그것은 우리 집안 어른의 책이라 일찍이 숙독하였으나 역시 『주역』은 어렵고 알 수 없었네."

정헌의 말인 즉 『주역』은 워낙 익히기가 어려워 이빨이 물리지 않는다고 고백했다. 다산은 이런저런 이유로 포기했던 『주역』을 유배지 강진 땅에서 평생의 사업으로 세운 예학禮學을 정리하다, 『주역』을 모르면 예禮를 풀 수 없다는 결론에 이르게 되자, 1804년에서 1808년 5년 동안을 오로지 『주역』 한 권만을 들고 팠다. 그 결과로 마침내 역학사상 획기적인 의의를 지닌 『주역사전』을 완성해 내고 만다. 당시를 짐작할 수 있는 절친 윤외심에게 보낸 편지에 이런 내용을 담았다.

"친구가 알다시피 내가 『주역』 연구에 전념한 것은 계해년 봄 이후였다네. 너무나 깊이 여기에 몰두한 나머지 눈으로 보는 것, 손으로 잡는 것, 입으로 읊조리는 것, 마음으로 생각하는 것, 붓으로 기록하는 것으로부터, 밥 먹고, 변소 가며, 손가락 놀리고, 배 문지르는 것에 이르기까지, 어느 것 하나 『주역』 아닌 것이 없었다네."

복숭아 뼈가 세 번씩이나 문드러지는 과골삼천髖骨三穿 끝에 나온 피고름에 절은 저서가 바로 『주역사전』이었음을 알아달라는 소리 같다. 그는 붓과 벼루를 잡고 아침부터 밤까지 쉬지 않았다. 눈과 입에서는 진물이 늘 흘러내렸고, 왼쪽 팔과 다리는 마비로 절뚝거렸다. 그렇게 죽기살기로 탈고한 저서에 대한 자부심이 두 아들에게 보낸 편지 속에도 은근히 나타났다.

"이번에 탈고한 『주역사전』이야말로 하늘이 도와서 낸 문자이지, 결코 사람의 힘으로 통할 바가 아니었다. 더구나 인간의 얄팍한 지혜나 생각으로는 도저히 이를 바가 아니었다. 비록 엄청난 정성으로 얻은 저서지만, 만약 시절이 수상하여 아는 사람은 적고 비난하는 사람이 많아, 천명이 허락하지 않는다면 불에 태워 버려도 좋다. 그러나 이 책이 어려워 이해하기 힘들지만, 만약 알아주는 사람이 천년에 한 사람이라도 나오면, 그는 나의 자손이나 벗으로 여겨 후한 대접으로 맞이할 것을 명심하여라."

흑산도에서 유배생활을 하는 중형 정약전에게 보낸 편지에도 저간에 내력을 비췄다.

"『주역』이 주나라 사람들의 예법이 담겨 있는 것이어서, 유학자라면 그 미묘한 말과 오묘한 뜻이 발휘되어 있는 것을 밝히지 않을 수가 없습니다. 그러나 옛 성인은 미묘한 말과 오묘한 뜻을 모두 그 단서만 슬쩍 드러내 보여, 스스로 생각해서 스스로 얻게 했던 것입니다. 만약 이 역易이 숨김없이 환하게 드러나 볼 수 있었다면 아무 맛도 없었을 것입니다. 형님, 제가 몇 년 전부터 『주역』 공부에 전심전력을 쏟고 있다는 것을 알고 계셨지요? 이는 오로지 성인의 뜻을 밝히고자 하는 데 있었습니다."

말인 즉, 다산은 문왕, 주공, 공자 같은 성인들이 개인의 길흉화복을 점치기 위해 『주역』을 지었을 리 없다고 생각했다는 것이다. 그는 "성인이 천명을 알아야만 그 뜻에 순응하고 백성을 다스려 나갈 것인데, 그 답을 『주역』에 담아 두었을 것"이라는 확신을 가졌던 것이다. 역사 이래로 하늘이 원하는 바[천명]를 알지 못하면 어느 임금도 국가대사를 바로 처리할 수 없었다. 임금이라도, 백성을 위한 선의의 정책일지라도, 그 성패가 불분명할 때는 천명에 물어 하늘의 뜻에 부합하다면 비로소 추진토록 하기 위한 목적으로 『주역』을 저술했다는 것이다. 『주역』은 김가 이가 길흉을 봐주는 점서가 아니라 바로 국가정책을 결정하는 교과서이자 참고서이며 경륜서였다. 곧 『주역』은 크게는 국가대사를 결정하는 임금뿐 아니라, 작게는 백성 하나하나를 성인으로 만들어 내는 내성외왕학內聖外王學으로서의 임무를 지닌 개물성무학開物成務學이었다.

*

사마천은 『공자세가』에서 주역을 완성한 공자의 노력을 이렇게 적고 있다.

"공자는 늙어가면서도 『역경』을 좋아해, 집에 있을 때는 역易을 늘 책상머리 가까이에 두었고, 밖에 나갈 때는 항상 꼭 행낭에 넣고 다녔다. 그리고 그는 가죽 끈으로 이은 죽간竹簡 책을 세 번이나 끊어지도록 읽고 또 읽었다."

그런 공자가 위편삼절韋編三絶(鐵撾三折·漆書三滅)의 각고로 『주역』을 엮은 후 다음의 말을 남겼다.

"내가 이 책을 한 50년 쯤 다듬었으니 크게 흠은 없을 것이다[加我數年 五十以學易 可以無大過矣]."

그런 자부심을 가지고 있던 공자에게 어느 날 제자 자공(공자 사후 6년 시묘살이를 한 제자)이 뜬금없는 말로 시비를 걸어왔다.

"사부님께서는 옛날에 가르치시기를, 덕행이 없는 자는 귀신에 쏠리고, 지모가 모자라는 자는 복서로 점을 친다고 말씀하셨습니다. 저는 이것을 지당한 것으로 여겼고 가르침을 열심히 따랐습니다. 그런데 스승님께서는 어찌하여 늙어 가시면서 역易을 그렇게나 좋아하십니까?"

공자의 답변이 이랬다.

"군자는 앞길이 창창하면 그냥 가면 되는 것이고, 불길하면 피해가야 한다. 이를 잘 살펴 가는 자는 덕을 그르치지 않을 것이다. 『상서』는 선학들의 결손이 많지만 『역易』은 망실된 곳이 없다. 나는 너희들이 생각하는 것처럼 『역易』을 점술적 가치로만 여기지 않는다. 그 속에는 군자가 평생을 연구하고 탐구할 엄청난 뜻[微言大義]이 숨어 있다."

그러자 자공이 "그럼 스승님께서도 점을 믿습니까?" 했다. 이에 공자는 "내가 백 번 점을 치면 거의 적중했다. 그러니 점을 따르는 경우가 많을 수밖에 없지 않았겠는가?"라고 답하였다.

이런 문답을 『중용』에다 아래와 같이 자세하게 적고 있다.

"군자가 자신에게 근본을 세우되 그것이 백성으로 하여금 증명이 되어야 하고, 옛날 고대 삼왕에 비하여도 조금도 틀리지 않아야 하고, 천지 사이 어디에 세울지라도 어긋나지 않아야할 만큼 확실해야 한다. 다시 말하면 군자의 도는 귀신에게 물어보아도 틀림없다 해야 하늘을 아는 것이 되고, 백세 후에 성인을 기다렸다가 물어보아도 틀림없다 해야 사람을 알게 되는 것이다."

다산은 확신에 찬 공자의 이 대답에 매료되어 역을 완벽하게 푼 공자의 본의를 뚫고 해답을 캐려고 덤볐던 것이다. 당시 공자의 일갈이 아래 설괘에 전해져 온다.

"성인이 역易을 창제한 까닭은 세상 근심걱정 때문이었다. 만백성이 근심걱정이 없고 길흉을 다 알 수 있었다면 성인이 왜 역易을 지으려고 했겠는가.(이는 지장보살이 '지옥에서 신음하는 중생이 있는 한 내가 어찌 이 지옥을 떠날 수 있겠는가?' 했던 안타까움과 다르지 않다). 무릇 역易이란 과거를 밝혀내고, 미래를 살피고, 또 은미하게 숨은 신비로움을 드러내고, 어두운 곳을 활짝 열어젖혀 유비무환有備無患하고 피흉취길避凶取吉하여 만사를 성공시키려는 임무를 지닌다. 이러니 역易을 통해 사물의 기미를 알 수 있다면 어느 임금도, 어느 사장도, 어느 아비도 성공하지 않겠는가? 군자가 위로는 공손하되 아부하지 않으며, 아랫사람에겐 친하지만 그로 인해 몸을 더럽히지 않는 이유가 이 때문이다. 이는 장차 자신에게 다가올 재앙에 대한 기미를 알고 있다는 증거일 것이다. 기미란 사물의 움직임에 나타나는 작은 징조로, 거기에는 이미 길흉의 단서가 나타나 있다. 그런 까닭에 군자는 기미를 보고는 그 때를 절대 놓치지 말아야 한다. 어찌 그 기미를 보면서도 미적미적거리다 국 쏟고 살 덴 후에야 그 기미를 챙겨 무엇에 쓰겠는가! 그 사람의 빠른 과단성은 그 기미를 아는 데서 생겨날 수밖에 없다. 이렇듯 군자는 현미경으로도 도저히 찾아볼 수 없는 작은 기미를 알 수 있기 때문에, 태산처럼 크게 나타나는 현상도 알고[知微知彰], 또 물과 바람 같은 부드러움을 알기에 창칼 같은 강단도 안다[知柔知剛]. 고로 기미를 아는 군자만이 만인의 숭앙을 받게 될 것이다 [萬夫之望]."

    *

『생생주역』의 에필로그를 쓰며 문득 동짓날 새벽녘 하늘에 걸린 눈썹달을 쳐다 보다 하늘에 이 나라 국운을 물어보기로 했다. 먼저 대한민국 사람이라면 남한의 정치 경제도 중요하지만 북한 김정은의 처신을 걱정하지 않을 수 없을 것이다. 우리나라가 피땀흘려 아무리 미국 중국 일본보다 살림이 더 나아진다 해도, 저 북한이 또 다시 6·25를 일으키고 핵폭탄을 터트리며 전쟁을 도발한다면 그 다음은 도저히 상상이 힘든 일이다. 그래서 김정은의 체재를 걱정하지 않을 수 없어, 저 친구의 앞날을 물어보았다. 수지비괘 상효였다. 답은 미국도 잡아 삼키겠다고 호언장담하던 김정은이 목이 댕그랑하고 달아난다고 귀뜸을 해주었다. 본 『생생주역』에서는 이 장면을 이렇게 풀고 있다.

"상6 김정은은 (소인들끼리 붕당을 지어) 한미 간을 오가며 친하게 지내는 척했는데, (믿음을 주지 못하고 속임수가 드러나자) 머리가 (참수 되어) 없어지는 일을 당하니 흉할 것이다."

즉 김정은이 참수 되어 제 명을 다 살지 못하고 간다는 소리 같다. 원래 김정은이란 상6은 믿을 놈도 사귈 놈도 아니었다. 공자도 저런 친구를 "친하게 지내던 사람의 머리가 참수되었다는 것은 끝내 제 목숨을 보전하지 못하고 죽을 것이다 [象曰, 比之无首, 无所終也]"라며 김정은을 고종명考終命하지 못하고 죽을 놈으로 보았다. 우리는 이라크 대통령 사담 후세인의 최후를 보았고, 알카에다 빈라덴과 IS 알바그다디를 사살한 '제로니모', '케일라뮬러' 같은 참수 작전도 보았다. 김정은이 바로 그런 그림을 그릴 것이란다. 그 옛날에도 진시황을 도와 문자통일과 분서갱유 같은 엄청난 일을 벌이는데 가장 큰 공을 세운 이사李斯 같은 친구도 진시황이 죽자 환관 조고趙高의 꾐에 빠져 부귀영화로 올인하다 오히려 조고의 무고로 반역죄의 누명을 쓰고 아들과 함께 시장 바닥에서 머리와 허리가 잘리는 참형으로 마감하고 만 것을 '비지무수比之无首'한 흉살, 즉 참수의 좋은 예로 쳤다. 저 김정은의 앞날을 불법佛法으로 본 지욱선사 역시 "궁색한 공부로 살아가매 능히 부처를 보고도 법문을 듣지 못한 자, 팔만겁을 만날지라도 넉넉하게 공망空亡에 떨어짐을 면치 못할 것이다. 또 거짓 수행으로 비로정상毘盧頂上에 올랐다 하나, 실로 진실한 자리를 상응하지 못하였으니, 생사가 도래하매 문득 탕수湯水에 떨어진 방해螃蟹(게) 신세와 같도다" 하였다. 백악관 쪽에서 참수작전斬首作戰 (decapitation strike) 소리가 심상찮게 들린다.

다음은 경제 문제로, 문재인 정부의 '탈원전 정책'이 대한민국을 위한 바람직한 것인가를 물었다. 천지비괘天地否卦였다. 본 『생생주역』의 풀이를 보면 비괘否卦를 이렇게 풀고 있다.

"비否는 정부는 정부대로, 친정부 친문 부류와 고집을 피우며 가고, 50 대 50의 대다수 국민과 기업은 나라에 버림받는 비참한 길로 가게 되니 비정상적인 정책이다. 비유하자면 비괘는 남편이 제 욕정만 채우고 콧노래를 부르며 외출하러 나간 사이 안방에서 배고픈 아이들을 끌어안고 남편을 원망하는 부인의 상으로 볼 수 있다. 이런 행태라면 아무리 군자가 정도를 지키며 바르게 나아간다 해도 불리했으면 불리했지 유리할 일은 없다."

국가는 군사 정치 경제 문화 등 만 곳의 길이 막히게 해서는 되지 않고, 백성과 나라가 언제나 하나로 소통이 되어 태평성대를 이뤄 나가야 한다. 공자가 다시 한번 설명을 보탠다.

"비괘否卦는 비색否塞으로, 태통泰通과는 달리 하늘과 땅도 믿음을 가지고 교제하지 못하고[天地不交], 만물도 서로 통하지 못하고[萬物不通], 상하도 서로 사귀지 못하여[上下不交], 천하에 그 어떠한 나라들과도 우방이 되지 못할 것이다[天下无邦也]."

탈원전 정책은 한 마디로 도움 되는 일이 아니라는 것이다. 더구나 탈원전 정책 여파가 내적으로 안살림(경제)을 어둡게 하고 밖으론 투쟁을 일삼는 극성파들의 주장만이 무성하며[內陰而外陽], 안으로는 입이 열 개라도 침묵으로 일관하고 겉으로는 사리에 맞지 않는 강성들만 탈원전을 주장해댈 것이다[內柔而外剛]. 그러기에 비즘는 군자의 생각과는 아주 먼 소인 집단의 나쁜 계산이다[內小人而外君子]. 이런 때는 소인들만 기세를 피우고[小人道長] 점잖은 군자들은 숨어 버린다[君子道消]. 이런 반경제적인 정책을 막무가내로 밀고 나아가니 군자의 정도가 먹힐 리 없다[匪人不利君子貞]. 크게 노력하고 애써도[大往] 돌아오는 대가는 적고[小來], 곤란에 처하여 어려움과 비난만 무성할 뿐이다.

『성종실록』에도 이런 경우에 대한 충신의 소리가 높았다. "임금이 소인을 쓰는 해는 아주 큽니다. 소인을 좌우에 가까이 두면 그 교언영색巧言令色이 족히 임금의 총명을 어지럽힐 것이요, 기무機務에 참여시키면 그 아첨하는 입술과 거짓말하는 혀는 족히 임금의 정사政事를 해칠 것이요, 백성을 다스리게 하면 탐폭貪暴하고 권력을 믿고 사리사욕을 채우기 위해 함부로 직권 남용하는 짓들은 족히 임금의 적자赤子를 해롭게 할 것이요, 작은 일과 세세한 사무에 이르기까지 무엇이든지 그렇지 아니함이 없을 것입니다. 그러므로 『주역』에서 '군자가 안에 있으면 태통괘[泰卦]가 되고, 반대로 소인이 안에 있고 군자가 밖을 돌면 비색괘[否卦]가 된다'고 하였습니다. 군자와 소인의 진퇴는 국가 안위安危의 기틀에 관계되는 것이니, 가히 삼가하지 않을 수 있겠습니까?"

안동 하회마을 유성룡 생가 충효당에 걸린 '태극비래泰極否來'라는 글귀도 임진왜란이란 큰 환란을 겪어 본 서애 선생의 큰 교훈이다. 전란과 환란 같은 나라의 비색은 임금의 무능과 측근의 오판이 불러온다. 참고로 '한국형 원전'을 개발하고 상업화(원전 수출, 원자력사업)했던 이병령 박사가 『한국형 원전, 후쿠시마는 없다』를 출간한 소회를 들어 보자.

"없는 능력으로 죽을 둥 살 둥 '한국형 원전'을 만들어 놓았는데 정권 잡았다고 마음대로 한다. 서러움에 목 놓아 울었고 너무 분했다. … 하루는 김대중 대통령 쪽에서 연락이 와서 만났다. 그는 원전의 중요성을 잘 알고 있었다. 노무현 대통령과도 여러 번 만났다. 그때만 해도 노대통령은 핵무기 개발 생각도 갖고 있는 걸로 느껴졌다. 대통령이 된 뒤 지지 세력의 눈치를 봐야 했지만 그래도 국익을 위한 결정을 했던 것이다. 그 증거로 김대중·노무현 정부에서는 원전 4기씩을 더 지었다. 김대중 후반기에 신고리 1·2호기, 신월성 1·2호기 건설 승인이 났다. 노무현 정부도 신고리 3·4호기, 신울진 1·2호기 건설을 미루다가 결국 승인했다. … 문 대통령의 탈원전은 국정철학이 아니라 똥고집처럼 보인다."

국가의 백년대계를 세우는 정책이 사리사욕이나 포퓰리즘에서 나온다면 훗날 그 대가는 백성이 오롯이 뒤집어 써야 할 것이다. 앞날이 걱정이다.

또 "문재인 정부가 재집권이 가능할까?"를 물어 보았지만 워낙 민감한 사항이라 다른 지면을 통해 밝히기로 한다.

마지막으로 주역은 삶과 죽음의 문제도 자세히 설명해 준다기에 내 친구의 죽음을 물어 보았다. 나에게는 형제 이상으로 골목에서 같이 뒹굴고 자란 친구가 있다. 그가 위암 4기라는 판정을 받고 서울 큰 병원으로 갔다. 전이가 심하여 수술조차 하지 못할 형편이었다. 가족들에겐 청천벽력이었다. 하루는 이 친구가 앙상한 뼈를 드러내며 나에게 주문을 했다.

"내가 살지 죽을지, 주역 선생 당신이 하늘에 한번 물어 주게."

나도 겁이 나서 이 친구의 문제를 애시당초 묻지를 못했다. 만약 하늘이 저 친구가 죽는다 하면, 아무리 태연하게 보이려 해도 나의 감정이 그에게 읽히고 말 것이기 때문이었다. 내가 할 수 있는 일은 오나 가나 앉으나 서나 오직 이런 기도뿐이었다.

"저 친구 항암치료 잘 마치고 빨리 예전 건강을 회복하여 말년에 느긋한 행복을 같이 만끽하도록 해주소서."

그러다가 어느 날 새벽 큰 맘을 먹고 하늘에 물었다.

"하늘이여, 당신께서 저 친구의 생사를 소상하게 살피시고 밝혀주소서."

하늘이 나에게 내민 답변은 산수몽괘 2효였다. 난 친구에게 이런 풀이를 해주었다.

"포몽包蒙이라 길吉하고, 또 납부納婦면 길吉하고, 자子 극가克家 하도다."

"이게 무슨 소리냐? '몽蒙'이 바로 암덩어리다. 당신의 독하게 먹는 정신이 이놈 암덩어리를 굳건하게 잘 포장하여 밖으로 전이하는 걸 막아주기 때문에 더이상 악성으로 발전하지 않게 해줄 것이다. 단 하늘이 내민 옵션을 잘 지키라는 조건은 있다. 이걸 지키지 못하는 순간 하늘은 자네의 목숨을 거두어 갈 것이라 하니 명심하게. 첫째, 가족이 성심성의를 다해 도와 줄 것. 누구나 다 아는 문제. 둘째, 부인과의 문제를 잘 풀어 나갈 것. 부인이 사경을 헤매는 남편에게 잘 해주고 못 해주는게 아니라, 암에 걸린 친구 당신이 부인의 모든 것을 용서하고 받아들여야 한다는 어려운 숙제야. 부부 사이에는 서로 용납하지 못하고 서로 이해하지 못한 부분쯤은 어느 부부에게든 있을 수 있다. 그렇지만 하늘이 특별히 이 부분을 친구 당신에게 제시하는 걸 보면, 당신 부부에게는 서로 마음 문 열지 못하고 속에서 걱정만 끼치는 아주 어려운 부분이 있다고 봐야 할 것이다. 그렇지만 지금은 부부의 사소한 자존심 문제가 아니라, 사느냐 죽느냐 하는 생사 문제이기에, 한가하게 그런 걸 따질 겨를이 없는 절대절명의 순간이다. 그러니 친구가 살려고 하면 부인의 모든 것을 아름답게 봐야 하는, 특별한 명약을 지어 먹어야 한다는 것일세. 이게 쉬운 문제일까 어려운 문제일까? 내가 하루 빨리 죽기 위해 부인과의 암투를 끊임없이 할 것인지, 아니면 저 건강하고 행복한 지혜로운 부부처럼 단칼에 어리석은 갈등을 베어버리고 삶을 찾을 것인지. 하늘이 내준 처방은 어려운 문제는 아닌 것 같다. 부부 간의 문제만 말끔하게 풀면 내 병이 나을 뿐 아니라, 가화만사성 아름다운 노래 소리도 끊이지 않을 것일세. 그렇게만 되면 자네 집에는 장남보다는 둘째 아들이 부모도 잘 모시고 집안도 일으키는 효자가 되어 친구의 집은 남부러운 행복을 누릴 것으로 믿는다네."

가벼운 발걸음으로 병실을 나오면서 친구에게 "자네는 참 재수 없는(?) 사람이야. 죽을 병에 걸렸는데도 죽지도 못하니 말알세" 했더니, 그 친구가 "이 말은 자네와 나만 아는 천기누설(?)일세" 하며 둘이 두 손을 마주 잡고 크게 웃었다. 「계사전」의 말이다. "역은 죽고 사는 생사의 문제도 자세히 설명해 준다."

*

다산은 강진 유배 생활 중 마땅한 거처가 없었다. 주막 노파가 뒷방을 내어준 덕에 동네 아이들을 모아 놓고 글을 가르치며 『주역』을 읽었다. 하루는 백련사 아암兒菴 혜장惠藏에게서 만나자는 연통이 있었다. 차일피일 미루다 어느날 암자를 찾아 혜장과 나눈 대화 한토막이 재미있다. 혜장의 비석에 새겨진, 다산이 친히 쓴 비문 내용 한토막이다.

혜장 : "저는 『주역』에 관한 책은 모조리 읽어서 내용이 환합니다."

다산 : "그럼 『주역』에서 왜 양을 9라 쓰던가요?"

혜장 : "9는 양수의 극이지요."

다산 : "그럼 음수는 어디에서 극이 되지요?"

혜장 : "10에서 극이 됩니다."

다산 : "그렇다면 어찌 『주역』에서는 음을 10으로 쓰지 않고 6을 쓰지요?"

혜장 : "예에? 그런 질문이…… 산승이 20년 동안 『주역』 공부를 해왔지만 다 헛것이었습니다. 감히 묻건대 음효가 6을 쓰는 이유를 깨닫게 해 주십시오."

다산 : "나 역시 잘 모르나, 9는 노양수고 6은 노음수라, 저 둘은 항상 변할 수 있다는 뜻일 게요."

혜장 : "선생님, 우물 안 개구리와 장독 속의 초파리는 자신의 식견을 가름할 길이 없습니다."

이는 1805년 4월 17일 백련사에서 다산과 혜장이 초면에 '9'와 '6'과 '10'이란 단 세 마디 문답에 기고만장하던 혜장의 예봉이 꺾이고 만 에피소드이다. 그날 다산의 첫 『주역』 제자가 된 혜장은 천하의 어떤 문도 열 수 있는 만능열쇠 마스터키 하나를 얻고는 밤새도록 백련사 앞마당에서 384효 동작으로 춤을 추었던 것으로 기억한다. 이런 독백을 하면서. "구九는 9로 양이 음을 아름답게 리드하여 뿌리를 튼튼히 내리고, 육六은 6이라 음으로 양에게 받은 씨의 싹을 아름답게 피워 올리는데 갖은 애를 다쓰는데, 십十은 10으로 음양이 어울려 즐기기만 하지 뿌리 내리고 열매 맺는 일에는 일체 마음을 두지 않는구나. 아! 그러니 9와 6을 생생生生의 대표로 쓰고 10은 취하지 않았구나!"

각설하고. 본 『생생주역』에서는 다른 주석서와 달리 의리와 상수뿐 아니라 유불선을 넘어 통변通變에 도움을 주려고 애를 썼다. 특히 조선의 쟁쟁한 대유大儒들의 도움을 얻기 위해 그들 옆에 앉아 먹도 갈았고, 도포자락 붙잡고 매달리기도 했다. 오래전부터 『주역』에 관심을 기울여 온 이른아침 출판사 김환기 사장의 애씀과 교정을 도운 유마와 미륵 선생의 노고를 다시 한번 치하하며, 마지막으로 고운 최치원 선생의 충고로 에필로그를 맺고자 한다.

"『주역』은 내가 모실 수 있는 최고의 스승이다. 만약 당신 같이 천하를 경영하려고 힘쓰는 사람이라면 이 역易을 모르고서 감히 어떻게 한다 말인고?"

고운 선생의 충고를 떠올리자니 다시 생각나는 뉴스 하나가 있다. 경기도 성남시의 대장동이란 곳에서 아파트 단지를 개발하던 회사가 정치권 및 법조계 인사들에게 적극적으로 로비를 펼쳤다는 의혹이 있는데, 여야의 내로라하는 정치인과 국민 누구나 알 만한 법조인들의 이름이 하루가 멀다 하고 뉴스에 오르내리고 있다. 여당의 대통령 후보로 선출된 사람이 성남시장으로 있을 때 사업이 추진되었다고 하고, 이 사업으로 벌어들인 돈이 어마어마한 모양이다. 그런데 그 개발회사의 이름이 주역의 괘명인 '화천대유'요 '천화동인'이어서 또다른 입길에도 오르는 모양새다. '화천대유'는 크게 가진다는 말이고 '천화동인'은 모두가 한마음으로 어울려 모인다는 말이니, 크게 벌고 공평하게 나누어야 순리에 맞는 일이 될 것이다. 그런데 이를 운용하는 사람이 큰 이치를 버리고 사사로이 일을 처리한다면 어떻게 될까? 당연히 진리도 거꾸로 돌아가서, 결국은 못 볼 꼴을 보게 될 것이 뻔하다. 주역의 얕은 지식으로 이름만 그럴 듯하게 짓는다고 복이 오는 것이 아니다. 주역에 새겨진 천하와 만물의 이치와 원리를 살피고 새겨서 이를 따르는 것이 진정 주역을 이해하고 바르게 활용하는 길일 것이다.

2021. 10. 20

문수학당에서 易農生 張永東

1. 문집류

강증산『개벽』/ 경허선사(鏡虛禪師)『참선곡』/ 권상하(權尙夏)『한수재집(寒水齋集)』/ 권우(權宇)『송소선생문집(松巢先生文集)』/ 권익창(權益昌)『시문집(詩文集)』/ 권필(權韠)『석주집(石洲集)』/ 권호문(權好文)『송암집(松巖集)』/ 기준(奇遵)「육십명(六十銘)」/ 기대승(奇大升)『고봉집(高峯集)』/ 김굉필(金宏弼)『한훤당집(寒暄堂集)』/ 김극기(金克己)『불우헌집(不憂軒集)』/ 김낙행(金樂行)『구사당집(九思堂集)』/ 김대현(金大賢)『유연당집(悠然堂集)』/ 김상헌(金尙憲)『청음집(淸陰集)』/ 김성구(金聲久)『팔오헌집(八吾軒集)』/ 김성일(金誠一)『학봉집(鶴峯集)』/ 김수환(金壽煥)『바보가 바보들에게』/ 김윤식(金允植)『운양집(雲養集)』/ 김정희(金正喜)『완당전집(阮堂全集)』/ 김조순(金祖淳)『풍고집(楓皐集)』/ 김종직(金宗直)『점필재집(佔畢齋集)』/ 김주근(金洙根)『잠암유연당집(岑巖悠然堂集)』/ 김창협(金昌協)『농암집農巖集)』/ 김흥락(金興洛)『서산집(西山集)』/ 가의(賈誼)『복조부(鵩鳥賦)』/ 남병길(南秉吉)『선택기요(選擇紀要)』/ 남병모(南秉模)『가고(家稿)』/『영양남씨난고종택세고(英陽南氏蘭皐宗宅世稿)』/ 남사고(南師古)『格庵遺錄(격암유록)』/ 남효온(南孝溫)『추강집(秋江集)』/ 남효원(南孝源)『영와문집(寧窩文集)』/ 노수신(盧守愼)『소재집(穌齋集)』/ 도잠(陶潛)『도연명집(陶淵明集)』/ 두보(杜甫)『두공부집(杜工部集)』/ 문선명(文鮮明)『통일사상』/ 방적아(龐迪我·Pantoja))『칠극대전(七克大全)』/ 박세무(朴世茂)『동몽선습(童蒙先習)』/ 박지원(朴趾源)『연암집(燕巖集)』/ 박치화(朴致和)『설계수록(雪溪隨錄)』/ 배상룡(裵尙龍)『등암집(藤庵集)』/ 백거이(白居易)『동문선시(東文選詩)』/『백씨문집(白氏文集)』/ 서거정(徐居正)『사가집(四佳集)』/ 서명응(徐命膺)『보만재집(保晩齋集)』/ 서산대사(西山大師)『선가귀감』/ 손사막(孫思邈)『천금방(千金方)』/ 손성연(孫星衍)『공자집어(孔子集語)』/ 송준길(宋浚吉)『동춘당집(同春堂集)』/ 신흠(申欽)『상촌고(象村稿)』/ 안병욱(安秉煜)『안병욱수필선집』/ 안정복(安鼎福)『순암집(順菴集)』/ 양웅(揚雄)『태현경(太玄經)』/ 여곤(呂坤)

『신음어적(呻吟語摘)』/ 여본중(呂本中)『동몽훈(童蒙訓)』/ 오건(吳健)『덕계집(德溪集)』/ 왕수인(王守仁)『왕문성공전서(王文成公全書)』/『전습록(傳習錄)』/ 왕숙(王肅)『마왕역의(馬王易義)』/ 왕안석(王安石)『왕임천선생집(王臨川先生集)』/ 왕충(王忠)『논형(論衡)』/ 원오극근(圜悟克勤)『벽암록(碧巖錄)』/ 위백규(魏伯珪)『존재집(存齋集)』/ 유병산(劉屛山)『심경(心經)』/ 유중교(柳重敎)『성재집(省齋集)』/ 유성룡(柳成龍)『서애집(西厓集)』『징비록(懲毖錄)』/ 유승현(柳升鉉)『용와집(慵窩集)』/ 유향(劉向)『열녀전(列女傳)』「추맹가모전(鄒孟軻母傳)」/ 육소형(陸紹珩)『취고당검소(醉古堂劍掃)』/ 윤기(尹愭)『무명자집(無名子集)』/ 윤선도(尹善道)『고산유고(孤山遺稿)』/ 윤희(尹喜)『관윤자(關尹子)』/ 이규보(李奎報)『동국이상국집(東國李相國集)』/ 이곡(李穀)『가정집(稼亭集)』/ 이남규(李南珪)『만수졸사(晚修拙辭)』/ 이덕무(李德懋)『청장관전서(靑莊館全書)』/ 이로(李魯)『송암집(松巖集)』/ 이맥(李陌)『태백일사(太白逸史)』/ 이민구(李敏求)『동주집(東州集)』/ 이상정(李象靖)『대산집(大山集)』『대산선생실기(大山先生實記)』/ 이색(李穡)『목은집(牧隱集)』/ 이세민(李世民)『정관정요(貞觀政要)』/ 이수광(李睟光)『지봉설(芝峯集)』/ 이순신(李舜臣)『난중일기(亂中日記)』/ 이숭인(李崇仁)『도은집(陶隱集)』/ 이시선(李時善)『역대사선(歷代史選)』/ 이시진(李時珍)『본초강목(本草綱目)』/ 이식(李植)『택당집(澤堂集)』/ 이언적(李彦迪)『회재집(晦齋集)』/ 이원구(李元龜)『심성록(心性錄)』/ 이유원(李裕元)『임하필기(林下筆記)』/ 이이(李珥)『율곡전서(栗谷全書)』『격몽요결(擊蒙要訣)』『성학집요(聖學輯要)』/ 이익(李瀷)『성호전서(星湖全書)』『성호사설(星湖僿說)』/ 이인상(李麟祥)『능호집(凌壺集)』/ 이정구(李廷龜)『월사집(月沙集)』/ 이정규(李正奎)『항재집(恒齋集)』/ 이정형李廷馨『동각잡기(東閣雜記)』/ 이태준(李泰俊)『무서록(無序錄)』/ 이황(李滉)『퇴계집(退溪集)』/ 임성주(任聖周)『녹문집(鹿門集)』/ 장목추(張福樞)『사미헌집(四未軒集)』/ 장영동(張永東)『다도9단』『공자님의 다도강좌』『주역 그리고 다도의 속멋』/ 장유(張維)『계곡집(谿谷集)』/ 장현광(張顯光)『여헌집(旅軒集)』/ 장형(張衡)『사현부(思玄賦)』/ 장흥효(張興孝)『경당일기(敬堂日記)』/ 정경세(鄭經世)『우복집(愚伏集)』「우복교유록(愚伏交遊錄)」/ 정구(鄭逑)『한강집(寒岡集)』/ 정두경(鄭斗卿)『동명집(東溟集)』/ 정도전(鄭道傳)『삼봉집(三峯集)』/ 정몽주(鄭夢周)『포은집(圃隱集)』/ 정약용(丁若鏞)『다산시문집(茶山詩文集)』/ 정온(鄭蘊)『동계집(桐溪集)』/ 정인홍(鄭仁弘)『내암집(來庵集)』/ 조긍섭(曹兢燮)『암

서집(嚴棲集)』 / 조경(趙絅) 『용주유고(龍洲遺稿)』 / 조식(曺植) 『남명집(南冥集)』 / 조변(趙抃) 『선유문(善誘文)』 / 조익(趙翼) 『포저집(浦渚集)』 / 조임도(趙任道) 『간송집(澗松集)』 / 주돈이(周敦頤) 『통서(通書)』 『주렴계집(周濂溪集)』 / 주희(朱熹) 『주자어록(朱子語類)』 / 진록(陳錄) 『선유문(善誘文)』 / 진무인(陳懋仁) 『수자전(壽者傳)』 / 차천로(車天輅) 『오산집(五山集)』 / 초의(草衣) 『초의집(艸衣集)』 / 최립(崔岦) 『간이집(簡易集)』 / 최완수(崔完秀) 『겸재정선』 / 최치원(崔致遠) 『고운집(孤雲集)』 『계원필경집(桂苑筆耕集)』 / 최한기(崔漢綺) 『기측체의(氣測體義)』 / 최항(崔恒) 『태허정집(太虛亭集)』 / 채제공(蔡濟恭) 『번암집(樊巖集)』 / 탄허선사(呑虛禪師) 『부처님이 계신다면』 / 태고보우(太古普愚) 『태고화상어록(太古和尙語錄)』 / 한용운(韓龍雲) 『박명(薄命)』 / 한장석(韓章錫) 『미산집眉山集』 / 한산자(寒山子) 『한산시(寒山詩)』 / 허목(許穆) 『미수기언(眉叟記言)』 / 혜원(慧苑) 『혜원음의(慧苑音義)』 / 황간(黃幹) 『면재집(勉齋集)』 / 황경원(黃景源) 『강한집(江漢集)』 / 황준량(黃俊良) 『금계집(錦溪集)』 / 황상(黃裳) 『치원유고(巵園遺稿)』 / 황현(黃玹) 『매천집(梅泉集)』 / 홍여하(洪汝河) 『목재집(木齋集)』 / 홍대용(洪大容) 『담헌서(湛軒書)』 /

2.주역해설집

강석경(姜碩慶) 『역의문답(易疑問答)』 / 강엄(康儼) 『주역(周易)』 / 고도가우위문(高島嘉右衛問) 『고도역단(高島易斷)』 / 공영달(孔穎達) 『주역정의(周易正義)』 / 곽옹(郭雍) 『곽씨가전역설(郭氏家傳易說)』 / 구양수(歐陽修) 『역동자문(易童子問)』 / 권근(權近) 『주역천견록(周易淺見錄)』 / 김귀주(金龜柱) 『주역차록(周易箚錄)』 / 김규오(金奎五) 『독역기의(讀易記疑)』 / 김기례(金箕澧) 『역요선의강목(易要選義綱目)』 / 김도(金濤) 『주역천설(周易淺說)』 / 김만영(金萬英) 『역상소결(易象小訣)』 / 김상악(金相岳) 『산천역설(山天易說)』 / 김석진(金碩鎭) 『대산주역(大山周易)』 / 김인환 『주역』 / 김장생(金長生) 『주역(周易)』 / 김진규(金珍圭) 『아산주역강의(亞山周易講義)』 / 김탄허(金呑虛) 『주역선해역(周易禪解譯)』 / 남회근(南懷瑾) 『역경잡설(易經雜說)』 / 노태준 『주역(周易)』 / 박문건(朴文健) 『주역연의(周易衍義)』 / 박윤원(朴胤源) 『역경차략·역계차의(易經箚略·易繫箚疑)』 / 박제가(朴齊家) 『주역(周易)』 / 박제완 『정전역해(正傳易解)』 / 박종영(朴宗永) 『경지몽해·주역(經旨蒙解·周易)』 / 방인·장정욱 『역주 주역사전』 / 廖名春·康學偉·梁韋弦(심경호 역) 『주역철학사』 / 상병화(尙秉和) 『주

역고서고(周易古筮考)』/ 서기(徐幾) 『진재역설(進齋易說)』/ 심대윤(沈大允 『주역상의점법(周易象義占法)』/ 서유신(徐有臣) 『역의의언(易義擬言)』/ 섭채(葉采) 『근사록집해(近思錄集解)』/ 소강절(邵康節) 『황극경세서(皇極經世書)』/ 소식(蘇軾) 『동파역전(東坡易傳)』/ 孫映達·楊亦鳴(박삼수역) 『주역(周易)』/ 송시열(宋時烈) 『역설(易說)』/ 신원봉 『인문으로 읽는 주역』/ 심조(沈潮) 『역상차론(易象箚論)』/ 안정복(安鼎福) 『잡괘후설(雜卦後說)』/ 양만리(楊萬里) 『성재역전(誠齋易傳)』/ 양자운(揚子雲) 『태현경(太玄經)』/ 여대림(呂大臨) 『역장구(易章句)』『대역도상(大易圖象)』/ 오징(吳澄) 『역찬언(易纂言)』/ 오치기(吳致箕) 『주역경전증해(周易經傳增解)』/ 왕석(王碩) 『역간방(易簡方)』/ 왕필(王弼) 『주역주(周易註)』/ 요신(姚信) 『역주(易注)』/ 웅양보(熊良輔) 『주역본의집성(周易本義集成)』/ 유빈(柳贇) 『역도(易圖)』/ 유정원(柳正源) 『역해참고(易解參攷)』/ 윤종섭(尹鍾燮) 『경·역(經·易)』/ 윤행임(尹行恁) 『신호수필·역(薪湖隨筆·易)』/ 이광지(李光地) 『주역절중(周易折中)』/ 이규경(李圭景) 『오주연문장전산고(五洲衍文長箋散稿)』/ 이만부(李萬敷) 『역통(易統)』『역대상편람(易大象便覽)』/ 이병헌(李炳憲) 『역경금문고통론(易經今文考通論)』/ 이용구(李容九) 『역주해선(易註解選)』/ 이익(李瀷) 『역경질서(易經疾書)』/ 이영희 『자세히 풀어쓴 주역사전』/ 이정규(李正奎) 『독역기(讀易記)』/ 이정조(李鼎祚) 『주역집해(周易集解)』/ 이지연(李止淵) 『주역차의(周易箚疑)』/ 이진상(李震相) 『역학관규(易學管窺)』/ 이항노(李恒老) 『주역전의동이석의(周易傳義同異釋義)』/ 이현석(李玄錫) 『역의규반(易義窺斑)』/ 이황(李滉) 『역학계몽전의(易學啓蒙傳疑)』『경서석의(經書釋義)』/ 자하(子夏) 『자하역전(子夏易傳)』/ 장식(張栻) 『남헌역설(南軒易說)』/ 장재(張載) 『횡거역설(橫渠易說)』/ 장상평(張祥平) 『역여인류사유(易與人類思惟)』/ 장영동(張永東) 『주역의 멋』/ 장청자(張淸子) 『주역본의부록집주(周易本義附錄集注)』/ 장현광(張顯光) 『역학도설(易學圖說)』『역괘총설(易卦總說)』『우주요괄(宇宙要括)』/ 장황(章潢) 『주역상의(周易象義)』/ 정강중(鄭剛中) 『주역규여(周易窺餘)』/ 정이천(程伊川) 『이천역전(伊川易傳)』/ 정현(鄭玄) 『역위(易緯)·건곤착도(乾坤鑿度)』/ 조호익(曺好益) 『역상설(易象說)』/ 주돈이(周敦頤) 『태극도설(太極圖說)』/ 주진(朱振) 『한상역전(漢上易傳)』『주역전의대전(周易傳義大全)』/ 주희(朱熹) 『주역본의(周易本義)』/ 지욱(智旭) 『주역선해(周易禪解)』/ 진덕수·정민정(陳德秀·程敏政) 『심경부주(心經附註)』/

진희이(陳希夷) 『진박역학(陳搏易學)』 『자미두수(紫微斗數)』 / 채연(蔡淵) 『주역경전훈해(周易經傳訓解)』 『역상의언(易象意言)』 『괘효사지(卦爻辭旨)』 / 채종식(蔡鍾植) 『주역전의동귀해(周易傳義同歸解)』 / 한강백(韓康伯) 『주역정의(周易正義)』 / 항안세(項安世) 『주역완사(周易玩辭)』 / 허전(許傳) 『역고(易考)』 / 호병문(胡炳文) 『역본의통석(易本義通釋)』 『비지구해원본주역(備旨具解原本周易)』 / 호원(胡瑗) 『주역구의(周易口義)』 / 호일계(胡一桂) 『주역본의부록찬주(周易本義附錄纂注)』 / 황태연 『실증주역』 / Richard Hellmut Wilhelm 『I Ching(BOOK OF CHANGES』 / JOhn Blofeld 『I Ching』 / Huang Alfred 『The Complete I Ching』 / 칼 구스타프 융(Carl Gustav Jung) 『주역서문』 /

3. 경전류

『경국대전(經國大典)』 『공자가어(孔子家語)』 『금강경(金剛經)』 『구사론(俱舍論)』 『논어(論語)』 『대학(大學)』 『도덕경(道德經)』 『맹자(孟子)』 『무량수전(無量壽經)』 『법구경(法句經)』 『사기(史記)』(本紀, 管晏嬰列傳) 『삼국사기(三國史記)』 『삼국유사(三國遺事)』 『삼국지연의(三國志演義)』 『상서(尙書)』 『서경(書經)』(홍범구주) 『설원(說苑)』 『순자(荀子)』 『시경(詩經)』 『안자춘추(晏子春秋)』 『여씨춘추(呂氏春秋)』 『예기(禮記)』 『이아(爾雅)』 『임제록(臨濟錄)』 『장자(莊子)』 『전국책(戰國策)』 『주례(周禮)』 『중아함경·전유경(中阿含經·箭喩經)』 『중용(中庸)』 『증도가(證道歌)』 『천부경(天符經)』 『천수경(千手經)』 『춘추좌전』(春秋官占補註) 『한비자(韓非子)』 『한서오행지(漢書五行志)』 『환단고기(桓檀古記)』 『회남자(淮南子)』

4. 실록 사전류

『조선왕조실록(朝鮮王朝實錄)』 『조선왕조실록용어사전(朝鮮王朝實錄用語辭典)』 『열성어제(列聖御製)』 『훈민정음(訓民正音)』(制字解) 『홍재전서(弘齋全書)』 『유교용어사전』 『한국민족대백과사전』 『중국철학대전』 『설문해자(說文解字)』 『역사상사전』(김승동) 『해동역사』(韓致奫) 『춘향전』 『지비록(地秘錄)』 『한단고기』 『사용보감(思容寶鑑)』

5. 논문류

권윤희, 「東洋畵論에서 '似'의 개념 恣意性 고찰(形似·神似間에 존재하는 似의
　　　　개념 중심으로)」

김병권, 「창선감의록의 작명과 그 서술의 서사적 의미」

김병환, 「유가철학에서 본 생명윤리 시대의 배아연구」

김학권, 「『주역』의 우주관」

　　　　「『易經』의 "人謀鬼謀"에 관한 고찰」

김혜경, 「十字에 관하여」

이난숙, 「『周易』 時中의 醫易學的 고찰」

李明洙, 「周易의 自然觀과 譚嗣同의 通사상」

이상호·손병욱·최주홍·송도선, 「동양 전통 명상법의 도덕교육적 含意」

이선혜, 「<彰善感義錄>인물 형상화의 관습문화적 원리」

張永東, 「대인사상의 연구」

　　　　「周易의 天命思想 연구」

장윤수, 「횡거역설과 계사전」

6. 주요 사이트

조선왕조실록 http://sillok.history.go.kr

한국주역대전(韓國周易大全) DB

장달수의한국학카페 http://cafe.daum.net/jangdalsoo

7. 국내외 주요 주역해설집에 관한 촌평

강석경(姜碩慶), 『역의문답(易疑問答)』

연천(淵泉) 홍석주(洪奭周)는 강석경의 역학(易學)에 대해 "내가 본 근세 역학자 가운데 오직 이광지(李光地) 한 사람만 그와 높낮이를 겨룰 수 있을 뿐 나머지는 다 그에 미치지 못한다"고 평가할 정도이다. 『역의문답(易疑問答)』은 『주역』 64괘 괘효사에 대해 중요 부분만 발췌하여 문답 형식으로 주해하고 자신의 역학적 견해를 피력한 저작이다. 「계사전」 이하의 「역전」은 다루지 않고 있다.

강엄(康儼), 『주역(周易)』
'안설(按說)'을 붙여 직접 해석하나 대부분 내용이 주자의 『주역본의』를 중심으로 설명되고 있다는 점에서 이 책은 주자의 역학을 이해하는 데 방대한 정보를 제공한다.

高島嘉右衛問, 『高島易斷』
다카시마 돈쇼우(高島呑象)는 일본에서 역성(易聖)으로 불린다. 평생 주역점을 쳐서 틀려본 적이 없다는 그의 저서로 주로 역점 사례를 모은 책이다.

곽설(郭設), 『역전요의(易傳要義)』
어떤 특정한 이론이나 해석을 주장하기 위한 것이 아니라, 저자가 때때로 살펴보고 경계하기 위하여 『주역』의 중요한 말을 뽑아 정리한 『주역』의 요점 정리이다. 곧 『주역』을 항상 가까이 하며 그 가르침을 명심하려는 태도를 지니는 자료이다.

이익(李瀷), 『역경질서(易經疾書)』
오징(吳澄)의 『주역찬언(周易纂言)』을 격찬하며 본을 삼지만 오류를 지적하고 바로잡는 데 치중한다. 서문에서 왈. "역이란 변역(變易)인데 천도의 변역은 성(誠)이고, 인도의 변역은 중(中)이다."

권만(權萬), 『역설(易說)』
"문왕 이후 공자만이 이치에 가장 가까우니, 독자는 공자의 뜻으로 바름을 삼아야 할 것이다"라고 강조한다.

김기례(金箕澧), 『역요선의강목(易要選義綱目)』
"성인이 음을 억제하고 양을 부양하는 이유는 양은 이치를 따르고 음은 이치를 거스르며, 양은 의(義)를 위주로 하고 음은 리(利)를 위주로 하기 때문"이라고 한다.

김도(金濤), 『주역천설(周易淺說)』
"하늘에 일월이 없다면 만고동안 오래도록 어두운 밤이 되고 사람에게 역서(易書)

가 없다면 온 세상이 금수가 될 것"이라며 "천자가 이를 법 받으면 천하가 다스려지고, 제후가 법 받으면 그 나라가 다스려지고, 배우는 자가 법 받는다면 수신하고 제가할 수 있다"고 한다.

김상악(金相岳), 『산천역설(山川易說)』

사계(沙溪) 김장생(金長生)의 6세손으로 젊어 주역을 읽고 심취하여 30세에 관악산에 들어가 오로지 주역을 연구하기 시작하여 92세에 세상을 뜨기까지 근 60년 동안 주역을 연구하고 주역을 지침으로 생을 살았다.

김장생(金長生), 『경서변의(經書辨疑)-주역(周易)』

사계(沙溪)는 평생 저술하는 일에 관심을 두지 않고, 그저 독서하면서 얻는 것이 있으면 그때마다 차록(箚錄)해 두었다. 『주역』도 어떤 내용을 장황하게 주장하기보다는, 『주역』의 이해에 가장 기초적이고 핵심적인 부분을 명확히 하여 오해의 소지를 막으려는 경향으로 요점 정리처럼 매우 간결하다.

김진규, 『아산주역강의(亞山周易講義)』

아산(亞山) 김병호(金炳浩)의 장남으로 아산 강의를 정리하여 만들었다. 아산은 야산(也山) 이달(李達)의 문하로 『아산중용강의』 『아산대학강의』가 있으며 아산학회를 설립해 매년 학술대회를 연다.

박문건(朴文健), 『주역연의(周易衍義)』

문답을 통하여 자신의 견해를 보충하는데 성인(聖人)이 64괘의 차례를 둔 것은 생성(生成)의 이치라고 밝힌다.

박종영(朴宗永), 『경지몽해(經旨蒙解)·주역(周易)』

철저하게 『정전』을 중심으로 자신의 견해를 세워 의리(義理) 중심으로 풀었다. 저자의 누님이 정조의 후궁 수빈(綏嬪)으로 순조(純祖)를 낳은 화려한 배경이었지만 벼슬보다는 학문에 뜻을 두고 전념했다.

서유신(徐有臣), 『역의의언(易義擬言)』

경편(經篇)과 익편(翼篇)을 구분하여 경(經)과 전(傳)의 차별성을 부각했다. 주자가 『주역본의』를 경과 전을 완전히 구분하여 천명하려고 했던 의도와 동일하다. 본론에 해당하는 『주역』 주석 외 원근편(遠近篇)은 괘효사에 사용된 용어들의 취상(取象)의 원리를 밝혔고 묘연편(妙研篇)은 사상(四象)의 원리를 담았다.

석지형(石之珩), 『오위귀감(五位龜鑑)』

"임금이 다스리는 바탕으로 삼을 만한 것으로는 주역보다 앞서는 것이 없습니다. 그 가운데서도 5효가 임금의 도리로 받아쓸만한 것이 가장 절실합니다"라는 취지에서 엮은 "임금을 위한 책"이다.

소식(蘇軾), 『동파역전(東坡易傳)』 /

아버지 소순(蘇洵)이 주석을 달다가 완성하지 못하고 노환으로 죽자, 그 뜻을 이어받아 동생 소철(蘇轍)의 의견을 수렴하여 동파가 종합 완성한다. 이 책은 노장사상을 바탕으로 『주역』을 풀이하는 왕필 이래의 전통을 흡수하는 동시에 불교적 사유와 유교적 사상을 두루 융합하여 삼교(三敎) 회통을 완성하고자 하였다.

송시열(宋時烈), 『역설(易說)』

「일음일양지위도(一陰一陽之謂道)」로 장원급제한 실력답게 내용은 의리에 앞서 상수학적 해석을 앞세운다. 이 방법은 명대의 상수역학자 래지덕(來知德)의 이론을 수용하여 적용하는 방식을 택했다.

심대윤(沈大允), 『주역상의점법(周易象義占法)』

몰락한 집안의 저자가 생계를 위해 반상(盤床) 공장을 차려 생계를 이으면서도 십삼경(十三經) 주석과 함께 나온 유명한 책이다. 저자 왈. "정이천은 오로지 도리(道理)를 주장하고, 주자는 오로지 점서(占筮)를 주장하지만, 천인(天人)의 이치는 하나이기에 도와 점이 둘이 아니다. 곧 도리에 정밀하지 못하면 점서가 적중할 수 없고, 점서가 적중하지 않으면 도리에 정밀할 수 없다."

심조(沈潮), 『역상차론(易象箚論)』

독자적으로『주역』을 해석하기보다는 정자나 주자 및 선대 유학자의 설을 기본 바탕으로 난해한 부분과 중요한 부분을 체계적으로 정리하였다. 권상하(權尙夏) 한원진(韓元震)의 문하이다.

안정복(安鼎福), 『경서의의(經書疑義)-역(易)·잡괘설(雜卦說)·잡괘후설(雜卦後說)』

퇴계가 순정한 성리학자이면서도『계몽전의』에서 주자가 배척한 한대 역학의 여러 점법들을 기술하고 있는 것이나, 안정복이 유학자로서 상수 내지 술수학적 영역에 관심을 보이는 것은 모두 재미있다. 특히「잡괘전」의 괘 배열 순서에 대해서는 어느 역학자도 명쾌하게 설명한 예를 찾기 어려운데, 안정복은 이에 천착해 채연(蔡淵)의 설을 비판하고, 괘 배열의 원리를 독창적으로 설명한 것은 역학사적(易學史的)으로 특기할 만하다.

오치기(吳致箕), 『주역경전증해(周易經傳增解)』

저자 나이 69세 되던 1875년에 완성되었다. 이 책의 특이한 점은『주역전의대전』의 편제를 따르면서도「계사전 상」·「계사전 하」·「설괘전」·「서괘전」·「잡괘전」을 빠짐없이 다루었다.

유정원(柳正源), 『역해참고(易解參攷)』

동서고금의 위대한 역학자들의 설을 모아 비교분석한 후 자신의 견해를 첨부한 방대한 저술이다. 이 책의 큰 특징은 난해하거나 불분명한 내용에 대해『주역전의대전』에 실리지 않은 제가(諸家)들의 주석을 참조하면서, 검토와 비판을 가한다. 후학들이 찾아와 역학의 오묘한 진리를 가르쳐 달라 청원할 때마다 사서삼경 등 평이한 학문부터 정밀하게 읽고 진실한 사색을 한 후에 역학을 공부할 것을 권한다.

윤행임(尹行恁), 『신호수필(薪湖隨筆)·역(易)』

상수역학을 긍정하면서도 점서에 치우친 편협한 곡유(曲儒)들의 상수역학은 반대하며, 이를 바로잡아 절충해야 함을 강조한다. 특히『대학』·『중용』이『주역』에 근원하고 있다는 주장은 윤행임『역』해석의 큰 특징을 이룬다. 결과적으로 이러한 윤행임의 의리역학은 정조시대『주역』해석 방식의 한 패러다임을 제시하고 있다는 점에서 역학사적 의의가 있다.

이만부(李萬敷),『역통(易統)·역대상편람(易大象便覽)』

「대상전」을 위주로 주석하면서 그의 역학이 상(象)과 사(辭)를 중시하며, 자연의 상을 통해 인문학적 가치를 도출하려는 의리학적 관심을 지니고 있음을 보여준다. 자신의 견해에 '신근안(臣謹按)'이란 표현을 쓰는 것을 보면 임금에게 진상하기 위한 저술인데, 임금이 성군이 되도록 덕을 닦을 것을 간곡히 당부하는 내용임을 알 수 있다.

이병헌(李炳憲),『역경금문고통론(易經今文考通論)』

금문학자들의 주석에 근거하여 주역을 해설하였다. 저자 왈. "역은 공자가 신도(神道)로 가르침을 베푼 대경(大經)이며 육경의 대뇌(大腦)이다."

이장찬(李章贊),『역학기의(易學記疑)』

「서괘도」「서괘전통론」「서괘전」상하편으로 구성되었다. 저자는 호체(互體)의 원리가 역학 연구에 지대한 공이 있는 것으로 평가하며, 정이와 주희가 호체를 취하지 않은 것을 애석해 여긴다. 한·중을 막론하고「서괘전」의 괘 배열 순서에 대해 상수학적으로 일관되게 원리적 설명을 제시한 경우는 이장찬을 넘어 찾기 어렵다. 그러한 점에서 이장찬의「서괘전」상하편의 괘 배열 원리에 대한 연구는 적지 않은 의의가 있다.

이지연(李止淵),『주역차의(周易箚疑)』

각 괘별로 괘명과 괘그림을 달고『역전(易傳)』과『본의(本義)』를 참고하여 시비를 가리고 있다. 이책은 건곤은 생생지문(生生之門), 감리는 생생지용(生生之用), 함항은 생생지로(生生之路), 기제미제는 생생지리(生生之利)를 나타낸다고 본다.

이진상(李震相), 『역학관규(易學管窺)』

64괘와 「계사상전」과 「계사하전」과 「설괘전」과 「서괘전(序卦傳)」 등에 대한 주해인데, 특히 『역학관규』 속 「역괘차의(易卦箚疑)」는 소강절에서 비롯된 선천상수학(先天象數學)적 관점을 잘 드러내면서 『주역』을 풀이한 조선시대의 대표적인 저술로 상수학적 관점에서 연구하려는 학자들에게는 큰 도움이 된다.

이항로(李恒老), 『주역전의동이석의(周易傳義同異釋義)』

역을 배우는 자가 『정전』을 읽고 미루고 넓혀 도덕과 성명의 근본을 바르게 하며, 『본의』를 읽고 깊이 살펴 통달하여 완미하는 오묘함을 다한다면 잘못되지 않을 것이라고 한다.

이현석(李玄錫), 『역의규반(易義窺斑)』

왕명을 받아 『주역』의 괘효를 빌어 군도(君道)와 치국(治國)의 요체를 설명한다. "대롱을 통해 표범을 보면 표범 털 무늬 한 반점만 볼 뿐이다[管中窺豹 視觀一斑]"라는 저자의 말처럼 세간의 해석이 오류(誤謬)가 많음을 걱정한다.

진덕수(陳德秀)·정민정(程敏政), 『심경부주(心經附註)』

『역경』편 건괘 '한사존성(閑邪存誠)'장, 곤괘 '경이직내(敬以直內)'장, 손괘 '징분질욕(懲忿窒欲)'장, 익괘 '천선개과(遷善改過)'장, 복괘 '불원복(不遠復)'장 등과 퇴계의 후론(後論)이 있다.

정약용(丁若鏞), 『주역사전(周易四箋)』

'사전(四箋)'이란 '네 가지 주석'이라는 뜻으로 『주역』 해석을 ①추이(推移) ②효변(爻變) ③호체(互體) ④물상(物象)의 네 가지 방법으로 엮었다. 다산은 1801년 강진에 유배된 이후 자신에게 닥친 불운을 오히려 학문을 닦을 수 있는 기회로 삼아 『주역』 연구에 몰두하였고, 그 결과로 『주역사전』을 펴냈다.

정이(程頤), 『이천역전(伊川易傳)』

역학의 교과서로 불후의 저작이다. 왕필의 역학 방법론을 계승하여 의리파 역학연구를 참신한 단계로 올려놓은 이 책은 주역의 의리를 천명함으로서 자연철학,

정치철학, 인생철학을 체계적으로 논술하였을 뿐 아니라, 이학(理學) 사상체계를 구성하여 이학(理學)의 기초를 마련하였다. 이천의 역학 철학은 상(象)으로 이(理)를 밝히고 이(理)를 가지고 역(易)을 풀이하는 방법이다. 이 책은 상경·하경·단전·상전 및 문언편을 해석하였을 뿐, 계사·설괘·잡괘 제전(諸傳)에는 주(註)가 없다.

조호익(曺好益), 『역상설(易象說)』

가족 전체가 고향을 떠나 2천리나 떨어진 평안도로 이주하는 전가사변형(全家徙邊刑)을 받고도 이에 굴하지 않고 경전 공부에 매진하였고 그 가운데에서도 『주역』에 심취되었던 결과 『역상설』이 나왔다. 이 책은 저자의 학문적 활동을 종합 결산하는 성격을 갖는다.

주희(朱熹) 『주역본의(周易本義)』

정이의 『이천역전』과 함께 『주역전의대전』에 실린 주역 교과서이다. 특히 주희의 사서(四書) 집주(集注)는 중국·한국·일본 등의 지식인 사회에 영향을 크게 미쳤다. 『주역본의』는 『이천역전』과 달리 의리적 해석보다는 점학으로 풀었다.

지욱, 『주역선해(周易禪解)』

유교의 대표적 경전인 『주역』을 불교적 관점에서 해석한 최초이자 유일한 책이다. 저자는 이 책에서 불교의 모든 교의와 사상을 종합적으로 응용해 역리(易理)를 불교적 관점에서 논리적으로 해석했다. 이를 통해 오랫동안 이념상으로 대립해 왔던 유교와 불교의 상호 이해와 융합의 길을 모색했다는 점에서 보다 큰 가치를 지닌다. 번역한 탄허스님도 유불선을 두루 섭렵한 도인이다. 지욱은 처음에 유교를 배워 『벽불론(闢佛論)』으로 불교를 공격했다. 『지장본원경』 『수능엄경』 등을 배운 뒤 출가할 생각으로 좌선을 공부하였는데, 불법에 두 길이 없음을 안다. 우익(藕益) 왈. "선(禪)은 불심(佛心)이고, 교(敎)는 불어(佛語)이며, 율(律)은 불행(佛行)이다. 이 3자가 구비되어야 비로소 완전한 불교가 된다."

홍여하(洪汝河), 『책제(策題)-문역(問易)·독서차기(讀書箚記)-주역(周易)』

주역에 대한 의문을 뽑은 책으로 몇가지를 묻고 있다. ①『정전』과 『본의』에 다른 곳이 있는 까닭은? ②퇴계 선생은 「만년정론(晚年定論)」에서 『본의』를 중시했는데, 어째서인가? ③우리나라는 명경과(明經科)를 설치하여 유독 『주역』만 점수를 배로 더 주는 방법을 취하고 있지만, 300년간 태학생들이 한갓 외우고 읽을 줄만 알 뿐이지, 대의를 물으면 아득하고 분명하지 않으니 이것은 어디가 잘못인가? 만약 역의 도가 크게 밝혀지고 가르침이 흥하게 하려면 그 방법이 어디로부터 말미암아야 하는가?

[부록2]

역학총론

1. 역(易)이란 무엇인가?

1) 생생지위역(生生之謂易)

역(易)은 우선 해와 달이 하는 사업이라 해도 좋고, 우주만물의 '생성과 변화의 이치'라 해도 좋다. 먼저 역은 만물을 낳고 키워 변화 성공시켜 나가는 큰 프로젝트를 가진다. 부모는 자식을 낳아 청년으로 다시 부모에서 어른으로 키워 나간다. 「계사전」 5장에서는 '생생지위역(生生之謂易)'[1]이라 한다. 역이란 낳고 낳는다는 말이다. 부모는 핏덩이로만 낳는 것이 아니라, 어린 개구쟁이를 낳고, 학생을 낳고, 청년을 낳고, 부모와 어른도 낳는다. 역의 이치가 '우주만물의 생성과 변화'라면, 생생(生生)은 생(生)·성(成)·변(變)·화(化) 중에서도 '생의 이치' 즉 생리(生理)에 무게를 싣고 있다.[2] 여기서 생을 생사(生死)로 본다면, '죽음보다는 삶', '죽임보다는 살

---

1 다음은 생생의 예문.
『논어·술이』 : 하늘이 나에게 덕을 낳아주었다[天生德於予].
「서괘전」 : 천지가 존재 한 연후에 만물이 생겨났다[有天地然後萬物生焉].
「계사하5」: 천지가 하나 되니 만물이 익어가고 남녀가 하나 되니 생산이 이뤄진다[天地絪縕萬物和醇 男女構精萬物化生]. 역에는 태극이 있다[易有太極]. 태극은 양의를 낳고, 양의는 사상을 낳고, 사상은 팔괘를 낳고[是生兩儀兩儀-生四象四象生八卦], 팔괘가 길흉을 정하고 길흉이 큰 사업을 낳는다[八卦 定吉凶吉凶生大業]. 이런고로 하늘이 신물을 낳으니[天生神物] 성인이 그것을 본받고[聖人則之], 천지가 변화를 하니[天地變化] 성인이 그것을 이어받으며[聖人效之], 하늘이 상을 세워 길흉을 드러내니 [天垂象見吉凶] 성인이 그것을 상으로 삼았다[聖人象之]. 또 하도와 낙서가 나와 성인이 그것을 본받 았던 것이다[河出圖洛出書聖人則之]. 천지의 큰 덕은 생산이다[天地之大德曰生]. 성인의 큰 보물은 자리다[聖人之大寶曰位]. 어떻게 해야 이 자리를 지킬 수 있을까? 인이 있어야 한다[何以守位曰仁]. 사람을 모으려면 재물이 있어야 한다[何以聚人曰財].
생생의 극단이 역이다[生生之極則易成矣].(동파)
음양이 굴러 바뀌어가면서 만물을 화생함이다[陰陽轉易以成化生](왕필)
음은 양을 낳고 양은 음을 낳아 그 변화가 무궁하니 이치와 책이 모두 그러하다[陰生陽 陽生陰 其變 無窮 理與書 皆然也](주자)
『노자』 40장 : 유와 무는 서로를 낳는다[有無相生].
『노자』 42장 : 도는 하나를 낳고 하나는 둘을 낳고 둘은 셋을 낳고 셋은 만물을 낳는다[道生一, 一生二, 二生三, 三生萬物.]. 곧 道生天 天生地 地生人 人生萬物이다. 하늘과 땅이 저토록 장구한 것은 살려고 의도하지 않았기 때문이다[天長地久不自生].
『순자』 : 하늘과 땅은 생의 뿌리이다[天地者 生之本也].
『장자』 : 죽음을 초월하면 죽지 않고, 삶에 집착하면 살지 못한다[殺生者不死 生生者不生]. 생을 중요시 하는 자 이익을 가볍게 여긴다[重生重生則利輕].
『반야심경』 : 생도 없고 멸도 없다[불생불멸].
『난중일기』 : 죽으려면 살고 살려면 죽는다[生必則死 死必則生].
2 이시우의 <생생지위역(生生之謂易)을 통해 본 유가의 사생관 고찰>은 "사물의 생성·변화·발전·소멸이라는 과정 중 대립과 소멸이 또 다른 생성·성장을 가능케 하는 중요한 순환의 고리가 된다는 점에 주목하여, '죽음'이 '삶의 완성이 될 수 있는 근거를 살핀" 논문이다. 즉 '생생'이 소멸생성, 음양,

림'일 것이다. 공자가 '생(生)'을 두 번이나 겹쳐 '생생지위역(生生之謂易)'이라 한 까닭을 화두로 삼아볼 만하다.

상생은 '같이 살자'라는 의미와 '내가 살려주니 네가 살고', '네가 살려주니 내가 산다'는 '살림살이'가 들어 있다. 요컨대 '생생(生生)'은 나온 것은 다시 낳고, 산 것은 다시 살리고, 자란 것은 다시 기른다는 의미가 함축되어 있다. 자신을 낳아주고, 살려주고, 길러준 부모에게 다시 돌려주기도 하고, 때로는 새로운 대상을 낳아주고, 살려주고, 길러준다. 생생의 이치는 부모와 자식의 함수관계로 보면 이해가 쉽다. 이런 등식으로 보면 역학(易學)은 부모가 자식을 낳아 어른으로 키워 성공하는 과정을 가르치는 학문이다. '생생(生生)'의 사전적인 의미는 '만물이 끊임없이 활동하는 모양'이다.[3] 이를 항구(恒久)라는 관점에서 풀면, '끊임없이 스스로 천지의 기운에 맞도록, 만물은 언제까지나(恒) 오래도록(久) 탈바꿈해 나가야 한다. 다시 말하면 '스스로 변화하는 천지에 맞춰 만물이 적응해 가는 항구한 흐름'이 '생생(生生)'이라 할 수 있다.[4] '생생'이 '마음[忄]과 천지간의 해[日]'의 관계라면 이는 '천인상응(天人相應)'일 것이다.[5] 이제마(李濟馬, 1837~1900)도 '사물(事物)과 심신(心身)'의 컨트롤을 건강의 비결로 보았다.[6] 곧 과거·현제·미래를 살리고 전생·금생·내생을 살리는 생생이 바로 역이다[生生之謂易].[7]

죽음과 삶, 천지일월, 남녀 등등 '대립을 통한 생성과 조화'를 특징으로 하는 변증법적 구조로 이루어졌다는 분석을 통해 '生生'에서 '死生'의 계기가 있음을 밝힌다. 『동서철학연구』 2010년 제58권, 139~165쪽 참고

3 정약용, '哀絕陽' 중 '生生之理天所子'가 보인다. "갈밭마을 젊은 아낙 그칠 줄 모르는 통곡 소리. 관문 앞 달려가 통곡하다 하늘 보고 울부짖네. 출정 나간 지아비 돌아오지 못하는 일 있다 해도, 사내가 제 양물 잘랐단 소리 들어본 적 없다네. 시아버지 삼년상 벌써 지났고, 갓난아이 배냇물도 안 말랐는데, 조자손 삼대 이름 모두 군적에 실렸네. 억울한 하소연 하려 해도 관가 문지기는 호랑이 같고, 이정은 으르렁대며 외양간 소마저 끌고 갔다네. 남편이 칼 들고 들어가더니 피가 방에 흥건하네. 아이 낳은 죄로 고생길에 드는 걸 한스러워 그랬다네. 누에 치던 방에서 불알 까는 형벌도 억울한데, 민나라 자식이 환관이 되려고 거세함도 슬픈 일이거늘. 자식을 낳고 사는 이치는 하늘이 준 것이요 하늘의 도는 남자 되고 땅의 도는 여자 되는 것이라. 불깐 말 불깐 돼지 그도 서럽다 할 것인데. 대 이어갈 백성들이야 말을 더해 무엇 하리오. 부잣집들 일 년 내내 풍악 울리고 흥청망청. 이네들 한 톨 쌀 한 치 베 내다바치는 일 없네. 다 같은 백성인데 이다지 불공평하다니, 객창에 우두커니 앉아 시구편을 거듭 읊노라.[蘆田少婦哭聲長 哭向縣門號穹蒼 夫征不復尙可有 自古未聞男絶陽 舅喪已縞兒未澡 三代名簽在軍保 薄言往愬虎守閽 里正咆哮牛去皁 磨刀入房血滿席 自恨生兒遭窘厄 蠶室淫刑豈有辜 閩囝去勢良亦慽 生生之理天所子 乾道成男坤道女 騸馬豶豕猶云悲 況乃生民思繼序 豪家終世奏管弦 粒米寸帛無所損 均吾赤子何厚薄 客窓重誦鳲鳩篇]

4 항괘(恒卦)에서 항구한 것은 '바로 선 마음'(忄)과 '천지간의 해'(日)가 유일하다는 의미다.

5 『孟子·告子章句』: "孔子曰操則存 舍則亡 出入無時 莫知其鄕 惟心之謂與."

6 "事物을 대하는 心身 즉 몸과 맘에는 얼과 알이 작용한다." 이혁재의 '건강 如談' 참고

2) 지극한 셈법으로 미래를 알아내는 판단[極數知來之謂占][8]과 통변의 사업[通變之謂事][9]을 밝히는 신도[陰陽不測之謂神]이다.[10]

3) 수시변혁(隨時變易)에 대처하는 이간(易簡)의 원리요,[11] 빛의 속도로 사물과 심신의 기미를 구해내는 수학의 연원이다.[12]

---

7 음양이 굴러 바뀌어 가면서 만물을 화생한다(왕필). 음은 양을 낳고 양은 음을 낳아 그 변화가 무궁하니 그 이치와 역이 그러하다(주자). 자자손손의 이치, 태극의 원리, 음양의 원리가 역의 이론이다(아산).

8 역을 수로 쓰면 판단이고[以數用之謂占], 이것을 도로 쓰면 사업이다[以道用之謂事]. 천하가 이것을 사용하지 않음이 없으니[將天下莫不用之], 이는 신이 있기 때문이다[其惟神乎](동파).

9 象·數·理·通·變 즉 象數는 과학적이요, 理는 철학적이요, 通變은 변통의 이치에 능통한 자가 변화를 주도해 나가는 기미적인 것을 이른다.

10 『中庸』 16장 : "신은 보려고 해도 보이지 않지만[視之而弗見], 들으려 해도 들리지 않지만[聽之而弗聞], 만물의 주제자라 부정할 수 없다[體物而不可遺]." 神은 최후의 진리이자 만유일체의 절대 융화의 인격체다[薛學潛]. 인간의 생각과 총명으로 도저히 헤아려 알 수 없는 것이 神이다[張載]. 진리가 신이다. 그 인격체를 하느님이라 할 뿐이다(문선명). 변화의 극치로 만물을 신묘하게 하는 자는 형체가 없기에 음양불측이라 하였다(왕필).

11 『효종실록』 효종 1년 경인(1650) 9월16일(정묘) : "예로부터 성명(聖明)한 제왕이 세상을 다스리고 사물에 응하는 방도는 오직 시비와 선악과 사정(邪正)을 평등하게 살펴 버리고 취하는 것일 뿐이었으니, 어찌 조금이라도 견주어 차이를 두려는 사사로움이 그 사이에 개입되었겠습니까. 그러므로 치세(治世)의 도(道)는 본래 지극히 쉽고 지극히 간략한 것입니다. 『주역』에 이르기를 '쉽고 간략하게 하여 천하의 이치를 얻는다고 한 것이 이것입니다."

12 『계사·상·9장』 : "천수(홀수)와 지수(짝수)가 55가 되어 바로 이 수가 천지의 변화를 담당하여 귀신 같은 조화를 부리게 된다[凡天地之數-五十有五 此-所以成變化 而行鬼神也]." 또 "건의 책수는 216이요, 곤의 책수는 144라, 이 둘을 합치면 360일로 일 년에 해당되는 수다. 또 『역경』 상하 두 편에 효의 책수가 11,520이니 바로 만물의 수에 해당된다[乾之策, 二百一十有六, 坤之策, 百四十有四, 凡三百六十, 當期之日, 二篇之策, 萬有一千五百二十, 當萬物之數也]." "고로 8괘로 늘리고 당기어 64괘로 확대되니 같은 유로 서로 엉기어 가 천하의 일을 능히 다 감당할 뿐 아니라, 신도도 밝혀내고 또 신덕을 행하여, 어떤 수작도 부리고, 나아가 신을 도와 하지 못한 일이 없게 된다[八卦而小成, 引而伸之, 觸類而長之, 天下之能事-畢矣, 顯道, 神德行, 是故, 可與酬酢, 可與祐神矣]."

2. 역학(易學)이란?

1) 태극(太極)의 원리를 설명한 학설[13]

2) 음양학설(陰陽學說)

3) 궁리진성학(窮理盡性學)[14]

4) 상(象)·수(數)·리(理)·시(時)에 적용하여 이치를 알아내는 일원적(一元的) 이원론
   (二元論)[15]

5) 내성외왕(內聖外王)[16]의 인문학

---

13 태극이란 하나이 음양이란 둘을 낳고, 두개의 음양은 반드시 하나의 태극에서 생겨 낳으니, 만물은 태극에서 생생한 것이다. 하늘에 건이 생하니 땅에 곤이 생하였고, 낮에 해가 생하니 밤에 달이 생하였으며, 하늘에 신이 생하였으니 땅에 사람이 생겨난 것이다. 신은 음이고 사람은 양이다. 천지의 사 사물물은 모두가 음양으로 이루어지고, 만물의 이치는 모두가 음양가운데 이루어진다. 고로 하늘과 땅은 음양으로 조화를 부리고, 신과 사람도 음양으로 조화를 부려나가니, 저 일은 이 일에서 왔고, 저 사건은 이 사건으로부터 온 것이라 할 때, 당신(當身)이 여기에 존재한다는 것은 저기에 당신(當神)이 있기 때문이다.

14 『주역』의 체계 안에서 해석되던 이 말은 송대 성리학이 격물치지(格物致知)를 학문의 방법론으로 채택하면서 새롭게 중요한 의의를 부여받게 되었다. 주희(朱熹) 왈. "窮理는 진정한 앎에 이르기 위한 것이고, 盡誠은 바른 실천을 목표로 하는데, 실천에는 앎이 선행되어야 한다." 마음의 기능은 신령스러워서 사물을 이해할 수 있고, 개개의 사물에는 이치가 있으므로, 이미 알고 있는 이치를 바탕으로 궁극까지 밀고 나가 미지의 원리를 깨쳐나가야 한다. 이와 같은 노력이 익으면 어느 순간 활연(豁然)히 툭 트이는 경지에 이르게 된다. 이때 사물의 표리(表裏)·정조(精粗)가 남김없이 알려진다. 이것이 궁리의 과정이다. 『중용』에도 "오직 천하의 '지성(至誠)'이라야 능히 그 성(性)을 다할 수 있다."고 했다. 그런 후에야 '사람의 본성'을 모두 발현시킬 수 있고(盡人性), 이어서 사물과 사태의 올바름을 구현할 수 있어(盡物性), 천지의 화육(化育)을 도와 그 창조과정에 동참할 수 있다. 盡誠은 끊임없이 실천을 통하여 타고난 본성을 밝히려는 노력이다. 窮理는 『대학』의 격물치지, 『중용』의 도문학(道問學)에 해당되고, 盡誠은 『논어』의 극기복례(克己復禮), 『중용』의 존덕성(尊德性)에 해당된다. '窮理'의 지적 과정은 '盡誠'의 구체적 실천과 병행해서 나아가야 한다. 이황(李滉)은 일찍이 "궁리와 진성, 즉 지(知)와 행(行)은 '수레의 두 바퀴', '새의 두 날개'처럼 상보적이어야 한다." 하였다. 그런데 성리학파 내부에서도 '성즉리(性卽理)'이니 窮理와 盡誠은 동일한 '지적 과정'이라는 해석이 있었다. 이와 반대로 정약용(丁若鏞)은 窮理란 객관적 이치의 탐구라기보다 구체적 현실에서 부닥치는 문제를 해결하려는 실존적 과정이며, 盡誠은 당연히 "마음의 기능이나 작용을 밝힌다."는 뜻이 아니라, 인간다움의 징표인 '도덕적 지향'을 구현하는 주체성의 마당임을 논하였다.

15 「계사하 2장」: "옛날 복희씨가 세상의 왕이었을 때, 위로는 하늘의 형상을 살피고 아래로는 땅의 법칙을 살피고, 심지어 날짐승·길짐승들의 무늬와 땅의 온갖 풍수지리까지 살펴, 가까이는 자신에게서 취하고 멀리는 물상에서 취해, 처음으로 '팔괘'를 만들어 이에 밝은 덕을 체득하고, 이른바 만물의 실정을 분류하기 시작 하였다[古者包犧氏之王天下也, 仰則觀象於天, 俯則觀法於地, 觀鳥獸之文, 與地之宜, 近取諸身, 遠取諸物, 於是, 始作八卦, 以通神明之德, 以類萬物之情]."

16 이이의 『성학집요』에서는 내성외왕을 "안으로는 성인의 덕을 갖추고, 밖으로는 임금의 풍모를 갖춤"이라 한다. 속은 聖人이고 겉은 國王. 학술과 덕행을 아울러 갖춘 사람. 곧 先聖後王이 되라는 말. 『莊子·雜編天下』의 내용이다. "천하에는 도술을 닦는 사람들이 많다. 그리고 자기가 닦은 것으로 그 위에 더는 없는 것으로 알고 있다. 성인도 생겨난 근원이 있고, 왕도도 이루어진 근원이 있는데, 모두

6) 우주질서에 의한 길흉(吉凶)을 판단하는 점학(占學)

* 태극은 최고무상(最高無上)의 본원(本源), 즉 천지만물의 궁극적인 근원을 말한다. 우주의 근원적 실체가 지고무상(至高無上)하여 더 이상 추가할 수 없는 자리이다. 태극이란 관념은 『주역』과 『장자』에 처음으로 나타나나, 철학사에서 중요한 자리를 차지한 것은 주돈이(朱敦頤)의 『태극도설』에서 비롯되었고, 주희가 계승 발전시킨다. 아래 주장을 참고한다.

(1) 마음이 곧 태극이요, 태극이 곧 마음이다[소강절]. 태극에서 음양·오행·만물이 발생하였다[주돈이]. 무(无)의 별명이다[왕필, 한강백].

(2) 태극이 곧 하늘이다[장자]. "도는 태극 위에 있으면서도 높다하지 않고, 육극의 아래 있으면서도 깊다하지 않고, 천지보다 먼저 생하여도 오래되었다 하지 않았다."

(3) 태극은 원기(元氣)이다[공영달, 왕안석]. 혼돈미분(混沌未分)의 기요, 순화미분(純化未分)의 기이다[鄭玄]. 천지가 아직 갈라지기 전 혼돈 청허한 기이다[王廷相, 羅欽順, 戴震]. 허와 실·동과 정·취와 산 등 대립적 속성을 갖추고 있는 존재의 기이다[張載]

(4) 사사물물마다 모두 하나의 극이 있으니, 천지만물의 극을 하나로 합치니 곧 태극이다[주희].

(5)만물생성의 제 일인자이다[손문].

(6) 태극적태허(太極則太虛)[서경덕]. 태극즉리(太極則理)[이언적, 이황]. 음양의 주체[이이]

* 「계사상·11장」왈. "역(易)에 태극(太極)이 있으니 이것이 양의(兩儀)를 낳고 양의(兩儀)가 사상(四象)을 낳고 사상(四象)이 팔괘(八卦)를 낳으니, 곧 태극은 천지가 갈

가 한 가지 도에 근원을 두고 있는 것이다. 백가들의 학문 중에서 간혹 그들을 칭찬하고 따르기도 한다. 천하가 백가들로 어지러워지자, 성현들이 밝게 드러나지 않고, 도덕이 통일되지 않게 되었다. 그러므로 內聖과 外王의 도가 캄캄하게 되어, 밝혀지지 않고 엉켜 드러나지 않았다. 그래서 세상 사람들은 제각기 자기가 바라는 것을 닦아서 스스로 도라고 생각하게 되었다. 아, 슬프다[天下之治方術者多矣 皆以其有爲不可加矣 聖有所生 王有所成 皆原於一 百家之學時或稱而道之 天下大亂 賢聖不明 道德不一 是故內聖外王之道 闇而不明 鬱而不發 天下之人各爲其所欲焉以自爲方 悲夫]!"

라지기 전에 태초의 기운이다."

* 성인이 『역』을 지을 때 장차 마음도리와 천명에 순응하고자 하였기에, 천도(天道)를 세워 음양(陰陽)이라 하였고, 지도(地道)를 세워 강유(剛柔)라 하였고, 인도(人道)를 세워 인의(仁義)라 하였고, 또한 삼재(三才)를 둘로 만들었다[즉 천지인 삼도가 모두 음양으로 나뉜다]. 고로 역은 6획이 한 괘가 되고, 음양과 강유를 번갈아 썼으니, 『역』은 여섯 자리로 이루어 문장을 만든 것이다.[17]

* 만물은 움직이는 것[陽動] 같아도 정지[陰靜]하고 있으며, 정지하는 것 같아도 움직이고 있다[호흡·잠]. 즉 무극[제로]이 극으로 가면 태극이요, 태극이 극으로 가면 무극이 된다.[18]

* 『조선왕조실록』왈. "『역경』은 한 모퉁이를 들어서 나머지 세 모퉁이를 반증해 볼 때 64괘, 384효의 체용(體用)과 동정(動靜)이 어찌 일심(一心) 상의 태극(太極)을 벗어날 수 있겠는가?"[송시열]

* 점(占)은 신의 프로젝트를 알아내는 수단으로 곧 앎이다[崇融]. 천지를 관통하는 경지에서 수학적 이치를 통해 미래를 알아내는 것이 바로 점이다[極數知來之謂占]. 점을 칠 수 있고 점을 알고 점을 판단한다면 대단한 경지다. 신은 만물의 묘함이다[神也者妙萬物而爲言者也].

---

17 「설괘전·2장」, "昔者聖人之作易也, 將以順性命之理, 是以立天之道曰陰與陽, 立地之道曰柔與剛, 立人之道曰仁與義, 兼三才而兩之, 故, 易六劃而成卦, 分陰分陽, 迭用柔剛, 故, 易, 六位而成章."
18 주돈이, 『태극도설』, "태극(太極)이 동(動)하면 양(陽)을 생(生)하고, 다시 동(動)이 극(極)하면 정(靜)을 생하고, 또 그 정(靜)이 음(陰)을 생(生)해 낸다."

3. 역(易)의 원류(源流)

1) 복희씨(伏犧氏, 기원전 4700年)가 8괘를 긋고 역을 창제[19]

2) 문왕(文王)과 주공(周公, 기원전 1232~1135)이 괘사와[20] 효사를 제작[21]

3) 공자(기원전 551~479)가 십익(十翼)을 저작하고 철학체계를 세움[22]

4) 하나라의 『연산역(連山易)』, 은나라의 『귀장역(歸藏易)』, 주나라의 『주역(周易)』

5) 『주역』은 본래의 경(經)과 뒷날 해설부분 전(傳)까지 합쳐 한대(漢代)에 『역경(易經)』이라 이름

*『한단고기』「삼성편」: "천부경(天符經)과 삼일신고와 한역(韓易)을 한국의 녹도문자로 기록하여 체계화시킨 분이 환웅천제이다."

*『역』은 은(殷)나라 시대의 문화적 성과를 계승하는 한편 작자의 독특한 개성을 담아 미리 계획하고 구상한 현대적인 '작품'이 아니라, 조금씩 점차 누적되어 만들어진 최초의 기록물이다[주나라 무왕을 측근에서 보필하던 사공(司空)의 일기라고도 함]. 또 『역』은 4~5백 년 동안 사람들에게 알려지지 않다가, 후세 사람의 편집과 수정을 거쳐 '성인이 가르침을 내린' 책 또는 '길흉을 판단하는' 책의 모습으로 사회화되었다. 또 수천 년 동안의 풀이·고증·주석 등을 거치면서 문화 역

---

19 '역의 아버지'요 '선천 문명의 祖宗'이라는 '태호복희'는 '하도'라는 위대한 진리가 담긴 한 장의 그림과 '역철학'의 모태가 된 '팔괘'를 만든다. 『환단고기』왈. "태호복희는 동방 九夷족 중, 風夷족 출신으로 제5대 태우의 환웅천황의 12번째 막내아들로 태어났다. 복희는 '크게 밝다는 뜻의 이름이다'." 『태평어람』「제왕세기」「태호복희씨조」, "태호복희왕은 진국의 출신이다(帝出於震)."

20 사마천, 『보임소경서』, 『사기』: "문왕(서백)이 유리의 감옥에서 복희의 역을 보고 괘사를 짓고, 선천 팔괘를 연역하여 후천 팔괘를 짓는다." 『역』은 기본 8괘(☰·☱·☲·☳·☴·☵·☶·☷)가 상하로 서로 얽히고설키어(剛柔常摩, 八卦相盪) 64괘를 만들었고, 다시 64괘가 한 괘마다 6효씩 짜여 모두 384효를 낳았다. 복희 임금이 기본 8괘를 그어 『역』을 창제할 당시에는 문자가 없었으므로 8괘로만 구성되어 있었다 하여, 8괘를 문자기원설로 주장하는 이들도 많다. 8괘를 중복하여 64괘를 만들어 그 괘마다 괘사를 붙인 것은 주나라 문왕이고, 또 6효마다 그 효사를 일일이 붙인 자는 주공이다. 나아가 공자는 십익(十翼, ten wings)을 덧붙여 『역』을 완성한다.

21 『상서(尙書)』에 주공은 주나라의 정치가요, 사상가로 문왕의 아들이자 무왕의 동생이다. 성은 姬, 이름은 旦이며, 周公旦이라고도 불린다. 특히 공자가 꿈에도 그리던 사람이다. 그는 384효의 효사를 지어 『주역』을 완성했다. 특히 周公祠 앞에 있는 土圭測量臺에서 8괘가 근원하였다.

22 『역전(易傳)』은 전국시대 이래로 형성되었으며, 『주역』을 체계적으로 해석한 저작으로 모두 일곱 종류 열편이 있는데, '彖 상하편' '象 상하편', '문언', '계사 상하편', '설괘', '서괘', '잡괘'가 그것이다. 이 10편의 저작들을 '十翼'이라고 불렀는데, 이때 '익'은 돕는다는 의미를 지니고 있어서 이 저작들이 『역경』을 해석하는 데 쓰였음을 보여준다. 유가 경전을 해석한 저작을 '전(傳)'이라고 불렀는데, '십익' 역시 『역전』이라고 불렀다. '經'은 사과를 보여줌이요, '傳'과 '論'은 사과를 보고 문자로 표현한 것이다.

사상 거대한 장관을 만들어낸다. 위로 갑골문을 이어받고 아래로는 제자백가를 이끌어내면서, 앞세대를 계승하고 뒷세대를 이끌어주는 역할을 한다. 또『역』을 본래 모습으로 복원하기 위해서는 반드시 최근(1973년)의『마왕퇴한묘백서馬王堆漢墓帛書』를 참고할 필요가 있다. 갑골문처럼 땅속에 보존된 문자 자료는 3,000여 년 동안 원래 모습대로 남아 있었다. 반면에 전래되어온 고전 문헌들은 인위적인 부연 설명이 덧붙여지거나 와전된 경우도 많다. 그러기에『역』은 바로 "천자가 다스리고 제후가 봉토를 정비하던, 하늘 아래 모든 땅이 천자의 소유가 아닌 곳이 없고, 땅 끝까지 모든 사람들은 천자의 신하가 아닌 사람이 없었던" 서주(西周) 초기에 싹터 나온 참신한 문화 현상이다.[23]『역』의 작자는 결코 시대를 앞서려는 생각이 없었다, 오히려 그는 은대 이래의 문화 전통을 계승하여 하늘을 믿고 상제를 믿으며, 중대한 일은 하늘에 점치고 상제에게 물었다. 그에게는 애당초 어떤 명확한 동기가 없었다. 그렇지만 지식과 개성을 지니고 있었던 그는 '마음으로 감응을 느끼는 상황'에서 새로운 부호를 만들어냈고, 그 부호를 이용하여 긴 달과 한 해를 6일이란 단위로 나누어 날마다 보고, 듣고, 생각하고, 느낀 것을 기록했다. 그리하여 하루하루, 한달 한달이 지나고 부호가 바뀌면서 결국 한 해의 기록이 완성되었고, 결국『역』이라는 인류 문화사에서 더없는 가치를 지닌 보배가 만들어졌다.

　*『역』은 전해들은 이야기를 기록하는 데 머물지 않았기 때문에 호메로스(Homeros, BC 800?~BC 750)의『일리아스』와『오디세이아』같은 서사시보다 그 가치가 높다. 또한 중요한 사건을 기록하는 데 머물지 않았기 때문에 헤로도토스(Herodotos, BC 484?~BC 425?)의『역사』보다도 그 가치가 높다.[24]

　*『역』이 '위로 갑골문을 이어받고, 아래로 제자백가를 이끌어내' 갑골문화와 제자백가 사이에 다리를 놓았기에, 3,000년 전의 일기인『역사』와 동일하게 이야기될 수 없다.『역』은 인류 문화사에서 가장 위대한 문자 기록물이기 때문에, 최고의 가치를 지진다. 바빌론어와 고대 이집트어는 사용하는 사람들이 오래전에 없어졌지만, 한자는 여전히 동양권에서 활발하게 사용되고 있다.[25] 모든 민족이

---

23 翦伯贊 · 鄭天挺,『中國通史參考資料』, 54p, 1962.
24 張祥平,『人的文化指令』, 214p, 1987.
25 Lowie, Robert,『文明與野蠻』, 179p, 1984.

원래부터 문자를 사용할 줄 알았던 것 같지는 않다. 그중 후세에 전해져서 판독이 가능했던 바빌론 문자나, 고대 이집트 문자는 갑골문처럼 풍부하지도 체계적이지도 안다. 팔괘는 문자의 효시다.

　*『역』은 이간(易簡)·변역(變易)·불역(不易)이라는 세 가지 의미를 함축하며,[26] 간단·변화·불변의 뜻을 가진다.[27] 또는 "초나라의 역사서를 전설상의 짐승이름 '도올(檮杌)'이라 한 것과 같이 『역』 또한 '단(彖)'이나 '상(象)' 또한 짐승의이름에서 따온 것으로도 볼 수 있다.

4. 역(易)의 범위

1) 위로는 천문을 보고[仰以觀天文] 아래로는 지리를 살펴[俯以察於地理] 역을 체계화

2) 『역』의 원리는 눈에 보이는 세계뿐만 아니라 눈에 보이지 않는 세계에도 통용

3) 『역』의 원리로 삶과 죽음도 하나로 설명[知死生之說]이 가능[28]

4) 『역』은 천도와 지도와 인도라는 삼재지도[29]

5) 『역』은 다름 아닌 천명을 따르게 하는 원리[旁行而不流樂天知命]

6) 『역』은 음양의 대립 속에서 변신의 원리를 체득시키는 신묘함[神无方而易无體].

26　孔穎達, 『周易正義』, 1p.
27　張岱年, 『중국철학대전』, 15p, 1982.
28　「계사·상 4장」: "정기가 응집한 것이 생물[精氣爲物]이면, 정기가 흩어짐은 영혼[游魂爲變]이다, 이런 집산(集散)의 원리에서 『역』은 귀신의 정황도 통찰해 낼 수 있다[知鬼神之情狀]."
29　「계사·하 10장」: "易之爲書也, 廣大悉備, 有天道焉, 有地道焉, 有人道焉."

5. 팔괘의 상관관계

하늘	☰	1 건천 乾天	마馬 수首 부父 건健
연못	☱	2 태택 兌澤	양羊 구口 소녀少女 열說
불	☲	3 리화 离火	치雉 목目 중녀中女 문명文明
천둥	☳	4 진뢰 震雷	용龍 족足 장남長男 동動
바람	☴	5 손풍 巽風	계鷄 고股 장녀長女 손遜
물	☵	6 감수 坎水	시豕 이耳 중남中男 험險
산	☶	7 간산 艮山	구狗 수手 소남少男 지止
땅	☷	8 곤지 坤地	우牛 복腹 모母 순順

6. 사상(四象)

태음(☷), 소음(☵·☶·☳), 소양(☱·☲·☴), 태양(☰)

7. 복희(伏犧) 팔괘(八卦)

1) 복희씨(伏犧氏)가 위로는 하늘을 우러러 천문(天文)을 관찰하고 아래로는 꾸부려 지리(地理)를 관찰하고 새와 짐승들의 모습과 땅에 있는 식물들의 모습들까지 마땅히 살펴 팔괘(八卦)를 만들었다.

2) 가까이는 내 몸에서부터 멀리는 만물에서 상을 취하여 팔괘(八卦)를 그려 깊고 오묘한 덕을 통하여 만물의 상태를 나누어 구별하였다.

3) 역(易)에는 태극(太極)이 있고 태극은 양의(兩儀)를 낳고 양의는 사상(四象)을 낳고 사상이 팔괘(八卦)를 낳았다.

4) 지극히 간단한 팔괘(八卦)의 부호로 우주만물의 이치를 모두 설명하고 분명하고도 체계적인 철학체계를 갖췄다.[30]

5) "성인은 『역』에다 8괘를 만들어 놓고, 상으로 비유해 보이고는 괘사와 효사와 상사로 길흉을 밝힌다[聖人設卦, 觀象繫辭焉, 而明吉凶]."

8. 역(易)의 근원(根源)

1) 『역』의 근원은 태극(太極) 곧 마음자리를 말한다. 태극에서 양의(兩儀)가 생겨나고, 양의에서 사상(四象)이 생겨나고, 사상에서 팔괘(八卦)가 생겨나며, 팔괘로서 길흉(吉凶)의 판단과 예측으로 인간의 활동을 알아낸다.

2) 만물 중 최대의 상은 천지(天地)이며, 최대의 변통은 사계절(四季節)이고, 최대의 빛은 일월(日月)이고, 인간사에 가장 높이 받드는 것은 부귀(富貴)라, 이 부귀를 알고 얻게 하는 것이 바로 『역』이다.

3) 『역』은 천지가 지닌 가치기준과 똑같다[易與天地準]. 고로 『역』은 천지의 도를 마음 가는 대로 바느질하여 철따라 옷을 내놓는다[能彌綸天地之道].[31]

4) 『역』은 인위적으로 만들어진 것이 아니라, 천지의 변화를 배우고 하늘이 가리키는 길흉을 찾아내며 또 하도(河圖)와 낙서(洛書)에 따라서 성인이 이를 체계화 한 것이라 할 수 있다.[32]

5) 『역』은 처음과 끝을 인과(因果)로써 본질적인 것만 말하고 있다.[33]

9. 성인(聖人)의 사도(四道)

1) 『역』에는 네 가지 성인의 도가 갖추어져 있는데, 말씀으로 지도할 때는 역의 말(易辭)을 중시하고, 실천으로 행할 때는 역의 변화(易變)를 중시하며, 백성을 풍족하게 하려는 경우에는 문물제도를 갖추어 역의 상(易象)을 중시하며, 앞날

---

30 복희가 「역」을 그린 뜻이 여기서부터 나오는데, 복희 당시에 이미 64괘가 나왔다(다산). 복희가 「역」을 지음에 크다고 다하지 못함이 없었고, 작다고 궁구하지 않음이 없었다. 크면 천지에서 상을 취하고, 작으면 짐승의 모양과 땅의 세밀함 까지 관찰하였다(왕필). 복희가 처음 팔괘를 그릴 때 첫째 하늘을 보고, 둘째 땅을 보고, 셋째 천지사이에 만사만물을 볼 줄 아는 神明이 있었다.

31 「역」의 우주관과 「역」의 능력과 위력을 나타내는 말로, 「역」은 천지와 부합하기 때문에 유명(幽明)과 사생(死生)과 귀신(鬼神)의 정상까지도 알아 낼 수 있다.

32 「계사 · 상11장」, "天生神物, 聖人則之, 天地變化, 聖人效之, 天垂象, 見吉凶, 聖人象之, 河出圖, 洛出書."

33 「계사 · 하9장」, "易之爲書也, 原始要終, 以爲質也."

을 예견하려고 하는 경우에는 역점(易占)을 중요시한다.[34]

2) 『역』은 무심(无心)하며 억지가 없고, 부동(不動)하기 때문에 감응만 하면 사물의 법칙을 즉각 알려준다. 「역」은 무상(无相)의 영묘함을 갖추고 있기에 누구나 지극한 신의 경지에 이르기만 하면 원하는 바를 무엇이든지 얻을 수 있다.[35]

3) 대저 『역』은 성인이 지극하게 천지의 이치를 깊이 통찰하여 그 기미를 연구한 결과이다. 『역』의 이치가 깊기 때문에 천하의 모든 이치를 통달할 수 있고, 오직 모든 사물의 기미를 알고 있기 때문에 능히 천하의 모든 업무를 이룰 수 있으며, 오직 『역』이 신령스럽기 때문에 서둘지 않아도 빠르게 갈 수 있고, 가지 않는 것 같지만 이미 가보면 그 자리에 도착해 있다.[36]

10. 역(易)의 광대성(廣大性)

1) 역의 작용은 넓고 크다[夫易廣矣大矣], 하늘처럼 정지하고 있을 때는 고요하기 짝이 없는 것 같지만 그 기운을 방출하기만 하면 모든 만물을 크게 살려낸다[夫乾其靜也專, 其動也直, 是以大生焉.]

2) 또 땅처럼 멈추고 있을 때는 모든 기운을 닫고 있는 것 같지만 움직이기만 하면 하늘조차 남김없이 받아들이니, 땅의 생산은 대단히 넓다[夫坤其靜也翕, 其動也闢, 是以廣生焉.]

3) 고로 「역」의 광대함은 천지와 같고[廣大配天地], 「역」의 변통은 사계절과 같고[變通配四時], 또 음양의 변화는 해와 달에 맞먹는다[陰陽之義配日月]. 그러기에 천지의 쉽고 단순함으로 성인의 지극한 덕에 일치한다[易簡至善配之德].

4) 「역」이야말로 지극하고 지상(至上)한 원리로, 「역」에 따르면 덕행을 높이고 삶을 아름답게 펼쳐나갈 수 있다[夫易所以崇德而廣業也].

---

34 「계사상 10장」: "易有聖人之道-四焉, 以言者尚其辭, 以動者尚其變, 以制器者尚其象, 以卜筮者尚其占."
35 위의 책: "易无思也, 无爲也, 寂然不動, 感而遂通天下之故, 非天下之至神, 其孰能與於此"
36 위의 책: "夫易, 聖人之所以極深而研幾也, 唯深也故, 能通天下之志, 唯幾也故, 能成天下之務, 唯神也故, 不疾而速, 不行而至."

11 .역(易)의 대립(對立)과 통일(統一)

1) 성인은 우주의 근본 원리를 아주 쉽고 간단한 「역」으로 체득할 수 있게 하였고 또 그것에 의해 천지와 나란히 하는 지위를 두고 있다[易簡而天下之理得矣, 天下之理得而成位乎其中矣.]

2) 천지가 상극이지만, 하늘의 친화력을 가지고 땅에 다가가니, 땅은 어떤 저항도 없이 하늘을 받아들이고 천지의 작용을 영원하게 한다.[37]

3) 음양의 대립 속에 하나 되는 원리를 「역」이라 하면, 부부가 조화된 가정이 바로 아름다운 도장(道場)이요 바로「역」의 현장이다[一陰一陽之謂道].

4) 『역』의 식구 중 천지의 기운이 상반하여도 그 지위는 같고, 산과 연못이 기운이 달라도 서로 잘 통하고, 천둥과 바람이 부딪치며 일은 달라도 조화를 이루며, 물과 불은 서로 죽일 듯하지만 상부상조해 나가는 것을 본다. 고로 팔괘 속에 변역(變易)과 교역(交易)으로 대립과 통일의 미를 세워간다.[38]

5) 「역」의 말투가 위태롭고 직설적이며 대립적인 이유는 천하태평이란 통일을 위함이며, 또한 '바꿀'「역(易)」으로 새기는 까닭은 '흥망'의 세계를 '길흉'의 세계로 판세를 얻어가기 위함이다, 그러기에 「역」의 도는 시종 삼가 조심하고 경계하는 데 그 요점을 둔다.[39]

12. 역(易)은 자리(位)와 때(時)를 알림

1) 『역』은 시공(時空)을 넘어 과거 · 현재 · 미래를 하나로 몰고 나간다.

2) 만약 사람으로 태어나 복이 없다면 『역』을 만나지 못한다, 『역』은 성인될 사람과 그 성인이 되어 하는 공부다. 천하를 얻은 군왕일지라도 도를 얻지 못하면 요순(堯舜)같은 왕도(王道)를 펼칠 수 없다.

3) 공자가 자신에게 나라를 맡겨주면 삼 년 안에 태평성대를 이루겠다는 것과, 걸주(傑紂)가 군왕(君王)을 얻고도 민심을 잃고 나라마저 잃은 것은 다 시위(時位)의 형평을 잃었기 때문이다.

---

37 「계사상 1장」, "易則易知, 簡則易從, 易知則有親, 易從則有功, 有親則可久, 有功則可大, 可久則賢人之德, 可大則賢人之業."

38 「설괘 3장」, "天地定位, 山澤通氣, 雷風相薄, 水火不相射, 八卦相錯."

39 「계사하 11장」, "其辭-危, 危者使平, 易者使傾. 其道-甚大, 懼以終始. 其要-无咎, 此之謂易之道也."

4) 씨를 들고도 밭이 없으면 파종을 하지 못하고, 천하의 넓은 대지를 얻고도 씨를 얻지 못하면 모두가 시위(時位)을 경영하지 못한 탓이다.

5) 『역』은 시위(時位)를 알려주고 있기 때문에 멀리 떼어 놓을 수 없다[易之爲書 也不可遠]. 수시로 변하는 세상은[爲道也屢遷], 한 곳에 머무르지 않고 계속 변동하며[變動不居], 상하사방을 굴러다니는 동물이다[周流六虛上下无常]. 그러 니 강유가 항시 바뀌며[剛柔相易], 고정된 틀도 없이 오직 변덕을 부리기만 하니[不可爲典要唯變所適] 어찌 이 책을 손에 떼어 놓을 수 있겠는가?[40]

6) 『역』은 12시(時)가 있고 6위(位)가 있다.

13. 역(易)의 6(六)과 9(九)

1) '⚋'의 한 조각을 1이라 하면, '⚋'은 2고 '⚊'은 '3'이다. 고로 '☷'은 '6'이요, '☰'은 '9'가 된다.

2) 생수(1·2·3·4·5)에서 홀수의 합 '9'를 양(⚊)으로 하였고, 짝수의 합 '6' 을 음(⚋)으로 그렸다.

3) '9'는 씨를 땅에 박음이요, '6'은 땅 위로 싹을 올림이다. 또 '구九'는 음보다 양이 강한 모양이요, '칠七'은 '구九'와 달리 음이 양보다 강한 모양이다.

4) 『역』에서 본래 9와 6 이외에 7과 8도 있었으나 양효를 9, 음효를 6으로 대표 한다. 9(☰)는 변하는 효이고, 7(☳·☲·☱)은 불변하는 효, 8(☶·☵·☴)은 불 변하는 효이고, 6(☷)은 변하는 효이다.

5) 이원귀(李元龜)의 『심성록』왈. "천(天)으로 말하면 9는 노양(老陽)의 건도(乾 道), 6은 노음(老陰)의 곤도(坤道). 인으로 말하면 9는 인류 도생의 대도, 6은 산업 위생의 대사. 『역』에 이르기를 '건곤은 역의 문호인가보다[乾坤其易之 門也]', '건곤이 무너지면 천지가 꺼져버릴 것[乾坤毀則无以見易]'이라 하였으 니, 무릇 9도道 6사事는 천지인 3재의 요도묘결(要道妙訣)이라 할 수 있다."[41]

---

40 "易, 變易也, 隨時變易, 以從道也."(「易傳序」) '수시변역 하는 것은 도이지, 책이 아니다.(동파)
41 이정복의 <비트겐슈타인의 수와 주역의 수> : "선천수의 參天(1,3,5)의 합은 9이고 선천수의 兩地의 합은 6으로 주역의 효사에는 양9 음6으로 쓰이고 있다. 그러므로 낙서의 불변수는 9+6=15이다. 즉 선 천수 1·2·3·4·5의 합수=15와 같다. 이것은 한글의 역학적 시작으로도 설명할 수 있다. 그 수를 모두 조합 하면 15의 수가 된다."

14. 육효의 관계

1) 육효(六爻)의 각자 위치

60대	▬▬▬	조부 · 국사 · 원로 · 고문
50대	▬▬▬	가장 · 임금 · 회장 · 사장 · 팀장
40대	▬▬▬	장남 · 비서실장 · 장관
30대	▬▬▬	차남 · 도지사 · 시장 · 영업본부장
20대	▬▬▬	주부 · 중전 · 총무부장
10대	▬▬▬	막내 · 초심자 · 신입사원

한규성 <역학원리강화>에서, "주역에 건책 216, 곤책 144라 한 수는? 태양수 36과 태음수 24에 각각 6을 승하여 얻은 수다. 즉 36에 6을 승하면 216이 되고, 24에 6을 승하면 144가 된다. 그런데 6을 승하는 것은 64괘의 각 한 괘가 6효로 된 것과 같은 이치다."

이정복은 "6은 태음수, 7은 소양, 8은 소음, 9는 태양수이며, 이 순서는 음역 양순 되어 6이 태음(곤)이 된다. 태양(건)은 3×3=9, 태음(곤)은 2×3=6, 소음(곤)의 리는 3+2+3=8이며 소양(건)의 감은 2+3+2=7로 설명된다. 이 6·7·8·9의 수는 각각 4상의 이(理)를 가지고 있어서 태양 9×4=36, 태음 6×4=24, 소음 8×4=32, 소양 7×4=28이다. 사계처럼 4상적 이치다. 그러나 각 1괘가 6효의 변화를 기초로 하기 때문에 태양수 36×6=216이며 이것을 주역의 건책이라 한다. 곤의 책은 24×6=144이다. 다시 말하자면 4의 승은 수의 구체적 현상인 대상의 면이며, 6의 승은 수의 변화의 작용이다."

이정복, <비트겐슈타인의 수와 주역의 수> : "60일은 1개월 음양 양면에 해당하며 360과 동류의 수이다. 그리고 64괘도 6효로 변화의 일주를 가져오려면 64×6=384이다. 이것은 360+24계절과 합한 수이다. 60괘+4괘(건곤감리의 체괘)의 64괘이니 체괘를 빼고 60×6효=360으로, 이는 인체의 관절수와 같다."

2) 양의 위치

(▬▬ **양** 九)

▬▬ **제일 위, 上九**

▬▬ 다섯 번째, 九五

▬▬ 네 번째, 九四

▬▬ 세 번째, 九三

▬▬ 두 번째, 九二

▬▬ **제일 아래, 初九**

3) 음의 위치

(■ ■ **음** 六)

■ ■ **제일 위, 上六**

■ ■ 다섯 번째, 六五

■ ■ 네 번째, 六四

■ ■ 세 번째, 六三

■ ■ 두 번째, 六二

■ ■ **제일 아래, 初六**

4) 중(中)의 개념

■ ■ 上

5 ▬ 中(홀수 양수 5가 양자리 있으니 正으로 中正)

■ ■ 下

■ ■ 上

2 ■ ■ 中(짝수 음수 2가 음 자리에 있으니 正으로 中正)

■ ■ 下

5) 정위(正位)와 부정위(不正位)

6 ▬ 上(上효는 음자리에 양이니 不正)

5 ■ ■ 中(5효는 양자리에 음이니 不正)

4 ▬ 下(4효는 음자리에 양이니 不正)

3 ▬ 上(3효는 양자리에 양이니 正)

2 ■ ■ 中(2효는 음 자리에 음이니 正)

1 ▬ 下(初효는 양자리에 양이니 正)

6) 정응(正應), 적응(敵應) · 불응(不應)

초효와 4효, 2효와 5효, 3효과 상효가 서로 음양(陰陽)으로 만나면 정응(正應) 관계이고(초효↔4효 · 2효↔5효 · 3효↔상효), 음음(陰陰) 또는 양양(陽陽)으로 만나면 적응(敵應) 또는 불응(不應)이라 한다.

7) 비(比) · 승(承) · 승(乘)

이웃하는 두 효가 음양 관계에 놓이면 상비(相比) 관계이고, 이웃하는 두 효 중 음효가 양효 아래 있으면 승(承)이고, 음효가 양효 위에 올라 타 있으면 승(乘) 이라 한다.

8) 순(順) · 역(逆)

음효가 양효 아래에서 양효를 받아들이면 순(順), 음효가 양을 올라타면 역(逆) 이다.

9) 괘는 대성괘(大成卦, 6효가 다 구비된, 내외와 상하를 아우른 괘)와 소성괘 (小成卦, 3효만 있는 괘)로도 나눈다.

15. 역(易)의 효용

1) 공자가 문왕의 괘사(卦辭)를 보고 다시 한번 자세히 설명한 "단왈(彖曰)"은 다시 말하면 "자세히 풀어 보면" 또는 "어리석은 소리지만" 하는 뜻으로 새길 수 있다. 단전(彖傳), 단사(彖辭)라고도 하는데 공자 십익(十翼) 중 하나다.

2) 문왕의 괘사(卦辭)와 주공의 효사(爻辭)를 보고 공자가 상사(象辭)로 설명을 덧붙인 "상왈(象曰)"은 대상(大象)과 효상(爻象)으로 나눌 수 있는데, 의미는 "형상 으로 가로되" 또는 "상을 관찰하여 본다"는 뜻이다. 이것도 마찬가지로 십익(十翼) 중 하나이다.

3) 사마천의 『사기세가』 중 「공자세가」에 왈. "공부자는 늘그막에 『역』을 좋 아하여, 평소에는 옆에 두고 길을 가실 때는 자루에 넣어 다녔다." 또 『마왕퇴한 묘백서(馬王堆漢墓帛書)』의 '요(要)'에 왈. "자공은 이러한 점을 이해하지 못하여 의 문을 제기하였고, 이에 두 사람 사이에 문답이 나왔다. 공자는 『주역』 속에 옛날 성인이 끼치신 말씀이 있으니, 나는 그 운용을 평안히 여기는 것이 아니라 그 언 사를 즐길 뿐'이라며, '뒷날의 선비가 나를 의심할 수 있다면 어쩌면 이 『역』 때

문이 아닐까[後世之士疑丘者, 或易乎]?'라고 하였다. 자공이 '선생께서는 어째서 점서를 믿습니까?' 하자, 공자는 '나는 『역』의 덕의(德義)를 따르기 때문에, 사무(史巫)의 길과는 귀결점이 다르다'고 하였다."

4) 「태사공자서」에서 사마천은 "선친의 말씀에 주공이 돌아가신지 오백 년에 공자가 나오셨고, 공자가 돌아가신지 이제 오백년이니, 능히 그분들을 이어서 세상에 밝혀 『역전』을 바로하고 『춘추』를 이으며 『시』·『서』·『예』·『악』에 근본할 때가 있을 것인가?"라고 하였다.

5) 『논어』에도 "내게 몇 년 만이라도 시간이 좀 더 허락된다면[假我數年], 『주역』을 완전히 마스터하여[五十以學易], 내 인생에서 큰 허물 짓는 일은 절대로 하지 않을 것[無過大矣]"[42]이라 한 것을 보면 『주역』은 성인이 흉을 피하고 길을 얻는 방도로 이용하였다[避凶取吉].

6) 군자는 우주만물 속에 '작은 기미까지를 알기 때문에 크게 나타나는 현상도 알고[知微知彰], 또 부드러움을 알기 때문에 강하게 행할 수도 있다[知柔知剛].' 고로 '만물의 기미를 아는 당신이야말로 만인의 숭앙을 받게 된다[萬夫之望].' 또한 『역』을 잘못 배우면 적이 되지만, 공자처럼 청아하고 사려 깊으면 『역』에 깊은 자가 될 것이다.[43]

7) 도대체 『역』은 어떤 물건일까? 『역』은 만물을 활짝 열고 이 세상의 모든 사업을 완성시켜 주려는 천하의 도리 중에 가장 으뜸 되는 것이다.[44] 나아가 공자 같은 성인도 『역』을 정밀하고 정의롭게 생각하여, 역이 신묘한 경지에 이르게 하려는 것은 세상 인류를 위해 이용후생 하려함이라 했다[精義入神以致用也].

8) 성인이 천하의 가려져 있는 그윽하고 오묘한 『역』의 이치를 살펴[聖人見天下之賾, 見天下之動], 그것을 회통시켜 하나의 법으로 삼았고[觀其會通, 行其典禮], 또 『역』을 도와 백성을 덕에 조화롭게 맞춰 의리로 다스렸으며, 궁리진성으로 천명에 이르게 하였다. 즉 우주의 이치가 실제 그러한가를 성심을 다해 증명해 보였다[和順於道德而理於義, 窮理盡性, 以至於命]. 이처럼 천지를 길러내는 법(일)을 체득

---

42 『논어』 「述而」: "加我數年, 五十(卒)以學易, 可以無大過矣."의 의미로 "역에서 말하는 50의 대연수를 무난히 궁리하면 대과의 때를 무사히 넘어갈 수 있다"고도 볼 수 있다.

43 『禮記』 「經解」: "潔靜精微, 易敎也, 易之失賊, 潔靜精微而不賊,則深於易者也."

44 「계사상 11장」: "子曰 夫易, 何爲者也, 夫易, 開物成務, 冒天下之道, 如斯而已者也, 是故, 聖人, 以通天下之志, 以定天下之業, 以斷天下之疑."

하면[以體天地之撰] 신명의 덕에 통할 수 있다[以通神明之德].[45]

9) 『역』은 과연 지극한 것임에 틀림없고[易其至矣乎], 성인이 천지의 덕을 숭상하고 천지의 사업을 넓게 펼치기 위해 만든 것임에 틀림이 없다[易聖人所以崇德而廣業].

10) 역에 능하면 신명의 덕에 통할뿐 아니라, 만물의 정상까지도 자유자재로 유추할 수 있게 된다."[46]

16. 역(易)과 점(占)

1) 『역』을 만든 것은 먼저 근심걱정이 있었던 까닭이다[作易者其有憂患乎]. 백성이 근심걱정이 없고 길흉을 다 알았다면 성인이 어찌 『역』을 만들려 애썼겠는가.

2) 『역』이란 과거를 밝혀내고, 미래를 살피고, 또 은미하게 숨은 신비로움을 드러내고, 어두운 곳을 활짝 열어젖혀 유비무환을 시키는 사명을 띠고 있다.[47]

3) 『역』으로써 복서를 얻으려 하는 자는 『역』의 점(占)을 숭상하게 된다[以卜筮者尙其占].[48]

4) 『역』을 수로 쓰면 점(占)이고, 이것을 도로 쓰면 사(辭)다. 천하가 이것을 사용하지 않음이 없으니, 여기에는 신(神)이 존재하기 때문이다. 고로 점(占)의 통변은 역의 사업이요[通變之謂事], 음양으로도 헤아리지 못하는 세계는 신이다[陰陽不測之謂神].

5) 『역』은 괘의 변통으로 천지의 메시지를 알 수 있으며, 그 수를 궁극하면 천하의 그 어떤 상도 잡아낼 수 있다.[49]

6) 『역』의 점은 미래를 알아낼 수 있을 뿐 아니라, 세상 어떤 변화의 원칙도 알아낸다.[50]

7) 『역』은 일단 감응이 왔다 하면 천하의 모든 이치에 통달하니 천하의 지극

---

45 건곤이 열고 닫으면서 변화를 낳으니 역의 원천이 되며, 또한 음양의 덕은 합하기 때문에 섞이고, 강유의 본체가 존재하기에 흐트러지지 않는다(동파).
46 「계사·하2장」, "以通神明之德, 以類萬物之情."
47 「계사·하6장」, "夫易, 彰往而察來, 而微顯闡幽, 開而當名, 辨物, 正言, 斷辭, 則備矣"
48 「계사·상 10장」, "易有聖人之道·四焉, 以卜筮者尙其占"
49 위의 장, "通其變,遂成天地之文, 極其數,遂定天下之象"
50 「계사·하12장」, "變化云爲, 吉事·有祥, 象事知器, 占事知來."

한 신묘함이 아니고서야 누가 이를 알겠는가?[感而遂通天下之故, 非天下之至神, 其孰能與於此][51] 신묘한 최고의 경지를 넘어 변화를 아는 것은 덕의 성대함이다[窮神知化-德之盛也].[52]

8) 군자가 인생을 편안히 하고자 하면 역의 질서를 따르면 되고, 군자가 인생을 즐기려면 효사의 지닌 깊은 뜻을 생각해 보면 된다. 고로 군자는 그가 처한 상황을 잘 살피고, 괘사와 효사의 뜻을 곰곰이 연구하기를 좋아하고, 또 움직일 때는 상황의 변화를 미리 점으로써 알아보기를 게을리 하지 않아야 한다.[53]

9) 군자가 장차 무슨 일을 하려고 하거나, 무슨 행동을 하려고 하면, 시초로써 물으면 무엇이든 말해 준다. 그 시초의 명을 받아 알게 되면 바로 메아리 소리 울림 같다.[54] 멀고 가까운 데나 그윽하고 깊은 데까지 남김없이, 미래의 일을 지극하게 알려준다.[55]

10) 지나간 것을 헤아려 보는 것은 순하고, 미래를 알고자 하면 그 수를 거슬러 올라가야 알 수 있게 되니,[56] 고로 역은 거꾸로 하는 셈이다.[57]

11) 옛날 성인이 역을 지을 때 신명을 도와 시초를 내고,[58] 천수는 셋으로 하고, 지수는 둘로 하는 수(1·3·5는 천수, 2·4는 지수)에 의지하였다. 시초로 괘를 세우고 효를 만들고는, 도덕에 조화를 맞춰 의리로 다스렸으며,[59] 또한 궁리진성으로 천명에 이르게 하였으며, 우주의 이치가 실제 그러한가를 성심을 다해 증명해

---

51 象을 잊은 자가 아니면 상을 제어할 수 없고, 數를 버린 자가 아니면 수를 다할 수 없다.

52 천하가 저급을 따르면 도의 근본을 모르기에 까마득하고, (모르는 자는 평생 모르고), 그러나 당신 같이 신도를 알고 하나 되면 독점(獨占) 하여 천지의 변화를 옳게 운용할 줄 아니 바로 그 점이 대단한 사건이다(하산).

53 「계사·상2장」, "君子-所居而安者易之序也, 所樂而玩者爻之辭也, 君子-居則觀其象而玩其辭, 動則觀其變而玩其占."

54 후세 사람들은 일을 벌려 놓고 나서, 혹 저질러 놓고 난 후 점을 치는데, 이는 천기를 엿보고 하늘의 뜻을 떠보는 것이니, 크나큰 죄다(다산). '无有'는 '남김 없다는 뜻.

55 「계사·하10장」, "君子-將有爲也, 將有行也, 問焉而以言, 其受命也-如嚮, 无有遠近幽深, 遂知來物"

56 交易; ☰X(☰☰☰☰☰☰) 變易: (본괘, 초변, 2변, 3변, 4변, 5변, 상변)

57 「설괘전·3장」, "數往者順, 知來者逆, 是故, 易逆數也"

58 귀신은 사람과 접할 수 없으므로 '蓍龜'가 그 '贊'을 담당한다. 『사기』 "천하가 화평하고 王道가 제대로 되면 蓍草줄기가 一丈(十尺)이 되고, 무더기로 백 개가 난다'고 하였다.

59 '理'의 오른쪽 부분 '里'는 소리 부분이고 의미는 왼쪽 부분인 '玉'자에서 파생되었다. 옥돌은 질이 좋고 무늬의 결이 세밀하지만 갈고 다듬어야만 보옥을 얻을 수 있다[理其璞而得寶, 『韓非子』「和氏」]

보이기도 하였다.[60]

12) 설시(設蓍)하는 시초(蓍草)의 작용은 원만하고 신묘하여, 괘의 작용은 사방 미치지 않는 곳이 없으며, 또 6효로 아주 쉽게 알려준다. 성인은 이 시초로써 미래의 상황을 신묘하게 알아내면서도 보통사람처럼 살아간다.[61]

13) 시귀(蓍龜)로 천지 어느 곳에 무엇이 숨어 있더라도 찾아낼 수 있고[探賾索隱], 아무리 멀고 깊은 곳에 무엇이 들어 있어도 족집게처럼 잡아낼 수 있기에[鉤深致遠], 천하의 어떤 길흉도 바로 잡아낸다[以定天下之吉凶]. 천지간에 헤아릴 수 없을 만큼 수많은 일을 부지런히 성공시키는 책무는[成天下之亹亹者], 점을 알리는 시초와 거북껍질보다 더한 공로는 없다[莫大乎蓍龜].[62]

14) 시초(蓍草)를 경영하면 천지의 도를 드러낼 수 있고 천지의 덕행을 신령스럽게 행할 수 있다, 뿐만 아니라 어떤 수작도 할 수 있으며, 나아가 신을 도우는 일도 할 수 있다. 고로 변화의 도를 아는 자는 신이 하는 바를 알 수 있다![63]

15) 사물의 기미를 알 수 있다면 그야말로 신이다[知幾其神乎]. 점은 존망(存亡)과 길흉을 아는 것이 요점인데, 괘사와 효사만 봐도 알 수 있고, 지혜로운 사람이라면 그 단사만 봐도 반은 알아낸다.[64]

16) 군자는 어떤 '행운'이나 '요행'을 얻으려고 '역점'을 취하는 것이 아니라, 군자의 '덕행'을 그르치거나 예측할 수 없는 대흉과 대과를 피하려는 데 목적이 있다.

17) 『역』을 잘못하면 덕을 해치지만[易失賊] 반대로 고요히 사물을 헤아리고 정미롭게 덕을 해치지 않으면 분명 역에 깊은 자일 것이다[潔靜精微而不賊則深於易

---

60 「설괘전 · 1장」 "昔者聖人之作易也, 幽贊於神明而生蓍, 參天兩地而倚數. 觀變於陰陽而立卦, 發揮於剛柔而生爻, 和順於道德而理於義, 窮理盡性, 以至於命."
61 「계사 · 하10장」, "蓍之德圓而神, 卦之德方以知, 六爻之義易以貢, 神以知來, 知以藏往"에서 '시초'는 둥글어 신을 상징하고, '괘'는 반듯하니 알아냄을 상징한다.
62 「계사 · 하11장」 "천지와 사시와 일월은 하늘의 일이다. 하늘의 일이 미치지 못하는 곳은 부귀한 자가 이것을 다스린다. 부귀한 자도 다스리지 못하는 곳은 성인이 이것을 소통시킨다. 성인이 소통시키지 못하는 곳은 점이 이것을 결정해 준다."
63 「계사 · 상9장」, "四營而成易, 十有八變而成卦, 八卦而小成, 引而伸之, 觸類而長之, 天下之能事-畢矣, 顯道, 神德行, 是故, 可與酬酢, 可與祐神矣, 子-曰 知變化之道者-其知神之所爲乎." 따라서 시초의 위력을 알면 우주와 자신이 서로 수작을 부리는 것과 같으니, 곧 시초는 인간을 도울 뿐 아니라 신의 사업을 또한 도와간다.
64 「계사 · 하9장」 "亦要存亡吉凶, 則居可知矣, 知者-觀其彖辭, 則思過半矣."

者也].[65]

18) "임금께서 해결하기 어려운 문제에 봉착하거든, 당신 스스로 깊이 생각하여 본 뒤 측근이나 대신들과 상의하고, 다시 일반 백성들과 상의한 연후에 거북점과 시초점을 치는 사람에게 물으시오. 당신의 생각하는 바가 따르고, 복서(卜筮)가 따르고, 대신이 따르고, 서민이 따르면 이것이 바로 대동(大同)입니다. 복서가 옳다는데 백성과 대신들이 반대한다 하여도 그것은 옳습니다. 복서 모두가 어긋난다면 가만히 있으면 길하고 움직이면 흉합니다."[66]

19) 지성지도를 갖추어 '시귀(蓍龜)'로 하늘에 감응하면, 나라가 흥할지 망할지를 알아볼 수 있는 '신적 예지력'이 생긴다.[67]

20) 공자는 이 '시귀'를 국가 흥망과 화복의 예견을 위한 국가의 '공적 지식'으로 인정하고, 그 활용법을 알린다. "옛날 3대의 현명한 왕들은 다 천지신명을 섬겼는데, 이에 누구도 '복서'를 쓰지 않는 자가 없었다. 상제를 섬길 때는 감히 자신의 무례를 범하지 않았다. 그러므로 일월을 범하지 않았고, '복서'를 위반하지 않았다. (중략) 이 때문에 거북점과 역점을 위반하지 않고 그 군장(君長)을 공경하고 섬겼다. 그러기에 백성을 모독하지 않고 상제를 더럽히지 않았다."[68]

21) "인간이 하늘을 알려면 반드시 하늘에게 천하의 길흉을 물어라. 인간이 '지천(知天)'을 하려면 꼭 하늘을 묻게 될 인물을 두고 하늘을 점쳐 천하의 길흉을 확정해야 한다. 천하를 이룩하려고 힘쓰는 자가 복서를 버리면 어찌 하겠는가?"[69]

22) 『조선왕조실록』은 『주역』에 관한 성균관의 학술강의와 경연에 관해 2,594건을 기록할 정도며, 국가 또는 왕의 '시서(蓍筮)'에 관한 군신간의 대담도 채록하고 있다. 오랜 세월 동안 『주역』을 최고의 경전으로 삼았던 유학자들과 국가는 『주역』으로 얻은 '초월적 지식'을 국가의 공식 지식으로 간주하였다.

---

65 『禮記(하)』「經解」, 9-10P.
66 『書經』「周書·洪範九疇·政事」, "汝則有大疑, 謀及乃心, 謀及卿士, 謀給庶人, 謀及卜筮, 汝則從, 龜從筮從, 卿士從, 庶民從, 是之謂大同, 身其康彊, 子孫其逢吉."
67 『중용』, 24-01, "至誠之道 可以前知 國家將興 必有禎祥 國家將亡 必有妖孼 見乎蓍龜 動乎四體 禍福將至 善 必先知之 不善 必先知之 故至誠 如神."
68 『예기·하』「표기」, 115-7p "昔三代明王, 皆事天地之神明, 無非卜筮之用,----是以 不廢日月, 不違龜筮, 以敬事其君長, 是以上下不瀆於民, 下不褻於上."
69 崔致遠『經學隊仗』「卜筮」 "人之作事必本於天意 人之知天必稽人物 定天下吉凶 成天下之亹亹者捨卜筮 何以哉."

23) 『역』에 이르기를, "조용히 있을 때는 역의 상(象)을 보면서 그 해석을 음미하고, 움직이게 될 때에는 역의 변화를 살피면서 점(占)을 음미하라"고 한다.[70] 하늘과 사람은 이치가 하나이니 두드리면 응하는 법이다. 그러니 어찌 감히 인사를 다함으로써 기필코 하늘의 마음을 감동시키려고 힘쓰지 않아서야 되겠는가.[71]

24) 『역』은 "충분히 신비하며, 또 어떤 경우에든 묻고자 하는 자의 질문에 기가 찰 정도로 놀라운 정답을 내려주니 경이롭다."

25) 『역』은 "접근하기가 용이하지 않지만, 자연의 일부처럼 『역』은 당신에게 발견되기를 기다리고 있을 뿐이다. 그렇다고 『역』은 어떤 권력도 당신에게 주지 않는다. 그러나 자기 지식을 사랑하는 사람들에게 - 이런 것이 있다면 - 지혜를 확실히 건네준다. 『역』은 더할 나위 없이 바로 그런 '지신(知神)'의 바이블이다."[72]

17. 역(易)과 도(道)

1) 「계사하 1장」: "천하의 움직임은 하나에서 근원을 삼는다[天下之動貞夫一者也]. 그 하나가 눈에 가면 보이고, 귀에 가면 들린다. 그러나 그 하나가 사라지면 모두가 멈추고 마니, 완전한 한 음과 한 양을 도라 한다[一陰一陽之謂道]."

2) 『도덕경 39장』: "하늘은 하나를 얻어 맑고, 땅은 하나를 얻어 평안하며, 신은 하나를 얻었기에 신령스럽다. 또 계곡은 하나를 얻어 물을 채우고. 만물은 하나를 얻어 생육하고. 군주도 하나를 얻어 천하의 법도가 된다. 이 모두는 그 하나가 이루는 덕이다."[73]

3) 「계사하 5장」 : "도를 찾는 길은 달라도 귀착점은 같다[同歸殊道]."[74]

　　　『장자 제물론』: "세상이 혼돈의 상태로 엉키고 설키여 가는 것 같아도[混

70 「계사상전」 , "君子-所居而安者, 易之序也, 所樂而玩者, 爻之辭也, 是故, 君子-居則觀其象而玩其辭, 動則觀其變而玩其占, 是以自天祐之, 吉无不利."
71 『정조실록』, 46집, 605p, 정조 19년 을묘(1795, 건륭 60) 10월17일 (갑오).
72 Jung, "Foreword" 는 근대에 프로이트와 나란히 이름이 났던 심리분석학의 대가인 융은 『주역』의 대단한 지기(知己)였다. 그는 늘 『주역』을 가지고 괘를 점쳤는데 지극히 영험이 있다고 하였다. 융은 복서(卜筮)로부터 『역』의 진정한 가치가 "사람마다 스스로 깨닫는 지혜를 지니게 하여 선덕(善德)으로 나아가게 함"에 있음을 깨닫는다. 『융의 심리학과 동양종교, 김성관』
73 『도덕경 · 제39장』. "天得一以淸, 地得一以寧, 神得一以靈, 谷得一以盈, 萬物得一以生, 侯王得一以爲天下正。 其致之一也."
74 「계사하 · 5장」. "子曰 天下-何思何慮, 天下-同歸而殊塗, 一致而百慮."

沌恢怪] 도는 하나로 통한다[道通爲一]."

4) 『장자 천운』: "하늘은 무심히 운행하는 것 같고[天其運乎], 땅은 정지해 있는 것 같다[地其處乎]. 해와 달은 서로 다투며 지고 새는 걸까[日月其爭於所乎], 누가 이 자연의 운행을 주재하고 있는가[孰主張是]? 누가 이 질서를 유지하고 있는가[孰維綱是]? 과연 누가 이 세상을 이렇게 밀고 당기며 운행할까[孰居無事 推而行是]?"

5) 『중용 13장』: "도는 사람을 멀리하지 않는다[道不遠人]. 사람이 도를 행하려는데[道而遠人], 도가 사람을 멀리한다면 그것은 도가 아니다[不可以爲道]. 오직 천하의 지극한 정성을 가진 자라면[唯天下至誠], 천지와 같이 설 수 있다[可以與天地參矣]."

6) 『맹자 성심(誠心)』: "만물은 모두 나에게 갖추어져 있으니[萬物備我], 수덕과 지성으로 가면 대락을 가질 수 있다.[反身而誠 樂莫大焉]"

7) 『주역 태괘(泰卦)』: "세상은 늘 울퉁불퉁하여 길흉의 기복이 있다[无平不陂], 가기만 하고 돌아오지 않는 법은 없다[无往不復]."

8) 「계사하 8장」: "도는 바쁘게 옮겨갈 뿐[爲道屢遷], 일정한 곳에 고정되는 법은 없고[變動不居], 두루두루 상하사방으로 흘러 유행할 뿐이다[主流六虛]."

9) 『장자 제물론』: "생명은 태어나자마자 곧장 죽고[方生方死], 죽자마자 다시 태어난다[方死方生]. 생사(生死)는 사물의 변화(變化)이고. 도(道)는 유행(流行)일 뿐이다."

10) 「계사하 8장」: "진실로 그 누구에게든 도는 헛되지 않다[苟非其人]. 도인들 어쩔 수 없다[道不虛行]. 도와 내가 하나 되자 하면, 도는 꼭 그럴 수 밖에 없다."

18. 중심설(中心說)

1) 희노애락이 일어나도 그 시중(時中)을 넘지 아니하면 그것은 중화(中和)이다. 그리고 중중(中中)은 천하의 대본(大本)이요 화화(和和)는 천하를 달통한 자리다. 고로 중화(中和)하면 천하가 반듯하고 만물이 무성하다.

2) 유가(儒家)의 관(觀)공부·경(敬)공부 또 불가(佛家)의 참선(參禪)공부가 모두 중(中)을 찾고자 하는 방편이니, 『역학』공부 또한 이런 참된 중심을 잡고자 하는

데 목적이 있다.

3) 중(中)은 절도 예배당도 아닌 나의 지극한 마음 속에 있다. "너희는 주(主) 하나님 아버지가 계시는 성전이 어디인 줄 아는가? 그대는 아는가, 그대의 마음자리가 부처님의 거룩한 법당이요 마귀의 소굴임을 말이다."

4) "비록 어리석은 부부일지라도 중(中)을 잡고 화(和)를 노래 부를 수 있지만 천년을 입산수도한 자라도 그 중(中)을 져버리면 도로아미타불이다."

5) '중(中)'이 금이면 '중정(中正)'은 황금이다.

19. 역(易)은 심전도(心電圖)

'길·흉·회린·무구' 또 '무극'이란 내 마음이 태극에서 음양, 사상, 8괘, 64괘 384효로 변화하면서 일어나는 파생물이기에, '흉'이 '인'이 되고 '회'가 되고 '무구'가 되어 '길'로 가도록 해야 할 것이다.

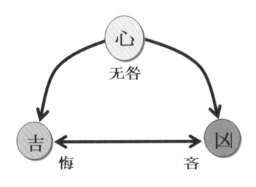

1) 옆의 그림에서 보듯 마음의 중심을 잃지 않으면 길이요, 벗어나면 흉이다.

2) 또 본심의 끈을 놓아 버리면 인색(吝嗇)하다. 다시 본 자리로 돌아와 후회를 하니 회린(悔吝)이다.

3) 그러니 길흉(吉凶)도 회린(悔吝)도 아닌 처염무상(處染无常)의 자리는 원래 일 점 허물없는 순진 무구(无咎)한 자리가 되고, 혹 허물이 일어나면 당신의 착한 선이 가서 그 자리를 보태어 주면 허물은 사라지고 만다[善補過无咎].

4) 그러기에 어떻게 하면 여래(如來)도 여왕(如往)도 일체 왕래(往來) 없는 무심(0, 0)의 자리를 누가 찾아 세우느냐가 바로 나의 막중한 책무이자, 『역학』의 자세이다.

20. 역(易)과 과학

1) "신은 만물의 묘함을 가지고 있다. 만물 중 우레만큼 빠른 것이 없고, 바람만큼 빠른 것이 없고, 불만큼 강력한 한 것이 없고, 적시는 데도 물만한 것이 없다." 고로 "물과 불이 서로 긴한 관계를 미치며 돌아가고, 천둥과 바람이 서로 거스르지 아니하듯, 모든 기운을 통한 뒤에 변화를 시도하여 만물을 완성시켜간다." 이런 신묘한 8괘만 연구하여도 최고의 과학으로 접근할 빌미를 얻을 수 있다.[75]

2) 8괘의 작용이 미치지 않는 곳이 없고, 6효의 뜻이 너무 쉬운 고로 마음을 깨끗이만 씻어 텅 빈 상태로 비워 연구에만 몰입하면 백성(중생)들을 위해 한없이 쓸 수 있다. 과학적인 『역』의 이용후생은 크다.[76]

3) "천하의 그윽하고 깊이 가려져 있는 이치를 명백히 드러내는 괘와 음양의 작용과 변화에 통달한 사람이라면 이런 『역』의 이치로 만물을 신묘하게 밝혀내기에"[77] 어떤 분야라도 밝혀낸다.

4) 변화의 도를 아는 자는 신의 프로젝트도 알아낼 수 있다[知變化之道者-其知神之所爲乎]!

5) "가고 옴에 막힘 없음이 신통이다." 또 "오고 감에 이용의 법칙을 깨달고 모든 백성들이 사용하게 하는 것 또한 신비이니 이는 역에서 찾을 수 있다."[78]

6) "태극에서 양의(兩儀)가, 양의에서 사상(四象)이, 사상에서 팔괘(八卦)가 생겨난다." 이러한 일생이법이 수학과 과학의 단초가 된다.

7) "실천으로 행할 때는 역의 변화(易變)를 중시하며, 백성을 풍족하게 하려는 경우에는 역상(易象)을 중시한다."[79]

8) "역에 의해서 천지의 심오(深奧)함을 구명(究明)하고 만물의 기미(幾微)를 관찰

---

75 「說卦傳 6장」: "神也者, 妙萬物而爲言者也, 動萬物者-莫疾乎雷, 撓萬物者-莫疾乎風, 燥萬物者-莫熯乎火, 說萬物者-莫說乎澤, 潤萬物者-莫潤乎水, 終萬物始萬物者-莫盛乎艮, 故, 水火-相逮, 雷風不相悖, 山澤通氣然後, 能變化, 旣成萬物也."

76 「계사상 11장」: "是故, 蓍之德, 圓而神, 卦之德, 方以知, 六爻之義, 易以貢, 聖人, 以此, 洗心, 退藏於密, 吉凶, 與民同患, 神以知來, 知以藏往, 其孰能與於此哉, 古之聰明叡智神武而不殺者夫?"

77 「계사상 12장」: "極天下之蹟者, 存乎卦, 鼓天下之動者, 存乎辭, 化而裁之, 存乎變, 推而行之, 存乎通, 神而明之, 存乎其人, 黙而成之, 不言而信, 存乎德行."

78 「계사상 10장」: "往來不窮謂之通, 見乃謂之象, 形乃謂之器, 制而用之謂之法, 利用出入, 民咸用之, 謂之神"

79 「계사상 10장」: "易有聖人之道-四焉, 以言者尙其辭, 以動者尙其變, 以制器者尙其象, 以卜筮者尙其占"

해 낸다. 성인은 진심으로 심오함을 탐구하고 사람들의 뜻을 수행해 주니 그 활동은 영묘하다. 그러므로 서둘지 않아도 성취는 빠르고 움직이지 않아도 목적이 달성된다."[80]

9) "역의 작용은 넓고 크다. 움직이면 한 점에 응하기도 하고 무한히 퍼져 나가기도 하니 따라서 천지간에 막힘이 없다[夫易廣矣大矣]."

10) "성인은 천지 이치가 아주 쉽고 간편한 데서 우주의 근본 원리를 역으로 체득할 수 있게 하였다[易簡而天下之理得矣]."

21. 역(易)의 과학적 증거

1) 한(漢)나라 때부터 자연과학이 발전한다. 우선 천문과 역법(曆法)을 들 수 있는데, 동한(東漢)의 장형(張衡)은 혼천의(渾天儀)를 제작하여 별의 운동을 모사하고, 지동의(地動儀)를 제작하여 지진을 측정하였으며, 후풍의(候風儀)를 제작하여 천기를 측정하였다. 역법에서는 서한의 사마천 등이 태초력(太初曆)을 만들어, 지구가 태양의 주위를 운동하는 시간을 비교적 정확히 계산, 135개월을 일식(日蝕)의 주기로 추산하였다. 유흠(劉歆)은 『주역』「계사전」의 수리(數理)로 태초력을 해석하여 체계적인 역학 이론을 만들어내기도 했다.

2) 서한(西漢)의 유흠(劉歆)은 저명한 수학가였으며, 동한(東漢)의 많은 유학자들도 수학을 연구하였다. 장형(張衡)은 『산망론(算罔論)』을 저술하였고 정현(鄭玄)·유홍(劉洪)· 왕찬(王粲) 등도 모두 『구장산술(九章算術)』에 정통하였다. 수학의 발전은 역학에 직접 영향을 끼쳤다. 양한 시대의 유가들은 수리로 『역』을 강론하는 일이 많았고, 술수가는 더욱 수학에서 분리되지 않았으며, 위서(緯書)는 천문역수지학(天文曆數之學)을 아울러 강론하였다.

3) 한대(漢代)에는 『황제내경(皇帝內經)』이라는 의학서와 『신농본초경(神農本草經)』이 출현하였고, 동한의 장중경(張仲景)은 『상한론(傷寒論)』을 저술하였다. 중의(中醫)는 음양오행설을 강론하는 일이 많은데, 이것도 역학 발전을 촉진시키는 작용을 하였다. 요컨대 자연과학의 새로운 발전은 천도(天道)·귀신(鬼神)·재이(災異)·무

---

80 같은 책 : "夫易, 聖人之所以極深而研幾也, 唯深也故, 能通天下之志, 唯幾也故, 能成天下之務, 唯神也故, 不疾而速, 不行而至"

축(巫祝) 등의 미신을 제거한 데 큰 의의가 있었으며, 역학을 건강한 방향으로 발전하도록 이끌었다. 그와 함께 역학의 발전도 자연과학을 발전시켰다.

4) 의리(義理)와 상수(象數)는 역학 연구에서 물과 불의 관계같이 서로 용납하지 않은 듯 하지만 그렇게 생각하면 오해다. 역학의 연구는 의리를 위주로 하지만 상수를 떠날 수가 없다. 상수와 의리는 필연적인 관계다.

5) 『역전』의 본체론 학설은 유물론적이다. 선진(先秦)시대 철학 가운데 『역전』은 이런 사유의 형식을 가지고 가장 체계적으로 유물론적 우주생성관을 제시하고 있다. 『역전』의 유물론적 우주생성관은 역학사에 깊은 영향을 끼친다.

6) "역은 궁하면 변하고 변하면 통하며 통하면 오래 간다"는 명제를 제시하며 사물의 변화를 연구하고 과학적으로 증명해 나간다.[81]

7) 『역』을 풀이하고 『역』의 이치로써 현대 자연과학의 최신 발견들을 해석한 자는 설학잠(薛學潛)이 1인자다. 그는 마방진도 5차원을 넘어 6차원의 작용을 증명한다. 그런데 오늘날의 과학은 상대성 이론으로 겨우 4차원에 이른다. 『역』은 속이 없을 만큼 미세하고 겉이 없을 만큼 거대하여, 수학과 물리학이 아무리 기이하고 교묘한 수준에 이르렀다 해도 『역』의 깊이를 능가하지 못하고, 수학과 물리학이 밝히지 못한 것도 『역』으로 시험하면 거의 밝혀낼 수 있다는 사실을 알게 한다. 설학잠의 『초상대론』은 『역과 물질과 양자역학』에서 『역경수리과학신해(易經數理科學新解)』로 발전된다. 여기서 초상대론의 정의와 팔괘, 명성(明誠)·[82]복희팔괘, 문왕팔괘, 영혼과 물질의 교류, 과학세계까지 언급하고 있다. 특히 그는 "오늘날 『역』을 연구하면서 물리학을 연구하는 자는 팔괘에서 구하길 바란다"고 주문하기에 이른다. 또 『역』의 가르침은 도(道)와 기(器)를 총괄한다. 도(道)가 오늘날 철학이라면, 기(器)란 오늘날 과학이다. 철학하는 자는 홀로 천지와 더불어 정신적으로 왕래하기만 할 뿐이고 만물을 깔본다. 과학하는 자는 참고를 들어서 징험하고 계고로써 결정하여, 그 수는 고작 1·2·3·4이다. 이는 결코 천지를 위하여 마음을 세움이 아니고 만민을 위하여 명(命)을 세움이 아니다. 따라서 천지인에 통하지를 않았으니, 잠시라도 떠날 수 없는 도를 결코 얻지 못한 것이다.(『초상대

---

81 「계사하 1장」: "易, 窮則變, 變則通, 通則久, 是以自天祐之, 吉无不利."

82 『중용 21장』: "自誠明謂之性, 自明誠謂之敎, 誠則明矣, 明則誠矣"에서 '明'은 우주 본체인 '誠'을 精深으로 體會한다는 뜻. 즉 '明'은 객관법칙의 인식과 파악을 뜻하고, '誠'은 천지만물을 낳는 근원을 뜻한다.

론』) 신(神)이란 최후의 진리이자 만유일체의 절대 융화이다. 신(神)과 전(電)은 모두 5차원이다. 신(神)이 중심좌표요, 전(電)은 주변좌표이다. 광(光)과 시(時)는 모두 제4차원이다. 광(光)이 중심좌표이고 시(時)는 주변좌표이다. 신(神)은 형체가 없되 전(電)은 상(象)을 드러내어 광(光)이 되고 열(熱)이 되니, 이것이 형이상과 형이하의 차이이다. 광은 볼 수 있되 시는 볼 수 없으므로 중심좌표는 5차원에서는 드러나고 4차원에서는 은미하다. 전(電)과 질(質)은 모두 5차원 주변좌표이되 작용이 같지 않다. 이와 같으므로 영혼과 물질의 교류를 볼 수 있다.(『초상대론· 24장』)

8) 심중도(沈仲濤)의 『역경의 부호』에서는 "각 괘가 모두 대수공식과 기하공식"이라고 보았다. 그는 사람들에게 "괘가 물리학, 논리학, 천문학 분야에서 행하는 정묘한 작용을 소개하며, 괘 속에 포함된 우주 변화는 그것에 상응하여 사람들을 광(光), 열(熱), 중력(重力), 흡력(吸力)의 세계로 들어가게 하여 괘를 통해 천기(天氣)와 밀물, 썰물의 관계를 이해할 수 있게 한다"고 한다.

9) 물리학 방면에서 조정리(趙定理)는 『주역과 현대과학』에서 왈. "달의 상대성 운동인 64괘가 곧 양자화(量子化)의 법칙이므로 음양학설은 뉴튼의 역학(力學)과 상대성 이론을 통일할 수 있다."

10) 생물학 쪽에서 심의갑(沈宜甲) 왈. "생명 과정을 결정하는 유전 코드에 64종이 있고 각종의 유전 코드는 균일하게 세 개의 핵당, 핵산으로 구성되어 있는데,[83] 이것은 『주역』의 3효가 하나의 경괘(經卦)를 조성하고, 팔괘의 경괘가 중첩하여 64별괘를 낳는 사실과 완전히 같다."[84]

11) 전자계산기 방면에서도 윤환삼의 주장이다. "『주역』이 추상 계산기로서 현재의 전자계산기가 지니는 주요 특성을 갖추고 있고, 역수(易數)의 환산기능, 역리

---

83 유전 코드는 인류 역사상 특히 중요한 발견이다. 모든 동식물의 생명의 형성과 번식이 모두 이 기묘한 체계에 부합하며, 동식물의 생명 자체의 형식도 이 체계에 부합한다. 이 체계는 3효(八經卦)로 조성된 64개의 '글자' 코드이며, 이 글자 코드는 핵당핵산(核糖核酸, DNA)의 고리(Chain)를 형성하였다. 수천 년 역사를 지닌 『역경』의 체계는 자연철학 순서에 부합하는 하나의 방안을 제출한 것이다. 유전 코드 가운데 세 글자 코드는 명료한 뜻을 구성할 수 있다. 그 속에 두 글자 코드의 뜻은 '정지(停止, 유전 어구의 결미)'이고, 한 글자 코드의 뜻은 '개시(開動, 새 어구의 개시)'이다. 만일 이 몇몇 어구를 새로 번역한 『역경』 구조 도표와 서로 대조하면, 우리들은 이 두 글자 코드의 근거를 『역경』에서 찾아낼 수 있다.

84 沈宜甲, 易翁, 『中華易學』「易經與現代科學」, 1987.

(易理)의 논리기능, 역상(易象)의 기록보존기능은 모두 오늘날의 계산기와 닮은꼴이 있다.” 『주역』의 괘를 만드는 방법은 컴퓨터의 ‘비트’나 ‘바이트’의 개념과 똑같다. 컴퓨터에서 ‘0'과 ‘1'이 있는 두 가지 단위를 ‘비트’라 하고, 그리고 그 ‘비트’ 8개를 모은 단위를 ‘바이트’라 한다.(역의 소성괘 8괘, 대성괘는 64괘다.)[85]

　　12) 라이프니치가 『주역』 중에서 2진법의 원리를 발견한 것은 동서 두 문명이 서로 마주잡은 두 손을 상징한다. ‘0'과 ‘1'의 단순한 두 수를 가지고 일체의 수를 표시한 라이프니치는 철학과 수학 연구의 천재일 뿐만 아니라 서양인 중에서 『역』을 가장 잘 이해한 사람이다.[86]

22. 우리나라의 『역(易)』

　　『주역』은 삼국시대부터 우리나라에 나타난 것으로 기록되고 있다.[87] 『삼국사기』 「고구려본기」에 소수림왕 2년에 태학(太學)을 세워 교육했고, 『주서(周書)』, 『구당서』 및 「열전」에는 고구려에 오경(五經)과 삼사(三史, 史記·漢書·後漢書)가 있었고, 백제는 일본에 오경박사 단양이(段楊爾)와 왕도량(王道良)을 보내 『효경』

85　아인슈타인이 자기의 학설에 붙일 명칭을 고심하다가 팔괘를 구성하는 음양개념에서 힌트를 얻어 'Relativity'(상대성)이라는 단어를 가려냈다는 것은 유명한 일화이다. 또한 그가 동료에게 보낸 한 편지 글에는 다음과 같은 기록이 남아 있다.(『역으로 본 현대과학』) “유럽 과학의 발전은 두 가지의 위대한 성과를 기초로 하고 있다. 하나는 그리스의 철학자가 형식논리의 체계를 발명했다는 것과, 또 하나는 실험을 통해서 인과관계를 탐구할 수 있는 가능성을 발견했다는 것이다. 내가 보는 한 동양의 현철들은 비록 이 두 가지 길을 거치지 않았으나, 놀랍게도 동양에서는 그러한 것의 발견이 모두 이루어져 있었다.” 또 양자역학의 아버지라 불리는 닐스 보어는 음양의 이치를 담은 태극 문양에서 힌트를 얻어 양성자(+)와 전자(-)로 이루어진 원자모델을 발견하는 업적을 세웠으며, 후에 태극 마크를 가문의 문장(紋章)으로 삼기도 했다. 우주 만물의 변화와 그 변화 패턴을 음양(陰陽)의 부호로 표시한 역철학은 그 외에도 현대과학의 기본원리가 되는 코드 이론, 유전자 구조, 디지털 이론, 양자역학, 프랙탈 패턴, 홀로그래피 이론 등에서 그 흔적을 엿볼 수 있다. 음양오행, 태극사상 등으로 세분화된 역철학은 오늘날 정치·경제·사회·문화·의학 등 다방면에 걸쳐서 과학을 뛰어넘는 보다 위대한 진리체계로 다시 태어나고 있는 것이다

86　김정용, 『주역의 현대적 조명』, 「라이프니츠의 보편기호법사상과 역의 논리」 (한국주역학회, 1992). 안종수, 「易經과 二進法」 : “동양의 지혜에서 발명의 힌트를 얻은 서양문명사의 또 다른 인물로 라이프니츠가 있다. 라이프니츠는 세계에서 처음으로 ‘4칙연산'을 할 수 있는 계산기를 발명했다. 그 계기는 중국의 선교사 친구가 보낸 편지에서 우연히 두 장의 ‘태극도'를 입수한 것이 시초였다. 그는 태극도의 64괘 배열이 바로 0에서 63에 이르는 이진법 수학이라는 것을 발견했으며, 그 원리에서 계산기 작동의 힌트를 얻었다. 이 이진법의 원리는 오늘날 컴퓨터 문명을 상징하는 대표적인 코드가 되었다.”

87　우리의 『삼국유사』와 송대에 『태평광기』에 왕필의 『주역약례』에 주를 쓴 형수가 신라에 사신으로 와서 『주역』 책을 바쳤다는 기록도 있다.

·『논어』·『역경』을 전했으며, 신라시대는 국학(國學)에서 『주역』을 주 교재로 삼고 설총이 우리말로 구경(九經)을 읽고 가르쳤으며,[88] 최치원은 『경학대장(經學隊仗)』에서 『역』을 설했다.

고려는 국학을 확충하여 칠재(七齋)를 설치하고 『주역』을 여택재(麗澤齋)라 하여 경학 강좌 첫머리에 위치시키고, 과거 고시과목에 넣었다. 6대 성종이 국자감과 경학박사를 설치했고, 문종 때 최충은 구경(九經)과 삼사(三史)를 중시했다. 윤언이(尹彦頤, 1090?~1149)는 역학에 밝았으며 『역해(易解)』를 지었다고 하는데 아쉽게도 전하지 않는다. 『고려사』 '우탁열전'에는 "우탁(禹倬, 1263~1342)은 경서에 통하고 역학에 깊어 복서가 모두 적중하였다. 정전(程傳)이 처음 전래되자 동방에 아는 이가 없었는데 우탁이 문을 닫고 한 달 남짓 참구하여 해득하고 학생들을 가르치니 이학(理學)이 유행하기 시작하였다"고 한다. 또 『고려사』 공민왕 19년 조에 과거시험에 『주역』이 정자와 주자의 주(注)와 고주(古注)로 했다는 것을 보면 우탁 무렵에 이미 『이천역전』이 전래되었고, 고려 말 공민왕(1330~1374) 무렵에는 이미 『이천역전』과 『주자본의』를 비롯하여 송 이전의 고주(古注)들이 과거시험을 치웅만큼 충분히 연구되었음을 추측할 수 있다.

이런 배경 하에서 여말선초 양촌 권근(權近, 1352~1409)의 『오경천근록(五經淺近錄)』의 하나인 『주역천근록(周易淺近錄)』이 나올 수 있었던 것이다. 이는 고려조에 『주역』을 이해하는 수준을 말해주는 좋은 예가 된다. 조선시대에 성리학을 국가 이념으로 삼은 조선은 특히 주자학에 대한 연구가 활발히 진행되었다. 세종 원년(1419)에는 『성리대전』, 『사서대전』, 『오경대전』 등을 수입하며, 이는 이학(理學)의 연원이니 널리 연구하라는 반포가 내려졌으며, 천문학자 이순지(李純之, 1406~1465)에 의해 조선에 독자적 역법을 세우고 천문학 교과서인 『제가역상법』을 써 해시계와 물시계의 발명으로 이어갔다. 그 뒤 세조의 명으로 『역학계몽요해』라는 주자의 『역학계몽』에 대한 해설서가 편찬되었고(1495), 유빈(柳濱, 1520

---

88 경전 종류는 육경(六經)이라 하여 『시(詩)』 『서(書)』 『역(易)』 『춘추(春秋)』 『주례(周禮)』 『악기(樂記)』 였는데, 당(唐) 시대에는 구경(九經)으로 바뀌어 『시』 『서』 『역』 『주례』 『의례(儀禮)』 『예기(禮記)』 『춘추좌씨전(春秋左氏傳)』 『춘추공양전(春秋公羊傳)』 『춘추곡량전(春秋穀梁傳)』으로 늘어났고, 송(宋)대에는 위의 구경(九經) 외에 『논어(論語)』 『맹자(孟子)』 『효경(孝經)』 『이아(爾雅)』의 십삼경(十三經)으로 바뀌었다. 그런데 경(經)의 개념은 학파에 따라 같지 않다. 금문학파(今文學派)는 공자의 편성으로 보는 육경(六經)만을 지칭하지만 고문학파(古文學派)에서는 모든 고전을 범칭하기 때문이다.

~1591)의 『고산역도』(1576), 퇴계의 『계몽전의』(1557), 이덕홍(1541~1596)의 『주역질의』, 율곡의 『역수책(易數策)』, 장현광(1544~1637)의 『역학도설』·『경위설』, 김장생의 『주역변의(周易辨擬)』, 김방한(1635~1697)의 『주역집해』, 서명응(1716~1787)의 『역학계몽집전』, 송시열의 『일음이양지도』, 김석문의 『역학도해』, 이헌석(1647~1703)의 『역의규반』, 조호익(1545~1609)의 『역상설』 등 역학 저작이 나왔고, 스위스의 수학자 오일러의 '9차 마방진' 발표보다 앞서 숙종 때 영의정을 지낸 수학자 최석정(崔錫鼎, 1646~1717)의 『구수략(九數略)』이 있고, 『주역』의 음양원리에 입각해 '진경산수 화법'을 창안한 겸재(謙齋), 정조가 경연에서 토론한 내용을 엮은 『주역강의』(1783)가 있다. 그리고 실학자로는 이원귀의 『심성록』, 이익의 『역경질서』, 정약용의 『주역사전』과 『역학서언』 등이 성리학 일변도의 시각을 비판하며 실용적인 관점에서 새롭게 『주역』을 이해하려 한 성과라고 할 수 있다.

『주역』의 현토 작업은 설총이 있었고, 현존하는 최고 구결 자료는 『구역인왕경(舊譯仁王經)』으로 12세기 중엽의 작으로 보인다. 고려 말 정몽주(1337~1392)가 『시경』에 구결을 달았고, 권근은 『역경』에 토를 달았다. 이는 『주역』이 본격적으로 우리의 것으로 소화되고 전수되었음을 의미할 수 있다. 세종은 경서의 구결사업을 명하여 최항, 서거정 등이 참여하고, 세조 12년에 『주역구결』이 완성되었다. 이후 조목(1524~1606)은 퇴계의 질정을 받아가며 1596년 『주역구결』을 완성한다. 이이(1536~1584)도 『주역구결』을 저술했다는 기록이 보인다. 선조 때(1585) 칠경(七經)[89]의 언해가 완성되었는데 여기서 『주역언해』는 정전(程傳)을 위주로 되었다. 또 선조 때 최립(1539~1612)이 『주자본의』를 위주로 『주역본의구결』을 완성한다. 그리고 우리말로 설명한 퇴계의 『주역석의』가 있고, 이것을 발전시킨 언해 번역 사업으로 선조 때 『사서삼경언해』가 완성되었다. 『주역언해』는 『주역대전』에 의거하여 최립·정구·홍가신·한백겸 등의 참여로 이루어졌다.

23. 『주역』과 한글

우리 한글은 『주역』의 원리를 근본하고 있다. 세계인들은 우리 한글을 "세계

---

89 오경(五經, 『시·서·역·예기·춘추) +『주례(周禮)』·『의례(儀禮)』

언어 중 가장 과학적인 언어이며, 또한 가장 배우기 쉽고, 가장 익히기 쉬운, 세계에서 가장 탁월한 문자"[90]라 하고, 우리 한글을 '세계 공통어'로 만들자고 야단이다.[91] 게다가 문자의 "합리성, 과학성, 독창성 등의 기준으로 볼 때도 세계 언어 중 한글이 단연 1위다(옥스퍼드 대학교 언어학부)." 또한 컴퓨터에서마저 한글의 업무 능력은 한자나 일본어에 비해 7배 이상 경제적 효과가 있기 때문에 대한민국이 IT 분야에서 단연 세계 최고 수준이다. 한글은 "모든 언어가 꿈꾸는 최고의 알파벳"이고, "단순하고 효율적이고 세련된 알파벳의 전형"이며, "인류의 위대한 지적 유산 가운데 하나다."[92] 유네스코에서도 '언어 다양성과 정보 이용의 공평성'을 높이는 '바벨 계획' 운동으로, 말은 있되 이를 적을 글자가 없는 소수민족 언어 사용자들에게, 그들의 말을 한글로 쓰도록 함으로써 소수 언어의 사멸을 막는 큰 몫을 하자는 제언도 나오고 있다[2009년 8월 6일 인도네시아 바우바우시의 토착어인 찌아찌아어와, 2011년 10월 남미 볼리비아의 원주민 아이마라(Aymara) 부족에도 공식 문자로 표기할 한글 도입, 아이마라 족은 210여만 명에 달해 찌아찌아 족(6만명)보다 34배나 많다]. 나아가 유네스코가 '세종대왕상(킹 세종 프라이스)'을 만들어 해마다 인류의 문맹률을 낮추는 데 공적을 끼친 단체나 개인을 뽑아 상을 주다가, 마침내 우리 한글을 '세계 기록유산'으로 지정하기에 이르렀다(1997년 10월1일). 이런 우리 한글이 세종 임금 한글 창제 당시 '훈민정음의 제자(制字) 원리'에 의하면 『주역』의 음양오행을 따오고 있다.

　"천지의 도는 (역에서 말하는) 음양과 오행뿐이다. 곤괘와 복괘 사이는 태극이 되고, 태극이 동정을 거친 후에 음과 양이 됨이라. 무릇 어떤 생물이든 하늘과 땅 사이에 있는 것들이 음양을 버리고서 어디로 가겠는가? 그러므로 사람의 말소

90 레이드 다이어먼드, 『디스카버리지』(1994, 6).
91 "프랑스에서 세계 언어학자들이 한 자리에 모이는 학술회의가 있었다. 안타깝게도 한국의 학자들은 참가하지 않았는데, 그 회의에서 한국어를 세계 공통어로 쓰면 좋겠다는 토론이 있었다. 참으로 놀라운 일이 아닐 수 없다. 이처럼 세계가 인정하는 우리 글의 우수성을 정작 우리 자신이 잘 모르고 있다." 또 1986년 5월, 서울대학 이현복 교수는 영국의 리스대학 음성언어학과를 방문하였는데, 그때 리스대학의 제푸리 샘슨(Geoffrey Sampson) 교수는 한글이 발음기관을 상형하여 글자를 만들었다는 것도 독특하지만 기본 글자에 획을 더하여 음성학적으로 동일계열의 글자를 파생해내는 방법(ㄱ-ㅋ-ㄲ)은 대단히 체계적이고 훌륭하다고 극찬하였다. 그러면서 한글을 표음문자이지만 새로운 차원의 '자질문자(feature system)'로 분류하였다. 샘슨 교수의 이러한 분류 방법은 세계 최초의 일이며 한글이 세계 유일의 자질문자로서 가장 우수한 문자임을 증명하고 있는 것이다. KBS1, 『KBS스페셜』(96. 10. 9)
92 존 맨, 『세상을 바꾼 문자, 알파벳』, 336쪽.

리에도 모두 음양의 이치가 있는 것인데, 돌아보건대 사람들이 살피지 않았을 뿐이라. 이제 훈민정음을 지음에 처음부터 슬기로 마련하고, 애써서 찾은 것이 아니라, 다만 그 (원래에 있는) 성음(의 원리)을 바탕으로 이치를 다한 것뿐이다. (음양의) 이치가 이미 둘이 아니니, 어찌 천지 자연, (변화를 주관하는) 귀신과 그 사용을 같이하지 않을 수 있겠는가? 훈민정음 스물여덟 자는 각각 그 모양을 본떠서 만들었다. 사람의 말소리는 오행(五行, 목·화·토·금·수)에 근본을 두고 있으므로 사계절에 합하여도 어그러짐이 없고, 오음(五音, 궁·상·각·치·후)에 맞추어도 어긋나지 않으니 이런 까닭에 자음(子音) 'ㄱ·ㄴ·ㅁ·ㅅ·ㅇ' 다섯 자와 모음(母音) 'ㅏ·ㅔ·ㅣ·ㅗ·ㅜ'를 만들고, 세 자 'ㆍ'는 하늘(ㅇ, 圓), 'ㅡ'는 땅(ㅁ, 方), 'ㅣ'는 사람(△, 角)으로 천지인삼재지도를 본떴다."[93]

위의 '제자원리'에서 보듯 한글은 천지인(天地人)을 결합시켜 만든 과학적이고 철학적인 글자다. 먼저 한글의 됨됨이에서 24개의 자모음과 겹자음, 그리고 모음을 합쳐 모두 40자로 구성되었는데, 먼저 우리말이 있고 난 후에 이를 바탕으로 만든 글자라는 점에서 세계 어느 언어도 견줄 문자가 없다. 고로 한글은 한반도에서 독립적으로 만들어졌으면서도 황하문명과 한자문화의 토대가 된 『주역』의 철학과 사상과 문화가 담겨 있다.

24 팔괘와 태극기

태극기를 처음 그렸다는 박영효(朴泳孝, 1861~1939) 역시 단순한 그의 개인적인 아이디어가 아니라, 고종 임금이 『주역』을 근간으로 그려준 것으로 밝혀지고 있는데,[94] 그것 또한 우리 조상들이 오래 동안 모셔온 배달국의 14대 환웅인 치우천

---

93 『訓民正音解例』 「制字解」: "天地之道, 一陰陽五行而已. 坤復之間爲太極, 而動靜之後爲陰陽, 凡有生類在天地之間者, 捨陰陽而何之. 故人之聲音, 皆有陰陽之理, 顧人不察耳. 今正音之作 初非智營而力索, 但因其聲音而極其理而已. 理旣不二, 則何得不與天地鬼神同其用也. 正音二十八字 各象其形而制之."

94 1882년 고종의 허락을 받아 박영효가 수신사로 일본을 방문하러 가던 중 메이지마루호 선상에서 일행과 숙의해 태극기를 그렸다. 1882년 10월 2일자 일본 도쿄에서 발행된 일간신문 시사신보(1882년 3월 창간, 1936년 폐간)는 당시 일본을 방문한 박영효 수신사 일행과 기자회견을 갖고, 태극기는 자국의 국기를 모방하라는 청나라의 압력을 뿌리치고 고종이 직접 도안을 하고 색깔까지 지정한 것으로 보도했다. 박영효는 고종이 구상한 작품을 고종의 지시에 따라 일본으로 가던 도중 단순히 그림만 그리는 역할을 했을 뿐이라는 사실을 시사신보 기사는 생생하게 전하고 있다. 이 같은 사실은 최초의 태극기가 게재된 시사신보 축쇄판을 동경도립중앙도서관에서 단독 입수, 지난 광복절날 일간신문(동

왕의'둑기(纛旗)'가 바로 『주역』 8괘가 그려진 태극기의 원형이라는 것이다.[95]

25. 하도낙서(河圖洛書)

'하도'는 복희씨 때 황하에 나타난 용마(龍馬)의 등에 그려진 그림이고, '낙서'는 우왕이 치수할 때 신구(神龜)의 등에 나타난 그림이다. 복희는 이 '하도'의 그림을 보고 '팔괘'를 그렸으며, 우는 '낙서'를 보고 『홍범구주(洪範九疇)』를 지었다고 전한다. '하·낙'이 각기 별개로 전해지다 병기된 것은 『사기』 「공자세가」와 『회남자』 「숙진훈(俶眞訓)」에서 부터인데, 그 후 송대에 이르러 소강절이 상수학에 의해 하도와 낙서의 도형화를 시작했으며. 조선 초의 권근은 『입학도설(入學圖說)』에서 '하도'를 '상생', '낙서'를 '상극'이라 하였다. '도서(圖書)'의 유래이기도 하다.

아, 한국일보)을 통해 태극기 그림을 공개한 서울시청 총무과 송명호씨에 의해 밝혀졌다. 송씨는 당시 일간지가 서둘러 보도하면서 최초의 태극기 발견 사실에만 기사의 초점을 맞추고 정작 태극기가 고종의 작품이라는 역사적인 사실을 간과한 점을 중시, 이를 널리 알려야겠다는 생각에서 관련 자료를 작성, 주요 도서관과 학술연구기관에 무료 배포하기에 앞서 뉴스피플에 제공했다.

95 태극기는 박영효의 창작물이 아니라 원래 조선시대 때까지 전해 내려오던 둑기(치우기)를 간단하게 개량한 것이다. 태극기의 원형인 둑기(치우기)에는 팔괘가 그려져 있으며, 우주를 나타내는 형상들이 주위에 배치되어 있었다. 배달국의 14대 자오지환웅인 치우천왕은 중국과 한국을 포함한 동방의 군신(軍神)이며, 중국의 소수민족인 묘족(苗族)의 시조(始祖)이다. 『한단고기』·『태백일사』·『신시본기』에 적혀 있기를 "천주로서 삼신에 제사하고 병주(兵主)로서 치우를 제사하니, 삼신은 천지만물의 조상이고 치우는 만고의 무신(武神)으로서 용맹하고 강함의 조상(勇强之祖)이라 할지니, (중략), 이로써 태시(太始)의 세계에서부터 항상 천하 전쟁의 주가 되었다." 조선은 명나라의 속국이라 동묘에 제사를 올리면서, 조상이며 진정한 군신(軍神)인 치우천왕에게도 제사를 올렸다. 그 제사의 이름은 둑제(纛祭)로 둑소제(纛所祭)의 준말로 일 년에 두 차례 정기적으로 지내고 그리고 무장(武將)들이 임지로 떠나기 전 반드시 무신(武神)에게 제사를 올렸던 곳이다. 조선시대 때의 둑신(纛神)도 치우천왕인 것이다. 왜냐하면 치우천왕만이 이 나라를 외적의 침략으로부터 지켜줄 수 있다고 철석같이 믿었기에 동방의 군신인 치우천왕께 둑제를 지냈던 것이다. 『고려사』 〈충렬왕, 정해 13년(1287)〉 : 『조선왕조실록』, 태조 2년, 1월 16일 : 『조선왕조실록』, 정종 1년, 8월 25일 : 『조선왕조실록』, 중종 27년 : 『난중일기』 : 『이의실록(貳儀實錄)』 : 『연려실기술 제4권』 : 『성호사설』 9권.

1) 하도, 낙서

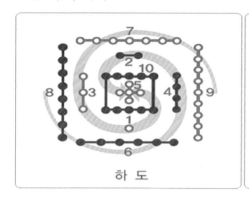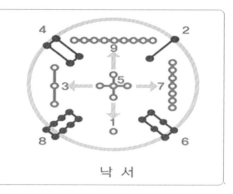

2) 상생

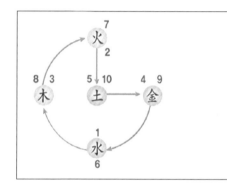

1 · 6 북방수 →   2 · 7 남방화 →

3 · 8 동방목 →   4 · 9 서방금 →

5 · 10 중앙토

3) 상극

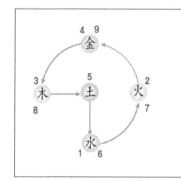

북방수 →   남방화 →   서방금
→   동방목 →   중앙토

4) 오행 일람표

	木	火	土	金	水
천간지지	甲乙/寅卯	丙丁/巳午	戊己/辰戌丑未	庚辛/申酉	壬癸/亥子
오방	東	南	中央	西	北
오색	靑	赤	黃	白	黑
오미	신맛 酸	쓴맛(떫음) 苦	단맛 甘	매운맛 辛	짠맛 鹹
오장	膽/肝	小腸/心腸	胃/脾	大腸/肺	膀胱/腎臟
오곡	팥	수수	기장	현미	검은콩
오축	닭	양	소	말	돼지
오온	溫風	暑	冷濕燥乾	凉	寒
오성	角ㄱㅋ	齒ㄴㄷㄹㅌ	宮ㅁㅂㅍ/ㅇㅎ	商ㅈㅊㅅ	羽ㅁㅂㅍ
오상	인 興仁之門	례 崇禮門	신 普信閣	의 敦義門	지 弘智門
오신	宗廟	圓丘壇	경복궁 三神五帝	社稷壇	守護神
오기	靑龍	朱雀 案山 朝山	사람 明堂	白虎	玄武 主山
팔괘	震/巽	離	坤/艮	乾/澤	坎
괘덕	動/遜順	文明	順/止	剛/說	險
팔축	龍/鷄	雉	牛/狗	馬/羊	豕
가족	장남/장녀	중녀	母/소남	父/소녀	중남
사(오)계	봄木	여름火	환절기土	가을金	겨울水
방합	寅卯辰	巳午未	辰戌丑未	申酉戌	亥子丑
삼합	亥卯未	寅午戌	辰戌丑未	巳酉丑	申子辰

5) 64괘차서도 외

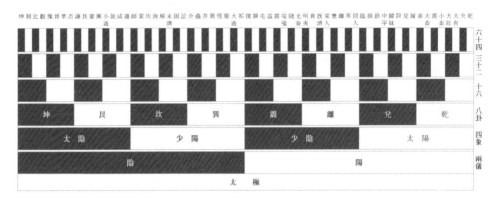

64괘차서도

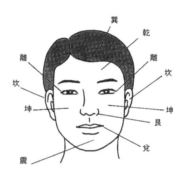

얼굴 부위와 8괘

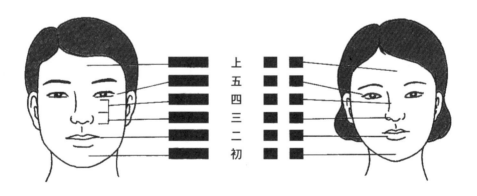

남녀 안면과 괘의 위치

시각과 8괘

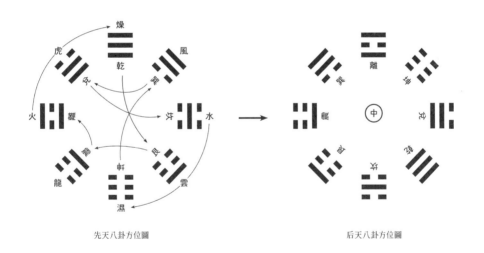

先天八卦方位圖   后天八卦方位圖

선천8괘방위도(左)와 후천8괘방위도

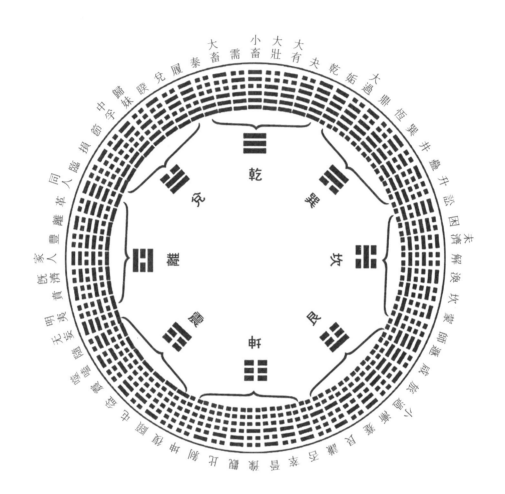

선천64괘원도

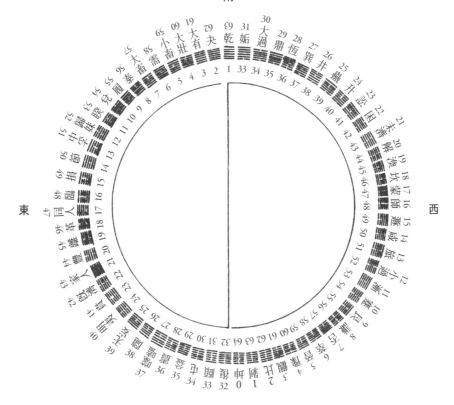

伏羲六十四卦方位圖

복희64괘방위도

南

東　　　　　　　　　西

北

伏羲六十四卦卦時圖

복희64괘괘시도

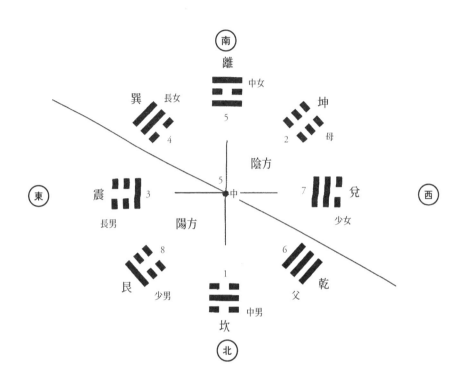

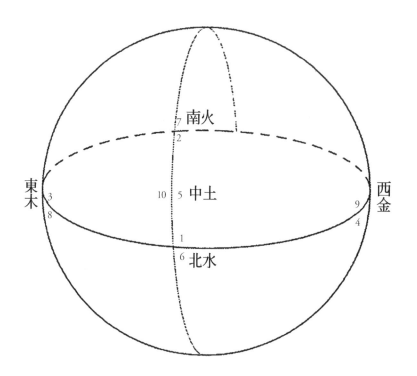

생생주역 십익편十翼篇

초판 1쇄 발행 2021년 11월 01일

지 은 이   장영동 ⓒ2021

펴 낸 이   김환기
펴 낸 곳   도서출판 이른아침
주   소   경기 고양시 일산동구 정발산로 24 웨스턴타워 업무4동 718호
전   화   031-908-7995
팩   스   070-4758-0887
등   록   2003년 9월 30일 제 313-2003-00324호
이 메 일   booksorie@naver.com
ISBN 978-89-6745-128-8   03150
      978-89-6745-096-0   (세트)